丛书总主编／熊秋红

Zhongguo Susong Fazhi Fazhan Baogao

中国诉讼法治发展报告
（2020）

熊秋红　等／著

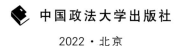

中国政法大学出版社

2022·北京

图书在版编目（ＣＩＰ）数据

中国诉讼法治发展报告. 2020 / 熊秋红等著.—北京：中国政法大学出版社，2022.1
ISBN 978-7-5764-0286-5

Ⅰ.①中… Ⅱ.①熊… Ⅲ.①诉讼法－研究报告－中国－2020 Ⅳ.①D925.04

中国版本图书馆CIP数据核字(2022)第002901号

出　版　者	中国政法大学出版社
地　　　址	北京市海淀区西土城路 25 号
邮　　　箱	fadapress@163.com
网　　　址	http://www.cuplpress.com (网络实名：中国政法大学出版社)
电　　　话	010−58908435(第一编辑部) 58908334(邮购部)
承　　　印	固安华明印业有限公司
开　　　本	720mm×960mm　1/16
印　　　张	25.75
字　　　数	534 千字
版　　　次	2022 年 1 月第 1 版
印　　　次	2022 年 1 月第 1 次印刷
印　　　数	1～1500 册
定　　　价	79.00 元

作者
简介

熊秋红　中国政法大学诉讼法学研究院院长、教授

李本森　中国政法大学诉讼法学研究院副院长、教授

肖建华　中国政法大学诉讼法学研究院教授

高家伟　中国政法大学诉讼法学研究院教授

谭秋桂　中国政法大学诉讼法学研究院教授

王万华　中国政法大学诉讼法学研究院教授

施鹏鹏　中国政法大学证据科学研究院教授

王贞会　中国政法大学诉讼法学研究院教授

罗海敏　中国政法大学诉讼法学研究院副教授

倪　润　中国政法大学诉讼法学研究院副教授

汪诸豪　中国政法大学证据科学研究院副教授

胡思博　中国政法大学诉讼法学研究院副教授

张　璐　中国政法大学诉讼法学研究院讲师

朱　卿　中国政法大学诉讼法学研究院讲师

陈锦波　中国政法大学诉讼法学研究院讲师

刘亚男　北京工商大学讲师

何　锋　中国政法大学诉讼法学研究院研究馆员

刘科学　中国社会科学院大学法学系博士生

陈姿君　中国政法大学博士生

褚　侨　中国政法大学博士生
田新萌　中国政法大学硕士生
高润青　中国政法大学硕士生
韩冠宇　中国政法大学硕士生
李美茜　中国政法大学硕士生
申雨坤　中国政法大学硕士生

编写
说明

　　诉讼法是以宪法为核心的中国特色社会主义法律体系的重要组成部分，在我国法律体系里居于基本法律之列，由刑事诉讼法、民事诉讼法和行政诉讼法三大支柱组成。诉讼法是实现宪法规范实定化与具体化的桥梁，上通宪法，是宪法的权威注脚；下贯司法解释，是司法解释的标准尺度。诉讼法是沟通国家与公民、权力与权利的纽带，在规范国家权力行使、保障公民合法权益、维护社会公平正义、实现社会和谐稳定等方面起着决定性作用，具有不可替代的社会价值。诉讼法治、程序法治是深化司法体制改革、建设中国特色社会主义法治体系不可缺少的重要内容，是建设社会主义法治国家的司法根基和程序保障。

　　2020 年是全面建成小康社会和"十三五"规划的收官之年，是实现第一个百年奋斗目标的决胜之年，同时也是中国法治建设具有里程碑意义的重要一年。这一年，中央全面依法治国工作会议召开，明确了习近平法治思想在全面依法治国中的指导地位；第十三届全国人大第三次会议表决通过《中华人民共和国民法典》，开创国家法典编纂立法的先河；中共中央印发《法治中国建设规划（2020—2025 年）》等重要文件，明确了法治中国建设、法治社会建设的路线图和施工图；法治政府建设取得新成效，政法领域全面深化改革取得新突破，扫黑除恶专项斗争取得胜利，司法为民、公正司法水平明显提高，平安中国、法治中国建设迈上新台阶，法治宣传、法学教育和法学研究取得新成绩。在诉讼法治领域，《公安机关办理刑事案件程序规定》《法律援助值班律师工作办法》《关于知识产权民事诉讼证据的若干规定》《关于检察公益诉讼案件适用法律若干问题的解释》等规范性文件的制定、修改，进一步完善了刑事诉讼、民事诉讼以及行政诉讼方面的程序性规范。在司法体制改革与诉讼实践方面，政法机构职能体系不断优化，权责一致的司法权运行新模式逐步形成，认罪认罚从宽、检察公益诉讼、民事诉讼程序繁简分流改革试点等工作扎实开展，社区矫正制度深入推进，各项程序法治建设迈上新台阶。

为了客观全面地记录和描述 2020 年我国诉讼法治发展的整体状况，跟进立法脚步，追踪司法轨迹，展现研究成果，根据教育部人文社会科学重点研究基地中国政法大学诉讼法学研究院的发展规划，中国政法大学诉讼法学研究院继续汇聚全院科研之力，在有关院校诉讼法学科的大力支持下，精心编制《中国诉讼法治发展报告（2020）》，旨在为全国的法学研究者、司法实务工作者以及广大读者概要介绍 2020 年我国诉讼法治发展的基本状况和诉讼法学理论研究的主要成果，并为诉讼法学的教学科研人员和广大学生学习研究提供必要的参考资料。

本书是对 2020 年我国诉讼法治发展状况的概括与综述。首先对 2020 年司法体制改革的重要举措及其内容作了梳理和盘点，然后分章节阐述了 2020 年刑事诉讼法、民事诉讼法和行政诉讼法的立法发展、实践状况、研究状况。此外，为了更好地使读者了解国外诉讼法领域的最新发展动态，本书邀请有相关国家法律研习背景、长期关注有关国家诉讼发展动态的学者或者学生，介绍了美国、英国、加拿大、德国、法官、日本、西班牙、荷兰等国诉讼法治的发展动向和最新研究状况，以期开拓视野。最后，以"附录"形式列举国内诉讼法学领域 2020 年的重要学术论文、著作、教材、科研项目等数据，供读者参考。

不忘初心，牢记使命。希望《中国诉讼法治发展报告（2020）》在保证体系连贯性、内容完整性与资料权威性的同时，将 2020 年诉讼法治发展的精华予以汇总、整理、归纳、提炼，清晰地呈现给广大读者，为法律研习者、应用者省却查找之苦、检索之累、摘录之耗。

本书出版得到中国政法大学出版社的大力支持，在此感谢。对于本书编撰中的不足与疏漏之处，敬请批评指正。

中国政法大学诉讼法学研究院

2022 年 1 月

目录

第一章
纵深推进的司法体制改革[*]

第一节　中央有关司法体制改革的决策部署

一、2020 年中央政法工作会议

2020 年是全面建成小康社会和"十三五"规划的收官之年，是实现第一个百年奋斗目标的决胜之年。2020 年 1 月 17 日至 18 日，中央政法工作会议在北京召开。会议强调，要以政法领域全面深化改革为牵引，努力让人民群众在每一个司法案件中感受到公平正义。要认真落实《关于政法领域全面深化改革的实施意见》，确保各项改革任务按期完成。同时，要按照党的十九届四中全会部署，继续推进政法领域改革，深入破除体制性、机制性、政策性改革的堵点，推动中国特色社会主义政法工作制度更加成熟、更加定型。就继续推进政法领域全面深化改革，会议提出了 6 个方面的举措。

第一，着力完善优化协同高效的政法机构职能体系。要尽快制定四级法院职能定位改革方案，合理确定四级法院职权配置、案件管辖和机构设置。深化互联网法院改革，探索互联网司法新模式。深化检察机关内设机构改革。健全行业公安机关管理体制，推进省以下公安机关机构改革。推进刑罚执行一体化建设，构建监禁刑与非监禁刑相互衔接、统一协调的刑罚执行体系。完善法学会领导管理体制，健全参与法治建设工作机制。

第二，着力健全司法权监督制约体系。要扭住司法责任制改革这个牛鼻子，认真贯彻落实《关于深化司法责任制综合配套改革的意见》《关于加强司法权力运行监督管理的意见》，加快构建权责一致的司法权运行新机制。进一步完善政法系统司法

<small>* 执笔人：中国政法大学诉讼法学研究院院长熊秋红教授、中国政法大学诉讼法学研究院朱卿讲师、中国社会科学院大学法学系刘科学博士生。</small>

监督政策措施，加强政法单位内部监管和问责，最大限度压减权力设租寻租空间。进一步健全与政法干警职务序列相配套的待遇政策。

第三，着力强化检察机关法律监督职能。要完善刑事、民事、行政检察监督和公益诉讼检察案件办理机制，拓展监督的广度和深度。加强对民事案件审判的检察监督机制建设。积极推进在市、县公安机关执法办案管理中心派驻检察机制改革，着力构建一站式、全要素、即时性的执法监督管理新模式。

第四，着力构建多层次诉讼制度体系。要深化以审判为中心的刑事诉讼制度改革，推动律师辩护全覆盖，健全完善证人、鉴定人、侦查人员出庭作证制度。贯彻执行《关于适用认罪认罚从宽制度的指导意见》，完善速裁程序运行机制。加强诉源治理机制建设，加快推进民事诉讼程序繁简分流改革试点，制定出台深化"分调裁审"机制改革意见。建立长效机制，巩固基本解决执行难成果。

第五，着力完善严格规范公正文明执法制度。要加强行政执法协调监督，推动提高依法行政水平。把严格执法和文明执法、打击犯罪和保障人权结合起来，善于运用释法析理、说服教育、思想疏导等方式，实现执法形式与执法目的的统一。积极探索运用经济、行政手段和民事诉讼等方式处理轻微违法行为，以较小成本、较少对抗实现最佳效果。贯彻宽严相济刑事政策，既依法严厉打击严重刑事犯罪，又把握少捕慎诉原则，努力扩大教育面、减少对立面。

第六，着力推进政法公共服务体系建设。要加强法治宣传教育，加快建设一站式多元解纷机制、一站式诉讼服务中心，完善"12309检察服务中心"，推进公安政务服务标准化建设，推动公共法律服务实体平台、热线平台、网络平台融合发展，为人民群众提供普惠均等、便捷高效、智能精准的政法公共服务。

二、中央全面依法治国工作会议

2020年11月16日至17日，中央全面依法治国工作会议在北京召开。这是党的历史上首次召开的中央全面依法治国工作会议，明确了习近平法治思想在全面依法治国工作中的指导地位。

习近平总书记在会议上强调，坚定不移走中国特色社会主义法治道路，为全面建设社会主义现代化国家提供有力法治保障。习近平总书记对当前和今后一个时期推进全面依法治国要重点抓好的工作提出了11个方面的要求：①坚持党对全面依法治国的领导；②坚持以人民为中心；③坚持中国特色社会主义法治道路；④坚持依宪治国、依宪执政；⑤坚持在法治轨道上推进国家治理体系和治理能力现代化；⑥坚持建设中国特色社会主义法治体系；⑦坚持依法治国、依法执政、依法行政共同推进，法治国家、法治政府、法治社会一体建设；⑧坚持全面推进科学立法、严格执法、公正司法、全民守法；⑨坚持统筹国内法治和涉外法治；⑩坚持建设德才兼备的高素质法治工作队伍；⑪坚持抓住领导干部这个"关键少数"。这"十一个坚持"，系统阐述了新时代全面依法治国的战略思想和工作部署，深刻回答了新时代为什么实行全面依法治国、怎样实行全面依法治国等一系列重大问题，是新时代全面依法治国的根本遵循和行动指南。

针对全面推进公正司法，习近平总书记指出：公平正义是司法的灵魂和生命。要深化司法责任制综合配套改革，加强司法制约监督，健全社会公平正义法治保障制度，努力让人民群众在每一个司法案件中感受到公平正义。

三、2020 年政法领域全面深化改革推进会

2020 年 8 月 26 日，政法领域全面深化改革推进视频会在北京召开。中共中央政法委员会书记郭声琨出席会议并讲话。会议总结了一年来政法领域全面深化改革成效，研究部署加快推进执法司法制约监督体系改革和建设工作，全面提升执法司法公信力。会议指出，2019 年政法领域全面深化改革推进会召开以来，《关于政法领域全面深化改革的实施意见》部署的 100 项任务中，84 项已完成或取得重大阶段性成果，16 项长远性改革任务正在深入研究推进，一批重大举措落地见效，成为政法领域改革新亮点。会议要求，认真学习贯彻习近平总书记重要指示精神，把加快推进执法司法制约监督体系改革和建设作为政法领域全面深化改革的重要抓手，加快构建与新的执法司法权运行模式相适应的制约监督体系，不断提升执法司法公信力。

这次会议就加快推进执法司法制约监督体系改革和建设工作作出了部署。会议指出，加快推进执法司法制约监督体系改革和建设的总体思路是：以完善制度、改革体制、创新机制、狠抓落实为着力点，加快构建上下贯通、内外结合、系统完备、规范高效的执法司法制约监督体系，确保执法司法公正廉洁、高效权威，进一步增强人民群众在政法领域的获得感、幸福感、安全感，为决胜全面建成小康社会提供有力执法司法保障。会议从 5 个方面提出了加快推进执法司法制约监督体系的要求：①完善党对执法司法工作的领导监督机制。具体应当完善 3 类机制：一是完善党委领导监督制度机制；二是完善党委政法委领导监督制度机制；三是完善政法单位党组（党委）领导监督制度机制。②完善政法部门之间制约监督体制机制。具体应当做到三个"推动"：一是推动权力制约机制进一步实化；二是推动以审判为中心的刑事诉讼制度改革进一步深化；三是推动检察机关法律监督职能进一步强化。③完善政法各系统内部制约监督机制。具体应当做到 4 个"健全"：一是健全法院内部制约监督制度机制；二是健全检察院内部制约监督制度机制；三是健全公安机关内部制约监督制度机制；四是健全司法行政机关内部制约监督制度机制。④完善社会监督机制。具体应当做到三个"加强"：一是加强当事人及其律师监督制度建设；二是加强群众监督制度建设；三是加强舆论监督制度建设。⑤完善智能化管理监督机制。具体应当做到三个"强化"：一是强化智享数据机制；二是强化智能监测机制；三是强化智慧管理机制。会议还就加快推进相关配套制度改革提出了 3 个方面的举措，包括完善政法干警管理制度，完善办案运行机制，完善职业保障制度。

第二节　司法体制改革具体推进情况

2020 年，政法机构职能体系不断优化，权责一致的司法权运行新模式逐步形成。市县公安机关执法办案管理中心建设稳步推进，公益诉讼制度机制不断完善，民事诉讼程序繁简分流改革试点扎实开展，社区矫正制度深入推进，法学会改革走向深化。政法公共服务体制机制逐步完善，人民群众对政法公共产品的满意度、获得感明显提升。[1]

一、政法领域改革取得的新成就

2020 年政法领域全面深化改革推进视频会总结了自 2019 年成都会议以来政法领域改革取得的成绩，具体包括：

1. 党对政法工作绝对领导更加有力。公安部、国家安全部、司法部和 19 个省区市制定《中国共产党政法工作条例》实施细则或办法。完善党委政法委综合协调政法工作机制，建立平安中国建设工作协调机制。18 个省区市实现乡镇政法委员配备全覆盖。

2. 政法机构职能体系更加优化。党委政法委机构改革全面深化。全国四级检察院和基层法院内设机构改革任务基本完成。完成原公安现役机构编制人员划转、干部转改定级，行业公安机关管理体制调整扎实推进。国家安全机关组织运行和业务管理体制机制不断完善，司法行政机构、职能、人员进一步融合，32 个省级法学会制定印发改革方案，26 个省区市基本实现省市县三级法学会组织全覆盖。

3. 执法司法权运行更加规范。全国法院 98%以上的案件由独任法官、合议庭直接签发裁判文书，四级检察长办理案件数量、列席审委会次数分别上升 57.2%、56.4%。市县两级公安机关建成执法办案中心 1127 个，27 个省区市公安机关实现涉案财物信息化管理。行政立法体制机制更加完善，监狱巡回检察全面推开，社区矫正制度深入推进，收容教育制度成为历史。

4. 诉讼制度改革更加深入。以审判为中心的刑事诉讼制度改革持续深化，认罪认罚从宽制度适用率达 82.2%，量刑建议采纳率、一审服判率稳步上升，77%的县级行政区域开展刑事案件律师辩护全覆盖试点。诉源治理深入推进，广东、江苏、浙江、四川等地出现法院收案增幅放缓甚至下降势头。民事诉讼程序繁简分流改革试点在 20 个城市展开。公益诉讼制度机制不断完善，办案范围积极稳妥拓展。

5. 维护安全稳定工作机制更加完善。维护国家政治安全工作协调机制进一步健

---

〔1〕"成绩单出炉！政法工作经历'非同寻常'一年，打赢十大硬仗！"，载 http://www. chinapeace. gov. cn/chinapeace/c100007/2021-01/10/content_12436516. shtml，最后访问日期：2021 年 3 月 1 日。

全，多方参与的社会治理机制进一步形成，国际执法安全合作机制不断完善。

6. 政法公共服务更加惠民。跨域立案诉讼服务全面推开，检察机关对外提供法律服务实现"一网通办"，1 亿农业转移人口和其他常住人口落户城镇目标提前实现，推广 12 项移民出入境便利措施、实施"一证通考"等 16 项交通管理便民利民措施，"两快两全"公共法律服务体系建设持续深化。

7. 智能化应用更加广泛。跨部门大数据办案平台建设加快推进，全国法院 93% 以上的案件能够随案生成电子卷宗并流转应用。

8. 政法队伍建设管理体系更加健全。符合政法职业特点的人才招录、培养机制持续优化，员额管理科学化规范化精准化制度体系初步形成，公安机关执法勤务、警务技术职级序列改革全面推开，政法干警职业保障制度不断完善。

9. 平安中国建设迈上新台阶。成立平安中国建设协调小组，召开平安中国建设工作会议，部署推进更高水平的平安中国建设。坚持和发展新时代"枫桥经验"，深入开展矛盾风险动态排查、防范化解，协调开展突出问题专项督查，集中打击整治突出违法犯罪，加强公共安全隐患排查治理，提升了风险防控水平。

10. 扫黑除恶专项斗争赢得新战果。依法查办云南孙小果案、湖南"操场埋尸案"、黑龙江呼兰"四大家族案"等重大复杂案件，缉捕涉黑涉恶在逃人员 1609 名，到案率 94%。截至 11 月底，全国依法打掉涉黑组织 3584 个、涉恶犯罪集团 11 119 个，打掉的涉黑组织相当于前十年总和。配合纪委监委查处涉黑涉恶腐败和"保护伞"问题 8.14 万起，给予党纪政务处分 6.81 万人，移送司法机关 9220 人。配合组织部门整顿软弱涣散村党组织 10 余万个，查处以贿选等不正常手段干扰影响村"两委"换届选举问题 400 余个。社会各界普遍认为，扫黑除恶专项斗争是党的十九大以来最得人心的大事之一。

二、人民法院司法改革举措

2020 年，人民法院以更大力度深化司法体制综合配套改革，中央《关于政法领域全面深化改革的实施意见》确定由最高人民法院牵头的 29 项改革任务中，22 项已经完成，其余各项均取得实质性进展。人民法院"五五改革纲要"提出的 65 项改革举措中，70% 已全面推开。[1]

1. 印发《2020 年人民法院司法改革工作要点》（本部分简称《工作要点》）。2020 年是人民法院推进落实"五五改革纲要"的关键之年。为确保各项改革任务稳步推进、落地落实，最高人民法院研究印发了《工作要点》。《工作要点》对 2020 年人民法院司法改革工作作出了总体规划，为人民法院推进司法改革工作明确了"任务书"和"路线图"。《工作要点》提出了 8 个方面 38 项举措，对切实履行人民法院改革主体责任、服务保障党和国家工作大局、健全以人民为中心的便民司法制度体

---

〔1〕　参见董凡超："2020 年 法院大力深化改革抓铁有痕向纵深推进"，载《法治日报》2021 年 3 月 1 日，第 7 版。

系、健全以司法责任制为核心的审判权力运行体系、完善法院组织体系和机构职能体系、健全顺应时代进步和科技发展的诉讼制度体系、健全法院人员分类管理和职业保障制度体系、全面建设现代化智慧法院应用体系等方面的改革任务作出了安排部署。此外，最高人民法院同时印发了工作要点分工方案，进一步细化为具体改革任务，明确了每项任务的责任单位。

2. 推进审判体系和审判能力现代化。2020 年 3 月 16 日，最高人民法院发布《关于人民法院贯彻落实党的十九届四中全会精神推进审判体系和审判能力现代化的意见》（本部分简称《意见》），就加快推进审判体系和审判能力现代化，推动中国特色社会主义司法制度更加成熟更加定型作出进一步部署。《意见》提出了 10 个方面的明确要求：①切实增强人民法院贯彻落实党的十九届四中全会精神、推进审判体系和审判能力现代化的责任感和使命感。②牢牢坚持党对司法工作的绝对领导，坚定不移走中国特色社会主义法治道路。③坚持人民主体地位，在司法工作中充分体现人民意志、保障人民权益。④着力提升服务大局工作能力，积极服务保障经济社会发展。⑤健全践行和弘扬社会主义核心价值观体制机制，严格落实意识形态工作责任制。⑥坚持依法防控依法治理，积极推动健全国家公共卫生应急管理体系。⑦深化司法体制综合配套改革，推动完善公正高效权威的社会主义司法制度。⑧坚持审判执行工作与现代科技深度融合，深化智慧法院建设和应用。⑨坚持全面从严治党、从严治院、从严管理，促进公正廉洁司法。⑩以求真务实作风和扎扎实实举措，确保各项任务举措落地生根、取得实效。

3. 深化司法责任制综合配套改革。2020 年 2 月 5 日，习近平总书记主持召开中央全面依法治国委员会第三次会议并发表重要讲话。这次会议指出，司法责任制综合配套改革是司法体制改革的重要内容，事关司法公正高效权威。要抓好改革任务落地见效，真正"让审理者裁判、由裁判者负责"，提高司法公信力，努力让人民群众在每一个司法案件中感受到公平正义。会议审议通过了《关于深化司法责任制综合配套改革的意见》（本部分简称《意见》），就进一步深化司法责任制综合配套改革作出部署。3 月，《意见》由中共中央办公厅印发。

为确保党中央关于司法体制改革的重大决策部署和《意见》提出的各项任务举措在人民法院不折不扣落到实处，最高人民法院于 2020 年 7 月 31 日印发《关于深化司法责任制综合配套改革的实施意见》（本部分简称《实施意见》）。《实施意见》围绕五大任务提出了 28 项配套举措：①加强人民法院政治建设，落实全面从严治党主体责任。《实施意见》提出，坚持把党的政治建设摆在首位，坚持突出政治标准选人用人，全面落实从严治党主体责任。②完善审判权力运行体系，健全审判监督管理机制。《实施意见》从 7 个方面予以落实细化：完善审判权力和责任清单；完善"四类案件"识别监管机制；优化审判团队组建；完善案件分配机制；健全院庭长办案机制；完善统一法律适用机制；严格违法审判责任追究。③落实防止干预司法"三个规定"，加强廉政风险防控机制建设。《实施意见》从 3 个方面作了细化：健全落实"三个规定"工作机制，健全廉政风险防控体系，完善自觉接受外部监督制约机制。④完善人员分类管理制度，加强履职保障体系建设。《实施意见》从 10 个方面作了进一步细化：推进法官员额动态管理；推进政法专项编制动态管理；健全法官遴选制度；完善法官退出机制；健全法官逐级遴选制度；规范交流任职程序；规范审判辅助人员和司法行政人员管理；完善法官单独职务序列管理制度；健全薪酬待遇制度；健全绩效考核制度；加强依法履职保护。⑤优化司法资源配置机制，切实提升审判效能。《实施意见》要求：健全多元化纠纷解决机制，深化案件繁简分流，推进审判辅助事务集约化、社会化管理，加强智慧数据中台建设。《实施意见》是深入贯彻落实中央关于深化司法责任制综合配套改革部署的重大举措，为今后一个时期人民法院全面落实司法责任制提供了重要指引。

根据《实施意见》，健全完善了审判权责清单制度，要求全国法院严格落实《关于完善人民法院审判权力和责任清单的指导意见》，26 家高级人民法院已制定本院审判权责清单并报最高人民法院备案，上海、广州、吉林等地法院将权责清单内嵌入办案系统，实现清单权重化、标准化、信息化。31 个省（自治区、直辖市）全部在省一级设立法官惩戒委员会，辽宁、山西、云南已依法追究 26 名法官的违法审判责任。推进审判委员会制度改革，完善专业委员会组成人员动态调整机制，推动落实在裁判文书中公开审判委员会决定及理由等制度，优化审判委员会议题设置、会务保障、决议发布、信息化建设等机制。完善专业法官会议工作机制，印发了《关于完善人民法院专业法官会议工作机制的指导意见》。

4. 深化民事诉讼繁简分流改革。2019 年 12 月 28 日，第十三届全国人大常委会第十五次会议作出了《关于授权最高人民法院在部分地区开展民事诉讼程序繁简分流改革试点工作的决定》，授权最高人民法院在 15 省、20 城市的 305 家法院开展试点。2020 年 1 月 15 日，最高人民法院召开民事诉讼程序繁简分流改革试点动员部署会，印发《民事诉讼程序繁简分流改革试点方案》（本部分简称《试点方案》）和《民事诉讼程序繁简分流改革试点实施办法》（本部分简称《实施办法》），正式启动为期 2 年的试点工作。

《试点方案》明确了改革目标和基本原则、试点主要内容、试点范围和期限、方案实施和组织保障等问题。《实施办法》共 30 条，对《试点方案》作了进一步细化，是开展试点工作的具体依据。根据这两个文件，试点的主要内容包括 5 个方面：①优化司法确认程序。除人民调解委员会外，将特邀调解组织、特邀调解员主持达成的调解协议也纳入司法确认范围；明确了司法确认案件管辖规则，允许中级人民法院及专门人民法院受理符合级别管辖及专门管辖标准的司法确认案件。②完善小额诉讼程序。设置了独立于简易程序的小额诉讼程序规则，对其适用范围、审理方式、裁判文书、审理期限作出了有别于简易程序的规定；扩大了小额诉讼程序的适用范围，一方面拓宽了适用案件类型，另一方面明确了适用标的额标准：小额诉讼程序适用于标的额为 5 万元以下的案件，对于标的额在 5 万至 10 万元的案件，允许当事人合意选择适用小额诉讼程序；进一步简化小额诉讼程序审理方式和裁判文书，设置了合理审理期限，完善了小额诉讼程序与简易程序、普通程序的转换适用机制。③完善简易程序规则。合理扩大了简易程序适用范围，明确对于需要公告送达的简单案件，可以适用简易程序审；进一步规范了简易程序庭审和文书简化规则，优化庭审程序和审理方式，推行要素式裁判文书，对事实清楚、争议不大的案件，裁判文书可以进一步简化；完善了简易程序延长审限规定。④扩大独任制适用范围。调整了基层法院可以适用独任制的情形，明确除小额诉讼程序、简易程序外，基层人民法院可以由法官1人适用普通程序独任审理部分事实不易查明，但法律适用明确的案件；明确了基层法院必须适用合议制的情形；探索在第二审程序中适用独任制，案件类型方面，主要为第一审以简易程序结案的上诉案件及裁定类上诉案件；建立了独任制与合议制转换适用机制。⑤健全电子诉讼规则。明确了在线诉讼活动与线下诉讼活动具有同等法律效力；明确了电子化材料提交的效力和规则；完善了在线庭审规则，对在线庭审的适用范围、不适用情形、单方在线以及线上线下庭审转化等相关问题作出了规定；完善了电子送达机制，明确了电子送达适用条件、适用范围和生效标准。

2020年4月15日，最高人民法院针对试点工作中出现的共性问题，印发《民事诉讼程序繁简分流改革试点问答口径（一）》，以统一政策口径；9月30日，印发《民事诉讼程序繁简分流改革试点相关诉讼文书样式》，为试点地区人民法院规范制作诉讼文书提供了规则指引和统一标准；10月23日，印发《民事诉讼程序繁简分流改革试点问答口径（二）》，对特邀调解名册管理、诉调对接机制、独任制审理方式和异议程序等方面作出细化规定。

5. 为疫情防控提供司法保障。2020年，为贯彻落实党中央关于新冠肺炎疫情防控的重大决策部署，为防控疫情提供全面及时的司法保障，最高人民法院制定发布（含联合发布）多个与疫情防控相关的司法文件，涉及刑事、民事、执行、线上诉讼、复工复产5个大的方面。

2月6日，最高人民法院、最高人民检察院、公安部、司法部联合印发《关于依法惩治妨害新型冠状病毒感染肺炎疫情防控违法犯罪的意见》（本部分简称《意见》）。针对社会关切，《意见》提出了依法严惩疫情防控违法犯罪的执法司法政策，即依法严惩抗拒疫情防控措施、暴力伤医、制假售假、哄抬物价、诈骗、聚众哄抢、造谣传谣、疫情防控失职渎职、贪污挪用、破坏交通设施、破坏野生动物资源的犯罪行为以及妨害疫情防控的违法行为。此外，3月13日，最高人民法院还与最高人民检察院、公安部、司法部、海关总署联合印发了《关于进一步加强国境卫生检疫工作　依法惩治妨害国境卫生检疫违法犯罪的意见》。

2月14日，最高人民法院发布《关于新冠肺炎疫情防控期间加强和规范在线诉讼工作的通知》（本部分简称《通知》）。《通知》明确了有关在线诉讼的规则，涉及在线身份认证、网上立案、在线调解、诉讼材料提交、在线庭审、在线裁判、电子送达、在线诉讼服务等多个方面。《通知》还对各地法院推进在线诉讼的组织实施提出具体要求，强调各级法院要强化主体责任、明确工作机制，加强信息化基础设施建设，推动在线办案成为疫情防控期间的常态化机制。截至 2020 年底，全国法院在线立案 715.9 万件，在线调解 385.4 万次，在线开庭 85.6 万场，电子送达 2088.3 万次，网上司法拍卖 84.18 万余件，实现了"审判执行不停摆、公平正义不止步"。[1]

2 月 25 日，中共中央政法委员会会同最高人民法院、最高人民检察院、公安部、司法部印发了《关于政法机关依法保障疫情防控期间复工复产的意见》。重点围绕如何完善法规政策、如何规范执法司法、如何调处化解矛盾纠纷、如何提供优质高效的政法公共服务等方面，提出了 12 项工作举措和具体要求。

2020 年，最高人民法院先后 3 次印发《关于依法妥善审理涉新冠肺炎疫情民事案件若干问题的指导意见》。4 月 16 日印发的《关于依法妥善审理涉新冠肺炎疫情民事案件若干问题的指导意见（一）》明确了依法准确适用不可抗力规则、依法妥善审理合同纠纷案件、依法处理劳动争议等 10 个方面的要求。5 月 15 日印发的《关于依法妥善审理涉新冠肺炎疫情民事案件若干问题的指导意见（二）》围绕依法妥善审理涉新冠肺炎疫情合同、金融、破产案件提出了 23 点要求。6 月 8 日印发的《关于依法妥善审理涉新冠肺炎疫情民事案件若干问题的指导意见（三）》就诉讼当事人、诉讼证据、时效、期间、法律适用等 9 个方面的问题提出了 19 点具体要求。

5 月 13 日，最高人民法院印发《关于依法妥善办理涉新冠肺炎疫情执行案件若干问题的指导意见》，针对中止申请执行时效、查封措施、防止执行财产被低价处置、减免租金、执行和解等问题提出了 10 个方面的要求。

6. 推进互联网司法和智慧法院建设。2020 年，杭州、北京、广州 3 家互联网法院依托集中管辖优势，审理了一大批具有填补空白、树立规则、先导示范意义的互联网案件，实现了以司法裁判定标尺、明边界、促治理。杭州互联网法院将多领域创新提升至新的高度：设立了全国首个跨境数字贸易法庭，"云法官"入驻青年电商网红村，首创司法拍卖"5G+VR"720°全景直播看样。北京互联网法院首次以"云发布"的方式推出《北京互联网法院电子诉讼庭审规范》，与北京市版权局联手打造版权链 — 天平链协同治理平台，典型案件在线旁听总量超过 4500 万人次，微博话题阅读量 26 亿。广州互联网法院则率先上线数字金融协同共治平台、著作权纠纷全要素审判系统，并运用区块链、云计算等技术，对被执行人日常消费、转移财产等行为精准画像，让有履行能力而拒不履行的被执行人无所遁形。

最高人民法院编制了《最高人民法院信息化建设五年发展规划（2021—2025）》，确定人民法院信息化 4.0 版建设目标。依托办案平台和中国移动微法院实

---

[1] 刘峥、何帆："司法改革 2020：继续奋斗，勇往直前"，载《人民法院报》2021 年 1 月 18 日，第 1~2 版。

现互联网阅卷，为法官远程办案提供技术支持。持续升级执行信息化平台，巩固支持"基本解决执行难"工作。深化中国移动微法院建设，制定移动微法院建设规范、庭审技术规范，全面应用统一电子送达平台。完善人民法院大数据管理和知识服务平台，智能语音云平台省级对接覆盖率达 75%，全面推广庭审语音识别、文书智能纠错、类案强制检索等应用。

7. 完善统一法律适用标准工作机制。2020 年，最高人民法院在健全完善法律统一适用机制上接续发力，在推进落实 2019 年出台的审判委员会制度改革意见、建立法律适用分歧解决机制的实施办法基础上，先后印发《关于完善统一法律适用标准工作机制的意见》和《关于统一法律适用加强类案检索的指导意见（试行）》。在对下指导上，最高人民法院发布《关于规范高级人民法院制定审判业务文件编发参考性案例工作的通知》，要求各高级人民法院进一步规范办案指导文件、参考性案例发布程序，及时向最高人民法院备案，杜绝不同地区办案标准的不合理差异。

《关于完善统一法律适用标准工作机制的意见》（本部分简称《意见》），将统一法律适用标准融入人民法院审判执行整体工作中，从完善规范依据、健全分歧解决机制，到指导审判组织，再到加强审判管理、审判监督，最后到类案检索、科技辅助、人才建设等作了全方位详细规定。《意见》全面归纳了人民法院实现法律适用标准统一的 10 个路径和方法，包括：明确统一法律适用标准应当坚持的原则，加强司法解释和案例指导工作，建立健全最高人民法院法律适用问题解决机制，完善高级人民法院统一法律适用标准工作机制，强化审判组织统一法律适用标准的法定职责，落实院庭长统一法律适用标准的监督管理职责，充分发挥审判管理在统一法律适用标准上的作用，充分发挥审级制度和审判监督程序统一法律适用标准的作用，完善类案和新类型案件强制检索报告工作机制，强化对统一法律适用标准的科技支撑和人才保障。在此基础上，《意见》提出了 21 条具体措施，完善了人民法院统一法律适用标准的各项工作机制。

8. 推进一站式多元解纷和诉讼服务体系建设。2020 年 2 月 10 日，最高人民法院发布了《关于人民法院深化"分调裁审"机制改革的意见》，在诉讼服务中心普遍建立调解、速裁专门场所。90%以上法院建立多元解纷区，3468 家法院建立在线调解室。全国 98%以上地区建立党委领导下的多元解纷机制，95%以上地区将万人成讼率纳入平安建设考评体系，有效破解了矛盾纠纷前端治理责任弱化等问题。3468 家法院支持系统自动繁简分流。全面推开跨域立案诉讼服务，形成四级法院跨层级联动办理、跨区域远程办理的一体化立案服务新模式，86%的案件管辖法院实现 30 分钟内响应。深入推进"一网通办"诉讼服务，中国移动微法院立案超过 255 万件，全国 2426 家法院开通人民法院送达平台，1722 家法院上线委托鉴定系统，四级法院信访数据实现互联互通。

9. 推进刑事诉讼制度改革。2020 年 8 月 20 日，最高人民法院、最高人民检察院、公安部、国家安全部、司法部联合印发《法律援助值班律师工作办法》，明确认罪认罚从宽制度实施中值班律师的工作职责、工作程序、工作保障等。

2020 年 11 月 5 日，最高人民法院、最高人民检察院、公安部、国家安全部、司法部联合印发修订后的《关于规范量刑程序若干问题的意见》（本部分简称《意见》）。《意见》分别对适用速裁程序、简易程序、普通程序审理的认罪认罚案件和不认罪认罚案件的量刑程序作出了具体规定，明确了提出量刑建议的条件、量刑建议的内容和量刑建议的方式；规范了量刑事实的调查取证和调查核实程序；加强了对被告人、被害人诉讼权利的保障；规范了对量刑建议的审查、采纳与调整以及增强了量刑的说理性。《意见》回应了以审判为中心的诉讼制度改革和完善认罪认罚从宽制度对于量刑程序改革的新要求，有助于进一步规范量刑程序，确保量刑公开公平公正。[1]

10. 深化便民利民制度改革。人民法院持续深化司法公开，中国裁判文书网公布的裁判文书达 1 亿 950 万篇，中国庭审公开网累计直播突破 1000 万场，已分别成为全球最大的裁判文书公开和政务视频直播网站。推进人民陪审员制度改革，人民陪审员总数达到 33.6 万余人，参审民事案件 623.3 万余件。最高人民法院会同司法部联合印发了《〈中华人民共和国人民陪审员法〉实施中若干问题的答复》，编纂了人民陪审员专用教材《人民陪审员岗位培训教程》。

11. 全面加强知识产权司法保护。2020 年 4 月 15 日，最高人民法院发布《关于全面加强知识产权司法保护的意见》（本部分简称《意见》），明确了新发展阶段我国知识产权保护司法政策的主基调。《意见》提出，要充分运用司法救济和制裁措施，完善知识产权诉讼程序，健全知识产权审判体制机制，有效遏制知识产权违法犯罪行为，全面提升知识产权司法保护水平，加快推进知识产权审判体系和审判能力现代化，为实施创新驱动发展战略、培育稳定公平透明可预期的营商环境提供有力司法服务和保障。

《意见》立足知识产权审判实际，聚焦当前知识产权司法保护中的重点难点问题，提出了一系列举措：①立足各类案件特点，切实维护权利人合法权益。《意见》提出，要加强科技创新成果、商业标志权益、著作权和相关权利、商业秘密的保护，完善电商平台侵权认定规则，积极促进智力成果流转应用，依法惩治知识产权犯罪行为，平等保护中外主体合法权利。②着力解决突出问题，增强司法保护实际效果。《意见》强调，要切实降低知识产权维权成本，大力缩短知识产权诉讼周期，有效提高侵权赔偿数额，依法制止不诚信诉讼行为，有效执行知识产权司法裁判。③加强体制机制建设，提高司法保护整体效能。《意见》指出，要健全知识产权专门化审判体系，深入推行"三合一"审判机制，不断完善技术事实查明机制，加强知识产权案例指导工作，依托四大平台落实审判公开，加强知识产权国际交流合作。④加强沟通协调工作，形成知识产权保护整体合力。《意见》提出，要健全完善多元化纠纷

---

[1] 《意见》的具体内容，见第二章第一节"刑事诉讼法的立法发展"。

解决机制，优化知识产权保护协作机制，建立信息沟通协调共享机制。⑤加强审判基础建设，有力支撑知识产权司法保护工作。《意见》指出，要加强知识产权审判队伍建设，加强专门法院法庭基础建设，加强知识产权审判信息化建设。

2020年下半年以来，最高人民法院还发布了《关于依法加大知识产权侵权行为惩治力度的意见》《关于加强著作权和与著作权有关的权利保护的意见》《关于审理侵犯商业秘密民事案件适用法律若干问题的规定》等多个指导意见和司法解释，进一步完善了知识产权保护的制度建设。2020年底，海南自由贸易港知识产权法院正式成立，专门管辖海南省内应由中级人民法院管辖的知识产权民事、行政、刑事案件，实行知识产权审判"三合一"。

三、人民检察院司法改革举措

2020年，检察机关全面推动理念变革、法律修订、机制创新、制度落实、素质提升，不断加强系统集成、协同高效，"四大检察"并行推进，检察"生产力"不断释放，努力满足人民群众对民主、法治、公平、正义、安全、环境等方面的新需求。

1. 建立以"案-件比"为核心的案件质量评价指标体系。2020年4月6日，最高人民检察院公布《检察机关案件质量主要评价指标》（本部分简称《评价指标》），建立以"案-件比"为核心的案件质量评价指标体系。这是检察机关首次针对案件质量研制评价指标，通过51组87项评价指标的综合、灵活运用，可实现对检察机关主要司法办案活动的质量评价。

《评价指标》涵盖"四大检察""十大业务"主要案件类型、主要办案活动、主要诉讼流程，以及立案监督、直接受理侦查案件、抗诉、纠正意见、检察建议、公益诉讼等所有检察监督方式。通过不同指标的组合，一是可以实现对某个地区、某个检察院、某个业务条线或者业务部门、某个检察官办案质量的评价，并可以进行地区之间、部门之间、个人之间的横向对比。二是可以实现对涉及国家大局或者中心工作的某类案件的质量评价，如通过对相关办案情况的评价，多维度了解落实平等保护民营经济、推进扫黑除恶专项斗争的开展情况。三是可以实现对特定诉讼环节办案质量的评价，如可以选取不捕率与不捕复议/复核率、不捕复议/复核改变率形成指标组，综合反映公安机关、检察机关对于逮捕标准把握的差异程度、检察机关不批准逮捕案件的办理质量以及检察官释法说理工作的质量。另外，不捕率这一指标也可以跨办案流程与捕后不诉率指标组合运用，引导检察官准确把握逮捕标准，避免错捕和不必要的羁押。

在各项评价指标中，"案-件比"是核心指标。"案-件比"是指发生在人民群众身边的案，与案进入司法程序后所经历的有关诉讼环节统计出来的件相比，形成的一组对比关系。"案"是指发生的具体案件；"件"是指这些具体的案进入司法程序后所经历的有关诉讼环节统计出来的件。"案-件比"中"件"数越低，说明"案"经历的诉讼环节越少，办案时间越短，案结事了，当事人对办案活动的评价相对越高，办案的社会效果越好。以"案-件比"作为案件质量评价的"核心指标"的意义在于，引导各地检察机关通过提高办案质效，将上一个诉讼环节的工作做到极致，以减少不必要的诉讼环节，从而节约司法资源，提升人民群众的司法评价。2020 年，检察机关深化运用"案-件比"质效评价标准，全年刑事检察"案-件比"1∶1.43，"件"同比下降 0.44，压减了 41.2 万个非必要办案环节、统计中的"案件"。检察理念、作风也随之转变：延长审查起诉期限、退回补充侦查同比分别下降 57% 和 42.6%；自行补充侦查 4.8 万件，是 2019 年的 23.5 倍；不捕不诉率进一步上升，公安机关提请复议复核则下降 40.2%，办案质效明显提升。[1]

2020 年 5 月 17 日，最高人民检察院印发《关于开展检察官业绩考评工作的若干规定》（本部分简称《规定》），进一步规范检察官业绩考评工作，内容涵盖检察官办理案件和其他检察业务的质量、效率、效果等的考核评价。《规定》设置了涵盖"四大检察""十大业务"、分层分类的检察官业绩考评指标，确定了 79 类业务、160 项质量指标、106 项效率指标、46 项效果指标，明确了 3 类指标的计分规则和方式，建立了以办案质量、效率和效果为基本内容的业绩评价指标体系和考评机制。

8 月 27 日，全国检察机关"抓实业绩考评、深化检察改革、全面推进检察事业高质量发展"电视电话会议召开。会议强调，要以完善业绩考评机制为抓手，加快推进执法司法制约监督体系改革和建设。对此张军检察长提出了 4 项具体任务：①全面落实对执法司法活动监督的改革部署；②完善检察权运行监督制约机制；③深化落实"案-件比"质效评价标准；④持续深化司法体制综合配套改革。

2. 为疫情防控提供司法保障。2020 年，为贯彻落实党中央关于新冠肺炎疫情防控的重大决策部署，为防控疫情提供全面及时的司法保障，最高人民检察院制定发布（含联合发布）多个与疫情防控相关的司法文件：会同最高人民法院、公安部、司法部联合印发指导意见，依法严惩危害疫情防控犯罪；会同国家卫健委等作出部署，对伤医扰医犯罪一律从严追诉；会同最高人民法院、海关总署等部门发布指导意见，规范惩治妨害国境卫生检疫犯罪，严防疫情境外输入性风险；与中共中央政法委员会和其他政法部门共同发布指导意见，助力复工复产，为统筹推进疫情防控常态化和经济社会发展提供司法保障。

2020 年 2 月至 4 月，检察机关共批准逮捕涉疫刑事犯罪 3751 人、起诉 2521 人，办理涉口罩等防护物资监管、医疗废弃物处置、野生动物保护等领域公益诉讼案件 2829 件。同时检察机关在工作中注意准确把握法律政策，力防突破法律的"从重""从严""从快"。对情节轻微的涉疫犯罪落实从宽政策，依法不批捕 576 人、不起诉 117 人。

自 2 月 11 日起，最高人民检察院首次以在办的批捕起诉案件释法，首次会同公安部发布典型案例，首次以每周一批的频次，根据疫情防控不同阶段特点，分专题

---

〔1〕 参见"最高人民检察院工作报告"，载 https：//www.spp.gov.cn/spp/gzbg/202103/t20210315_512731.shtml，最后访问日期 2021 年 6 月 1 日。

发布 10 批 55 个典型案例，涵盖了妨害传染病防治、诈骗、制假售假、妨害国境卫生检疫等疫情期间的主要犯罪类型。

疫情防控进入常态化阶段以后，为贯彻落实党中央关于做好"六稳"工作、落实"六保"任务的重大决策部署，最高人民检察院印发了《关于充分发挥检察职能服务保障"六稳""六保"的意见》（本部分简称《意见》），于 7 月 22 日印发。《意见》提出了 11 条具体举措，包括：①依法惩治妨害社会生产生活秩序的相关犯罪；②依法妥善化解涉疫矛盾纠纷；③依法保护企业正常生产经营活动；④加大知识产权司法保护力度；⑤依法惩治破坏金融管理秩序犯罪；⑥依法维护有利于对外开放的法治化营商环境；⑦努力为决战决胜脱贫攻坚提供司法保障；⑧积极促进基层依法治理；⑨落实"少捕""少押""慎诉"的司法理念；⑩依法合理采取更加灵活务实的司法措施；⑪加大对涉民营企业各类案件的法律监督力度。

3. 深入落实认罪认罚从宽制度。2020 年 5 月 11 日，最高人民检察院印发《人民检察院办理认罪认罚案件监督管理办法》（本部分简称《办法》），有针对性地对检察官办理认罪认罚案件的权力运行机制、监督管理措施等作出明确规定，进一步扎紧了依法规范适用认罪认罚从宽制度的"篱笆"。《办法》明确了加强对检察官办理认罪认罚案件监督管理应当坚持的 4 个原则：一是坚持加强对办案活动的监督管理与保障检察官依法行使职权相结合；二是坚持检察官办案主体职责与分级分类监督管理职责相结合；三是坚持案件管理、流程监控与信息留痕、公开透明相结合；四是坚持加强检察机关内部监督管理与外部监督制约相结合。《办法》主要从以下几个方面提出了加强检察机关办理认罪认罚案件监督管理的要求：①对检察官在办案中可能面临的风险点和应予警示的方面作出了规定，包括建立检察机关听取意见程序规则，确立量刑协商制度、量刑建议说理制度和量刑建议调整制度，此外还对遇到特殊案件、案件特殊情形、案件有可能出现的廉政风险点如何避免和应对进行了规定。②对部门负责人、检察长（分管副检察长）在办案流程中负担的监督管理责任作出了规定。③对流程外案件管理部门、检务督察部门、上级检察院等的监督管理责任和方式作出了规定。④对违反规定后的责任追究和检察官履职的保障作出了规定。

2020 年 8 月 20 日，最高人民检察院会同最高人民法院、公安部、国家安全部、司法部联合印发《法律援助值班律师工作办法》，进一步细化值班律师的职责和具体要求，推动认罪认罚从宽制度落实。[1]

2020 年 10 月 15 日，最高人民检察院检察长张军在十三届全国人大常委会第二十二次会议上作《关于人民检察院适用认罪认罚从宽制度情况的报告》（本部分简称《报告》）。报告显示，2019 年 1 月至 2020 年 8 月，在监察机关、人民法院、公安机关和司法行政机关支持配合下，全国检察机关在依法严惩严重刑事犯罪的同时，适

---

〔1〕《法律援助值班律师工作办法》的具体内容，见第二章第一节"刑事诉讼法的立法发展"。

用认罪认罚从宽制度办结案件 1 416 417 件 1 855 113 人，人数占同期办结刑事犯罪总数的 61.3%。这一制度在推进国家治理中的优势充分彰显：一是有效促进社会和谐稳定；二是更加及时有效惩治犯罪；三是显著提升刑事诉讼效率；四是更好保障当事人权利。张军检察长在报告中介绍了检察机关落实认罪认罚从宽制度的主要做法，包括强化与相关执法司法机关协作配合；立足批捕、起诉职能，切实履行指控证明犯罪主导责任；秉持客观公正立场，该严则严、当宽则宽，确保依法准确适用；强化内外部监督制约，防范廉政风险；加强政治、业务建设，着力提升办案能力。此外，针对落实认罪认罚从宽制度工作中存在的问题和困难，张军检察长在《报告》中提出了 4 点深化落实认罪认罚从宽制度的工作措施和建议：①坚持依法该用尽用，让认罪认罚从宽制度更好服务经济社会发展；②狠抓准确规范适用，不断提高办理认罪认罚案件质量与效果；③强化与相关机关协作配合，共同推进认罪认罚从宽制度稳健运行；④强化自身建设，解决能力素质不适应问题。全国人大常委会组成人员和列席代表对《报告》给予充分肯定，也提出了改进工作的意见。12 月 1 日，最高人民检察院下发通知，就全国人大常委会对检察机关适用认罪认罚从宽制度情况报告的审议意见提出了 10 个方面 28 条贯彻落实意见，要求各级检察机关对照审议意见和报告要求，有针对性加强和改进工作，推动认罪认罚从宽制度更高质量、更好效果适用。

在各项举措的助推下，2020 年全年认罪认罚从宽制度适用率超过 85%；量刑建议采纳率接近 95%；一审服判率超过 95%，高出其他刑事案件 21.7 个百分点。对依法可不批捕和犯罪情节轻微、不需要判处刑罚的，不批捕 8.8 万人、不起诉 20.2 万人，占已办结案件比例分别增加 0.8 和 3.9 个百分点。捕后认罪认罚可不继续羁押的，建议释放或变更强制措施 2.5 万人。审前羁押从 2000 年占 96.8% 降至 2020 年的 53%。

4. 服务保障民营经济发展。2020 年，检察机关采取了多项举措，努力把服务保障民营经济发展落实在监督办案中。2 月，最高人民检察院在中共中央政法委员会的领导下，会同最高人民法院、公安部、司法部共同制定《关于政法机关依法保障疫情防控期间复工复产的意见》，为企业有序、顺利复工复产提供优质高效、坚强有力的执法司法保障。4 月，最高人民检察院印发《关于建立涉非公经济案件专项立案监督常态化工作机制的提示》，要求全国检察机关持续加强对越权管辖、以刑事手段插手经济纠纷、超数额查封扣押冻结、扣押个人合法财产和案外人财物等群众反映强烈问题的监督。7 月 14 日，最高人民检察院印发了《关于开展涉非公经济控告申诉案件清理和监督活动的通知》（本部分简称《通知》），组织全国检察机关开展涉非公经济控告申诉案件清理和监督活动，重点涉及 7 类非公企业和非公经济人士权益保障和权利救济案件。《通知》要求各级检察机关充分利用 12309 检察服务中心民营企业法律服务"绿色通道"，畅通涉非公经济控告申诉案件来源渠道。最高人民检察院为此在 12309 中国检察网开通"涉非公经济司法保护专区"，针对涉非公经济纠纷较为突出的案件类型，设置了"请求刑事立案监督""申请变更强制措施""控告""刑事申诉""申请民事监督""申请行政监督"6个分区。7月22日，最高人民检察院还印发了《关于充分发挥检察职能服务保障"六稳""六保"的意见》，提出加大对涉民营企业各类案件的法律监督力度，具体举措包括：加强立案监督，着重纠正涉及企业犯罪案件不应当立案而立和应立不立等突出问题，坚决防止和纠正以刑事案件名义插手民事纠纷、经济纠纷等各类违法行为；加大清理涉民营企业刑事诉讼"挂案"力度，推动建立长效机制，维护企业和当事人合法权益；加强涉企行政非诉执行监督，防止企业因不当强制执行措施陷入生产经营困境；加强控告申诉案件办理答复工作，对涉及民营企业的控告申诉案件进行集中清理和统一管理，做到件件有回音，事事有着落。

2020年，检察机关对经营中涉嫌犯罪的民营企业负责人依然坚持"少捕慎诉"的司法政策，依法从宽处理非公人员犯罪。3月，最高人民检察院启动涉案违法犯罪依法不捕、不诉、不判处实刑的企业合规监管试点工作，并确定上海市浦东新区、金山区检察院，广东省深圳市南山区、宝安区检察院，江苏省张家港市检察院，山东省郯城县检察院为试点单位。企业合规改革试点工作是指检察机关对于办理的涉企刑事案件，在依法作出不批准逮捕、不起诉决定或者根据认罪认罚从宽制度提出轻缓量刑建议的同时，督促涉案企业作出合规承诺并积极整改，促进企业合规守法经营，预防和减少企业违法犯罪。12月25日，最高人民检察院召开企业合规试点工作座谈会，张军检察长在会上指出："要加强理论研究，深化实践探索，稳慎有序扩大试点范围，以检察履职助力构建有中国特色的企业合规制度。"张军检察长还在讲话中强调，要严格推进试点工作：要落实好认罪认罚从宽制度，对于不捕、不诉的企业，可以敦促其作出合规承诺；要把合规承诺与'挂案'清理工作结合起来，给涉案企业一个明确的整改方向；刑事处罚和行政处罚要衔接好，督促涉案企业把合规承诺落实到位。

5. 加强未成年人检察工作。为充分发挥检察职能作用，进一步推进新时代未成年人全面综合司法保护，最高人民检察院于2020年4月21日印发了《关于加强新时代未成年人检察工作的意见》（本部分简称《意见》）。《意见》要求依法从严从快批捕、起诉侵害未成年人犯罪，依法惩处危害校园安全、监护侵害、侵害农村留守儿童和困境儿童犯罪，坚持依法从严提出量刑建议，积极建议适用从业禁止、禁止令。《意见》要求持续推进"一站式"办案机制，加强与公安机关沟通，努力实现性侵害未成年人案件提前介入、询问被害人同步录音录像全覆盖，2020年底各地市（州）至少建立1处未成年被害人"一站式"办案场所。

为切实加强对未成年人的全面综合司法保护，及时有效惩治侵害未成年人违法犯罪，最高人民检察院会同国家监察委员会、教育部、公安部、民政部、司法部、国家卫生健康委员会、中国共产主义青年团中央委员会、中华全国妇女联合会联合制定了《关于建立侵害未成年人案件强制报告制度的意见（试行）》（本部分简称

《强制报告意见》），于 5 月 7 日印发。侵害未成年人案件强制报告制度，是指有关报告义务主体在工作中发现未成年人遭受或者疑似遭受不法侵害以及面临不法侵害危险的，应当立即向公安机关报案或举报，推动及时发现、处置侵害未成年人犯罪。《强制报告意见》主要规定了以下 7 个方面内容：①明确了报告义务主体，以强化责任。②明确了应当报告的情形，便于准确把握。③规定了报告过程中的注意事项，为下一步及时准确处理案件创造有利条件。④对公安机关的查处和检察机关的监督工作进行了规范，确保及时依法处理控告和举报。⑤规定在报告、处置过程中注意保护救助未成年被害人。⑥强化履责保障。⑦建立制度落实的督促和追责机制。

为健全预防性侵未成年人违法犯罪机制，进一步加强对未成年人的全面保护，最高人民检察院会同教育部、公安部联合制定了《关于建立教职员工准入查询性侵违法犯罪信息制度的意见》（本部分简称《查询意见》）。《查询意见》明确规定：中小学校、幼儿园新招录教职员工前，教师资格认定机构在授予申请人教师资格前，应当进行性侵违法犯罪信息查询，对具有性侵违法犯罪记录的人员，不予录用或者不予认定教师资格。《查询意见》还就入职查询范围、适用入职查询的人员范围、查询方法、查询结果的应用及追责等作出了明确规定。

2020 年 10 月新修订的《未成年人保护法》[1] 明确规定了人民检察院通过行使检察权，对涉及未成年人的诉讼活动等依法进行监督。此次修订将近年来最高人民检察院会同相关部门力推的"强制报告""入职查询"相关机制以及禁止胁迫、引诱、教唆未成年人参加黑社会性质组织或者从事违法犯罪活动检察政策，以立法形式固定下来，并赋予了检察机关对未成年人保护更重责任和更高要求。施行已 21 年的《预防未成年人犯罪法》也于 2020 年底迎来首次大修，此次修订明确了人民检察院通过依法行使检察权，对未成年人重新犯罪预防工作等进行监督。12 月 24 日，最高人民检察院还下发通知，决定自 2021 年起，未成年人检察业务统一集中办理工作在全国检察机关稳步全面推开。这标志着全国检察机关涉未成年人刑事、民事、行政、公益诉讼检察业务将由分散办理平稳过渡到统一集中办理。

2020 年，检察机关从严追诉性侵、虐待未成年人和拐卖儿童等犯罪 5.7 万人。会同有关部门建成 1029 个"一站式"办案场所，促进询问、证据提取 1 次完成，尽力防止"二次伤害"。对监护人侵害和监护缺失，支持起诉、建议撤销监护人资格 513 件，是 2019 年的 6.3 倍。

6. 推进检察委员会工作规范化。2020 年 7 月 31 日，最高人民检察院公布了修订后的《人民检察院检察委员会工作规则》（本部分简称《工作规则》）。修订后的《工作规则》由原《人民检察院检察委员会组织条例》《人民检察院检察委员会议事和工作规则》修订整合而成。《工作规则》按照人民检察院组织法的规定，进一步细

---

〔1〕《未成年人保护法》，即《中华人民共和国未成年人保护法》，为表达方便，本书中涉及的我国法律直接使用简称，省去"中华人民共和国"字样，全书统一，不再赘述。

化落实司法责任制改革关于检察委员会运行机制的要求，明确了检察委员会作为人民检察院的办案组织和重大业务工作决策机构的职能定位。《工作规则》详细规定了检察委员会的组成人员、讨论决定的案件和事项范围、会议制度、会议程序、决定的执行和督办、办事机构等方面的问题，还对检察委员会工作的智能化、保密、司法责任的认定与追究等问题进行了明确。《工作规则》着眼于检察机关司法责任制改革后检察委员会面临的新形势、新任务，以规范检察委员会工作、保障检察委员会依法履行职责为目标，基本涵盖了检察委员会工作的主要方面，对进一步解决检察委员会工作中存在的突出问题、提高检察委员会工作的规范化水平将起到积极的推进作用。

7. 全面推进和规范检察听证工作。为深化履行法律监督职责，进一步加强和规范人民检察院以听证方式审查案件工作，切实促进司法公开，保障司法公正，提升司法公信，落实普法责任，促进矛盾化解，最高人民检察院制定了《人民检察院审查案件听证工作规定》（本部分简称《听证规定》），于2020年9月14日印发。

《听证规定》中所指听证，是指人民检察院对于符合条件的案件，组织召开听证会，就事实认定、法律适用和案件处理等问题听取听证员和其他参加人意见的案件审查活动。《听证规定》明确了召开听证会的案件范围：人民检察院办理羁押必要性审查案件、拟不起诉案件、刑事申诉案件、民事诉讼监督案件、行政诉讼监督案件、公益诉讼案件等，在事实认定、法律适用、案件处理等方面存在较大争议，或者有重大社会影响，需要当面听取当事人和其他相关人员意见的，经检察长批准，可以召开听证会。人民检察院办理审查逮捕案件，需要核实评估犯罪嫌疑人是否具有社会危险性、是否具有社会帮教条件的，可以召开听证会。其中拟不起诉案件、刑事申诉案件、民事诉讼监督案件、行政诉讼监督案件、公益诉讼案件的听证会一般公开举行；审查逮捕案件、羁押必要性审查案件以及当事人是未成年人案件的听证会一般不公开举行。《听证规定》还明确了听证会参加人的范围以及担任听证员的条件，并对听证会的程序作出了规定。

2020年1月至9月，最高人民检察院对13件案件组织了听证会，地方三级检察院对16 354件案件组织了听证会。其中，基层检察院14 359件，占87.8%；省级检察院、市级检察院1995件，占12.2%。在组织的听证会中，公开听证13 970件，占85.4%，主要集中在拟不起诉案件、刑事申诉案件、民事诉讼监督案件、行政诉讼监督案件和公益诉讼案件。不公开听证2384件，占14.6%，主要集中在审查逮捕案件、羁押必要性审查案件。

8. 惩治网络犯罪维护网络安全。2020年4月7日，最高人民检察院成立惩治网络犯罪维护网络安全研究指导组，并在最高人民检察院检察理论研究所设立网络犯罪理论研究中心，统筹协调做好深化打击惩治网络犯罪的各项工作，加强检察机关打击网络犯罪的研究和指导。2020年4月8日，最高人民检察院召开新闻发布会，通报全国检察机关打击网络犯罪工作情况，发布第十八批指导性案例，加强对各级检察机关办理网络犯罪案件的指导。6 月 10 日，最高人民检察院召开网络犯罪检察理论与实务专题研讨会，专家学者、互联网企业代表、检察官代表围绕打击网络犯罪、维护网络安全开展探讨。近年来，最高人民检察院联合有关部门共同开展打击治理电信网络新型违法犯罪专项行动、"净网"专项行动、综合整治骚扰电话专项行动等，加大对网络"黑灰产"司法治理力度。随着网络技术不断革新，网络犯罪手段不断翻新，新型网络犯罪不断涌现。检察机关针对办案中的新情况新问题，不断总结应对网络犯罪的新策略。各级检察机关将网络犯罪案件交由专门部门或办案组办理，以有效提升指控网络犯罪的精准度和检察官的专业度。最高人民检察院第一检察厅设立专门负责网络犯罪案件的办案组，加强对下办案指导。2020 年，检察机关起诉网络犯罪 14.2 万人，在刑事案件总量下降背景下，同比上升 47.9%。针对传统犯罪加速向网上蔓延态势，专设检察办案指导组，制定追诉、指控犯罪 65 条标准，用好专业人员辅助办案制度，助推依法从严治网。

9. 优化整合知识产权检察职能。2020 年 11 月 6 日，最高人民检察院以内部综合办案组织形式组建知识产权检察办公室，统筹推进知识产权刑事、民事、行政检察职能优化整合，加强知识产权综合性保护。此外，最高人民检察院还在北京、天津、上海等 8 省市检察机关开展了为期 1 年的知识产权检察职能集中统一履行试点工作，希望及时总结试点工作经验，待条件成熟时逐步推广。

10. 推动扫黑除恶专项斗争取得全面胜利。检察机关参与三年为期的专项斗争，一开始就明确提出"是黑恶犯罪一个不放过、不是黑恶犯罪一个不凑数"，最高人民检察院会同有关部门制定 9 个指导性文件，统一办案标准；对 150 起重大案件挂牌督导；省级检察院对涉黑和重大涉恶案件严格把关。2018 年以来，共批捕涉黑涉恶犯罪 14.9 万人，起诉 23 万人，其中起诉组织、领导、参加黑社会性质组织犯罪 5.4 万人，是前三年的 11.9 倍。对未以涉黑涉恶移送起诉的，依法认定 5732 件，占起诉数的 15.9%；以涉黑涉恶移送，依法不认定 2.1 万件，占受理数的 36.3%。坚持除恶务尽，起诉涉黑涉恶"保护伞"2987 人。结合办案推动重点行业领域依法治理，社会治安秩序明显改善：2000 年受理审查起诉刑事案件为近 4 年最低，严重暴力犯罪案件为近 20 年最低。[1]

四、公安机关司法改革举措

2020 年，公安部全面完成了公安部机构改革、行业公安管理体制调整和公安现役部队改革等重大改革任务，公安改革在一些重点领域和关键环节上取得了重大突破。

1. 2020 年全国公安厅局长会议。2020 年 1 月 18 日至 19 日，全国公安厅局长会议在北京举行。会议明确了 2020 年公安工作的重点，一是紧紧围绕打赢防范化解重

---

〔1〕 "最高人民检察院工作报告"，载 https：//www.spp.gov.cn/spp/gzbg/202103/t20210315_512731.shtml，最后访问日期 2021 年 6 月 1 日。

大风险攻坚战，扎实抓好维护国家政治安全和社会稳定各项措施的落实；二是牢牢把握公安工作现代化方向，大力加强维护国家政治安全和社会稳定能力建设；三是严格落实全面从严管党治警要求，着力锻造"四个铁一般"的高素质过硬公安铁军。

关于推进公安工作现代化，会议强调，要继续深化公安机关机构改革，着力提升公安工作整体效能；要积极推进公安大数据智能化建设应用，着力提升公安机关核心战斗力；要深入推进法治公安建设，着力提升公安工作法治化水平和执法公信力；要大力加强基层所队建设，不断增强基层实力、激发基层活力、提升基层战斗力。

2. 深化公安人才体制机制改革。2020年5月，公安部党委印发《关于创新完善新时代公安人才发展机制的意见》（本部分简称《意见》），坚持党管干部、党管人才原则，把对党忠诚作为公安人才建设的首要标准，紧扣维护国家政治安全和社会稳定形势任务，突出实战实用实效导向，抓重点、补短板、强弱项，推动解决制约公安人才发展的体制机制问题，最大限度激发人才创新创造活力，为引得进、留得住、用得好公安人才提供坚实保障。根据《意见》关于"分级分类建立专家人才库"的部署，公安部政治部配套印发了《公安机关专家人才库建设管理办法（试行）》，按照"服务实战、以用为本、共享互补、建管并重"的思路，对专家人才库建设工作作出细化规定，明确了入库专家遴选条件、选聘程序、调配使用以及考核评价、支持激励等方面的具体操作性办法，切实发挥各类专家人才服务公安实战的引领支撑作用。[1]

3. 深化公安执法规范化建设。2020年，公安机关坚持不懈推进执法规范化建设，法治公安建设迈出新步伐。8月10日，公安部部长赵克志代表国务院向十三届全国人大常委会第二十一次会议作了《国务院关于公安机关执法规范化建设工作情况的报告》（本部分简称《报告》）。《报告》介绍了公安机关执法规范化建设基本情况与面临的问题和挑战，并就下一步工作措施和建议作出了安排。9月21日，全国公安机关深化执法规范化建设视频推进会召开。会议要求，要深入推进执法监督管理机制改革，强力推动执法规范化建设向纵深发展。要靠前指导、精准服务，聚焦防范化解重大执法风险，加强研究协调，强化法治保障，切实为维护国家政治安全和社会稳定提供坚实支撑。要找准症结、深化改革，强化全流程执法监督管理，强化现场执法和受立案监督，健全法制审核机制，严格奖惩问责，增强执法监督管理的刚性和系统性。要因地制宜、分类推进，按时保质完成执法办案管理中心建设任务，注重使用效能，充分发挥管理作用，着眼实战需要，为执法办案提供全面高效保障。要科技助力、深度应用，持续深化执法信息化建设，加强执法全流程记录监管，提升执法办案的智能化水平，深化执法大数据应用，推动执法规范化建设提

---

〔1〕 参见"公安部党委印发意见要求 创新完善新时代公安人才发展机制 突出实战实用实效导向 激发人才创新创造活力"，载《人民公安报》2020年5月18日，第1版。

速升级。要紧贴实战、创新形式，深入开展大练兵活动，强化执法实战能力培训，积极组织开展法律知识竞赛，进一步深化执法资格等级考试制度，不断提升全警法治素养和执法水平。要紧密结合"坚持政治建警全面从严治警"教育整顿，强化政治建警，整治顽瘴痼疾，强化总结提升，以教育整顿促进规范化建设，以规范化建设固化教育整顿成果。

4. 加快执法办案管理中心建设。执法办案管理中心建设实现了科技与执法深度融合，使打击犯罪更精准、执法办案更透明、执法公信力有了新提升，让人民群众在一项项执法活动、一起起案件办理中更多地感受到了公平正义。这是公安机关深入推进法治公安、智慧警务建设的一个重要举措，也是深化警务运行机制改革实践的一个生动缩影。2020年，公安部认真总结推广北京市公安局开展执法办案管理中心建设的经验，强化典型引路，推动全国公安机关不断完善执法机制、规范执法流程、深化执法公开、强化执法监督，着力构建系统完备的执法管理监督制约体系，努力从源头上减少不作为、乱作为和办"关系案"等执法突出问题的发生，确保执法权始终在法治轨道上运行。截至4月底，全国市县两级公安机关已建成执法办案管理中心1127个（截至8月，已增加到1274个），27个省级公安机关实现了涉案财物信息化管理。

5. 推进执法监督管理机制改革。2020年，公安机关深入推进执法权力运行机制改革，着力构建系统完备的执法管理监督制约体系，有效提升执法质效和执法公信力，确保执法权力始终在法治轨道上健康运行。

8月27日，全国公安机关深化执法监督管理体制改革会议在北京召开。会议指出，要按照政法领域全面深化改革推进会的部署要求，聚焦建设法治公安目标，着眼解决执法突出问题，以深化执法规范化建设为抓手，以强化执法权力监督制约为突破口，深入推进公安执法监督管理机制改革，着力构建系统严密、运行高效的执法监督管理体系，不断提升公安工作法治化水平和公安机关执法公信力。公安部长赵克志从厘清公安执法权责边界，加强执法全流程管理，强化执法权力监督制约等几个方面对推进公安执法监督管理机制改革工作提出了具体要求。

6. 落实全面从严管党治警。公安机关部署开展"坚持政治建警全面从严治警"教育整顿，落实领导挂点联系制度，指导开展试点工作，掀起一场政治建警、从严治警的"延安整风"。启动对省级公安机关党委班子政治督察，压实全面从严管党治警责任，进一步整饬了警风、纯洁了队伍。创新思想政治工作，深化全警实战大练兵，狠抓爱警暖警措施落实，进一步凝聚了警心、激励了斗志。2020年10月，全国水上公安机关实战大练兵比武演练举行，全面检验和充分展示全国水上公安机关水域执法处置练兵成效；2020年12月，全国公安经侦部门实战大练兵推进会召开，深入总结经侦系统实战大练兵情况，分析面临的形势，对2021年实战大练兵工作进行了研究部署。[1]

7. 健全社会治安防控体系。公安机关坚持发展新时代"枫桥经验"，扎实开展"百万警进千万家"活动，排查化解矛盾纠纷 601 万起，切实履行了维护辖区稳定、守护一方平安、服务人民群众、推进社区治理的职责任务；加快立体化、信息化社会治安防控体系建设，大力实施公安大数据战略，全力构建大数据智能应用新生态，推进信息数据融合共享，加强智能化实战应用，不断提高对风险隐患的预测预警预防能力。

8. 严惩袭警违法犯罪。为切实维护国家法律尊严，维护民警执法权威，保障民警人身安全，依法惩治袭警违法犯罪行为，公安部会同最高人民法院、最高人民检察院联合制定了《关于依法惩治袭警违法犯罪行为的指导意见》（本部分简称《指导意见》），于 2020 年 1 月 10 日正式发布。这是我国第一部由"两高一部"联合出台的专门惩处袭警违法犯罪行为的规范性文件。《指导意见》进一步明确了惩治袭警违法犯罪行为的法律适用，突出了实际操作性，体现了司法机关对袭警违法犯罪行为依法严厉惩治、绝不姑息的决心和态度。《指导意见》主要包括 6 方面内容：一是明确了袭警行为的入罪标准；二是加大了惩处力度；三是规定了构成其他严重犯罪的处理原则；四是明确了对民警非工作时间履行职务和非执行职务期间的保护；五是明确了公检法机关办理此类案件的工作要求；六是加强法制宣传教育。

8 月 10 日，公安部部长赵克志在代表国务院向第十三届全国人大常委会第二十一次会议所作的《国务院关于公安机关执法规范化建设工作情况的报告（2020）》中建议全国人大常委会在《刑法修正案（十一）》中单独规定袭警罪，为严惩袭警行为提供强有力的法律武器。十三届全国人民代表大会常务委员会第二十四次会议通过的《刑法修正案（十一）》将刑法第 277 条第 5 款修改为："暴力袭击正在依法执行职务的人民警察的，处三年以下有期徒刑、拘役或者管制；使用枪支、管制刀具，或者以驾驶机动车撞击等手段，严重危及其人身安全的，处三年以上七年以下有期徒刑。"2021 年 2 月 26 日发布的最高人民法院、最高人民检察院《关于执行〈中华人民共和国刑法〉确定罪名的补充规定（七）》正式确定了"袭警罪"这一罪名。

五、司法行政机关司法改革举措

2020 年，司法部着眼于解决司法行政工作中的体制性、机制性、政策性问题，根据《关于政法领域全面深化改革的实施意见》《全面深化司法行政改革纲要（2018—2022 年）》分工方案和责任分解表要求，制定出台了《2020 年司法行政改革任务清单》《2020 年司法行政改革亮点工作台账》，推出深化行政执法体制机制改革、健全刑事执行体制机制、完善公共法律服务体系等一系列改革举措。

---

〔1〕 "公安部召开发布会 通报 2020 年公安工作主要情况"，载 http://news.cpd.com.cn/n3559/202101/t20210121_ 951391. html，最后访问日期：2021 年 3 月 1 日。

1. 健全完善行政处罚和行业惩戒衔接机制。2020 年 3 月 25 日，司法部公共法律服务管理局、中国公证协会发布《关于加强公证行业惩戒工作 健全完善行政处罚和行业惩戒衔接机制的通知》。该《通知》强调，要完善司法行政机关和公证协会惩戒工作衔接机制。司法行政机关与公证协会在履行监管职责方面要依法分工、各有侧重，建立健全重要决策会商、重要情况沟通、重要信息共享工作机制。

2. 推进执法规范化建设。2020 年 9 月 30 日，司法部"行政执法监督批评建议"平台在中国法律服务网上线运行。该平台不同于投诉举报和案件办理平台，是行政执法监督工作听取群众批评意见建议的制度，重点征集意见建议的范围，包括各地区、各部门全面推行行政执法"三项制度"，行政执法机关和人员执法不作为、乱作为，选择性执法、执法不公，行政执法人员执法方式不文明、存在"暴力执法"，行政执法队伍规范化制度化建设和行政执法人员培训，指导、监督各地区各部门行政执法工作等 6 个方面。

3. 完善社区矫正工作机制。为做好《社区矫正法》的贯彻实施，进一步推进和规范社区矫正工作，司法部会同最高人民法院、最高人民检察院、公安部制定了《中华人民共和国社区矫正法实施办法》（本部分简称《实施办法》），于 2020 年 6 月 18 日印发，自 2020 年 7 月 1 日起施行。《实施办法》是与《社区矫正法》同步配套的规范性文件，其主要内容包括：对人民法院、人民检察院、公安机关、司法行政机关、监狱管理机关以及监狱、社区矫正机构在社区矫正工作中的职能作用作出了明确规定；按照社区矫正工作程序，对社区矫正各项措施作出明确了规定，规范调查评估、接收入矫、监管教育、解除矫正各工作环节。《实施办法》构建了科学高效的社区矫正执法体系，有助于提升社区矫正工作的规范化、法治化水平。此外，司法部分别于 9 月 16 日和 9 月 23 日举办了 2 期全国社区矫正教育管理工作培训班，进一步提高了社区矫正教育管理工作水平。

4. 完善公共法律服务体系建设。2020 年，各地司法行政机关立足实际，不断完善公共法律服务体系，提高公共法律服务能力水平。截至 2021 年 1 月，包括公共法律服务中心、工作站、工作室在内，全国已建成 56.6 万个服务站点。2020 年为 1800 万人次提供服务。中国法律服务网、12348 热线全面建成，网络平台、实体平台、热线平台融合发展，服务覆盖面、服务能力、服务质量不断提升。其中，中国法律服务网累计访问 22 亿人次，法律咨询 1200 万人次，在线办事 180 余万件。2020 年，全国司法所直接参与调解各类矛盾纠纷 290 余万件，开展法治宣传 200 余万次，解答法律咨询 420 余万人次，为基层政府提供法律意见建议近 18 万条。

5. 推进刑事案件律师辩护全覆盖和律师调解试点工作。2020 年，司法部继续推进刑事案件律师辩护全覆盖和律师调解试点工作，取得了显著成效。截至 2021 年 2 月，共计在全国 2368 个县（市、区）开展刑事案件律师辩护试点工作，北京等 16 个省（区、市）和兵团实现县域全覆盖。因开展试点扩大通知辩护案件 59 万件，值班律师提供法律帮助的案件 48 万余件。共计在全国 2600 多个县（市、区）开展律师调解试点工作，在法院、公共法律服务中心（站）、律师协会和律师事务所共设立律师调解工作室 8600 多个，列入调解名册的律师事务所 9500 多家，律师调解员 4.9 万多人，各地律师调解工作室（中心）调解案件 25 万多件，达成调解协议 8.5 万多件，疫情防控期间调解案件 1.8 万多件。

6. 构建新时代大调解工作格局。2019 年 5 月，司法部召开了首次全国调解工作会议，明确提出构建以人民调解为基础，人民调解、行政调解、行业性专业性调解、司法调解优势互补、有机衔接、协调联动的大调解工作格局。2020 年，全国司法行政机关积极推进构建大调解工作格局，充分发挥人民调解在矛盾纠纷多元化解机制中的基础性作用。全国共有人民调解委员会 70 余万个，人民调解员 320 余万人；医疗纠纷、道路交通、劳动争议、物业管理等行业性、专业性人民调解组织 3.6 万个；派驻法院、公安、信访等部门人民调解组织 2.7 万个。2020 年，全国人民调解组织共排查矛盾纠纷 450 余万次，调解矛盾纠纷 800 万件。12 月 30 日，司法部发布了司法行政行业标准《全国人民调解工作规范》，对人民调解组织、人民调解员、调解程序、调解制度、工作保障和工作指导作出了明确规定，提升了人民调解工作的规范化水平。

7. 完善法律援助制度。2020 年，全国法律援助机构共办结法律援助案件近 140 万件，受援人达 216 万余人次，接待群众咨询近 1500 万人次。5 月至 12 月，司法部在全国部署开展"法援惠民生 扶贫奔小康"品牌活动。各地司法行政机关和法律援助机构深化法律援助便民惠民措施，创新法律援助服务方式，提高法律援助服务质量，主动服务疫情防控和经济社会发展，有效助力企业复工复产，为困难群众提供了覆盖城乡、便捷高效、普惠均等的法律援助服务。

2020 年，司法部制定（或联合制定）了多部涉及法律援助工作的规范性文件，进一步完善了法律援助制度。为进一步健全完善法律援助值班律师工作机制，使犯罪嫌疑人、被告人在刑事诉讼各个阶段获得有效的法律帮助，司法部会同最高人民法院、最高人民检察院、公安部、国家安全部联合印发了《法律援助值班律师工作办法》，就值班律师工作职责、运行模式、监督管理、部门协作、经费保障等问题作出了规定。2020 年，值班律师提供法律咨询近 57 万人次，办理法律援助案件达 74 万余件，参与办理认罪认罚从宽案件 68 万余件。

为保障符合条件的劳动者特别是贫困农民工及时获得法律援助服务，司法部会同人社部、财政部联合制定了《关于进一步加强劳动人事争议调解仲裁法律援助工作的意见》（本部分简称《意见》），于 2020 年 6 月发布。《意见》围绕建立健全调解仲裁法律援助协作机制、扩大调解仲裁法律援助范围、规范调解仲裁法律援助程序、健全便民服务机制、加强组织领导提出了具体的工作要求。2020 年，全国法律援助机构共办理农民工法援案件 48 万余件，为 53 万余人次农民工提供了法律援助服务，中国法律服务网"农民工欠薪求助绿色通道"累计访问达 2 万余人次，其中，"讨薪咨询"5973 件，"问题反映"2842 件，转地方法律援助机构办理欠薪案件 1332

件，涉及农民工 10 万余人。

为加强未成年人法律援助工作，规范未成年人法律援助案件的办理，司法部公共法律服务管理局与中华全国律师协会联合制定了《未成年人法律援助服务指引（试行）》（本部分简称《指引》），于 2020 年 9 月印发。《指引》明确了法律援助机构指派未成年人案件和办理未成年人法律援助案件的基本要求，并详细规定了性侵害未成年人案件、监护人侵害未成年人权益案件和学生伤害事故案件的办理标准和服务要求。2020 年，全国法律援助机构共办理未成年人法援案件 11 万余件，为 12 万余人次未成年人提供了法律援助服务。

8. 推进司法鉴定改革。2020 年 11 月 2 日，司法部发布《关于进一步深化改革强化监管 提高司法鉴定质量和公信力的意见》。从加强司法鉴定行业党的建设、加强鉴定机构管理、加强鉴定人队伍建设、加强质量建设、加强科技信息化建设、强化公益属性、加强监督管理等 7 个方面提出了 34 项改革举措与管理措施。

9. 推进"一带一路"国际商事法律服务。2020 年 12 月 1 日，司法部、陕西省政府举办中国—上海合作组织法律服务委员会西安中心、"一带一路"律师联盟西安中心、西安"一带一路"国际商事争端解决中心和国家生物安全证据基地揭牌仪式，在西安建设"一带一路"国际商事法律服务示范区，着力推动共建"一带一路"高质量发展，着力服务建设更高水平开放型经济，着力建立高效便捷多元争端解决机制，着力服务国际合作实现互利共赢，进一步加强法律服务国际交流与合作。〔1〕

---

〔1〕 "'一带一路'国际商事法律服务示范区'三个中心''一个基地'揭牌仪式在西安举行"，载 http：//www. moj. gov. cn/pub/sfbgw/gwxw/tpxw/202012/t20201201_163400. html，最后访问日期：2020 年 12 月 30 日。

第二章
中国诉讼法的立法发展

第一节 刑事诉讼法的立法发展 *

一、《关于加强和规范补充侦查工作的指导意见》

为进一步完善以证据为核心的刑事指控体系，加强和规范补充侦查工作，提高办案质效，确保公正司法，最高人民检察院、公安部共同制定了《关于加强和规范补充侦查工作的指导意见》（本部分简称《指导意见》），于 2020 年 3 月 27 日印发并于同日正式实施。

《指导意见》共 23 条。人民检察院审查逮捕提出补充侦查意见，审查起诉退回补充侦查、自行补充侦查，要求公安机关提供证据材料，要求公安机关对证据的合法性作出说明等情形，均适用《指导意见》的相关规定。《指导意见》的主要内容包括：①就强化检察机关与公安机关的沟通、配合提出了要求。②明确规定人民检察院开展补充侦查工作，应当书面列出补充侦查提纲。③明确规定人民检察院在审查起诉过程中，自行补充侦查更为适宜的，可以依法自行开展侦查工作。④对证据收集的合法性提出了明确要求。⑤对调取有关证据材料作出了明确规定。⑥明确规定了退回补充侦查的有关情形和一般不退回补充侦查的 6 种情形，并就案件补充侦查期限届满、原认定的犯罪事实有重大变化如何处理，建立联席会议、情况通报会工作机制等问题作了具体规定。

二、《公安机关办理刑事案件程序规定》

为全面贯彻实施修改后的刑事诉讼法等法律并适应有关改革的要求，公安部对《公安机关办理刑事案件程序规定》（本部分简称《规定》）进行了全面修改完善。

---

* 执笔人：中国政法大学诉讼法学研究院朱卿讲师。

修正后的《规定》于 2020 年 7 月 20 日正式发布，并于同年 9 月 1 日起施行。

此次《规定》的修改全面吸收了近年来司法体制改革和公安机关执法规范化建设的成果，对原《规定》条文修改 119 条、删除 7 条、新增 16 条。修改后的《规定》共 14 章 388 条，修改要点主要包括：

1. 完善了侦查制度。主要是完善了非法证据排除制度和讯问制度，此外还进一步完善了辨认程序，扩展了应当录音录像的侦查活动范围。

2. 落实了修改后的刑事诉讼法关于认罪认罚从宽制度的相关规定。①增加了看守所值班律师为犯罪嫌疑人、被告人提供法律帮助的内容。②要求在讯问前，应当告知犯罪嫌疑人关于认罪认罚从宽的法律规定。③要求对于犯罪嫌疑人自愿认罪认罚的，应当在提请批准逮捕书、起诉意见书中写明情况。④规定公安机关认为符合速裁程序适用条件的，可以在移送审查起诉时向人民检察院提出适用建议。

3. 完善了强制措施制度。一是完善了对未成年犯罪嫌疑人保证金的收取制度；二是完善了拘留措施。此外还对取保候审、监视居住的具体执行程序作了修改完善。

4. 进一步完善了受立案制度。一是进一步规范了接报案程序；二是规范了立案审查程序；三是完善了行政执法与刑事执法衔接机制。

5. 进一步完善了涉案财物的管理、处置机制。一是完善了涉案财物管理机制，明确要求公安机关建立涉案财物的办案与管理分离制约机制和统一保管、专人保管机制，加强监督管理力度；二是依法保障当事人的财产权利；三是完善了冻结措施；四是完善了有关涉案财物提前返还程序。

除上述要点之外，《规定》还根据新出台的监察法、国际刑事司法协助法等法律，明确了公安机关的管辖范围，完善了国际司法协助等程序。

三、《法律援助值班律师工作办法》

为正确实施刑事诉讼法关于值班律师的相关规定，完善值班律师工作机制，依法为没有辩护人的犯罪嫌疑人、被告人提供有效的法律帮助，促进公正司法和人权保障，最高人民法院、最高人民检察院、公安部、国家安全部、司法部联合制定了《法律援助值班律师工作办法》（本部分简称《办法》），于 2020 年 8 月 20 日印发并于同日正式施行。

《办法》共 5 章 36 条，着眼于发挥值班律师制度在刑事诉讼中的重要作用，注重总结刑事诉讼制度改革成果，就值班律师工作职责、运行模式、监督管理、部门协作、经费保障等问题作出了规定。《办法》的主要内容包括：①明确了值班律师的内涵、工作原则、组织实施部门及相关职责。②明确了值班律师的法定职责，细化了值班律师提供法律咨询、帮助申请变更强制措施、犯罪嫌疑人签署认罪认罚具结书在场提供法律帮助的具体要求。③规定了人民法院、人民检察院、公安机关、司法行政机关在保障值班律师工作中应当履行的义务，法律援助机构及值班律师履职要求，值班律师会见、阅卷权利的保障等。④规定了法律援助工作站的设置、值班律师工作管辖、法律帮助补贴标准，明确建立值班律师各项工作制度，健全人民法院、人民检察院、公安机关、司法行政机关会商通报机制，以及司法行政机关、法律援助机构、律师协会对值班律师履行相应的监管和指导职责。

值得注意的是，《办法》在吸收"两高三部"《关于适用认罪认罚从宽制度的指导意见》的基础上，对值班律师在认罪认罚案件中的角色定位进行了细化，明确规定了值班律师在认罪认罚案件中的法律帮助职责，具体包括：提供法律咨询，包括告知涉嫌或指控的罪名、相关法律规定、认罪认罚的性质和法律后果，释明从宽从重处罚的情节以及认罪认罚的从宽幅度等；提出程序适用的建议；帮助申请变更强制措施；对检察机关定罪、量刑建议提出意见；就案件处理，向人民法院、人民检察院、公安机关提出意见；引导、帮助犯罪嫌疑人、被告人及其近亲属申请法律援助等。

四、《公安部刑事案件管辖分工规定》

根据刑法、刑事诉讼法及其他有关法律规定，结合国家监察体制改革、公安机关机构改革、公安部机关内设机构改革情况，从加强对刑事案件发案形势、发案规律、打防策略研究和组织、指导、监督地方公安机关办理刑事案件的实际需要出发，公安部对各有关业务部门刑事案件管辖分工进行了调整，制定了《公安部刑事案件管辖分工规定》（本部分简称《规定》），2020年9月1日印发并于同日正式施行。

《规定》详细列举了政治安全保卫局管辖案件范围（共30种），经济犯罪侦查局管辖案件范围（共77种），治安管理局管辖案件范围（共76种），防范和处理邪教犯罪工作局管辖案件范围（共2种），刑事侦查局管辖案件范围（共119种），反恐怖局管辖案件范围（共7种），食品药品犯罪侦查局管辖案件范围（共33种），铁路公安局管辖案件范围，网络安全保卫局管辖案件范围（共11种），海关总署缉私局管辖案件范围（共15种），中国民用航空局公安局管辖案件范围，交通管理局管辖案件范围（共2种），禁毒局管辖案件范围（共11种）以及国家移民管理局管辖案件范围（共7种）。

五、《人民检察院办理刑事申诉案件规定》

随着刑事诉讼法的修改、司法责任制改革和检察机关内设机构改革的全面实施，刑事申诉检察工作的形势和任务发生了重大变化。自2014年10月起施行的《人民检察院复查刑事申诉案件规定》（本部分简称《复查规定》）需要作出调整和完善。2019年5月，最高人民检察院启动了《复查规定》的修改工作。2020年5月19日，最高人民检察院第十三届检察委员会第三十八次会议通过了《人民检察院办理刑事申诉案件规定》（本部分简称《规定》），9月22日《规定》正式印发并于同日施行。

修改后的《规定》共7章66条。修改涉及的主要问题包括：①将原名称"人民检察院复查刑事申诉案件规定"修改为"人民检察院办理刑事申诉案件规定"。②在总则中进一步强调办理刑事申诉案件在维护社会和谐稳定中的作用，增加规定了"释法说理，化解矛盾"原则。根据检察机关内设机构改革后刑事申诉办案机制的变化情况，新增规定刑事申诉案件适用不同程序办理。明确"人民检察院办理刑事申诉案件，应当根据案件具体情况进行审查和复查，繁简分流，规范有序，切实提高案件办理质效"。同时，将"依法保障律师执业权利"调整到总则中。③结合检察机关内设机构改革情况，对刑事申诉案件的部门管辖分工作出了调整。④对接收刑事申诉案件后的处理要求作了进一步补充完善。⑤重点对刑事申诉案件的审查办理机制作出新的明确规定，包括控告申诉检察部门对刑事申诉案件的审查职责和对首次申诉案件的调卷审查权、审查结案的条件、移送案件的条件、移送案件的程序和移送材料要求、刑事检察部门对移送案件的办理要求、审查刑事申诉案件的办案时限、上级检察院可以将案件交下级检察院重新办理的情形和审查刑事申诉案件制作相关文书的要求等8个方面的问题。⑥对复查程序稍作修改，主要涉及承办人员的要求与处理审批程序，不服检察机关诉讼终结的刑事处理决定申诉案件的复查和不服法院已经发生法律效力的刑事判决、裁定申诉案件的复查。此外，《规定》还对法律文书制作作出了新的规定，对公开听证、公开答复等公开办理刑事申诉案件方式提出了明确要求。

六、《关于规范量刑程序若干问题的意见》

2010年，最高人民法院、最高人民检察院、公安部、国家安全部、司法部联合印发了《关于规范量刑程序若干问题的意见（试行）》（本部分简称《试行意见》）。《试行意见》建立了相对独立的量刑程序，引入了量刑建议，强化了量刑说理，对于规范量刑程序，促进量刑公开公正，提高人民群众满意度和司法公信力发挥了积极作用。近年来，随着多个刑法修正案的出台和刑事诉讼法的修改，关于量刑情节和量刑程序的相关规定有了新的变化，特别是2018年《刑事诉讼法》修改确立了认罪认罚从宽制度，明确了量刑建议的法律依据和新的办案要求。为进一步巩固量刑程序改革成果，进一步规范和完善量刑程序，深入推进以审判为中心的刑事诉讼制度改革，依法落实认罪认罚从宽制度，"两高三部"于2019年6月启动了《试行意见》的修订工作。2020年11月5日，"两高三部"联合印发了修订后的《关于规范量刑程序若干问题的意见》（本部分简称《意见》），并自11月6日起正式施行。

《意见》在原《试行意见》的基础上，增加了10条规定，并对相关条文作了修改，全文共28条。《意见》的主要内容包括：

1. 进一步明确庭审量刑程序的相对独立性。《意见》明确规定，人民法院审理刑事案件，在法庭审理中应当保障量刑程序的相对独立性，并分别对适用速裁程序、简易程序审理的案件，以及适用普通程序审理的认罪和不认罪案件的庭审量刑程序作出了具体规定。

2. 进一步规范了量刑建议。《意见》明确规定，人民检察院在审查起诉中应当规范量刑建议，并进一步明确了提出量刑建议的条件、量刑建议的内容、量刑建议的方式以及量刑建议的调整等内容。

3. 进一步明确了量刑事实的调查取证以及量刑事实的调查核实，确保定罪量刑事实清楚，证据确实、充分。《意见》要求，侦查机关、人民检察院应当全面收集、审查、移送量刑证据，在法庭调查中，人民法院应当查明相关量刑事实。《意见》还对委托调查评估作出了规定。

4. 进一步明确了被告人、被害人诉讼权利的保障，让被告人、被害人参与到量刑当中来。其一，依法保障被告人的辩护权；其二，被告人及其辩护人、被害人及其诉讼代理人有权申请调取量刑证据；其三，自诉人、被告人及其辩护人、被害人及其诉讼代理人有权提出量刑意见。

5. 进一步规范了对量刑建议的审查、采纳与调整，增强了量刑的说理性。《意见》要求，对于人民检察院提出的量刑建议，人民法院应当依法审查；人民法院应当根据审理查明的事实，就定罪和量刑听取控辩双方意见，依法作出裁判；人民法院应当在刑事裁判文书中说明量刑理由。

第二节　民事诉讼的立法发展[*]

一、2020 年民事诉讼立法发展概况

2020 年国家立法机关没有对民事诉讼法及其相关法律进行修改。2020 年度民事诉讼法的立法发展主要体现为最高人民法院修改和发布的一系列司法解释。

二、最高人民法院制定的有关民事诉讼的司法解释

（一）《关于证券纠纷代表人诉讼若干问题的规定》（法释〔2020〕5 号）

2020 年 7 月 23 日，最高人民法院审判委员会第 1808 次会议通过《关于证券纠纷代表人诉讼若干问题的规定》（本部分简称《规定》），2020 年 7 月 30 日最高人民法院以"法释〔2020〕5 号"公布，自 2020 年 7 月 31 日起施行。

《规定》共 42 条，分为"一般规定""普通代表人诉讼""特别代表人诉讼"和"附则"4 个部分。主要包括以下内容：①将证券代表人诉讼分为普通代表人诉讼和特别代表人诉讼。普通代表人诉讼是指依据民事诉讼法第 53 条、第 54 条、证券法第 95 条第 1 款、第 2 款的规定提起的诉讼；特别代表人诉讼是指依据证券法第 95 条第 3 款提起的代表人诉讼。②细化了证券代表人诉讼的程序规定，包括先行审查、代表人的推选、审理与判决、执行与分配等。③规定了代表人诉讼的启动条件、代表人的推选方式、代表人的权限范围、调解协议草案的审查、重大诉讼事项的审查、代表人放弃上诉的处理、特别代表人诉讼的启动等实践中容易形成争议的内容。④强调发挥投资者保护机构和证券登记结算机构的职能作用，依托信息化技术手段开展各项工作，提高审判执行的公正性、高效性和透明度。

---

[*] 执笔人：中国政法大学诉讼法学研究院谭秋桂教授。

《规定》的颁行，对于落实证券法的规定，进一步完善符合中国国情、具有中国特色的证券集体诉讼制度，强化证券违法民事赔偿的功能作用，有效惩治资本市场证券违法违规行为，保护投资者合法权益，维护资本市场健康发展，都具有十分重要的意义。

（二）《关于知识产权民事诉讼证据的若干规定》（法释〔2020〕12号）

2020年11月9日最高人民法院审判委员会第1815次会议通过《关于知识产权民事诉讼证据的若干规定》（本部分简称《规定》），2020年11月16日，最高人民法院以"法释〔2020〕12号"公布，自2020年11月18日起施行。

《规定》共33条，规定了知识产权民事诉讼证据的特殊举证规则、证明责任分配规则、证据认定规则、证据保全的审查与裁定规则、鉴定的程序以及鉴定意见的审查规则、证明妨害的处理规则、证人和专家辅助人出庭作证的规则、技术调查官参加案件审理的规则等内容。

最高人民法院结合知识产权民事审判的实际情况，专门规定知识产权民事诉讼证据的特别规则，有利于保障和便利当事人依法行使诉讼权利，保证人民法院公正、及时审理知识产权民事案件。

（三）《关于修改〈关于内地与澳门特别行政区法院就民商事案件相互委托送达司法文书和调取证据的安排〉的决定》（法释〔2020〕1号）

根据《澳门特别行政区基本法》第93条的规定，最高人民法院与澳门特别行政区经协商，对2001年签署的《关于内地与澳门特别行政区法院就民商事案件相互委托送达司法文书和调取证据的安排》（本部分简称《安排》）进行了修改。2019年12月30日最高人民法院审判委员会第1790次会议通过《安排》的修改文本，于2020年1月14日签署并于同日以"法释〔2020〕1号"公布。《安排》的修改文本自2020年3月1日起生效。

《关于修改〈关于内地与澳门特别行政区法院就民商事案件相互委托送达司法文书和调取证据的安排〉的决定》（本部分简称《修改决定》）共11条，包括增加规定经与澳门特别行政区终审法院协商，最高人民法院可以授权部分中级人民法院、基层人民法院与澳门特别行政区终审法院相互委托送达和调取证据；增加规定相互委托送达司法文书和调取证据的方式；增加规定受委托方法院可以根据委托方法院的请求，并经证人、鉴定人同意，协助安排其辖区的证人、鉴定人通过视频、音频作证。《修改决定》规定，根据本决定对《安排》作相应修改并调整条文顺序后，重新公布。

《修改决定》完善了内地与澳门特别行政区法院民商事案件相互委托送达司法文书和调查取证的制度安排，有利于提高内地与澳门特别行政区法院司法互助的效率。

（四）《关于审理食品安全民事纠纷案件适用法律若干问题的解释（一）》（法释〔2020〕14号）

2020年10月19日最高人民法院审判委员会第1813次会议通过《关于审理食品安

全民事纠纷案件适用法律若干问题的解释（一）》（本部分简称《解释（一）》），2020 年 12 月 8 日最高人民法院以"法释〔2020〕14 号"公布，自 2021 年 1 月 1 日起施行。

《解释（一）》共 14 条，规定了食品安全民事纠纷案件的责任主体、"明知是不符合食品安全标准的食品"的"明知"的认定标准、惩罚性赔偿责任的法律适用、涉食品安全民事公益诉讼的受理条件等内容。

《解释（一）》的颁行，对于正确审理食品安全民事纠纷案件，保障公众身体健康和生命安全，维护消费者合法权益，贯彻落实《民法典》《食品安全法》《消费者权益保护法》《民事诉讼法》等法律的规定，具有重要意义。

（五）《关于审理涉船员纠纷案件若干问题的规定》（法释〔2020〕11 号）

2020 年 6 月 8 日，最高人民法院审判委员会第 1803 次会议通过《关于审理涉船员纠纷案件若干问题的规定》（本部分简称《规定》），2020 年 9 月 27 日最高人民法院以"法释〔2020〕11 号"公布，自 2020 年 9 月 29 日起施行。

《规定》共 21 条，规定了涉船员纠纷案件的适用程序、管辖、船舶优先权事项的处理规则、先行支付紧急救助费用的条件、船员工资的确定办法、具有涉外因素纠纷的法律适用等内容。

《规定》的颁行，对于妥适解决涉船员纠纷案件，维护船员的合法权益，具有重要意义。

（六）《关于审理侵犯商业秘密民事案件适用法律若干问题的规定》（法释〔2020〕7 号）

2020 年 8 月 24 日，最高人民法院审判委员会第 1810 次会议通过《关于审理侵犯商业秘密民事案件适用法律若干问题的规定》（本部分简称《规定》），2020 年 9 月 10 日最高人民法院以"法释〔2020〕7 号"公布，自 2020 年 9 月 12 日起施行。

《规定》共 29 条，明确了商业秘密涉及的技术信息、经营信息的具体范围及其除外情形，权利人是否采取保密措施的认定标准，信息是否具有商业价值的认定标准，具有获取商业秘密可能的因素，认定被诉侵权信息与商业秘密是否构成实质相同可考虑的因素，裁定采取行为保全措施的条件，确定赔偿数额的影响因素，诉讼过程中的保密措施，涉商业秘密刑事和民事案件关系的处理等内容。

《规定》的颁行，对于规范涉商业秘密民事案件的审理具有重要意义。

（七）《关于审理劳动争议案件适用法律问题的解释（一）》（法释〔2020〕26 号）

2020 年 12 月 25 日，最高人民法院审判委员会第 1825 次会议通过《关于审理劳动争议案件适用法律问题的解释（一）》（本部分简称《解释（一）》），2020 年 12 月 29 日最高人民法院以"法释〔2020〕26 号"公布，自 2021 年 1 月 1 日起施行。

《解释（一）》共 54 条，规定了劳动争议的受理范围和除外规定、管辖、劳动争议仲裁与法院受理劳动争议诉讼案件关系的处理、不予执行劳动争议仲裁裁决的条件、劳动合同或者保密协议中约定了竞业限制和经济补偿的争议处理、劳动争议案件举证责任的分配等内容。

《解释（一）》的颁行，对于规范审理劳动争议案件，公平维护用人单位和劳动者合法权益，具有重要意义。

（八）《关于内地与香港特别行政区相互执行仲裁裁决的补充安排》（法释〔2020〕13 号）

2020 年 11 月 9 日，最高人民法院审判委员会第 1815 次会议通过《关于内地与香港特别行政区相互执行仲裁裁决的补充安排》（本部分简称《补充安排》），2020年 11 月 26 日最高人民法院以"法释〔2020〕13 号"公布，第 1 条、第 4 条自公布之日起施行，第 2 条、第 3 条在香港特别行政区完成有关程序后，由最高人民法院公布生效日期。

《补充安排》共 5 条。①《最高人民法院关于内地与香港特别行政区相互执行仲裁裁决的安排》（本部分简称《安排》）所指执行内地或者香港特别行政区仲裁裁决的程序，应解释为包括认可和执行内地或者香港特别行政区仲裁裁决的程序。②将《安排》序言及第 1 条修改为："根据《中华人民共和国香港特别行政区基本法》第九十五条的规定，经最高人民法院与香港特别行政区（以下简称香港特区）政府协商，现就仲裁裁决的相互执行问题作出如下安排：'一、内地人民法院执行按香港特区《仲裁条例》作出的仲裁裁决，香港特区法院执行按《中华人民共和国仲裁法》作出的仲裁裁决，适用本安排。'"③将《安排》第 2 条第 3 款修改为："被申请人在内地和香港特区均有住所地或者可供执行财产的，申请人可以分别向两地法院申请执行。应对方法院要求，两地法院应当相互提供本方执行仲裁裁决的情况。两地法院执行财产的总额，不得超过裁决确定的数额。"④在《安排》第 6 条中增加1 款作为第 2 款："有关法院在受理执行仲裁裁决申请之前或者之后，可以依申请并按照执行地法律规定采取保全或者强制措施。"⑤本补充安排第 1 条、第 4 条自公布之日起施行，第 2 条、第 3 条在香港特别行政区完成有关程序后，由最高人民法院公布生效日期。

《补充安排》完善了内地与香港特别行政区相互执行仲裁裁决的制度，便利当事人适用。

（九）《关于修改〈最高人民法院关于人民法院民事调解工作若干问题的规定〉等十九件民事诉讼类司法解释的决定》（法释〔2020〕20 号）

2020 年 12 月 23 日，最高人民法院审判委员会第 1823 次会议通过《关于修改〈最高人民法院关于人民法院民事调解工作若干问题的规定〉等十九件民事诉讼类司法解释的决定》，2020 年 12 月 29 日，最高人民法院以"法释〔2020〕20 号"公布，自 2021 年 1 月 1 日起施行。

修改的 19 件民事诉讼司法解释是：①《关于人民法院民事调解工作若干问题的规定》；②《关于适用〈中华人民共和国民事诉讼法〉的解释》；③《关于检察公益

诉讼案件适用法律若干问题的解释》；④《关于审理环境民事公益诉讼案件适用法律若干问题的解释》；⑤《关于当事人申请承认澳大利亚法院出具的离婚证明书人民法院应否受理问题的批复》；⑥《关于对与证券交易所监管职能相关的诉讼案件管辖与受理问题的规定》；⑦《关于审理民事级别管辖异议案件若干问题的规定》；⑧《关于军事法院管辖民事案件若干问题的规定》；⑨《关于产品侵权案件的受害人能否以产品的商标所有人为被告提起民事诉讼的批复》；⑩《关于诉讼代理人查阅民事案件材料的规定》；⑪《关于适用〈中华人民共和国民事诉讼法〉审判监督程序若干问题的解释》；⑫《关于涉外民商事案件诉讼管辖若干问题的规定》；⑬《关于涉外民事或商事案件司法文书送达问题若干规定》；⑭《关于依据国际公约和双边司法协助条约办理民商事案件司法文书送达和调查取证司法协助请求的规定》；⑮《关于审理涉及公证活动相关民事案件的若干规定》；⑯《关于审理消费民事公益诉讼案件适用法律若干问题的解释》；⑰《关于适用简易程序审理民事案件的若干规定》；⑱《关于人民法院受理申请承认外国法院离婚判决案件有关问题的规定》；⑲《关于中国公民申请承认外国法院离婚判决程序问题的规定》。

（十）《关于修改〈最高人民法院关于人民法院扣押铁路运输货物若干问题的规定〉等十八件执行类司法解释的决定》（法释〔2020〕21 号）

2020 年 12 月 23 日，最高人民法院审判委员会第 1823 次会议通过《关于修改〈最高人民法院关于人民法院扣押铁路运输货物若干问题的规定〉等十八件执行类司法解释的决定》，2020 年 12 月 29 日，最高人民法院以"法释〔2020〕21 号"公布，自 2021 年 1 月 1 日起施行。

修改的 18 件执行类司法解释为：①《关于人民法院扣押铁路运输货物若干问题的规定》；②《关于产业工会、基层工会是否具备社会团体法人资格和工会经费集中户可否冻结划拨问题的批复》；③《关于人民法院能否对信用证开证保证金采取冻结和扣划措施问题的规定》；④《关于对被执行人存在银行的凭证式国库券可否采取执行措施问题的批复》；⑤《关于人民法院执行工作若干问题的规定（试行）》；⑥《关于人民法院民事执行中查封、扣押、冻结财产的规定》；⑦《关于人民法院民事执行中拍卖、变卖财产的规定》；⑧《关于适用〈中华人民共和国民事诉讼法〉执行程序若干问题的解释》；⑨《关于委托执行若干问题的规定》；⑩《关于人民法院办理执行异议和复议案件若干问题的规定》；⑪《关于民事执行中变更、追加当事人若干问题的规定》；⑫《关于人民法院办理财产保全案件若干问题的规定》；⑬《关于民事执行中财产调查若干问题的规定》；⑭《关于执行和解若干问题的规定》；⑮《关于执行担保若干问题的规定》；⑯《关于法院冻结财产的户名与账号不符银行能否自行解冻的请示的答复》；⑰《关于民事执行中财产调查若干问题的规定》；⑱《关于审理拒不执行判决、裁定刑事案件适用法律若干问题的解释》。

第三节　行政诉讼法的立法发展[*]

一、《关于行政机关负责人出庭应诉若干问题的规定》（法释〔2020〕3号）

2020年3月23日，最高人民法院审判委员会第1797次会议讨论通过《关于行政机关负责人出庭应诉若干问题的规定》（本部分简称《负责人出庭应诉规定》），全文共计15条，自2020年7月1日起施行。

（一）起草背景

近年来，党中央、国务院对于加强和改进行政机关依法出庭应诉工作极为重视。十八届四中全会《中共中央关于全面推进依法治国若干重大问题的决定》明确提出要"健全行政机关依法出庭应诉、支持法院受理行政案件、尊重并执行法院生效裁判的制度"。2014年修改后的《行政诉讼法》以立法形式正式确立了行政机关负责人出庭应诉制度。2016年，国务院办公厅下发《关于加强和改进行政应诉工作的意见》，也明确要求"被诉行政机关负责人要带头履行行政应诉职责，积极出庭应诉"。同年，中办、国办印发《党政主要负责人履行推进法治建设第一责任人职责规定》，对党政主要负责人抓法治建设的第一责任提出了明确要求。

2017年通过的《最高人民法院关于适用〈中华人民共和国行政诉讼法〉的解释》（法释〔2018〕1号）用5个条文对行政机关负责人出庭应诉问题作了进一步规定，然而在司法实践中，该制度仍然存在一些问题：负责人出庭比率整体不高，一些行政机关不理解、不配合出庭应诉工作时有发生，有的行政机关负责人出庭应诉负担较重等。为了正确理解和适用行政诉讼法，充分发挥行政机关负责人出庭应诉制度实质性化解行政争议的功能，推进依法行政、严格规范文明执法，有必要制定专门的行政机关负责人出庭应诉司法解释。

（二）主要内容

《负责人出庭应诉规定》对行政机关负责人出庭应诉制度作了统一规范，主要内容包括如下：

1. 行政机关负责人出庭应诉的定义和范围。

（1）明确行政机关负责人出庭应诉的内涵。行政机关负责人出庭应诉是指被诉行政机关负责人依法在第一审、第二审、再审等诉讼程序中出庭参加诉讼，行使诉讼权利，履行诉讼义务。这里的"被诉行政机关"包括其他具有行政诉讼被告主体资格的行政主体，以及应当追加为被告而原告不同意追加，人民法院通知以第三人身份参加诉讼的行政机关。

（2）明确规定行政机关负责人及相应的工作人员范围。《负责人出庭应诉规定》

---

[*]　执笔人：中国政法大学诉讼法学研究院王万华教授、博士生陈姿君、硕士生田新萌。

在 3 个方面对行政机关负责人及相应的工作人员范围作出重点规定。一是适度扩大负责人范围。除了行诉解释规定的行政机关的正职、副职负责人以及其他参与分管的负责人，《负责人出庭应诉规定》增加了参与分管被诉行政行为实施工作的副职级别的负责人。二是依法限定负责人的范围。出庭应诉的负责人应当分管或者参与分管被诉行政行为实施工作；被诉行政机关委托的组织或者下级行政机关的负责人不能作为被诉行政机关负责人出庭。三是确保符合法定要求的"相应的工作人员"出庭应诉。"相应的工作人员"限于被诉行政机关中具体行使行政职权的工作人员。行政机关委托行使行政职权的组织或者下级行政机关的工作人员，可以视为行政机关"相应的工作人员"。

2. 人民法院通知行政机关负责人出庭应诉的案件。为了保证重大案件行政机关负责人出庭应诉，《负责人出庭应诉规定》从以下几个方面作出规定：

（1）明确人民法院应当通知负责人出庭应诉的案件范围。包括涉及食品药品安全、生态环境和资源保护、公共卫生安全等重大公共利益，社会高度关注或者可能引发群体性事件等的案件。

（2）明确人民法院可以通知负责人出庭应诉的案件范围。包括：被诉行政行为涉及行政相对人重大人身、财产权益的；行政公益诉讼；被诉行政机关的上级机关规范性文件要求行政机关负责人出庭应诉的；人民法院认为需要通知行政机关负责人出庭应诉的其他情形。

（3）负责人可以不出庭的情形及处理。出现下列情形之一的，负责人可以不出庭：不可抗力、意外事件、需要履行他人不能代替的公务、无法出庭的其他正当事由。负责人有正当理由不能出庭的，应当提交相关证明材料，并加盖行政机关印章或者由该机关主要负责人签字认可。人民法院应当对负责人不能出庭的理由以及证明材料进行审查。行政机关负责人有正当理由不能出庭的，人民法院可以依申请或者依职权决定延期开庭审理。

（4）明确通知出庭应诉的程序。①人民法院在向行政机关送达的权利义务告知书中，应当一并告知负责人出庭应诉的相关事项。②人民法院通知负责人出庭的，应当在开庭 3 日前送达出庭通知书，并告知负责人不出庭的法律后果。

3. 行政机关负责人出庭应诉机制。

（1）共同被告案件出庭负责人的确定。有共同被告的行政案件，由共同被告协商确定或者由人民法院确定出庭应诉的负责人。

（2）出庭应诉负责人的更换。行政机关在庭审前申请更换出庭应诉负责人且不影响正常开庭的，人民法院应当准许。

（3）多次庭审的行政机关负责人出庭应诉问题。为了减轻负责人多次出庭的应诉负担，《负责人出庭应诉规定》规定，对于同一审级需要多次开庭的同一案件，负责人到庭参加 1 次庭审的，一般可以认定其已经履行出庭应诉义务。

（4）对负责人以及相应的工作人员进行身份审查。行政机关负责人出庭应诉的，应当于开庭前向人民法院提交出庭应诉负责人的身份证明。身份证明应当载明该负责人的姓名、职务等基本信息，并加盖行政机关印章。人民法院应当对出庭应诉负责人及相应的工作人员的身份进行审查，经审查认为不符合条件，可以补正的，应当告知行政机关予以补正；不能补正或者补正可能影响正常开庭的，视为行政机关负责人未出庭或者未委托相应的工作人员应诉。

（5）明确规定负责人的诉讼义务。主要包括3个方面的内容：①负责人出庭应当依法行使诉讼权利，履行诉讼义务，遵守法庭规则，自觉维护诉讼秩序。②行政机关负责人或者行政机关委托的相应工作人员在庭审过程中应当就案件情况进行陈述、答辩、辩论、最后陈述、提交证据，对所依据的规范性文件进行解释说明，确保出庭又出声。③负责人出庭应诉的，应当就实质性解决行政争议发表意见。

（6）对负责人不履行出庭义务提出的司法建议。具有下列情形之一的，人民法院应当向监察机关、被诉行政机关的上一级行政机关提出司法建议：①行政机关负责人未出庭应诉，且未说明理由或者理由不成立的；②行政机关有正当理由申请延期开庭审理，人民法院准许后再次开庭审理时行政机关负责人仍未能出庭应诉，且无正当理由的；③行政机关负责人和行政机关相应的工作人员均不出庭应诉的；④行政机关负责人未经法庭许可中途退庭的；⑤人民法院在庭审中要求行政机关负责人就有关问题进行解释或者说明，行政机关负责人拒绝解释或者说明，导致庭审无法进行的。

4. 监督机制。为了加强对行政机关负责人出庭应诉的监督，《负责人出庭应诉规定》规定，人民法院可以通过适当形式将行政机关负责人出庭应诉情况向社会公开，可以定期将辖区内行政机关负责人出庭应诉情况进行统计、分析、评价，向同级人民代表大会常务委员会报告，向同级人民政府通报。

二、《关于审理专利授权确权行政案件适用法律若干问题的规定（一）》（法释〔2020〕8号）

2020年8月24日，最高人民法院审判委员会第1810次会议通过《关于审理专利授权确权行政案件适用法律若干问题的规定（一）》，（本部分简称《专利授权确权规定（一）》），自2020年9月12日起施行。《专利授权确权规定（一）》全文共计32条，是最高人民法院首次就专利授权确权行政案件审理过程中出现的问题作出的规定。

（一）起草背景

为进一步完善专利授权确权法律制度，引导、鼓励形成更多的高质量专利，依法淘汰、过滤不合法的专利或者专利申请，去伪存真，更好地为创新创造保驾护航，最高人民法院出台了《专利授权确权规定（一）》。在起草过程中，于2018年7月、2020年4月2次通过互联网和新闻媒体向社会各界公开征求意见，广泛听取并吸纳各方建议。

《专利授权确权规定（一）》明确了专利授权行政案件和专利确权行政案件的基

本界定之后，对权利要求解释、以说明书为依据、说明书充分公开、创造性、外观设计专利授权标准等重要法律适用问题予以明确，并对有关证据、程序问题作出规定。该规定的出台有利于加强行政程序和司法程序的衔接，公正高效化解矛盾，实现行政争议实质性解决，让"真创新"得到"真保护"，"高质量"得到"严保护"。

（二）主要内容

1. 专利授权行政案件和专利确权行政案件的界定。专利确权行政案件，是指专利权人或者无效宣告请求人因不服国务院专利行政部门作出的专利无效宣告请求审查决定，向人民法院提起诉讼的案件。被诉决定，是指国务院专利行政部门作出的专利复审请求审查决定、专利无效宣告请求审查决定。

2. 界定权利要求用语的若干规则。

（1）内部证据优先规则。权利要求用语的界定分三步：首先，人民法院应当以所属技术领域的技术人员在阅读权利要求书、说明书及附图后所理解的通常含义，界定权利要求的用语；其次，权利要求的用语在说明书及附图中有明确定义或者说明的，按照其界定；最后，依照前款规定不能界定的，可以结合所属技术领域的技术人员通常采用的技术词典、技术手册、工具书、教科书、国家或者行业技术标准等界定。

（2）反向禁止反悔规则。该规则仅适用于专利确权行政案件，不适用于专利授权行政案件。人民法院可以参考已被专利侵权民事案件生效裁判采纳的专利权人的相关陈述，界定权利要求的用语。

（3）明显错误纠正规则。对于权利要求书、说明书及附图中的语法、文字、数字、标点、图形、符号等有明显错误或者歧义，如果所属技术领域的技术人员通过阅读权利要求书、说明书及附图可以得出唯一理解的，人民法院应当根据该唯一理解作出认定。

（4）明确了诚实信用原则的应用。当事人有证据证明专利申请人、专利权人，虚构、编造说明书及附图中的具体实施方式、技术效果以及数据、图表等有关技术内容，并据此主张相关权利要求不符合专利法有关规定的，人民法院应予支持。

（5）举证责任分配。当事人对实验数据的真实性产生争议的，提交实验数据的一方当事人应当举证证明实验数据的来源和形成过程。人民法院可以通知实验负责人到庭，就实验原料、步骤、条件、环境或者参数以及完成实验的人员、机构等作出说明。

3. 专利确权案件若干事项的认定标准。《专利授权确权规定（一）》细化了在专利确权案件中，"权利要求书""清楚地限定要求专利保护的范围的规定""权利要求书应当以说明书为依据"以及"权利要求创造性"的审查标准。

（1）"权利要求书"的审查标准。若当事人不符合未充分公开特定技术内容，导致在专利申请日有下列情形之一的，人民法院应当认定该说明书及与该特定技术内容相关的权利要求不符合《专利法》第26条第3款的规定：①权利要求限定的技术方案不能实施的；②实施权利要求限定的技术方案不能解决发明或者实用新型所要解决的技术问题的；③确认权利要求限定的技术方案能够解决发明或者实用新型所要解决的技术问题，需要付出过度劳动的。若当事人仅依据前款规定的未充分公开的特定技术内容，主张与该特定技术内容相关的权利要求符合"权利要求书应当以说明书为依据"的规定的，人民法院不予支持。

（2）"清楚地限定要求专利保护的范围的规定"的审查标准。所属技术领域的技术人员根据说明书及附图，认为权利要求有下列情形之一的，人民法院应当认定该权利要求不符合《专利法》第 26 条第 4 款关于清楚地限定要求专利保护的范围的规定：①限定的发明主题类型不明确的；②不能合理确定权利要求中技术特征的含义的；③技术特征之间存在明显矛盾且无法合理解释的。

（3）"权利要求书应当以说明书为依据"的审查标准。所属技术领域的技术人员阅读说明书及附图后，在申请日不能得到或者合理概括得出权利要求限定的技术方案的，应当认定该权利要求不符合《专利法》第 26 条第 4 款关于"权利要求书应当以说明书为依据"的规定。

（4）"权利要求创造性"的审查标准。说明书及附图未明确记载区别技术特征在权利要求限定的技术方案中所能达到的技术效果的，人民法院可以结合所属技术领域的公知常识，根据区别技术特征与权利要求中其他技术特征的关系，区别技术特征在权利要求限定的技术方案中的作用等，认定所属技术领域的技术人员所能确定的该权利要求实际解决的技术问题。被诉决定对权利要求实际解决的技术问题未认定或者认定错误的，不影响人民法院对权利要求的创造性依法作出认定。

另外，确定权利要求限定的技术方案的技术领域，应当综合考虑主题名称等权利要求的全部内容、说明书关于技术领域和背景技术的记载，以及该技术方案所实现的功能和用途等。

4. 外观设计专利产品案件相关事项认定标准。《专利授权确权规定（一）》规定了"整体观察、综合判断"的原则，对外观设计专利多项实体审查事项作出细化规定，整体上统一协调了专利审查和司法审判的标准。

（1）规定了"整体观察、综合判断"的认定原则。人民法院认定外观设计是否符合《专利法》第 23 条的规定，应当综合判断外观设计的整体视觉效果。为实现特定技术功能必须具备或者仅有有限选择的设计特征，对于外观设计专利视觉效果的整体观察和综合判断不具有显著影响。

（2）认定"设计空间"应当考量的因素。人民法院认定外观设计专利产品的一般消费者所应具有的知识水平和认知能力，应当考虑申请日的外观设计专利产品的设计空间。设计空间较大的，人民法院可以认定一般消费者通常不容易注意到不同设计之间的较小区别；设计空间较小的，人民法院可以认定一般消费者通常更容易注意到不同设计之间的较小区别。对于设计空间的认定，人民法院可以综合考虑下列因素：①产品的功能、用途；②现有设计的整体状况；③惯常设计；④法律、行政法规的强制性规定；⑤国家、行业技术标准；⑥需要考虑的其他因素。

（3）"清楚地显示要求专利保护的产品的外观设计"的认定标准。外观设计的图片、照片存在矛盾、缺失或者模糊不清等情形，导致一般消费者无法根据图片、照片及简要说明确定所要保护的外观设计的，人民法院应当认定其不符合《专利法》第 27 条第 2 款关于"清楚地显示要求专利保护的产品的外观设计"的规定。

（4）明确"外观设计"相关事项的认定标准。《专利授权确权规定（一）》对《专利法》第 23 条的认定作出一系列细化规定，包括：

第一，"属于现有设计"的认定。外观设计与相同或者相近种类产品的一项现有设计相比，整体视觉效果相同或者属于仅具有局部细微区别等实质相同的情形的，人民法院应当认定构成《专利法》第 23 条第 1 款规定的"属于现有设计"。

第二，"明显区别"的认定。除第一种情形外，外观设计与相同或者相近种类产品的一项现有设计相比，二者的区别对整体视觉效果不具有显著影响的，人民法院应当认定其不具有《专利法》第 23 条规定的"明显区别"。

第三，"是否相同或相近的认定"。人民法院应当根据外观设计产品的用途，认定产品种类是否相同或者相近。确定产品的用途，可以参考外观设计的简要说明、外观设计产品分类表、产品的功能以及产品销售、实际使用的情况等因素。

第四，"同样的外观设计"的认定。外观设计与申请日以前提出申请、申请日以后公告，且属于相同或者相近种类产品的另一项外观设计相比，整体视觉效果相同或者属于仅具有局部细微区别等实质相同的情形的，人民法院应当认定其构成《专利法》第 23 条第 1 款规定的"同样的外观设计"。

第五，"同样的发明创造只能授予一项专利权"的认定。外观设计专利与相同种类产品上同日申请的另一项外观设计专利相比，整体视觉效果相同或者属于仅具有局部细微区别等实质相同的情形的，人民法院应当认定其不符合《专利法》第 9 条关于"同样的发明创造只能授予一项专利权"的规定。

第六，"明显区别"的认定。《专利授权确权规定（一）》从正反两个方面规定了对"明显区别"的认定。其一，根据现有设计整体上给出的设计启示，以一般消费者容易想到的设计特征转用、拼合或者替换等方式，获得与外观设计专利的整体视觉效果相同或仅具有局部细微区别等实质相同的外观设计，且不具有独特视觉效果的，人民法院应当认定该外观设计专利与现有设计特征的组合相比不具有《专利法》第 23 条第 2 款规定的"明显区别"。其二，具有下列情形之一的，人民法院可以认定存在前款所称的设计启示：将相同种类产品上不同部分的设计特征进行拼合或者替换的；现有设计公开了将特定种类产品的设计特征转用于外观设计专利产品的；现有设计公开了将不同的特定种类产品的外观设计特征进行拼合的；将现有设计中的图案直接或者仅做细微改变后用于外观设计专利产品的；将单一自然物的特征转用于外观设计专利产品的；单纯采用基本几何形状或者仅做细微改变后得到外观设计的；使用一般消费者公知的建筑物、作品、标识等的全部或者部分设计的。

第七，认定"独特视觉效果"的考虑因素。包括：外观设计专利产品的设计空间；产品种类的关联度；转用、拼合、替换的设计特征的数量和难易程度；需要考虑的其他因素。

第八，"合法权利"的认定标准。《专利法》第23条第3款所称的"合法权利"，包括就作品、商标、地理标志、姓名、企业名称、肖像，以及有一定影响的商品名称、包装、装潢等享有的合法权利或者权益。

5. 明确了"违反法定程序"的情形。《专利授权确权规定（一）》列举了专利授权确权程序中"违反法定程序的"的常见情形，包括：①遗漏实质证据。遗漏当事人提出的理由和证据，且对当事人权利产生实质性影响的。②遗漏当事人。未依法通知应当参加审查程序的专利申请人、专利权人及无效宣告请求人等，对其权利产生实质性影响的。③违反回避规定。未向当事人告知合议组组成人员，且合议组组成人员存在法定回避事由而未回避的。④未给予听取陈述机会。未给予被诉决定对其不利的一方当事人针对被诉决定所依据的理由、证据和认定的事实陈述意见的机会的。⑤未听取当事人意见。主动引入当事人未主张的公知常识或者惯常设计，未听取当事人意见且对当事人权利产生实质性影响的。⑥其他违反法定程序，可能对当事人权利产生实质性影响的。

6. 细化了证据规则。结合专利确权授权案件的特点，《专利授权确权规定（一）》对如何审查不同主体在不同类型案件中提供的新证据作出如下细化规定：①当事人主张有关技术内容属于公知常识或者有关设计特征属于惯常设计的，人民法院可以要求其提供证据证明或者作出说明。②专利申请人、专利权人在专利授权确权行政案件中提供新的证据，用于证明专利申请不应当被驳回或者专利权应当维持有效的，人民法院一般应予审查。③无效宣告请求人在专利确权行政案件中提供新的证据，人民法院一般不予审查，但下列证据除外：证明在专利无效宣告请求审查程序中已主张的公知常识或者惯常设计的；证明所属技术领域的技术人员或者一般消费者的知识水平和认知能力的；证明外观设计专利产品的设计空间或者现有设计的整体状况的；补强在专利无效宣告请求审查程序中已被采信证据的证明力的；反驳其他当事人在诉讼中提供的证据的。人民法院可以要求当事人提供本规定第29条、第30条规定的新的证据。④当事人向人民法院提供的证据系其在专利复审、无效宣告请求审查程序中被依法要求提供但无正当理由未提供的，人民法院一般不予采纳。

7. 行政判决裁定及其适用条件

（1）部分撤销判决及其适用条件。被诉决定有下列情形之一的，人民法院可以依照《行政诉讼法》第70条的规定，判决部分撤销：①被诉决定对于权利要求书中的部分权利要求的认定错误，其余正确的。②被诉决定对于《专利法》第31条第2款规定的"一件外观设计专利申请"中的部分外观设计认定错误，其余正确的。③其他可以判决部分撤销的情形。

（2）撤销并责令重作决定。被诉决定对当事人主张的全部无效理由和证据均已评述并宣告权利要求无效，人民法院认为被诉决定认定该权利要求无效的理由均不能成立的，应当判决撤销或者部分撤销该决定，并可视情况判决被告就该权利要求重新作出审查决定。

（3）裁定不予受理。审查决定系直接依据生效裁判重新作出且未引入新的事实和理由，当事人对该决定提起诉讼的，人民法院依法裁定不予受理；已经受理的，依法裁定驳回起诉。

（4）驳回诉讼请求判决。被诉决定查明事实或者适用法律确有不当，但对专利授权确权的认定结论正确的，人民法院可以在纠正相关事实查明和法律适用的基础上判决驳回原告的诉讼请求。

三、《关于行政案件案由的暂行规定》（法发〔2020〕44 号）

2020 年 12 月 7 日，最高人民法院审判委员会第 1820 次会议上讨论通过《关于行政案件案由的暂行规定》（本部分简称《案由暂行规定》），自 2021 年 1 月 1 日起施行。

（一）起草背景

随着人民法院行政审判工作的纵深发展，尤其是《行政诉讼法》修订后，新增行政案件类型较多，2004 年《关于规范行政案件案由的通知》（已失效）已难以适应行政审判实践的需要，各级法院、社会各界要求修改和完善 2004 年案由规定的呼声十分强烈。2015 年，最高人民法院行政审判庭启动对 2004 年案由规定的修订工作。在《案由暂行规定》及印发通知的起草过程中，坚持紧扣行政审判实践、简洁实用、清晰准确、延续性、全面覆盖等原则，力图构建一个内容完整、内在联结紧密、逻辑顺序合理的行政案件案由体系。行政案件案由是行政案件名称的核心组成部分，起到明确被诉对象、区分案件性质、提示法律适用、引导当事人正确行使诉讼权利等作用。《案由暂行规定》具体列举一级、二级和三级行政案件案由名称。根据现行有效的法律、法规及司法解释，《案由暂行规定》设置了三级行政案件案由：一级案由 1 个，二级案由 22 个，三级案由 140 个，对常见案件案由进行了列举。

（二）主要内容

1.《案由暂行规定》适用范围。《案由暂行规定》适用于行政案件的立案、审理、裁判、执行的各阶段；也适用于一审、二审、申请再审和再审各审判程序。在立案阶段，人民法院可以根据起诉状所列被诉行政行为确定初步案由。在审理、裁判阶段，人民法院发现初步确定的案由不准确时，可以重新确定案由。二审、申请再审、再审程序中发现原审案由不准确的，人民法院应当重新确定案由。在执行阶段，人民法院应当采用据以执行的生效法律文书确定的结案案由。案件卷宗封面、开庭传票、送达回证等材料上应当填写案由。司法统计一般以生效法律文书确定的案由为准，也可以根据统计目的的实际需要，按照相应诉讼阶段或者程序确定的案由进行统计。

2. 案由的基本构成和规则。根据行政诉讼法和相关行政法律规范的规定，遵循简洁、明确、规范、开放的原则，行政案件案由按照被诉行政行为确定，表述为"××（行政行为）"。不同于 2004 年案由通知规定中根据不同类型的案件来判断案由构成要素和确定方法，此次起草《案由暂行规定》时，案由基本结构中删除了 2004 年案由通知规定的"行政管理范围"，并将行政案件的案由分为三级案由。一级案由是"行政行为"，二、三级案由则是对一级案由的细化。

3. 列举了一级案由、二级案由、三级案由。

（1）一级案由。行政案件的一级案由为"行政行为"，是指行政机关与行政职权相关的所有作为和不作为。

（2）二级案由。二级案由为种类化的行政行为，是在 2004 年案由规定中列举的行政行为种类基础上，根据立法和行政审判、行政执法实践，进行重新归纳和部分拓展作出的列举。

二级案由主要包括：行政处罚、行政强制措施、行政强制执行、行政许可、行政征收或者征用、行政登记、行政确认、行政给付、行政允诺、行政征缴、行政奖励、行政收费、政府信息公开、行政批复、行政处理、行政复议、行政裁决、行政协议、行政补偿、行政赔偿及不履行职责、公益诉讼，共计 21 类。

（3）三级案由主要是按照法律法规等列举的行政行为名称，以及行政行为涉及的权利内容等进行划分。三级案由主要包括：

第一，行政处罚：警告、通报批评、罚款、没收违法所得、没收非法财物、暂扣许可证件、吊销许可证件、降低资质等级、责令关闭、责令停产停业、限制开展生产经营活动、限制从业、行政拘留、不得申请行政许可、责令限期拆除。

第二，行政强制措施：限制人身自由，查封场所、设施或者财物，扣押财物，冻结存款、汇款，冻结资金证券，强制隔离戒毒，留置，采取保护性约束措施。

第三，行政强制执行：加处罚款或者滞纳金，划拨存款、汇款，拍卖查封、扣押的场所、设施或者财物，处理查封、扣押的场所、设施或者财物，排除妨碍，恢复原状，代履行，强制拆除房屋或者设施，强制清除地上物。

第四，行政许可：工商登记、社会团体登记、颁发机动车驾驶证、特许经营许可、建设工程规划许可、建筑工程施工许可、矿产资源许可、药品注册许可、医疗器械许可、执业资格许可。

第五，行政征收或者征用：征收或者征用房屋、征收或者征用土地、征收或者征用动产。

第六，行政登记：房屋所有权登记，集体土地所有权登记，森林、林木所有权登记，矿业权登记，土地承包经营权登记，建设用地使用权登记，宅基地使用权登记，海域使用权登记，水利工程登记，居住权登记，地役权登记，不动产抵押登记，动产抵押登记，质押登记，机动车所有权登记，船舶所有权登记，户籍登记，婚姻登记，收养登记，税务登记。

第七，行政确认：基本养老保险资格或者待遇认定、基本医疗保险资格或者待遇认定、失业保险资格或者待遇认定、工伤保险资格或者待遇认定、生育保险资格或者待遇认定、最低生活保障资格或者待遇认定、确认保障性住房分配资格、颁发学位证书或者毕业证书。

第八，行政给付：给付抚恤金、给付基本养老金、给付基本医疗保险金、给付失业保险金、给付工伤保险金、给付生育保险金、给付最低生活保障金。

第九，行政允诺：兑现奖金、兑现优惠。

第十，行政征缴：征缴税款、征缴社会抚养费、征缴社会保险费、征缴污水处理费、征缴防空地下室易地建设费、征缴水土保持补偿费、征缴土地闲置费、征缴土地复垦费、征缴耕地开垦费。

第十一，行政奖励：授予荣誉称号、发放奖金。

第十二，行政收费：证照费、车辆通行费、企业注册登记费、不动产登记费、船舶登记费、考试考务费。

第十三，行政处理：责令退还非法占用土地、责令交还土地、责令改正、责令采取补救措施、责令停止建设、责令恢复原状、责令公开、责令召回、责令暂停生产、责令暂停销售、责令暂停使用、有偿收回国有土地使用权、退学决定。

第十四，行政复议：不予受理行政复议申请决定、驳回行政复议申请决定、××（行政行为）及行政复议、改变原行政行为的行政复议决定。

第十五，行政裁决：土地、矿藏、水流、荒地或者滩涂权属确权，林地、林木、山岭权属确权，海域使用权确权，草原权属确权，水利工程权属确权，企业资产性质确认。

第十六，行政协议：订立××（行政协议）、单方变更××（行政协议）、单方解除××（行政协议）、不依法履行××（行政协议）、未按约定履行××（行政协议）、××（行政协议）行政补偿、××（行政协议）行政赔偿、撤销××（行政协议）、解除××（行政协议）、继续履行××（行政协议）、确认××（行政协议）无效或有效。

第十七，行政补偿：房屋征收或者征用补偿、土地征收或者征用补偿、动产征收或者征用补偿、撤回行政许可补偿、收回国有土地使用权补偿、规划变更补偿、移民安置补偿。

4. 几种特殊行政案件案由的确定规则。

（1）行政复议案件。行政复议机关维持原行政行为或者实体上驳回复议申请时，行政复议机关和原行政行为作出机关是共同被告，此类案件案由表述为"××（行政行为）及行政复议"。

（2）行政协议案件。确定行政协议案件案由时，须将行政协议名称予以列明。当事人一并提出行政赔偿、解除协议或者继续履行协议等请求的，要在案由中一并列出。

（3）行政赔偿案件。行政赔偿案件分为一并提起行政赔偿案件和单独提起行政赔偿案件 2 类。一并提起行政赔偿案件,案由表述为"××(行政行为)及行政赔偿"。

(4)一并审查规范性文件案件。一并审查规范性文件案件涉及被诉行政行为和规范性文件 2 个审查对象,此类案件案由表述为"××(行政行为)及规范性文件审查"。

(5)行政公益诉讼案件。行政公益诉讼案件案由按照"××(行政行为)"后缀"公益诉讼"的模式确定,表述为"××(行政行为)公益诉讼"。

(6)不履行法定职责案件。"不履行法定职责"是指负有法定职责的行政机关在依法应当履职的情况下消极不作为,从而使得行政相对人权益得不到保护或者无法实现的违法状态。未依法履责、不完全履责、履责不当和迟延履责等以作为方式实施的违法履责行为,均不属于不履行法定职责。在不履行法定职责案件案由中要明确行政机关应当履行的法定职责内容,表述为"不履行××职责"。此处法定职责内容一般按照二级案由表述即可。确有必要的,不履行法定职责案件也可细化到三级案由。

(7)申请执行人民法院生效法律文书案件。申请执行人民法院生效法律文书案件,案由由"申请执行"加行政诉讼案由后缀"判决""裁定"或者"调解书"构成。

(8)非诉行政执行案件。非诉行政执行案件案由表述为"申请执行××(行政行为)"。其中,"××(行政行为)"应当优先适用三级案由表述。

5. 细化《案由暂行规定》的适用规则。

(1)规定了优先适用三级案由的规则。在确定行政案件案由时,应当首先适用三级案由;无对应的三级案由时,适用二级案由;二级案由仍然无对应的名称,适用一级案由。例如,起诉行政机关作出的罚款行政处罚,该案案由只能按照三级案由确定为"罚款",不能适用二级或者一级案由。

(2)起诉多个被诉行政行为案件案由的确定。在同一个案件中存在多个被诉行政行为时,可以并列适用不同的案由。例如,起诉行政机关作出的罚款、行政拘留、没收违法所得的行政处罚时,该案案由表述为"罚款、行政拘留及没收违法所得"。如果是 2 个以上的被诉行政行为,其中一个行政行为适用三级案由,另一个只能适用二级案由的,可以并列适用不同层级的案由。

(3)规定了不可诉行为案件案由的确定。当事人对不属于行政诉讼受案范围的行政行为或者民事行为、刑事侦查行为等提起行政诉讼的案件,人民法院根据《行政诉讼法》第 13 条和最高人民法院《关于适用〈中华人民共和国行政诉讼法〉的解释》第 1 条第 2 款规定中的相关表述确定案由,具体表述为:国防外交行为、发布决定命令行为、奖惩任免行为、最终裁决行为、刑事司法行为、行政调解行为、仲裁行为、行政指导行为、重复处理行为、执行生效裁判行为、信访处理行为等。应当注意的是,"内部层级监督行为""过程性行为"均是对行政行为性质的概括,在确定案件案由时还应根据被诉行为名称来确定。

（4）正确认识行政案件案由的性质与功能。不得将《案由暂行规定》等同于行政诉讼的受理条件或者范围。行政案件案由主要是对行政诉讼中被诉对象，也即行政行为的列举，以方便案件的定性和法律适用；而行政诉讼受理范围，则是着眼于界定可以进入司法审查的行政行为范围，主要目的是明确司法权对行政权监督的边界。因此，判断被诉行政行为是否属于行政诉讼的受案范围，必须严格依据行政诉讼法及相关司法解释的规定。

（5）《案由暂行规定》具有一定的开放性。由于行政管理领域及行政行为种类众多，《案由暂行规定》仅能在二、三级案由中，列举人民法院受理的行政案件中常见被诉行政行为，无法列举所有被诉行政行为。对案由中未列举的被诉行政行为，人民法院可依据相关法律、法规、规章及司法解释对被诉行政行为的表述来确定案由。若没有相应的法律、法规、规章和司法解释的明确规定，可以通过概括当事人起诉的行政行为或争议事项等来表述案由。

（6）行政案件的名称表述应当与案由的表述保持一致。行政案件案由是行政案件名称的核心组成部分，行政案件名称一般表述为"××（原告）诉××（行政机关）××（行政行为）案"，不得表述为"××（原告）与××（行政机关）××行政纠纷案"。

四、《关于检察公益诉讼案件适用法律若干问题的解释》（法释〔2020〕20号）

2020年12月29日，最高人民法院、最高人民检察院发布《关于检察公益诉讼案件适用法律若干问题的解释》（本部分简称《检察公益诉讼解释》），于2021年1月1日施行。此次修订的内容把民法典作为制定《检察公益诉讼解释》的依据，对公益诉讼案件审理适用人民陪审制的相关内容进行了调整等。《检察公益诉讼解释》全文共27条，分为一般规定、民事公益诉讼、行政公益诉讼、附则4个部分，以下主要对一般规定及行政公益诉讼的内容作出说明。

（一）一般规定

1. 办案任务与办案原则。人民法院、人民检察院办理公益诉讼案件的主要任务是充分发挥司法审判、法律监督职能作用，维护宪法法律权威，维护社会公平正义，维护国家利益和社会公共利益，督促适格主体依法行使公益诉权，促进依法行政、严格执法。

人民法院、人民检察院办理公益诉讼案件，应当遵守宪法法律规定，遵循诉讼制度的原则，遵循审判权、检察权运行规律。

2. 检察院的主体地位及诉讼权利。

（1）公益诉讼起诉人身份。人民检察院以公益诉讼起诉人身份提起公益诉讼，依照民事诉讼法、行政诉讼法享有相应的诉讼权利，履行相应的诉讼义务，但法律、司法解释另有规定的除外。

（2）调查取证权。人民检察院办理公益诉讼案件，可以向有关行政机关以及其他组织、公民调查收集证据材料；有关行政机关以及其他组织、公民应当配合；需要采取证据保全措施的，依照民事诉讼法、行政诉讼法相关规定办理。

3. 管辖。基层人民检察院提起的第一审行政公益诉讼案件，由被诉行政机关所在地基层人民法院管辖。

4. 审理与判决。

（1）人民陪审制的适用。人民法院审理人民检察院提起的第一审公益诉讼案件，适用人民陪审制。

（2）检察人员出庭规则。①出庭通知。人民法院开庭审理人民检察院提起的公益诉讼案件，应当在开庭 3 日前向人民检察院送达出庭通知书。②派员出庭通知。人民检察院应当派员出庭，并应当自收到人民法院出庭通知书之日起 3 日内向人民法院提交派员出庭通知书。派员出庭通知书应当写明出庭人员的姓名、法律职务以及出庭履行的具体职责。③出庭检察人员的职责。出庭检察人员履行以下职责：宣读公益诉讼起诉书；对人民检察院调查收集的证据予以出示和说明，对相关证据进行质证；参加法庭调查，进行辩论并发表意见；依法从事其他诉讼活动。

（3）上诉。①向上一级人民法院上诉。人民检察院不服人民法院第一审判决、裁定的，可以向上一级人民法院提起上诉。②上一级检察院派员参加。人民法院审理第二审案件，由提起公益诉讼的人民检察院派员出庭，上一级人民检察院也可以派员参加。

（4）判决的执行。人民检察院提起公益诉讼案件判决、裁定发生法律效力，被告不履行的，人民法院应当移送执行

（二）行政公益诉讼制度

1. 诉前程序。

（1）案件范围。《检察公益诉讼解释》将行政公益诉讼的案件范围规定为生态环境和资源保护、食品药品安全、国有财产保护、国有土地使用权出让等领域。

（2）发出诉前检察建议。人民检察院在履行职责中发现上述领域内负有监督管理职责的行政机关违法行使职权或者不作为，致使国家利益或者社会公共利益受到侵害的，应当向行政机关提出检察建议，督促其依法履行职责。

行政机关对检察建议的回复区分 2 种情况。①一般情况。行政机关应当在收到检察建议书之日起 2 个月内依法履行职责，并书面回复人民检察院。②紧急情况。出现国家利益或者社会公共利益损害继续扩大等紧急情形的，行政机关应当在 15 日内书面回复。

（3）提起诉讼。行政机关不依法履行职责的，人民检察院依法向人民法院提起诉讼。

2. 审理与判决。

（1）立案。①起诉材料。人民检察院提起行政公益诉讼应当提交下列材料：行政公益诉讼起诉书，并按照被告人数提出副本；被告违法行使职权或者不作为，致

使国家利益或者社会公共利益受到侵害的证明材料；检察机关已经履行诉前程序，行政机关仍不依法履行职责或者纠正违法行为的证明材料。②立案登记。人民法院提起的行政公益诉讼，符合起诉条件的，人民法院应当登记立案。

（2）被告纠正违法行为或履行职责使诉讼请求全部实现的处理。①撤回起诉。人民检察院撤回起诉的，人民法院应当裁定准许。②确认违法。人民检察院变更诉讼请求，请求确认原行政行为违法的，人民法院应当判决确认违法。

（3）判决种类及其适用条件。①被诉行政行为具有《行政诉讼法》第 74 条、第 75 条规定情形之一的，判决确认违法或者确认无效，并可以同时判决责令行政机关采取补救措施。②被诉行政行为具有《行政诉讼法》第 70 条规定情形之一的，判决撤销或者部分撤销，并可以判决被诉行政机关重新作出行政行为。③被诉行政机关不履行法定职责的，判决在一定期限内履行。④被诉行政机关作出的行政处罚明显不当，或者其他行政行为涉及对款额的确定、认定确有错误的，可以判决予以变更。⑤被诉行政行为证据确凿，适用法律、法规正确，符合法定程序，未超越职权，未滥用职权，无明显不当，或者人民检察院诉请被诉行政机关履行法定职责理由不成立的，判决驳回诉讼请求。

第三章
中国诉讼法的实践状况

第一节 刑事诉讼法的实践状况

一、刑事诉讼的基本数据*

（一）刑事侦查工作数据[1]

2020 年，公安机关充分发挥扫黑除恶主力军作用，集中组织开展"六清"行动专项斗争以来，共打掉黑社会性质组织 3392 个、恶势力犯罪集团 10 586 个，抓获犯罪嫌疑人 18.8 万名，打赢了为期 3 年的专项斗争的收官决胜之战，成为党的十九大以来最得人心的大事之一。深入开展"云剑""净网""净边""昆仑""断卡""猎狐"等专项行动，集中打击整治跨境赌博、长江流域非法捕捞、涉枪爆、涉文物、涉野生动物等违法犯罪，持续打击电信网络诈骗、非法集资、侵犯知识产权和"黄赌毒""食药环""盗抢骗"等违法犯罪，有效净化了社会治安环境。在依法打击的同时，坚持和发展新时代"枫桥经验"、健全立体化、信息化社会治安防控体系，努力做到更快地破大案、更多地破小案、更好地控发案。2020 年，全国刑事案件比 2019 年下降 1.8%，8 类主要刑事案件同比下降 8.7%，立现行命案数同比下降 9.3%，治安案件同比下降 10.4%。国家统计局组织的 15 个主要民生领域现状满意度调查中，全国居民对社会治安满意度达 83.6%，位列第一，人民群众安全感更加充实、更有保障、更可持续。

全国公安机关共抓获各类逃犯 41.6 万名，其中公安部 A 级通缉令逃犯 68 名，追逃工作取得重大进展。在扫黑除恶"百日追逃""逃犯清零"等专项缉捕行动中，对

---

* 执笔人：中国政法大学诉讼法学研究院罗海敏副教授。

[1] 参见"公安部新闻发布会通报 2020 年公安工作主要成效及 2021 年总体思路"，载 https://www.mps.gov.cn/n2254536/n2254544/n2254552/n7685716/index.html，最后访问日期：2021 年 3 月 16 日。

5824 名涉黑涉恶目标逃犯，部署全国公安机关开展缉捕，共缉拿到案 5768 名，到案率达 99%。公安机关深入开展命案积案攻坚行动，共缉捕命案积案在逃人员 5381 名，其中潜逃 20 年以上的 2082 名，10 年至 20 年的 2566 名，时间最长的达 42 年。同时，公安机关完善网上追逃工作机制，开创了"智慧追逃"新局面。2020 年，破获命案积案 6270 起，其中利用新技术新手段破案 4565 起，占比超过 70%。

公安部会同有关部门，全力开展打击治理跨境赌博犯罪活动，取得阶段性重大突破，共破获各类跨境赌博案件 3500 余起，抓获犯罪嫌疑人 7.5 万名，打掉赌博推广平台、非法支付平台、地下钱庄等 6380 余个，打掉非法技术团队 980 余个，摧毁境外多个特大赌博集团在我境内的招赌吸赌网络，查扣冻结一大批涉案资金，处罚教育了一大批参赌人员，有效遏制了跨境赌博犯罪乱象。

（二）刑事检察工作数据[1]

一年来，全国检察机关共办理各类案件 301 万件，同比下降 19.4%。其中，受理的审查逮捕、审查起诉、申诉案件同比分别下降 30.6%、12.4% 和 46.1%。其他检察工作数据包括：

1. 平安中国、法治中国建设。在坚决维护国家安全和社会安定方面，批准逮捕各类犯罪嫌疑人 770 561 人、提起公诉 1 572 971 人。对杀人、抢劫等严重暴力犯罪始终保持高压态势，起诉 5.7 万人，核准追诉"南医大女生被害案"等 35 起陈年命案。突出惩治盗窃、诈骗、抢夺等多发性侵财犯罪，起诉 35 万人。依法惩治黄赌毒犯罪，起诉 21.2 万人。

在依法履职战疫和促进经济恢复方面，继 2019 年初打破常规、连续发布 10 批 55 件典型案例后，因应疫情防控常态化，再就核酸检测造假、制售假疫苗等发布 4 批 19 件从严追诉典型案例，指导办案、震慑犯罪、预警社会。共批捕涉疫犯罪 7227 人，起诉 1.1 万人。有力惩治侵害民营企业合法权益的犯罪，起诉 2.3 万人，同比上升 2.9%。持续清理长期未侦结的涉企"挂案"，2019 年排查的 2687 件已督促办结 2315 件；2020 年再会同公安部排查督办 5088 件，为企业解绊，促放手发展。开展企业控告申诉专项清理，排查 2.1 万件，支持企业合法诉求 5519 件。助力企业发展的同时，依法维护劳动者合法权益，发布恶意欠薪犯罪典型案例，起诉 1821 人，支持农民工起诉讨薪维权 1.1 万件。

在扫黑除恶专项斗争方面，检察机关参与为期 3 年的专项斗争，省级检察院对涉黑和重大涉恶案件严格把关；会同有关部门制定 9 个指导性文件，统一办案标准；对 150 起重大案件挂牌督导。2018 年以来，共批捕涉黑涉恶犯罪 14.9 万人，起诉 23 万人，其中起诉组织、领导、参加黑社会性质组织犯罪 5.4 万人，是前三年的 11.9 倍。对未以涉黑涉恶移送起诉的，依法认定 5732 件，占起诉数的 15.9%；以涉黑涉

---

〔1〕 "最高人民检察院 2021 年工作报告"，载 https://www.spp.gov.cn/spp/gzbg/202103/t20210315_512731.shtml，最后访问日期：2021 年 3 月 16 日。

恶移送，依法不认定 2.1 万件，占受理数的 36.3%。坚持除恶务尽，起诉涉黑涉恶"保护伞" 2987 人。结合办案推动重点行业领域依法治理，社会治安秩序明显改善：2020 年受理审查起诉刑事案件为近 4 年最低，严重暴力犯罪案件为近 20 年最低。

在参与网络治理方面，起诉网络犯罪 14.2 万人，在刑事案件总量下降背景下，同比上升 47.9%。针对传统犯罪加速向网上蔓延态势，专设检察办案指导组，制定追诉、指控犯罪 65 条标准，用好专业人员辅助办案制度，助推依法从严治网。结合办案，就整治网络黑灰产业链、提升移动互联网监管执法能力、加大未成年人网络保护力度向工业和信息化部发出第六号检察建议，抄送公安部等部门，共同推进网络秩序综合整治。

在反腐败斗争方面，协同完善监察执法与刑事司法衔接机制，监检互相配合、互相制约，不断提升办案质量。受理各级监委移送职务犯罪 19 760 人，已起诉 15 346 人，不起诉 662 人，不起诉率同比增加 0.5 个百分点；退回补充调查 4013 人次，退查率同比减少 12.4 个百分点。对赵正永等 12 名原省部级干部提起公诉。赖小民受贿数额特别巨大、罪行极其严重，提出判处死刑的公诉意见，判决予以采纳。对逃匿、死亡贪污贿赂犯罪嫌疑人启动违法所得没收程序；首次适用缺席审判程序，对潜逃境外 19 年的贪污犯罪嫌疑人程三昌提起公诉。立案查办司法工作人员利用职权实施的侵犯公民权利、损害司法公正犯罪 1421 人，同比上升 63.1%。

在落实认罪认罚从宽制度方面，对依法可不批捕和犯罪情节轻微、不需要判处刑罚的，不批捕 8.8 万人、不起诉 20.2 万人，占已办结案件比例分别增加 0.8 和 3.9 个百分点。捕后认罪认罚可不继续羁押的，建议释放或变更强制措施 2.5 万人。审前羁押从 2000 年占 96.8% 降至 2020 年的 53%。全年认罪认罚从宽制度适用率超过 85%；量刑建议采纳率接近 95%；一审服判率超过 95%，高出其他刑事案件 21.7 个百分点。

在促进完善社会治理体系方面，检察机关定期发布检察办案数据、发案特点及趋势，以"检察专报"引导动态防治。发布"遭遇暴力传销反击案""反抗强奸致施暴男死亡案""阻止非法暴力拆迁伤人案"等 6 起正当防卫不捕不诉典型案例。2018 年底发布"昆山反杀案"指导性案例后，2019 年和 2020 年因正当防卫不捕不诉 819 人，是之前两年的 2.8 倍。同时，与公安部等出台指导意见，严惩以"被害"为名设局索财。

2. 开展检察服务。司法救助 3.2 万人 4.2 亿元，同比分别上升 55.2% 和 61.3%。湖南检察机关办理 1 起涉黑案时，发现被害人遗孤无人照管，在安置、救助同时，协调民政、教育部门解决其监护和就学问题。为让被侵占、挪用的扶贫资金尽早发挥作用，推广云南经验，建立扶贫领域涉案财物依法快速返还机制，改变不结案不返的惯常做法，会同有关机关一体实施。2020 年检察办案中快速返还 1.2 亿元，惠及 3.2 万人。

起诉破坏生态环境资源犯罪 5.1 万人，办理相关公益诉讼案件 8.4 万件，同比分别上升 0.9% 和 21%。

从严追诉金融诈骗、破坏金融管理秩序犯罪，起诉 4.1 万人，同比上升 3.2%。会同公安部对 36 起重大案件挂牌督办；会同证监会发布典型案例，严惩财务造假、操纵市场、内幕交易，维护投资者合法权益。开设金融检察微课堂，以案释法，引导理性投资。与相关部门共同制定指导意见，严惩洗钱行为。共起诉洗钱犯罪 707 人，是 2019 年的 4.7 倍。

同时，检察机关组建知识产权检察办公室，整合刑事、民事、行政检察职能，并在天津、海南、重庆等 9 省（市）试点。针对一些知识产权刑事案件中，权利人难以依法及时维权，全面推开诉讼权利义务告知制度。与最高人民法院共同发布司法解释，会同公安部完善侵犯商业秘密立案追诉标准，加大惩治力度。协同国家版权局等对 49 起重大侵权盗版案挂牌督办。起诉侵犯知识产权犯罪 1.2 万人，同比上升 10.4%。对国内外企业知识产权一视同仁、平等保护。审慎办理涉科研经费案件，甄别有无非法占有目的，谨防把一般违法、违纪问题当作犯罪处理。

3. 开展刑事检察监督。督促侦查机关依法立案 2.2 万件，监督撤案 2.4 万件，同比分别上升 34% 和 58.4%。依法当捕、应诉而未移送的，追加逮捕 2 万人、追加起诉 2.9 万人。对不构成犯罪或证据不足的不批捕 13.8 万人、不起诉 4.1 万人。对认为确有错误的刑事裁判提出抗诉 8903 件，同比上升 7.2%。对"张玉环案""吴春红案""韩显辉案"等冤错案件，坚持疑罪从无、有错必纠，建议改判无罪。同时，制发错案责任追究意见，对近年来已纠正重大错案逐一启动问责程序。检察机关深刻反思社会广泛关注的孙小果、郭文思、巴图孟和"纸面服刑"案中检察监督流于形式的问题，以此自查自纠，3 案 29 名检察人员被严肃追责。创新落实巡回检察制度，直接组织对 3 所监狱跨省交叉巡回检察，推进常态化省内交叉巡回检察，发现并纠正了一批严重违规违法问题。

4. 保障人民权益。与国家市场监督管理总局等联合开展"四个最严"专项行动，会同国务院食品安全办等 10 部门完善线索移送、案件通报等协作机制，起诉制售有毒有害食品、假药劣药等犯罪 8268 人，办理食品药品安全领域公益诉讼案件 2.7 万件。联手最高人民法院、公安部出台指导意见，对盗窃、破坏公共场所窨井盖行为，以破坏交通设施等危害公共安全犯罪追诉。办理涉窨井盖刑事犯罪 106 件、公益诉讼 424 件。

集中办理信访积案 2.5 万件，其中 5 年以上的 1018 件全部办结。推广河南经验，各级检察院检察长承办多年难结案件，接访办案 3.3 万人次，是 2019 年的 2.4 倍。对重大争议或影响性案件，创新以听证形式公开审查。大检察官带头，四级检察院全覆盖，组织听证 2.9 万件，是 2019 年的 10.8 倍。邀请人大代表、政协委员、人民监督员、社区居民等参与，让当事人把事说清、听证员把理辨明、检察官把法讲透，听证后化解率 83.7%。开通听证网络直播，以公开促公正赢公信。

从严追诉性侵、虐待未成年人和拐卖儿童等犯罪 5.7 万人。会同有关部门建成

1029 个"一站式"办案场所,促进询问、证据提取 1 次完成,尽力防止"二次伤害"。对监护人侵害和监护缺失,支持起诉、建议撤销监护人资格 513 件,是 2019 年的 6.3 倍。起诉涉嫌犯罪的未成年人 3.3 万人。对罪行较轻并有悔改表现的附条件不起诉 1.1 万人,占办结未成年人案件总数的 21%,同比增加 8.3 个百分点。

此外,检察机关在 2020 年起诉破坏军事设施、破坏军婚等涉军犯罪 381 人。坚决严惩任何伤医扰医犯罪,起诉 496 人,在前两年大幅下降基础上,同比又下降 69.7%。

(三)刑事审判工作数据[1]

1. 平安中国建设。审结一审刑事案件 111.6 万件,判处罪犯 152.7 万人,总体呈现下降态势。

2. 维护防疫秩序和社会大局稳定。依法快审快结涉疫犯罪案件 5474 件 6443 人,对杀害防疫工作人员的马建国等人依法判处死刑。发布 34 个涉疫典型案例,严惩隐瞒出境史致多人隔离、诈骗援鄂医护人员、假冒慈善机构骗捐、哄抬物价、造谣传谣等犯罪行为。审结杀人、抢劫、爆炸、投毒等严重暴力犯罪案件 4.7 万件;审结毒品犯罪案件 6.8 万件。

3. 扫黑除恶专项斗争。专项斗争开展以来,审结涉黑涉恶犯罪案件 33 053 件226 495 人,结案率 99.4%,重刑率达 34.5%。对孙小果、陈辉民、尚同军、黄鸿发等黑恶势力犯罪组织头目依法判处死刑,一批涉黑涉恶犯罪分子受到法律严惩。依法判处财产刑并追缴、没收违法所得,实际执行到位金额 1373.7 亿元。坚持"打伞破网",审结公职人员涉黑涉恶保护伞犯罪案件 2668 件。

4. 维护人民群众生产生活安全。审结重大责任事故、重大劳动安全事故等犯罪案件 2165 件 3384 人,对未取得安全许可证从事生产经营、发现事故隐患不采取措施构成犯罪的依法予以严惩。出台食品安全司法解释,斩断食品"黑作坊"生产经营链条,严惩危害食品药品安全犯罪。针对高空抛物、偷盗窨井盖等问题,加大惩治力度,推动综合治理,切实维护群众头顶上、脚底下的安全。审结权健传销案等涉众型经济犯罪案件 1.5 万件,涉及金额 2.9 万亿元,严惩"套路贷"、预付消费诈骗等犯罪。审结醉驾等危险驾驶犯罪案件 28.9 万件,依法惩治恶意强行别车、危险竞速飙车等犯罪行为。

5. 惩治腐败犯罪。审结贪污贿赂、渎职等案件 2.2 万件 2.6 万人,其中被告人原为中管干部的 12 人,对赵正永判处死缓、终身监禁,对赖小民判处并执行死刑。积极配合反腐败国际追逃追赃工作,审理追逃追赃、没收违法所得等案件 316 件,裁定没收"红通人员"姚锦旗等 164 人违法所得 11.5 亿元和位于多国的不动产。

6. 惩治网络犯罪。审结电信网络诈骗、网络传销、网络赌博、网络黑客、网络

---

[1] "最高人民法院 2021 年工作报告",载 http://www.court.gov.cn/zixun-xiangqing-290831.html,最后访问日期:2021 年 3 月 16 日。

谣言、网络暴力等犯罪案件3.3万件。依法审理陈文雄特大跨境电信诈骗、王艾买卖他人社交平台账号等案件，严惩侵犯公民财产和公民个人信息的犯罪。对拒不履行网络安全管理义务、为信息网络犯罪提供帮助的，一律依法惩治。严惩一批网络黑灰产业链犯罪。

7. 人权司法保障。制定刑事诉讼法司法解释，细化审理程序，保障诉权利，确保无罪的人不受刑事追究、有罪的人受到公正惩罚。坚持罪刑法定、疑罪从无、证据裁判，依法宣告656名公诉案件被告人和384名自诉案件被告人无罪。坚持实事求是、有错必纠，按照审判监督程序再审改判刑事案件1818件，江西、云南法院分别再审改判张玉环、何学光无罪。审结国家赔偿案件1.8万件，其中司法赔偿案件4172件，决定赔偿金额2.7亿元，保障赔偿请求人合法权益。对41.4万名轻微犯罪被告人适用非监禁刑，对1.2万人免予刑事处罚。会同司法部推进刑事案件律师辩护全覆盖，指定辩护律师12.2万人次。

二、刑事诉讼法的实施状况 *

（一）《监察法》与《刑事诉讼法》的衔接

2019年12月30日，最高人民检察院发布新修订的《人民检察院刑事诉讼规则》，通过对监察机关移送案件的强制措施，案件受理，退回补充调查和自行补充侦查，对监察机关收集证据的合法性审查及排除非法证据、不起诉的复议等问题所作的具体规定，进一步完善了监检衔接的具体程序，为职务犯罪检察部门办理案件确定了标尺和规程，也为司法实践中更好地实现监检衔接奠定了必要基础。

根据中央纪委国家监委的通报，全国纪检监察机关2020年共接收信访举报322.9万件次，处置问题线索170.3万件，谈话函询36.4万件次，立案61.8万件，处分60.4万人（其中党纪处分52.2万人）。处分省部级干部27人，厅局级干部2859人，县处级干部2.2万人，乡科级干部8.3万人，一般干部9.9万人，农村、企业等其他人员39.8万人。根据通报，全国纪检监察机关2020年运用"四种形态"批评教育帮助和处理共195.4万人次。其中，运用第一种形态批评教育帮助133万人次，占总人次的68.1%；运用第二种形态处理48.5万人次，占24.8%；运用第三种形态处理7.1万人次，占3.6%；运用第四种形态处理6.8万人次，占3.5%。[1]

2020年，检察机关共受理各级监委移送职务犯罪19 760人，已起诉15 346人，不起诉662人，不起诉率同比增加0.5个百分点；退回补充调查4013人次，退查率同比减少12.4个百分点。[2] 同期，最高人民法院审结贪污贿赂、渎职等案件2.2万

---

* 执笔人：中国政法大学诉讼法学研究院罗海敏副教授。

〔1〕 "中央纪委国家监委通报2020年全国纪检监察机关监督检查、审查调查情况"，载http：//www.ccdi.gov.cn/yaowen/202101/t20210126_234838.html，最后访问日期：2021年3月16日。

〔2〕 "最高人民检察院2021年工作报告"，载https：//www.spp.gov.cn/spp/gzbg/202103/t20210315_512731.shtml，最后访问日期：2021年3月16日。

件 2.6 万人。[1]

（二）认罪认罚从宽制度

2020 年 10 月 15 日，最高人民检察院检察长张军在第十三届全国人民代表大会常务委员会第二十二次会议上作了《关于人民检察院适用认罪认罚从宽制度情况的报告》。根据该报告，认罪认罚从宽制度的实施情况如下：

1. 总体情况。2019 年 1 月至 2020 年 8 月，在监察机关、人民法院、公安机关和司法行政机关支持配合下，全国检察机关在依法严惩严重刑事犯罪的同时，适用认罪认罚从宽制度办结案件 1 416 417 件 1 855 113 人，人数占同期办结刑事犯罪总数的61.3%。新冠肺炎疫情发生后，涉疫案件认罪认罚从宽制度适用率为 86.6%。

2. 在推进国家治理中的具体优势。根据张军检察长的总结，认罪认罚从宽制度在国家治理中的优势体现在有效促进社会和谐稳定、更加及时有效惩治犯罪、显著提升刑事诉讼效率、更好保障当事人权利等方面。具体数据体现在：适用这一制度办理的案件中，一审后被告人上诉率为 3.9%，低于其他刑事案件 11.5 个百分点；检察机关适用该制度办理的案件，起诉到法院后适用速裁程序审理的占 27.6%，适用简易程序审理的占 49.4%，适用普通程序审理的占 23%，比 2018 年下降 20 个百分点；在认罪认罚案件的办理中，对 33 040 名因犯罪侵害致生活陷入困境的被害人开展司法救助，发放救助金 4.89 亿元；值班律师为犯罪嫌疑人提供法律帮助 124.6 万人次；认罪认罚案件不捕率高于整体刑事案件 18.3 个百分点；法院宣告缓刑案件占36.2%，高出整体刑事案件 6.9 个百分点。

3. 检察机关落实认罪认罚从宽制度的主要情况。

（1）强化与相关执法司法机关的协作配合。各地检察机关主动与司法行政部门沟通，法律援助工作站已覆盖 55% 的基层检察院，天津、重庆、云南等地基层检察院实现值班律师派驻全覆盖。一些地方检察机关还配合司法行政机关探索通过政府购买服务、跨区域统筹调配等方式，妥善解决值班律师不足难题。2020 年 8 月，"两高三部"印发《法律援助值班律师工作办法》，进一步细化值班律师的职责和具体要求。同时，最高人民检察院专门制作法治宣传片，以浅显、新颖的动漫形式阐释认罪认罚从宽制度。在公安部大力支持下，2020 年 7 月起已在全国 93% 的看守所、69% 的派出所、87% 的公安机关执法办案管理中心循环滚动播放，一些犯罪嫌疑人受感召后主动认罪认罚。江苏省如皋市公安机关办理一起重大盗窃案时，犯罪嫌疑人一直"零口供"，反复观看法治宣传片后，主动约见检察官，如实交代犯罪事实，并带着侦查人员辨认作案现场、提取赃物，使案件顺利侦破。

（2）履行指控证明犯罪主导责任。2020 年以来，尽管疫情期间受看守所封闭、值班律师难以到位等因素影响，适用率一度有所下降，但 1 月至 8 月整体适用率仍达

---

〔1〕 "最高人民法院 2021 年工作报告"，载 http://www.court.gov.cn/zixun-xiangqing-290831.html，最后访问日期：2021 年 3 月 16 日。

到 83.5%。检察机关适用该制度办理的案件中，侦查环节建议适用的从 2019 年 1 月的 23.6% 上升到 2020 年 8 月的 35.5%。法院适用该制度审理的案件，检察机关建议适用的占 97.3%。对犯罪嫌疑人认罪认罚，依照法律规定不需要判处刑罚或可能判处免予刑事处罚的轻微刑事案件，依法作出不起诉决定 208 754 人，占适用该制度办理案件总人数的 11.3%。2019 年 1 月至 2020 年 8 月，量刑建议采纳率为 87.7%。其中，提出确定刑量刑建议率从 27.3% 上升至 76%；庭审对确定刑量刑建议采纳率为 89.9%，高于幅度刑量刑建议采纳率 4.3 个百分点；确定刑量刑建议案件上诉率为 2.56%，低于幅度刑量刑建议案件 3.1 个百分点。

（3）确保依法准确适用认罪认罚从宽。对 3949 名犯罪嫌疑人在侦查阶段认罪认罚，但经检察机关审查认为证据不足，不能认定其有罪的，依法作出不起诉决定。2020 年以来未成年人犯罪案件适用率为 88.4%。对犯罪性质和危害后果特别严重、犯罪手段特别残忍、社会影响特别恶劣的，依法从严追诉、不予从宽。北京市检察机关办理 1 起组织、领导、参加黑社会性质组织案时，主犯在庭审中表示认罪认罚，但检察机关认为其作为黑社会性质组织首要分子，专门针对老年人房产实施"套路贷"犯罪，致 72 名被害人经济损失 1.8 亿余元，犯罪性质恶劣、危害后果严重，遂提出依法不予从宽处罚的意见，庭审采纳。

（4）防范廉政风险。各级检察机关自觉接受派驻纪检监察机构监督检查、公安机关和审判机关程序制约，同时着力完善内部监督制约机制。2020 年 5 月，最高人民检察院印发《人民检察院办理认罪认罚案件监督管理办法》，全面梳理办案风险点，明确部门负责人、副检察长、检察长的监督管理职责，构建全流程监督管理体系。

（5）提升办案能力。最高人民检察院与最高人民法院共同举办法官、检察官和律师同堂培训，促进形成共同司法理念。举办专题培训班，邀请专家学者、资深法官解答办案中的疑难问题。落实案例指导制度，发布 33 个适用认罪认罚从宽制度的指导性案例和典型案例。加强智慧检务建设，改造升级检察机关统一业务应用系统，增加法律检索、类案分析、量刑辅助等功能；推广认罪认罚案件远程提讯、远程庭审、远程送达等机制。深化与法学界务实合作，为完善和落实认罪认罚从宽制度提供理论支撑。

4. 落实认罪认罚从宽制度中的主要问题和困难。张军检察长在报告中指出，认罪认罚从宽制度全面实施以来，整体运行顺畅，但由于尚处起步阶段，工作中还存在不少问题和困难，具体包括：

（1）制度适用不平衡。部分检察人员认识不足，片面强调工作量和工作难度大大增加、案多人少，因而不想用、不愿用。确定刑量刑建议提出率和法院采纳率地区差异明显，提出率高的省份达 78.8%，低的只有 27.7%；采纳率高的省份达 97.5%，低的只有 69.9%。由于耗时费力，对拟提出缓刑或者管制刑建议的犯罪嫌疑人开展社会调查评估积极性不高。对一些符合条件的案件，未主动建议适用速裁程序。普法宣传不够，做当事人工作时易遭遇不理解甚至误解，制度的社会认知度还有待提高。

（2）办案质效待提升。有的检察官审查把关不严，存在因认罪认罚而降低证据要求和证明标准的问题。有的检察官因片面追求适用率，迁就犯罪嫌疑人或辩护律师，影响案件公正处理。耐心细致释法说理不够，有的被告人或为了"留所服刑"通过上诉打时间差，或利用"上诉不加刑"原则碰运气，违背具结承诺反悔上诉。对被告人反悔上诉和法院未采纳量刑建议案件的抗诉条件把握不准，该抗不抗、不该抗而抗问题都存在。

（3）衔接配合需加强。作为一项新制度，执法司法机关相互配合、制约总体较好，同时也存在经验不足、认识不够统一等问题。与侦查机关沟通不够，部分地区侦查阶段主动适用制度、促进认罪认罚教育较少。一些检察官、法官对量刑建议认识有较大差异。有的检察官把刑事诉讼法规定的"人民法院依法作出判决时，一般应当采纳人民检察院指控的罪名和量刑建议"错误理解为都要采纳；有的提出确定刑量刑建议说理不充分。量刑建议协商机制不健全，主动听取律师意见不够，影响量刑协商效果。值班律师资源紧缺和经费保障不足问题不同程度存在，西部地区尤为突出，一些案件犯罪嫌疑人主动认罪认罚却缺乏律师参与。

（4）能力素质不适应。检察官运用认罪认罚从宽制度办理疑难、复杂、新型案件能力不足，不善于释法说理、沟通协调。有的量刑建议提出程序不规范，不同检察官对量刑标准把握和理解不同，特别是对缓刑、财产刑量刑建议把握不准，有的量刑建议不当。检察官被围猎、腐蚀的风险加大。

（三）缺席审判制度

2018 年 10 月 26 日，新修正的《刑事诉讼法》在第五编"特别程序"中专门设置了"缺席审判程序"一章，建立了具有中国特色的刑事缺席审判制度。

2020 年，检察机关首次以缺席审判程序对潜逃境外 19 年的贪污犯罪嫌疑人程三昌提起公诉，这是缺席审判程序增设以来第一起在同类案件中应用这一审判制度的案件。据介绍，程三昌系原豫港（集团）公司董事长，曾担任过乡长、县长、市长等职务，后担任河南省漯河市委书记，系河南政坛"明星人物"。因涉嫌贪污犯罪，其于 2001 年 2 月外逃至新西兰，在境外侃侃而谈官商经历和外逃经验，毫不隐讳地讲述其参与权钱交易和买官卖官的违法犯罪事实，影响极为恶劣。2002 年，国际刑警组织发布红色通缉令，但程三昌至今未归案。2020 年，最高人民检察院指导河南检察机关对其适用缺席审判程序提起公诉，目前该案正在法院审理中。[1]

（四）刑事案件律师辩护全覆盖

2020 年，刑事案件律师辩护全覆盖试点工作继续推进。

据报道，目前全国共有 2368 个县（市、区）开展了刑事案件律师辩护全覆盖试

---

〔1〕　蒋安杰："缺席审判：从纸面到行动"，载《法治日报》2021 年 3 月 11 日，第 4 版。

点工作，占全国县级行政区域总数的 83%。其中，北京等 16 个省（区、市）和新疆兵团已经实现县级行政区域试点工作全覆盖。从全国范围看，因开展试点扩大通知辩护的法律援助案件累计达到 59 万余件，值班律师提供法律帮助的案件达到 48 万余件。通过试点，全国刑事案件审判阶段律师辩护率大幅度提升。[1]

三、刑事诉讼实践中的热点问题 *

（一）民营经济刑事司法保护实践

"刑事法律风险正在成为企业发展的约束性瓶颈，企业一旦遭遇刑事法律风险，轻则元气大伤，重则一蹶不振。"[2]

时下热议的"刑事合规制度"，即企业通过制定合规计划换取在涉刑案件中暂缓起诉或不起诉的制度，在目前的实践中已取得一定成效。2020 年，最高人民检察院正式开启企业刑事合规制度中国化的探索：2020 年 3 月，最高检启动涉案违法犯罪依法不捕、不诉、不判处实刑的企业合规监管试点工作，在全国确定了 6 家基层检察院[3]作为试点单位。

通过试点检察院的努力，企业刑事合规中国化的探索取得了一定的进展。例如深圳市宝安区检在全国首创"企业刑事合规独立监控人"制度。所谓独立监控人，是指受犯罪嫌疑企业委托，对企业刑事合规情况进行调查、规划、监督的律师事务所。2020 年 8 月 28 日，深圳市宝安区司法局印发《关于企业刑事合规独立监控人选任及管理规定（试行）》，明确独立监控人从律师事务所中选任并纳入名录库，其主要职责是就企业刑事合规情况进行调查，协助犯罪嫌疑企业制定合规计划以及协助区人民检察院监督合规计划的执行，并针对其履职情况、企业刑事合规建设出具阶段性书面监控报告，作为区人民检察院作相应处理决定的参考。目前，宝安区司法局已经选任了北京市金杜（深圳）律师事务所等 11 家律师事务所为第一批刑事合规独立监控人。

除前述 6 家试点单位，在全国范围内也有部分检察机关从中央保护民营经济健康发展以及服务保障"六稳""六保"的政策目标出发，自发探索涉罪企业合规考察制度并出台试点实施意见或细则。例如岱山县人民检察院从营造稳定公平透明、可预期的法治化营商环境的目标出发，于 2020 年 9 月 27 日出台了《岱山县人民检察院

---

〔1〕 "司法部：2368 个县市区已试点刑事案件律师辩护全覆盖"，载 http：//news. china. com. cn/txt/ 2021-03/09/content_77283800. htm，最后访问日期：2021 年 3 月 16 日。

* 执笔人：中国政法大学诉讼法学研究院倪润副教授。中国政法大学刑事司法学院硕士生郑浩和王曼在本部分的资料整理方面做了大量工作，特此感谢。

〔2〕 "民营企业面临刑事案件高发态势，专家建议将企业合规制度纳入刑事法制"：载 http：//legalinfo. moj. gov. cn/pub/sfbzhfx/zhfxyfzl/yfzlfzcj/202012/t20201214_44605. html，最后访问日期：2021 年 3 月 15 日。

〔3〕 上海市浦东新区、金山区检察院、广东省深圳市南山区、宝安区检察院、江苏省张家港市检察院和山东省郯城县检察院。

涉企案件刑事合规办理规程（试行）》，为涉案企业经合规整改可获从宽处理提供了全流程的办案指引。根据该规程，检察官办理涉企案件刑事合规业务的基本流程为：企业认罪认罚—出具合规承诺—确定整改方案—合规监督员进驻—整改考察期—公开听证—从宽处理—合规整改的监管激励。而该规程最大的亮点是提出了九大创新内容，其中就包括合规整改期周期首次明晰、整改方案内容首次标准化、合规监督员首次多元化，以及刑事合规办案首次案件化办理等。

一系列的实践成果都预示着，民营经济刑事司法保护具有必要性和可行性，随着试点工作的进一步开展，相信企业刑事合规制度将获得更加深远的落实和发展。

（二）《未成年人保护法》修订通过

2020 年 10 月 17 日，新修订的《未成年人保护法》经第十三届全国人民代表大会常务委员会第二十二次会议表决通过，修订后的未成年人保护法分为总则、家庭保护、学校保护、社会保护、网络保护、政府保护、司法保护、法律责任和附则，共九章 132 条，将于 2021 年 6 月 1 日起施行。

新修订的《未成年人保护法》有以下几个突出的特点：

第一，关爱呵护"留守儿童"，细化监护人职责。父母或其他监护人因外出务工等原因在一定期限内不能完全履行监护职责的，要求其委托具有照护能力的完全民事行为能力人代为照护；无正当理由的，不得委托他人代为照护。确定被委托人时要"听取有表达意愿能力未成年人的意见"，并规定未成年人的父母或其他监护人要与未成年人、被委托人至少每周联系和交流 1 次，了解未成年人的生活、学习、心理等情况，并给予未成年人亲情关爱。

第二，增设"网络保护"，防止沉迷杜绝网络欺凌。网络产品和服务提供者不得向未成年人提供诱导其沉迷的产品和服务。网络游戏、网络直播、网络音视频、网络社交等网络服务提供者应当针对未成年人使用其服务设置相应的时间管理、权限管理、消费管理等功能。遭受网络欺凌的未成年人及其父母或者其他监护人有权通知网络服务提供者采取删除、屏蔽、断开链接等措施。网络服务提供者接到通知后，应当及时采取必要的措施制止网络欺凌行为，防止信息扩散。

第三，强化各方报告义务，协同守护未成年人。规定任何组织或个人发现不利于未成年人身心健康或侵犯未成年人合法权益的情形，都有权劝阻、制止或者向公安、民政、教育等有关部门提出检举、控告。例如要求旅馆、宾馆、酒店等住宿经营者接待未成年人入住，或者接待未成年人和成年人共同入住时，应当询问父母或者其他监护人的联系方式、入住人员的身份关系等有关情况；发现有违法犯罪嫌疑的，应当立即向公安机关报告，并及时联系未成年人的父母或者其他监护人。

第四，强化学校"防线"，向性侵和欺凌说不。学校应当建立学生欺凌防控工作制度，对教职员工、学生等开展防治学生欺凌的教育和培训。密切接触未成年人的单位招聘工作人员时，应当向公安机关、人民检察院查询应聘者是否具有性侵害、虐待、拐卖、暴力伤害等违法犯罪记录；发现其具有前述行为记录的，不得录用。

对性侵害、性骚扰未成年人等违法犯罪行为，学校、幼儿园不得隐瞒，应当及时向公安机关、教育行政部门报告，并配合相关部门依法处理。

（三）扫黑除恶专项斗争决胜收官

开展扫黑除恶专项斗争，是以习近平同志为核心的党中央作出的重大决策，事关社会大局稳定和国家长治久安，事关人心向背和基层政权巩固。在党中央坚强领导下，专项斗争开展两年多来，各地各有关部门认真贯彻党中央决策部署，采取切实有效措施，掀起凌厉攻势，推动形成专项斗争压倒性态势，"打伞破网"力度不断加大，服务大局实效不断增强，群众满意程度不断跃升。全国公安机关坚决贯彻党中央、国务院部署要求，精心组织、周密部署，以打开路、重拳出击，向黑恶势力发起强大攻势，有力净化了社会环境，为维护国家安全和社会稳定作出了积极贡献。

2020 年是为期 3 年的扫黑除恶专项斗争的收官之年。全国检察机关坚决贯彻中央部署，严格依法办案，扫黑除恶专项斗争取得阶段性成果。扫黑除恶专项斗争开展以来，截至 2020 年 7 月底，全国检察机关共批捕涉黑恶犯罪 48 217 件 141 713 人，提起公诉 32 371 件 205 000 人。其中，批捕涉黑犯罪 9412 件 26 923 人，提起公诉 5270 件 57 828 人。围绕"收官之年"的攻坚重点，最高检印发了《最高人民检察院扫黑除恶专项斗争领导小组 2020 年工作要点》，明确了"转段"的斗争方向、方式策略，先后召开了全国检察机关扫黑除恶专项斗争案件办理推进电视电话会和部分省级检察院扫黑除恶专项斗争视频督办工作会，确保攻坚力度传递到办案一线。

（四）监狱交叉巡回检察工作的开展

通过督导，最高检可以更好地掌握各省级院辖区内监狱交叉巡回检察工作情况，同时为最高检开展跨省交叉巡回检察提供决策依据。全面实行巡回检察，既是监狱检察方式的重大改革，也是检察机关推动监狱治理水平提升的重大举措。2020 年 7 月 31 日，最高人民检察院印发《关于组织开展 2020 年省级人民检察院辖区内监狱交叉巡回检察工作的通知》，"重启"省级检察院辖区内监狱交叉巡回检察工作，要求从 7 月底开始，在三个月左右的时间内分批次、分步骤完成相关工作。地方高度重视，各省监狱巡回检察工作纷纷"应时而动"。

9 月中旬，最高检第五检察厅组织了 4 个督导组赴 8 个省份开展省内监狱交叉巡回检察督导工作。针对督导发现的问题，各督导组要求，要切实把巡回检察和司法工作人员相关职务犯罪侦查工作有效结合，突出对顽瘴痼疾的查找、分析和解决。10 月，最高检首次部署跨省监狱交叉巡回检察，分别对陕西省宝鸡监狱、广东省从化监狱、湖南省坪塘监狱开展跨省监狱交叉巡回检察工作。"既要做好上一轮省内和跨省交叉巡回工作的'后半篇文章'，督导整改发现的问题，也要持续加大交叉巡回检察力度。"12 月 1 日，在最高检召开的党组扩大会上，最高检党组书记、检察长张军提出要持续推动跨区域交叉巡回检察，通过这项工作，促进解决"纸面服刑"等刑罚执行活动中的顽瘴痼疾，切实为党分忧，增强人民群众对公平正义的获得感。

（五）互联网法院和在线诉讼

2020 年 2 月，最高人民法院下发《关于新冠肺炎疫情防控期间加强和规范在线诉讼工作的通知》（本部分简称《通知》），对全国法院有序开展在线诉讼工作做出指示。《通知》既是人民法院全面推进在线诉讼的"动员令"，也是法院审理模式转型升级的"集结号"。截至 2020 年底，全国法院在线立案 715.9 万件，在线调解 385.4 万次，在线开庭 85.6 万场，电子送达 2088.3 万次，网上司法拍卖 84.18 万余件。

在这一背景下，我国的互联网法院和在线诉讼的探索，真正实现了"技术实验室"的作用，拓宽了司法科技运用范围，新时代中国特色的审判体系和审判能力现代化建设也将得到全面推进。

同时，互联网法院的"司法试验田"作用得到充分展现，从而为未来在立法上设置系统完整的在线诉讼法律规则，为新兴事物的权利义务确立边界，为互联网领域新生的法律关系、法律行为提供行为规则，为探索建立公正的、崭新的、独立的在线诉讼法律制度，为呼应未来时代互联网原住民对司法程序的期待，奠定了扎实基础。

（六）推进庭审实质化改革

以审判为中心的刑事诉讼制度改革最终落脚于刑事庭审实质化改革，目的在于提升法庭审判发现疑点、理清事实、查明真相的能力。[1] 推进以审判为中心的诉讼制度改革，其内核在于推进庭审实质化。

最高人民法院在印发《关于全面推进以审判为中心的刑事诉讼制度改革的实施意见》的基础上，制定深化庭审实质化改革的"三项规程"，进一步明确和细化庭前会议、非法证据排除、法庭调查等关键环节、关键事项的基本规程。

庭审制度的改革与侦诉审各机关的权力分配密切相关，如非法证据排除、侦查人员出庭、法官独立办案等。庭审实质化是相对于庭审虚化的改革，关键在于决策性或实质性的审判活动，必须且只能在庭审中展开，不能忽视审判程序与审前程序诉讼结构关系的调整。因为庭审实质化改革需要构建于以法院为中心的宏观司法体制改革的基础上，必须通过着力塑造审判阶段与审前阶段的主从模式，以确保法官行使审判权力的实质性和独立性。庭审实质化改革的本质在于构建更加规范化、精密化的审判制度。通过将案件范围限定于疑难复杂案件以及被告人不认罪案件，促成难案精审、简案快审的合理格局；要求以法庭审判为中心，控辩双方和其他诉讼参与人，通过当庭举证、质证、辩论来支持控诉和辩论主张，最大限度地还原案件

---

〔1〕"刑事诉讼法学：新时代的理论发展与制度创新"，载 https：//www.spp.gov.cn/spp/llyj/202101/t20210104_505528.shtml，最后访问日期：2021 年 2 月 28 日。

事实真相。[1]

（七）诽谤罪自诉转公诉的程序流程

杭州"出轨快递员"案开启了"自诉转公诉"的程序流程，此案涉及在被害人提起自诉、法院已经立案的情况下，是否可以再启动公诉程序追究刑事责任的问题。

先有自诉，后启动公诉程序，该案已然超出了传统的自诉范畴，理论上既要解决确实符合《刑法》第 246 条第 2 款规定的告诉才处理的例外情形——"严重危害社会秩序和国家利益"这一实体法律适用问题，更要解决正当程序所要求的自诉公诉程序衔接问题。[2]

有学者认为，无论在法律规定上，还是理论上，抑或实践上，这种自诉转公诉均无适用障碍。

首先，从法律规定层面看，根据《刑法》第 246 条第 2 款的规定，侮辱、诽谤罪，告诉才处理，但严重危害社会秩序和国家利益的除外。其次，从理论上看，先有自诉后有公诉并不违背"一事不再理"原则。"一事不再理"或者"禁止双重危险"原则针对的是性质相同的 2 个"诉"，而此案自诉和公诉虽是同一诉因，但两者性质并不相同。最后，从实践层面看，诽谤罪的自诉效果并不理想。此类犯罪特别是利用网络实施的诽谤行为，通过自诉进行救济存在取证难、举证难、证明难三重困难。在《刑事诉讼法》和相关司法解释没有相关规定的情况下，出现自诉后再行启动刑事公诉程序的做法，需要考虑 2 种诉讼并存应当如何解决的问题。

对于公诉与自诉并存问题，《刑事诉讼法》和司法解释可以在 3 种处理方式中作出选择：一是采行自诉优先的做法，除非自诉人撤回自诉或者被驳回自诉，否则不能启动公诉程序；二是采行公诉优先的做法，一旦开始刑事立案侦查，对于同一案件不应再受理自诉；如果已经受理自诉，可以采取公诉吸收自诉的办法，即启动公诉程序后，自诉程序吸收进公诉程序，法院终止自诉案件的审理，被害人以当事人身份参与诉讼；三是自诉与公诉并行，启动公诉程序后，自诉案件中止审理，待提起公诉后将公诉与自诉合并审理。[3]

（八）非羁押诉讼模式的探索

针对我国严重暴力犯罪持续下降、轻刑犯罪不断增加但审前羁押率一直较高的问题，全国检察机关贯彻宽严相济刑事政策，认真落实认罪认罚从宽制度，对轻刑犯罪、过失犯罪、未成年犯罪等案件，积极推行"以非羁押为原则，羁押为例外"

---

〔1〕 李文军："庭审实质化改革的成效与路径研究——基于实证考察的分析"，载《比较法研究》2019 年第 5 期。

〔2〕 "诽谤罪之自诉转公诉程序衔接——评杭州郎某、何某涉嫌诽谤犯罪案"，载 https：//www.spp.gov.cn/spp/llyj/202012/t20201227_503703.shtml，最后访问日期：2021 年 2 月 28 日。

〔3〕 "刑事诉讼法学：新时代的理论发展与制度创新"，载 https：//www.spp.gov.cn/spp/llyj/202101/t20210104_505528.shtml，最后访问日期：2021 年 2 月 28 日。

的刑事诉讼新格局。[1]

轻刑案件非羁押诉讼模式，体现了宽严相济刑事政策，有助于推动刑事案件的繁简分流，彰显追求诉讼效率的价值追求。在非羁押诉讼模式的探索过程中，山东省东营市人民检察院在实践中形成了以羁押必要性全流程审查、非羁押诉讼全方位保障、全社会支持为主要内容的"三位一体"非羁押诉讼模式。构建羁押必要性全流程，捕前分流、捕中听证、捕后跟踪过滤的"三层过滤"审查机制，辅之配套保障措施和社会支持体系，打造了具有东营特色的非羁押诉讼制度实践样本。该模式充分运用科技手段保障诉讼顺利进行，创新赔偿保障金提存制度，创建刑事执行人权保障中心，以促进刑事和解、认罪认罚，在保障被害人权益和被告人诉讼权利等方面具有示范性。[2]

推行"三位一体"非羁押诉讼模式以来，东营市审前羁押率从 2018 年的 39.6% 降至 2020 年的 19.2%，避免了羁押性强制措施的滥用，减缓了"一人羁于囚，十人奔于途，多人忧于心"的社会矛盾。该模式有利于促进案件繁简分流，普通、简易和速裁程序快慢分道，实现了用 20% 的检力办理 80% 的轻微刑事案件，用 80% 的检力办理 20% 的复杂案件，大大提升了诉讼效能。[3]

（九）人民陪审员制度改革的新要求

人民陪审员制度是我国审判机关审理案件时吸收非职业法官作为陪审员，陪审员与职业法官一起审判案件的司法制度。

2018 年 4 月 27 日，中华人民共和国第十三届全国人民代表大会常务委员会第二次会议通过了《人民陪审员法》。该法颁布两年来，全国各级法院和司法行政机关坚持以习近平新时代中国特色社会主义思想为指导，认真落实党中央关于人民陪审员制度的各项决策部署，狠抓法律的贯彻落实，出台配套规范，完善工作机制，加强宣传培训，提升保障水平，人民陪审员工作平稳推进，进展顺利。从制度建设来看，最高人民法院出台了《关于适用〈中华人民共和国人民陪审员法〉若干问题的解释》，联合司法部印发了《人民陪审员培训、考核、奖惩工作办法》及《〈中华人民共和国人民陪审员法〉实施中若干问题的答复》，联合司法部、公安部出台了《人民陪审员选任办法》，依法保障和规范人民陪审员参加审判活动，全面改进提高人民陪审员工作水平，逐步建立起科学完善的人民陪审员制度体系。从人民陪审员队伍整体情况来看，全国共新选任人民陪审员 22 万余人，现有人民陪审员总数达到 33.6 万

---

〔1〕"山东省东营市人民检察院创建"三位一体"制度体系打造非羁押诉讼新模式，入选最高检首批检察改革典型案例！"，载 https：//edu. qlwb. com. cn/detail/14719515. html，最后访问日期：2021 年 2 月 28 日。

〔2〕"全文｜最高检发布首批检察改革典型案例"，载 https：//www. thepaper. cn/newsDetail_ forward_10831790，最后访问日期：2021 年 2 月 28 日。

〔3〕"全国七个全省唯一！东营检察非羁押诉讼模式入选全国首批检察改革典型案例"，载 http：//k. sina. com. cn/article_6824573189_196c6b90502000zcvb. html，最后访问日期：2021 年 2 月 28 日。

余人，与 2018 年 4 月《人民陪审员法》实施前相比上升了 58.1%。一大批通民情、知民意、接地气的普通群众被选任为人民陪审员，人民陪审员的男女比例更加均衡，年龄结构更加合理，职业分布更加广泛，人民陪审员广泛性和代表性的目标初步实现。从参审理念来看，各级人民法院准确理解和把握人民陪审员法的立法精神，实现了从原来的注重陪审案件"数量""陪审率"向关注陪审案件"质量"转变，"驻庭陪审""陪而不审""审而不议"等问题得到进一步解决。从参审案件情况来看，全国各地法院人民陪审员共参审民事案件 514.2 万余件，刑事案件 102.4 万余件，行政案件 42.8 万余件，由人民陪审员参与组成 7 人合议庭审结社会影响重大的案件 1.2 万余件，取得良好的法律效果和社会效果。从履职保障情况来看，在开展人民陪审员工作过程中，各地法院会同司法行政机关积极构建管理保障长效机制，进一步明确管理机构和职责，建立完善岗前培训与任职培训相结合的常态化培训制度，加强信息化建设，落实经费保障制度，加大宣传力度，初步实现了人民陪审员管理保障工作的规范化、科学化、经常化，人民陪审员参审积极性进一步提高，全社会理解、支持和拥护人民陪审员制度的良好氛围初步形成。[1]

四、典型案例*

（一）最高人民法院指导案例

1. 张那木拉正当防卫案。[2]

【基本案情】

张那木拉与其兄张某 1 二人均在天津市西青区打工。2016 年 3 月 10 日，张那木拉在交警队处理涉及张某 1 的交通纠纷时与交警发生争吵，牵连到周某强，此举引起周某强不满。

3 月 12 日 8 时许，周某强纠集丛某、张某 2、陈某 2 新，并携带事先准备好的 2 把砍刀，至天津市西青区张那木拉暂住处（分为里屋外屋）。四人确认张那木拉在屋后，随即返回车内，取出事前准备好的 2 把砍刀。其中，周某强、陈某 2 新二人各持砍刀 1 把，丛某、张某 2 分别从鱼塘边操起铁锹、铁锤再次进入张那木拉暂住处。张某 1 见状上前将走在最后边的张某 2 截在外屋，二人发生厮打。周某强、陈某 2 新、丛某进入里屋内，三人共同向屋外拉拽张那木拉，见张那木拉不肯出屋，持刀砍向张那木拉后脑部，张那木拉随手在茶几上抓起 1 把尖刀捅刺了陈某 2 新的胸部，陈某 2 新被捅后退到外屋，随后倒地。此时，张那木拉发现张某 2 仍在屋外与其兄张某 1 相互厮打，为防止张某 1 被殴打，其到屋外，随手拿起门口处的铁锹将正挥舞砍刀

---

〔1〕"最高人民法院、司法部通报人民陪审员法实施两周年工作情况并发布《〈中华人民共和国人民陪审员法〉实施中若干问题的答复》"，载 http://www.moj.gov.cn/news/content/2020-10/19/bnyw_3258289.html，最后访问日期：2021 年 2 月 28 日。

* 执笔人：中国政法大学诉讼法学研究院倪润副教授。中国政法大学刑事司法学院硕士生赵晨怡和程照锦在本部分的资料整理方面做了大量工作，特此感谢。

〔2〕参见最高人民法院指导案例 144 号。

的周某强打入鱼塘中，周某强爬上岸后张那木拉再次将其打落水中，最终致周某强左尺骨近段粉碎性骨折，其所持砍刀落入鱼塘中。张那木拉随即拨打电话报警并在现场等待。陈某2新被送往医院后，因单刃锐器刺破心脏致失血性休克死亡；张那木拉头皮损伤程度构成轻微伤；周某强左尺骨损伤程度构成轻伤一级。

天津市西青区人民法院于2017年12月13日作出刑事附带民事判决，以被告人张那木拉犯故意伤害罪，判处有期徒刑12年6个月。被告人张那木拉以其系正当防卫、不构成犯罪为由提出上诉。天津市第一中级人民法院于2018年12月14日作出刑事附带民事判决，撤销天津市西青区人民法院刑事附带民事判决，宣告张那木拉无罪。

【影响性】

"两高一部"2020年联合印发的《关于依法适用正当防卫制度的指导意见》（本部分简称《指导意见》）第15条明确指出，"使用致命性凶器，严重危及他人人身安全的"，以及"未使用凶器或者未使用致命性凶器，但是根据不法侵害的人数、打击部位和力度等情况，确已严重危及他人人身安全的"，均应认定为"行凶"。本案中，法院结合工具的杀伤力以及具体使用方式综合认定周某四人"行凶"，结合暴力袭击在整体上被制止的时间来认定侵害的结束时间。本案在前述《指导意见》的基础上对特殊防卫权中"行凶"的内涵及其持续时间的判断标准进行了具体化和明确化，对于正确适用《刑法》第20条第3款具有重要的指导意义。

2. 张竣杰等非法控制计算机信息系统案。[1]

【基本案情】

自2017年7月开始，被告人张竣杰、彭玲珑、祝东、姜宇豪为赚取赌博网站广告费用，检索、筛查出存在防护漏洞的目标服务器，向目标服务器植入木马程序进行控制，获取其操作权限，将添加了赌博关键字并设置自动跳转功能的静态网页，上传至目标服务器，提高赌博网站广告被搜索引擎命中几率。截至2017年9月底，共计113台目标服务器被植入木马程序，其中部分网站服务器还被植入了含有赌博关键词的广告网页。

案发后，公诉机关以破坏计算机信息系统罪对四人提起公诉。2019年7月29日，江苏省南京市鼓楼区人民法院判处被告人张竣杰、彭玲珑、祝东、姜宇豪犯非法控制计算机信息系统罪。一审宣判后，被告人姜宇豪以一审量刑过重为由提出上诉，其辩护人请求对被告人姜宇豪宣告缓刑。上诉人及其他被告人链接被植入木马程序的目标服务器共计113台，属于情节特别严重，综合上诉人犯罪行为的性质、所造成的后果及其社会危害性，江苏省南京市中级人民法院于2019年9月16日作出裁定：驳回上诉，维持原判。

---

[1] 参见最高人民法院指导案例145号。

【影响性】

该案例对于依法打击计算机网络犯罪，维护网络安全秩序，准确地区分破坏计算机信息系统罪与非法控制计算机信息系统罪的界限，具有较为显著的价值和意义。实际上，破坏计算机信息系统罪已经具有了沦为新型口袋罪名的趋势，其主要原因在于对该罪构成要件仅是进行了形式化、甚至字面化的理解。145 号指导案例的发布无疑正当其时，提醒人们应当从破坏计算机信息系统罪的本质属性出发对其进行合理限定适用，并准确把握破坏计算机信息系统罪与非法控制计算机信息系统罪的界限。

3. 陈庆豪、陈淑娟、赵延海开设赌场案。[1]

【案情简介】

龙汇网站以经营"二元期权"交易为业，通过招揽会员以"买涨"或"买跌"的方式参与赌博，龙汇公司负责为龙汇网站的经营提供客户服务。2017 年 1 月，陈庆豪受龙汇公司幕后实际控制人周熙坤聘请，维系龙汇网站与高级经纪人之间的关系，出席宣传会，发展会员，拓展市场。2016 年 1 月，陈淑娟在龙汇网站注册账号，通过发展会员一度成为 PB 铂金一星级经纪人，下有 17 000 余个会员账号。同年 2 月，赵延海在龙汇网站注册账号，通过发展会员一度成为 PB 铂金级经纪人，下有 8000 余个会员账号。2017 年 1 月 1 日至 7 月 5 日，陈淑娟从龙汇网站提款 180 975.04 美元，赵延海提款 11 598.11 美元。2017 年 7 月 5 日，陈庆豪、陈淑娟和赵延海被抓获归案。陈庆豪归案后，于同年 8 月 8 日退缴 35 万元违法所得。2019 年 3 月 22 日，江西省吉安市中级人民法院一审认定陈庆豪犯开设赌场罪，判处有期徒刑 3 年，并处罚金 50 万元，驱逐出境；陈淑娟犯赌博罪，判处有期徒刑 2 年，并处罚金 30 万元；赵延海犯赌博罪，判处有期徒刑 1 年 10 个月，并处罚金 20 万元；继续追缴被告人陈淑娟和赵延海的违法所得。宣判后，陈庆豪、陈淑娟提出上诉。同年 9 月 26 日，江西省高院作出二审判决，对陈庆豪刑期改为有期徒刑 2 年 6 个月，其他均维持原判。

【影响性】

以"二元期权"交易的名义，在法定期货交易场所之外利用互联网招揽"投资者"，以未来某段时间外汇品种的价格走势为交易对象，按照"买涨""买跌"确定盈亏，买对涨跌方向的"投资者"得利，买错的本金归网站（庄家）所有，盈亏结果不与价格实际涨跌幅度挂钩的，本质是"押大小、赌输赢"，是披着期权交易外衣的赌博行为。对相关网站应当认定为赌博网站。

4. 张永明、毛伟明、张鹭故意损毁名胜古迹案。[2]

【案情简介】

2017 年 4 月 15 日，被告人张永明、毛伟明、张鹭三人攀爬三清山风景名胜区

---

〔1〕　参见最高人民法院指导案例 146 号。
〔2〕　参见最高人民法院指导案例 147 号。

"巨蟒出山"岩柱体（本部分简称巨蟒峰）时，在巨蟒峰上打入岩钉26个。经专家论证，三被告人的行为对巨蟒峰地质遗迹点造成了严重损毁。江西省上饶市中级人民法院宣判，被告人张永明犯故意损毁名胜古迹罪，判处有期徒刑1年，并处罚金10万元；被告人毛伟明犯故意损毁名胜古迹罪，判处有期徒刑6个月，缓刑1年，并处罚金5万元；被告人张鹭犯故意损毁名胜古迹罪，免予刑事处罚；对扣押在案的犯罪工具予以没收。宣判后，张永明提出上诉。江西省高级人民法院于2020年5月18日驳回被告人张永明的上诉，维持原判。

【影响性】

这一案件在证据采信的问题上具有典型意义。本案中，三被告人打入26个岩钉的行为对巨蟒峰造成严重损毁的程度，目前全国没有法定司法鉴定机构可以进行鉴定，但是否构成严重损毁又是被告人是否构成犯罪的关键。根据最高人民法院《关于适用〈中华人民共和国刑事诉讼法〉的解释》第87条规定："对案件中的专门性问题需要鉴定，但没有法定司法鉴定机构，或者法律、司法解释规定可以进行检验的，可以指派、聘请有专门知识的人进行检验，检验报告可以作为定罪量刑的参考。……经人民法院通知，检验人拒不出庭作证的，检验报告不得作为定罪量刑的参考。"故对打入26个岩钉的行为是否对巨蟒峰造成严重损毁的这一事实，依法聘请有专门知识的人进行检验合情合理合法。本案中的4名地学专家，都长期从事地学领域的研究，具有地学领域的专业知识，在地学领域发表过大量论文或专著，或主持过地学方面的重大科研课题，具有对巨蟒峰受损情况这一地学领域的专门问题进行评价的能力。4名专家均属于"有专门知识的人"。4名专家出具专家意见系接受侦查机关的有权委托，依据自己的专业知识和现场实地勘查、证据查验，经充分讨论、分析，从专业的角度对打岩钉造成巨蟒峰的损毁情况给出了明确的专业意见，并共同签名。且经法院通知，4名专家中的2名专家以检验人的身份出庭，对"专家意见"的形成过程进行了详细的说明，并接受了控辩双方及审判人员的质询。"专家意见"结论明确，程序合法，具有可信性。综上，本案中的"专家意见"从主体到程序均符合法定要求，从证据角度而言，"专家意见"完全符合《刑事诉讼法》第197条的规定，以及最高人民法院《关于适用〈中华人民共和国刑事诉讼法〉的解释》第87条关于有专门知识的人出具检验报告的规定，可以作为定罪量刑的参考。

（二）最高人民法院公布的典型案例

1. 卞晨晨等贩卖毒品、非法利用信息网络案。[1]

【案情简介】

2017年冬天至2018年10月，被告人卞晨晨与卞士磊种植、并通过微信和快递贩卖大麻多次。同时查明卞晨晨系大麻论坛"园丁丁"版主，负责管理内部教程板

---

〔1〕 "最高人民法院发布2020年十大毒品（涉毒）犯罪典型案例"，载 http：//www.court.gov.cn/zixun-xiangqing-238021.html，最后访问日期：2021年3月31日。

块，共发布有关大麻知识及种植技术的主题帖 19 个，回帖交流大麻种植技术 164 次。卞晨晨、卞士磊归案后均能如实供述犯罪事实，且认罪认罚，可从轻处罚。对卞晨晨所犯数罪，应依法并罚。据此，浙江省诸暨市人民法院审理宣判，依法对被告人卞晨晨以贩卖毒品罪判处有期徒刑 4 年，并处罚金 2 5000 元，以非法利用信息网络罪判处有期徒刑 1 年 4 个月，并处罚金 5000 元，决定执行有期徒刑 4 年 9 个月，并处罚金 3 0000 元；对被告人卞士磊以贩卖毒品罪判处有期徒刑 3 年 9 个月，并处罚金 2 5000 元。宣判后，在法定期限内没有上诉、抗诉。

【影响性】

随着信息化时代的到来，各类网络平台、自媒体等发展迅速，在社会生活中扮演十分重要的角色。同时，一些违法犯罪分子利用网络平台便于隐匿身份、信息传播迅速、不受地域限制等特点，创建或经营管理非法论坛、直播平台等，实施涉毒品违法犯罪活动。本案就是一起被告人种植、贩卖大麻并利用非法论坛发布相关违法犯罪信息的案例。被告人卞晨晨指使其父卞士磊种植大麻，二人配合进行贩卖，卞晨晨还长期管理传播种植大麻方法、贩卖成品大麻的非法论坛，同时犯两罪。人民法院依法对二被告人判处了相应刑罚。

2. 刘某某、王某销售伪劣产品案。[1]

【案情简介】

2020 年 1 月 25 日，刘某某将王某购买的假冒"飘安"牌口罩 30 箱计 30 万只、假冒"华康"牌口罩 24 箱计 21.6 万只，以 24.9 万元销售给年某某。年某某将上述假冒"飘安"牌口罩 30 箱提供给了宿迁市某区人民政府，上述 24 箱假冒"华康"牌医用口罩通过袁某销售给了宿迁市某镇人民政府、宿迁市某产业园管理委员会等单位。涉案口罩均为假冒注册商标的商品，且细菌过滤效率与口罩带断裂强力亦不符合质量标准，均为不合格产品。江苏省宿迁市宿豫区人民法院审理此案，于 2020 年 2 月 28 日以销售伪劣产品罪分别判处被告人刘某某有期徒刑 2 年 9 个月，并处罚金 160 000 元；判处被告人王某有期徒刑 2 年 6 个月，并处罚金 140 000 元。

【影响性】

新冠肺炎疫情发生以来，不论疫情防控还是有序推进复工复产都离不开防护用品。一次性使用医用口罩等防护用品一时成为紧缺的防疫物资，一些不法分子为此不惜以身试法，制售假冒伪劣，牟取暴利，不仅扰乱疫情防控期间的防疫秩序、医疗秩序、市场秩序，也干扰和影响各地复工复产的有序推进。本案作为疫情期间销售伪劣一次性使用医用口罩的典型案例，被收录在最高人民法院发布的第二批 8 个依法惩处妨害疫情防控犯罪典型案例之中。此外，本案的罪名认定在法律界也颇具争议。有人认为本案应当以销售假冒注册商标的商品罪定罪，但本案销售金额达

---

〔1〕 "人民法院依法惩处妨害疫情防控犯罪典型案例（第二批）"，载 http：//www.court.gov.cn/zix-un-xiangqing-224571.html，最后访问日期：2021 年 3 月 31 日。

24.9 万元，若以销售假冒注册商标的商品罪定罪，量刑畸轻，故法院按照司法解释关于生产销售伪劣产品罪"择一重罪论处"的规定，以销售伪劣产品罪定罪处罚。此外，本案是否适用生产、销售不符合标准的医用器材罪也存在争议。一次性使用医用口罩等医用口罩属于二类医疗器械，销售不符合标准的医用口罩，足以严重危害人体健康的，还可能构成销售不符合标准的医用器材罪，但需严格把握"足以严重危害人体健康"的认定，除涉案医用口罩防护功能不达标以外，还要结合涉案医用口罩的使用场所、人群等综合判断。本案涉案一次性使用医用口罩虽然防护功能不符合标准，但并非销往医疗机构、供医护人员使用，也无确实、充分证据证明"足以严重危害人体健康"，故不构成销售不符合标准的医用器材罪。

3. 郭某某妨害传染病防治案。[1]

【案情简介】

2020 年 2 月 29 日至 3 月 7 日，被告人郭某某在全球疫情蔓延的形势下，出国旅游，返回郑州后，郭某某明知境外入郑人员需要申报健康登记和采取隔离措施，故意隐瞒出入境情况，且未执行隔离规定，返程次日到单位上班。其间，出现咽痛、发热等症状，仍多次乘坐公共交通工具，出入公共场所。3 月 11 日，郭某某被确诊为新冠肺炎患者，与其密切接触的 43 人被集中隔离医学观察，其工作单位所在大厦全楼封闭 7 天。截至目前，43 名密切接触者均已解除隔离医学观察，尚无人实际感染新型冠状病毒。河南省郑州市二七区人民法院综合其犯罪事实、性质、情节和对社会的危害程度以及认罪悔罪表现，于 2020 年 4 月 3 日以妨害传染病防治罪判处被告人郭某某有期徒刑 1 年 6 个月。

【影响性】

在河南新增病例连续 13 天清零的情况下，郭某某出国前往疫区，返回后行经多地，不如实报告来往真实情况、不按要求配合落实隔离观察措施，多次出入公共场所，多次乘坐公共交通工具，造成多人被隔离的严重后果。一人之行为，造成一城的不安，直接登上微博热搜。本案成为最高检发布的涉境外输入型疫情防控典型案例之一，向社会发出明确信号，执法司法机关将严格依法防控疫情输入，任何入境人员都要严格遵守我国法律、防控政令，违反相关规定的要依法惩处。妨害传染病防治罪系比较生僻的罪名，司法实践中运用得较少，将本案作为典型案例予以发布也能帮助各级执法司法机关严格依法办案、依法开展侦查取证、依法准确适用法律，做到不枉不纵。

---

〔1〕"人民法院依法惩处妨害疫情防控犯罪典型案例（第三批）"，载 http://www.court.gov.cn/zix-un-xiangqing-225671.html，最后访问日期：2021 年 3 月 31 日。

4. 孙文斌故意杀人案。[1]

【案情简介】

2019年12月4日，被告人孙文斌之母（95岁）因患哮喘、心脏病、脑梗死后遗症等疾病在家中不能正常进食，被孙文斌送至北京市民航总医院。孙母经急诊诊治未见好转，被留院观察。孙文斌认为孙母的病情未好转与首诊医生杨某的诊治有关，遂对杨某怀恨在心。同月8日，孙文斌返回其暂住地取了1把尖刀随身携带，扬言要报复杨某，并多次拒绝医院对孙母做进一步检查和治疗。同月24日6时许，杨某在急诊科抢救室护士站向孙文斌介绍孙母的病情时，孙文斌突然从腰间拔出尖刀，当众持刀反复切割杨某颈部致杨某倒地，后又不顾他人阻拦，再次持刀捅刺杨某颈部，致杨某颈髓横断合并创伤失血性休克死亡。孙文斌作案后用手机拨打110报警投案。2020年1月16日北京市第三中级人民法院依法公开开庭审理孙文斌故意杀人一案，其犯罪动机卑劣，手段特别残忍，性质极其恶劣，虽具有自首情节，但不足以对其从轻处罚，以故意杀人罪依法判处被告人孙文斌死刑，剥夺政治权利终身。2020年2月14日北京市高级人民法院二审公开开庭审理孙文斌故意杀人上诉案并当庭宣判，依法裁定驳回孙文斌的上诉，维持原判，对孙文斌的死刑判决依法报请最高人民法院核准。2020年4月3日，遵照最高人民法院下达的执行死刑命令，北京市第三中级人民法院对故意杀人犯孙文斌依法执行死刑。

【影响性】

救死扶伤是医生的职责使命，但医学不是万能的，医疗效果并不总能满足患者和家属的期待。患者和家属首先应当积极配合医院进行治疗，同时也要正确认识病情和治疗效果，不能简单因病情未好转便归咎于医院和医生。本案是一起患者家属因患者病情未见好转而预谋报复杀害医生的典型案例，2019年年底案发后产生巨大且恶劣的社会影响。被告人孙文斌在将其年迈并患有多种严重疾病的母亲送到医院治疗期间，多次拒绝医院对其母进行检查和治疗，却认为其母病情未见好转与首诊医生的诊治有关，经预谋后在医院当众杀害首诊医生，犯罪性质极其恶劣，手段特别残忍，罪行极其严重。人民法院依法对孙文斌判处死刑，体现了坚决惩治暴力杀医犯罪的严正立场。

（三）最高人民检察院指导案例

1. 张凯闵等52人电信网络诈骗案。[2]

【案情简介】

2015年6月至2016年4月间，被告人张凯闵等52人先后在印度尼西亚共和国和肯尼亚共和国参加对中国大陆居民进行电信网络诈骗的犯罪集团。至案发，张凯闵

---

[1]　"人民法院依法惩处涉医犯罪典型案例"，载 http：//www. court. gov. cn/zixun - xiangqing - 228681. html，最后访问日期：2021年3月31日。

[2]　参见最高人民检察院第十八批指导性案例检例第67号。

等被告人通过上述诈骗手段骗取 75 名被害人钱款共计 2300 余万元。由于本案被害人均是中国大陆居民，根据属地管辖优先原则，2016 年 4 月，肯尼亚共和国将 76 名电信网络诈骗犯罪嫌疑人（其中大陆居民 32 人，我国台湾地区居民 44 人）遣返中国大陆。经初步审查，张凯闵等 41 人与其他被遣返的人分属互不关联的诈骗团伙，公安机关依法分案处理。2016 年 5 月，北京市人民检察院第二分院经指定管辖本案，并应公安机关邀请，介入侦查引导取证。审查起诉期间，在案犯罪嫌疑人均表示认罪，但对其在犯罪集团中的作用和参与犯罪数额各自作出辩解。经审查，北京市人民检察院第二分院认为现有证据足以证实张凯闵等人利用电信网络实施诈骗，但案件证据还存在问题，于 2016 年 12 月 17 日、2017 年 3 月 7 日二次将案件退回公安机关补充侦查。2017 年 4 月 1 日，北京市人民检察院第二分院根据犯罪情节，对该诈骗犯罪集团中的 52 名犯罪嫌疑人作出不同处理决定。对张凯闵等 50 人以诈骗罪分二案向北京市第二中级人民法院提起公诉，对另两名情节较轻的犯罪嫌疑人作出不起诉决定。7 月 18 日、7 月 19 日，北京市第二中级人民法院公开开庭审理了本案。2017 年 12 月 21 日，北京市第二中级人民法院作出一审判决，认定被告人张凯闵等 50 人均已构成诈骗罪，其中 28 人系主犯，22 人系从犯。法院根据犯罪事实、情节并结合各被告人的认罪态度、悔罪表现，对张凯闵等 50 人判处有期徒刑，并处剥夺政治权利及罚金。张凯闵等部分被告人以量刑过重为由提出上诉。2018 年 3 月，北京市高级人民法院二审裁定驳回上诉，维持原判。

【影响性】

跨境电信网络诈骗犯罪往往涉及大量的境外证据和庞杂的电子数据，本案作为一起典型的跨境电信诈骗案件在境外证据审查方面具有重要的指导意义。首先，对境外实施犯罪的证据应着重审查合法性。对在境外获取的实施犯罪的证据，一是要审查是否符合我国刑事诉讼法的相关规定，对能够证明案件事实且符合刑事诉讼法规定的，可以作为证据使用；二是对基于有关条约、司法互助协定、两岸司法互助协议或通过国际组织委托调取的证据，应注意审查相关办理程序、手续是否完备，取证程序和条件是否符合有关法律文件的规定。对不具有规定规范的，一般应当要求提供所在国公证机关证明，由所在国中央外交主管机关或其授权机关认证，并经我国驻该国使、领馆认证；三是对委托取得的境外证据，移交过程中应注意审查过程是否连续、手续是否齐全、交接物品是否完整、双方的交接清单记载的物品信息是否一致、交接清单与交接物品是否一一对应；四是对当事人及其辩护人、诉讼代理人提供的来自境外的证据材料，要审查其是否按照条约等相关规定办理了公证和认证，并经我国驻该国使、领馆认证。其次，对电子数据应重点审查客观性。一要审查电子数据存储介质的真实性。通过审查存储介质的扣押、移交等法律手续及清单，核实电子数据存储介质在收集、保管、鉴定、检查等环节中是否保持原始性和同一性。二要审查电子数据本身是否客观、真实、完整。通过审查电子数据的来源和收集过程，核实电子数据是否从原始存储介质中提取，收集的程序和方法是否符合法律和相关技术规范。对从境外起获的存储介质中提取、恢复的电子数据应当进行无污损鉴定，将起获设备的时间作为鉴定的起始基准时间，以保证电子数据的客观、真实、完整。三要审查电子数据内容的真实性。通过审查在案言词证据能否与电子数据相互印证，不同的电子数据间能否相互印证等，核实电子数据包含的案件信息能否与在案的其他证据相互印证。最后，办理电信网络诈骗犯罪案件，认定被害人数量及诈骗资金数额的相关证据，应当紧紧围绕电话卡和银行卡等证据的关联性来认定犯罪事实。一是通过电话卡建立被害人与诈骗犯罪组织间的关联。通过审查诈骗犯罪组织使用的网络电话拨打记录清单、被害人接到诈骗电话号码的陈述以及被害人提供的通话记录详单等通讯类证据，认定被害人与诈骗犯罪组织间的关联性。二是通过银行卡建立被害人与诈骗犯罪组织间的关联。通过审查被害人提供的银行账户交易明细、银行客户通知书、诈骗犯罪集团指定银行账户信息等书证以及诈骗犯罪组织使用的互联网软件聊天记录，核实聊天记录中是否出现被害人的转账账户，以确定被害人与诈骗犯罪组织间的关联性。三是将电话卡和银行卡结合起来认定被害人及诈骗数额。审查被害人接到诈骗电话的时间、向诈骗犯罪组织指定账户转款的时间，诈骗犯罪组织手机或电脑中储存的聊天记录中出现的被害人的账户信息和转账时间是否印证。相互关联印证的，可以认定为案件被害人，被害人实际转账的金额可以认定为诈骗数额。

2. 罪犯王某某暂予监外执行监督案。[1]

【案情简介】

罪犯王某某审前未被羁押但被判处实刑，交付执行过程中，罪犯王某某及其家属以其身体有病为由申请暂予监外执行，2011 年和 2014 年，罪犯王某某因营口市中医院违规签发的罪犯疾病伤残司法鉴定意见先后 2 次被法院决定暂予监外执行 1 年。2016 年 3 月，营口市人民检察院监督发现，罪犯王某某被决定暂予监外执行所依据的病历资料、司法鉴定书等证据材料有诸多疑点，经侦查查明：2010 年 12 月至 2013 年 5 月，张某在任营口市中级人民法院技术科科长期间，受罪犯王某某亲友等人请托，在明知罪犯王某某不符合保外就医条件的情况下，利用其职务便利，2 次指使营口市中医院司法鉴定所负责人赵某为罪犯王某某作出虚假的符合保外就医条件的罪犯疾病伤残司法鉴定意见。赵某在明知罪犯王某某不符合保外就医条件的情况下，违规签发了罪犯王某某符合保外就医条件的司法鉴定书。期间，张某收受罪犯王某某亲友给付好处费 50 000 元，赵某收受张某给付的好处费 7000 元。案件侦查终结后，检察机关依法向人民法院提起公诉。2017 年 5 月 27 日，人民法院以张某犯受贿罪、徇私舞弊暂予监外执行罪，赵某犯徇私舞弊暂予监外执行罪，对二人定罪处罚。判决生效后，检察机关依法向营口市站前区人民法院发出《纠正不当暂予监外执行决定意见书》，营口市站前区人民法院采纳了检察机关的监督意见，作出《收监执行

---

[1] 参见最高人民检察院第十九批指导性案例检例第 72 号。

决定书》，认定"罪犯王某某贿赂司法鉴定人员，被二次鉴定为符合暂予监外执行条件，人民法院以此为依据决定对其暂予监外执行合计2年，上述2年暂予监外执行期限不计入已执行刑期"。后罪犯王某某被收监再执行有期徒刑2年。

【影响性】

实践中，违法暂予监外执行案件背后往往隐藏着司法腐败。因此，检察机关在监督纠正违法暂予监外执行的同时，首先应当注意发现和查办违法监外执行背后存在的相关司法工作人员职务犯罪案件，把刑罚变更执行法律监督与职务犯罪侦查工作相结合，以监督促侦查，以侦查促监督，不断提升法律监督质效。在违法暂予监外执行案件中，一些罪犯亲友往往通过贿赂相关司法工作人员等手段，帮助罪犯违法暂予监外执行，这是违法暂予监外执行中较为常见的一种现象，对于情节严重的，应当依法追究其刑事责任。其次，检察人员办理暂予监外执行监督案件时，应当在审查鉴定意见、病情诊断的基础上，对鉴定意见、病情诊断所依据的原始资料进行重点审查，包括罪犯以往就医病历资料、病情诊断所依据的体检记录、住院病案、影像学报告、检查报告单等，判明原始资料以及鉴定意见和病情诊断的真伪、资料的证明力、鉴定人员的资质、产生资料的程序等问题，以及是否能够据此得出鉴定意见、病情诊断所阐述的结论性意见，相关鉴定部门及鉴定人的鉴定行为是否合法有效等。经审查发现疑点的应进行调查核实，可以邀请有专门知识的人参加。同时，也可以视情况要求有关部门重新组织或者自行组织诊断、检查或者鉴别。最后，司法实践中，负责直接办理暂予监外执行监督案件的刑事执行检察人员一般缺乏专业性的医学知识，为确保检察意见的准确性，刑事执行检察人员在办理暂予监外执行监督案件时，应当委托检察技术人员对鉴定意见等技术性证据进行审查，检察技术人员应当协助刑事执行检察人员审查或者组织审查案件中涉及的鉴定意见等技术性证据。刑事执行检察人员可以将技术性证据审查意见作为审查判断证据的参考，也可以作为决定重新鉴定、补充鉴定或提出检察建议的依据。

3. 李华波贪污案。[1]

【基本案情】

2006年10月至2010年12月间，李华波利用职务便利，伙同张庆华、徐德堂等人骗取鄱阳县财政局基建专项资金共计9400万元。事后，李华波将分得赃款转移至新加坡，并全家逃往新加坡。2011年2月13日，鄱阳县人民检察院以涉嫌贪污罪对李华波立案侦查，同月16日，上饶市人民检察院以涉嫌贪污罪对李华波决定逮捕。中新两国未签订双边引渡和刑事司法协助条约，经沟通协商，决定依据《联合国反腐败公约》和司法协助互惠原则开展该案的国际司法合作。2011年2月23日，公安部向国际刑警组织请求对李华波发布红色通报，并向新加坡方发出协查函。李华波在红色通报发布1年后不能到案，2013年3月6日，上饶市人民检察院向上饶市中

---

〔1〕　参见最高人民检察院第二十批指导性案例检例第74号。

级人民法院提出没收李华波违法所得申请。2015年3月3日，上饶市中级人民法院作出一审裁定，认定李华波涉嫌重大贪污犯罪，其逃匿新加坡后被通缉，1年后未能到案。现有证据能够证明，被新加坡警方扣押的李华波夫妇名下财产共计540余万新加坡元，均系李华波的违法所得，依法予以没收。相关人员均未在法定期限内提出上诉，没收裁定生效。为迫使李华波回国投案，中方依法吊销李华波全家4人中国护照并通知新方。2015年5月9日，李华波被遣返回国，同日被执行逮捕。同年12月30日，上饶市人民检察院以李华波犯贪污罪提起公诉。2017年1月23日，上饶市中级人民法院以贪污罪判处李华波无期徒刑，剥夺政治权利终身，并处没收个人全部财产。扣除同案犯已被追缴的赃款以及依照违法所得没收程序裁定没收的赃款，剩余赃款继续予以追缴。

【影响性】

李华波案集追逃、追赃和异地追诉于一体，是在《刑事诉讼法》增设了违法所得特别没收程序后，我国首次适用未定罪没收程序追缴外逃腐败分子境外赃款的成功案例。李华波案是对未定罪没收程序在境外追赃方面积极作用的肯定。本案通过资产追回中的司法协助，冻结、扣押和没收犯罪嫌疑人和被告人转移到国外的资产，利用未定罪没收制度在挽回经济损失的同时不断压缩外逃人员的生存空间，为其最终回国投案自首、实现人赃并获具有重要的启示。追赃的顺利进行对于追逃意义重大：有助于查清犯罪事实，既可以通过对外逃人员非法转移资产和洗钱活动的调查，为全面查清外逃人员犯罪事实提供线索和证据，从而为追逃奠定基础。又可以摧毁外逃人员对抗追逃的资本和实力，切断外逃人员的生活来源，粉碎外逃人员的侥幸心理。李华波案的成功为接下来的追赃追逃树立了"以追赃促追逃"的理念，针对我国与尚未签署引渡条约和刑事司法协助协定的重点资产流入国进行追逃追赃合作的情形，都可以考虑先从追赃入手，利用现有的违法所得没收特别程序的规定，从而实现追赃追逃并举的效果。

4. 无锡F警用器材公司虚开增值税专用发票案。[1]

【案情简介】

2015年12月间，无锡F警用器材公司为少缴税款，从其他公司虚开增值税专用发票抵扣税款，从税务机关抵扣的税款计377 344.79元。2018年11月22日、23日，涉案嫌疑人乌某某、陈某某、倪某、杜某某分别至公安机关投案，均如实供述犯罪事实。案发后，无锡F警用器材公司补缴全部税款并缴纳滞纳金。

检察机关通过实地走访、调查，全面评估了案件的处理对企业生产经营的影响，查明该企业发案前有基本的经营管理制度，经营势头良好，近3年纳税额692万元，但公司治理制度尚不健全。在评估案件情况后，检察机关围绕如何推动企业合法规范经营提出具体的检察建议，督促涉罪企业健全完善公司管理制度。

---

〔1〕 参见最高人民检察院第二十二批指导性案例检例第81号。

检察机关经审查，综合案件情况拟作出不起诉处理，举行公开听证会，该公司及乌某某等人均自愿认罪认罚，在律师的见证下签署了《认罪认罚具结书》。2020 年 3 月 6 日，无锡市新吴区人民检察院依据《刑事诉讼法》第 177 条第 2 款规定，对该公司及乌某某等 4 人作出不起诉决定。后公安机关对倪某、杜某某没收违法所得共计 45 503 元，税务机关对该公司处以行政罚款 466 131.8 元。

【影响性】

本案是涉税犯罪领域中较为典型的民营企业认罪认罚不起诉、移送行政处罚的代表案例，将认罪认罚从宽制度和保障民营经济发展相结合。对犯罪情节较轻且认罪认罚的涉罪民营企业及其有关责任人员，应当依法从宽处理。办理涉罪民营企业刑事案件，应当充分考虑促进经济发展，促进职工就业，维护国家和社会公共利益的需要，积极做好涉罪企业及其有关责任人员的认罪认罚工作，促使涉罪企业退缴违法所得、赔偿损失、修复损害、挽回影响，从而将犯罪所造成的危害降到最低。对自愿认罪认罚的民营企业，通过提出检察建议、督促企业整改等形式，促进企业建立健全合法规范经营的制度机制。检察机关可以协助和督促企业执行，帮助企业增强风险意识，规范经营行为，有效预防犯罪并据此作为从宽处罚的考量因素。同时做好对涉案企业及其有关责任人员刑事不起诉与行政处罚、处分的有效衔接，督促企业引以为戒，规范经营。2020 年 3 月，最高检启动涉案违法犯罪依法不捕、不诉、不判处实刑的企业监管试点工作，并确定 6 个基层检察院作为试点单位。本案对于司法机关开展企业合规不起诉制度的试点工作具有参考价值，体现了司法机关对于民营经济的保护。

5. 琚某忠盗窃案。[1]

【案情简介】

2017 年 11 月 16 日，被告人琚某忠以爬窗入室的方式，盗取被害人张某、阮某某贵金属制品 9 件（共计价值 28 213 元）、现金 400 余元、600 余港元。案发后公安机关追回上述 9 件贵金属制品，并已发还被害人。

审查起诉期间，检察机关依法告知被告人琚某忠诉讼权利义务、认罪认罚的具体规定，向琚某忠核实案件事实和证据，并出示监控录像等证据后，之前认罪态度反复的被告人琚某忠表示愿意认罪认罚。后检察官向琚某忠详细说明本案量刑情节和量刑依据，提出有期徒刑 2 年 3 个月，并处罚金 3000 元的量刑建议，琚某忠表示认可和接受，并在值班律师见证下，自愿签署《认罪认罚具结书》。2018 年 3 月 6 日，杭州市下城区人民法院审理该案，判决采纳检察机关指控的罪名和量刑建议。

同年 3 月 19 日，琚某忠以量刑过重为由提出上诉。杭州市中级人民法院认为，被告人琚某忠不服原判量刑提出上诉，导致原审适用认罪认罚从宽制度的基础已不存在，为保障案件公正审判，裁定撤销原判，发回重审。杭州下城区人民法院经重

---

〔1〕 参见最高人民检察院第二十二批指导性案例检例第 83 号。

新审理，维持原判认定的被告人琚某忠犯盗窃罪的事实和定性，改判琚某忠有期徒刑 2 年 9 个月，并处罚金 3000 元。判决后，琚某忠未上诉。

【影响性】

本案同为最高检发布的第二十二批指导性案例之一，被告人上诉导致适用认罪认罚从宽制度的基础丧失，发回重审不再从宽处理。认罪认罚从宽制度作为刑事司法与犯罪治理的"中国方案"，其具有提升诉讼效率、节约司法资源的重要价值，同时着重于化解社会矛盾、促进罪犯改造。在司法实践中，被告人滥用认罪认罚从宽制度，无正当理由提起上诉，此种行为已经违背了认罪认罚从宽制度的设立初衷，更是对于认罪认罚从宽制度的破坏，对此检察机关可以依法提出抗诉。因为认罪认罚后反悔上诉导致量刑不当的案件，检察机关依法提出抗诉有利于促使被告人遵守协商承诺，促进认罪认罚从宽制度健康稳定运行。检察机关提出抗诉时，建议法院取消基于认罪认罚给予被告人的从宽量刑，但不能因被告人反悔行为对其加重处罚。

6. 刘远鹏涉嫌生产、销售"伪劣产品"（不起诉）案。[1]

【基本案情】

刘远鹏（化名）自行研发、生产并销售的"智能平板健走跑步机"，因不符合国家强制标准，被市场监督管理部门认定为不合格产品。

2018 年 9 月 21 日，永康市公安局以刘远鹏涉嫌生产、销售伪劣产品罪对其立案侦查并采取刑事拘留强制措施。经检察机关建议，2018 年 10 月 16 日，公安机关决定对刘远鹏改为取保候审。

经检察院审查，鉴定报告中认定"智能平板健走跑步机"为不合格产品的主要依据是，该产品没有根据跑步机的国家强制标准，加装特殊安全配置，而涉案"智能平板健走跑步机"加装该公司自主研发的红外感应智能控速、启停系统后，实际使用安全可靠，并无加装前述特殊安全配置的必要。检察院进行消费者电话回访、咨询行业协会和专业人士意见后，对鉴定报告合理性存疑。在检察院对本案依法举行的听证会中，与会听证员一致认为，涉案"智能平板健走跑步机"是企业创新产品，使用该产品不存在现实隐患。

结合听证意见，永康市人民检察院经审查，认定刘远鹏生产、销售的"智能平板健走跑步机"是一种创新产品，对其质量不宜以传统跑步机的标准予以认定，因其性能指标符合"固定式健身器材通用安全要求和试验方法"的国家标准，不属于伪劣产品，刘远鹏生产、销售该创新产品的行为不构成犯罪。综合全案事实，2019 年 4 月 28 日，永康市人民检察院依法对刘远鹏作出不起诉决定。

【影响性】

本案检察机关立足办案，对鉴定报告存疑，对创新产品举行听证，积极参与社会治理，促进相关规章制度和行业标准的制定完善，既保护了民营企业的创新产品，

---

〔1〕 参见最高人民检察院第二十三批指导性案例检例第 85 号。

又加强对民营企业的平等保护。对创新产品要进行实质性审查判断，不宜简单套用现有产品标准认定为"伪劣产品"，对于尚无国家标准、行业标准的创新产品，应当本着既鼓励创新，又保证人身、财产安全的原则，多方听取意见，进行实质性研判。改进办案方式，加强对民营企业的平等保护，有针对性地转变理念，改进方法，严格把握罪与非罪、捕与不捕、诉与不诉的界限标准，把办案与保护企业经营结合起来，通过办案保护企业创新。要注重运用听证方式办理涉企疑难案件，善于听取行业意见和专家意见，准确理解法律规定，将法律判断、专业判断与民众的朴素认知结合起来。立足办案积极参与社会治理，促进相关规章制度和行业标准的制定完善，发现个案反映出的问题带有普遍性、行业性的，应当及时通过与行业主管部门进行沟通并采取提出检察建议等方式。检察机关办案不仅要做到案结事了人和，而且要立足法律监督职能，更好履行政治责任和社会责任，实现政治效果、法律效果、社会效果的有机统一，要通过办案促进社会治理创新。检察机关结合办案开展社会治理创新，所涉问题和领域与人民群众切身利益密切相关。

7. 温某某合同诈骗立案监督案。[1]

【案情简介】

2010 年 4 月至 5 月间，钦州市甲水务有限公司（本部分简称甲公司）分别与乙建设有限公司（本部分简称乙公司）、丙建设股份有限公司（本部分简称丙公司）签订钦州市钦北区引水供水工程《建设工程施工合同》。合同约定，乙公司和丙公司分别向甲公司支付 70 万元和 110 万元的施工合同履约保证金。后甲公司和乙公司、丙公司因工程款支付问题发生纠纷，甲公司未退还 180 万履约保证金。2011 年 8 月 31 日，丙公司广西分公司经理王某某到南宁市公安局良庆分局报案，该局于 2011 年 10 月 14 日对甲公司负责人温某某以涉嫌合同诈骗罪刑事立案。此后，公安机关未传唤温某某，也未采取刑事强制措施，直至 2019 年 8 月 13 日，温某某被公安机关采取刑事拘留措施，并被延长刑事拘留期限至 9 月 12 日。

因温某某的辩护律师提出监督申请，良庆区人民检察院受理此案。从合同项目真实性、标的物用途、有无实际履约行为、是否有逃匿和转移资产的行为、资金去向、违约原因等方面，检察院综合认定温某某在签订合同时不具有虚构事实或者隐瞒真相的行为和非法占有对方财物的目的，公安机关以合同诈骗罪予以刑事立案的理由不能成立。同时，良庆区人民检察院审查认为，该案系公安机关立案后久侦未结形成的侦查环节"挂案"，应当监督公安机关依法处理。

2019 年 9 月 27 日，良庆区人民检察院向南宁市公安局良庆分局发出《通知撤销案件书》。南宁市公安局良庆分局接受监督意见，于 2019 年 9 月 30 日作出《撤销案件决定书》，决定撤销温某某合同诈骗案。

---

[1]　参见最高人民检察院第二十四批指导性案例检例第 91 号。

【影响性】

近年来，从检察机关接收的群众控告申诉案件类型看，反映涉非公经济纠纷的案件呈递增趋势，而其中反映对涉非公经济案件越权管辖、违规立案、违规干涉民事裁判执行等问题又相对突出，还有一些企业反映自身合法权益受到犯罪行为侵害，但是报案不立案或者遭遇推诿。本案作为最高人民检察院第二十四批指导性案件之一，系监督撤销案件的案例，区分经济纠纷与经济犯罪的界限，体现了对罪刑法定原则的重申和坚守，及时有效避免刑事立案给企业造成不利影响，保护非公经济健康发展。检察机关应当立足监督本职，加大刑事立案监督办案力度，及时予以监督纠正，意在依法保护被违法违规办案的当事企业，弥补并加强司法权威和司法公信力，努力维护公平竞争、健康有序的市场秩序，不断增强人民群众对公平正义的信心。

（四）最高人民检察院典型案例

1. 陈雄飞等人贩卖、运输毒品案。[1]

【基本案情】

2016年12月，刘少轻向蒋华国购买毒品甲基苯丙胺，蒋华国联系上家王易购买，王易又联系其上家葛旻购买，葛旻则联系被告人陈雄飞购买。陈雄飞安排马仔将9500克甲基苯丙胺贩卖给葛旻，葛旻将其中的8500克贩卖给王易，王易将其中的8000克贩卖给蒋华国，蒋华国全部贩卖给了刘少轻。之后，各被告人再次以同样的方式进行了毒品交易，均先后被公安机关抓获。全案查获毒品共计20 000余克。

2018年2月7日，湖南省衡阳市中级人民法院一审判处陈雄飞死刑，葛旻死缓，王易无期徒刑，蒋华国有期徒刑16年。衡阳市人民检察院以量刑畸轻为由提出抗诉，湖南省人民检察院支持抗诉。湖南省人民检察院全面审查案件后，以相关事实证据，使起初"零口供"的被告人陈雄飞如实供述了犯罪事实，引导公安机关重新对其讯问并制作同步录音录像，进一步查清上下线等案件细节，排除证据矛盾；准确认定各被告人在毒品犯罪中的地位、作用及贩卖毒品的数量；查清刘少轻已涉嫌毒品犯罪，对其及时进行追诉（诉讼过程中刘少轻因病死亡）。2018年9月25日，湖南省高级人民法院二审采纳抗诉意见，维持对陈雄飞的死刑判决，改判葛旻死刑、王易死刑缓期二年执行、蒋华国无期徒刑。2019年10月31日，最高人民法院依法核准了被告人陈雄飞、葛旻的死刑判决。

【影响性】

近年来，全国检察机关深入学习贯彻习近平总书记关于禁毒工作的系列重要指示精神，将毒品犯罪检察治理作为推动国家治理体系和治理能力现代化的重要抓手，强化法律监督，依法惩治和预防毒品犯罪。本案中检察机关充分发挥法律监督职能，

---

〔1〕 "强化法律监督，推进毒品犯罪检察治理典型案例"，载 https：//www.spp.gov.cn/xwfbh/wsfbt/202006/t20200626_ 468560. shtml#2，最后访问日期：2021年3月31日。

坚持全面审查案件事实，以证据为核心构建抗诉基础，突破"零口供"被告人心理防线，进一步明确了证据规则在毒品犯罪检察治理中的适用。依法严格打击毒品犯罪是毒品犯罪检察治理的重要组成部分，对于审判后罪责行仍不相适应的毒品犯罪分子，检察院应当通过抗诉履行法律监督职能，维护国家法律统一适用。

2. 谢某某组织、领导黑社会性质组织、寻衅滋事、聚众斗殴、敲诈勒索、开设赌场、故意伤害案。[1]

【案情简介】

2017 年 2 月，谢某某刑满释放后，纠集詹某某、陈某某等人，先后拉拢、招募、吸收 18 名未成年人，在福建省宁德市蕉城区城南镇古溪村实施寻衅滋事、敲诈勒索等违法犯罪活动，逐步形成以谢某某为组织、领导者，詹某某等人为骨干成员，陈某某和翁某某（未成年人）、余某某（未成年人），以及 16 名未满 16 周岁的未成年人为参加者的黑社会性质组织。该组织实施寻衅滋事、聚众斗殴、敲诈勒索、开设赌场、故意伤害等一系列违法犯罪活动，欺压、残害群众，为非作恶，称霸一方，在古溪区域内形成重大影响，严重破坏经济和社会生活秩序。

福建省市区三级人民检察院分别成立指导组和专案组，依法快捕快诉。检察院审慎认定未成年人涉黑恶势力犯罪；对未达到刑事责任年龄的未成年人，实行"走访摸底、分类帮扶"；对涉案未成年人主要来自单亲家庭、留守家庭以及监护缺失家庭的情况，组织涉案未成年人父母开展亲职教育；针对涉案未成年人在校学生较多的情况，积极推进源头治理，向辖区 9 所中小学校派驻法治副校长，指导学校开展法治教育工作。

2018 年 12 月 20 日，蕉城区人民法院依法判处谢某某犯组织、领导黑社会性质组织罪、寻衅滋事罪、聚众斗殴罪、敲诈勒索罪、开设赌场罪、故意伤害罪，数罪并罚，决定执行有期徒刑 13 年 6 个月，并处没收个人全部财产。16 名未被追究刑事责任的未成年人经帮教后考入中专、中职学校 8 人，继续在初中部学习 2 人，就业 6 人，其中 2 人在省运会射击项目青少年组竞赛中取得好成绩。

【影响性】

2020 年 3 月 23 日，最高法、最高检、公安部、司法部印发《关于依法严惩利用未成年人实施黑恶势力犯罪的意见》，明确"利用未成年人实施黑恶势力犯罪"的 5 种行为、应当从重处罚的 9 种情形等。党中央决定在全国开展扫黑除恶专项斗争以来，各地政府部门和检法机关相互配合，扫黑除恶，除恶务尽。但是对于利用未成年人实施黑恶势力犯罪的，要坚持严惩涉黑恶成年犯罪人，最大限度保护涉案未成年人合法权益，切实贯彻宽严相济刑事政策。本案是检法机关在严厉打击黑恶势力犯罪中，坚持打击与保护并重、帮教矫正和警示教育并行、犯罪预防和综合治理并

---

[1] "依法严惩利用未成年人实施黑恶势力犯罪典型案例"，载 https：//www.spp.gov.cn/xwfbh/wsf-bh/202004/t20200423_ 459435.shtml，2021 年 3 月 31 日访问。

举的典范。检法机关应积极参与社会综合治理，开展法治宣传教育，为严惩利用未成年人实施黑恶势力犯罪营造良好社会氛围。

3. 安徽省枞阳县周某某正当防卫不起诉案。[1]

【基本案情】

2018年9月23日晚19时许，许某某醉酒后遇见刚打完农药正要回家的妇女周某某，意图强行与周某某发生性关系。周某某在反抗过程中，用药水箱上连接的一根软管将许某某颈部缠绕住。许某某被勒住脖子后暂停侵害，周某某为了防止其继续对自己实施强奸行为，一直站在许某某身后拽着软管控制其行动。

在二人将近2小时的对峙期间，许某某未有停止侵害的实际行动；周某某大声呼救时，远处经营户邹某某听到声音，但未靠近查看，此外再无其他人员留意或靠近案发现场。之后，许某某提出软管勒得太紧，待周某某将软管放松，许某某趁机采取用手推、用牙咬的方式想要挣脱软管。周某某担心许某某挣脱软管后会继续侵害自己，于是用嘴猛咬许某某手指、手背，同时用力向后拽拉软管及许某某后衣领，造成许某某窒息死亡。

2018年9月24日，周某某"投案自首"。11月28日，枞阳县公安局以周某某涉嫌过失致人死亡罪移送枞阳县人民检察院审查起诉。枞阳县人民检察院经审查认为，周某某的行为可能属于正当防卫，遂决定对其取保候审，并重点围绕是否构成正当防卫退回补充侦查、补强证据。经枞阳县人民检察院检察委员会研究认为，周某某对正在实施强奸的许某某采取防卫行为，造成不法侵害人许某某死亡，符合《刑法》第20条第3款的规定，依法不负刑事责任，于2019年6月25日决定对周某某不起诉。

【影响性】

我国刑法将正在进行的"强奸"与"行凶""杀人""抢劫""绑架"等严重危及人身安全的暴力犯罪并列规定，可以实行特殊防卫，造成不法侵害人伤亡的，不负刑事责任，体现了对妇女人身安全和性权利的充分保障和尊重。本案办理中，检察机关充分发挥诉前主导作用，依法及时作出不起诉决定，体现了对妇女权益的充分尊重和依法保障。此案的不起诉将对弘扬社会正气，消除社会戾气，促进社会治理产生积极影响，有利于鼓励公民勇于同违法犯罪行为作斗争。同时，引领社会公众养成保护弱势群体的风尚，弘扬真善美，抵制假恶丑，自觉践行社会主义核心价值观，维护社会和谐安宁。本案作为典型案例，有助于司法工作人员进一步更新司法理念，提升司法能力，强化司法担当，更精准地适用正当防卫制度，实现法、理、情有机统一。此外也回应了社会关切，进一步弘扬了"法不能向不法让步"的法治精神。

---

[1] "正当防卫不捕不诉典型案例"，载 https://www.spp.gov.cn/xwfbh/wsfbt/202011/t20201127_487542.shtml#2，最后访问日期：2021年3月31日。

4. 四川省成都市成都益正环卫工程有限公司等单位、吕顺体等 16 人污染环境案。[1]

【案情简介】

2017 年 9 月至 12 月期间，成都益正环卫工程有限公司在无危险废物经营许可证的情况下，经被告人肖志伟等人介绍，先后从成都爱斯特公司、成都晨光公司、被告人唐刚、刘健处承接工业废水处置业务，并排放至城市污水井内。经查，共非法运输并排放含有危险废物的工业废水 443.685 吨，造成下游水体污染，青白江水业有限公司直接经济损失 100 余万元，给彭州市造成直接经济损失共计 570.8 万元。

2017 年 11 月 30 日，彭州市公安局对本案立案侦查。2018 年 9 月 6 日，彭州市人民检察院将案件起诉至彭州市人民法院。庭审中，检方运用证据规则力证认定污染环境案的因果关系。休庭期间，检察机关积极参与成都市生态环境局与赔偿义务人之间的生态环境损害赔偿磋商，最终，被告单位（人）共支付赔偿金 359.6 万元，其他有关涉案企业也主动支付了 150 万元。2019 年 5 月 13 日，彭州市人民法院一审判决认定被告单位成都益正环卫工程有限公司、成都晨光公司的行为构成单位犯罪，判处被告单位成都益正环卫工程有限公司、成都晨光公司犯污染环境罪，分别处罚金 120 万元和 80 万元；对被告人吕顺体、追捕到案的张杰等被告人判处有期徒刑，并处罚金。部分被告人以量刑过重为由，提出上诉。2019 年 8 月 28 日，成都市中级人民法院作出维持原判决的裁定。

【影响性】

随着国家环境治理力度不断加大，刑事法律对环境犯罪的规制不断加强，全国污染环境犯罪案件查处数量总体呈明显上升趋势。而环境污染问题的审理难点在于证明企业违法行为与环境污染之间存在因果关系，这需要检察机关灵活运用证据规则予以认定。在协调相关部门的配合调查审理环境污染犯罪时，检察机关必要时可以提前介入侦查，引导公安机关侦查取证，不断强化侦查取证的全面性和精细度。同时，污染源的治理及其善后赔偿问题，应通过检察办案深入推进生态环境损害赔偿制度改革。依托司法办案促进社会治理创新，这是检察机关助力国家治理体系和治理能力现代化建设的重要举措。只有检法机关带头守住污染防治攻坚战的司法底线，才能打好污染防治攻坚战，不断推进生态文明建设，实现社会经济发展与环境保护的统一。

---

[1] "全国检察机关服务保障打好污染防治攻坚战典型案例"，载 https://www.spp.gov.cn/xwfbh/wsfbh/202010/t20201028_483189.shtml，最后访问日期：2021 年 3 月 31 日。

（五）民间机构评选的影响性案例

1. 余金平交通肇事案。[1]

【案情简介】

2019 年 6 月 5 日 21 时许，被告人余金平（央企纪检干部）酒后驾车，在北京市门头沟区撞到被害人宋某，致其死亡。撞人后余金平驾车逃逸，次日 5 时许，到公安机关投案。6 月 17 日，余金平赔偿被害人近亲属 160 万元，获得谅解。一审检察院在余金平签署认罪认罚具结书的前提下，在提起公诉时提出了有期徒刑 3 年、缓刑 4 年的量刑建议；但一审法院拒绝采纳检察院的量刑建议，认为余金平肇事后逃逸，意图逃避法律追究，主观恶性较大。鉴于自首，初犯，得到谅解，可酌情从轻处罚。判处余金平交通肇事罪有期徒刑 2 年。一审检察院随即提出抗诉，理由是，本案件符合缓刑适用条件，检察院提出量刑建议，不是属于明显不当，法院应当采纳量刑建议。余金平本人也上诉。二审法院不但未采纳量刑建议，而且直接推翻了一审法院对自首的认定，改判有期徒刑 3 年 6 个月。

【影响性】

本案二审判决宣告后，余金平交通肇事案引爆法律界，从实务人士到法学理论界，支持二审判决的是极少数，四川大学法学院教授龙宗智也撰文，对该案二审判决质疑。同时也引发了人们对于"认罪认罚从宽制度"的适用与"上诉不加刑"原则的讨论。关于前者，首先，我国的认罪认罚案件同时包含了认罪与认罚，二者不可缺一，并且对认罪认罚应当采取案件整体的系统性认定，被告人对罪与罚的部分承认并不构成认罪认罚。本案是运用证据认定了被告人的"逃逸"事实，这显然是交通肇事案中的"主要犯罪事实"，然而，被告人不承认"逃逸"事实，故本案不能成立认罪认罚。其次，法院无须完全拘泥于检方在认罪认罚前提下的指控罪名与量刑，仍然保留了一定的自由裁量权空间。一审法院曾经建议检方调整量刑建议，在检方拒绝调整的前提下，两审法院皆不采纳量刑建议，认为建议的量刑偏轻，程序处理上并无不当。最后，认罪认罚不可与刑事和解混淆，是完全不同的两项规定，应作两次独立评价，被告人对被害人家属作出赔偿并取得谅解应当属于刑事和解的程序。关于"上诉不加刑"，首先依据《刑事诉讼法》第 237 条的规定，检察院提出抗诉或者自诉人提出上诉的，不受"上诉不加刑"原则的限制，本案中，被告人与检方同时针对一审的实刑判决提起了上诉与抗诉，二审改判加重刑罚是适当的。此外，检方的抗诉又应当分为有利于被告人和不利于被告人 2 种情况，即求轻与求重 2 种抗诉。本案中，一审判决是 2 年有期徒刑，而抗诉意见是 3 年有期徒刑（缓刑 4 年），在刑期方面是作了加重而不利于被告人的，二审改判加重刑罚是适当的。

---

[1] "2020 年十大刑事案件（西北政法大学刑事辩护高级研究院发布）"，载 https://mp.weixin.qq.com/s/XJ1-DaeGQjo7SXTZ9SaV9g，最后访问日期：2021 年 3 月 31 日。

2. 王书金强奸、故意杀人案。[1]

【案情简介】

2005 年 1 月 17 日，河南省荥阳市公安局索河路派出所干警将王书金抓获。王书金因涉嫌强奸杀人案被捕后，供述出"聂树斌案"。2007 年 3 月 12 日，邯郸市中级人民法院作出一审判决，以故意杀人罪判处王书金死刑，剥夺政治权利终身；以强奸罪判处王书金有期徒刑 14 年，剥夺政治权利 5 年。决定对王书金执行死刑，剥夺政治权利终身。王书金不服，上诉至河北省高级人民法院。2013 年 9 月 22 日，河北省高级人民法院作出二审裁定，驳回上诉，维持原判，并对王书金供述的石家庄西郊强奸杀人事实不予认定。2020 年 11 月 9 日，最高人民法院撤销河北省高级人民法院第二审裁定和河北省邯郸市中级人民法院第一审判决，将王书金案发回重审。2020 年 11 月 24 日，河北省邯郸市中级人民法院对发回重审的被告人王书金故意杀人、强奸案进行公开宣判，以被告人王书金犯故意杀人罪判处死刑，剥夺政治权利终身；犯强奸罪判处有期徒刑 15 年，剥夺政治权利 5 年，决定执行死刑，剥夺政治权利终身。同时对附带民事部分依法作出判决。2020 年 12 月 22 日，王书金案重审案二审宣判，其犯故意杀人罪和强奸罪判处死刑。针对王书金坚称自己是聂树斌案真凶这一主张，法院未予认定。

【影响性】

由于此案曾牵扯出 19 年前聂树斌案"一案两凶"的疑云，因此备受舆论关注。而王书金案的一些细节也引发了人们对于"口供"的讨论：王书金归案后主动供述了 6 起强奸、故意杀人作案，法院审理只认定了其中 4 起犯罪事实，最高院刑三庭负责人对此介绍称，刑事诉讼法规定，对刑事案件的判处要重证据，重调查研究，不轻信口供。只有被告人供述，没有其他证据的，不能认定被告人有罪和处以刑罚；没有被告人供述，证据确实、充分的，可以认定被告人有罪和处以刑罚。此外，王书金主动供述其实施了石家庄西郊强奸、故意杀人作案，并没有被认定为重大立功。对此，最高院刑三庭负责人表示，根据刑法和司法解释规定，立功是指犯罪分子到案后检举、揭发他人犯罪行为或者提供侦破其他案件的重要线索并经查证属实，或者阻止他人犯罪活动，协助抓捕其他犯罪嫌疑人，或者具有其他有利于国家和社会的突出表现。对于犯罪分子归案后供述自己的罪行，认定为立功既于法无据，也有悖于法理和情理，即使查证属实，也只能认定为自首或者坦白，同时犯罪分子应当对查证属实的所犯罪行依法承担刑事责任。王书金供述其本人实施的多起强奸、故意杀人作案，无论是否经查证属实，均不符合刑法和司法解释规定的属于立功的情形。

---

〔1〕 "2020 年十大刑事案件（西北政法大学刑事辩护高级研究院发布）"，载 https：//mp. weixin. qq. com/s/XJ1-DaeGQjo7SXTZ9SaV9g，最后访问日期：2021 年 3 月 31 日。

3. 张玉环再审无罪案。[1]

【案情简介】

1995年1月26日南昌市中院判决，张玉环犯故意杀人罪，判处死刑，缓期2年执行。张玉环不服，向江西省高院提起上诉。1995年3月30日，江西省高院作出刑事裁定书认为，原审判决认定被告人张玉环犯故意杀人罪，事实不清，证据不足，裁定撤销原审刑事判决，发回南昌市中院重审。2001年11月7日，南昌市中院作出了和原一审相同的判决结果，随后张玉环再次提起上诉。2001年11月28日，江西省高院作出终审裁定：驳回上诉，维持原判。

终审判决后，张玉环及其家人持续申诉，2019年3月1日，江西省高院对张玉环案作出再审决定，认为张玉环提出的申诉理由符合重新审判的条件，决定由江西省高院另行组成合议庭进行再审。在被羁押26年8个月后，2020年7月9日上午，江西省高院对张玉环被指控杀害2名男童案进行了开庭再审，法庭上检方建议法院改判张玉环无罪。目前张玉环是国内已知被羁押最久的疑案当事人。

【影响性】

疑罪从无原则是刑事诉讼制度中一项重要的司法原则，多数冤案的发生，正是疑罪从无原则未真正得到贯彻落实的结果。党的十八大以来，党中央和最高法院关于全面推进依法治国，严格纠正冤错案件的决策部署，严格贯彻落实疑罪从无原则，坚持实事求是、有错必纠。从"疑罪从有"到"疑罪从无"，是保障人权的必然选择，是司法的进步。再审改判张玉环无罪，充分体现了疑罪从无原则在司法实践中的贯彻落实，更传达了检法机关的一种纠错决心，极大地增强了司法公信力，正义虽会迟到，但绝不会缺席。

4. 百香果女孩再审案。[2]

【案情简介】

2018年10月4日，广西灵山10岁女童杨某某卖百香果回家途中，被同村男子杨光毅使用残忍的暴力手段强奸后死亡。一审法院以强奸罪判处杨光毅死刑，剥夺政治权利终身。2020年3月，广西壮族自治区高级人民法院二审撤销一审判决，改判杨光毅死刑，缓期二年执行，剥夺政治权利终身，并对其限制减刑。2020年5月，最高人民法院经研究决定，对广西壮族自治区高级人民法院二审终审的杨光毅强奸一案调卷审查。调卷审查期间，被害人母亲提出申诉。同年11月，最高人民法院审查决定，指令广西壮族自治区高级人民法院另行组成合议庭对该案进行再审。2020年12月28日，广西壮族自治区高级人民法院对最高人民法院指令再审的原审被告人

---

〔1〕 "2020年中国十大刑事案件评选结果公布"，载 https://mp.weixin.qq.com/s/DPFNKmkue-WOMVdQeAXjSw，最后访问日期：2021年3月31日。

〔2〕 "2020年中国十大刑事案件评选结果公布"，载 https://mp.weixin.qq.com/s/DPFNKmkue-WOMVdQeAXjSw，最后访问日期：2021年3月31日。

杨光毅强奸案进行公开宣判：撤销原二审判决，改判杨光毅死刑，剥夺政治权利终身，并依法报请最高人民法院核准。

【影响性】

未成年人智力水平和行为能力尚不成熟，国家先后出台《未成年人保护法》和《预防未成年人犯罪法》，依法严惩各类侵害未成年人权益的违法犯罪。本案涉及性侵未成年人犯罪，一般不得适用缓刑，一般不得假释。本案引发公众高度关注，登上了热搜榜，这体现了人民群众对于加强未成人保护和严惩性侵未成年人犯罪的期许，传递的是人民群众对司法机关的信任和对公平正义的向往。依法审判与尊重民意并非对立冲突，司法机关不能辜负群众信任，脱离司法民主。最高人民法院指令最终再审，回应公众关切，坦然倾听民意，坚持司法民主，树立了人民信赖的形象。但与此同时，司法机关也应保持司法独立，警惕被公意舆论裹挟的风险。

5. 张志超再审无罪案。[1]

【案情简介】

2005 年 1 月 10 日，山东省临沭第二中学分校 1 名女生突然失踪。1 个月后，2 月 11 日 14 时 4 分，该校一名老师报案称："宿管科工作人员在校内打扫卫生时，在教学楼西侧三楼一停用的厕所内发现一具尸体。"接警后，临沭县公安局分别报告市公安局、县政法委，并会同县检察院赶赴现场，认定此尸体是已失踪 1 个多月的女生高某。根据该校高一学生杨某振和王某波等人的证词，警方认为该校学生张志超有重大作案嫌疑。2006 年 3 月 6 日，临沂中院判决"张志超犯强奸罪，判处无期徒刑，剥夺政治权利终身"。

2011 年，张志超在与母亲马玉萍的一次会见中突然开口喊冤，称自己遭到刑讯逼供。从此，马玉萍开始为儿子四处申诉。2017 年 11 月 16 日，最高人民法院决定再审张志超案，指令山东省高级人民法院另行组成合议庭对该案进行再审。2019 年 12 月 5 日，张志超案由山东省高级人民法院进行了不公开审理，经过 4 个多小时的审理，出庭的检察员认为案件事实不清、证据不足，检方提出疑罪从无，但法院未当庭宣判。2020 年 1 月 13 日，山东省高级人民法院对张志超案再审宣判，张志超无罪释放。

【影响性】

本案中，公安以取保候审为由，让涉案另一被告人王广超编造口供，全案并没有直接指向张志超的证据，仅仅凭借这份涉案被告人的口供，便将一名高中学生圈圄定罪。这是过去司法审判不规范，不以审判为中心的恶果。自 2014 年党的十八大以来，国家全面推进以审判为中心诉讼制度改革，全面落实无罪推定、证据裁判、疑罪从无、非法证据排除等法律原则和制度，保证庭审在查明事实、认定证据、保

---

〔1〕"2020 年中国十大刑事案件评选结果公布"，载 https://mp.weixin.qq.com/s/DPFNKmkue-WOMVdQeAXjSw，最后访问日期：2021 年 3 月 31 日。

护诉权、公正裁判中发挥决定性作用。这势必要求在诉讼活动中，所有办案机关和诉讼参与人，树立重证据、重调查研究、不轻信口供的意识，坚持以审判为中心的原则。

6. 杭州来女士失踪案。[1]

【案情简介】

2020 年 7 月 5 日，在浙江省杭州市江干区三堡北苑小区发生一起女子失踪案件，杭州 53 岁的来女士失踪 19 天，网络上也对该案进行了"全民破案"，网民纷纷发挥自己的想象力和逻辑分析能力，提出各种破案思路。7 月 23 日，警方最终在化粪池找到的人体组织，对比了 DNA，确定丈夫许国利就是犯罪嫌疑人。当民警把证据放在许国利面前，最终的真相也浮出了水面。许国利交代，其因家庭生活矛盾对来女士产生不满，于 7 月 5 日凌晨在家中趁来女士熟睡之际，将其杀害并分尸扔至化粪池内。

【影响性】

本案案发时引起网友热议，报案被害人失踪的正是被害人丈夫、犯罪嫌疑人许国利。值得一提的是，警方介入调查时，利用小区监控排查女子失踪的可疑区域和有利线索，继而锁定失踪女子未离开小区，积极对小区排查，走访询问了 1075 名住户，开展地毯式搜索，最后在化粪池中搜集到指向性证据，锁定嫌疑人。公安依法采取了侦查取证一系列行为，并没有先入为主地锁定嫌疑人。本案的办理过程，既是一次真实的网络实时破案记录，也无形中彰显了公安机关认真负责干实事，安全可靠有保障的亲民形象，进一步增强了司法公信力。此外，本案中，警方利用多种技术手段，配合取证，寻找破案突破口，证据的收集方式与来源范围不断扩大，高科技为查明案件事实真相提供了有力助力。

第二节　民事诉讼法的实践状况[*]

一、民事审判执行的基本数据

根据《最高人民法院工作报告》，2020 年，最高人民法院受理案件 39 347 件，审结 35 773 件，制定司法解释 28 件，发布指导性案例 17 个；地方各级人民法院和专门人民法院受理案件 3080.5 万件，审结、执结 2870.5 万件，结案标的额 7.1 万亿元。

全国地方各级人民法院审结一审民商事案件 1330.6 万件、行政案件 26.6 万件。

---

〔1〕"2020 年中国十大刑事案件评选结果公布"，载 https：//mp. weixin. qq. com/s/DPFNKmkue - WOMVdQeAXjSw，最后访问日期：2021 年 3 月 31 日。

* 执笔人：中国政法大学诉讼法学研究院谭秋桂教授。

针对受疫情影响出现的履约难问题，依法准确适用不可抗力等规则，妥善审理相关合同违约、企业债务、房屋租赁等案件 4.3 万件。各级法院对 2.5 万家企业暂缓强制执行措施，在 18.1 万件民商事案件中采取"活封"等措施，为企业释放资金 1631 亿元、土地 869 万亩、厂房 3271 万平方米，帮扶 3.6 万家企业复工复产。各级法院审理各类合同纠纷案件 886 万件。

审结一审知识产权案件 46.6 万件，同比上升 11.7%。审结破产案件 10 132 件，涉及债权 1.2 万亿元。其中，审结破产重整案件 728 件，盘活资产 4708 亿元，让 532 家有发展前景的企业重获新生，帮助 48.6 万名员工稳住就业。审结教育、就业、医疗、住房、社会保障等民生案件 134.7 万件。审结一审环境资源案件 25.3 万件，审结环境公益诉讼案件 3557 件，同比增长 82.1%。审结婚姻家庭案件 164.9 万件。审结涉港澳台案件 2.4 万件，办理涉港澳台司法协助互助案件 1.1 万件。审结涉侨案件 4675 件。

2020 年，全国法院法官人均办案 225 件；各类案件一审后当事人服判息诉率 89%，二审后达到 98.1%；未结案件数、长期未结诉讼案件数分别下降 17.5% 和 24.9%；涉诉信访、涉诉进京上访同比分别下降 12.9% 和 71.8%。全国诉讼服务中心速裁、快审案件 693.3 万件，平均审理周期比一审民商事案件缩短 53%。

受理执行案件 1059.2 万件，执结 995.8 万件，执行到位金额 1.9 万亿元，同比分别上升 1.7%、4.3% 和 8.1%。全国 197 万人次失信被执行人主动履行了生效法律文书确定的义务。网络查控案件 1464.5 万件，网络拍卖成交金额 4027 亿元，同比均有大幅增长。在全国法院部署开展专项执行行动，执行到位拖欠民营企业中小企业账款 181 亿元、涉民生案款 254 亿元、涉金融债权案款 3300 亿元。

根据《最高人民检察院工作报告》，2020 年全国各级检察机关提出民事抗诉 4994 件，同比下降 2.1%，法院已改判、发回重审、调解、和解撤诉 2926 件，改变率为 80.7%；提出再审检察建议 9900 件，同比上升 24.2%，法院采纳率 68.7%。对民事审判中违法送达、违法采取保全措施、适用程序错误等提出检察建议 3.3 万件，同比上升 84.4%。对民事执行活动中的违法情形提出检察建议 3.7 万件，同比上升 59.7%。持续深化专项监督，纠正虚假诉讼 10 090 件，对涉嫌犯罪的起诉 1352 人，同比分别上升 27.9% 和 6.5%。检察机关办理民事公益诉讼案件 1.4 万件，同比增加 1 倍。

二、推行的主要民事司法政策

（一）司法保障疫情防控

2020 年 2 月至 6 月，为贯彻落实党中央关于疫情防控的重大决策部署，为防控疫情提供全面及时的司法保障，最高人民法院制定发布（含联合发布）7 个与疫情防控相关的司法文件，涉及刑事、民事、执行、线上诉讼、复工复产 5 个大的方面。其中，涉民事和执行的司法文件包括：最高人民法院《关于依法妥善审理涉新冠肺炎疫情民事案件若干问题的指导意见（一）》、最高人民法院《关于依法妥善审理涉新冠肺炎疫情民事案件若干问题的指导意见（二）》、最高人民法院《关于依法妥善审理涉新冠肺炎疫情民事案件若干问题的指导意见（三）》（文号分别为：法发〔2020〕12号、法发〔2020〕17号、法发〔2020〕20号）和最高人民法院《关于依法妥善办理涉新冠肺炎疫情执行案件若干问题的指导意见》（法发〔2020〕16号）。

（二）促进食品安全状况根本好转

2020年12月8日，最高人民法院发布《关于审理食品安全民事纠纷案件适用法律若干问题的解释（一）》（法释〔2020〕14号），对食品生产者、经营者等食品安全民事责任主体认定、赔偿责任承担以及诉讼程序等方面作出了规定。

2020年12月9日，最高人民法院发布5件食品安全民事纠纷典型案例：①李某与某购物广场买卖合同纠纷案；②吴某与某电子商务有限公司买卖合同纠纷案；③郑某与某儿童食品公司网络购物合同纠纷案；④魏某诉某科技有限公司网络购物合同纠纷案；⑤江某诉某信息技术有限公司网络购物合同纠纷案。

（三）满足多元高效便捷的解纷需求

2020年1月15日，最高人民法院印发《民事诉讼程序繁简分流改革试点方案》和《民事诉讼程序繁简分流改革试点实施办法》，明确试点改革目标、原则、内容、范围和方案等，正式启动为期2年的民诉程序繁简分流改革试点工作。

（四）建立统一裁判标准的制度机制

2020年9月14日，最高人民法院发布《关于完善统一法律适用标准工作机制的意见》（法发〔2020〕35号），全面归纳了人民法院实现法律适用标准统一的10个路径与方法，提出了统一法律适用标准的21条具体措施。

（五）全面提升知产司法保护水平

2020年4月15日，最高人民法院发布《关于全面加强知识产权司法保护的意见》，提出一系列举措，着力降低权利人诉讼维权成本、缩短诉讼周期、加大损害赔偿力度和化解当事人举证难，切实增强司法保护的实际效果。

2020年4月7日，最高人民法院办公厅发布《关于印发2019年中国法院10大知识产权案件和50件典型知识产权案例的通知》（法办〔2020〕99号），发布了2019年中国法院10大知识产权案件和50件典型知识产权案例。

2019年中国法院10大知识产权案件为：①瓦莱奥清洗系统公司与厦门卢卡斯汽车配件有限公司、厦门富可汽车配件有限公司、陈少强侵害发明专利权纠纷案［最高人民法院（2019）最高法知民终2号民事判决书］；②本田技研工业株式会社与重庆恒胜鑫泰贸易有限公司、重庆恒胜集团有限公司侵害商标权纠纷案［最高人民法院（2019）最高法民再138号民事判决书］；③上海俊客贸易有限公司与原国家工商行政管理总局商标评审委员会、姚洪军商标权无效宣告请求行政纠纷案［北京市高级人民法院（2018）京行终137号行政判决书］；④明河社出版有限公司、完美世界（北京）软件有限公司与北京火谷网络科技股份有限公司、昆仑乐享网络技术有限公司、昆仑万维科技股份有限公司侵害改编权及不正当竞争纠纷案［北京市高级人民法院（2018）京民终 226 号民事判决书］；⑤平衡身体公司与永康一恋运动器材有限公司侵害商标权纠纷案［上海市浦东新区人民法院（2018）沪 0115 民初 53351 号民事判决书］；⑥深圳市腾讯计算机系统有限公司与谭发文因恶意提起知识产权诉讼损害责任纠纷案［广东省高级人民法院（2019）粤民终 407 号民事判决书］；⑦苏州蜗牛数字科技股份有限公司与成都天象互动科技有限公司、北京爱奇艺科技有限公司侵害著作权纠纷案［江苏省高级人民法院（2018）苏民终 1054 号民事判决书］；⑧杭州莫丽斯科技有限公司、奥普家居股份有限公司与浙江风尚建材股份有限公司、浙江现代新能源有限公司、云南晋美环保科技有限公司、盛林君侵害商标权及不正当竞争纠纷案［浙江省高级人民法院（2019）浙民终 22 号民事判决书］；⑨河北山人雕塑有限公司与河北中鼎园林雕塑有限公司、遵义市播州区三合镇人民政府、遵义众和诚农业开发有限公司、贵州慧隆建设工程有限责任公司、贵州慧隆建设工程有限责任公司遵义分公司侵害著作权纠纷案［贵州省高级人民法院（2019）黔民终 449 号民事判决书］；⑩厦门德乐盟科技有限公司、厦门兴恒昌贸易有限公司、杨明凤、杨茂淦假冒注册商标罪、销售假冒注册商标的商品罪案［福建省厦门市中级人民法院（2018）闽 02 刑终 632 号刑事判决书］

2019 年中国法院 50 件典型知识产权案例中的知识产权民事案件共 45 件。分别为：

1. 侵害专利权纠纷、专利权权属纠纷及职务发明人奖励、报酬纠纷案件：①深圳来电科技有限公司与深圳街电科技有限公司、安克创新科技股份有限公司侵害实用新型专利权纠纷案［最高人民法院（2019）最高法民再 348 号民事判决书］；②株式会社岛野与广东顺德顺泰智能运动器材有限公司侵害发明专利权纠纷案［最高人民法院（2019）最高法民申 5466 号民事裁定书］；③深圳市卫邦科技有限公司与李坚毅、深圳市远程智能设备有限公司专利权权属纠纷案［最高人民法院（2019）最高法民申 6342 号民事裁定书］；④黄崎伟与利尔化学股份有限公司职务发明人奖励、报酬纠纷案［四川省高级人民法院（2018）川民再 615 号民事判决书］；⑤甘肃洮河拖拉机制造有限公司与宁夏康惟鹏现代农业装备有限公司、宁夏帅之媛农机具制造有限公司侵害发明专利权纠纷案［宁夏回族自治区银川市中级人民法院（2018）宁 01 民初 162 号民事判决书］。

2. 侵害商标权纠纷案件：①和睦家医疗管理咨询（北京）有限公司与福州和睦佳妇产医院、福州和睦佳妇产医院有限公司侵害商标权及不正当竞争纠纷案［最高人民法院（2018）最高法民再 428 号民事判决书］；②克诺尔·伯莱姆斯股份公司与衡水永信制动材料有限公司、衡水永泽制动材料有限公司、克诺尔制动系统有限公司、亚东实业（国际）有限公司、北京辉门进出口有限公司、赵树亮侵害商标权及不正当竞争纠纷案［河北省高级人民法院（2019）冀知民终 43 号民事判决书］；③成都马路边餐饮管理有限公司与延吉市马路边边麻辣烫饭店侵害商标权纠纷案［吉林省延边朝鲜族自治州中级人民法院（2019）吉 24 知民初 4 号民事判决书］；

④巴音郭楞蒙古自治州库尔勒香梨协会与北京华联综合超市股份有限公司哈尔滨第一分公司、北京华联综合超市股份有限公司侵害商标权纠纷案［黑龙江省高级人民法院（2019）黑民终 610 号民事判决书］；⑤埃克森美孚公司、美孚石油有限公司与嘉兴市大众油业有限公司、上海彬恒贸易有限公司侵害商标权及不正当竞争纠纷案［上海市高级人民法院（2016）沪民终 35 号民事判决书］；⑥汕头市澄海区建发手袋工艺厂与迈克尔高司商贸（上海）有限公司、迈可寇斯（瑞士）国际股份有限公司、浙江银泰百货有限公司、北京京东世纪贸易有限公司侵害商标权纠纷案［浙江省高级人民法院（2018）浙民终 157 号民事判决书］；⑦江西省国窖赣酒有限公司与江西省赣酒酒业有限责任公司侵害商标权及不正当竞争纠纷案［江西省高级人民法院（2017）赣民终 286 号民事判决书］；⑧七波辉（中国）有限公司与超日（福建）体育用品有限公司、丁俊伟、王水平侵害商标权及不正当竞争纠纷案［山东省高级人民法院（2019）鲁民终 728 号民事判决书］；⑨湖南银成医考教育科技有限公司与怀化医诚文化传播有限公司侵害商标权及不正当竞争纠纷案［湖南省高级人民法院（2019）湘知民终 642 号民事判决书］；⑩广东佳宝集团有限公司与新兴县鲜仙乐凉果实业有限公司侵害商标权及不正当竞争纠纷案［广东省高级人民法院（2019）粤民终 1861 号民事判决书］；⑪长春市朝阳区王记酱骨头炖菜馆与海南东北王记酱骨餐饮有限公司侵害商标权及不正当竞争纠纷案［海南省第一中级人民法院（2019）琼 96 民初 206 号民事判决书］；⑫上海冠生园食品有限公司与重庆红伊人食品有限公司、南岸区雅福链食品超市侵害商标权及不正当竞争纠纷案［重庆自由贸易试验区人民法院（2019）渝 0192 民初 6600 号民事判决书］；⑬浙江欧诗漫集团有限公司与汕头市澄海区莉露化妆品有限公司、鱼池口佳嘉日化商行侵害商标权纠纷案［甘肃省兰州市中级人民法院（2018）甘 01 民初 1299 号民事判决书］。

3. 侵害著作权纠纷案件：①北京乐动卓越科技有限公司与阿里云计算有限公司侵害作品信息网络传播权纠纷案［北京知识产权法院（2017）京 73 民终 1194 号民事判决书］；②北京众得文化传播有限公司与万达影视传媒有限公司、新丽传媒集团有限公司、天津金狐文化传播有限公司、岳龙刚侵害作品改编权纠纷案［天津市第三中级人民法院（2019）津 03 知民终 6 号民事判决书］；③刘宝平与内蒙古阿儿含只文化有限责任公司、巴音额日乐、内蒙古电影集团有限责任公司侵害著作权纠纷案［内蒙古自治区高级人民法院（2019）内民终 156 号民事判决书］；④曹新华与濮凤娟、王信贺侵害著作权纠纷案［江苏省高级人民法院（2019）苏民终 1410 号民事判决书］；⑤杭州刀豆网络科技有限公司与长沙百赞网络科技有限公司、深圳市腾讯计算机系统有限公司侵害作品信息网络传播权纠纷案［浙江省杭州市中级人民法院（2019）浙 01 民终 4268 号民事判决书］；⑥苗富华与优酷信息技术（北京）有限公司侵害作品信息网络传播权纠纷案［河南省高级人民法院（2019）豫知民终 231 号民事判决书］；⑦武汉光亚文化艺术发展有限公司、黄乾生与刘若英、叶如婷、上海拾谷影业有限公司等侵害著作权及不正当竞争纠纷案［湖北省武汉市中级人民法院

（2018）鄂 01 民初 5015 号民事判决书]；⑧广州网易计算机系统有限公司与广州华多网络科技有限公司侵害著作权及不正当竞争纠纷案［广东省高级人民法院（2018）粤民终 137 号民事判决书]；⑨中国音像著作权集体管理协会与拉萨高度休闲娱乐有限公司侵害著作权纠纷案［西藏自治区拉萨市中级人民法院（2019）藏 01 知民初 6 号民事判决书]。

4. 不正当竞争及垄断纠纷案件：①广州王老吉大健康产业有限公司与加多宝（中国）饮料有限公司虚假宣传纠纷案［最高人民法院（2017）最高法民再 151 号民事判决书]；②华阳新兴科技（天津）集团有限公司与麦达可尔（天津）科技有限公司、王成刚、张红星、刘芳侵害商业秘密纠纷案［最高人民法院（2019）最高法民再 268 号民事判决书]；③北京联盟影业投资有限公司与北京小马奔腾壹影视文化发展有限公司、北京小马奔腾文化传媒股份有限公司、安徽广电海豚传媒集团有限公司等不正当竞争纠纷案［北京市高级人民法院（2019）京民终 229 号民事判决书]；④新丽传媒集团有限公司与北京派华文化传媒股份有限公司侵害商业秘密纠纷案［北京市朝阳区人民法院（2017）京 0105 民初 68514 号民事判决书]；⑤深圳市腾讯计算机系统有限公司、腾讯数码（天津）有限公司与洪旭不正当竞争纠纷案［天津市滨海新区人民法院（2019）津 0116 民初 697 号民事判决书]；⑥亿能仕（大连）科技有限公司与捷客斯（上海）贸易有限公司、浙江淘宝网络有限公司商业诋毁纠纷案［辽宁省大连市中级人民法院（2019）辽 02 民终 1083 号民事判决书]；⑦湖南快乐阳光互动娱乐传媒有限公司与广州唯思软件股份有限公司不正当竞争纠纷案［广州知识产权法院（2018）粤 73 民终 1022 号民事判决书]；⑧吴宗区与永福县供水公司滥用市场支配地位纠纷案［广西壮族自治区南宁市中级人民法院（2018）桂 01 民初 1190 号民事判决书]；⑨重庆慢牛工商咨询有限公司与谭庆、重庆亿联金汇企业管理咨询有限公司侵害商业秘密纠纷案［重庆市第五中级人民法院（2019）渝 05 民初 1225 号民事判决书]。

5. 侵害植物新品种权纠纷及知识产权合同纠纷案件：①安徽皖垦种业股份有限公司与寿县向东汽车电器修理部侵害植物新品种权纠纷案［最高人民法院（2019）最高法民再 371 号民事判决书]；②蔡新光与广州市润平商业有限公司侵害植物新品种权纠纷案［最高人民法院（2019）最高法知民终 14 号民事判决书]；③江苏明天种业科技股份有限公司与舒城万隆农业科技有限公司、藏友福侵害植物新品种权纠纷案［安徽省高级人民法院（2019）皖民终 657 号民事判决书]；④北京希森三和马铃薯有限公司与商洛市泰安农业综合开发有限公司侵害植物新品种权纠纷案［陕西省高级人民法院（2019）陕民终 655 号民事判决书]；⑤云南热点科技有限公司与西双版纳野象谷景区有限公司、云南小孩儿旅行社有限公司计算机软件开发合同纠纷案［云南省普洱市中级人民法院（2018）云 08 民初 485 号民事判决书]。

6. 恶意诉讼损害责任纠纷及知识产权诉讼程序：①江苏中讯数码电子有限公司与山东比特智能科技股份有限公司因恶意提起知识产权诉讼损害责任纠纷案［最高

人民法院（2019）最高法民申 366 号民事裁定书〕；②深圳市乔安科技有限公司与张志敏、上海凯聪电子科技有限公司因恶意提起知识产权诉讼损害责任纠纷、因申请诉中财产保全损害责任纠纷案〔上海市高级人民法院（2019）沪民终 139 号民事判决书〕；③重庆腾讯信息技术有限公司、深圳市腾讯计算机系统有限公司与上海幻电信息科技有限公司、谌洪涛诉前行为保全案〔上海市浦东新区人民法院（2019）沪0115 行保 1 号民事裁定书〕；④郑州曳头网络科技有限公司与浙江天猫网络有限公司、丁晓梅、南通苏奥纺织品有限公司侵害外观设计专利权纠纷先予执行案〔江苏省南京市中级人民法院（2019）苏 01 民初 687 号民事裁定书〕。

（六）加强区际司法协助

2020 年 11 月 26 日，最高人民法院公布《关于内地与香港特别行政区相互执行仲裁裁决的补充安排》，扩大了相互认可与执行仲裁裁决的范围，明确规定了申请人可同时向两地法院申请执行仲裁裁决。

11 月 27 日，在最高人民法院与香港特别行政区政府律政司签署《关于内地与香港特别行政区相互执行仲裁裁决的补充安排》的同时，双方以中英文双语形式发布相互执行仲裁裁决的 10 起典型案例，内地人民法院与香港特别行政区法院案例各 5件。此系两地首次发布民商事司法协助典型案例，为进一步完善两地司法协助体系、回应民众司法需求探索出了行之有效的新举措新路径。典型案例的表述保持两地各自语言习惯。内地人民法院的案例为：①华夏航运（新加坡）有限公司申请执行香港特别行政区仲裁裁决案；②美国意艾德建筑师事务所申请执行香港特别行政区仲裁裁决案；③大卫戴恩咨询有限公司、布拉姆利有限公司申请执行香港特别行政区仲裁裁决案；④莱佛士国际有限公司申请执行香港特别行政区仲裁裁决案；⑤宾士奈设计集团国际咨询有限公司申请执行香港特别行政区仲裁裁决案。香港特别行政区法院的案例为：① CL 诉 SCG 案；②高海燕诉建毅控股有限公司及其他案；③厦门新景地集团有限公司诉裕景兴业有限公司案；④山东红日阿康化工股份有限公司诉中国石油国际事业（香港特别行政区）有限公司案；⑤郭顺开诉永成化工有限公司案。

（七）完善民事诉讼中委托鉴定审查工作

2020 年 7 月 31 日，最高人民法院印发《关于人民法院民事诉讼中委托鉴定审查工作若干问题的规定》（法〔2020〕202 号，本部分简称《规定》），自 2020 年 9 月1 日起施行。

《规定》共 6 部分 17 个条文，分别对鉴定事项、鉴定材料、鉴定机构、鉴定人、鉴定意见书的审查和对鉴定活动的监督作出规定。《规定》进一步细化了民事诉讼法和新民事证据规定有关规定的内容，对于规范人民法院委托鉴定工作，引导鉴定人规范开展鉴定活动，解决委托鉴定工作中存在的突出问题，具有重要作用。

（八）完善涉电子商务平台知识产权民事案件的审理

为公正审理涉电子商务平台知识产权民事案件，依法保护电子商务领域各方主体的合法权益，促进电子商务平台经营活动规范、有序、健康发展，2020 年 9 月 10 日，最高人民法院印发《关于审理涉电子商务平台知识产权民事案件的指导意见》（本部分简称《指导意见》）的通知（法发〔2020〕32 号）。《指导意见》共 11 条，明确了涉电子商务平台知识产权纠纷案件审理的基本原则和实践中常见问题的处理规范。

（九）为黄河流域生态保护和高质量发展提供司法服务与保障

2020 年 6 月 1 日，最高人民法院发布《关于为黄河流域生态保护和高质量发展提供司法服务与保障的意见》（法发〔2020〕19 号），从 3 个方面用 18 个条文明确了人民法院为黄河流域生态保护和高质量发展提供司法服务与保障的具体意见。为充分发挥人民法院审判职能作用，为黄河流域生态保护和高质量发展国家战略提供公正高效的司法服务与保障提供了具体、可操作的规范。

2020 年 6 月 5 日，最高人民法院发布 10 件黄河流域生态环境司法保护典型案例：①被告人甲波周盗伐林木刑事附带民事公益诉讼案；②被告人户燕军、李富强等 6 人盗掘古文化遗址、古墓葬案；③被告人贡嘎平措等 3 人非法猎捕、杀害珍贵、濒危野生动物刑事附带民事公益诉讼案；④义马市朝阳志峰养殖场诉河南省义马市联创化工有限责任公司水污染责任纠纷案；⑤甘肃兴国水电开发有限责任公司诉甘肃省夏河县人民政府单方解除行政协议案；⑥河南省环保联合会诉聊城东染化工有限公司环境污染公益诉讼纠纷案；⑦山东省东营市东营区人民检察院诉东营市水利局未全面履行河道监管法定职责行政公益诉讼案；⑧陕西省三原县人民检察院诉陕西省三原县大程镇人民政府未履行环境保护和污染防治法定职责行政公益诉讼案；⑨山西省岚县人民检察院诉岚县水利局未履行环境保护和污染防治法定职责行政公益诉讼案；⑩郑州市生态环境局与河南鑫洲建筑工程有限公司生态环境损害赔偿司法确认案。

（十）建立和管理司法网络询价平台名单库

为落实最高人民法院《关于人民法院确定财产处置参考价若干问题的规定》（法释〔2018〕15 号，本部分简称《确定参考价规定》），2020 年 5 月 26 日，最高人民法院印发《关于建立和管理司法网络询价平台名单库的办法》（法发〔2020〕18 号，本部分简称《办法》），用 11 个条文规定了科学建立和管理全国性司法网络询价平台名单库，确保人民法院司法网络询价工作依法有序进行的具体办法。

2020 年 6 月 17 日，最高人民法院发布《关于自愿申请加入司法网络询价平台名单库的公告》，明确申请入库的网络服务提供者及其提供的网络询价平台应当符合《确定参考价规定》及《办法》的相关要求；有意申请加入名单库的网络服务提供者可向最高人民法院司法网络询价平台名单库评审委员会递交申请书及证明符合《确定参考价规定》及《办法》要求的相关资料；申请材料需装订成册，1 式 20 份，并附电子版（光盘）；递交申请材料截止日为 2020 年 7 月 20 日；申请材料通过邮政 EMS 方式递交。邮寄地址：北京市东城区东交民巷 27 号最高人民法院执行局执行指挥管理室收。

2021 年 3 月 1 日查询最高人民法院执行信息公开网，在"司法网络询价平台名单库（试运行）"一栏，已有 3 家公司入库。

三、典型案例

（一）最高人民法院公布的指导案例

1. 指导案例 140 号：李秋月等诉广州市花都区梯面镇红山村村民委员会违反安全保障义务责任纠纷案（最高人民法院审判委员会讨论通过，2020 年 10 月 9 日发布）。

【关键词】

民事/安全保障义务/公共场所/损害赔偿

【裁判要点】

公共场所经营管理者的安全保障义务，应限于合理限度范围内，与其管理和控制能力相适应。完全民事行为能力人因私自攀爬景区内果树采摘果实而不慎跌落致其自身损害，主张经营管理者承担赔偿责任的，人民法院不予支持。

【相关法条】

《侵权责任法》第 37 条第 1 款

【基本案情】

红山村景区为国家 AAA 级旅游景区，不设门票。广州市花都区梯面镇红山村村民委员会（本部分简称红山村村民委员会）系景区内情人堤河道旁杨梅树的所有人，其未向村民或游客提供免费采摘杨梅的活动。2017 年 5 月 19 日下午，吴某私自上树采摘杨梅不慎从树上跌落受伤。随后，有村民将吴某送到红山村医务室，但当时医务室没有人员。有村民拨打 120 电话，但 120 救护车迟迟未到。后红山村村民李某 1 自行开车送吴某到广州市花都区梯面镇医院治疗。吴某于当天转至广州市中西医结合医院治疗，后因抢救无效于当天死亡。

红山村曾于 2014 年 1 月 26 日召开会议表决通过《红山村村规民约》，该村规民约第 2 条规定：每位村民要自觉维护村集体的各项财产利益，每个村民要督促自己的子女自觉维护村内的各项公共设施和绿化树木，如有村民故意破坏或损坏公共设施，要负责赔偿一切费用。

吴某系红山村村民，于 1957 年出生。李记坤系吴某的配偶，李秋月、李月如、李天托系吴某的子女。李秋月、李月如、李天托、李记坤向法院起诉，主张红山村村民委员会未尽到安全保障义务，在本案事故发生后，被告未采取及时和必要的救助措施，应对吴某的死亡承担责任。请求判令被告承担 70% 的人身损害赔偿责任 631 346.31 元。

【裁判结果】

广东省广州市花都区人民法院于 2017 年 12 月 22 日作出（2017）粤 0114 民初 6921 号民事判决：①被告广州市花都区梯面镇红山村村民委员会向原告李秋月、李月如、李天托、李记坤赔偿 45 096.17 元，于本判决发生法律效力之日起 10 日内付清；②驳回原告李秋月、李月如、李天托、李记坤的其他诉讼请求。宣判后，李秋月、李月如、李天托、李记坤与广州市花都区梯面镇红山村村民委员会均提出上诉。广东省广州市中级人民法院于 2018 年 4 月 16 日作出（2018）粤 01 民终 4942 号民事判决：驳回上诉，维持原判。二审判决生效后，广东省广州市中级人民法院于 2019 年 11 月 14 日作出（2019）粤 01 民监 4 号民事裁定，再审本案。广东省广州市中级人民法院于 2020 年 1 月 20 日作出（2019）粤 01 民再 273 号民事判决：①撤销本院（2018）粤 01 民终 4942 号民事判决及广东省广州市花都区人民法院（2017）粤 0114 民初 6921 号民事判决；②驳回李秋月、李月如、李天托、李记坤的诉讼请求。

【裁判理由】

法院生效裁判认为：本案的争议焦点是红山村村民委员会是否应对吴某的损害后果承担赔偿责任。首先，红山村村民委员会没有违反安全保障义务。红山村村民委员会作为红山村景区的管理人，虽负有保障游客免遭损害的安全保障义务，但安全保障义务内容的确定应限于景区管理人的管理和控制能力的合理范围之内。红山村景区属于开放式景区，未向村民或游客提供采摘杨梅的活动，杨梅树本身并无安全隐患，若要求红山村村民委员会对景区内的所有树木加以围蔽、设置警示标志或采取其他防护措施，显然超过善良管理人的注意标准。从爱护公物、文明出行的角度而言，村民或游客均不应私自爬树采摘杨梅。吴某作为具有完全民事行为能力的成年人，应当充分预见攀爬杨梅树采摘杨梅的危险性，并自觉规避此类危险行为。故李秋月、李月如、李天托、李记坤主张红山村村民委员会未尽安全保障义务，缺乏事实依据。其次，吴某的坠亡系其私自爬树采摘杨梅所致，与红山村村民委员会不具有法律上的因果关系。《红山村村规民约》规定：村民要自觉维护村集体的各项财产利益，包括公共设施和绿化树木等。该村规民约是红山村村民的行为准则和道德规范，形成红山村的公序良俗。吴某作为红山村村民，私自爬树采摘杨梅，违反了村规民约和公序良俗，导致了损害后果的发生，该损害后果与红山村村民委员会不具有法律上的因果关系。最后，红山村村民委员会对吴某私自爬树坠亡的后果不存在过错。吴某坠亡系其自身过失行为所致，红山村村民委员会难以预见和防止吴某私自爬树可能产生的后果。吴某跌落受伤后，红山村村民委员会主任李某 2 及时拨打 120 电话求救，在救护车到达前，另有村民驾车将吴某送往医院救治。因此，红山村村民委员会对吴某损害后果的发生不存在过错。

综上所述，吴某因私自爬树采摘杨梅不慎坠亡，后果令人痛惜。虽然红山村为事件的发生地，杨梅树为红山村村民委员会集体所有，但吴某的私自采摘行为有违村规民约，与公序良俗相悖，且红山村村民委员会并未违反安全保障义务，不应承担赔偿责任。（生效裁判审判人员：龚连娣、张一扬、兰永军）

2. 指导案例 141 号：支某 1 等诉北京市永定河管理处生命权、健康权、身体权纠纷案（最高人民法院审判委员会讨论通过，2020 年 10 月 9 日发布）。

【关键词】

民事/生命权纠纷/公共场所/安全保障义务

【裁判要点】

消力池属于禁止公众进入的水利工程设施，不属于《侵权责任法》（已失效）第37条第1款规定的"公共场所"。消力池的管理人和所有人采取了合理的安全提示和防护措施，完全民事行为能力人擅自进入造成自身损害，请求管理人和所有人承担赔偿责任的，人民法院不予支持。

【相关法条】

《侵权责任法》第37条第1款

【基本案情】

2017年1月16日，北京市公安局丰台分局卢沟桥派出所接李某某110报警，称支某3外出遛狗未归，怀疑支某3掉在冰里了。接警后该所民警赶到现场开展查找工作，于当晚在永定河拦河闸自西向东第二闸门前消力池内发现一男子死亡，经家属确认为支某3。发现死者时永定河拦河闸南侧消力池内池水表面结冰，冰面高度与消力池池壁边缘基本持平，消力池外河道无水。北京市公安局丰台分局于2017年1月20日出具关于支某3死亡的调查结论（丰公治亡查字〔2017〕第021号），主要内容为：经过（现场勘察、法医鉴定、走访群众等）工作，根据所获证据，得出如下结论：①该人系溺亡；②该人死亡不属于刑事案件。支某3家属对死因无异议。支某3遗体被发现的地点为永定河拦河闸下游方向闸西侧消力池，消力池系卢沟桥分洪枢纽水利工程（拦河闸）的组成部分。永定河卢沟桥分洪枢纽工程的日常管理、维护和运行由北京市永定河管理处负责。北京市水务局称事发地点周边安装了防护栏杆，在多处醒目位置设置了多个警示标牌，标牌注明管理单位为"北京市永定河管理处"。支某3的父母支某1、马某某，妻子李某某和女儿支某2向法院起诉，请求北京市永定河管理处承担损害赔偿责任。

【裁判结果】

北京市丰台区人民法院于2019年1月28日作出（2018）京0106民初2975号民事判决：驳回支某1等4人的全部诉讼请求。宣判后，支某1等4人提出上诉。北京市第二中级人民法院于2019年4月23日作出（2019）京02民终4755号民事判决：驳回上诉，维持原判。

【裁判理由】

本案主要争议在于支某3溺亡事故发生地点的查实、相应管理机关的确定，以及该管理机关是否应承担侵权责任。本案主要事实和法律争议认定如下：

第一，关于支某3的死亡地点及管理机关的事实认定。其一，从死亡原因上看，公安机关经鉴定认定支某3系因溺水导致；从事故现场上看，支某3遗体发现地点为永定河拦河闸前消力池。根据受理支某3失踪查找的公安机关派出所出具工作记录可认定支某3溺亡地点为永定河拦河闸南侧的消力池内。其二，关于消力池的管理机关。现已查明北京市永定河管理处为永定河拦河闸的管理机关，北京市永定河管理处对此亦予以认可，并明确确认消力池属于其管辖范围，据此认定北京市永定河管理处系支某3溺亡地点的管理责任方。鉴于北京市永定河管理处系依法成立的事业单位，依法可独立承担相应民事责任，故北京市水务局、北京市丰台区水务局、北京市丰台区永定河管理所均非本案的适格被告，支某1等四人要求该三被告承担连带赔偿责任的主张无事实及法律依据，不予支持。

第二，关于管理机关北京市永定河管理处是否应承担侵权责任的认定。其一，本案并不适用侵权责任法中安全保障义务条款。安全保障义务所保护的人与义务人之间常常存在较为紧密的关系，包括缔约磋商关系、合同法律关系等，违反安全保障义务的侵权行为是负有安全保障义务的人由于没有履行合理范围内的安全保障义务而实施的侵权行为。根据查明的事实，支某3溺亡地点位于永定河拦河闸侧面消力池。从性质上看，消力池系永定河拦河闸的一部分，属于水利工程设施的范畴，并非对外开放的冰场；从位置上来看，消力池位于拦河闸下方的永定河河道的中间处；从抵达路径来看，抵达消力池的正常路径，需要从永定河的沿河河堤下楼梯到达河道，再从永定河河道步行至拦河闸下方，因此无论是消力池的性质、消力池所处位置还是抵达消力池的路径而言，均难以认定消力池属于公共场所。北京市永定河管理处也不是群众性活动的组织者，故支某1等四人上诉主张四被上诉人未尽安全保障义务，与法相悖。其二，从侵权责任的构成上看，一方主张承担侵权责任，应就另一方存在违法行为、主观过错、损害后果且违法行为与损害后果之间具有因果关系等侵权责任构成要件承担举证责任。永定河道并非正常的活动、通行场所，依据一般常识即可知无论是进入河道或进入冰面的行为，均容易发生危及人身的危险，此类对危险后果的预见性，不需要专业知识就可知晓。支某3在明知进入河道、冰面行走存在风险的情况下，仍进入该区域并导致自身溺亡，其主观上符合过于自信的过失，应自行承担相应的损害后果。成年人应当是自身安危的第一责任人，不能把自己的安危寄托在国家相关机构的无时无刻的提醒之下，户外活动应趋利避害，不随意进入非群众活动场所是每一个公民应自觉遵守的行为规范。综上，北京市永定河管理处对支某3的死亡发生无过错，不应承担赔偿责任。在此需要指出，因支某3意外溺亡，造成支某1、马某某老年丧子、支某2年幼丧父，其家庭境遇令人同情，法院对此予以理解，但是赔偿的责任方是否构成侵权则需法律上严格界定及证据上的支持，不能以情感或结果责任主义为导向将损失交由不构成侵权的他方承担。（生效裁判审判人员：邢述华、唐季怡、陈光旭）

3. 指导案例142号：刘明莲、郭丽丽、郭双双诉孙伟、河南兰庭物业管理有限公司信阳分公司生命权纠纷案（最高人民法院审判委员会讨论通过，2020年10月9日发布）。

【关键词】

民事/生命权/劝阻/合理限度/自身疾病

【裁判要点】

行为人为了维护因碰撞而受伤害一方的合法权益，劝阻另一方不要离开碰撞现场且没有超过合理限度的，属于合法行为。被劝阻人因自身疾病发生猝死，其近亲属请求行为人承担侵权责任的，人民法院不予支持。

【相关法条】

《侵权责任法》第 6 条

【基本案情】

2019 年 9 月 23 日 19 时 40 分左右，郭某骑着一辆折叠自行车从博士名城小区南门广场东侧道路出来，向博士名城南门出口骑行，在南门广场与 5 岁儿童罗某相撞，造成罗某右颌受伤出血，倒在地上。带自己孩子在此玩耍的孙伟见此情况后，将罗某扶起，并通过微信语音通话功能与罗某母亲李某 1 联系，但无人接听。孙伟便让身旁的邻居去通知李某 1，并让郭某等待罗某家长前来处理。郭某称是罗某撞了郭某，自己还有事，需要离开。因此，郭某与孙伟发生言语争执。孙伟站在自行车前面阻拦郭某，不让郭某离开。

事发时的第一段视频显示：郭某往前挪动自行车，孙伟站在自行车前方，左手拿手机，右手抓住自行车车把，持续时间约 8 秒后孙伟用右手推车把两下。郭某与孙伟之间争执的主要内容为：郭某对孙伟说，你讲理不？孙伟说，我咋不讲理，我叫你等一会儿。郭某说，你没事我还有事呢。孙伟说，我说的对不，你撞小孩。郭某说，我还有事呢。孙伟说，你撞小孩，我说你半天。郭某说，是我撞小孩还是小孩撞我？第二段视频显示，孙伟、郭某、博士名城小区保安李某 2、吴某 4 人均在博士名城小区南门东侧出口从南往北数第二个石墩附近。孙伟左手拿手机，右手放在郭某自行车车把上持续时间 5 秒左右。李某 2、吴某劝郭某不要骂人，郭某称要拨打110，此时郭某情绪激动并有骂人的行为。

2019 年 9 月 23 日 19 时 46 分，孙伟拨打 110 报警电话。郭某将自行车停好，坐在博士名城小区南门东侧出口从南往北数第一个石墩上。郭某坐在石墩上不到两分钟即倒在地上。孙伟提交的一段时长 14 秒事发状况视频显示，郭某倒在地上，试图起身；孙伟在操作手机，报告位置。

2019 年 9 月 23 日 19 时 48 分，孙伟拨打 120 急救电话。随后，孙伟将自己孩子送回家，然后返回现场。医护人员赶到现场即对郭某实施抢救。郭某经抢救无效，因心脏骤停死亡。

另外，郭某曾于 2019 年 9 月 4 日因"意识不清伴肢体抽搐 1 小时"为主诉入住河南省信阳市中心医院，后被诊断为"右侧脑梗死，继发性癫痫，高血压病 3 级（极高危），2 型糖尿病，脑血管畸形，阵发性心房颤动"。河南省信阳市中心医院就郭某该病症下达病重通知书，显示"虽经医护人员积极救治，但目前患者病情危重，并且病情有可能进一步恶化，随时会危及患者生命"。河南省信阳市中心医院在对郭某治疗期间，在沟通记录单中记载了郭某可能出现的风险及并发症，其中包含：脑梗塞进展，症状加重；脑疝形成呼吸心脏骤停；恶心心律失常猝死等等。郭某 2019 年 9 月 16 日的病程记录记载：郭某及其家属要求出院，请示上级医师后予以办理。

郭某之妻刘明莲及其女郭丽丽、郭双双提起诉讼，要求孙伟承担侵权的赔偿责任，河南兰庭物业管理有限公司信阳分公司承担管理不善的赔偿责任。

【裁判结果】

河南省信阳市平桥区人民法院于 2019 年 12 月 30 日作出（2019）豫 1503 民初 8878 号民事判决：驳回原告刘明莲、郭丽丽、郭双双的诉讼请求。宣判后，各方当事人均未提出上诉。一审判决已发生法律效力。

【裁判理由】

法院生效裁判认为：本案争议的焦点问题是被告孙伟是否实施了侵权行为；孙伟阻拦郭某离开的行为与郭某死亡的结果之间是否有因果关系；孙伟是否有过错。

第一，郭某骑自行车与年幼的罗某相撞之后，罗某右颌受伤出血并倒在地上。郭某作为事故一方，没有积极理性处理此事，执意离开。对不利于儿童健康、侵犯儿童合法权益的行为，任何组织和个人有权予以阻止或者向有关部门控告。罗某作为未成年人，自我保护能力相对较弱，需要成年人对其予以特别保护。孙伟见到郭某与罗某相撞后，为保护罗某的利益，让郭某等待罗某的母亲前来处理相撞事宜，其行为符合常理。根据案发当晚博士名城业主群聊天记录中视频的发送时间及孙伟拨打 110、120 的电话记录等证据证实，可以确认孙伟阻拦郭某的时间为 8 分钟左右。在阻拦过程中，虽然孙伟与郭某发生言语争执，但孙伟的言语并不过激。孙伟将手放在郭某的自行车车把上，双方没有发生肢体冲突。孙伟的阻拦方式和内容均在正常限度之内。因此，孙伟的劝阻行为是合法行为，且没有超过合理限度，不具有违法性，应予以肯定与支持。

第二，郭某自身患脑梗、高血压、心脏病、糖尿病、继发性癫痫等多种疾病，事发当月曾在医院就医，事发前一周应其本人及家属要求出院。孙伟阻拦郭某离开，郭某坐在石墩上，倒地后因心脏骤停不幸死亡。郭某死亡，令人惋惜。刘明莲、郭丽丽、郭双双作为死者郭某的近亲属，心情悲痛，提起本案诉讼，可以理解。孙伟的阻拦行为本身不会造成郭某死亡的结果，郭某实际死亡原因为心脏骤停。因此，孙伟的阻拦行为与郭某死亡的后果之间并不存在法律上的因果关系。

第三，虽然孙伟阻拦郭某离开，诱发郭某情绪激动，但是，事发前孙伟与郭某并不认识，不知道郭某身患多种危险疾病。孙伟阻拦郭某的行为目的是保护儿童利益，并不存在侵害郭某的故意或过失。在郭某倒地后，孙伟拨打 120 急救电话予以救助。由此可见，孙伟对郭某的死亡无法预见，其对郭某的死亡后果发生没有过错。（生效裁判审判人员：易松、彭洁、周成云）

4. 指导案例 143 号：北京兰世达光电科技有限公司、黄晓兰诉赵敏名誉权纠纷案（最高人民法院审判委员会讨论通过 2020 年 10 月 9 日发布）。

【关键词】

民事/名誉权/网络侵权/微信群/公共空间

【裁判要点】

认定微信群中的言论构成侵犯他人名誉权，应当符合名誉权侵权的全部构成要件，还应当考虑信息网络传播的特点并结合侵权主体、传播范围、损害程度等具体因素进行综合判断。

不特定关系人组成的微信群具有公共空间属性，公民在此类微信群中发布侮辱、诽谤、污蔑或者贬损他人的言论构成名誉权侵权，应当依法承担法律责任。

【相关法条】

《民法通则》第 101 条、第 120 条

《侵权责任法》第 6 条、第 20 条、第 22 条

【基本案情】

原告北京兰世达光电科技有限公司（本部分简称兰世达公司）、黄晓兰诉称：黄晓兰系兰世达公司员工，从事机器美容美甲业务。自 2017 年 1 月 17 日以来，被告赵敏一直对二原告进行造谣、诽谤、诬陷，多次污蔑、谩骂，称黄晓兰有精神分裂，污蔑兰世达公司的仪器不正规、讹诈客户，并通过微信群等方式进行散布，造成原告名誉受到严重损害，生意受损，请求人民法院判令：①被告对二原告赔礼道歉，并以在北京市顺义区×号张贴公告、北京当地报纸刊登公告的方式为原告消除影响、恢复名誉；②赔偿原告兰世达公司损失 2 万元；③赔偿二原告精神损害抚慰金 5000 元。

被告赵敏辩称：被告没有在小区微信群里发过损害原告名誉的信息，只与邻居、好朋友说过与二原告发生纠纷的事情，且此事对被告影响亦较大。兰世达公司仪器不正规、讹诈客户非被告一人认为，其他人也有同感。原告的美容店经常不开，其损失与被告无关。故请求驳回原告的诉讼请求。

法院经审理查明：兰世达公司在北京市顺义区某小区 1 层开有一家美容店，黄晓兰系该公司股东兼任美容师。2017 年 1 月 17 日 16 时许，赵敏陪同住小区的另一业主到该美容店做美容。黄晓兰为顾客做美容，赵敏询问之前其在该美容店祛斑的事情，后二人因美容服务问题发生口角。后公安部门对赵敏作出行政处罚决定书，给予赵敏行政拘留 3 日的处罚。

原告主张赵敏的微信昵称为×郡主（微信号×---calm），且系小区业主微信群群主，双方发生纠纷后赵敏多次在业主微信群中对二原告进行造谣、诽谤、污蔑、谩骂，并将黄晓兰从业主群中移出，兰世达公司因赵敏的行为生意严重受损。原告提供微信聊天记录及张某某的证人证言予以证明。微信聊天记录来自 2 个微信群，人数分别为 345 人和 123 人，记载有昵称×郡主发送的有关黄晓兰、兰世达公司的言论，以及其他群成员询问情况等的回复信息；证人张某某是兰世达公司顾客，也是小区业主，其到庭陈述看到的微信群内容并当庭出示手机微信，群主微信号为"×---calm"。

赵敏对原告陈述及证据均不予认可，并表示其 2016 年在涉诉美容店做激光祛斑，黄晓兰承诺保证全部祛除掉，但做过 2 次后，斑越发严重，多次沟通，对方不同意退钱，事发当日其再次咨询此事，黄晓兰却否认赵敏在此做过祛斑，双方发生口角；赵敏只有 1 个微信号，且经常换名字，现在业主群里叫×果，自己不是群主，不清楚群主情况，没有加过黄晓兰为好友，也没有在微信群里发过损害原告名誉的信息，只与邻居、朋友说过与原告的纠纷，兰世达公司仪器不正规、讹诈客户，其他人也有同感，公民有言论自由。

经原告申请，法院自深圳市腾讯计算机系统有限公司调取了微信号"×---calm"的实名认证信息，确认为赵敏，同时确认该微信号与黄晓兰微信号"×-HL"互为好友时间为 2016 年 3 月 4 日 13 时 16 分 18 秒。赵敏对此予以认可，但表示对于微信群中发送的有关黄晓兰、兰世达公司的信息其并不清楚，现已经不用该微信号了，也退出了其中一个业主群。

【裁判结果】

北京市顺义区人民法院于 2017 年 9 月 19 日作出（2017）京 0113 民初 5491 号民事判决：①被告赵敏于本判决生效之日起 7 日内在顺义区×房屋门口张贴致歉声明，向原告黄晓兰、北京兰世达光电科技有限公司赔礼道歉，张贴时间为 7 日，致歉内容须经本院审核；如逾期不执行上述内容，则由本院在上述地址门口全文张贴本判决书内容；②被告赵敏于本判决生效之日起 7 日内赔偿原告北京兰世达光电科技有限公司经济损失 3000 元；③被告赵敏于本判决生效之日起 7 日内赔偿原告黄晓兰精神损害抚慰金 2000 元；④驳回原告黄晓兰、北京兰世达光电科技有限公司的其他诉讼请求。宣判后，赵敏提出上诉。北京市第三中级人民法院于 2018 年 1 月 31 日作出（2018）京 03 民终 725 号民事判决：驳回上诉，维持原判。

【裁判理由】

法院生效裁判认为：名誉权是民事主体依法享有的维护自己名誉并排除他人侵害的权利。民事主体不仅包括自然人，也包括法人及其他组织。《民法通则》第 101 条规定，公民、法人享有名誉权，公民的人格尊严受法律保护，禁止用侮辱、诽谤等方式损害公民、法人的名誉。

本案的争议焦点为，被告赵敏在微信群中针对原告黄晓兰、兰世达公司的言论是否构成名誉权侵权。传统名誉权侵权有 4 个构成要件，即受害人确有名誉被损害的事实、行为人行为违法、违法行为与损害后果之间有因果关系、行为人主观上有过错。对于微信群中的言论是否侵犯他人名誉权的认定，要符合传统名誉权侵权的全部构成要件，还应当考虑信息网络传播的特点并结合侵权主体、传播范围、损害程度等具体因素进行综合判断。

本案中，赵敏否认其微信号"×---calm"所发的有关涉案信息是其本人所为，但就此未提供证据证明，且与已查明事实不符，故就该抗辩意见，法院无法采纳。根据庭审查明情况，结合微信聊天记录内容、证人证言、法院自深圳市腾讯计算机系统有限公司调取的材料，可以认定赵敏在与黄晓兰发生纠纷后，通过微信号在双方共同居住的小区2个业主微信群发布的信息中使用了"傻×""臭傻×""精神分裂""装疯卖傻"等明显带有侮辱性的言论，并使用了黄晓兰的照片作为配图，而对于兰世达公司的"美容师不正规""讹诈客户""破仪器""技术和产品都不灵"等贬损性言辞，赵敏未提交证据证明其所发表言论的客观真实性；退一步讲，即使有相关事实发生，其亦应通过合法途径解决。赵敏将上述不当言论发至有众多该小区住户的2个微信群，其主观过错明显，从微信群的成员组成、对其他成员的询问情况以及网络信息传播的便利、广泛、快捷等特点来看，涉案言论确易引发对黄晓兰、兰世达公司经营的美容店的猜测和误解，损害小区公众对兰世达公司的信赖，对二者产生负面认识并造成黄晓兰个人及兰世达公司产品或者服务的社会评价降低，赵敏的损害行为与黄晓兰、兰世达公司名誉受损之间存在因果关系，故赵敏的行为符合侵犯名誉权的要件，已构成侵权。

行为人因过错侵害他人民事权益，应当承担侵权责任。不特定关系人组成的微信群具有公共空间属性，公民在此类微信群中发布侮辱、诽谤、污蔑或者贬损他人的言论构成名誉权侵权，应当依法承担法律责任。公民、法人的名誉权受到侵害，有权要求停止侵害，恢复名誉，消除影响，赔礼道歉，并可以要求赔偿损失。现黄晓兰、兰世达公司要求赵敏基于侵犯名誉权之行为赔礼道歉，符合法律规定，应予以支持，赔礼道歉的具体方式由法院酌情确定。关于兰世达公司名誉权被侵犯产生的经济损失，兰世达公司提供的证据不能证明实际经济损失数额，但兰世达公司在涉诉小区经营美容店，赵敏在有众多该小区住户的微信群中发表不当言论势必会给兰世达公司的经营造成不良影响，故对兰世达公司的该项请求，综合考虑赵敏的过错程度、侵权行为内容与造成的影响、侵权持续时间、兰世达公司实际营业情况等因素酌情确定。关于黄晓兰主张的精神损害抚慰金，亦根据上述因素酌情确定具体数额。关于兰世达公司主张的精神损害抚慰金，缺乏法律依据，故不予支持。（生效裁判审判人员：巴晶焱、李淼、徐晨）

（二）最高人民检察院指导性案例

2020年7月30日，最高人民检察院发布第21批指导性案例，其中涉及民事审判和执行的案例3件。

1. 深圳市丙投资企业（有限合伙）被诉股东损害赔偿责任纠纷抗诉案（检例第77号）。

【关键词】

企业资产重整 保护股东个人合法财产 优化营商环境 抗诉监督

【要旨】

公司股东应以出资额为限，对公司承担有限责任。股东未滥用公司法人独立地位逃避债务并严重损害公司债权人利益的，不应对公司债务承担连带责任。检察机关应严格适用股东有限责任等产权制度，依法保护投资者的个人财产安全，让有恒产者有恒心。

【基本案情】

2007年11月，惠州甲房产开发有限公司（本部分简称甲公司）登记设立，为开发广东省惠州市某房产的房地产项目公司。甲公司多次对外借款。2010年1月，因甲公司无力清偿债务，广东省惠州市中级人民法院受理债权人对甲公司提出的破产申请。在惠州乙发展有限公司（本部分简称乙公司）提供5000万元破产重整保证金后，相关债权人于2011年5月撤回破产清算申请。2011年8月，深圳市丙投资企业（有限合伙）（本部分简称丙企业）与甲公司、惠州市丁房产开发有限公司（本部分简称丁公司）、陈某军、乙公司签订《投资合作协议》及补充协议，约定丙企业以2000万元受让丁公司持有的甲公司100%股权，并向甲公司提供1.48亿元委托贷款，甲公司以案涉国有土地使用权等为丙企业的债权投资提供担保，丁公司、陈某军、乙公司亦提供连带责任担保。

2011年8月9日，甲公司的股东变更为丙企业和陈某军，其中丙企业占股东出资额的99.9%。2011年8月10日，丙企业委托中国建设银行股份有限公司某分行将其1.48亿元款项借给甲公司，用于甲公司某项目运作和甲公司运营，甲公司和丁公司依约提供抵押担保。同日，1.48亿元委托贷款和2000万元股权转让款转入甲公司。款项到位后，2011年8月至2012年4月期间，为完成破产重整程序中债务清偿及期间发生的借款、担保等相关衍生事宜，甲公司依照合同约定及乙公司、债权人陈某忠等人指令，先后向丁公司、深圳市戊公司、深圳市己公司等多家公司转账，款项共计1.605亿元。

2012年11月1日，诸某某将其持有的对甲公司债权中的800万元转让给赵某新，并通知债务人。2012年11月5日，赵某新向浙江省兰溪市人民法院起诉，要求甲公司归还欠款800万元，丙企业承担连带责任。

浙江省兰溪市人民法院一审认为，丙企业是甲公司的绝对控股股东，其滥用公司法人独立地位和股东有限责任，对甲公司进行不正当支配和控制，且未将贷款用于房地产开发，其转移资产、逃避债务的行为严重损害公司债权人利益，应当对甲公司的债务承担连带责任，遂判决甲公司归还赵某新800万元借款，丙企业承担连带责任。丙企业不服，上诉至浙江省金华市中级人民法院。二审判决驳回上诉，维持原判。丙企业申请再审，浙江省高级人民法院裁定驳回其再审申请。

【检察机关监督情况】

受理及审查情况：丙企业主张，甲公司对外转款均有特定用途，并非转移资产，丙企业并不存在滥用公司法人独立地位和股东有限责任的行为，不应承担连带责任，遂于2016年2月向浙江省金华市人民检察院申请监督。该院予以受理审查。

围绕丙企业是否存在滥用公司法人独立地位和股东有限责任逃避公司债务的问题，检察机关依法调阅原审案卷；核实相关工商登记信息，并对本案关键人进行询问，相关证据可以证实甲公司于2011年8月至2012年4月期间的对外转款均具有正当事由，而非恶意转移资产，逃避债务。

监督意见：浙江省金华市人民检察院就本案向浙江省人民检察院提请抗诉。浙江省人民检察院经审查认为，丙企业并未支配控制甲公司的资金支出，在丙企业受让股权后，甲公司仍然由原股东丁公司派人进行管理，公司管理人员未发生变化；甲公司向丁公司等公司多次转款均具有明确用途，而非恶意转移资产；丙企业与甲公司、丁公司等企业之间不存在人员、业务、财务的交叉或混同。因此，终审判决认定丙企业利用法人独立地位和股东有限责任逃避债务，属于认定事实和适用法律错误。2016年11月25日，浙江省人民检察院依法向浙江省高级人民法院提出抗诉。

监督结果：2018年1月31日，浙江省高级人民法院作出（2017）浙民再116号民事判决，认定案涉委托贷款以及股权转让款的对外支付有合理解释，现有证据不足以证明丙企业有滥用公司法人独立地位和股东有限责任逃避债务的行为，判决撤销一、二审判决有关丙企业对案涉债务承担连带责任的判项，驳回赵某新对丙企业提出的诉讼请求。

【指导意义】

第一，严格适用公司有限责任制度，依法保护股东的个人财产安全。公司人格独立和股东有限责任是公司法的基本原则。否认公司独立人格，由滥用公司法人独立地位和股东有限责任的股东对公司债务承担连带责任，是股东有限责任的例外。在具体案件中应依据特定的法律事实和法律关系，综合判断和审慎适用，依法区分股东与公司的各自财产与债务，维护市场主体的独立性和正常的经济秩序。

第二，检察机关在审查股东损害公司债权人利益的案件时，应当严格区分企业正当融资担保与恶意转移公司资产逃避债务损害公司债权人利益违法行为的界限。如果公司股东没有利用经营权恶意转移公司资产谋一己之私，没有损害公司债权人利益的，依法不应当对公司债务承担连带偿还责任。

第三，检察机关应积极发挥监督职责，推动法治化营商环境建设。公司有限责任是具有标志性的现代企业法律制度，旨在科学化解市场风险，鼓励投资创造财富。产权是市场经济的基础、社会文明的基石和社会向前发展的动力，投资者无法回避市场风险，但需要筑牢企业家个人和家庭与企业之间的财产风险"防火墙"，对于依法出资和合法经营的，即使企业关闭停产，也能守住股东个人和家庭的合法财产底线，真正让有恒产者有恒心，优化营商环境，保护企业家的投资创业热情，为完善市场秩序提供法治保障。

【相关规定】

《公司法》第20条

《民事诉讼法》第200条、第208条

2. 某牧业公司被错列失信被执行人名单执行监督案（检例第78号）。

【关键词】

企业借贷纠纷 失信被执行人 妨碍企业正常经营 执行违法监督

【要旨】

查封、扣押、冻结的财产足以清偿生效法律文书确定的债务的，执行法院不应将被执行人纳入失信被执行人名单。执行法院违法将被执行人纳入失信被执行人名单的，检察机关应当及时发出检察建议，监督法院纠正对被执行人违法采取的信用惩戒措施，以维护企业的正常经营秩序，优化营商环境。

【基本案情】

张某奎系山西省临汾市某牧业有限公司（本部分简称某牧业公司）法定代表人。乔某与某牧业公司、张某奎因民间借贷产生纠纷。2016 年 9 月 16 日，山西省临汾市尧都区人民法院判决张某奎、某牧业公司归还乔某借款本金 18 万元及利息 6.14 万元，自 2016 年 2 月 1 日起至判决生效之日止，按约定月息 2 分的利率承担该借款利息。

判决生效后，乔某向山西省临汾市尧都区人民法院申请强制执行。山西省临汾市尧都区人民法院作出执行裁定，冻结被执行人张某奎、某牧业公司银行存款 281 280 元，查封张某奎名下房产 1 套，同时还决定将某牧业公司、张某奎纳入失信被执行人名单。该查封裁定作出后，执行法院未送达当事人。

【检察机关监督情况】

受理情况：山西省临汾市尧都区人民检察院发现乔某与某牧业公司、张某奎民间借贷纠纷一案执行行为违法，并予以立案审查。

审查核实：经审查执行案卷，检察机关发现：一是被执行人被法院冻结、查封的财产足以清偿生效法律文书确定的债务，不符合纳入失信被执行人名单的法定情形；二是法院作出的查封裁定书未向当事人送达。同时，检察机关了解到，某牧业公司被纳入失信被执行人名单后，银行贷款被暂停发放，经营陷入困境。

监督意见：山西省临汾市尧都区人民检察院经审查认为，执行法院存在以下违法情形：一是将张某奎纳入失信被执行人名单属于适用法律错误。最高人民法院《关于公布失信被执行人名单信息的若干规定》第 3 条规定，被采取查封、扣押、冻结等措施的财产足以清偿生效法律文书确定债务的，人民法院不得将被执行人纳入失信被执行人名单。本案执行程序中，被执行人张某奎、某牧业公司被冻结的存款和被查封的房产足以清偿生效裁判确定的债务。因此，执行法院将其纳入失信被执行人名单，显属违法。二是未向当事人送达执行裁定书。最高人民法院《关于人民法院民事执行中查封、扣押、冻结财产的规定》第 1 条规定，人民法院查封、扣押、冻结被执行人的动产、不动产及其他财产权，应当作出裁定，并送达被执行人和申请执行人。查封、扣押、冻结裁定书送达时发生法律效力。本案中法院制作执行裁定书后，长期未向当事人送达，违反了上述规定。

监督结果：2017 年 11 月 28 日，山西省临汾市尧都区人民检察院向山西省临汾市尧都区人民法院提出检察建议，建议该院依法纠正违法执行行为。山西省临汾市尧都区人民法院采纳了检察建议，于 2017 年 12 月 8 日将执行裁定书送达当事人，并撤销了将张某奎、某牧业公司纳入失信被执行人名单的决定。

【指导意义】

第一，规范适用失信被执行人名单制度，对于保证执行程序的公正性具有重要意义。失信被执行人名单制度以信用惩戒的方式约束被执行人，提高了执行活动的质量和效率，对于破解"执行难"起到了重要作用。在维护申请执行人利益的同时，执行的谦抑原则要求尽可能避免对被执行人合法权益造成损害。

第二，检察机关应积极履行监督职能，确保失信被执行人名单制度规范运行。失信被执行人名单制度的规范运行，对于建立诚实守信、依法履约的良好社会风气意义重大。但该项制度应当依法运用，否则将降低被执行人的社会信誉度，给其社会生活、商业经营等带来不便。执行法院查封、冻结的财产足以清偿债务的，将企业或其法定代表人纳入失信被执行人名单是不妥当的，检察机关应对违法执行行为予以监督，切实维护企业或个人合法权益。

第三，检察机关应加强对执行法律文书送达的监督，保障当事人的知情权和申辩权。执行法院在作出查封、扣押、冻结被执行人财产的裁定后，应当依法送达申请执行人和被执行人。执行法院未送达当事人，既损害了当事人的诉讼权利，亦损害了司法权威。检察机关在履行监督职责时应注意审查相关诉讼文书送达的合法性，对执行法院送达违法的行为及时提出检察建议，监督执行法院予以纠正，保障当事人行使诉讼权利。

【相关规定】

《人民检察院民事诉讼监督规则（试行）》第 102 条

《关于人民法院民事执行中查封、扣押、冻结财产的规定》第 1 条

《关于公布失信被执行人名单信息的若干规定》第 3 条

3. 南漳县丙房地产开发有限责任公司被明显超标的额查封执行监督案（检例第79 号）。

【关键词】

诉讼保全 超标的额查封 依法保护企业资产安全 审判程序违法监督

【要旨】

查封、扣押、冻结被执行人财产应与生效法律文书确定的被执行人的债务相当，不得明显超出被执行人应当履行义务的范围。检察机关对于明显超标的额查封的违法行为，应提出检察建议，督促执行法院予以纠正，以保护民营企业产权，优化营商环境。

【基本案情】

2015 年 5 月 26 日，襄阳市甲小额贷款股份有限责任公司（本部分简称甲小贷公司）、襄阳市乙工程总公司（本部分简称乙公司）向襄阳市樊城区人民法院提起民事诉讼，请求判令南漳县丙房地产开发有限责任公司（本部分简称丙公司）、南漳县丁建筑安装工程有限责任公司（本部分简称丁公司）、洪某生偿还借款 5589 万元及利

息，并申请对价值 6671 万元的房产进行保全。同日，湖北省襄阳市樊城区人民法院立案受理并作出财产保全裁定，查封丙公司、丁公司及洪某生的房产共计 210 套。丙公司认为查封明显超出标的额，于 2015 年 6 月提出异议，但湖北省襄阳市樊城区人民法院未书面回复。

2015 年 7 月至 2016 年 10 月期间，湖北省襄阳市樊城区人民法院对当事人双方的多起借款纠纷作出民事判决，判令丙公司、丁公司、洪某生偿还乙公司、甲小贷公司借款合计 5536.2 万元及利息约 438 万元。在本案执行阶段，丙公司向执行法院提出房产评估申请，经执行法院同意，由丙公司委托鉴定机构进行评估，评估结果为查封的房产市场价值为 1.21 亿元。丙公司提出执行异议，但湖北省襄阳市樊城区人民法院审查后认定，丙公司提出的执行异议依据不充分，且未在法定期限内申请复议，故不予支持。由于丙公司已建成的 210 套商品房均被执行法院查封，无法正常销售，企业资金断流，经营陷入困境。

【检察机关监督情况】

受理情况：2016 年 12 月 27 日，丙公司、丁公司以湖北省襄阳市樊城区人民法院明显超标的额查封为由，向樊城区人民检察院申请监督。该院予以受理审查。

审查核实：樊城区人民检察院对案件线索依法进行调查核实。询问了申请人丙公司；前往湖北省襄阳市樊城区人民法院查阅了审判与执行案卷，收集相关法律文书、价格鉴定报告与其他书证；实地前往被查封楼盘进行现场勘查。经审查核实发现，相关裁判文书确定的债务总额为 5974 万元，且甲小贷公司、乙公司申请查封的标的额仅为 6671 万元，而执行法院实际查封的房产价值为 1.21 亿元，存在明显超标的额查封的问题。

监督意见：樊城区人民检察院认为，湖北省襄阳市樊城区人民法院查封的 210 套房产价值为 1.21 亿元，查封财产价值明显超出生效裁判文书确定的债务数额，违反《民事诉讼法》第 242 条规定及最高人民法院《关于人民法院民事执行中查封、扣押、冻结财产的规定》第 21 条规定，存在明显超标的额查封被执行人财产的违法行为。2017 年 3 月 20 日，樊城区人民检察院向湖北省襄阳市樊城区人民法院发出检察建议，建议对超标的额查封的违法行为予以纠正。

监督结果：收到检察建议书后，湖北省襄阳市樊城区人民法院认定本案确系超标的额查封，于 2017 年 4 月 17 日发出协助执行通知书，通知某县住房保障管理局解除对被执行人先期查封的 210 套商品房中 109 套的查封。解封后，丙公司得以顺利出售商品房，回收售楼款，改善资金困境，并及时发放拖欠的农民工工资，积极协商偿还本案剩余债务。

【指导意义】

第一，纠正明显超标的额的违法查封行为，消除对涉案企业正常生产经营的不利影响。执行程序的适度原则要求对执行措施限制在合理的范围内，执行目的与执行手段之间的基本平衡。纠正明显超标的额的违法查封行为，对于盘活企业资产，激发企业活力，特别是保障民营企业的可持续发展十分重要。

第二，办理明显超标的额查封的民事监督案件，应当围绕保全范围和标的物价值进行审查。查封、扣押、冻结等强制执行措施的违法使用，将限制企业生产要素的自由流动，降低市场主体创造社会财富的活力。因此，在认定是否明显超标的额查封时，不仅需要查明主债权、利息、违约金及为实现债权而支出的合理费用，还要结合查封财产是否为可分物、财产上是否设定其他影响债权实现的权利负担等因素予以综合考虑，做到监督有据，准确有效。

第三，诉讼保全措施延续到执行程序后，检察机关应按执行监督程序进行审查。诉讼保全发生于裁判生效前的审判活动，目的是保障生效裁判的履行。裁判生效后即转入强制执行程序。对于明显超标的额查封的财产，应依法提出执行检察建议，监督执行法院纠正错误执行行为。

【相关规定】

《民事诉讼法》第 242 条

《关于人民法院民事执行中查封、扣押、冻结财产的规定》第 21 条

《人民检察院民事诉讼监督规则（试行）》第 102 条

（三）全国法院服务保障疫情防控期间复工复产民商事典型案例

2020 年，最高人民法院发布三批共计 31 件全国法院服务保障疫情防控期间复工复产典型案例。其中，第一批和第二批为民商事审判案件，第三批为民事执行案件。

第一批（2020 年 3 月 24 日发布）：

1. 快速调解企业间合同纠纷，服务涉诉企业复工复产。

（1）浙江吉高实业有限公司诉梅州市中联精密电子有限公司、赣州中盛隆电子有限公司等买卖合同纠纷案。

【案情简介】

梅州市中联精密电子有限公司、赣州中盛隆电子有限公司均为向测温仪生产企业供应线路板的供应链上游企业。2020 年 1 月 14 日，因买卖合同纠纷，被浙江吉高实业有限公司起诉至桐乡市人民法院，诉讼标的 1600 余万元，并经原告申请采取了财产保全措施。疫情发生发后，桐乡市人民法院了解到，二公司均是当地政府确定的疫情期间第一批复工复产企业，而案涉诉讼保全严重影响了企业购买原材料、发放工人工资以及偿还银行贷款。为保障二被告企业复工复产不受影响，经桐乡市人民法院积极组织调解，原被告双于 2 月中旬达成了分期还款、逐步解封的调解方案。在法院的督促下，二被告企业按约履行了部分付款义务。2 月 21 日，法院解除了对二被告企业的全部财产保全措施，有力促进了疫情防控物资的正常生产。

【典型意义】

本案的典型意义在于，既依法保障债权人诉讼权利，又坚持服务疫情防控大局工作，实现法律效果和社会效果的有机统一。对原告企业来说，货物结欠金额巨大，若不采取保全措施，其诉讼权利难以保障。对于二被告企业来说，迅速复工复产是

保障疫情防控的当务之急，但流动资金的冻结限制了生产的进程。受诉法院积极作为，组织双方反复进行协商调解，最终就解除财产保全和货款支付事宜达成协议，短平快地解决双方纠纷，实现了原告企业权利保障和被告企业复工复产的"双赢"。

（2）东莞信托有限公司诉肇庆科伦纸业有限公司、山鹰国际控股股份公司等确认合同无效纠纷一案。

【案情简介】

肇庆科伦纸业有限公司（本部分简称肇庆科伦公司）是广东肇庆市一家大型造纸企业。2016年，佛山三水科伦纸业公司将其持有肇庆科伦公司75%的股权收益权质押向东莞信托有限公司（本部分简称东莞信托公司）融资2.7亿元，但逾期未履行还款义务。2019年，肇庆科伦公司与山鹰国际控股股份公司（本部分简称山鹰国际公司）签订《入股协议》，以其生产线设备、土地等作价出资入股山鹰（广东）公司，又将股权转让给山鹰国际公司。2019年12月，东莞信托公司以肇庆科伦公司签订的《入股协议》侵犯其股权质押权为由，起诉至广东省肇庆市中级人民法院，请求确认协议无效，并申请诉讼财产保全；广东省肇庆市中级人民法院根据当事人申请依法查封了肇庆科伦公司转移给山鹰国际公司的土地约300亩、厂房8幢等财产。疫情开始后，广东省肇庆市中级人民法院了解到，肇庆科伦公司受疫情影响经营陷入困境，而山鹰国际公司作为上市公司，资金实力雄厚，看好华南地区的纸张市场，如能顺利收购肇庆科伦公司现有的厂房及生产设备，可以尽快增资扩产，开拓华南地区纸张市场，但目前肇庆科伦公司的账号因诉讼已被冻结，并购行为陷入僵局。为此，法院根据山鹰国际公司仍有部分并购款尚未支付给肇庆科伦公司的实际，经多次协调最终促成调解，由山鹰国际公司将尚未支付的并购款2亿元一次性支付给东莞信托公司，东莞信托公司收到后即视为对肇庆科伦公司与山鹰国际公司之间并购交易的认可，同时申请解除查封措施。本案于3月13日调解结案。

【典型意义】

本案涉案标的、涉诉企业对当地经济发展具有重大影响。肇庆市与其他珠三角城市相比，经济发展任务较重，广东省肇庆市中级人民法院按照党中央关于统筹推进疫情防控和社会经济发展工作决策部署，在调处本案纠纷时坚持法治思维，平等保护双方当事人的合法权益，坚持大局意识，在坚决做好疫情防控工作的同时，依法保障有序复工复产，促进企业健康发展，为推动地方法治化营商环境建设、服务经济发展大局提供了优质的司法服务和保障。

（3）上海丽景针织制衣有限公司诉合玺（上海）服装有限公司等买卖合同纠纷系列案。

【案情简介】

上海丽景针织制衣有限公司（本部分简称丽景针织制衣公司）与合玺（上海）服装有限公司及其另一家关联公司于2018年分别签订了《服饰采购合同》。合同签订后，二服饰公司收货后未按约付款，欠付货款达400余万元。为此，丽景针织制衣公司于 2020 年 1 月 14 日分别起诉要求二服饰公司支付货款、承担违约金责任等，并申请财产保全，查封二服饰公司的银行账户。二服饰公司应诉后，认可欠付货款，并承诺还款，但因新冠肺炎疫情影响，各地服饰专卖店关闭，春节黄金旺季无营业收入，还有高昂成本；且因账户被保全，影响了员工工资发放、支付社保等。上海市静安区人民法院受理二案后，通过线上审理，其中一案当庭撤诉，另一案达成分期还款的调解方案。线上庭审当天，制衣公司即收到了先期支付款项，并申请法院解除了全部财产保全。2 月 14 日，双方达成调解协议。本案调解结案后，二服饰公司账户得到解封并及时发放了员工工资，目前双方均已复工复产。

【典型意义】

新冠肺炎疫情期间，中小民营企业的资金压力较大。鉴于案涉服饰公司的账户被采取保全措施，在判决生效前，当事人依法不能动用被查封的款项，而疫情期间双方当事人复工复产都急需资金。在这种情况下受诉法院依法采取诉讼调解方式，促成双方当事人尽快达成调解协议。对原告而言，可以回笼资金按期复工；对被告而言，调解后可以尽快解除查封，及时向员工发放工资、缴纳税收和社保、支付店铺租金，确保正常经营。本案是通过调解方式快速有效化解纠纷，为企业复工复产提供司法服务与保障的成功案例。

（4）深圳新宙邦科技股份有限公司诉桑顿新能源科技有限公司等买卖合同纠纷案。

【案情简介】

深圳新宙邦科技股份有限公司（本部分简称新宙邦科技公司）与桑顿新能源科技有限公司（本部分简称桑顿新能源公司）均为有市场竞争力的创新型企业，互为商业合作伙伴。2019 年，新宙邦科技公司向桑顿新能源公司提供价值 1607 万元的锂电池电解液，但桑顿新能源公司未如约支付货款，新宙邦科技公司诉至深圳市坪山区人民法院，请求法院判令桑顿新能源公司支付货款本息共计 2300 余万元，深圳市坪山区人民法院依据申请冻结了桑顿新能源公司账户现金 750 余万元。疫情发生后，桑顿新能源公司请求解冻账户资金用以支付工人工资并复工复产。深圳市坪山区人民法院经研究认为，疫情防控期间，合同履行暂时受到影响，顺延还款期限有利于复工复产并最终解纷。经深圳市坪山区人民法院主持调解，双方 2 月 25 日达成调解协议：双方继续合作，桑顿新能源公司增加担保并先行支付部分货款，剩余货款分期付清。当日，法院依法准许并解除账户冻结。

【典型意义】

深圳市坪山区人民法院立足疫情防控期间经济社会发展大局，积极促成欠款企业在增加担保的基础上获得还款顺延，切实降低了诉讼成本，全力支持企业复工复产，有效帮助中小企业渡过难关。本案涉及的二家企业均为高新技术企业，深圳市坪山区人民法院通过促成双方达成调解协议，在疫情期间最大限度地降低了司法诉讼对企业的负面影响。案件调解成功后，双方继续保持合作关系，实现了共赢与多赢，从而有利于维护企业核心竞争力。

2. 依法加强金融案件调解，妥善化解企业债务纠纷。

（1）中国农业银行股份有限公司浮梁县支行诉景德镇康源农业发展有限公司金融借款合同纠纷案。

【案情简介】

景德镇康源农业发展有限公司（本部分简称康源农业公司）是当地一家大型生猪养殖和肉制品企业，2011年向中国农业银行股份有限公司浮梁县支行（本部分简称农行）贷款1亿元。贷款合同履行过程中，2019年6月，农行以康源农业公司怠于配合银行贷后管理检查、公司产品销售收入回笼资金与贷款金额不匹配、财务状况进一步恶化等为由，下调了企业贷款征信评级并暂停企业使用电子交易信息平台，要求康源农业公司提前还款并诉至江西省景德镇市中级人民法院。江西省景德镇市中级人民法院认为，康源农业公司生产经营出现困难，主要是受非洲猪瘟及新冠肺炎疫情双重影响，以致无力还款。为保障生猪生产企业正常经营和维护金融债权，江西省景德镇市中级人民法院积极奔走各方，耐心辨法析理，反复做双方当事人的协调工作。最终，双方本着互谅互让原则达成调解协议，康源农业公司同意增加贷款担保，农行恢复企业征信和电子交易平台使用，贷款合同继续履行。本案于2月17日调解结案。

【典型意义】

本案借款企业不仅是当地大型生猪生产供应企业，也是当地吸纳就业和纳税大户。江西省景德镇市中级人民法院如一判了之，不仅会严重影响企业生产经营，还可能影响群众基本民生供应和物价稳定。江西省景德镇市中级人民法院在党委政府的全力支持下，充分发挥审判职能作用，积极协调化解纠纷，促成双方达成调解，为保障企业复产复工和当地经济社会发展大局作出了积极努力。

（2）苏州资产管理有限公司诉苏州德威系关联企业金融借款纠纷系列案。

【案情简介】

德威投资集团有限公司及其关联企业（本部分简称德威系企业）是集高分子线缆用材料研发、生产和销售于一体的高新技术民营企业，企业产品广泛应用于国家电网、电子通信、建筑工程等领域，具有良好的市场口碑和发展前景。2020年春节之后，受疫情影响，整个德威系企业无法按时复工复产，造成大量订单无法及时完成。债权人苏州资产管理有限公司考虑到其3.2亿元金融债权的安全，在借款出现逾期后，于2020年2月4日将德威系企业一并起诉到江苏省苏州市中级人民法院，同时申请法院冻结被告企业全部银行账户3.2亿元资金及相应价值的财产。该4起关联案件受理后，江苏省苏州市中级人民法院通过到德威生产厂区实地走访、与企业负责人座谈，了解到德威系企业厂区生产已经逐步恢复，产能已经达到年前的50%，国内订单开始陆续正常交货。鉴于德威系企业具有良好的市场口碑和发展前景，就其暂时资金周转的困难，江苏省苏州市中级人民法院与苏州资产管理有限公司反复进行沟通，引导充分考虑当前疫情影响和民企的实际困难，给予民企宽限期和降低逾期还款的违约金，并且考虑查封措施对企业复工复产的重大影响，共同帮助企业渡过困难。3月6日，经过法院3个小时的互联网庭审和在线调解，双方当事人达成调解协议：苏州资产管理有限公司保证不抽贷，并给予德威系企业充分的宽限期；德威系企业承诺将销售利润优先保障案涉贷款的清偿，并且增加担保。法院当庭出具调解书，并依据双方调解方案，解除了对被告企业的全部银行账户查封。

【典型意义】

人民法院金融审判工作在疫情防控期间，应当坚持维护金融债权安全和保障企业生存发展并重的审判理念。对于具有良好发展前景但暂时资金受困的企业所涉金融融资纠纷，应当切实加大案件调解力度，充分协调各方利益；在维护金融安全同时，有效降低民营企业因疫情引发的逾期还款的违约成本，真正帮助企业纾难解困，为企业复工复产提供有力支撑。

（3）福建晋江农村商业银行股份有限公司诉福建晋江市越峰鞋塑有限公司等金融借款合同纠纷案。

【案情简介】

2016年5月，福建晋江市越峰鞋塑有限公司（本部分简称晋江越峰鞋塑公司）以土地使用权抵押向福建晋江农村商业银行股份有限公司（本部分简称晋江农商行）贷款总计752万元，尚欠借款本金300万元及相应利息。2019年10月，晋江农商行诉至福建省晋江市人民法院，要求晋江越峰鞋塑公司依约还本付息。案件审理期间，晋江越峰鞋塑公司同意还款，但表示因受新冠疫情的影响，公司资金周转存在困难。福建省晋江市人民法院根据疫情防控和复工复产实际，以分期还款的方案多次组织双方当事人进行在线调解。2020年2月28日，双方在互谅互让的基础上就本案还款期限、罚息等问题达成调解协议，最终调解结案。

【典型意义】

本案被告晋江越峰鞋塑公司系外资企业。在新冠疫情的特殊背景下，若本案简单一判了之，可能导致实体企业无法正常经营，还将牵连与此相关的供应商、企业员工、消费者等多方主体的利益，不利于复工复产及恢复生活秩序。福建省晋江市人民法院在依法保护金融债权的同时，在金融机构与实体企业之间加强协调和解工作，有效平衡了金融债权与企业复工复产之间的利益关系，为促进企业健康发展创造了良好条件。

（4）东证融汇证券资产管理有限公司诉光一科技股份有限公司等质押式证券回购纠纷案。

【案情简介】

光一科技股份有限公司（本部分简称光一系企业）及其关联企业是专门从事用电信息采集系统研发、应用的高新技术民营企业，在全国共拥有员工超过2000名，业务主要服务于国家电网建设。2020年2月，东证融汇证券资产管理有限公司（本部分简称东证证券公司）向江苏省苏州市中级人民法院提起诉讼，要求光一系企业立即支付 2.2 亿元质押式证券回购款，并支付违约金 500 万元。同时，东证证券公司向法院申请冻结被告企业全部银行账户 2.3 亿元或者相应价值的财产。案件受理后，江苏省苏州市中级人民法院经了解发现，光一系企业受疫情影响，企业遍布全国各地的员工无法到岗，企业迟迟无法正常复工，资金链出现严重紧张；面对 2.3 亿元融资提前到期和高额的违约金，企业 2000 名员工工资和供应商货款将无法及时支付，企业复工面临巨大困难。为此，江苏省苏州市中级人民法院加大了案件调解力度，及时与东证证券公司进行联系，将企业实际情况告知对方，引导金融机构充分考虑民企的实际困难，给予一定宽限期和降低逾期还款的违约金，共同帮助企业渡过难关。2 月 19 日，经过法院 2 个小时的互联网庭审和在线调解，双方当事人达成调解协议，法院当庭出具调解书。根据双方调解方案内容，法院当天解除对被告全部银行账户 6000 多万元资金的查封，企业复工复产有了充足的资金保障。

【典型意义】

本案诉讼标的达 2.3 亿元，案件从立案到结案仅用 10 余天时间。江苏省苏州市中级人民法院在综合考量被告企业实际经营状况及当前疫情防控对企业生产经营影响的基础上，以在线调解方式高效妥善化解实体企业债务纠纷，既保证了债权人金融债权的实现，又为企业平稳复工复产提供了有力司法保障。

3. 依法加强司法服务职能作用，为企业全面复工复产提供司法便利。

（1）徐某某诉义乌市百灵医疗器械有限公司合同纠纷案。

【案情简介】

百灵医疗器械有限公司（本部分简称百灵医疗器械公司）主要生产红外线体温计、电子体温计、血压仪等医疗器械。2016 年 11 月 28 日，徐某某与百灵医疗器械公司签订合作协议，后在履行协议过程中产生纠纷诉至法院。经二审生效判决，被告百灵医疗器械公司须返还原告徐某某 1 298 400 元，案件由浙江省义乌市人民法院强制执行。执行过程中，因百灵医疗器械公司未全部履行生效判决，被浙江省义乌市人民法院纳入失信被执行人名单、采取限制高消费等措施。疫情发生后，浙江省义乌市人民法院了解到，百灵医疗器械公司在此次疫情中被确定为浙江省 36 家重点医疗保障物资生产企业之一，也是金华市唯一一家疫情防控急需物资供应企业。自疫情发生以来，该公司加紧生产，日均产能较高，但因前期被纳入失信被执行人名单，影响公司融资、扩大生产，无法满足当前抗击疫情的产能需要。2020 年 1 月 31 日，百灵医疗器械公司向法院申请信用修复。浙江省义乌市人民法院根据前期实地走访和讨论研判，向执行申请人进行解释说明并经申请人书面同意，于收到百灵医疗器械公司申请的当天，决定对该公司及法定代表人解除失信被执行人名单及限制高消费措施，不采取查封等强制措施，为企业贷款扫清障碍。百灵医疗器械公司被法院解除失信被执行人名单及限制高消费措施的当天，义乌农商银行就向该公司发放 100 万元信用贷款，中国银行也将该公司的不良贷款转为正常。后该公司又顺利从杭州银行、宁波银行分别获得贷款 100 万元。

【典型意义】

疫情防控期间，浙江省义乌市人民法院坚持统筹防控疫情和复工复产，审慎采取执行措施，全面贯彻善意执行理念，是加强司法服务职能作用的生动实践。人民法院对因处于失信被执行人名单导致融资困难、原料库存短缺等防疫物资供应企业提出的信用修复申请，经审查有正当事由并符合相关条件的，应暂时解除对其信用惩戒，促进企业复工复产，保障企业防疫紧缺物资的正常生产，服务疫情防控大局。

（2）龙游县宏泰食品有限公司恢复企业信用征信案。

【案情简介】

龙游县宏泰食品有限公司（本部分简称宏泰公司）是浙江龙游县唯一的生猪定点屠宰企业，属事关民生的菜篮子企业。宏泰公司进入破产重整程序后，2019 年 11 月，浙江龙游县人民法院裁定批准该公司破产重整计划并终结该公司破产重整程序。2020 年 1 月 16 日，宏泰公司破产重整计划执行完毕，消除债务总额 1.2 亿余元。在重整计划执行期间，宏泰公司屠宰生猪近 3 万头，同比增长 174%，宏泰公司经营进入良性发展轨道。然而由于新冠疫情影响，浙江省启动重大公共突发卫生事件一级响应，宏泰公司只能在所在县域内进行经营活动，日均屠宰量从 500 余头下降至 200 余头；而为了扩大生产，宏泰公司自年前即启动了排污整治、道路修缮、改造厂房机器等改善公司经营能力的工作，因宏泰公司贷款信用修复未完成，贷款渠道封闭，导致资金缺口逐渐增大，企业即将陷入困境。为解决企业融资难题，虽宏泰公司破产案件已经审结，浙江龙游县人民法院主动实地走访企业，并协同管理人与人民银行再次对接完成了企业征信系统的信用修复，在案件办结后为宏泰公司获得了融资能力。

【典型意义】

浙江龙游县人民法院在案件办理结束后，通过案后随访，积极关心支持民营企业疫情期间复工情况，及时解决企业信用修复问题，帮助企业获得贷款资格，有效缓解了企业融资困难。人民法院延伸司法服务职能，为当事人纾难解困，既体现了司法的温度，也有利于服务保障当地民生稳定，体现了大局意识和担当精神。

第二批（2020 年 3 月 31 日发布）：

1. 广东新港兴混凝土有限公司和解案。

【案情简介】

广东新港兴混凝土有限公司（本部分简称新港兴公司）主营加工业务，本身业务订单稳定，行业基础稳固。因借贷资金成本高，多年累积造成资金链断裂，无法清偿到期债务，导致诉讼缠身，部分银行账户、资产以及机械设备等被查封、冻结，企业运营面临重大困难。

广东省佛山市顺德区人民法院在办理该公司系列执行案件过程中，依法引导该公司于 2019 年 3 月 19 日进入破产清算程序，后转入破产和解。2020 年 1 月，新港兴公司债权人会议通过了债务人提出的和解协议草案，并经法院裁定认可发生法律效力。

新冠疫情发生后，新港兴公司的正常生产经营受到影响，按和解协议清偿债务出现暂时困难，于是向广东省佛山市顺德区人民法院提出请求变更和解协议的执行方案，将原定于 2020 年 3 月底清偿的债务变更为清偿原定计划的 50%，4 月、5 月底分别清偿原定计划的 25%，此后的债务按期执行。广东省佛山市顺德区人民法院参照和解协议草案的表决程序，组织债权人会议对债务人提出的和解协议执行变更方案进行表决。经债权人会议表决通过后，广东省佛山市顺德区人民法院于 2020 年 3 月 16 日裁定认可变更后的和解协议执行方案。

目前，按照变更后方案应于 3 月底清偿的债务已经执行完毕。新港兴公司通过破产和解一揽子解决企业的债务 1.7 亿元，维持企业产能近 1 亿元，并于 2020 年 2 月 27 日顺利复工复产，生产经营秩序正常运转，产能逐步恢复。

【典型意义】

本案是人民法院充分运用破产保护机制，全面化解企业债务危机，促进困境企业再生的典型案例。新港兴公司因债务危机陷入多宗诉讼和执行案件，且主要财产均设立抵押。如果在执行程序中变现财产，必然会加剧企业困境，丧失挽救企业的机会，使更多债权人债权完全没有清偿的可能。

相比执行程序着重保护个别债权人利益，破产制度的价值取向是确保全体债权人公平受偿，并通过破产法上的中止执行等一系列制度，给企业带来喘息空间，使企业在破产保护机制下，一揽子解决企业债务危机，既确保设定抵押的债权人的权益不受影响，又为其他债权人债权的适当清偿创造机会。

本案中，广东省佛山市顺德区人民法院充分利用"执转破"工作机制，积极引导企业进入破产程序，破产申请受理后，根据企业具体情况，适时转化为和解程序，而不是对企业简单进行破产清算，从而最大限度挽救企业、保护债权人利益，为此类企业的挽救提供了可复制的样本。

此外，在新冠疫情对和解协议执行造成不利影响的情况下，法院通过参照和解协议草案表决的程序，裁定认可变更后的和解协议执行方案，确保和解协议顺利执行，避免企业因疫情影响再次面临破产清算的局面。

2. 江苏磐宇科技有限公司重整案。

【案情简介】

江苏磐宇科技有限公司（本部分简称磐宇公司）成立于 2005 年 1 月，是拥有多项高级资质和专利的医疗器械生产企业。由于公司经营不善导致流动性危机，于2017 年 8 月 17 日被江苏省南通市中级人民法院裁定进入破产程序。

鉴于磐宇公司的市场准入资质属于稀缺资源，单纯通过破产清算程序难以最大限度实现企业价值和债权人利益，经与债权人沟通，管理人制定了重整计划草案，经债权人会议表决通过后，江苏省南通市中级人民法院于 2019 年 7 月 29 日裁定批准，磐宇公司进入重整计划执行期。

2020 年 1 月新冠疫情暴发后，磐宇公司按期执行重整计划受到重大影响，与此同时，医用口罩防疫物资一度十分紧缺，江苏省药品监督管理局临时紧急许可磐宇公司生产医用防护口罩，使其成为南通市区唯一一家生产 N95 医用防护口罩的企业。

为了保障防疫部门医用口罩的有效供给，同时避免重整计划不能按期执行导致公司被宣告破产，江苏省南通市中级人民法院根据管理人的申请作出裁定，延长磐宇公司重整计划执行期限。

后经政府相关部门批准后，磐宇公司已于 2020 年 2 月复工，日生产 N95 口罩 2 万至 3 万只。此后，江苏省南通市中级人民法院与南通市发改委、工信局积极协调修复磐宇公司相关信用问题，为磐宇公司取得生产原料提供了保障，并为企业成功重整创造了新的机遇。

【典型意义】

本案是法院依法延长重整计划执行期，避免疫情影响导致企业重整失败，并支持防疫物资生产的典型案例。企业破产重整案件中，债务人应严格执行重整计划，但因出现国家政策调整、法律修改变化或其他客观原因导致原重整计划无法按期执行的，债务人或管理人可以申请变更重整计划。

本案在重整计划执行期间遇到新冠疫情，针对这一无法预见、无法避免并且不能克服的客观现象，法院依法延长重整计划执行期限，以避免因不可抗力导致重整失败而转为破产清算，丧失挽救企业的机会。

同时，面对重整企业信用修复的重重困难，法院充分发挥破产案件审理中法院与政府协调联动机制的作用，协调处理好重整企业信用修复工作，既为破产企业进一步顺利执行重整计划奠定良好基础，又维护了重整企业生产医用防护口罩等防疫物资的生产能力，适应抗疫这一公共利益的需要。该案系法律效果、社会效果有机统一的成功实践。

3. 浙江源生医药连锁有限公司重整案。

【案情简介】

2019 年 11 月 5 日，浙江省开化县人民法院裁定受理浙江源生医药连锁有限公司破产重整案。进入重整程序时，浙江源生医药连锁有限公司已无自主经营能力，公司名下的 36 家门店已有 11 家关门停业，剩余门店也都出现缺货情形、面临停业，百余名药店职工面临失业困境。

案件受理后，为维持企业运营价值，浙江省开化县人民法院依照法定程序决定企业继续营业。管理人在对浙江源生医药连锁有限公司经营状况进行了调查和评估的基础上，经过公开邀请并筛选比对，通过托管经营的方式，将浙江源生医药连锁有限公司现有门店全部交由开化颐年堂医药有限公司经营，原有职工继续在岗上班，23 家门店（分布于全县 8 个社区、6 个乡镇）于 2020 年 1 月恢复经营。

1 月底新冠疫情暴发以来，托管业主积极响应国家应急防护要求，23 家门店平稳有序开门营业并承诺平价销售，以实际行动履行医药企业的社会责任，有效地保障了居民日常防护需求。

【典型意义】

本案是在重整程序中运用托管方式维持企业持续运营，有效保障疫情期间防疫物资供应的典型案例。在第一次债权人会议召开之前，经征求主要债权人意见等程序，法院依法决定债务人继续营业，维持企业有效生产力。

针对债务人企业系医药公司的特殊经营模式，法院通过指导管理人通过公开竞标邀请合适投资人参与重整谈判，积极运用托管方式，有效促进了债务人财产的保值增值，保障破产案件相关当事人的合法权利，并在抗击疫情的特殊时期，为保障居民药品需求、维护社会稳定做出了积极贡献。

4. 安顺市顺成市场开发有限公司重整案。

【案情简介】

安顺市顺成市场开发有限公司（本部分简称顺成公司）于2013年3月11日注册成立，其开发建设的西秀产业园农产品批发市场项目（本部分简称安顺农贸城），系安顺市规模最大的水果、蔬菜一级批发市场，作为安顺市民的"菜篮子"工程，发挥着不可或缺的作用。自2016年以来，顺成公司自身因经营管理不善，资金链断裂，大量债务不能清偿。经债权人申请，贵州省安顺市中级人民法院于2019年7月30日裁定受理顺成公司重整。

进入重整程序后，根据管理人对顺成公司财产和营业事务的调查情况，贵州省安顺市中级人民法院依法许可顺城公司继续经营，维持了其商铺租金、大棚租金、车辆停车费等收入，并用于支付员工工资和完善二期工程等。后在贵州省安顺市中级人民法院多次协调下，管理人于2020年1月1日正式接管安顺农贸城，从而恢复了顺成公司现金流和自身造血功能，为顺城公司进一步重整创造了条件。

在疫情防控期间，安顺农贸城是安顺地区唯一允许经营农产品的集中场所，但同时又是病毒传播的高风险区域。对此，法院提前组织管理人、并邀请商会、政府部门相关人员召开协调会提前防控，指导管理人制定《安顺市农贸批发市场疫情防控工作方案》《安顺市农贸产品批发市场新冠肺炎疫情防护宣传手册》，作出《关于疫情防控期间破产管理人的工作提示》，就疫情防控、安全管理、资产管理等方面继续深入排查，在确保重整工作顺利推进的同时，保障了疫情期间当地农产品稳定供应。

【典型意义】

本案是充分发挥司法职能，积极挽救困境企业，保障民生的典型案例。顺城公司陷入困境后，通过及时进入重整程序，有效进行破产保护，维持了企业的持续经营。安顺农贸城的顺利接管，不仅为疫情防控期间稳定物价、保障民生发挥了重要作用，而且也为顺城公司重整提供了重要基础。

顺成公司重整之初，债权人表示不理解，认为企业破产即等于企业死亡。但随着破产重整程序的依法推进，安顺农贸城经营管理权的稳定过渡，加之经历了疫情期间的考验，重整制度挽救企业的价值得到了有效彰显，顺成公司的重整程序得到债权人、政府、商会等的理解和支持，为下一步重整工作的开展创造了良好基础。

5. 山东万鑫轮胎有限公司重整案。

【案情简介】

山东万鑫轮胎有限公司（本部分简称万鑫轮胎）因互联互保涉及巨额担保债务，以不能清偿到期债务、且明显缺乏清偿能力为由，向山东省淄博市中级人民法院提出破产申请。2018年3月8日，山东省淄博市中级人民法院依法裁定受理万鑫轮胎破产清算案件；2019年7月29日，山东省淄博市中级人民法院根据债务人的申请裁定万鑫轮胎由清算程序转为重整程序；2019年12月12日，山东省淄博市中级人民法院裁定批准万鑫轮胎重整计划草案。根据重整计划，重整投资人需投入重整资金3.25亿元，重整计划执行期间为100天。

重整计划执行过程中，因新冠疫情暴发，给万鑫轮胎的正常生产和重整计划的顺利执行带来严峻挑战。为有效应对疫情挑战，山东省淄博市中级人民法院指导管理人针对涉疫情相关法律及政策制定《企业疫情期间相关法律问题的意见》，为重整企业提供法律支持；并指导管理人克服自身停工障碍，协调当地政府于2月25日办理企业复工手续，使企业顺利完成当月3.9万条的订单，维护了企业信誉。

为帮助重整投资人克服因疫情导致回笼资金困难的问题，协调重整投资人在前期支付1.3亿元基础上，如期支付剩余1.95亿元重整资金，保证了重整计划的顺利执行。此外，企业依据人社部《关于妥善处理新型冠状病毒感染的肺炎疫情防控期间劳动关系问题的通知》，疫情期间以带薪休假形式发放带薪休假补助约25万元，稳定了职工队伍。

目前，万鑫轮胎采购、生产和销售已完全正常开展，在岗人员已有1000人，在手订单10.5万条，预计后期月订单量维持在12万条左右，全钢胎日产能保持在4000条左右。此外，面对政府抗疫物资短缺的现状，万鑫轮胎重整投资人作为桓台县唐山镇招商引资企业向桓台县红十字会捐款100万元用于抗疫。

【典型意义】

本案是法院在新冠疫情期间积极指导困境企业复产复工，确保重整计划顺利执行的典型案例。企业在重整计划执行过程中遇到新冠疫情，法院指导管理人制定《企业疫情期间相关法律问题的意见》，协助企业复产复工，保障重整资金到位，依规稳定职工队伍，确保了重整计划的顺利执行。

通过万鑫轮胎重整案件，盘活土地180 673.67平方米，厂房238 552.70平方米，依法清理债务13亿余元，为服务新旧动能转换、助力高质量发展做出了积极贡献。

6. 江苏苏醇酒业有限公司及关联公司合并重整案。

【案情简介】

江苏苏醇酒业有限公司原为生产白酒和消毒用酒精等产品的股份制企业，由于市场行情变化及经营不善等原因导致资不抵债，江苏省睢宁县人民法院于 2018 年 6 月 25 日裁定江苏苏醇酒业有限公司及其 2 家关联公司适用实质合并破产重整。2019 年 12 月 2 日，江苏省睢宁县人民法院裁定批准江苏苏醇酒业有限公司重整计划，并预留监督期 2 个月。

在监督期内，正处当地疫情防控关键时期，为确保重整计划顺利执行，江苏省睢宁县人民法院多次实地走访监管，对企业重整计划执行过程中存在的股权变更、项目审核、环境整治、用工组织等多个问题进行调研并及时协助解决。同时，对企业信用记录修复、银行贷款获取等工作开展情况进行全面跟进，切实消除企业后顾之忧，全力助推企业安全生产、合法经营和足量供应，保证防疫物资尽快驰援战"疫"一线。

其间，江苏省睢宁县人民法院还针对江苏苏醇酒业有限公司在疫情期间遇到的劳动用工等法律问题进行解答，向企业就疫情期间如何规范、合法生产经营提出了法律意见和建议。日前，江苏苏醇酒业有限公司日产酒精 110 吨，自疫情防控工作部署以来已向防疫一线供应消毒用酒精 2000 余吨，极大缓解了一线防疫的物资需求。

【典型意义】

本案是充分发挥司法职能，帮助困境企业恢复生产经营能力的典型案件。法院批准企业在重整期间进行试生产，全力保障尚具潜质企业破茧重生，使得破产重整与企业试生产同步进行，保证破产重整无缝衔接、平稳过渡。

在监督期内，法院根据疫情防控需要深入企业，为企业复工生产排忧解难，体现了人民法院在疫情防控期间的司法担当，为辖区民营企业，特别是中小企业的发展营造了高效优质营商环境，用精准的司法服务为企业复工复产提供司法保障。

7. 四川西南医用设备有限公司执转破案。

【案情简介】

四川西南医用设备有限公司（本部分简称西南公司）是一家集医用 X 射线机开发、生产、销售、售后服务和咨询的专业化企业。2014 年以来，受市场变化和集团整体亏损影响，西南公司生产经营陷入困难，直接负债约 7.6 亿元，并为约 4.5 亿元债权提供担保，已知各类债权人 300 余户。

西南公司在被强制执行过程中，主动向四川省成都高新技术产业开发区人民法院申请"执转破"，四川省成都高新技术产业开发区人民法院从全体债权人公平受偿角度出发，及时移送审查，并于 2019 年 9 月受理了西南公司的破产申请，将西南公司纳入破产保护。新冠疫情暴发后，某省外企业希望借用西南公司无尘车间生产防护口罩，同时医用 X 射线机市场也持续活跃。

四川省成都高新技术产业开发区人民法院综合研判疫情防控下该项合作的必要性和可行性，以及复工复产对吸引潜在投资方重整企业的积极影响后，于 2 月 3 日西南公司提出申请当日，书面批复同意以有偿提供无尘车间形式合作生产防护口罩，并恢复其医用 X 射线的生产经营。复产至今，西南公司已累计生产防护口罩 230 余万只，还有近 100 万元医用 X 射线机海外订单正在洽谈中。因复工复产的积极影响，目前已有 2 家意向投资方向西南公司管理人提出参与重整意向和投资方案。

【典型意义】

本案是充分利用"执转破"机制对企业进行破产保护，并通过维持生产经营，为困境企业重生创造条件的典型案例。法院通过启动"执转破"工作机制，将符合破产原因的企业及时从个别执行程序转入破产程序，既有助于切实解决执行难问题，也有利于将困境企业及时纳入破产保护，运用停止计息等制度遏制债务恶性膨胀。

在西南公司进入破产程序后，四川省成都高新技术产业开发区人民法院摒弃"一破了之"的思想，精准识别破产原因，及时把握疫情期间防护物资供给紧张的时间窗口，从债权人利益最大化、债务人财产价值最大化、社会效果最大化出发，许可西南公司合作生产防护口罩，并继续医用 X 射线机的生产经营，为企业创造宝贵现金流，不但有效缓解本地医疗防护物资紧缺态势。而且提升了企业重整价值和可能性，成功吸引潜在投资方抛出"橄榄枝"，为下一步企业再生创造了积极条件。

8. 银京医疗科技（上海）股份有限公司清算案。

【案情简介】

银京医疗科技（上海）股份有限公司（本部分简称银京公司）成立于 1999 年 4 月 15 日，是一家主营医疗用品的企业。2018 年起，因企业内部管理问题以及上市失败，导致公司资金链断裂，大量债权人提起诉讼。因银京公司无法清偿到期债务，债权人向上海破产法庭申请银京公司破产清算。2019 年 8 月 13 日，上海破产法庭依法裁定受理该案，并指定了管理人。

银京公司虽进入破产清算程序，但该公司拥有医疗物资生产资质，且库存 35 万只口罩。新冠疫情暴发后，市场紧缺口罩等防疫物资，上海破产法庭指导管理人按照重大财产处分要求，制定口罩紧急处置方案，并根据第一次债权人会议通过的"非现场会议表决机制"相关决议，迅速将该紧急处置方案通过电子邮件、电话、债权人微信群等方式送达各债权人。在限定时间内，未有债权人提出异议。

上海破产法庭进一步指导管理人采取多渠道信息化途径公开发布了库存口罩的变卖信息。截至 1 月 23 日晚上 7 点，处置方案执行完毕。之后，上海破产法庭继续加强指导管理人积极寻找合作方，利用银京公司医疗物资生产资质和流水线恢复生产，通过持续经营提高债务财产价值和债权清偿比例。

经多方联系，管理人与某公司就银京公司恢复口罩生产形成合作草案，并于 2 月 10 日提交债权人会议表决通过，法院及时予以批准。2 月 13 日，银京公司口罩生产线恢复，产量最高可达每月 500 万只。目前管理人仍在与合作方推进扩大生产，在现有的 2 条生产线的基础上，力争尽快增加新的生产线。

【典型意义】

本案是发挥破产法律制度价值，在充分保护债权人利益的基础上，依法为企业创造条件恢复生产的典型案例。法院结合企业的经营特点与生产资质，从有利于疫情防控、恢复企业活力出发，通过加强府院联动，充分发挥管理人作用寻找合作方，与债权人及债务人企业等各方利害关系主体进行沟通协调，使银京公司在 10 天内即引进第三方合作，恢复了口罩生产线，同时按照最高人民法院《关于适用〈中华人民共和国企业破产法〉若干问题的规定（三）》司法解释三第 15 条对重大资产处置要求，灵活运用第一次债权人会议表决通过的"非现场会议表决机制"，提交债权人会议表决口罩处置方案，既为疫情防控工作提供了支持，又提高了债务人的财产价值和债权清偿比例，充分体现了企业破产法律制度维持企业运营的价值功能，实现了债权人、债务人和社会防控的多方共赢。

第三批（2020 年 4 月 22 日发布）：

1. 吉林辽源市某消毒剂有限公司执行案。

【案情简介】

吉林辽源市某消毒剂有限公司是国家指定的东北三省唯一一家应急物资储备基地，在非典时期曾作出过突出贡献，但该企业在 2016 年间因要扩建等原因，外借资金不能及时偿还，引发多起诉讼和执行案件，相关财产被查封扣押冻结，生产经营一度陷入困境。2020 年 1 月 25 日，国家工业和信息化部向辽源市下达通知，要求将新冠肺炎疫情防控所需物资火速支援武汉一线，并要求必须当天起运。辽源市政府接到命令后，第一时间深入到吉林辽源市某消毒剂有限公司开展疫情防护物资调配和防控工作检查指导。

吉林省辽源市中级人民法院得悉后，立即派执行干警赶赴该公司，积极联系涉案申请执行人，经开展大量说服与和解工作，征得申请执行人理解同意后，将前期申请执行人运走的相关物资运回，企业当天就将 5000 套防护服准备就绪，并将 26.1 万只 N95 口罩紧急发往武汉疫情防控一线，成为首批运抵武汉的防护物资。同时，吉林辽源市某消毒剂有限公司及时扩大口罩生产、按时完成任务，受到国家发展和改革委员会通报表扬。

2 月 13 日，吉林省辽源市中级人民法院"暖企"措施再升级，直接派执行干警进驻公司，累计协调、帮助公司偿还债权人本金 100 余万元，同时暂缓对该公司厂房司法拍卖，并帮助将公司保留作为国家级实验基地。目前，该公司能够保障日产 N95 杯型口罩 4000 只、N95 拱形口罩 9000 只至 10 000 只、平板型口罩 1.3 万至 1.4 万只，通过组织开展正常生产经营活动，确保了疫情防控任务的顺利完成。

【典型意义】

本案的典型意义在于，正值新冠肺炎疫情防控期间，涉案企业同时承担着物资储备、生产经营等重要任务，案件诉讼主体和执行标的物均具有一定特殊性。人民法院不断强化大局意识，坚持善意文明执行理念，敢于担当、主动作为，灵活变更查封、拍卖和失信、限高等强制措施，在保障债权人合法权益的同时，坚持"生道执行"，在发挥司法社会职能和服务疫情防控大局的同时，穷尽措施盘活企业、助力企业发展，确保执行工作取得"多赢"效果，从而实现法律效果和社会效果的有机统一。

2. 上海某通用航空救援公司申请延期履行案。

【案情简介】

上海某通用航空救援公司是一家专注于直升机航空救援的企业。近期，由于重要客户因故与其合作发生中断，导致公司经营困难，引发了多起经济纠纷。公司虽然多方筹措资金偿付欠款，但仍困难重重。此次疫情发生后，上海某通用航空救援公司接到湖北省应急管理部门任务指示，派遣机组人员至湖北武汉一线，多次运输护目镜、口罩、防护服、消毒水等紧急医疗防护物资前往武汉、黄冈、鄂州、随州等地，参与当地抗疫物资救援。由于疫情防控工作紧急，对于法院受理的 12 起欠薪执行案件，公司准备申请延期履行。

为此，上海市奉贤区人民法院启动绿色通道，全面摸排案情，与被执行人联系，核实案件具体情况。被执行人向法院提交《延期履行执行通知申请书》及参与疫情防控的相关文件。因其肩负保障疫情运输物资的重要使命，申请在疫情防控特殊时期内，延缓采取执行措施。执行法官与申请执行人逐一电话联系，做好和解工作，经过充分沟通，促成当事人达成执行和解，并通过"云端"系统在线签署公司延期履行的和解协议。嗣后，该公司按照和解协议履行，执行法院也及时将案款发放给各申请执行人，该批案件顺利得到解决。

【典型意义】

疫情防控期间，人民法院注重强化善意文明执行，提升执行工作的规范化和精准化，保障防疫物资生产企业正常经营。本案中，面对十万火急的抗疫物资运输任务，上海奉贤区人民法院充分运用善意文明执行理念，促成双方当事人达成执行和解，实现了抗击疫情与保障民生两不误。

3. 北京博某生物科技有限公司进出口代理合同纠纷执行案。

【案情简介】

北京博某生物科技有限公司（本部分简称博某公司）是一家从事生产医疗器械、体外诊断试剂、基因和生命科学仪器的公司。2016 年 6 月，建某公司与博某公司签署《代理进口合同》，后因博某公司到期未支付货款，建某公司将其诉至法院。经法院判决，博某公司须支付货款、违约金及其他费用近 300 万元，案件由北京市第四中级人民法院强制执行。执行过程中，北京市第四中级人民法院对博某公司银行账户进行了额度冻结。

疫情发生后，北京市第四中级人民法院了解到博某公司生产的检测试剂被列入中关村"首批抗击疫情的新技术新产品新服务清单"，急需扩大生产投入疫情防控，需要法院解除对该公司账户的冻结。执行法院立即对案件进行研判，结合案件事实与当时疫情，组织双方当事人通过云审判系统进行和解，并最终力促双方达成和解协议，建某公司减免了博某公司部分违约金，北京市第四中级人民法院依法免除了执行费用。和解当日，在博某公司支付建某公司 203 万余元案款后，北京市第四中级人民法院立即将其账户予以解冻，此案圆满执结，被执行人博某公司顺利复工复产。

【典型意义】

人民法院全面贯彻善意执行理念，从疫情防控大局出发，仅用不到 48 小时即促成了双方握手言和，申请执行人合法权益得以实现，被执行人也顺利复工复产，积极投入到防疫物资生产中，实现了"多赢"。

4. 福建莆田某房地产公司系列执行案。

【案情简介】

福建莆田某房地产公司作为被执行人共涉执行案件 33 件，标的 7 亿余元。该系列案于 2019 年陆续进入执行程序。经查，该公司可供执行的财产仅有其名下位于莆田市荔城区黄石青山片区的房地产项目和位于莆田市荔城区黄石镇七境村的房地产项目，但均因资金链断裂导致工程烂尾。而涉案土地被执行人在取得土地使用权 2 年未动工开发，已构成土地闲置。在财产处置陷入僵局的同时，又恰逢新冠肺炎疫情。

福建省莆田市中级人民法院迎难而上、稳扎稳打、步步为营，智慧"战疫"，经克服重重困难，顺利在 2020 年新年伊始，将该项目以 36 618.128 万元拍卖成功。接着，又通过见"网"如面、"隔空"协调等方式，及时为竞买人解决筹款困难，并有效促成了 396 户网签户与买受人福建某房地产公司达成和解协议，取得了金融风险得以化解、购房户安居乐业、工人工资得以支付、企业得以复工复产、政府税费得以保障"五赢"的社会效果。

【典型意义】

人民法院按照"依法拍卖，引资盘活，实现共赢"的工作思路，在疫情面前启动"云"执行模式，协调促成金融部门为买受人转贷与续贷。同时给予竞买人合理缓冲期，既缓解买受人资金压力，又保证拍卖款全部到位。坚持"云上"发放案款，及时保证复工复产，拍卖款到位后 3 日内即依法发放。其中 2 家金融机构回笼资金 1.9 亿元，7 家企业回笼资金 5900 万元。该项目的成功拍卖既解决了 390 多户网签户的信访问题，也有效缓解了当地财政紧缺的问题，得到了各界的充分肯定，充分展示了"移动执行""生道执行"的新形象。

5. 湖北荆州某水业有限公司执行案。

【案情简介】

被执行人湖北荆州某水业有限公司（本部分简称荆州某水业有限公司）是湖北省荆州市一家大型工业及生活污水处理企业，承担着荆州国家级经济开发区化工污水及周边 30 万居民生活污水的处理任务。公司在建设和扩大规模的过程中遭遇资金链断裂。后经中国国际贸易仲裁委员会仲裁，荆州某水业有限公司须偿还债权人湖南某投资有限责任公司债务本息及各项费用共计 4000 余万元。

执行过程中，经湖北省荆州市中级人民法院调查，荆州某水业公司当时已面临严重的经营困境，除固定资产外，并无其他可供执行财产。如果再贸然查封其银行账户、拍卖公司资产，公司将无法保障基本运转，荆州开发区化工污水及城南开发区 30 万居民的生活污水的处理都将受到影响，于企业生存、污水处理及城市环境都将造成严重的影响。

湖北省荆州市中级人民法院、荆州开发区管委会经多次研究确定了"推动某水业特许经营权转让、争取以执行和解方式结案为优先方案、法院强制执行某水业资产作为备选方案"的执行策略。2020 年 1 月 13 日，案件双方当事人在湖北省荆州市中级人民法院的主持下，终于达成了执行和解协议。此后，疫情日重，执行人员坚持跟踪沟通、及时督促，被执行人荆州某水业有限公司最终于 2020 年 1 月 23 日将大部分执行款汇入法院执行账户；2020 年 3 月 21 日，也将剩余尾款全部缴纳完毕。法院同时解除了此前对被执行人采取的系列执行措施，全案执行完毕，各方当事人非常满意。

【典型意义】

人民法院在执行过程中没有机械采取查封、扣押、冻结措施，而是在依法保障申请执行人权益的前提下，对被执行企业坚持"保障生产、依法执行"的原则，尽可能减少对企业正常生产经营的不利影响，尽可能采取执行和解等执行方式，维持一定的经营资产，帮助其逐步恢复清偿能力，较好地体现了执行工作中善意文明执行的理念；同时，该案又是在地方党委、政府多方统筹协调下，取得了案结事了、城市污水处理不受影响的多赢效果，充分展现了"党委领导、政府支持、法院主办、社会配合"执行工作大格局在破解执行难方面的机制优势。该案经过前期多方统筹、反复协调，疫情期间坚持协同不松懈，最终在疫情期间顺利执结，有力保障了被执行人企业及整个工业园区复工复产的有序推进。

6. 广东华某国际商业保理（深圳）公司执行案。

【案情简介】

2017 年 4 月，因湖南省某县人民医院、某医药公司未按照《药品购销合同》约定向广东华某国际商业保理（深圳）公司（本部分简称华某公司）支付账款，华某公司将二者诉至广东省深圳市前海合作区人民法院（本部分简称前海合作区人民法院），请求二者支付应收账款 4000 多万元和利息。经前海合作区人民法院调解，医院支付了部分账款。2019 年 2 月，经前海合作区人民法院再次调解，确认湖南省某县医院和某医药公司应分期向华某公司再支付货款 2800 余万元。医院在履行 2015 万元后，未按期偿还剩余款项。2020 年 1 月，华某公司向前海合作区人民法院申请强制执行，请求被执行人湖南省某县人民医院和某医药公司偿还剩余货款 842.5 万元。

此时恰是新冠肺炎疫情暴发初期，二被执行人因主体特殊，引起了前海合作区人民法院的关注。经了解，医院表示其一直按调解协议履行义务，但突如其来的疫情打乱了还款计划，作为当地唯一定点救治医院，该院已动用全部资源抗击疫情，不仅无暇、也暂时无法筹措到充足的偿债资金。某医药公司也因投入大量资金采供抗疫物资，陷入资金周转困境。二被执行人都请求延缓执行。前海合作区人民法院根据上述情况，立即组织双方当事人线上协商，双方互谅互让，达成执行和解协议，华某公司减免医院违约金 112.5 万元，湖南省某县人民医院和某医药公司延期支付剩余欠款。

【典型意义】

医院作为抗疫主战场，在维护人民群众生命安全和身体健康方面发挥着不可替代的重要作用。本案中湖南省某县人民医院和某医药公司并非拒不履行，而是面对突如其来的疫情战争暂时无法履行。人民法院坚持特事特办，审慎采取执行措施，积极促成和解，既保护了债权人合法权益，又全力支持医院抗击疫情，为打赢疫情防控阻击战、总体战提供了有力司法保障。

7. 浙江某健身俱乐部房屋租赁合同纠纷执行案。

【案情简介】

浙江某健身俱乐部（本部分简称健身俱乐部）是一家连锁经营公司，在杭州地区健身行业有一定的知名度，实行会员充值消费模式，现有会员 30 000 多名。2019 年 10 月，健身俱乐部因房屋租赁合同纠纷被杭州余杭某房地产开发公司诉至杭州市余杭区人民法院，后双方达成调解，健身俱乐部分期支付租金等费用约 350 万元。2020 年 1 月，因为健身俱乐部未按照调解协议按期支付当期租金，该房地产公司申请强制执行。恰逢疫情暴发，健身俱乐部停业，没有任何营业收入。该房地产公司要求解除租赁合同，收回租赁场地，健身俱乐部复工复产遇到重大障碍。

杭州市余杭区人民法院随即走访该房地产公司与健身俱乐部，获悉在疫情发生前，健身俱乐部积极履行，已支付前 2 期租金 130 万元，部分会员从其他渠道获悉健身俱乐部有"官司缠身"，经常相约去俱乐部询问了解情况，更有会员要求退会员费，给社会稳定造成一定隐患，一定程度影响了疫情防控。

杭州市余杭区人民法院第一时间组织双方协商，从被执行人履行主动性和疫情不可抗力出发，分析"竭泽而渔"可能"两败俱伤"，从维护社会稳定、承担社会责任、共克时艰等方面讲道理，最终，促成双方达成执行和解，杭州余杭某房地产开发公司同意延期付款，继续提供租赁场地，同意杭州市余杭区人民法院不对健身俱乐部采取失信、限高措施，为其复工经营排除障碍。目前，健身俱乐部已正常营业，杭州余杭某房地产开发公司的租金利益、会员权益有了保障。

【典型意义】

助力企业复工复产，努力把损失降至最低，修复利益"失衡"，稳定社会秩序，是当前发挥执行服务职能的首要任务。人民法院坚持"两手都要硬、两战都要赢"，综合考虑被执行人既往履行记录和履行意愿，平衡双方当事人权益，兼顾相关主体合法利益，实现多方共赢，为依法防控疫情、保障社会安定、促进经济发展提供强有力的司法服务。

8. 贵州某路面有限公司买卖合同纠纷执行案。

【案情简介】

贵州某建材有限公司与贵州某路面有限公司买卖合同纠纷一案，经贵州省贵阳市白云区人民法院调解，调解书确认：贵州某路面有限公司分期偿还货款33.6万元。因某路面有限公司未履行生效法律文书确定的义务，贵州某建材有限公司于2020年1月向贵州省贵阳市白云区人民法院申请执行。

执行过程中，贵州省贵阳市白云区人民法院本着善意执行理念，审慎选择影响最小的执行措施推进案件执行，在冻结被执行人贵州某路面有限公司银行账户存款26.61万元后，了解到贵州某路面有限公司被冻结的存款计划用途是发放农民工工资、支付部分工程款，账户被冻结后公司生产受到影响，贵州省贵阳市白云区人民法院加大了调解力度，积极促进双方自愿和解。

经贵州省贵阳市白云区人民法院多次反复做工作，双方当事人自愿达成和解，在达成上述执行和解当天，贵州省贵阳市白云区人民法院解除了对被执行人银行账户的冻结，被执行人迅速兑现了农民工工资，恢复了路面工程现场施工。2020年3月3日，被执行人贵州某路面有限公司主动向申请执行人履行调解书所确定的全部债务，法院解除对被执行人担保财产的查封。至此，贵州某建材有限公司申请执行的案件全额执行完毕，双方对法院的执行工作均表示满意。

【典型意义】

本案典型意义在于，人民法院考虑到申请执行人、被执行人均是民营企业，根据被执行人企业的实际情况采取的执行措施，既有利于保障申请执行人债权实现，又最大限度地降低对被执行人企业生产经营的不利影响，避免了"杀鸡取卵""竭泽而渔"，特别是在疫情防控期间，人民法院灵活变通执行措施，公平高效实现申请执行人的债权，善意执行之举帮助企业渡过难关，实现在新冠肺炎疫情防控期间复工复产的"双赢"。

9. 辽宁建平县某热力有限公司执行案。

【案情简介】

辽宁建平县某热力有限公司是建平县一家热力生产与供应公司，经营范围包括热力生产与供应、煤炭购销、保温工程施工。2019年，因辽宁建平县某热力有限公司欠付毛某某煤款139万，法院依法判决辽宁建平县某热力有限公司承担煤款给付责任。因辽宁建平县某热力有限公司未能在法定期限内支付货款，2020年，毛某某向辽宁省建平县人民法院申请强制执行。

进入执行程序后，执行人员研究认为，疫情防控期间，采取强制执行措施并不利于企业复工复产，对冬季供暖工作也会造成一定影响。经辽宁省建平县人民法院主持调解，双方达成执行和解协议，约定货款分期付清。辽宁建平县人民法院依法准许并解除对被执行人辽宁省建平县某热力有限公司银行账户的冻结措施。

【典型意义】

新冠肺炎疫情期间，部分中小民营企业面临资金链断裂、员工发不出工资、企业面临破产等问题。鉴于供暖季辽宁建平县某热力有限公司的正常复工对民生有重要影响，如果直接冻结账户将不利于其复工复产。为此，人民法院依法促成双方当事人尽快达成执行和解协议。对被执行人而言，调解后可以尽快解除查封、及时向员工发放工资、缴纳税款和社保、保障物资生产、确保复工复产回笼资金，保障地方供暖需要；对申请执行人而言，被执行人只有尽快复工复产才能保证其及时收到货款，实现双赢。

10. 黑龙江王某某、姜某某借款合同纠纷执行案。

【案情简介】

王某某、姜某某共同经营一家大型养猪场，为扩大生猪养殖规模，二人先后向刘某、白某某借款 134 万元，后因未偿还全部借款，刘某、白某某将二人诉至黑龙江省鸡东县人民法院。判决生效后，因二人不履行法律义务，刘某、白某某向法院申请强制执行。案件在执行过程中，黑龙江省鸡东县人民法院积极促成双方自愿达成了分期履行和解协议。但随着疫情的发生，申请执行人担心被执行人无法按期履行和解协议，遂要求黑龙江省鸡东县人民法院依法拍卖养猪场。

黑龙江省鸡东县人民法院经过分析研判，认为疫情期间难以进行正常的生猪屠宰及运输，若强行启动司法拍卖，容易造成财产价值大幅贬损，将会对双方当事人造成不可弥补的经济损失，还可能对疫情期间猪肉市场稳定造成影响，决定再次促成双方和解。经过反复多次沟通，申请执行人同意待疫情结束后启动执行，被执行人承诺疫情结束后立即履行全部义务，双方再次达成了执行和解。

【典型意义】

本案的典型意义在于，人民法院在执行过程中考虑到被执行人经营的是一家大型生猪养殖场，若在疫情期间强行启动评估拍卖程序，不仅会造成养猪场无法正常生产经营，申请执行人面临无法实现全部债权的风险，还可能对当地猪肉市场供应及猪肉价格稳定造成消极影响。人民法院主动服务大局，着眼执行的长远效果，既维护了双方当事人的合法权益，充分体现了善意文明的执行理念，还对维护疫情期间市场稳定发挥了积极作用。

11. 四川某纺织有限责任公司金融借款合同纠纷执行案。

【案情简介】

申请执行人某银行成都双流支行因其与四川某纺织有限责任公司等金融借款合同纠纷一案，该支行于 2020 年 1 月 15 日向四川省成都市双流区人民法院申请强制执行，四川省成都市双流区人民法院依法对被执行人财产进行了查封，其中冻结被执行人之一的四川某纺织有限责任公司及其法定代表人、股东银行存款 50 余万元。四川某纺织有限责任公司成立于 2003 年，是一家长期为生产口罩、医用纱布等下游企业提供优质棉纱的规模以上工业企业。

新冠肺炎疫情发生后，口罩需求量剧增，与四川某纺织有限责任公司长期合作的口罩、医用纱布生产企业急需其提供的棉纱进行防疫物资生产，但因资金冻结，四川某纺织有限责任公司采购、销售工作无法正常进行，影响了棉纱的及时供应。

2 月 19 日，四川省成都市双流区人民法院了解该案情况后，为充分保障疫情防控物资生产和储备，迅速与申请执行人某银行成都双流支行联系，经与申请执行人、被执行人沟通，双方协商一致达成和解。2 月 20 日，由于银行盖章申请流程较慢，四川省成都市双流区人民法院秉承特事特办、从快处置原则，与申请执行人电话沟通，申请执行人同意解除保全措施，并形成电话笔录，四川省成都市双流区人民法院依法快速进行解封。目前该企业已恢复正常生产。

【典型意义】

因被执行人系为生产口罩企业提供棉纱等重要物资的上游企业，为及时帮助企业恢复生产，人民法院高度重视，及时回应抗疫一线企业的迫切需求，组织申请执行人及被执行人沟通协调，为双方达成和解提供了便捷、快速、高效的司法服务，最终，双方在协商一致的情况下达成了执行和解，充分保障了抗疫一线的物资供应。

12. 北京中某实业集团有限公司执行案。

【案情简介】

该案判决确定双方互负义务，北京中某实业集团有限公司（本部分简称中某公司）应向某电子科技公司支付货款，某电子科技公司需向中某公司交付设备。疫情发生后，被执行人中某公司的 1 万余名安保人员承担了北京、武汉等多地的地铁安检和航空安保工作。因法院在案件执行中依法冻结了该公司的基本账户，导致安保人员工资无法正常发放。

北京市朝阳区人民法院积极开展执行调查，并通过北京法院"云法庭"组织双方当事人谈话，推进执行和解。经过反复劝说和多次协商，最终双方当事人达成一致意见，约定被执行人先期给付申请执行人货款 1000 万元，通过法院扣划领取，后续 1000 万元分 2 期支付，待货款给付完毕且疫情结束后，申请执行人将线下向被执行人交付涉案机器设备。与此同时，申请执行人同意北京市朝阳区人民法院解除对被执行人银行基本账户的冻结，并由被执行人的法定代表人提供个人名下 1 套位于海口的房产作为担保。

双方签署和解协议后，北京市朝阳区人民法院当即通过网络扣划将 1000 万元案款先行发放给申请执行人；通过人民法院执行指挥中心执行事项委托系统，委托海南省海口市龙华区人民法院对担保房产进行了查封，随后对被执行人的基本账户进行解冻。

【典型意义】

人民法院从疫情防护大局和善意文明执行的角度出发，在最大程度维护申请执行人合法权益的基础上，巧用执行和解维护疫情防控企业的生产经营和正常运转，让投身抗疫工作的安保人员工资发放有所保障，消除了他们的后顾之忧。本案的成功和解，是法院依法发挥司法职能作用保障疫情防控期间企业复工复产的生动体现。

13. 湖北徐某某、葛某某借款合同纠纷执行案。

【案情简介】

2018 年 6 月 7 日,徐某某、葛某某夫妻以资金周转为由,向陶某借款 100 万元,双方约定借款月利率 20‰,借款期限 6 个月。后因徐某某、葛某某未按期限还款,陶某起诉至湖北省襄阳市襄州区人民法院。经调解,双方自愿达成调解协议。因徐某某、葛某某未按调解书确定的期限履行还款义务,陶某向湖北省襄阳市襄州区人民法院申请强制执行。执行过程中,依法扣押了被执行人徐某某所有的重型罐式半挂牵引车 1 辆。后徐某某夫妻履行了 40 余万元执行款,余款仍未履行。2020 年 2 月 13 日,被执行人徐某某接到襄阳市高新区疫情防控指挥部采购防疫酒精的委托,徐某某遂向湖北省襄阳市襄州区人民法院申请解除车辆扣押,让罐车进行酒精运输。

湖北省襄阳市襄州区人民法院鉴于疫情防控的严峻形势,经与高新区疫情防控指挥部核实情况后,立即决定特事特办,为了能够让该酒精罐车早日驶上战"疫"一线,执行员迅速启动网上办案模式,经过多次与双方沟通协调,于 2 月 14 日促成双方达成了执行和解协议。申请执行人陶某同意解除对罐车的扣押,全力支持保障疫情防控工作。

【典型意义】

本案扣押的车辆是专业运输酒精车辆,若在平时只是正常的执行措施,但在突发新冠肺炎疫情的特殊时期,该车辆已经转化为特种设备。为全力抗击新冠肺炎疫情,防止疫情扩散蔓延,维护人民群众的生命安全和身体健康,人民法院疫情防控协作意识强,对案件涉及承担疫情防控任务的单位人员和设备,特事特办,迅速启动网上办案新模式,为支持打赢疫情防控阻击战提供了有力的司法保障和优质的法律服务,贡献了法院智慧和力量。

(四)最高人民法院发布善意文明执行典型案例

2020 年 1 月 2 日,最高人民法院发布 7 件善意文明执行典型案例。

1. 某投资公司与某资源集团公司等财产保全案件——北京法院通过"换封"方式解除对债务人持有的某上市公司股票的保全冻结为民营企业发展营造更好司法环境。

【摘要】

本案在执行保全裁定过程中,北京法院冻结了民营企业某资源集团公司持有的某上市公司的股票。某资源集团公司请求解除股票冻结,北京法院本着善意执行、文明执行的理念,积极与保全申请人沟通,最终通过"换封"方式解除了对某资源集团公司股票的冻结,在确保申请人实现债权不受影响的前提下,最大限度降低了对被申请人及相关上市公司的不利影响。

【基本案情】

某投资公司与某资源集团公司股权转让纠纷一案,北京法院在审理过程中,根据某投资公司申请,作出诉讼保全裁定,明确冻结某资源集团公司名下近 2 亿元的财产。之后,北京法院向证券登记结算机构发出协助执行通知书,冻结了某资源集团公司持有的某上市公司数量较大的股票。

股票冻结后，被申请人某资源集团公司、第三人某科技公司向法院提出书面申请，由第三人某科技公司以其所有的等值土地作为担保，请求解除对被申请人股票的冻结。为最大限度维护双方当事人合法权益，既保障保全申请人实现债权不受影响，又避免对被申请人及相关上市公司正常经营造成不利影响，北京法院积极沟通协调，保全申请人某投资公司最终同意了被申请人的"换封"方案。随后，北京法院作出变更保全裁定，查封了第三人某科技公司的土地，并解除了对某资源集团公司股票的冻结。

【典型意义】

在案件审理过程中，为防止债务人转移财产，债权人会向人民法院提出保全查封债务人财产的申请，这对于敦促债务人主动履行义务、确保生效法律文书得到有效执行具有重要意义。本案中，北京法院依保全申请人申请，冻结了被申请人在某上市公司数量较大的股票。由于上市公司股票冻结对某上市公司融资和正常经营会有一定影响，北京法院本着善意文明执行的理念，积极与保全申请人沟通，找准双方利益平衡点，通过"换封"方式，最大限度降低了对被申请人及相关上市公司正常经营的影响，为保障民营企业等市场主体合法权益，推动法治化营商环境改善提供了有力司法服务和保障。

2. 北京某房地产公司申请执行北京某生物科技公司等股权转让纠纷案件——北京一中院积极推动对涉案不动产的分割登记、部分查封。

【摘要】

本案被执行人名下一座共20层大厦只有1个产权证，整体查封明显超过了本案执行标的额，但按照法律规定对于不可分物且被执行人无其他可供执行的财产可以整体查封。北京一中院坚持善意执行理念，协调各登记管理机关，积极推动对不动产的分割登记，解除超出执行标的额部分的查封，避免因查封影响财产效用的发挥，尽量降低对债务人的不利影响。

【基本案情】

北京某房地产公司申请执行北京某生物科技公司、北京某投资公司、广州市某投资公司等一案，法院判决上述被执行人连带清偿申请执行人股权转让款8000万元及赔偿相关利息损失，由北京一中院立案强制执行；与此同时，北京一中院还执行多个涉及北京某投资公司的案件，案由有民间借贷纠纷、股权转让纠纷、诉讼代理合同纠纷等，总标的额约6亿元。

执行过程中，北京一中院查封了北京某投资公司名下位于北京市海淀区知春路的房产，该大厦共20层，估值在20亿左右。被执行公司提出申请，希望北京一中院能解除对大厦的查封，表示公司会通过其他方式融资来清偿债务，但申请执行人坚决反对解除查封，担心一旦解除，自己的权利无法实现。

为保护各方当事人合法权益，执行法官多次前往北京住建委、规土委、不动产登记中心，反复协调沟通之后，将涉案大厦原有的一个产权证分割为24个产权证，然后办理了整栋大楼解除查封手续，变更为查封该大厦 1 层至 10 层的房产，并重新查封了以上房屋之分摊土地面积，从而避免了超执行标的查封，使得被执行人得以盘活资产、进行融资，筹得款项清偿了涉案全部债务，系列案件得以全部顺利执行完毕。

【典型意义】

在执行案件中，一种常见的情形是被执行人名下的不动产估值远超过执行涉案金额，但整个不动产只有 1 个产权证，在执行中很难做到对不动产中涉案金额部分进行精准处置，但若整体处置又可能对被执行人的合法权益造成较大的影响，亟待人民法院采取灵活的执行措施，既能保障申请执行人的债权，又能尽量不影响被执行人的正常经营活动，避免不必要的损失。本案中，在最高人民法院统一调度和积极协调下，秉持善意执行理念，执行法院积极协调不动产登记机关，将涉案不动产共用的一个产权证分割为多个产权证，再查封案件标的范围内的部分不动产，使得被执行人可以对其他未查封部分房产进行正常经营、融资，使被执行人的利益免受不必要的损失，也促进了案件的顺利执结，用创新做法开创了执行工作的新局面，维护了各方当事人的合法权益。

3. 许某某等申请执行莆田市某房地产公司等借款纠纷系列案件——莆田中院引入战略投资者帮助盘活被执行企业资产。

【摘要】

本案被执行人莆田市某房地产公司是有着十几年历史的企业，员工上千人，因一时投资决策失误，资金链骤然断裂，债务缠身，债权人纷纷诉至法院。莆田中院强化府院联系，主动沟通协调，积极引入第三方战略投资者，盘活被执行人资产，依法妥善采取执行措施，推动案件执行和解。

【基本案情】

在莆田中院，以莆田市某房地产公司作为被执行人的未结执行案件有 491 件，申请执行标的本息近 30 亿元，莆田中院依法查封了该公司名下的财产，但该公司某房地产项目因资金链断裂面临"烂尾"的风险，且拖欠工程款造成工人多次信访，如果简单实施查封、拍卖等强制执行手段，不仅可能会造成系列案件无法全部受偿，购房业主利益得不到保障，且企业也会面临破产，无法清偿工人工资，给当地社会带来不稳定因素。

莆田中院深入走访调查后发现，该房地产项目有楼盘 34.78 万平方米，预计销售额可达 40 多亿元，但被执行人因资金困难，将上述楼盘的土地使用权抵押给上海某房地产公司，抵押金额本金达 5.75 亿，相关案件已经在上海市高级人民法院进入执行程序。鉴于被执行公司资大于债，只是资金周转暂时出现困难，莆田中院认真贯彻最高人民法院提出的"依法审慎采取强制措施，保护企业正常生产经营，维护非公经济主体的经营稳定"的要求，积极寻求市委、市政府的支持，召集了市国土、规划、住建、消防、金融办、商业银行等相关部门多次研究部署，推动莆田市某投资集团作为战略投资者向被执行人分期注资 5 亿元用于楼盘复工。

另外，莆田中院多次与上海市高级人民法院、上海某房地产公司沟通协调，上海市高级人民法院同意暂不拍卖已查封的地块，上海某房地产公司同意把涉案房地产项目土地使用权的抵押权人分期置换为莆田市某投资集团。上海某房地产公司与莆田市某投资集团双方签订协议，由莆田市某投资集团先行向其支付 1.5 亿元，有关银行则向上海某房地产公司出具为期 1 年的保函，置换出原抵押于上海某房地产公司的项目土地使用权，之后以该土地使用权证书向银行融资并投入该项目建设。在此基础上，莆田中院根据当事人达成的和解协议，通过以房抵债或用售房款还债等形式，消灭前期债务。目前被执行人已经完成了融资，市政府将涉案房地产项目中的 3 幢楼作为莆田市引进人才公寓楼盘，有力推动涉案项目的销售。在此基础上，莆田中院根据双方当事人达成的和解协议，已陆续通过以房抵债或售房款形式有序偿还债权人，促使 491 件系列执行案件逐步得到妥善处理。该系列案件的解决，使得涉案房地产项目 400 多户购房户的房产得到交付，同时带动被执行人其他楼盘 3425 户业主的产权证件办理，支付拖欠的农民工工资 2 亿多元，顺利平息化解矛盾纠纷，维护了社会安定稳定。

【典型意义】

近年来，因房地产开发商资金链断裂、经营管理不善等原因导致房地产项目"烂尾"现象时有发生，引发拖欠借款、工程款以及商品房销售合同违约等一系列纠纷，涉及的利益主体众多，涉案标的巨大，解决问题的难度大，对社会稳定造成不利影响。如何既保障债权人合法权益，又能够使房地产项目得以盘活，让商品房得以交付是人民法院执行工作面临的重大难题。本系列案件的有效化解，是莆田中院解决涉金融案件"清理与拯救并重，要当好困境企业的医院"工作思路的生动体现，也是着眼服务大局、灵活运用善意执行手段的形象展示，更是积极争取地方党委、政府支持的有效成果。莆田中院多方联动、积极协调，盘活不良资产，避免了房地产项目"烂尾"的金融风险和社会矛盾的激化，得到了各界的肯定，为处理同类案件提供了可复制可推广的经验。

4. 左某娃申请执行左某英物权保护纠纷案件——南京秦淮法院帮助被执行人取回被他人强占的房屋。

【摘要】

本案是年逾古稀的 2 位亲姐妹之间的案件，姐姐强占妹妹房屋拒不归还，妹妹申请强制腾房，执行法院秉持善意执行理念，没有机械执行，经多方努力，帮助被执行人收回被他人强占的房屋，解决了被执行人的居住问题与后顾之忧，促使本案圆满执结。

【基本案情】

本案双方当事人是一对年逾古稀的同父异母姐妹，姐姐左某英年轻时远嫁兰州，丈夫去世后，无房无业的她靠社会保障勉强维持生活，2 个亲生女儿也是生活艰难。

几年前左某英回到南京，强占了妹妹左某娃位于秦淮区的房屋，引发了诉讼。南京秦淮法院依法审理后认为，左某娃合法拥有该房屋的占有使用权，左某英无合法依据强占他人房屋，侵害了左某娃的合法权益，判决左某英须迁出并归还该房屋给左某娃。在本案执行过程中，执行法官发现被执行人左某英生活非常拮据，在南京无其他可供居住的房屋，且患有心脑血管疾病、有晕厥史，很容易发生意外，不适宜进行强制执行，遂根据掌握的线索远赴被执行人生活地兰州调查，了解到左某英在兰州有 1 套住房，但是被他人强占，无法收回房屋。执行法院积极与当地有关部门联系协调，经多方努力，最终由有关部门帮助被执行人左某英收回其在兰州的房屋，并且执行法官还说服其 2 个女儿到南京接左某英回兰州，以彻底化解此次矛盾纠纷。被执行人在得知自己的居所已经收回且女儿亲自来接其回家后，主动迁出涉案房屋，在家人的陪伴下回到了兰州，该案得以圆满解决。

【典型意义】

腾退房屋是一种常见的执行案件类型。本案中，依法应腾退房屋的被执行人，存在与申请执行人是亲戚关系、当地无其他可供居住的房屋、年逾古稀且身患疾病等情形，如果简单地采取强制腾退措施，可能引发一系列问题，激化矛盾。在本案办理过程中，执行法院秉持善意执行理念，努力帮助被执行人解决居住问题，有效平衡了执行力度与执行温度之间的关系，用柔性执法彰显了司法温度，达到了定分止争的目的，促成案结事了人和，取得了良好的法律效果与社会效果。

5. 中国农业银行顺德勒流支行申请执行顺德某铜铝型材公司等金融借款合同纠纷案件——顺德法院允许承租人继续使用查封厂房实现财产价值。

【摘要】

广东省佛山市顺德区人民法院（本部分简称顺德法院）灵活采取查封措施，在处置涉案厂房期间，将厂房交由案外人继续占有使用并收取占用费，使查封财产能够物尽其用，避免资源浪费，并在此过程中，将占用费收取工作交由申请执行人管理，制作台账后交由顺德法院审查备案，为进一步探索推行执行中的强制管理制度积累了经验。

【基本案情】

中国农业银行顺德勒流支行与顺德某铜铝型材公司等金融借款合同纠纷一案，顺德法院判决被执行人应向中国农业银行顺德勒流支行清偿近亿元的本金及相关的利息、复利、罚息等。在本案执行过程中，顺德法院查明被执行人名下有位于顺德某工业区的厂房。在顺德法院拟拍卖该不动产的过程中，共有 12 名案外人以租赁使用涉案部分厂房为由向顺德法院申报租赁关系。后经顺德法院走访查明，上述厂房已分租给 12 名案外人使用，租户员工合计逾 100 人，部分租户已于 2013 年、2014 年入驻涉案厂房，因生产经营需要，大部分租户均投入了大量财物进行厂房升级改造，且因生产需要均配备大型机器设备，如强制清空，将对这 12 名案外人造成较大财产损失。

因涉案厂房内无证建筑物较多，需重新测量后交由国土部门入库审查，评估周期较长，法院在考虑 12 名案外人的实际情况后，为实现债权人权益最大化，避免查封财产的资源浪费，决定在处置涉案厂房期间，12 名案外人可继续占有使用，但需参照所签订的租赁合同或市场价支付占用费。12 名案外人均承诺继续使用涉案厂房至拍卖成交，如未能与新业主签订新租赁协议，将于拍卖成交之日起 2 个月内迁出涉案厂房。同时，顺德法院参照企业破产程序中破产管理人的制度，将占用费收取工作交由申请执行的银行负责，要求案外人将每月缴款的凭证发送给申请执行人，由申请执行人及时跟进、督促案外人支付占用费，并制作台账交由法院审查备案。以上执行措施既充分实现了暂无法处置的资产的价值，维护了各方当事人的合法权益，又有效节约了司法资源，赢得了各方好评。

【典型意义】

法院执行实务操作中，涉案房地产类型为大宗厂房或商场的，往往存在多个租客分租的情况，如何保障债权人、债务人、承租人三方的权益不受进一步损害，从而提高人民群众对法院执行工作的认可，是法院执行工作中的一大难题。本案中顺德法院通过灵活采取查封措施的方式，在评估、处置涉案厂房期间将其交由案外人继续占有使用并收取占用费，用于偿还申请执行人的债权，使查封财产能够物尽其用，避免资源浪费，体现了善意执行的理念。同时参照相关规定，将占用费收取工作交由申请执行人管理，也为进一步探索推行执行程序中的强制管理制度积累了经验。

6. 重庆某投资公司申请执行青岛某化工公司等借款合同纠纷案件——重庆五中院积极化解矛盾顺利一次性执结 2.9 亿元大案。

【摘要】

重庆五中院成功执结重庆某投资公司申请执行青岛某化工公司等借款合同纠纷案，高达 2.9 亿元的执行标的额一次性执行到位。本案涉案标的额大、案情复杂、涉及当事人多，具有较高的社会关注度。重庆五中院发挥司法智慧，化解当事人之间的争议矛盾，成功执结本案，有效保障了当事人的权益，维护了和谐稳定，取得良好的法律效果和社会效果。

【基本案情】

重庆某投资公司与重庆某石化公司、青岛某化工公司甲、青岛某化工公司乙、青岛某化工公司丙借款合同纠纷案，法院判决重庆某石化公司应偿还重庆某投资公司借款本金 1.5 亿元及相关借款利息、滞纳金；重庆某投资公司对青岛某化工公司甲提供质押的存放于青岛某化工公司乙、青岛某化工公司丙的共计 5 万吨抽余油在判决确定的债权范围内享有优先受偿权；若重庆某石化公司不能清偿判决所确定的债务，且质押物存在不足的情形，则青岛 3 家公司在质押物缺失的现值范围内承担赔偿责任。

本案立案执行后，重庆五中院迅速启动查封冻结工作，依法冻结了被执行人青岛 3 家公司在多个银行账户中的存款，并查封了青岛 3 家公司 10 余处房地产，为本案的执行工作推进奠定了良好基础。根据判决主文设定的"先油后款"的操作模式，本案应当先确定涉案"抽余油"现状，但是本案执行过程中，青岛 3 家公司以质押人青岛某化工公司甲并非本案质押物的实际所有权人、本案质权并不成立等理由进行抗辩，迟迟不愿指认涉案质押油品并明确其现状。本案执行法官及时赶赴青岛，现场核实了涉案油品的实际情况。在确定涉案 5 万吨抽余油不存在的情况下，重庆五中院即时进行案情研判，相应调整执行策略，探索采取对虚拟资产进行种类物现值评估的方式，对涉案 5 万吨抽余油的现值进行评估，为科学确定青岛 3 家公司应承担的赔偿责任额度提供参考依据。

本案进入评估阶段后，执行法官协调解决了各方对于如何确定油品现值的基准日以及评估中是否应含税值评估等争议问题，同时督促评估机构规范评估程序并及时作出评估报告，从而明确了青岛 3 家公司应承担的责任。经执行法官多方面工作努力，被执行人青岛 3 家公司主动通过青岛某化工公司甲将 3.2 亿元汇入法院执行款账户，全额履行完毕本案判决确定的给付义务。重庆五中院及时将青岛 3 家公司被查控在案的全部财产予以解除，并在依法扣减本案执行款项后，将余款全部退回被执行人账户。

【典型意义】

本案中，执行法官"抽丝剥茧"找准矛盾焦点，及时核实涉案油品的实际情况。在确定涉案执行财产抽余油实际不存在的情况下，为推进执行工作，法院经过深入细致研判，探索采取对虚拟资产进行种类物现值评估的方式，科学确定相关当事人应当承担的赔偿责任，有效破解执行中的障碍，为后续执行工作顺利推进奠定了坚实基础。执行法院运用司法智慧妥善化解纷争，积极协调各方当事人，认真释法明理，坚持以对话代替对抗，以善意化解分歧，针对各方当事人关注的焦点问题主动提供解决方案，并督促评估机构规范评估涉案油品，最终成功促使各方当事人就履行本案判决确定的给付义务达成共识并及时履行，体现了强制执行工作中加大执行力度与善意执行理念的有机结合。

7. 宝山区罗泾镇某村委会申请执行上海某园林公司等土地租赁合同纠纷案件——上海宝山法院多措并举化解矛盾强有力执结土地腾退案。

【摘要】

本案执行法院积极争取区委、区政法委的支持，与公安机关、属地镇政府等多部门进行联动，准确掌握涉案场地的实际情况，摸排矛盾激化风险点，制定周密执行方案，多措并举，扫清执行障碍，高效完成百余亩土地的腾退工作。

【基本案情】

宝山区罗泾镇某村委会与上海某园林公司、上海某机动车驾驶员培训公司土地租赁合同纠纷一案，上海宝山法院（本部分简称宝山法院）判决解除原告宝山区罗泾镇某村委会、被告上海某园林公司间的土地租赁协议，并判令上海某园林公司及第三人上海某机动车驾驶员培训公司返还 132.8 亩租赁土地并支付拖欠的租金及相关费用。

本案进入执行程序后，执行法院查明，涉案的 132.8 亩土地作为第三人的驾驶员培训基地使用，有 470 余辆教练车，约 1.3 万名学员在基地学习。培训基地占用的其余 159 亩土地也属于违法用地，场地上存在多处违法搭建房屋和设施，生态环境保护部门已在巡查中发现该处违法用地，并挂牌督办该案件。另外，该驾校员工数百人曾联名信访，要求延期腾退，解决学员分流、补偿等事宜。此外，该驾校还存在大量学员因其他原因无法按期结业的情况，有矛盾激化的风险。

面对规模庞大的涉案土地、复杂的案情以及潜在的矛盾激化风险，宝山法院积极寻求宝山区委、区政府支持，在宝山区委、区政府的部署指挥下，成立了专案组，与公安机关、属地镇政府等多部门建立执行联动机制，群策群力。

针对驾校在涉案场地上持续招收新学员的行为，宝山法院向上海市交通委员会发函建议暂停办理驾校招录新学员的申请。同时，宝山法院会同宝山公安分局对驾校的法定代表人及其他股东进行约谈和法制教育，消除驾校股东的对抗情绪，督促其理性表达诉求，同时对被执行人采取了失信限消等措施，依法震慑了被执行人的法定代表人。为稳定驾校内部人员的情绪，宝山法院还协调由公安机关牵头，将涉案场地上的教练和学员分流安置至其他驾校进行培训活动，消除关键矛盾点。

通过前期充分的准备工作，在强大的执行威慑力保障下，最终该驾校主动表示愿意配合法院的执行工作。随后，宝山法院会同宝山公安分局、宝山区规土局执法大队、宝山区城管行政执法局等多家部门，对该涉案土地腾退及违法用地问题进行联合现场执法。在执行现场，请公证人员对相关财产的清理进行了公证，并登记造册。在涉案场地全部腾退完毕后，宝山法院将被执行人支付的场地占用费发还本案申请执行人，案件至此执行完毕。

【典型意义】

在本案的执行过程中，被执行人占用涉案土地作为驾校培训基地，对抗宝山法院执行的主要筹码就是驾校中万余名教练与学员的安置问题。考虑到本案执行的主要目的是将涉案土地交还申请执行人，必须妥善安置驾校基地中的人员，避免因执行行为带来更大的社会矛盾。执行法官发函至上海市交通委员会，建议暂停驾校的招生活动，又运用多部门执行联动机制，会同公安机关协调其他驾校接受分流的教练与学员，将潜在的矛盾及时化解。此外，执行法官通过采取限制高消费、纳入失信名单等执行措施，让被执行人处处受限，对其形成高压态势。以强大的执行威慑力为后盾，做通被执行人的思想工作，由其配合宝山法院的腾退，最终案件得以顺利执行完毕，充分体现了多措并举的强有力执行手段与善意执行理念的结合。

（五）人民法院大力弘扬社会主义核心价值观十大典型民事案例

2020 年 5 月 13 日，最高人民法院发布人民法院弘扬社会主义核心价值观十大典型民事案例。

1. 董存瑞、黄继光英雄烈士名誉权纠纷公益诉讼案——杭州市西湖区人民检察院诉瞿某某侵害烈士名誉权公益诉讼案。

核心价值：革命英烈保护

【基本案情】

瞿某某在其经营的网络店铺中出售 2 款贴画，一款印有"董存瑞舍身炸碉堡"形象及显著文字"连长 你骗我！两面都有胶！！"，另一款印有"黄继光舍身堵机枪口"形象及显著文字"为了妹子，哥愿意往火坑跳！"。杭州市某居民在该店购买了上述印有董存瑞、黄继光宣传形象及配文的贴画后，认为案涉网店经营者侵害了董存瑞、黄继光的名誉并伤害了其爱国情感，遂向杭州市西湖区人民检察院举报。

杭州市西湖区人民检察院发布公告通知董存瑞、黄继光近亲属提起民事诉讼。公告期满后，无符合条件的原告起诉，杭州市西湖区人民检察院遂向杭州互联网法院提起民事公益诉讼。

【裁判结果】

杭州互联网法院认为，英雄烈士是国家的精神坐标，是民族的不朽脊梁。英雄烈士董存瑞在"解放战争"中舍身炸碉堡，英雄烈士黄继光在"抗美援朝"战争中舍身堵枪眼，用鲜血和生命谱写了惊天动地的壮歌，体现了崇高的革命气节和伟大的爱国精神，是社会主义核心价值观的重要体现。任何人都不得歪曲、丑化、亵渎、否定英雄烈士的事迹和精神。被告瞿某某作为中华人民共和国公民，应当崇尚、铭记、学习、捍卫英雄烈士，不得侮辱、诽谤英雄烈士的名誉。其通过网络平台销售亵渎英雄烈士形象贴画的行为，已对英雄烈士名誉造成贬损，且主观上属明知，构成对董存瑞、黄继光的名誉侵权。同时，被告瞿某某多年从事网店销售活动，应知图片一经发布即可能被不特定人群查看，商品一经上线便可能扩散到全国各地，但其仍然在网络平台发布、销售上述贴画，造成了恶劣的社会影响，损害了社会公共利益，依法应当承担民事法律责任。杭州互联网法院判决瞿某某立即停止侵害英雄烈士董存瑞、黄继光名誉权的行为，即销毁库存、不得再继续销售案涉贴画，并于判决生效之日起 10 日内在国家级媒体公开赔礼道歉、消除影响。

【典型意义】

董存瑞、黄继光等英雄烈士的事迹和精神是中华民族共同的历史记忆和宝贵的精神财富。对英烈事迹的亵渎，不仅侵害了英烈本人的名誉权，给英烈亲属造成精神痛苦，也伤害了社会公众的民族和历史感情，损害了社会公共利益。互联网名誉侵权案件具有传播速度快、社会影响大等特点，该二案系全国首次通过互联网审理涉英烈保护民事公益诉讼案件，明确侵权结果发生地法院对互联网民事公益诉讼案件具有管辖权，有利于高效、精准打击利用互联网侵害英雄烈士权益不法行为，为网络空间注入尊崇英雄、热爱英雄、景仰英雄的法治能量。

2. 淮安谢勇烈士名誉权纠纷公益诉讼案——淮安市人民检察院诉曾某侵害烈士名誉权公益诉讼案。

核心价值：当代英烈保护

【基本案情】

江苏省淮安某小区一高层住宅发生火灾，消防战士谢勇在解救被困群众时坠楼壮烈牺牲，公安部和江苏省有关部门追认谢勇同志"革命烈士"称号，追记一等功以及追授谢勇"灭火救援勇士"荣誉称号。被告曾某对谢勇烈士救火牺牲一事在微信群中公然发表"不死是狗熊，死了就是英雄""自己操作失误掉下来死了能怪谁，真不知道部队平时是怎么训练的""别说拘留、坐牢我多（都）不怕"等侮辱性言论，歪曲烈士谢勇英勇牺牲的事实。谢勇的近亲属表示对曾某的侵权行为不提起民事诉讼，并支持检察机关提起诉讼追究曾某侵权责任。淮安市人民检察院遂向淮安市中级人民法院提起民事公益诉讼，请求判令曾某通过媒体公开赔礼道歉、消除影响。

【裁判结果】

淮安市中级人民法院认为，英烈精神是弘扬社会主义核心价值观和爱国主义精神的体现，全社会都应当认识到对英雄烈士合法权益保护的重要意义，有责任维护英雄烈士的名誉和荣誉等民事权益。本案中，被告曾某利用微信群，发表带有侮辱性质的不实言论，歪曲烈士谢勇英勇牺牲的事实。因该微信群成员较多且易于传播，被告的此种行为对谢勇烈士不畏艰难、不惧牺牲、无私奉献的精神造成了负面影响，已经超出了言论自由的范畴，构成了对谢勇烈士名誉的侵害。网络不是法外之地，任何人不得肆意歪曲、亵渎英雄事迹和精神。诋毁烈士形象是对社会公德的严重挑战，被告曾某的行为侵犯社会公共利益，该院判令曾某应当在当地地级市一级报纸上公开赔礼道歉。

【典型意义】

本案是《英雄烈士保护法》实施后全国首例适用该法进行审判的案件，是以检察机关提起公益诉讼方式保护当代消防英烈名誉、维护社会公共利益的典型案例。本案中，谢勇烈士的英雄事迹和精神为国家所褒扬，成为全社会、全民族宝贵的精神遗产，其名誉、荣誉等人格权益已经上升为社会公共利益，不容亵渎。曾某利用成员众多、易于传播的微信群，故意发表带有侮辱性质的不实言论，歪曲烈士谢勇英勇牺牲的事实，诋毁烈士形象，已经超出了言论自由的范畴，侵害了谢勇烈士人格权益和社会公共利益，应承担相应的法律责任。本案裁判顺应时代要求，回应民众呼声，通过释法说理匡扶正义，传播社会正能量，弘扬时代主旋律，对营造崇尚英烈、敬重英烈、捍卫英烈精神的社会环境以及引导公众树立正确的历史观、民族观、文化观，起到积极作用。

3. 村民私自上树摘果坠亡索赔案——李某某等人诉某村委会违反安全保障义务责任纠纷案。

核心价值：公序良俗、文明出行

【基本案情】

案涉某村为国家 3A 级旅游景区，不收门票，该村内河堤旁边栽种有杨梅树，某村委会系杨梅树的所有人。杨梅树仅为观赏用途，某村委会未向村民或游客提供杨梅采摘旅游项目。吴某某系该村村民，其私自上树采摘杨梅不慎从树上跌落受伤。随后，某村委会主任拨打 120 救助，在急救车到来之前又有村民将吴某某送往市区医院治疗，吴某某于摔倒当日抢救无效死亡。吴某某子女李某某等人以某村委会未尽安全保障义务为由起诉该村委会承担赔偿责任共计 60 余万元。

【裁判结果】

广州市中级人民法院再审认为，安全保障义务内容的确定应限于管理人的管理和控制能力范围之内。案涉景区属于开放式景区，未向村民或游客提供采摘杨梅的旅游项目，杨梅树本身并无安全隐患，若要求某村委会对景区内的所有树木加以围蔽、设置警示标志或采取其他防护措施，显然超过善良管理人的注意标准。吴某某作为完全民事行为能力的成年人，应当充分预见攀爬杨梅树采摘杨梅的危险性，并自觉规避此类危险行为。吴某某私自爬树采摘杨梅，不仅违反了该村村规民约中关于村民要自觉维护村集体的各项财产利益的村民行为准则，也违反了爱护公物、文明出行的社会公德，有悖公序良俗。吴某某坠落受伤系其自身过失行为所致，某村委会难以预见并防止吴某某私自爬树可能产生的后果，不应认为某村委会未尽安全保障义务。事故发生后，某村委会亦未怠于组织救治。吴某某因私自爬树采摘杨梅不慎坠亡，后果令人痛惜，但某村委会对吴某某的死亡不存在过错，不应承担赔偿责任。

【典型意义】

本案是人民法院依职权再审改判不文明出行人自行承担损害后果的案件。再审判决旗帜鲜明地表明，司法可以同情弱者，但对于违背社会公德和公序良俗的行为不予鼓励、不予保护，如果"谁闹谁有理""谁伤谁有理"，则公民共建文明社会的道德责任感将受到打击，长此以往，社会的道德水准将大打折扣。本案再审判决明确对吴某某的不文明出行行为作出了否定性评价，改判吴某某对坠亡后果自行担责，倡导社会公众遵守规则、文明出行、爱护公物、保护环境，共建共享与新时代相匹配的社会文明，取得了良好的社会效果。

4. 撞伤儿童离开被阻猝死索赔案——刘某某、郭某丽、郭某双诉孙某、某物业公司生命权纠纷案。

核心价值：助人为乐、友善共处

【基本案情】

郭某林在某小区骑自行车时将在小区内玩耍的 5 岁男童罗某某撞倒在地，造成罗某某右颌受伤出血。同为该小区居民的孙某见状后，马上找人联系罗某某家长，并告知郭某林应等待罗某某家长前来处理。郭某林称是罗某某撞了自己，欲先离开。因此，郭某林与孙某发生言语争执。孙某站在自行车前阻拦郭某林，不让郭某林离开。郭某林情绪激动，称此事应交由110处理，随后将自行车停好，并坐在石墩上等候，郭某林坐下后不到2分钟即倒地。孙某拨打120急救电话，医护人员赶到现场即对郭某林实施抢救。郭某林经抢救无效，因心脏骤停死亡。刘某某、郭某丽、郭某双作为郭某林的配偶及子女，起诉请求孙某及小区物业公司承担赔偿责任共计40余万元，并要求孙某赔礼道歉。

【裁判结果】

信阳市平桥区人民法院认为，孙某见到郭某林将罗某某撞倒在地后，让郭某林等待罗某某的家长前来处理相关事宜，其目的在于保护儿童利益，该行为符合常理，不仅不具有违法性，还具有正当性，应当给予肯定与支持。孙某与郭某林在事发前并不认识，孙某不知道郭某林身体健康状况，孙某在阻拦过程中虽与郭某林发生言语争执，但孙某的言语并不过激，其阻拦方式和内容均在正常限度之内，阻拦行为本身不会造成郭某林死亡的结果。在郭某林倒地后，孙某及时拨打120急救热线救助，郭某林在抢救过程中因心脏骤停而不幸死亡，孙某的阻拦行为与郭某林的死亡结果不存在法律上的因果关系，孙某亦不存在过错，其不应承担侵权责任。

关于某物业公司应否承担责任的问题。郭某林与罗某某相撞的地点为小区居民休闲娱乐广场，该地点并不是行人及非机动车的专用通道，没有证据证明罗某某及其他人员在该地点进行休闲娱乐超过一定的限度，进而影响了正常通行和公共秩序。事故的发生原因并不是小区内正常通行受阻的结果，不能归咎于物业公司管理不善。在郭某林与孙某争执过程中，某物业公司保安人员前去相劝，履行了相应的管理职责。某物业公司对郭某林的死亡不存在过错，不应承担侵权责任。

【典型意义】

一段时期以来，"搀扶摔倒老人反被讹诈"等负面新闻屡屡见诸媒体报道，公众良知不断受到拷问和挑战，引发了人们对社会道德滑坡的担心和忧虑。本案中，好心人孙某对侵害儿童权益的行为进行合理地阻止，不仅不具有违法性，反而具有正当性，值得肯定和鼓励。本案判决好心人不担责，向社会公众明确传递出法律保护善人善举的信号，消除了老百姓对助人为乐反而官司缠身的担心和顾虑，让"扶不扶""救不救"等问题不再成为困扰社会的两难选择。本案裁判对弘扬诚信相待、友善共处、守望相助的社会主义核心价值观起到积极的宣传和引导作用。

5. 微信群发表不当言论名誉侵权案——某公司、黄某诉邵某名誉权纠纷案。

核心价值：社会公德、文明交往

【基本案情】

某公司在某小区开有一家美容店，黄某系该公司股东兼任美容师，邵某系该小区业主，邵某因美容服务问题在美容店内与黄某发生口角。邵某利用其小区业主微信群群主的身份，在双方发生纠纷后多次在业主微信群中散布谣言，对某公司、黄某进行造谣、诽谤、污蔑、谩骂，并将黄某从业主群中移出，某公司因邵某的行为生意严重受损。为此，某公司、黄某向法院起诉请求邵某赔礼道歉、消除影响、恢复名誉，同时要求赔偿损失及精神抚慰金共计 3 万元。

【裁判结果】

北京市顺义区人民法院认为，公民、法人享有名誉权，公民、法人的人格尊严受法律保护，禁止用侮辱、诽谤等方式损害公民、法人的名誉。本案中，邵某在与黄某发生纠纷后，在双方共同居住的小区业主微信群中针对某公司、黄某发表言论并使用黄某照片作为配图，其对某公司、黄某使用了贬损性言辞，但其未提交证据证明其所发表涉案言论的客观真实性，造成不当言论的传播，邵某在主观上具有过错。网络信息传播迅速，从微信群中其他用户反映情况看，涉案言论确易引发对某公司经营的美容店的猜测和误解，导致对某公司、黄某的负面认识，造成原告社会评价降低，故邵某的行为侵犯了某公司和黄某的名誉权，邵某应当就此承担民事侵权责任。一审法院酌情支持了黄某要求赔礼道歉、赔偿精神损失以及某公司要求赔礼道歉、赔偿经济损失的主张。邵某不服一审判决，提起上诉。北京市第三中级人民法院终审判决驳回上诉，维持原判。

【典型意义】

在互联网+时代，微信虽为网络虚拟空间，但已成为与人们生活密不可分的交往工具。微信群、朋友圈不是法外之地，公民在微信群和朋友圈等网络空间同样需要遵守国家的法律法规，不能为所欲为、不加节制。在微信群、朋友圈中损毁他人名誉，构成网络名誉侵权，应承担相应的法律责任。本案对于规范公民网络空间行为、树立文明交往风尚、构建良好网络社会秩序具有积极意义。

6. "暗刷流量"合同无效案——常某某诉许某网络服务合同纠纷案。

核心价值：诚实守信、网络秩序

【基本案情】

许某通过微信向常某某寻求"暗刷的流量资源"，双方协商后确认常某某为许某提供网络暗刷服务，许某共向常某某支付 3 次服务费共计 10 000 余元。常某某认为，根据许某指定的第三方 CNZZ 后台数据统计，许某还应向常某某支付流量服务费 30 743 元。许某以流量掺假、常某某提供的网络暗刷服务本身违反法律禁止性规定为由，主张常某某无权要求支付对价，不同意支付上述款项。常某某将许某诉至北京互联网法院，请求判令许某支付服务费 30 743 元及利息。

【裁判结果】

北京互联网法院认为，"暗刷流量"的行为违反商业道德底线，使得同业竞争者的诚实劳动价值被减损，破坏正当的市场竞争秩序，侵害了不特定市场竞争者的利益，同时也会欺骗、误导网络用户选择与其预期不相符的网络产品，长此以往，会造成网络市场"劣币驱逐良币"的不良后果，最终减损广大网络用户的利益。常某某与许某之间"暗刷流量"的交易行为侵害广大不特定网络用户的利益，进而损害了社会公共利益、违背公序良俗，其行为应属绝对无效。

"暗刷流量"的交易无效，双方当事人不得基于合意行为获得其所期待的合同利益。虚假流量业已产生，如以互相返还的方式进行合同无效的处理，无异于纵容当事人通过非法行为获益，违背了任何人不得因违法行为获益的基本法理，故对双方希望通过分担合同收益的方式，来承担合同无效后果的主张，一审法院不予支持。常某某与许某在合同履行过程中的获利，应当予以收缴。一审法院判决驳回原告常某某要求许某支付服务费 30 743 元及利息的诉讼请求；并作出决定书，收缴常某某、许某的非法获利。一审判决作出后，双方当事人均未提起上诉，一审判决已发生法律效力。

【典型意义】

此案是全国首例涉及"暗刷流量"虚增网站点击量的案件。网络产品的真实流量能够反映出网络产品的受欢迎度及质量优劣程度，流量成为网络用户选择网络产品的重要因素。"暗刷流量"的行为违反商业道德，违背诚实信用原则，对行业正常经营秩序以及消费者的合法权益均构成侵害，有损社会公共利益。本案对"暗刷流量"交易行为的效力予以否定性评价，并给予妥当的制裁和惩戒，对治理互联网领域内的乱象有积极推动作用。

7. 开发商"自我举报"无证卖房毁约案——某房地产公司诉李某某确认合同无效案。

核心价值：诚实守信、契约严守

【基本案情】

某房地产公司与李某某签订了商品房内部认购合同书，该认购合同约定了双方的名称、住所、房屋的基本情况、单价、总价款、付款方式、付款时间等内容。合同签订当日，李某某即向某房地产公司交纳全部购房款。其后，该房地产公司在案涉开发项目已经取得土地使用证、建设用地规划许可证、建设工程规划许可证与建筑工程施工许可证的情况下，以案涉房屋未取得商品房预售许可证为由，将李某某起诉至法院，请求确认双方签订的内部认购合同无效。

【裁判结果】

西安市中级人民法院认为，李某某在签订认购合同当日即支付了全额购房款，某房地产公司作为销售方的合同目的已经实现，但其不积极履行己方合同义务，在房地产市场出现价格大幅上涨的情况下提起本案诉讼主张合同无效，违背诚实信用原则。某房地产公司签约时未取得商品房预售许可证，虽然违反了商品房预售许可制度，但案涉楼盘在一审诉讼前已经取得了除预售许可证之外的"四证"，工程主体已经建成，在李某某上诉过程中，案涉楼盘也取得了商品房预售许可证，预售制度所欲避免的风险在本案中已经不存在。因此，某房地产公司签约时未取得商品房预售许可证的事实，并不必然导致其签订认购合同的民事法律行为无效。某房地产公司为获取超出合同预期的更大利益，违背合同约定，提起本案诉讼主张合同无效，显然与社会价值导向和公众认知相悖，人民法院不予支持。

【典型意义】

本案不因开发商签约时未取得商品房预售许可证而机械认定房屋认购合同无效，而是结合合同目的、合同履行、商品房预售制度的立法目的等因素，认定商品房预售制度所欲避免的风险在本案中已经不存在，开发商提起本案诉讼是为获取超出合同利益的恶意违约行为，故而对开发商违背诚信的行为给予否定性评价，依法保护了消费者合法权益，维护了房地产交易的稳定性，引导市场交易主体诚信经营、严守契约，是一份有温度、有力量的公正判决。

8. 吃"霸王餐"逃跑摔伤反向餐馆索赔案——马某诉佘某某、李某侵权责任纠纷案。

核心价值：诚实守信

【基本案情】

佘某某、李某系夫妻关系，二人经营餐馆。马某等人在佘某某、李某经营的餐馆就餐，餐费260元左右。李某因发现马某等人未结账即离开，于是沿路追赶。李某看到马某等人后，呼喊买单再走，马某等人遂分散走开，其中马某距离李某最近，李某便紧跟着马某，并拨打110报警。随后，佘某某赶到，与李某一起追赶马某，马某在逃跑过程中摔伤。经鉴定，马某损伤程度属轻伤二级，住院治疗产生医疗费等支出。马某遂诉至襄阳市中级人民法院，请求判令佘某某、李某赔偿其因被追摔伤所造成的各项经济损失4万余元。

【裁判结果】

襄阳市中级人民法院认为，就餐后付款结账是完全民事行为能力人均应知晓的社会常理。马某等人就餐后未买单，也未告知餐馆经营人用餐费用怎么处理即离开饭店，属于吃"霸王餐"的不诚信行为，经营者李某要求马某等人付款的行为并无不当。佘某某、李某在发现马某等人逃跑后阻拦其离开，并让马某买单或者告知请客付款人的联系方式，属于正当的自助行为，不存在过错。马某在逃跑过程中因自身原因摔伤，与李某、佘某某恰当合理的自助行为之间并无直接因果关系，李某、佘某某不应对马某摔伤造成的损失承担赔偿责任。

【典型意义】

吃"霸王餐"是违反公序良俗的不文明行为，吃"霸王餐"后逃跑摔伤，反向餐馆索赔，不仅于法无据，更颠覆了社会公众的是非观。本案不支持"我伤我有理""我闹我有理"，对吃"霸王餐"者无理的索赔请求不予支持，发挥了司法裁判匡扶正义，引领诚信、友善、文明的社会新风尚的积极作用。

9. 自愿赡养老人继承遗产案——高某翔诉高甲、高乙、高丙继承纠纷案。

核心价值：中华孝道

【基本案情】

高某启与李某分别系高某翔的祖父母，高某翔没有工作，专职照顾高某启与李某生活直至二人去世，高某启与李某后事由高某翔出资办理。高某启与李某去世前立下代书遗嘱，主要内容为因高某翔照顾老人，二人去世后将居住的回迁房屋送给高某翔。高甲、高乙、高丙为高某启与李某的子女，案涉回迁房屋系高某启、李某与高甲交换房产所得。高甲、高乙、高丙认为案涉代书遗嘱的代书人是高某翔的妻子，且没有见证人在场，遗嘱无效。高某翔以上述三人为被告提起诉讼，请求确认高某启、李某所立案涉遗嘱合法有效，以及确认其因继承取得案涉回迁房屋的所有权。

【裁判结果】

鞍山市中级人民法院认为，高某翔提供的代书遗嘱因代书人是高某翔的妻子，在代书遗嘱时双方是恋爱关系，这种特殊亲密的关系与高某翔取得遗产存在身份和利益上的利害关系，属于《继承法》第18条规定的禁止代书人，因此其代书行为不符合代书遗嘱的法定形式要求，应属无效。本案应当按照法定继承进行处理。高某翔虽然不是法定第一顺序继承人，但其自愿赡养高某启、李某并承担了丧葬费用，根据《继承法》第14条的规定，继承人以外的对被继承人扶养较多的人，可以分配给他们适当的遗产，高某翔可以视为第一顺序继承人。

《继承法》第14条所规定的"适当分配遗产"，是指与非继承人所行扶养行为相适应，和其他有赡养义务的继承人所尽赡养义务相比较的适当比例。高某翔虽没有赡养祖父母的法定义务，但其能专职侍奉生病的祖父母多年直至老人病故，使老人得以安享晚年，高某翔几乎尽到了对高某启、李某2位被继承人生养死葬的全部扶养行为，这正是良好社会道德风尚的具体体现，并足以让社会、家庭给予褒奖。而本案其他继承人有能力扶养老人，但仅是在老人患病期间轮流护理，与高某翔之后数年对患病老人的照顾相比，高甲、高乙、高丙的行为不能认为尽到了扶养义务。据此，高某翔有权获得与其巨大付出相适应的继承案涉回迁房屋的权利。

【典型意义】

遗产继承处理的不仅是当事人之间的财产关系，还关系到家庭伦理和社会道德风尚，继承人应当本着互谅互让、和睦团结的精神消除误会，积极修复亲情关系，共促良好家风。本案中，高某翔虽没有赡养祖父母的法定义务，但其能专职侍奉生病的祖父母多年直至老人病故，是良好社会道德风尚的具体体现，应当予以鼓励。本案裁判结合《继承法》的规定对高某翔的赡养行为给予高度肯定，确定了其作为非法定继承人享有第一顺位的继承权利，并结合其赡养行为对高某翔适当继承遗产的范围进行合理认定，实现了情理法的有机融合，弘扬了团结友爱、孝老爱亲的中华民族传统美德。

10. 困境儿童指定监护人案——柳州市儿童福利院申请确定监护人纠纷案。

核心价值：未成年人保护

【基本案情】

绍某某自幼母亲下落不明，其满月后不久，便被其父绍某甲抱送至大姑母绍某乙家中抚养。2013年，绍某甲、绍某乙的丈夫相继去世，而绍某乙患有严重眼疾且无固定生活来源，无法继续照顾绍某某，绍某某被安置在其小姑母绍某丙家中生活。然而，绍某丙无暇照看绍某某，无法保障绍某某读书、吃饭等生活成长的基本需求，导致绍某某长期处于流浪状态。2018年1月，绍某某在政府等有关部门的帮助下进入柳州市救助站进行临时保护。2018年2月，柳州市救助站以绍某某属困境儿童身份为由，将其转移至柳州市儿童福利院生活至今。同年8月，柳州市民政局和柳州市儿童福利院、柳北区政府与绍某某所在街道社区多次协商后，书面确认由柳州市儿童福利院担任绍某某合法监护人，并向柳州市柳北区人民法院提交了指定监护人申请书。本案由柳州市柳北区政府督办，柳北区人民检察院支持起诉。

【裁判结果】

柳州市柳北区人民法院认为，对绍某某有监护资格的人员均已丧失监护能力或不愿意担任监护人，儿童福利院作为民政局下属的事业单位，对未成年人负有社会救助职责。为切实保障绍某某的合法权益，使其能在有合法监护人监护的情况下，尽快解决落户及正常上学等实际问题，该院依法判决，指定柳州市儿童福利院为绍某某的合法监护人。

【典型意义】

儿童是家庭的希望，是国家和民族的未来，确保儿童健康成长是全社会共同的责任。本案系广西壮族自治区首例由检察机关支持起诉的困境儿童指定监护人案件，审理法院从充分保护未成年人合法权益的角度出发，通过法律程序指定社会福利机构作为监护人，这是人民法院在家事审判改革中进行的有益探索和实践。该案判决依法保护了未成年人的合法权益，充分体现了司法的人文关怀。

（六）长江流域水生态司法保护典型案例

2020年9月25日，最高人民法院发布10件长江流域水生态司法保护典型案例。其中民事和刑事附带民事案例8件。

1. 云南省昆明市盘龙区人民检察院诉闵某、钱某礼非法捕捞水产品罪刑事附带民事公益诉讼案。

【基本案情】

2017年10月1日夜，被告人闵某、钱某礼在滇池水域船房河使用电鱼器捕鱼，被当场查获电鱼器一套，渔获物鲫鱼14条、泥鳅67条。云南省昆明市盘龙区人民检察院以闵某、钱某礼犯非法捕捞水产品罪提起公诉，并提起附带民事公益诉讼，请求判令闵某、钱某礼承担相应生态环境损害赔偿责任。

【裁判结果】

云南省昆明市盘龙区人民法院一审认为，被告人闵某、钱某礼违反水产资源保护法规，在滇池禁渔期，在禁渔区内使用禁用的工具和方法非法捕捞，情节严重，构成非法捕捞水产品罪；其非法捕捞行为对生态环境造成破坏，依法应承担相应赔偿责任。一审法院分别判处被告人闵皓、钱兴礼罚金2000元；各向滇池水域增殖放流价值4000元的高背鲫鱼、花白鲢鱼及鳙鱼鱼苗，并通过新闻媒体公开赔礼道歉。一审判决已发生法律效力。

【典型意义】

本案系在滇池水域非法捕捞水产品引发的刑事附带民事公益诉讼案件。滇池属长江上游金沙江水系，为国家级风景名胜区，具有重要的景观养护、湿地调节和气候改善等生态服务功能。被告人非法电鱼区域属入滇河道，其行为影响滇池水域生物休养生息及鱼类产卵繁殖，破坏滇池水域生态环境。云南省昆明市盘龙区人民法院结合当事人违法犯罪情节轻微的事实，在适用财产刑、施以罚金的同时，采用"增殖放流"方式依法追究生态环境损害赔偿责任，有助于加大非法捕捞违法犯罪成本，促进受损水域生态环境修复治理，对类案审理具有一定的借鉴意义。

2. 贵州省毕节市七星关区人民检察院诉曾某飞等3人非法捕捞水产品刑事附带民事公益诉讼案。

【基本案情】

2019年9月16日，被告人曾某飞等3人在贵州省毕节市七星关区大屯乡大河村赤水河水域，使用电击方式捕捞野生鱼类。经现场清点，3被告人共捕获河鱼205条，净重4.86斤。贵州省毕节市七星关区人民检察院以曾某飞等3人犯非法捕捞水产品罪提起公诉，并提起附带民事公益诉讼，请求判令曾某飞等3人在省级以上主流媒体公开赔礼道歉，赔偿国家因恢复受损水产资源所需费用9000元。本案案发后，被告人曾某飞等3人与贵州省毕节市七星关区人民检察院、当地农业农村局达成增殖放流生态补偿协议，自愿登报道歉和修复受损生态。

【裁判结果】

贵州省毕节市七星关区人民法院一审认为，被告人曾某飞等3人违反国家保护水产资源法规，共同实施故意犯罪，在禁渔区、禁渔期使用禁用的工具、方法捕捞水产品，情节严重，构成非法捕捞水产品罪；其行为影响自然生态平衡，造成渔业资源破坏，损害国家利益和社会公共利益，应当依法赔偿。一审法院依法判处曾某飞等3人各管制6个月，在省级以上主流媒体公开赔礼道歉，并赔偿恢复受损水产资源修复所需费用9000元。一审判决已发生法律效力。

【典型意义】

本案系在长江上游珍稀特有鱼类国家级自然保护区非法捕捞水产品引发的刑事附带民事公益诉讼案。本案所涉七星关区赤水河段，地处上述自然保护区实验区范围内。被告人在禁渔期内使用电鱼方式非法捕捞水产品，对自然保护区的渔业资源和生态环境造成严重破坏。贵州省毕节市七星关区人民人民法院在追究被告人刑事责任的同时，促进被告人与检察机关、行政执法机关签订生态补偿协议，探索创新"恢复性司法实践+社会化综合治理"的裁判执行机制，有力维护长江上游珍稀特有鱼类及其栖息地生态环境安全。

3. 四川省崇州市人民检察院诉张某、汪某林非法捕捞水产品刑事附带民事公益诉讼案。

【基本案情】

2019 年 5 月 1 日，被告人张某、汪某林共谋至崇州市街子镇味江河水文站河段，采取电瓶连接逆变器的方式捕鱼，被现场查扣捕鱼工具和渔获物，包括鲫鱼、鲤鱼、白条鱼等 10 个品种共计 4.96 斤。经鉴定，上述捕捞行为造成渔业资源损失 6839.28 元和其他间接生态损害。四川省崇州市人民检察院以被告人张某、汪某林犯非法捕捞水产品罪提起公诉，并提起附带民事公益诉讼，请求判令张某、汪某林赔偿渔业资源损失费 6839.28 元，并承担本案渔业资源损失价值鉴定服务费 8000 元和公告费 1000 元。

【裁判结果】

四川省崇州市人民法院一审认为，被告人张某、汪某林在禁渔区、禁渔期使用禁用的工具、方法捕捞水产品，造成渔业资源损失，情节严重，构成非法捕捞水产品罪，属共同犯罪，其中张某为主犯，王某林为从犯；其二人的非法捕捞行为破坏了水域生态环境和生物多样性，应依法承担生态环境损害赔偿责任。鉴于二人系初犯，有悔罪表现，在庭前与当地生态环境保护中心签订参加社会实践活动协议，承诺参加 1 年 6 个月的社会实践活动。一审法院依法酌定从轻处罚，分别判处张某、汪某林有期徒刑，并适用缓刑；连带赔偿渔业资源损失费、鉴定费、公告费共计 15 839.28 元，没收扣押在案的捕鱼工具上缴国库。一审判决已发生法律效力。

【典型意义】

本案系在长江流域天然河流非法捕捞水产品引发的刑事附带民事公益诉讼案。被告人非法捕捞水产品，严重破坏天然河流的渔业资源和水文状况，应予惩治。四川省崇州市人民法院参考专家意见，采取被告人参与社会实践公益活动以及将渔业资源损失费直接用于水域环境治理的方式，替代通常的"增殖放流"修复方式，拓展丰富了生态修复责任承担形式，有助于确保长江流域生态修复落到实处，促进惩罚犯罪与修复生态效果统一。

4. 湖南省岳阳市君山区人民检察院诉何某焕、孙某秋非法捕捞水产品刑事附带民事公益诉讼案。

【基本案情】

2018 年 3 月 27 日，被告人何某焕、孙某秋驾驶渔船至长江岳阳段君山银沙滩、孙梁洲附近水域非法捕捞，何某焕负责驾船、控制发电机设备，孙某秋负责使用电舀子电鱼、舀鱼，被当场查获非法捕捞渔获物 165.58 斤。湖南省岳阳市君山区人民检察院以何某焕、孙某秋犯非法捕捞水产品罪提起公诉，并提起附带民事公益诉讼，请求判令二人连带承担恢复原状和赔偿生态环境修复费用的民事责任。

【裁判结果】

湖南省岳阳市君山区人民法院一审认为，被告人何某焕、孙某秋违反保护水产资源法规，在禁渔期、禁渔区使用禁止使用的工具非法捕捞水产品，情节严重，构成非法捕捞水产品罪，其二人均系主犯；其非法捕捞行为损害作业范围内环境公共利益，应当连带承担生态环境损害赔偿责任。一审法院分别判处被告人何某焕、孙某秋拘役2个月，缓刑6个月，没收电捕鱼作案工具；责令其二人将4762元生态修复费用交付有关渔政部门购买幼鱼，投放于案发水域。一审判决已发生法律效力。

【典型意义】

本案系在洞庭湖水系非法捕捞水产品引发的刑事附带民事公益诉讼案件。被告人采用电捕鱼非法作业方式，严重影响作业范围内各类水生动物种群繁衍，破坏洞庭湖和长江流域水生物资源和水生态环境。本案系洞庭湖环境资源法庭挂牌成立以来集中管辖审理的第一起非法捕捞水产品案件。湖南省岳阳市君山区人民法院在追究当事人刑事责任的同时，判令其将生态修复费用交付渔政部门，由渔政部门购买幼鱼、代为履行"增殖放流"，创新生态环境损害赔偿责任执行方式，有利于促进司法与行政执法机关的协调联动，确保受损水生生物资源和水生态得到及时有效修复。

5. 湖北省宜昌市伍家岗区人民检察院诉李某九等8人非法捕捞水产品刑事附带民事公益诉讼案.

【基本案情】

2017年10月，被告人李某九、陈某新、雷某华为实施电捕鱼，共同出资购买电捕鱼船舶1艘及相关设备，后李某九又邀约熊某孝入伙。此间，李某九邀约李某红等人参加非法捕捞，按次给付参与捕捞费用。2018年4月10日至6月4日，被告人李某九等8人多次在长江枝江段禁渔水域非法捕捞水产品共计5376.6斤，变卖渔获物得赃款25 148元。经评估，被告人李某九等8人的非法捕捞行为造成成鱼潜在损失量约7976斤，幼鱼损失量约174万尾。湖北省宜昌市伍家岗区人民检察院以李某九等8人犯非法捕捞水产品罪提起公诉，并提起附带民事公益诉讼，请求李某九等8人投放成鱼7976斤、幼鱼174万尾以修复生态。一审审理中，李某九等人的亲属代为缴纳生态修复费用，用于放流成鱼、幼鱼。

【裁判结果】

湖北省宜昌市伍家岗区人民法院一审认为，被告人李某九等8人违反保护水产资源法律法规，在长江禁渔期、禁渔区内使用禁用方法捕捞水产品，情节严重，构成非法捕捞水产品罪。鉴于被告人李某九等人积极履行生态修复义务，依法可以酌情从轻处罚；其非法捕捞行为破坏了长江生态环境和渔业资源，应连带承担生态环境损害赔偿责任。一审法院判处被告人李某九等8人有期徒刑，退缴违法所得；并就电捕鱼水域放流成鱼7976斤、幼鱼174万尾承担连带责任（已履行的放流部分予以扣减）。一审判决已发生法律效力。

【典型意义】

本案系在长江中上游非法捕捞水产品引发的刑事附带民事公益诉讼案件。本案所涉长江宜昌至枝江段,渔业资源丰富,是长江重要经济鱼类产卵场的主要分布江段。近年来"电毒炸"非法捕捞作业方式屡禁不止,导致该江段渔业资源不断衰退。本案系目前为止该江段内抓获的最大团伙电捕鱼案件,人民法院对 8 名被告人均被判处实刑,同时判令采用放流成鱼和幼鱼的方式对受损水体进行修复,并将生态修复义务履行情况纳入量刑情节,展示了人民法院注重生态系统修复的司法理念,有力保障长江流域水生生物资源安全。

6. 上海铁路运输检察院诉邢某成非法猎捕、杀害珍贵、濒危野生动物刑事附带民事公益诉讼案。

【基本案情】

2019 年 8 月 6 日,被告人邢某成在未取得捕捞许可证的情况下,驾驶自购渔船,行驶至上海市崇明区佘山岛北面水域,拖网作业实施捕捞,捕获疑似中华鲟活体 1 条及花鲢、鲈鱼若干,后将上述渔获物放入冰柜。经鉴定,确认该疑似中华鲟死亡个体为中华鲟,系国家一级保护野生动物。上海铁路运输检察院以邢某成犯非法猎捕、杀害珍贵、濒危野生动物罪提起公诉,并提起附带民事公益诉讼,请求判令邢某成赔偿损失 4 万元,公开向社会公众赔礼道歉。

【裁判结果】

上海市崇明区人民法院一审认为,被告人邢某成非法猎捕国家一级保护野生动物中华鲟,并致其死亡,构成非法猎捕、杀害珍贵、濒危野生动物罪;其行为造成国家野生动物资源损失,损害了社会公共利益,尚应承担生态环境损害赔偿责任。一审法院判处被告人邢某成有期徒刑 1 年,并处罚金 5000 元;赔偿国家野生动物资源损失 4 万元,并公开赔礼道歉。一审判决已发生法律效力。

【典型意义】

本案系在上海长江口中华鲟湿地自然保护区非法猎捕、杀害珍贵、濒危野生动物引发的刑事附带民事公益诉讼案件。中华鲟是地球上现存的最古老脊椎动物之一,是国家一级保护野生动物。上海长江口中华鲟湿地自然保护区是世界上最大的河口湿地之一,是中华鲟的重要栖息地。本案是长三角区域第一起非法猎捕、杀害中华鲟刑事案件,也是《上海市中华鲟保护管理条例》出台之后首例涉及非法猎捕、杀害中华鲟的案件。本案判决对于保护、延续中华鲟自然种群,维护长江流域珍贵、濒危水生野生动物栖息地生态安全具有重要的示范意义。

7. 江苏省扬州市人民检察诉高某龙等 10 人环境民事公益诉讼案。

【基本案情】

2019 年年初,高某龙等 8 人在高邮湖、邵伯湖禁渔期内,使用电瓶、逆变器、电渔网等工具,多次采用快艇拉网方式电捕鱼,捕获渔获物 1.3 万余斤。李某宽明知非法捕捞仍利用工作之便违规开闸。王某早明知系非法捕捞渔获物仍予收购。高某龙、李某宽、王某早等 10 人因非法捕捞行为已被另案依法追究刑事责任。江苏省扬州市人民检察提起环境民事公益诉讼，请求判令高某龙等 10 人在国家级媒体公开赔礼道歉，并依法承担相应的生态环境损害赔偿责任。

【裁判结果】

江苏省南京市中级人民法院一审认为，高某龙等人作为电捕鱼组织实施者，组织策划或直接实施电捕行为，造成生态资源重大损害；李某宽作为协助者，其行为与生态资源损害结果之间有法律上的因果关系；王某早作为收购者，与高某某形成固定的捕捞、销售、收购链条，均应在相应范围内承担赔偿责任。江苏省南京市中级人民法院判令高某龙等人在国家级媒体公开赔礼道歉，并对非法捕捞、收购行为造成的生态资源损失、直接渔业资源损失承担赔偿责任，赔偿款项用于高邮湖、邵伯湖地区生态资源修复。一审判决已发生法律效力。

【典型意义】

本案系在长江流域国家级水产种质资源保护区非法捕捞水产品引发的环境民事公益诉讼。本案中，人民法院对从事或者协助非法捕捞、收购的全部当事人均课以法律责任，并在庭后开展增殖放流、集中销毁电鱼器具网具等多种活动，体现了人民法院严惩非法捕捞、销售、收购长江野生鱼类黑色产业链条的决心，有助于营造全社会保护长江流域生态环境的良好氛围。

8. "王家坝河"生态环境损害赔偿协议司法确认案。

【基本案情】

2019 年 6 月 6 日夜，姚某在禁渔期间至重庆市酉阳县西酬镇溪口村一组小地名"王家坝河"的天然河流，操作禁止使用的捕捞工具电鱼机非法捕捞野生鱼，被当场查获。经清点，姚某非法捕捞野生渔获物共计 330 尾，总净重 10.2 斤。后当地农业农村委员会与姚某就其非法捕捞水产品造成的生态环境损害进行磋商，并达成赔偿协议，并向人民法院申请司法确认。

【裁判结果】

重庆市黔江区人民法院受理申请后依法进行了审查，并对生态环境损害赔偿协议进行公告。公告期内，未收到异议。重庆市黔江区人民法院认为，申请人自行协商一致达成的生态环境损害赔偿协议，符合司法确认赔偿协议的法定条件，依法确认协议有效。当事人应当按照赔偿协议约定自觉履行赔偿涉案生态环境损害 7242 元的义务，一方当事人拒绝履行或未全部履行的，对方当事人可以向人民法院申请强制执行。

【典型意义】

本案系在长江流域天然河流非法捕捞水产品引发的生态环境损害赔偿协议司法确认案件。本案中，赔偿义务人因其非法捕捞水产品行为造成生态环境损害，省级人民政府授权的机关与其进行磋商，达成生态环境损害赔偿协议，人民法院依法予以确认。赔偿义务人依据专家评估意见通过实施增殖放流的方式对破坏的生态环境进行修复，履行情况作为后续刑事案件酌定从轻的量刑情节。本案拓展了非法捕捞水产品行为人承担生态环境损害赔偿责任的司法路径，体现了生态优先、注重修复的环境司法理念。

（七）2019 年全国海事审判典型案例

2020 年 9 月 7 日，最高人民法院发布 11 件 2019 年全国海事审判典型案例。

1. 交通运输部上海打捞局与普罗旺斯船东 2008-1 有限公司（Provence Shipowner 2008-1 Ltd）、法国达飞轮船有限公司（CMA CGM SA）、罗克韦尔航运有限公司（Rockwell Shipping Limited）海难救助与船舶污染损害责任纠纷案。

【基本案情】

2013 年 3 月 19 日 0 时 32 分，普罗旺斯船东 2008-1 有限公司（本部分简称普罗旺斯公司）所有并由法国达飞轮船有限公司（本部分简称达飞公司）经营的英国籍"达飞佛罗里达"轮与罗克韦尔航运有限公司（本部分简称罗克韦尔公司）所有的巴拿马籍"舟山"轮在长江口灯船东北约 124 海里的东海海域发生碰撞，致使"达飞佛罗里达"轮 5 号燃油舱严重破损，泄漏约 613.278 吨燃油入海。上海海事局、上海海上搜救中心自当日 12 时起，先后协调、组织包括交通运输部上海打捞局（本部分简称上海打捞局）在内的多家单位启动应急行动；于 24 日 13 时 10 分根据"边抢险、边清污、边移泊、边观察"方案，组织"达飞佛罗里达"轮在 6 艘专业救助船、专业清污船的伴航下起锚，沿途救助船和清污船保持即时清污，该轮于 4 月 4 日安全抵达舟山的船厂。该事故应急处置属中国在专属经济区远海海域开展的重大救助及油污应急处置，经过 17 个昼夜的海空配合连续作业，载有 6100 余吨燃油的"达飞佛罗里达"轮避免了沉没断裂，中国海域也避免了灾难性污染事故的发生。

【裁判结果】

宁波海事法院一审认为，上海打捞局的案涉行动为防污清污，有关防污清污费应当由漏油船所有人、光船承租人赔偿，而不应由非漏油船所有人赔偿，判决上海打捞局对普罗旺斯公司、达飞公司享有防污清污费 8 958 539 元的海事债权；上海打捞局就上述债权参与普罗旺斯公司、达飞公司为案涉碰撞事故所设立的非人身伤亡海事赔偿责任限制基金的分配。上海打捞局、普罗旺斯公司、达飞公司不服一审判决提起上诉。浙江省高级人民法院二审基本认同一审判决，判决驳回上诉，维持原判。上海打捞局不服一、二审判决，向最高人民法院申请再审。

最高人民法院再审认为：上海打捞局在案涉事故应急中派遣 3 艘船舶分别从事海难救助与防污清污作业。本案应当适用中华人民共和国加入的《1989 年国际救助公约》和《2001 年国际燃油污染损害民事责任公约》；对于有关国际条约没有规定的事项，适用《海商法》《侵权责任法》等中华人民共和国国内法及其司法解释的规定。有关国际条约和国内法分别对污染者与第三人实行无过错责任原则、过错责任原则的基本内涵——原则上污染者负全责，另有过错者相应负责。非漏油船"舟山"轮船舶所有人也应当按照其 50% 的碰撞过失比例承担污染损害赔偿责任。最高人民法院判决：普罗旺斯公司、达飞公司应当向上海打捞局给付救助款项 13 295 446.45 元及其利息；普罗旺斯公司、达飞公司应当向上海打捞局给付防污清污费 6 324 841.70 元及其利息；罗克韦尔公司应当向上海打捞局给付防污清污费 3 162 420.85 元及其利息；上海打捞局从碰撞事故双方所设立的 2 个海事赔偿责任限制基金中受偿的债权总额，应当以防污清污费 6 324 841.70 元及其利息为限。

【典型意义】

本案是一起法律关系复杂的海事纠纷案件，该案再审判决在法律适用规则和裁判方法上均具有多方面的典型意义：一是具体明确了合理区分海难救助与防污清污作业的标准，为准确认定案件所涉法律关系和明确纠纷的准据法确立必要前提。二是正确处理国内法与国际条约的关系，厘清有关国内法与国际条约的调整边界，具体明确了我国海事界争论达 20 多年之久的船舶碰撞事故中非漏油船一方的油污损害赔偿责任及其相关的责任限制与责任限制基金分配规则。三是依法合理平衡主权国家海洋环境利益与航运经营者商业利益之间的关系。准确认定《2001 年国际燃油污染损害民事责任公约》仅规定漏油船舶方面的责任，非漏油船舶一方的污染损害赔偿责任承担问题应当根据有关国家的国内法予以解决，进而依法认定碰撞双方均对油污损害承担赔偿责任（即不真正连带责任），有利于防污清污费等损失尽可能充分受偿。同时，认定事故船舶双方享有海事赔偿责任限制的权利，将船舶所有人的责任依法限制在合理范围内。四是坚持问题导向，充分注意到中国海上救助、打捞、清污等产业在与国际接轨并日益市场化条件下早已没有政府指导费率的实际，根据当事人举证情况，合理采纳国际上普遍选用的"船东互保协会特别补偿条款"费率（SCOPIC 费率），为中国国际海难救助行业积极采用较高国际费率标准提供了指引。

【一审案号】

(2015) 甬海法商初字第 442 号

【二审案号】

(2017) 浙民终 581 号

【再审案号】

(2018) 最高法民再 368 号

2. 舟山外代货运有限公司诉大连丰海远洋渔业有限公司申请海事请求保全损害责任纠纷案。

【基本案情】

大连丰海远洋渔业有限公司（本部分简称丰海远洋）因与舟山外代货运有限公司（本部分简称舟山外代）海上货物运输损害赔偿纠纷一案，于 2004 年 3 月 3 日，向大连海事法院起诉舟山外代并提出诉讼保全申请，请求扣押舟山外代所有的"盛福"轮并责令其提供 120 万元人民币的可靠担保。2004 年 3 月 7 日，大连海事法院扣押了"盛福"轮，责令"盛福"轮所有人舟山外代（实为经营人及共有人）提供 120 万元人民币的可靠担保。因为舟山外代没有提供可靠担保，6 月 12 日丰海远洋向大连海事法院提出拍卖船舶申请。6月21日，大连海事法院对停泊在舟山港的"盛福"轮予以拍卖。"盛福"轮拍卖所得款项扣除相关费用（评估费、公告费、差旅费）后，未进行债权分配，余款8 214 006.50元一直存放于大连海事法院账户。

关于以上案件的裁判情况，大连海事法院于2005年8月11日作出一审判决：舟山外代向丰海远洋支付赔偿款770 200元。舟山外代不服提出上诉。辽宁省高级人民法院发回重审。大连海事法院经重审认为丰海远洋索要鱼货款不属于请求赔偿，无需适用诉讼时效，遂判决：舟山外代于本判决生效之日起30日内向丰海远洋交付119.7吨鱼货的拍卖款167 837 141印尼盾，折合131 564元。舟山外代不服提起上诉。2010年3月17日，辽宁省高级人民法院作出了（2008）辽民三终字第215号民事判决，认为丰海远洋与舟山外代之间法律关系为海上货物运输合同关系，适用1年的诉讼时效，丰海远洋起诉已过诉讼时效，遂撤销一审判决，驳回丰海远洋的诉讼请求。但该判决中认定"舟山货运（为本案中舟山外代）对丰海远洋的货损应承担赔偿责任"。

舟山外代认为丰海远洋错误申请法院扣押、拍卖船舶的行为，造成舟山外代扣船期间船期损失，遂向大连海事法院起诉请求丰海远洋赔偿其相关损失及本案诉讼费用。

【裁判结果】

大连海事法院一审认为，丰海远洋的财产保全申请并不构成错误，不应负赔偿责任。遂判决驳回舟山外代的诉讼请求。辽宁省高级人民法院二审驳回上诉，维持原判。

最高人民法院再审认为，因申请保全错误致被申请人遭受损失属于侵权行为的范畴，法律并未专门规定适用过错推定或者无过错责任原则，因此该行为属于一般侵权行为，应当适用过错责任原则。依据谁主张谁举证之举证责任分配规则，保全损害赔偿请求人应就申请保全行为具备以上要件进行充分举证。（2008）辽民三终字第215号案件经过一、二审法院各2次审理，历经多年，其争议的核心问题即是丰海远洋的诉讼请求权是否超过了诉讼时效期间。对于该问题，专业法官尚且有争议，如要求申请人在案件审结之前即知晓该争议法律问题的结论无疑是对申请人苛予了过于严格的注意义务要求。根据（2008）辽民三终字第215号判决的认定，舟山外代应承担赔偿责任。丰海远洋提出保全申请系基于舟山外代对涉案海事请求负有责任的认识，该认识得到了法院生效判决的认可，系具备一定证据和法律支持的合理认识。丰海远洋提出海事请求保全申请已尽到了一般人应尽到的合理、谨慎的注意义务，无故意或重大过失，亦未有证据证明丰海远洋提出海事请求保全申请存在明显违法或程序不当。最高人民法院遂裁定驳回舟山外代的再审申请。

【典型意义】

本案的意义在于以基本民法理论作为逻辑工具进行推演，一方面明晰了相关法律规定的价值取向，另一方面统一了认定当事人申请保全错误的裁判尺度。一是，关于当事人申请保全错误如何认定，《海事诉讼特别程序法》和《民事诉讼法》都规定得比较简单，没有进一步明确如何界定申请保全错误行为。本案再审裁定回到一般民法理论，依据侵权责任法的相关规定，认定申请保全错误属侵权行为的范畴，在特别法无相关规定的情况下，应依据侵权责任法的有关规定判断保全申请是否存在过错。对于因申请财产保全错误侵害他人合法权益的，法律并未专门规定适用过错推定或者无过错责任原则，因此该行为属于一般侵权行为，应当适用过错责任原则。二是，本案统一了认定当事人申请保全错误的裁判尺度。对于申请人的诉请未得到法院支持是否即可认定申请错误，不能一概而论。申请人在提出财产保全时，并不知晓也无从知晓案件的最终判决结果，当事人对诉争事实和权利义务的判断未必与法院的裁判结果一致，如果仅以保全申请人的诉讼请求是否得到支持作为判断申请保全是否错误的依据，则对当事人申请保全所应尽到的注意义务要求过于严苛，将有碍于善意当事人依法通过诉讼保全程序维护自己的合法权益。依据本案再审裁定，若当事人基于合理的认识，为了维护其自身合法权益申请法院保全，已尽到了一般人应尽到的合理、谨慎的注意义务，无故意或重大过失，则不应该认为当事人申请保全存在错误。三是，本案明晰了相关法律规定的价值取向。诉讼保全的目的是保证判决执行，但同时还应防止债权人滥用诉讼保全侵害债务人权益。2项利益的比较上，债权人的可能诉讼利益与其滥用权利之间，需要利益衡量。依据我国目前的状况，债务人逃避执行属于更为普遍并亟待遏制的现象。因此，对保全申请人主观过错程度的裁量标准不应过于严苛，仅应在其存在故意或者重大过失的情况，才能认定申请保全存在过错。

【一审案号】

（2011）大海长事外初字第 1 号

【二审案号】

（2018）辽民终 332 号

【再审案号】

（2018）最高法民申 6289 号

3. 深圳市恒通海船务有限公司与吉安恒康航运有限公司航次租船合同纠纷案。

【基本案情】

深圳市恒通海船务有限公司（本部分简称恒通海公司）于 2015 年 9 月 23 日与吉安恒康航运有限公司（本部分简称吉安公司）签订航次租船合同，恒通海公司委托吉安公司从深圳运输 3000 吨散装玉米至湛江。吉安公司"吉安顺"轮到达湛江后，遭遇台风"彩虹"，船舶走锚，海水和雨水从舱盖的缝隙处流入舱内，货物受损，恒通海公司请求吉安公司赔偿货物损失，吉安公司辩称本案是由于不可抗力所导致，并反诉恒通海公司要求赔偿船体损失。

【裁判结果】

广州海事法院一审认为，判断台风是否属于不可抗力需要结合案情具体分析。中央气象台、广东海事局网站发布了台风"彩虹"在海南琼海到广东湛江一带沿海登陆的预报，吉安公司疏于履行对天气预报的注意义务，并怠于履行采取防台措施的义务，其仅基于台风"彩虹"实际强度与预报强度不符，从而认为台风"彩虹"属于不可预见的抗辩主张没有事实依据，不予支持。吉安公司在"吉安顺"轮锚泊防台过程中，明知"吉安顺"轮货舱水密性较差，针对货物仅采取加盖3层帆布并用绳子加固舱盖的防台措施，单凭此防台措施，没有对舱盖的缝隙进行及时有效的处理，不足以保证货舱的水密性，也不足以保证货物的安全，具有管货过失。恒通海公司作为承租人，既未操纵驾驶船舶，亦不负责采取防台措施，仅凭其迟延卸货的事实，不足以导致"吉安顺"轮的损害。判决吉安公司赔偿恒通海公司货物损失及利息，并驳回吉安公司反诉请求。吉安公司不服一审判决，提起上诉。

广东省高级人民法院二审认为，吉安公司是专业运输公司，每日关注案涉船舶拟将航行相关海域天气情况系其基本工作要求，因台风来临前两天中央气象台、广东海事局网站已经对台风"彩虹"进行预报，此后于台风登陆前两天仍不断地对台风强度和路径予以修正，故一审法院认定台风"彩虹"对吉安公司而言属于可以预见的客观情况故未支持吉安公司关于不可抗力的主张并无不当，判决驳回上诉，维持原判。吉安公司不服二审判决，向最高人民法院申请再审。最高人民法院裁定驳回吉安公司的再审申请。

【典型意义】

在海上货物运输实务中，台风是一个较为常见的自然灾害，因台风引发货主、码头、船舶损失进而诉至法院的情况屡见不鲜，责任方往往抗辩台风构成不可抗力而免责。台风是否构成不可抗力，目前司法实践对该问题存在分歧。本案对不可抗力的3个构成要件进行分析。首先，判断台风是否属于不可抗力，系针对案件当事人在案涉事故发生时的判断，需要结合案情具体分析，在同一次台风事故中，不同的承运人预见能力不同，不同的承运船舶防风能力不同，不能以相同的要求来衡量不同的承运人。其次，如果责任人以台风预报误差为不可抗力理由的，应举证证明其基于不同级别的台风采取了何种防台措施，以及台风实际强度与预报强度之间的差异足以影响其防台措施的效果。最后，在航运实践中，因台风造成货损的情况下，往往还同时存在承运人管货过失的因素，法官应正确区分管货过失与不可抗力之间就造成货损的原因力比例与作用大小，从而准确区分责任。本案对判断台风是否构成不可抗力的构成要件进行深入分析，为类似案件的处理提供了参考。

【一审案号】

（2017）粤72民初533、1152号

【二审案号】

（2018）粤民终1257、1258号

【再审案号】

（2019）最高法民申 3906、3907 号

4. 中化国际（控股）股份有限公司诉大连港股份有限公司港口货物保管合同纠纷案。

【基本案情】

2013 年 2 月 21 日，中化国际（新加坡）有限公司（本部分简称中化新加坡公司）与沈阳东方钢铁有限公司（本部分简称沈阳东方公司）签订铁矿粉《买卖合同》，中化新加坡公司将货物委托运输（运输工具为"蓝月亮"轮）后取得指示提单。因沈阳东方公司未支付货款，中化新加坡公司于 2013 年 9 月 30 日将货物转卖给中化国际（控股）股份有限公司（本部分简称中化公司），中化公司以提单换取了提货单，并向海关缴纳了关税。"蓝月亮"轮承载的铁矿粉运至大连港后卸于大连港股份有限公司（本部分简称大连港公司）的矿石码头，由大连港公司依据其与沈阳东方公司签订的《委托港口作业合同》及单次《港口作业合同》仓储保管。其后，大连港公司根据沈阳东方公司提供的货物过户证明和其与中国铁路物资哈尔滨有限公司（本部分简称中铁公司）签订的《仓储合同》向中铁公司出具了入库证明。就涉案货物的所有权，生效裁判文书确认属于中化公司所有。中化公司要求大连港公司配合提取货物被拒，遂诉至大连海事法院。

【裁判结果】

大连海事法院一审认为，仓储合同不以存货人是仓储物的所有权人为前提，沈阳东方公司与大连港公司之间的《委托港口作业合同》及单次《港口作业合同》均为有效合同。大连港公司向中铁公司出具的入库证明应当被认定为仓单，仓单记载的存货人和仓单持有人均是中铁公司。进口货物提货人应当提供仓单和加盖海关放行章的提货单才能提取货物。取得加盖海关放行章的提货单的是中化公司。向大连港公司出示仓单的人与出示提货单的人不一致，致使港口货物保管合同无法继续履行。生效判决书确认中化公司对货物具有所有权，依照《物权法》第 39 条规定，大连港公司在无法履行港口货物保管合同约定的货物交付义务的情况下，应当依据货物所有权人的要求将货物交付给中化公司。遂判决大连港公司将"蓝月亮"轮卸下的 B/L No.6 提单项下的 25 828 湿吨铁矿粉交付给中化公司。大连港公司不服一审判决向辽宁省高级人民法院提起上诉。

辽宁省高级人民法院二审认为，中化公司系货物的提单持有人和生效判决确认的所有权人，依照《物权法》第 39 条规定，中化公司有权行使对货物的占有权，大连港公司应向中化公司交付货物。沈阳东方公司没有获取提单，从未拟制占有过货物，所以只是与大连港公司存在意思表示约定的合同签订人，并非交付仓储物的存货人。大连港公司无权以存在其他存货人为由拒绝向中化公司放货，故判决驳回大连港公司的上诉，维持一审判决。中铁公司不服二审判决，向最高人民法院申请再审。

最高人民法院再审审查认为，生效判决已经确认涉案货物的所有权人为中化公司，中铁公司以其系善意取得为由提起第三人撤销之诉，其诉讼请求已被法院驳回。考虑到同时存在认定货物所有权人为中化公司而中铁公司并非善意取得的生效判决，大连港公司应向中化公司交付货物，故裁定驳回中铁公司的再审申请。

【典型意义】

本案涉及提货单权利人与仓单持有人分离时，港口经营人所面临向谁货物交付货物的问题。一方面，仓储合同不以存货人是仓储物的所有权人为前提，港口经营人在签订港口货物保管合同时没有识别仓储物所有权人的法定义务。另一方面，在仓储合同未实际履行或无法继续履行时，港口经营人作为海关监管的企业法人，在海关准予放行后，经生效判决确认的进口货物所有权人有权要求其交付货物。本案判决一方面肯定了依法成立的仓储合同的效力，另一方面维护了进口货物实际所有权人的物权，在司法实践中公平维护了各市场主体的合法权益，促进了国际贸易顺畅有序发展，对于营造诚实信用的营商环境发挥了良好的指引作用。

【一审案号】

（2015）大海商初字第 487 号

【二审案号】

（2018）辽民终 462 号

【再审案号】

（2019）最高法民申 3187 号

5. 海宁富兴塑胶有限公司诉宁波达源国际货运代理有限公司、顺翔船务代理（深圳）有限公司、太平船务（英国）有限公司海上货物运输合同纠纷案。

【基本案情】

海宁富兴塑胶有限公司（本部分简称富兴公司）与宁波达源国际货运代理有限公司（本部分简称达源公司）之间存在长期货运代理关系。2018 年 2 月，富兴公司因案涉出口巴西的货物委托达源公司向承运人订舱。顺翔船务代理（深圳）有限公司（本部分简称顺翔公司）作为无船承运人接受达源公司订舱，于同年 3 月 28 日签发无船承运人提单，并通过达源公司交给富兴公司。太平船务（英国）有限公司（本部分简称太平公司）于同日签发海运提单，交由顺翔公司。2018 年 5 月 3 日，案涉货物卸离船舶由巴西纳维根特斯港海关控制，由巴西联邦税务局封锁，并于 2018 年 5 月 8 日被他人提取。案涉全套无船承运人提单仍由富兴公司持有，案涉全套海运提单仍由顺翔公司持有。

【裁判结果】

宁波海事法院一审法院认为，本案海上货物运输目的港为巴西纳维根特斯，根据目的港法律，承运人须向当地码头交付货物，顺翔公司对此已提供了相应证据，该事实也为我国法院多起案件所证明。根据最高人民法院《关于审理无正本提单交付货物案件适用法律若干问题的规定》（本部分简称无单交货司法解释）第 7 条"承运人依照提单载明的卸货港所在地法律规定，必须将承运到港的货物交付给当地海关或者港口当局的，不承担无正本提单交付货物的民事责任"，承运人不承担无单放货的责任。综上，富兴公司未能证明案涉货物被放行系承运人向巴西海关提供了协助，即不能证明承运人存在过错，其向承运人主张赔偿没有依据。判决驳回富兴公司的诉讼请求。

浙江省高级人民法院二审认为，依据提单交付货物是承运人履行海上货物运输合同的基本义务。承运人援引无单交货司法解释第 7 条主张免责抗辩时，除了证明卸货港所在地国家法律有必须将承运到港的货物交付给当地海关或者港口当局的相关规定之外，还需证明其在向当地海关或者港口当局交付货物后丧失对货物的控制权。这也与最高人民法院《关于民事诉讼证据的若干规定》第 5 条第 2 款"对合同是否履行发生争议的，由负有履行义务的当事人承担举证责任"的规定相一致。根据查明的事实，巴西相关法律规定在进口货物中执行先清关后提货的海关政策，其目的是提高货物清关效率，简化进口程序，但并没有规定在巴西可以无单放货。顺翔公司与太平公司在庭审中亦认可，实践中巴西进口货物还需经承运人或其当地代理在巴西海关外贸综合系统（Siscomex Cargo）对相关货物进行解锁后，进口商方能提取货物。这也充分说明承运人将货物交给港口当局或海关后，仍然对货物交付具有控制权。故顺翔公司与太平公司仍需证明其在向当地海关或者港口当局交付货物后丧失对货物的控制权，或者货物在未经其允许的情况下被海关或港口当局擅自交付。本案一审中顺翔公司提交了巴西海关外贸综合系统的查询记录，证明巴西当地公证员于 2018 年 12 月 21 日登录该系统，显示案涉货物的状况已于 2018 年 5 月 8 日交付，同时船东对货物仍处于待定锁住状态，即未同意交付货物。该证据可以证明承运人在本案一审立案后仍未同意放行货物，结合太平公司签发的全套正本提单仍在顺翔公司手上的事实，可以认定太平公司与顺翔公司未向巴西海关提供正本提单或同意放行货物，故案涉货物被无单放货并非顺翔公司与太平公司的责任。在太平公司与顺翔公司已经举证证明上述事实的情况下，富兴公司未能进一步举证证明涉案货物的放行系顺翔公司与太平公司的故意行为，故其主张顺翔公司与太平公司承担赔偿责任缺乏事实和法律依据。综上，在进一步查明案件事实的基础上，判决驳回上诉，维持原判。

【典型意义】

随着南美国家进口货物清关政策的调整，实践中对相关国家港口允许承运人无单放货的法律及政策存在误读。例如巴西（2013）1356 号法令规定，在进口货物中执行先清关后提货的海关政策，其目的是提高货物清关效率，简化进口程序，但并没有规定在巴西可以无单放货。而且根据巴西实践，进口货物还需经承运人或其当地代理在巴西外贸货物系统（Siscomex Cargo）对相关货物进行解锁后，进口商方能提取货物。这也充分说明，承运人将货物交给港口当局或海关后，仍然对货物交付具有控制权。

因此，承运人援引无单交货司法解释第 7 条主张免责抗辩时，应承担更加严格的举证责任。除证明卸货港所在地国家法律有必须将承运到港的货物交付给当地海关或者港口当局的相关规定之外，还需证明其在向当地海关或者港口当局交付货物后丧失对货物的控制权，或者货物在未经其允许的情况下被海关或港口当局擅自交付。本案承运人通过巴西当地律师和公证员查询了巴西外贸货物系统的记录，证实了承运人并未同意放行货物，且案涉全套海运提单仍在其掌握之下，可以证明其对无单放货没有责任。本案确立了类似案件中船货双方的举证责任分配原则。

【一审案号】

（2018）浙 72 民初 1899 号

【二审案号】

（2019）浙民终 422 号

6. 朝鲜豆满江船舶会社（Korea Tumangang Shipping Company）诉 C. S. 海运株式会社（C. S. MARINE CO., LTD）船舶碰撞损害责任纠纷案。

【基本案情】

2015 年 9 月 21 日起，朝鲜籍船舶"秃鲁峰 3"（"TU RU BONG 3"）轮根据与案外人先锋事业所之间的租船合同，作为捕捞作业渔船的辅助船，在朝鲜半岛东部海域从事捕鱼加工作业。2015 年 10 月 1 日，"秃鲁峰 3"轮抛下了海锚，停泊于东经 131°31.26′，北纬 39°12.56′，在船艏船艉显示停泊灯和捕鱼信号灯，并为吸引鱿鱼，打开了 12 个工作灯。在大约北京时间 0 时 55 分，与韩国籍货船"海霓"轮相撞。其后，原告与被告就涉案纠纷协商不成，于 2017 年 3 月 20 日达成管辖权协议，约定就涉案船舶碰撞事故所产生的或与该碰撞事故有关的一切纠纷交由上海海事法院管辖。

【裁判结果】

上海海事法院一审认为，原、被告均系外国法人，本案具有涉外因素。双方当事人在诉前签订管辖权协议，合意选择本院行使涉案纠纷管辖权，审理过程中对此亦未持异议。根据《海事诉讼特别程序法》第 8 条"海事纠纷的当事人都是外国人、无国籍人、外国企业或者组织，当事人书面协议选择中华人民共和国海事法院管辖的，即使与纠纷有实际联系的地点不在中华人民共和国领域内，中华人民共和国海事法院对该纠纷也具有管辖权"的规定，本院对双方当事人书面协议选择本院管辖予以确认。庭审中，双方当事人均选择适用中华人民共和国法律处理本案纠纷。本院确认适用中华人民共和国法律处理本案纠纷。《海商法》及有关规定是调整船舶碰撞损害责任纠纷的特别法，应当优先适用。同时，本案应当依据《1972 年国际海上避碰规则》的规定确定涉案双方船舶应当遵守的航行规则。根据事发当时情况和双方的过错程度，法院最终认定"海霓"轮应承担本起事故 80%的责任，"秃鲁峰 3"轮应承担 20%的责任。上海市高级人民法院经审理认为，一审判决事实查明清楚，适用法律正确，应予维持，判决驳回上诉，维持原判。

【典型意义】

本案涉及 2 艘外籍船舶在海上发生碰撞后，双方协议选择我国法院管辖并适用我国法律，充分体现了我国法院对当事人意思自治的尊重，更彰显了我国海事司法的国际影响力。本案的典型意义有 2 个方面：关于管辖问题，本案当事人均为外国企业、碰撞事故发生地并非位于我国管辖海域，其他与纠纷有实际联系的地点均不在我国境内，但双方当事人在诉前签订管辖权协议，合意选择上海海事法院行使涉案纠纷管辖权，符合《海事诉讼特别程序法》第 8 条的规定。关于法律适用问题，本案当事人在我国法院诉讼过程中均选择适用中华人民共和国法律处理本案纠纷，根据意思自治原则，允许当事人在海事侵权纠纷中协议选择法律适用，无论是从行为的民事侵权性质、法律效果以及国际私法的发展趋势来讲，都具有较为充分的理论和实践依据。

【一审案号】

（2017）沪 72 民初 844 号

【二审案号】

（2018）沪民终 504 号

7. 天际国际集团公司（Skyline International Corp.）申请扣押"尼莉莎"轮（M/V NERISSA）案。

【基本案情】

因新加坡船东违约一船两卖，利比里亚申请人天际国际集团公司于伦敦仲裁前向青岛海事法院申请扣押约 30 万吨马绍尔群岛籍油轮"尼莉莎"轮，请求责令提供500 万美元担保。青岛海事法院依法将该轮扣押于青岛港。该轮原定计划于青岛港卸下 13 万多吨原油后，继续前往天津卸剩余的 15 万多吨，如无法如期前往天津卸货，将产生滞期费 3 万美元/天，且将导致交付迟延、工厂停产。为避免损失扩大，防止引发连环纠纷，法院适用《海事诉讼特别程序法》第 27 条的规定，准许被扣押外轮前往天津港卸货，成功促成当事人和解，继续履行原船舶买卖合同，当事人最终放弃伦敦仲裁，一揽子解决所有纠纷。

【裁判结果】

2019 年 3 月 11 日，青岛海事法院作出（2019）鲁 72 财保 108 号民事裁定，裁定如下：①准许申请人天际国际集团公司提出的海事请求保全申请；②扣押"尼莉莎"轮船舶所有人和/或光船承租人所有或经营的停泊于青岛港（锚地）的马绍尔群岛籍"尼莉莎"轮；③责令船舶所有人和/或光船承租人提供美元 500 万元的现金担保或其他可靠担保。④申请人应当在 30 日内提起诉讼或者仲裁，逾期不起诉或者仲裁的，本院将解除海事请求保全。并于当日发出（2019）鲁 72 财保 108 号扣押船舶命令，将该轮扣押于青岛港。

2019 年 4 月 9 日，该院作出（2019）鲁 72 财保 108 号之一号民事裁定，裁定如下：①准许离岸控股私人有限公司（Offshore Holding Company Pte. Ltd.）所有的马绍尔群岛籍"尼莉莎"轮继续营运，完成自中华人民共和国青岛港经天津港至秦皇岛港的航次。②将离岸控股私人有限公司所有的马绍尔群岛籍"尼莉莎"轮继续扣押于秦皇岛港。并于当日发出（2019）鲁72财保108号之一号扣押船舶命令，于2019年4月20日将该轮继续扣押于秦皇岛港。后法院组织各方当事人调解成功。

【典型意义】

在本案系船舶买卖合同纠纷，当事人拟在伦敦提起仲裁前，向我国法院申请在青岛扣押案涉船舶。青岛海事法院根据船载货物的实际情况，适用《海事诉讼特别程序法》第27条的规定，准许该轮继续到目的港完成卸货，并组织各方当事人调解成功的特别程序案件，体现了我国海事法院积极推进诉源治理、着力构建国际化、法治化、便利化的营商环境、依法平等保护当事人合法权益的司法理念。

该案的成功处理，为来自希腊、新加坡、印度、迪拜、巴西、中国等"一带一路"沿线国家、金砖国家的当事人和货主、租船人、抵押人等利害关系人避免了巨额损失，化解了连环诉讼风险，赢得了赞扬和尊重。新船东特意将船名更名为"尊重"（RESPECT），给予中国法官和中国法治崇高的敬意！该案的成功处理，向国际社会充分展现了中国海事司法的良好国际形象，彰显了中国海事司法的国际公信力和影响力。

【一审案号】

（2019）鲁72财保108号

8. 法国巴黎银行（BNP PARIBAS）诉光汇宝石油轮有限公司（BRIGHTOIL GEM TANKER LTD.）船舶抵押借款合同纠纷案。

【基本案情】

2016年10月28日，法国巴黎银行（本部分简称巴黎银行）与光汇宝石油轮有限公司（本部分简称光汇公司）签订了一份贷款合同，主要内容为巴黎银行向光汇公司提供不超过5200万美元的贷款，光汇公司如未按合同期限还款，应承担逾期贷款罚息以及相应复利，光汇石油（控股）有限公司作为该笔贷款的保证人之一等。2016年11月1日，双方又签订了一份抵押合同，约定：光汇公司以其名下的"光汇宝石"轮（M. T. BRIGHTOIL GEM）为前述贷款合同项下的所有债务提供抵押担保；如因本合同引起的任何争议，香港特别行政区法院是解决争议的最适宜和最便利的法院，但巴黎银行有权向任何有管辖权的法院提起诉讼。为此，光汇公司向"光汇宝石"轮登记机关香港特别行政区海事处船舶登记处和公司注册处办理了该轮的抵押权登记。同日，巴黎银行根据光汇公司的提款请求向其发放了4550万美元贷款。2017年10月3日，保证人光汇石油（控股）有限公司的股票在香港特别行政区证券交易所停止交易，且连续停止交易的期间超过了5天。巴黎银行以此停牌事件构成了贷款合同项下的违约事件为由，于同年12月22日向光汇公司发出了贷款提前到期通知。此后，光汇公司向巴黎银行分期支付了少量的本金、利息和逾期利息，仍有绝大部分贷款未能偿还。

2019 年 1 月 4 日，巴黎银行以光汇公司未能按期偿还贷款为由向海口海事法院申请诉前海事请求保全，请求扣押光汇公司名下的"光汇宝石"轮。海口海事法院依法作出（2019）琼 72 财保 1 号民事裁定及扣押船舶命令，将"光汇宝石"轮扣押于海南洋浦港。同年 1 月 28 日，巴黎银行向海口海事法院提起诉讼，请求判令：光汇公司在"光汇宝石"轮的价值范围内对巴黎银行主债权合同项下债权承担抵押担保责任；光汇公司按照主债权合同约定的利率支付欠款利息和逾期利息及其他诉讼请求。

诉讼期间，巴黎银行以光汇公司未提供担保且该轮长期停留于台风多发的热带海域、面临较大灭失风险为由，申请拍卖该轮。2019 年 8 月 6 日，海口海事法院作出（2019）琼 72 民初 22 号民事裁定，将"光汇宝石"轮通过网络司法拍卖平台予以拍卖，所得价款在支付因扣押和拍卖船舶的费用后全部存入海口海事法院代管款账户。

【裁判结果】

经海口海事法院主持调解，双方达成调解协议，主要内容为：双方确认应支付的贷款本息；光汇公司承担巴黎银行实现债权的费用以及行使抵押权产生的费用；上述款项从法院处置"光汇宝石"轮所得价款中，依照法定程序和受偿顺序拨付给巴黎银行；巴黎银行确保在收到上述款项后不再就涉案贷款合同和船舶抵押合同向光汇公司以及该轮的船舶管理人、经营人等提出索赔。海口海事法院作出民事调解书，依法审查并确认了该调解协议。

2019 年 11 月 20 日 10 时，"光汇宝石"轮在淘宝网司法拍卖平台首轮拍卖中，由来自希腊的买受人莫林有限公司（MERLIN CO. LTD.）以 4.033 亿元的价格竞得。11 月 28 日，海口海事法院解除对"光汇宝石"轮的扣押，并于 12 月 3 日将该轮移交给买受人。目前，该轮拍卖引发的债权登记及确权诉讼案件已全部审结，拍卖款已分配完毕。

【典型意义】

本案的公正、高效、妥善处理，是海口海事法院贯彻落实习近平总书记"4·13"重要讲话精神，努力建设海南自贸区（港）法治化、国际化、便利化营商环境的生动实践范例。本案当事人约定了单方面、开放式管辖权条款，巴黎银行在有权向全球任何国家或地区的法院起诉的情况下，自愿主动选择到海口海事法院诉讼，充分体现了我国海事司法的国际公信力和影响力。在海口海事法院的主持下，经过多轮调解，被告光汇公司同意以"光汇宝石"轮拍卖价款偿还欠款。为了顺利拍卖"光汇宝石"轮，海口海事法院采用网络媒体及传统媒体相结合的方式展开宣传和推介。不仅在网站、微博、微信上发布拍卖信息，还通过中国日报（海外版）、人民法院报、劳氏通讯、贸易风等多个渠道刊登了拍卖和债权登记公告。为了便于国内外买家了解船舶情况，海口海事法院开通了 24 小时咨询电话，先后组织 4 批意向买家登轮查看。经过 32 轮激烈竞价，最终该轮以 4.033 亿元成功拍卖，创淘宝司法拍卖平台开通以来成交金额最高的船舶拍卖纪录，体现了网络司法拍卖方式的成功。

【一审案号】

（2019）琼 72 民初 22 号

9. 福建省泉州海丝船舶评估咨询有限公司诉福鼎市海洋与渔业局滥用行政权力限制竞争案。

【基本案情】

2018 年 7 月 13 日，福鼎市海洋与渔业局出台《关于印发福鼎市标准化海洋捕捞渔船更新改造项目 2015—2016 年度实施方案的通知》。该方案规定，福鼎市辖区渔民申请海洋捕捞渔船更新改造补贴时，所委托的渔船造价评估机构应限于福建省国资委备案名录中的评估机构。福建省泉州海丝船舶评估咨询有限公司（本部分简称海丝公司）不服该项规定，诉至厦门海事法院，请求判决撤销该方案对第三方评估机构的指定。

【裁判结果】

厦门海事法院一审认为，海丝公司的经营范围与福鼎市海洋与渔业局指定行为均涉及渔船评估这一市场领域，其范围存在重叠；海丝公司起诉前已经在福鼎市开展了相关经营活动，与福鼎市海洋与渔业局的行政行为具有利害关系，其主体适格，可以根据《行政诉讼法》第 12 条第 1 款第 8 项规定提起行政诉讼。福鼎市海洋与渔业局在讼争方案中将第三方评估机构指定为福建省国资委备案名录中有资产评估资质的评估机构，实际上排除了海丝公司参与市场竞争的资格，构成通过行政权力限制市场竞争，违反了反垄断法相关规定。福鼎市海洋与渔业局为了加强渔业船舶评估市场监管的需要，可以对该市场的正常运行做出必要的规范，但不应在行政公文中采取明确指定某一范围的评估机构的方式，法院对此不予支持，遂判决确认福鼎市海洋与渔业局在讼争方案中限制竞争的行政行为违法。

福建省高级人民法院二审认为，本案被诉行政行为实质上是福鼎市海洋与渔业局为实施海洋捕捞渔船更新改造项目而作出指定所涉渔船的所有权人在一定范围内选择渔船造价评估机构进行评估的行为，系其行使行政职权的行为，属于行政诉讼受案范围。因该行为客观上排除了包括海丝公司在内的其他具有相应评估资质的评估机构公平参与市场竞争的权利，故属于滥用行政权利排除竞争的违法行政行为。二审判决驳回上诉，维持原判。

【典型意义】

深化市场经济体制改革，要求确保各类市场主体平等参与市场，并通过公平竞争实现优胜劣汰。行政机关滥用行政权力排除或者限制公平竞争，将直接破坏正常的市场竞争秩序，损害市场主体的合法权益。修正后的《行政诉讼法》将"行政机关滥用行政权力排除或者限制竞争的行为"明确纳入受案范围，表明人民法院可通过对相关行政行为的司法审查，维护市场主体的公平竞争权。本案中，福鼎市海渔局在对相关海洋捕捞渔船实施行政管理过程中，直接限定一定范围内的渔船造价评估机构作为参与相关评估工作的候选机构，客观上排除了其他具有相应资质的渔船造价评估机构参与评估市场公平竞争的机会，构成通过行政权力限制市场竞争的违法情形。人民法院坚持平等保护的原则，充分发挥海事行政审判职能，依法作出确认行政行为违法的判决，对规制、监督超越职权、滥用职权等违法行政行为、促进涉海行政机关提升依法行政水平和维护公开公平公正的市场竞争秩序，具有积极的导向意义，为海洋经济的高质量发展提供了坚实的司法支持和司法保障，充分彰显出"法治是最好的营商环境"。

【一审案号】

（2018）闽 72 行初 8 号

【二审案号】

（2019）闽行终 159 号

10. 陈某某诉中国海监渔政宁波支队、宁波市海洋与渔业局渔业行政处罚与行政赔偿案。

【基本案情】

中国海监渔政宁波支队于 2017 年 7 月 16 日作出行政处罚决定，认定陈某某未依法取得捕捞许可证从事捕捞；擅自涂刷他船船名；随船携带网具 139 顶，并装载 35 吨冰，其行为系捕捞的准备实施阶段，属于渔业捕捞活动；提供捕捞许可证属无效证书；无有效渔业船舶检验证书；所持捕捞许可证的持证人非陈某某，陈某某买卖捕捞许可证。依据《渔业法》第 41 条，对陈某某罚款 5 万元，没收陈某某所有的涉渔"三无"船舶 1 艘、网具 139 顶。陈某某不服，向宁波市海洋与渔业局申请行政复议，该局于 2018 年 1 月 4 日作出行政复议决定，维持上述行政处罚决定。

陈某某起诉称，二被告认定其"船上带网和冰，系捕捞的准备实施阶段，属于渔业捕捞活动"，证据不足；适用《渔业捕捞许可管理规定》对捕捞活动进行解释，认定其行为系捕捞从而对其进行处罚，法律适用错误。请求撤销行政处罚决定、返还渔船及网具以及赔偿损失等。

【裁判结果】

宁波海事法院一审认为：行政处罚具有教育功能及预防违法功能。渔业执法环境显著区别于陆上，执法难度较大。渔业捕捞包括捕捞准备行为、实施行为，前者系后者必经阶段。自维护公共利益和社会秩序角度出发，通过实施行政处罚将违法行为遏制在捕捞准备阶段，更利于保护海洋渔业资源。中国海监渔政宁波支队认定陈某某属于"非法捕捞"并无不当。结合陈某某具有未取得捕捞许可证、冒用他船船名、船证不符、买卖捕捞许可证等多项违法情形，中国海监渔政宁波支队没收其渔船及网具，证据确凿，适用法律正确，符合法定程序。判决驳回陈某某的诉讼请求。

浙江省高级人民法院二审认为：原审法院结合行政处罚的目的、渔业执法实际，认定陈某某具有从事捕捞准备行为，具有事实基础，符合法律规定。陈某某具有最高人民法院《关于审理发生在我国管辖海域相关案件若干问题的规定（二）》第10条规定的多项违法情形，依法应认定为"未依法取得捕捞许可证擅自进行捕捞情节严重"。判决驳回上诉，维持原判。

【典型意义】

当前，我国渔业资源接近枯竭，非法捕捞猖獗是一个重要原因。渔业执法活动中，常会出现相对人未取得捕捞许可证，已实施捕捞准备并存在多项违反渔业法律法规行为的情形，是否可根据《渔业法》第41条没收渔船，争议较大。结合行政处罚的目的及渔业执法实际，一、二审法院认定捕捞准备行为属于捕捞行为，具有最高人民法院《关于审理发生在我国管辖海域相关案件若干问题的规定（二）》第10条规定的多项违法情形的，应认定为"未依法取得捕捞许可证擅自进行捕捞情节严重"行为，可处以没收渔船的行政处罚，以充分保护海洋渔业资源，持续加强水域生态文明建设。该案典型意义在于以下3个方面：①准确适用法律，依法保障渔政部门正当履行渔业管理职责。本案根据相关司法解释的规定，准确解释了渔业法规定的并处没收渔具、渔船行政处罚的构成要件，依法保障渔政部门正当履行渔业管理职责。②拓展海事审判范围，积极行使海事审判职能作用。本案一、二审判决准确适用最高人民法院为审理发生在我国管辖海域内相关案件（包括民事、行政、刑事）而制定的司法解释，有力彰显了海事司法积极维护海洋生态环境资源的职能作用。③关注海上执法环境，发挥裁判的指引、规范和教育功能。海上执法活动囿于其执法环境，难以与陆上执法适用统一标准。为保护海洋渔业资源，加强海洋生态文明建设，应适度放宽海上执法活动证明标准，对捕捞行为作适度宽松解释，以客观公正的裁判指引、教育渔业从业人员规范捕捞行为。

【一审案号】

（2018）浙72行初2号

【二审案号】

（2018）浙行终1135号

11. 天津至臻化工科技发展有限公司诉中华人民共和国北疆海事局、中华人民共和国天津海事局行政处罚案。

【基本案情】

2018年1月7日，天津至臻化工科技发展有限公司（本部分简称至臻公司）就2个集装箱货物自天津港运至海口港向泉州安通物流有限公司（本部分简称安通公司）进行订舱，申报货物名称为"陶瓷熔块"，安通公司接受订舱。1月9日，涉案货物装至2个集装箱完成集港。1月17日，中华人民共和国北疆海事局（本部分简称北疆海事局）实施开箱查验，至臻公司法定代表人许某某及集装箱所在堆场和承运人代表均在场。北疆海事局分别在2个集装箱内随机选择3个取样点进行取样，上述在场人员见证样品封存并在样品标签上签字确认。北疆海事局就样品委托天津化工设计院检验中心（本部分简称检验中心）对货物海运运输条件进行鉴定，该检验中心具有中国合格评定国家认可委员会实验室认可证书。检验中心出具了《检验报告》和编号《危险特性分类鉴别报告》。《检验报告》结论为 2 个集装箱内样品主要成分氢氧化钠，一个集装箱内样品氢氧化钠含量 67%，另一个集装箱内样品氢氧化钠含量 75%。《危险特性分类鉴别报告》结论为样品主要成分氢氧化钠，该物质被列入我国《危险化学品目录（2017 版）》，属于 8 类腐蚀性危险化学品，按危险化学品储运。

3 月 23 日，北疆海事局以至臻公司将危险化学品谎报为普通货物托运为由，依据《危险化学品安全管理条例》第 87 条第 1 款第 4 项规定，作出《海事行政处罚决定书》，给予至臻公司罚款 109 000 元的行政处罚。至臻公司不服，向中华人民共和国天津海事局（本部分简称天津海事局）申请行政复议，天津海事局于作出《行政复议决定书》，维持北疆海事局作出的《海事行政处罚决定书》，并送达至臻公司。至臻公司遂提起诉讼。

【裁判结果】

本案针对至臻公司提出的全国海事行政主管机关存在"同案不同罚"的问题进行了重点阐释。至臻公司主张我国其他地区海事行政主管机关就类似行为依据《防治船舶污染海洋环境管理条例》第 22 条、第 26 条、第 64 条以及《船舶及其有关作业活动污染海洋环境防治管理规定》第 24 条作出的处罚较轻，而案涉行政处罚系依据《危险化学品安全管理条例》第 87 条第 1 款第 4 项的规定作出，处罚较重。

天津海事法院一审认为，行政处罚决定适用法律、法规是否正确，要看行政处罚对象是否符合所适用法律规范规定的法律要件，不同法律规范所针对的违法行为情形以及所维护的公共利益均不同。案涉《危险化学品安全管理条例》的制定、实施是为了加强危险化学品的安全管理，预防和减少危险化学品事故，保障人民群众生命财产安全和保护环境，适用于危险化学品生产、存储、使用、经营和运输的安全管理。且该条例相关条款明确规定了本案所涉托运人将危险化学品匿报或者谎报为普通货物托运的违法情形。一审驳回至臻公司的诉讼请求。

天津市高级人民法院二审认为，行政法规基于不同的立法目的调整各个行政管理领域内不同的行政法律关系，行政机关作为被授权的行政主体，在其裁量权范围内加强天津港危险化学品的监督力度，适用《危险化学品安全管理条例》作出行政处罚决定并无不当。

【典型意义】

在海上货物运输中，诸如生产案涉固体氢氧化钠的小型危险品化工厂惯常使用"双层包装"的方式，即里层包装按危险品实际情况进行标注，而表面包装为普通货物，来逃避危险品监管，待货到目的港后，再撕掉表面包装进行销售，赚取非法收入。这种行为严重威胁着海上航行安全。

人民法院遵循合法性审查原则，就被诉行政行为的实施主体、管辖权限、执法程序、事实认定、法律适用等问题进行了全面评价，依法支持了海事行政主管机关的事实认定结论和法律适用意见。本案的审理有力维护了海事管理机关在对污染危害性货物是否为危险品的准确定性的基础上，正确依法处罚，更有利于危险品的源头治理，对规范危险化学品的管理和运输具有良好指引作用，同时对于推动海事行政主管机关在全国范围内统一法律适用及执法尺度具有一定的借鉴意义。

【一审案号】

（2018）津 72 行初 2 号

【二审案号】

（2019）津行终 30 号

（八）2020 年度十大公益诉讼案例

2021 年 3 月 31 日，中国法学会案例法学研究会、中国政法大学诉讼法学研究院、最高人民法院环境资源审判庭、最高人民检察院第八检察厅、最高人民法院司法案例研究院、《法治周末》报社联合评出第十届（2020 年度）中国十大公益诉讼案例。

1. 消费者武某诉"福禄"电子烟互联网购物合同纠纷案。

【审理法院及案号】

北京互联网法院［（2019）京 0491 民初 27038 号］

【案情简介】

2020 年 4 月，武女士在京东付款 299 元购买了知名品牌"福禄"（FLOW）电子烟，在线客服和宣传策划材料称电子烟没有伤害或伤害不大，且可以具有戒烟的作用和功效，因此提交订单选购了 1 个电子烟。但是，武女士在接到商品时，却发觉与电子烟的宣传策划自相矛盾。在线客服和广告宣传声称：无伤害或伤害小、比香菇还具有安全性、不容易造成对身体危害的化学物质、有利于戒烟等。而商品外包装盒和产品介绍称电子烟对身体健康仍将会产生危害，电子烟雾化的烟油带有甲醛、烟焦油等依赖性化学物质。武女士以该电子烟含烟焦油、添加的食用级香料未得到国家药监局单位准许，及电子烟厂商、销售单位涉嫌消费欺诈为由，将"福禄"电子烟运营公司，销货方和生产制造方总共 4 家企业告到了法院。原告的诉讼请求中除要求退款、3 倍赔偿外，还要求电子烟运营公司在其网站首页上刊登消除影响的声明，并对消费者醒目公示电子烟的危害性。原告诉称，这个案件中被告宣传其电子烟有助于戒烟、比香菇还安全，这种宣传可能会对公众特别是未成年人造成危害。北京互联网法院经审理，判决支持了原告的诉讼请求。

【典型意义】

电子烟作为一个新生事物，自产生之后便争议不断。本案判决重申，产品经营者应当审慎对待其产品的宣传，法律明确规定禁止在广播电台、电视台等媒体刊登广告，电子烟作为类似香烟且安全性尚不十分确定的新品类，电子烟经营者及相关媒体在对消费者宣传时更应保持客观谨慎的态度。此案作为国内电子烟网络买卖合同纠纷第一案，相信会引起相关部门进一步重视，从而能规范电子烟的市场宣传行为以加强保护消费者的知情权，进而推动电子烟相关国家标准的修订。

2. 北京市朝阳区自然之友环境研究所诉戛洒江一级水电站建设单位等破坏"绿孔雀"栖息地环境公益诉讼案（全国首例野生动物保护预防性公益诉讼案）。

【审理法院及案号】

云南省昆明市中级人民法院［（2017）云01民初2299号］

云南省高级人民法院［（2020）云民终824号］

【案情简介】

2017年3月，因建设戛洒江一级水电站，国家一级保护野生动物、珍稀濒危物种绿孔雀在我国最后一片面积最大、最完整的栖息地面临毁灭性破坏的重大风险。为预防水电站建设加速濒危物种绿孔雀灭绝的重大风险，2017年7月，环保组织北京市朝阳区自然之友环境研究所依法向昆明市中级人民法院提起预防性环境公益诉讼。一审法院昆明市中级人民法院依法审理认定："戛洒江一级水电站的淹没区是绿孔雀频繁活动区域，构成绿孔雀生物学上的栖息地，一旦该栖息地被水电站淹没，对该区域绿孔雀生存所产生的损害将是可以直观估计预测且不可逆转的，戛洒江一级水电站建设项目对绿孔雀存在重大风险"。于2020年3月判决水电站建设单位立即停止基于现有环境影响评价下的戛洒江一级水电站建设项目，不得截流蓄水，不得对该水电站淹没区内植被进行砍伐。对戛洒江一级水电站的后续处理，待水电站建设单位按生态环境部要求完成环境影响后评价，采取改进措施并报生态环境部备案后，由相关行政主管部门视具体情况依法作出决定。一审宣判后，双方均提起上诉。2020年12月31日，云南省高级人民法院依法审理后判决维持原判。

【典型意义】

本案是全国首例野生动物保护预防性公益诉讼案件，案件的审理突破了"有损害才有救济"的传统司法理念，将生态环境保护提升至损害结果发生之前，避免了对生态环境造成损害或进一步扩大，是预防为主原则在环境资源审判中的重要体现。法院结合专家意见等证据，用司法手段推动了在自然保护地外的野生动物重要栖息地的保护，并体现了保护珍稀濒危物种中"就地保护"优先的科学原则，切实避免造成珍稀濒危物种灭绝的不可逆生态风险，发挥了我国司法制度在生物多样性保护上的重要价值。此案还首次通过判决确立了关于"具有损害社会公共利益重大风险"的认定和裁判标准，可为今后审理同类案件提供可资借鉴的审判经验。

3. 张某等3人攀爬三清山巨蟒峰故意损毁名胜古迹案（最高人民法院十大民事案件）。

【审理法院及案号】

江西省上饶市中级人民法院［（2018）赣11民初303号］

江西省高级人民法院［（2020）赣民终317号］

【案情简介】

2017年4月，被告人张永明、毛伟明、张鹭3人通过微信联系，约定前往三清山风景名胜区攀爬"巨蟒出山"岩柱体（又称巨蟒峰）。2017年4月15日4时左右，张永明等3人到达巨蟒峰底部攀爬，并在有危险的地方打岩钉，使用电钻在巨蟒峰岩体上钻孔，再用铁锤将岩钉打入孔内，然后在岩钉上布绳索，后被三清山管委会工作人员发现后劝下并被民警控制。经现场勘查，张某等人在巨蟒峰上打入岩钉26个。经专家论证，三被告人的行为对巨蟒峰地质遗迹点造成了严重损毁。上饶市人民检察院提起刑事附带民事诉讼之后，上饶市中级人民法院判决张某等3人在全国性媒体上刊登公告，向社会公众赔礼道歉，连带赔偿环境资源损失计6 000 000元，并赔偿检察院支出的专家费150 000元；刑事部分判决3人故意损毁名胜古迹罪。诸被告不服提起上诉，江西高院二审裁判分别驳回上诉，维持原判。

【典型意义】

当前，攀岩活动在国内越来越普及，但社会公众对这一运动涉及的法律边界还不完全清楚。自然景观是大自然赋予人们的瑰宝，也是不可再造的旅游资源，禁止任何形式的毁损破坏，否则不止会受到道德的谴责，也会受到法律的制裁。本案的审理有利于统一裁判尺度、提供办案指引，同时也让公众行为有章可循，有利于引导公众合法参与攀岩等户外探险活动，从而充分发挥法律的指引功能。

4. 上海市人民检察院第三分院诉米泰公司、华远公司等环境民事公益诉讼案（全国首例涉"洋垃圾"环境民事公益诉讼案）。

【审理法院及案号】

上海市第三中级人民法院［（2019）沪03民初12号］

上海市高级人民法院［（2019）沪民终450号］

【案情简介】

2015年，米泰公司、华远公司伙同黄德庭、薛强等人从韩国走私138.66吨铜污泥，由黄德庭在上海港报关进口，后被海关查获滞留港区，无法退运，危害我国生态环境安全，涉案铜污泥处置费用为105万余元。2017年12月，上海市人民检察院第三分院（本部分简称上海三分检）就米泰公司、黄德庭、薛强共同实施走私国家禁止进口固体废物，向上海市第三中级人民法院（本部分简称上海三中院）提起公诉。上海三中院于2018年9月判决米泰公司犯走私废物罪，判处罚金20万元；黄德庭等犯走私废物罪，判处有期徒刑和罚金。刑事判决生效后，上海三分检于2019年6月另案提起民事公益诉讼，请求判令米泰公司、黄德庭、薛强、华远公司4名被告连带偿付非法进口固体废物（铜污泥）的处置费105万余元。上海三中院判决支持了检察院的诉讼请求。华远公司不服提出上诉，上海高院于2020年12月驳回上诉，维持原判。

【典型意义】

"洋垃圾"入境严重污染我国生态环境，危害巨大。本案系全国首例涉"洋垃圾"环境民事公益诉讼案，其审理与判决契合时代需求，维护了国家和社会公众的环境权益。本案判决确立了3项裁判规则：一是未被判处刑事责任，但符合民事责任构成要件的，仍应承担民事赔偿责任；二是"洋垃圾"即使因被查扣未造成实际环境损害，但行为人仍负有消除危险的民事责任；三是无害化处置是消除危险的必要措施，相应的处置费用应当纳入侵权赔偿范围。上述裁判规则为司法实践提供审判指导，为社会提供行为规范，通过让所有侵权人共同赔偿处置费用，提高了行为人的违法成本，鲜明体现了谁侵害谁担责的原则，同时降低了社会治理成本，促进了"洋垃圾"进口的源头治理。

5. 郭兵诉杭州野生动物世界"人脸识别"纠纷案（"人脸识别"第一案）。
【审理法院及案号】
杭州市富阳区人民法院 ［（2019）浙 0111 民初 6971 号］
【案情简介】
杭州野生动物世界位于杭州市区西南郊，是国家 4A 级景区。2019 年 4 月 27 日，郭兵在杭州野生动物世界（本部分简称动物园）办理了 1 张 1360 元的双人年卡，可以在年卡有效期内无限次入园游玩。此后郭兵和家人曾数次前往动物园，每次都是通过刷年卡和指纹入园。但是在 10 月 17 日，他收到了一则来自园方的短信通知，称园区年卡系统已经升级为人脸识别，原指纹识别取消，要求尽快携带年卡办理升级业务，未注册人脸识别的用户将无法正常入园。郭兵认为，园区在未经他同意的情况下，通过升级年卡系统强制收集个人生物识别信息，严重违反了《消费者权益保护法》等法律的相关规定，损害了他的合法权益；而他的面部特征等个人生物识别信息属于个人敏感信息，一旦泄露、非法提供或者滥用将极易危害包括他在内的消费者的人身和财产安全，遂向杭州市富阳区人民法院提起诉讼。11 月 20 日，法院经审理判决园方赔偿郭兵合同利益损失及交通费 1038 元，删除郭兵办理年卡时提交的照片等面部特征信息，但驳回了其他诉讼请求。杭州市中级人民法院经二审维持了原判。

【典型意义】
郭兵教授自己或许没有想到，因其率先针对"人脸识别"过度信息采集问题而并不高调的一次兴讼，似乎一夜之间获得了广泛的社会认同，彰显了巨大的公益属性。"人脸识别第一案"影响所及，使得稍后"人脸识别"企图登堂入室、席卷各地居民小区时，遭遇人们的权利觉醒和顽强阻击，以至于越来越多的地方立法开始对"人脸识别"说不，最高立法机关对此也有鲜明回应。虽说"大数据之下无隐私"，但 2020 年关于"人脸识别"的争议浪潮，都可以理解为社会公众对人工智能等技术新势力反噬效应的一次深度警醒与反思。

6. 安徽省消保委诉董某等 7 人侵权责任纠纷案（全国批量发起第一案）。
【审理法院及案号】
安徽省天长市人民法院 ［（2020）皖 1181 民初 2810 号］
【案情简介】
2016 年 3 月起，董学明从刘云凤（已判刑）等人处购买假冒"口子窖"等系列白酒。2016 年 3 月至 2017 年 12 月间，董学明将上述假冒"口子窖"系列白酒在天长市境内向赵同辉、戴志林等人销售，销售金额计 262 190 元。其余被告也均从他人处购得假酒，并加价向消费者出售。2019 年 12 月下旬，安徽省消保委正式就此起系列案向滁州市中级法院提起民事公益诉讼，滁州市检察院支持起诉。因涉案人员户籍、居所及案发地多为天长市，滁州市中级法院此后陆续裁定由天长市人民法院审理该系列案件，滁州市检察院则指令天长市检察院出席法庭支持起诉。安徽省消保委要求董学明等 7 人向受侵害的消费者赔礼道歉，并承担销售价款的 3 倍赔偿金、合理的律师代理费用等民事责任，请求法院判令各被告分别在安徽省级新闻媒体上公开赔礼道歉，分别承担数额不等的惩罚性赔偿金、原告律师代理费及案件诉讼费用。2020 年 11 月 20 日，天长市人民法院就董某等 7 人 6 起民事公益诉讼系列案件分别作出一审判决，支持了安徽省消保委的全部诉讼请求。

【典型意义】

惩罚性赔偿兼具惩罚、遏制、补偿和激励的功能，可以通过让不法行为人承担较高赔偿，增加其违法成本，以放大威慑效应，提升治理效果。但司法实践中，囿于法律供给不足以及社会组织、个人取证能力、法律专业知识有限甚至相对保守的司法理念，使得惩罚性赔偿难以落地。本系列案件作为安徽省首例由消费者权益保护组织提起 3 倍惩罚性赔偿请求并获胜诉的案件，为建立完善社会组织提起公益诉讼惩罚性赔偿制度提供了实践样本，也彰显了社会组织参与公益诉讼的积极意义。

7. 江苏省消保委诉乐融致新电子科技（天津）有限公司电视"开机广告"侵权案。

【审理法院及案号】

江苏省南京市中级人民法院［（2020）苏 01 民初 62 号］

江苏省高级人民法院［（2021）苏民终 21 号］

【案情简介】

2019 年 7 月起，江苏省消保委开展了针对智能电视开机广告的系列调查、整改、诉讼维权专项行动，对存在问题的海信、小米、创维、夏普、海尔、长虹、乐视 7 家智能电视品牌企业进行了长达 1 年的约谈、跟踪和监督，要求企业提供开机广告"一键关闭"功能，切实保障消费者的选择权。2019 年 12 月，江苏省消保委对拒不整改的乐视电视所属企业乐融致新电子科技（天津）有限公司向南京市中级人民法院依法提起消费民事公益诉讼。南京市中级人民法院经审理，于 2020 年 11 月一审判决乐融致新电子科技（天津）有限公司智能电视开机广告侵犯了消费者选择权和公平交易权，应予整改，要求增设"一键关闭"功能。至此，江苏省消保委主张的"一键关闭"功能得到判决支持。诉讼期间，6 家企业整改效果显著，按进度升级智能电视开机广告"一键关闭"功能；江苏省消保委与中国电子商会共同发起的《智能电视开机广告技术规范》团体标准正式生效。江苏省高级人民法院经二审维持了原判。

【典型意义】

本案的意义在于通过公益诉讼规范了电视生产经营商的销售行为。电视生产商的利润应当来源于电视机的出售，而不是广告植入的收益，其销售的智能电视在播放开机广告，在没有提供一键关闭选项的情况下，侵害了消费者的知情选择权等合法权益，降低了消费者观看电视的体验，侵害了众多不特定消费者的合法权益。强行植入、无法关闭的智能电视开机广告曾深受消费者诟病。而对这一现象的整改，江苏省消保委历时1年多，对存在问题的7家智能电视品牌企业进行了长达1年的约谈、跟踪和监督，最终通过公益诉讼切实全面保障了消费者的选择权。

8. 萍乡市人民检察院诉安福县某粮油加工厂"毒大米"侵权10倍赔偿案（全国首例"毒大米"公益诉讼案）。

【审理法院及案号】

江西省萍乡市中级人民法院［（2020）赣03民初72号］

【案情简介】

2019年1月25日和2月12日，萍乡某米业经营部和萍乡某贸易公司分别从安福县某粮油加工厂购进某品牌大米共计200kg和150kg，销往2家大型超市。2019年2月26日和3月13日，该2批次大米被江西省市场监督管理局检验出镉含量为0.29mg/kg和0.38mg/kg，分别超出食品安全国家标准的0.45倍和0.9倍，为不合格食品。2020年3月，萍乡市人民检察院经查实，某粮油加工厂未严格按照《食品安全法》和《食品安全国家标准 食品生产通用卫生规范》（GB14881-2013）的规定对大米原料以及大米成品进行检验，便出厂进行销售；其他4家销售企业作为食品经营者共同造成案涉镉超标大米流入市场、进入消费领域。经依法公告后，萍乡市人民检察院向萍乡市中级人民法院提起民事公益诉讼，诉请判令安福县某粮油加工厂等被告承担停止生产、销售不符合国家食品安全标准的大米，公开告知公众停止食用并召回涉案大米，承担10倍惩罚性赔偿金，通过媒体向社会公众赔礼道歉的民事责任。2020年12月24日，萍乡市中级人民法院作出判决，依法判令被告承担10倍惩罚性赔偿金21 000元，并支持了检察机关的其他诉讼请求。

【典型意义】

本案为全国首例"毒大米"公益诉讼案。"民以食为天，食以安为先"，食品安全问题始终是保障民生的关键，除了行政管理手段，司法机关通过行使公益诉讼职能以惩戒食品安全违法行为亦是一种保障食品安全的手段。人民法院支持公益诉讼请求的判决，充分发挥了《食品安全法》惩罚性赔偿金的惩罚、制裁、威慑、教育和预防的功能，让侵权者承担了应有的侵权责任，保障了公众身体健康和生命安全。

9. 中国绿发会诉雅砻江水电公司危及五小叶槭环境保护民事公益诉讼案（全国首例预防性公益诉讼暨首例保护濒危植物公益诉讼）。

【审理法院及案号】

四川省甘孜藏族自治州中级人民法院［（2015）甘民初字第45号］

【案情简介】

五小叶槭为我国四川特有物种，按照世界自然保护联盟（IUCN）濒危等级标准（IUCN 1994），该物种已属于极危物种，目前野外现仅存 500 余株，分属 4 个种群。雅江县某村附近的五小叶槭种群是当今世界上残存的最大的一个五小叶槭种群，也是唯一发现还有自然繁殖能力的种群。2015 年，雅砻江流域水电开发有限公司（本部分简称雅砻江水电公司）拟在雅砻江上修建牙根电站。而根据该电站《开发方案研究报告》，该段梯级电站中 2 座电站建成后将淹没雅江县五小叶槭的绝大部分分布区，对五小叶槭的生存构成严重威胁，急需进行抢救性保护。2015 年 9 月，中国绿发会以雅砻江水电公司为被告向甘孜藏族自治州中级人民法院提起环境公益诉讼。甘孜藏族自治州中级人民法院立案后组织过多次调解，但是被告态度一直很强硬。本案经数次庭审，历时近 5 年，甘孜藏族自治州中级人民法院于 2020 年 12 月判决支持了原告的部分诉讼请求，被告应将五小叶槭的生存作为牙根水电站项目可研阶段环评的重要内容，环评经过环保部门审批后才能开展下一步工作。

【典型意义】

最高人民法院《关于审理环境民事公益诉讼案件适用法律若干问题的解释》第 1条规定："法律规定的机关和有关组织依据民事诉讼法第五十五条、环境保护法第五十八条等法律的规定，对已经损害社会公共利益或者具有损害社会公共利益重大风险的污染环境、破坏生态的行为提起诉讼，符合民事诉讼法第一百一十九条第二项、第三项、第四项规定的，人民法院应予受理。"其中"具有损害社会公共利益重大风险的污染环境、破坏生态的行为提起诉讼"即为预防性公益诉讼。本案就是典型的尚未造成破坏生态行为（未破坏五小叶槭）却具有损害重大风险（可能淹没五小叶槭种群）的行为。中国绿发会在庭审中反复强调，即使人工培育技术再成熟，雅江流域的那片唯一有野外繁殖能力的种群才是最珍贵的，我们保护的是它的原生境，其天然生长环境无可替代，即使人工培育五小叶槭长势再好，都不会有自然的幼苗滋生，人工的五小叶槭不会有野外繁殖能力。

10. 杭州市余杭区人民检察院诉蔡某、姚某等销售三无口罩侵权责任纠纷案。

【审理法院及案号】

杭州互联网法院［（2020）浙 0192 民初 1147 号］

【案情简介】

2020 年 1 月 24 日至 31 日，蔡某经姚某等人介绍，明知系无生产日期、无质量合格证、无生产者名称的普通防尘口罩，仍从余红军、杨杰等处分别以低价购买口罩后加价出售，口罩被销往湖北、广东等全国 21 个省市，用于防疫物资捐赠、药店超市销售、单位员工保障和民众自我防御等，其中已进入公共流通领域的伪劣口罩共计 28 400 个，销售数额 198 100 元。经检测，蔡某从余某、杨某处购得的口罩的过滤效率实测值分别为 6.5%、20.1%、8.7%，均不符合 GB2626-2006 标准要求。杭州市余杭区人民检察院据此向杭州互联网法院提起公益诉讼，请求判令被告发布警示公告、召回已销售商品、支付消费者购买商品价款 3 倍的惩罚性赔偿并赔礼道歉。杭州互联网法院经审理，判决被告蔡某、姚某共同支付侵害社会公共利益的损害赔偿款 20 万余元（此款专门用于新冠疫情防治公益事项支出），并支持了杭州市余杭区人民检察院其他诉讼请求。

【典型意义】

2020 年初全国遭遇突如其来的新冠疫情，有人趁机大发不义之财。在蔡某、姚某侵权案件中，杭州互联网法院对我国现行法律关于公益诉讼适用范围规定中的"等"字进行了解释，对公益诉讼案件受案范围的进行了一定程度的拓展。该院认为，对"等"外检察公益诉讼类型的解释应符合立法条文原意，秉持稳妥、有序、积极、开放的态度，"等"外可提起的检察公益诉讼类型应与现有法律已规定的公益诉讼类型在公共利益属性等方面具有相同或相似之处，为突发公共卫生事件等特殊社会环境下开展公益诉讼进行了有益探索，并对抗疫防疫起到了积极助推作用。

第三节 行政诉讼法的实践概况[*]

一、行政诉讼司法的基本数据

面对世纪疫情和百年变局交织的复杂局面，2020 年的行政诉讼实践在习近平新时代中国特色社会主义思想的指导下，紧紧围绕"努力让人民群众在每一个司法案件中感受到公平正义"的目标，坚持服务大局、司法为民、公正司法，忠实履行宪法法律赋予的职责，依法服务统筹推进疫情防控和经济社会发展，在各个方面都取得了新的进展。

（一）全国行政诉讼大数据报告

1. 检索条件。为了更全面地了解 2020 年行政诉讼案件的司法实践样态，本次报告采集了 2020 年全国各地基层法院、中院以及高级人民法院审结且公开的行政诉讼案件数据样本，通过对行政诉讼案件数量分布、地域分布、行业分布、行政诉讼高发的具体行政行为种类、裁判文书的类型等多个维度的数据展开分析，总结归纳2020 年行政诉讼所呈现的基本特点，以期用客观的数据、直观的图表、简明的分析，勾勒出 2020 年行政诉讼的图像，为公众全面认识并参与行政诉讼案件、为各级行政机关严格依法行政提供参考。

（1）数据来源：北大法宝司法案例库。

（2）审结时间：2020 年 1 月 1 日至 2020 年 12 月 31 日。

（3）案由：行政。

（4）程序：一审、二审、再审、执行。

---

[*] 执笔人：中国政法大学诉讼法学研究院高家伟教授、硕士生高润青。

按照上述检索条件共检索到 2019 年各级法院所审结的公开裁判文书共 526 733 份。[1] 通过对行政诉讼数量变化、地域分布、行业分布、行政诉讼高发的具体行为种类、审判级别、审判程序、结案方式、文书类型等多维度的数据对行政诉讼实践展开分析。

2. 分类报告。

（1）案件数量增长。

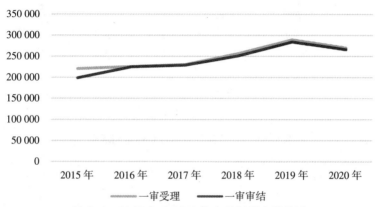

图 3-1　2015 年至 2020 年行政诉讼案件数量

（2）案件地域分布。

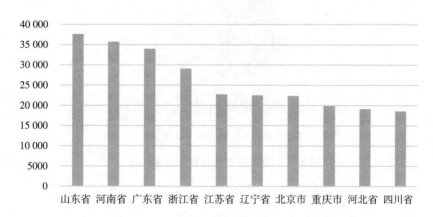

图 3-2　2020 年行政诉讼案件地域分布

---

〔1〕 因数据库收录裁判文书的数量、案件的公开程度和时间等因素，以及执笔人能力所限，本报告数据与实际情况可能存在一定误差。

（3）案件审判级别。

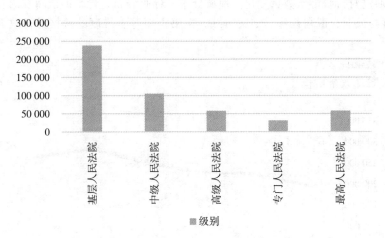

图 3-3　2020 年行政诉讼案件审判级别

（4）案件审判程序。

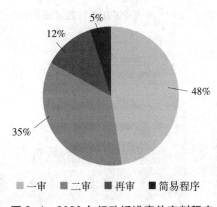

图 3-4　2020 年行政诉讼案件审判程序

（5）行政管理范围。

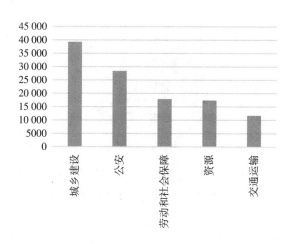

■ 被诉行政行为涉及的领域

图 3-5 2020 年行政诉讼被诉行政行为涉及的领域（最多的 5 个领域）

（6）高频被诉的行政行为类型。

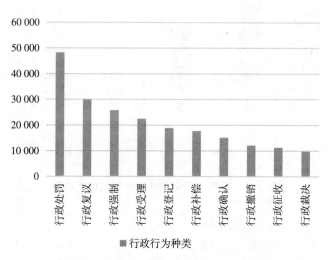

■行政行为种类

图 3-6 2020 年高频被诉的行政行为类型

（7）裁判文书类型。

图 3-7　2020 年行政诉讼案件裁判文书类型

（8）裁判终审结果。

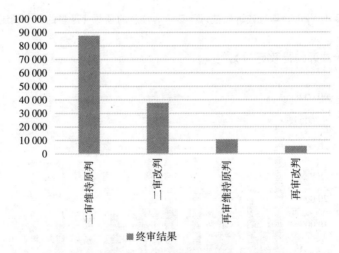

图 3-8　2020 年行政诉讼案件裁判终审结果

（二）全国行政诉讼大数据分析

1. 行政诉讼大数据动态过程分析。

（1）立案。根据最高人民法院发布的相关数据，2020 年全国法院一审审结行政案件 26.6 万件，[1] 较 2019 年同期下降 6.77%。全国多地法院的行政诉讼案件受理

---

〔1〕　参照数据为"最高人民法院工作报告"，载 http：//www. court. gov. cn/zixun-xiangqing-290831. html，最后访问日期：2021 年 3 月 1 日。

量出现减少现象，2020 年重庆市法院行政审判庭共受理各类行政诉讼案件 14 427 件（含旧存 1436 件），同比下降 6.85%，湖南省法院共受理一审行政案件 10 533 件，同比下降 18.6%。当然，也有法院的行政诉讼案件受理量依然居高不下，呈增长态势。如 2020 年山东省法院共新收各类行政案件 57 703 件，受理行政诉讼案件 37 245 件，收案数量稳步增长，一审收案数位居全国第二位。借助以上数据的分析，可以看到行政诉讼案件一审立案量的地区差异较为明显，一定程度上反映出不同地区行政相对人维权意识、依法行政水平等方面参差不齐。

自 2015 年实行立案登记制以来，行政案件的一审立案量和审结量首次迎来下降拐点，趋于平稳态势。行政案件的一审立案量的微小回落，体现了我国法院在巩固立案登记制改革成果的同时，也在不断规范诉权的行使。法院在防止过度审查的同时，坚持必要审查，把握《行政诉讼法》第 25 条第 1 款规定的"利害关系"的法律内涵，依法审查行政机关的行政行为是否确与当事人权利义务的增减得失密切相关，当事人在诉讼中是否确实具有值得保护的实际权益，不得虚化、弱化利害关系的起诉条件；区分当事人请求保护合法权益和进行信访之间的区别，对当事人因不服信访工作机构依据《信访条例》作出的处理意见、复查意见、复核意见或者不履行《信访条例》规定的职责提起诉讼的，依法不予立案。

2020 年，为防止"立案难"问题反弹，最高人民法院发出通知，指出决不允许为了追求年终结案率、诉前调解率等变相不立案，更不允许搞"结案指标美容"。[1]立案问题上坚持严字当头，对有案不立问题做到零容忍，发现一起、查处一起、通报一起，决不允许"上有政策、下有对策"，决不允许有令不行、有禁不止，决不允许在落实立案登记制要求上打折扣、做选择、搞变通。在最高人民法院工作部署下，各地法院畅通立案入口，充分尊重群众多层次、多样化立案需求，完善现场立案、自助立案、网上立案、巡回立案和跨域立案服务等立体化诉讼渠道，设立特殊群体立案窗口，为不会、不便使用网络技术的老年人提供窗口立案服务；严格规范流程，对符合法律规定条件的一律接收诉状、当场登记立案，严格落实一次性全面告知要求，坚决杜绝各种增加群众诉累的不合理要求，坚决杜绝以诉前调解为由拖延立案；优化考核机制，加快改革考核标准，取消将结案率作为主要考核指标，防止因法院内部结案率问题影响正常立案工作，进而真正做到有案必立、有诉必理。

（2）审判。2020 年，行政诉讼二审和再审的改判率有所下降。全国各地法院强化行政诉讼类案智能推送功能，通过开展庭审观摩、质量评查、文书评选等活动，规范法官自由裁量权，统一裁判尺度。高院和中院严格控制行政诉讼案件发改数量，对基层法院上诉案件中裁判结果正确但存在认定事实或适用法律问题的，直接在二审裁判文书中纠正并加以阐述，不另行改判，或在查清事实基础上直接改判，不再

---

〔1〕 "最高法：决不允许为了追求年终结案率等变相不立案"，载 https：//baijiahao. baidu. com/s?id=1686152454302150317&wfr=spider&for=pc，最后访问日期：2021 年 3 月 1 日。

发回，只对违反法定程序，并可能影响公正审理的案件发回重审，避免因二审发改增多而引发缠诉问题。此外，法院对一审维持行政机关裁决，二审如果改判，不利纠纷彻底解决的行政上诉案件，积极做好上诉人疏导工作，尽量通过调撤途径解决。

行政机关负责人出庭应诉率显著提升，实现政治效果、法律效果和社会效果的统一。比如，黑龙江省三级法院近年来行政机关负责人出庭应诉率接近100%，[1]对于实质性化解行政争议、维护社会和谐稳定起到了积极的作用。尽管行政机关负责人出庭应诉率在上升，但是出庭不出声、应诉不应答的现象在司法实践仍大量存在。为了切实解决这一问题，2020年，最高人民法院公布的《关于行政机关负责人出庭应诉若干问题的规定》（本部分简称《负责人出庭应诉规定》），要求出庭应诉的应当是分管、熟悉行政执法业务的负责人或者相应的工作人员。为了实质性化解纠纷，出庭负责人应当具有表态权，应当对涉诉事项具有一定程度的决定权限；出庭的工作人员应当对被诉行政行为具有全面的、专业的掌握。在庭审过程中，负责人要积极发言，参与涉案行政争议的实质性化解。

通过对以上数据进行分析和对案例进行考察，可以发现2020年行政机关在行政案件中败诉率的下降。行政机关败诉率的下降不仅反映了行政机关严格规范公正文明执法、做到执法要求和执法形式相统一，从源头上预防和减少行政争议的努力，也反映出行政机关负责人积极出庭应诉，对提升案件胜诉率起到推动作用。从2019年和2020年的数据对比看，资源、劳动和社会保障、公安领域的行政机关败诉案件数量居高不下，说明上述领域的行政机关需要不断加强依法行政水平。

（3）执行。"执行难"曾是长期困扰全国各级法院的难题。目前，全国法院在实现"基本解决执行难"后正向着"切实解决执行难"目标迈进。

在2020年新冠肺炎疫情的冲击下，"着力服务保障常态化疫情防控和全面恢复经济社会秩序，精准服务做好'六稳'工作、落实'六保'任务"，[2]更是被最高人民法院列入2020年工作任务之一。

尽管突如其来的疫情给执行工作带来了很多阻隔和风险，但为了及时兑现胜诉当事人的权益，各地法院充分利用信息化手段推动执行工作，利用"智慧法院"建设成果，特别是以现代信息技术为支撑的执行信息化系统，强化上级法院对下级法院执行工作的监督管理，提高执行效率，降低执行成本，提高执行效果，降低负面效应，避免引发新的矛盾和纠纷。依法优先采取网络查控、网络询价、网络司法拍卖、网络收发案款等在线执行措施，积极通过线上方式开展立案、询问谈话、执行和解、申诉信访、执行辅助等工作，充分满足人民群众的司法需求，确保疫情期间

---

〔1〕 崔东凯、张冲："黑龙江行政机关负责人出庭应诉率100%连续三年位居全国第一"，载《法制日报》2020年1月24日，第3版。

〔2〕 在第十三届全国人大四次会议第二次全体会议上，最高人民法院院长周强在最高人民法院工作报告中指出，2020年人民法院的工作将重点着力于服务保障常态化疫情防控和全面恢复经济社会秩序，精准服务做好"六稳"工作、落实"六保"任务。

人民法院执行工作平稳有序运行。

在提升执行信息化水平之外，各地法院还不断完善执行办案机制，推行"分权制衡、繁简分流、分段集约"办案机制改革，厘清立案、审查、裁决、实施、异议等权限，实行岗位分责、事务分段、集约办理等流程管理，制定繁简分流标准，规范程序转换，着力提高执行质量和效率。强力推行执行公开，积极推行流程公开，通过短信告知当事人执行财产查控情况和执行进展等重要节点信息、邀请当事人见证执行等方式，畅通申请执行人与干警的沟通渠道，赢得当事人的理解和支持，促进行政纠纷的实质性化解。

2. 行政诉讼大数据静态制度分析。

（1）行政机关负责人出庭应诉制度。最高人民法院《关于行政机关负责人出庭应诉若干问题的规定》（本部分简称《负责人出庭应诉规定》）于 2020 年 7 月 1 日正式实施。这是在我国基本全面建成小康社会、法治政府的收官之年，最高人民法院通过的一部重要的行政诉讼司法解释。这部司法解释的实施，体现了法律面前人人平等的法治意识，有利于保障人民群众合法权益、实质性化解行政纠纷、提高行政机关依法行政水平。

第一，明确行政机关负责人出庭应诉的定义和范围，确保负责人出庭应诉制度的正确适用。即明确人民法院通知行政机关负责人出庭应诉的案件，包括进一步明确负责人出庭应诉的案件类型、出庭应诉程序和引导行政机关主动出庭应诉；适度扩大负责人范围，在《关于适用〈中华人民共和国行政诉讼法〉的解释》的基础上，增加了参与分管被诉行政行为实施工作的副职级别的负责人；依法限定负责人的范围，规定被诉行政机关委托的组织或者下级行政机关的负责人不能作为被诉行政机关负责人出庭，但行政机关委托行使行政职权的组织或者下级行政机关的工作人员，可以视为行政机关相应的工作人员。

第二，合理减轻行政机关负责人出庭应诉负担，节约有限的行政资源。即明确共同被告案件出庭负责人的确定程序，规定有共同被告的行政案件，可以由共同被告协商确定负责人出庭应诉，也可以由人民法院确定。为了减轻负责人多次出庭的应诉负担，《负责人出庭应诉规定》规定，对于同一审级需要多次开庭的同一案件，负责人到庭参加一次庭审的，一般可以认定其已经履行出庭应诉义务。考虑到分管工作的负责人存在变动等原因，《负责人出庭应诉规定》还明确规定了出庭应诉负责人的更换程序。

第三，细化行政机关负责人出庭应诉相关程序，保障负责人出庭应诉工作有序开展。即明确规定负责人出庭应诉的通知程序：一是人民法院在向行政机关送达的权利义务告知书中，应当一并告知负责人出庭应诉的相关事项；二是人民法院通知负责人出庭的，应当在开庭 3 日前送达出庭通知书，并告知负责人不出庭的法律后果。为确保符合条件的负责人以及相应的工作人员出庭应诉，《负责人出庭应诉规定》明确要求人民法院应当对出庭应诉负责人及相应的工作人员的身份进行审查，经审查认为不符合条件，可以补正的，应当告知行政机关予以补正；不能补正或者补正可能影响正常开庭的，视为行政机关负责人未出庭或者未委托相应的工作人员应诉。

第四，明确行政机关负责人不能出庭的正当理由，规范负责人不能出庭的情形。司法实践中，行政机关出具的负责人不能出庭的理由多种多样，原告经常就此提出质疑，《负责人出庭应诉规定》就此明确列举不可抗力、意外事件等不能出庭的正当理由，规范不能出庭的正当理由，指导人民法院作出正确判断。此外，还明确规定对负责人不能出庭理由的审查制度和有正当理由不能出庭的延期开庭制度。

第五，规定行政机关负责人出庭效果保障措施，确保行政机关负责人出庭又出声。明确规定负责人出庭的相关义务，要求行政机关负责人或者行政机关委托的相应工作人员在庭审过程中应当就案件情况进行陈述、答辩、辩论、最后陈述、提交证据，对所依据的规范性文件进行解释说明，确保出庭又出声；明确规定保障负责人履行出庭义务的相关措施，若出现诉讼参与人和其他人以侮辱、谩骂、威胁等方式扰乱法庭秩序的情况，人民法院应当制止并依法进行处理。

第六，规定行政机关负责人未履行出庭应诉义务的处理措施，切实保障负责人出庭应诉制度得到有效落实。针对个别地方行政机关负责人出庭应诉不积极、不配合的情况，《负责人出庭应诉规定》列举了5项不履行负责人出庭应诉义务的具体情形，并规定了人民法院应当采取的相关措施。为了充分发挥行政审判的延伸职能作用，《负责人出庭应诉规定》规定，人民法院可以通过适当形式将行政机关负责人出庭应诉情况向社会公开。可以定期将辖区内行政机关负责人出庭应诉情况进行统计、分析、评价，向同级人民代表大会常务委员会报告，向同级人民政府通报。

（2）行政诉讼案由制度。行政案件案由是行政案件名称的核心组成部分，起到明确被诉对象、区分案件性质、提示法律适用、引导当事人正确行使诉讼权利等作用。[1] 借助以上的数据分析和对2019年、2020年行政裁判文书的观察，目前我国行政案由的确立和使用存在随意和混乱的问题。为了进一步提高行政审判工作的规范化程度，增强行政案件司法统计的准确性和科学性，最高人民法院于2020年12月7日通过了《关于行政案件案由的暂行规定》（本部分简称《案由暂行规定》）。

第一，优化案由的基本结构。行政案件案由一般由被诉的行政行为构成。将被诉行政行为作为案由的基本构成要素，能够较为准确地概括行政案件的主要法律关系及争议焦点。而以往的案由除被诉行政行为之外，还将行政管理范围作为案由的要素。本次制定案由规定，取消了行政管理范围要素。主要原因是，行政案件的行政管理范围可以通过被告来确定，将行政管理范围作为案由的一部分，会造成案件名称内容的重复，不符合简洁实用原则。

---

[1] 黄永维等："《关于行政案件案由的暂行规定》及印发通知的理解与适用"，载《人民司法》2021年第4期。

第二，明确案由的适用范围，即《案由暂行规定》适用于行政案件立案、审理、裁判、执行的各阶段；也适用于一审、二审、申请再审和再审各审判程序。在立案阶段，人民法院可以根据起诉状所列被诉行政行为确定初步案由。在审理、裁判阶段，人民法院发现初步确定的案由不准确时，可以重新确定案由。二审、申请再审、再审程序中发现原审案由不准确的，人民法院应当重新确定案由。在执行阶段，人民法院应当采用据以执行的生效法律文书确定的结案案由。

第三，细化案由的确定规则。此次《案由暂行规定》确立三级案由体系。一级案由为"行政行为"；二级案由由种类化的行政行为构成；三级案由则是对二级案由的进一步细化。行政案件案由从三级案由开始适用；若无法找到对应的三级案由，则适用二级案由；仍然无法找到对应的二级案由，适用一级案由。此外，案由印发通知对确定行政案件案由的细节问题也作出规定。如，被诉行政行为是2个或2个以上具有关联性的行政行为合并审理案件如何确定案由、起诉人未针对行政主体或行政行为提起行政诉讼等情形确定案由的方法等，通过对案由确定规则的明确和细化，加强对行政审判人员实际使用案由的指导，避免将案由写为"其他"或"其他行政行为"的情况出现。

第四，列举行政案件三级案由。《案由暂行规定》依照现行有效的法律、法规、规章及司法解释等，如《行政处罚法》《行政许可法》《行政强制法》《不动产登记暂行条例》《国有土地上房屋征收与补偿条例》《社会保险法》《土地管理法》《行政复议法》《行政诉讼法》《政府信息公开条例》《国家赔偿法》《环境保护法》、最高人民法院《关于适用行政诉讼法的解释》等列举的行政行为名称，以及行政行为涉及的权利内容等对三级案由进行列举。对于未列举案由的案件，则可依据相关法律、法规、规章及司法解释对被诉行政行为的表述来确定案由。若尚无明确的法定表述，则按照被诉行政行为的具体名称概括案由。

3. 行政诉讼司法数据总体分析。从宏观的视角分析我国2020年行政诉讼司法实践的样态，可以发现我国行政诉讼作为国家治理手段，既是一种民主手段，或人权保障手段，又是一种权威手段，持续发挥民主功能和权威功能，在国家治理现代化进程中扮演着重要角色。

行政诉讼这种国家治理的手段能够保障公民权益、自由、生命，通过这种保障，使公民的财产权、自由权的价值得到实现并充分发挥。2020年，在数字时代与风险社会的双重背景下，行政诉讼与个人信息保护、数据开放、多元治理、党建引领等具有新时代特色的国家治理手段紧密融合在一起，优化行政相对人权利救济途径，促进行政协议良性应用，进一步使得公民的个人尊严得到彰显，公民参与社会治理的积极性得到保护，公民的工作和生活效率得到提高，进而推动了行政、经济、社会效益的提升，增强了人民群众的获得感和幸福感。

此外，行政诉讼作为国家管理公民的手段，是公权力干预私权利的手段，也是司法权监督、制约行政权的手段；行政诉讼法既是使公民或私主体守法的手段，又是使行政权服法的一种手段。因为，国家的治理首先依赖于国家对公民权威的树立，这是国家存在的首要条件；此外，国家治理现代化还要求国家能够控制自身，如果国家机构内部不能自我调制，国家对公民的权威就难以建立起来，即使建立起来，也难以持久。在国家治理现代化的进程中，政府权威和公信力的树立不只依靠强制性管理手段，高权、刚性行政向柔性行政、刚柔并济转变，这一特点在行政审判实践中得到反映。行政诉讼作为国家治理的力器之一，使得政府在树立、维持对公民的权威过程中，其自身不失去控制，进而确保政体的维持与完善，巩固国家结构，保障国家长治久安，促进社会公平正义，为保障改革、发展、稳定作出应有的贡献。

二、行政诉讼法实施状况

我国行政诉讼法在推进实质性解决行政争议的过程中，诉源治理、完善多元化纠纷解决机制是一个历久弥新的话题。在 2020 年中国政法大学诉讼法学研究院举办的"国家治理现代化与诉讼法制发展"研讨会上，"诉源治理、多元化纠纷解决机制"成为学界和实务界同仁讨论的热点词汇。另外，在疫情防控常态化的背景下，严格落实依法防控要求，加强司法服务，也成为行政审判部门实质性解决行政争议、助推法治中国建设的重要抓手。

（一）推进诉源治理，完善多元化纠纷解决机制

行政诉讼的实践证明，诉源治理和多元化纠纷解决机制是破解法院办案难题的有效手段，其一方面满足了人民群众多元化司法需求，另一方面提高了社会治理能力，对维护社会的稳定具有重要的理论意义和实践价值。近年来，我国各地法院因地制宜，围绕地方特点持续探索创新，从完善机制建设、强化诉前引导、创新阵地建设等方面布局，切实提高了纠纷化解能力。

1. 完善与当事人的沟通协商机制。在预防行政争议层面，听取意见不仅可以预防行政机关错误作出行政决定而产生行政争议，还可以增加行政机关与行政相对人的理解，由行政机关代替法院向行政相对人解释该行政决定的合法性。完善与当事人的沟通协商机制，有利于减少行政争议的数量，缓解行政相对人与行政机关间的紧张关系，防止发生社会冲突。

2. 推行司法行政协作机制。各地法院在实践中探索司法协作机制即法院与行政机关或其领导、监督机关的沟通机制，旨在提升依法行政实效，减少行政争议。一方面，法院可以就可能会大规模提起行政诉讼的案件提出司法建议，使行政机关及时改正违法行为或向行政相对人释明行为的合法性，以消除行政争议；另一方面，法院也可以与行政机关的领导、监督机关建立协作关系，倒逼行政执法机关规范行政执法行为，消除行政争议产生的土壤。

3. 建立行政争议预防沟通平台。行政机关在作出行政行为后，大多数情况下难以知晓行政相对人是否认为行政行为侵害了合法权益而准备提起行政诉讼，而基层组织、社区工作者、咨询机构等主体很容易发现潜在的行政争议。基层组织、社区工作者、咨询机构等主体在发现行政争议后，可以通过行政争议预防沟通平台，及时将信息报送给行政机关、人民法院、信访部门等单位，以便这些单位及时知晓和解决还未进入救济程序的行政争议。

4. 优化行政争议调解机制。诉源治理要求非诉解决纠纷机制低成本、高效率地化解纠纷，避免已出现的纠纷最终形成诉讼，而具备高效、及时、直接等优势的行政争议调解机制正符合上述要求。近年来，我国法院不断推行和优化行政争议调解机制，比如多地建立了法院主导、行政机关、人大代表、政协委员、专家学者等主体参与的联合调解中心，对经审查符合立案条件，且争议可以调处的诉讼案件，法院可以根据案件具体情况和当事人意愿，在立案前委托调解中心，选派调解员依法进行调处。

5. 发挥行政复议的主渠道作用。[1] 近几年，无论是立法机关、行政法学界还是实务界都在主张发挥行政争议在解决行政争议中的主渠道作用。基于行政机关和司法机关的特点与优势考量，行政复议应处在化解行政争议的第一道防线，而行政诉讼则是最后一道防线。行政复议应成为政府运用法治思维和法治方式化解矛盾的重要平台，要引导改变百姓"信访不信法"的固有观念。各级行政复议机关对群众的复议申请，要坚持依法审查、公正裁决，该纠错的要坚决纠错，该公开的要依法公开。

6. 重视行政指导性案例制度。司法实践中，行政指导性案例不仅能够在促进法院对法律的正确适用、填补法律漏洞、规范法官自由裁量权方面发挥作用，还能在规范行政执法行为、培养公民法治意识等方面发挥作用。通过一个个鲜活的司法案例旗帜鲜明地告诉社会，法律提倡释明、保护什么、禁止什么、制裁什么，发挥司法审判的规范、评价和指引作用，从而预防行政争议、实质化解行政争议。

（二）落实依法防控要求，加强司法服务保障

为深入贯彻习近平总书记关于疫情防控工作的系列重要指示精神，有效防控新冠肺炎疫情，保障人民群众生命安全和身体健康，维护当事人合法权益，全国各地的法院对当地政府出台的疫情防控政策规定、支持服务企业抗疫情稳发展的举措，以及针对隐瞒病史、逃避隔离医学观察等行为采取的行政处罚及强制措施，依法予以保障实施。各地行政审判部门依法稳妥审理涉失业保险稳岗返还、推迟调整社保缴费基数、延长社会保险缴费期等政策实施中发生的行政案件，平衡好企业减负与维护职工合法权益之间的关系；依法审理疫情防控期间涉及查处制售假冒伪劣商品以及哄抬物价、不正当竞争等扰乱、破坏市场秩序等违法行为的行政处罚案件，保障市场正常生产经营秩序。

面对新冠肺炎疫情所带来的线下诉讼之不便，最高人民法院于 2020 年 2 月 14 日发布《关于新冠肺炎疫情防控期间加强和规范在线诉讼工作的通知》（本部分简称《通知》），要求各级人民法院推行在线诉讼为疫情防控提供有力司法保障。《通知》

---

〔1〕 2011 年，中共中央首次提出"充分发挥行政复议作为行政争议主渠道的作用"。

规定，各级人民法院要将深入推进在线诉讼作为坚决打赢防控疫情人民战争、总体战、阻击战的重要举措，积极依托中国移动微法院、诉讼服务网、12368诉讼服务热线等在线诉讼平台，全面开展网上立案、调解、证据交换、庭审、宣判、送达等在线诉讼活动，有效满足疫情防控期间人民群众司法需求，确保人民法院审判工作平稳有序运行。[1]

在《通知》的指导下，全国各地法院扎实开展网上立案，对于网上立案申请，法院网上立案专员要及时办理；对于符合受理条件、材料符合要求的应在法定期限内登记立案；对于符合受理条件但材料不符合要求的，要及时通过网络或电话告知其补充；对于不符合受理条件的，要及时通过网络或电话反馈结果并做好法律释明工作。充分利用网上解决纠纷平台，安排专人负责处理在线纠纷申请，及时委派人民调解员、特邀调解员等在线接受咨询、调解纠纷。积极开展网上庭审，电子送达文书材料，努力做好网上信访接处工作，同时加强网上诉讼宣传引导，为当事人提供优质高效的网上诉讼服务。

综上，无论是诉源治理、多元化纠纷解决机制完善，还是疫情防控期间司法保障的加强，都离不开智慧法院建设的提速。未来，全国各地法院也将继续秉持科技助力审判的理念，继续推进审判部门与信息技术部门的深度融合，进行更全面更深入的探索和尝试，形成更多更好的特色经验。

三、行政诉讼实践中的热点问题

（一）保护规范理论的引入

自2017年最高人民法院在"刘广明诉江苏省张家港市政府行政诉讼再审案件中"[2]开拓性地将保护规范理论引入我国司法实践以来，行政诉讼法学界就保护规范理论能否成为中国语境下原告资格的判定标准问题展开了针锋相对的辩论。2020年，保护规范理论成为行政诉讼法学研究中的热门词汇。在支持引入保护规范理论的学者看来，保护规范理论被纳入我国行政诉讼审判实务后，为行政诉讼中利害关系人的判定标准提供了全新参考。与既有的行政诉讼原告资格判定方式相比，保护规范理论以实体法规范为依据确定主观公权利，较大地提高了法律实践的客观性和确定性，并赋予行政诉权以严格的权利性，应肯定其所具有的积极意义。保护规范理论可以将利害关系标准具体化，较好调和了利害关系标准的弹性与保护规范理论的刚性。

而反对者则认为，保护规范理论在我国的引入存在较大的逻辑断裂和价值张力，主要表现为以下4个方面：一是行政诉讼的主观诉讼功能定位，尚需要更充分的论证；二是保护规范理论蕴含的个人主义假定与个人在我国公法上的积极能动的法权

---

〔1〕 "最高法印发加强和规范在线诉讼工作通知 为疫情防控提供坚强有力司法保障"，载https：//baijiahao.baidu.com/s？id=1658851900352287727&wfr=spider&for=pc，最后访问日期：2021年3月1日。

〔2〕 参见最高人民法院（2017）最高法行申169号行政裁定书。

地位也不一致；三是保护规范理论的适用可能造成司法保护范围的限缩；四是保护规范理论适用所要求的基本权利的辐射效力、敏感于权利保障的法解释技术、高强度的司法审查标准，在我国当下亦难满足。基于此，反对者指出保护规范理论的引入，不仅难以实现利害关系判定客观化的预期目标，更会导致宪法赋予行政诉讼的权力监督和权利保障的双重功能严重萎缩。[1]

除了支持者和反对者，另外一部分学者站在客观、中立、积极的立场上对保护规范理论在我国的本土化适用问题进行了分析和阐述。有学者在文章中借助主观公权利观念，指出了保护规范理论是一种在开放性中获得契机和扩展司法审查范围的法解释学，肯定了保护规范理论的基点的理论与实践意义即为行政诉讼原告适格的认定提供一个法律论辩的平台，认为 2017 年最高人民法院"刘广明诉江苏省张家港市政府行政诉讼再审案件"中的裁定只是一个在法学上以权利义务话语改造行政法与行政诉讼法理论体系的一个起点。保护规范理论作为这样一个起点，学者期待它在经受批评和质疑的洗礼后，获得符合我国法律秩序与时代精神的构造。[2] 至于未来保护规范理论能否成为中国语境下的原告资格判定标准，尚需立足司法实践，对其不断进行本土化调适。

（二）部门行政法的发展

2020 年新冠肺炎对世界范围内的生产生活带来了深远影响。在疫情防控常态化的当下，卫生行政法学界对我国疫情防控体制机制、公共卫生应急管理体系等方面存在的短板进行了反思，并从宏观的立法和重点制度的层面发表了真知灼见。关于《传染病防治法》的制度重构，林鸿潮教授在 2020 年中国行政法学研究会年会上提出新冠肺炎疫情暴露出现行《传染病防治法》和重特大疫情超常规应急处置之间的不匹配问题，其原因在于该法将传染病日常防控、常规应急和超常规应急 3 种制度适用场景杂糅、折叠在一起。《传染病防治法》的修订，应将上述被折叠的制度适用场景充分展平，以传染病暴发、流行为节点拆分日常防控和应急处置，以是否运用法外应急措施或者显著影响基本权利的应急措施为标准拆分常规应急和超常规应急。[3] 关于地方公共卫生应急法治体系的建设，学界基于地方管理体制和机制创新的成效，运用法治原则分析地方应急体制的不足，主要从立法方面提出了完善建议：一是地方公共卫生应急立法必须以《突发公共事件应对法》为级别法律依据；二是要地方立法要注意与中央立法的区别，体现地方公共卫生应急实践的特点。

虽然各地政府在疫情防控过程中采取了一系列防控措施，最大程度保障了人民生命和健康安全，但其采取的行政行为与法治要求之间还有一定距离。疫情防控中

---

〔1〕 成协中："保护规范理论适用批判论"，载《中外法学》2020 年第 1 期。

〔2〕 王天华："主观公权利的观念与保护规范理论的构造"，载《政法论坛》2020 年第 1 期。

〔3〕 "中国法学会行政法学研究会 2020 年年会第二分论坛综述"，载 http://fzzfyjy.cupl.edu.cn/info/1021/12355.htm，最后访问日期：2021 年 3 月 1 日。

的"大理截胡"行为引起了社会各界对公共卫生领域中应急征用制度的关注。有学者提出比例原则衡量大理"征用"口罩决定，很难称其违反妥当性、最小侵害、狭义比例要求。因此，在立法中增加"政府不得应急征用或征收任何单位、个人正在或即将用于疫情防控的、不可或缺的物资"成为防范此种截胡行为发生的必要。[1]另外，疫情防控下的政府预警制度、流行病学调查制度、特大城市公共卫生法治中的规制问题、基层组织在公共卫生法治中的职责、中央疫情联防联控工作机制小组和各省联防联控指挥部所下达的防控命令和措施文件能否纳入行政诉讼等问题同样引起了卫生行政法学的深思。在疫情防控常态下的背景下，未来将会有更多关于公共卫生法治的制度走进行政法学和行政诉讼法学的视野。

2020年环境行政法学将主要关注点放在了对野生动物保护规范的完善、环境行政管理机制的调适与完善等问题上，以应对新冠疫情和大数据时代的挑战。有学者提出在未来，对于重点保护野生动物和"三有"动物，应在现有规范的基础上进一步完善，加强流通、利用和食用等环节的规制。对于其他野生动物应整体纳入野生动物保护与管理的范围。应健全野生动物疫病防控机制，加强动物源性传染病和人畜共患传染病防治。同时优化野生动物执法体制，加强依法治理能力。[2] 至于环境行政管理机制的调适与完善方面，有学者提出大数据本身成为环境管理体制改革的动力源、突破口。形塑于风险社会的现代环境管理体制在应对科学不确定性时，强调风险预防和风险沟通。因此，环境管理体制改革与重塑应以法制化的道路关注大数据的获取、公开、共享和保护，同时协调"条块"关系、转变环境行政服务职能、重塑环境行政权责关系。[3]

综上，2020年发生的新冠肺炎疫情使我国行政法治事业面临不少挑战的同时，也为我国行政诉讼实践的发展带来诸多机遇。如何把握这些机遇，在疫情防控常态化的过程中规范政府行政，推动法治国家、法治政府、法治社会的一体化进程是行政诉讼实践中的热点问题。

（三）民法典时代的行政法治

2020年5月28日，第十三届全国人民代表大会第三次会议表决通过《民法典》，正式宣告我国迈入"民法典时代"。5月29日，中共中央政治局就"切实实施民法典"举行第二十次集体学习。习近平总书记在主持学习时强调，《民法典》在中国特色社会主义法律体系中具有重要地位，是一部固根本、稳预期、利长远的基础性法律，对推进全面依法治国、加快建设社会主义法治国家，对发展社会主义市场经济、巩固社会主义基本经济制度，对坚持以人民为中心的发展思想、依法维护人民权益、

---

〔1〕 沈岿："防范'大理截胡'行为需要三项修法"，载《经济参考报》2020年2月25日，第8版。

〔2〕 李洪雷、戴杕："我国野生动物立法的检视与完善"，载《浙江学刊》2020年第3期。

〔3〕 侯佳儒、尚毓嵩："大数据时代的环境行政管理体制改革与重塑"，载《法学论坛》2020年第1期。

推动我国人权事业发展，对推进国家治理体系和治理能力现代化，都具有重大意义。

民法典的颁布不仅与市民群众的生活息息相关，也对政府部门依法行政提出了更高的要求。有学者认为《民法典》作为民事权利行政保护的规范依据对行政机关提出了权利消极性保护、积极性保护和创造性保护的 3 层义务结构要求，有助于实现权利自救与他救、私法保护请求权与公法保护请求权的有机统一。也有学者认为《民法典》规定的公民权利保障对公权力主体应是一种宣示回应，《民法典》的规定需要借助行政法本身的完善，指出对政府征收权的规范应当关注如何从公法上有效规范征收权以保护私权以及规范管制权保护公民的自由权。[1] 透过以上观点，可以看到在全面建设法治国家，深化法治政府建设，提高国家治理体系和治理能力现代化建设的背景下，以民法典的颁布为契机，全面推进行政法治建设，意义重大。如何保证行政机关以民法典有效实施为重要抓手推进法治政府建设，把民法典作为行政决策、行政管理的重要标尺；如何遵守民法典，规范行政许可、行政处罚、行政强制等活动，是值得深入研究与探讨的问题。

此外，行政法与民法的衔接问题也亟待实务界和学界的回应。《民法典》时代，行政法与民法之间的关系更为复杂，更加交融：其一，《民法典》中增加了大量含有"依照法律、行政法规的规定"字眼的条文，这使得大量公法规范介入民法领域，行政法律规范成为民法的渊源，进一步增加私法关系的公共性；其二，《民法典》直接设定行政机关的义务，包括消极不干预的义务和积极作为义务，积极作为义务条款可分为 2 大类，一类是与行政机关的行政职权无关的义务规范，此时行政机关作为民事主体，另一类则是为行政机关设定行政法上的职权或义务规范。目前实务界和学界既有对《民法典》为行政机关设定义务之正当性的讨论，也有对行政法规创设民事制度的正当性及其限度的研究，但都尚未形成共识，需要进一步深入地论证。

面临新时代、新形势、新起点，行政诉讼实践需要继续坚持以习近平新时代中国特色社会主义思想为指导，不断践行中国特色社会主义法治理论，牢记初心使命，勇担当善作为，攻坚克难，努力为保障人民幸福、国家安全、社会稳定作出新的更大贡献。

四、典型案例

（一）最高人民法院指导案例

最高人民法院于 2021 年 1 月 8 日发布了 2020 年度人民法院十大案件，其中的行政案件为尚某状告江苏如东县民政局案——因个人信息被冒用"被结婚五次有错难改"的行政纠纷案。

【基本案情】

尚某与男友前往婚姻登记处办理婚姻登记时被告知，其在 2004 年 9 月至 2005 年

---

〔1〕 贺昱辰、张泽宇："政府治理现代化与公共卫生法治建设——中国行政法学研究会 2020 年年会综述"，载《行政法学研究》2021 年第 3 期。

7 月间，与 5 名男子分别在山东、河北、安徽、江苏等地登记结婚，故不能再办理结婚登记。尚某向公安机关报案的同时，要求包括如东县民政局在内的 5 地民政部门撤销其相关的婚姻登记信息。如东县民政局答复称其没有撤销权限，拒绝了原告的申请。2020 年 8 月，江苏南通开发区法院判决撤销民政局拒绝纠错的答复，确认原婚姻登记无效，删除错误婚姻登记信息。

【裁判结果】

江苏南通开发区法院经审理认为，本案系一起被他人冒名登记的案件，如东县民政局将毫不知情的尚某登记为婚姻一方，婚姻登记重大、明显违法，系无效行政行为。且尚某的"婚史"仍存于全国婚姻登记系统之中，该无效行为对尚某的婚姻自主合法权益持续侵害，尚某向如东县民政局申请撤销，如东县民政局作为登记机关应当履行纠错义务，主动依法进行补救，而不能以没有职权为由放任该错误信息的存在，故法院依法作出上述判决。

【案件意义】

尚某状告如东县民政局案是因行政机关"有错难改"引发的行政诉讼，它非常清晰地展示了江苏南通开发区法院治理此类问题的司法策略。

该案中，尚某因个人信息被冒用导致未婚"被结婚五次"，这种行政登记错误对其权利造成巨大侵害。但是被告以"无权限撤销"为由拒绝改错，导致"错上加错"。对此，2 条治理思路潜含于法院判决之中：其一，釜底抽薪解决行政机关改错的正当性问题。在判决中，江苏南通开发区法院并未纠结于被告是否"只有双方受胁迫的情况下"有权撤销婚姻登记问题，而是直接认定这一婚姻登记为"重大明显违法"，认定为无效行政行为。根据行政行为理论，无效的行政行为没有确定力、拘束力和执行力，利益相关方可随时主张无效，有权机关可以随时宣告无效。这就为行政机关主动改错提供了法治正当性。其二，责任传导解决行政机关改错的积极性问题。在判决中，江苏南通开发区法院明确撤销被告拒绝纠错的答复，并且责令被告于判决生效之日起 60 日内对原告的错误婚姻登记信息予以删除。这种撤销判决直接给予行政机关一种违法的评判，这种以司法责任来促进行政机关摒弃"顾全脸面"思维进而主动改错，是以司法改错推进行政改错的责任传导机制。

（二）最高人民法院公布的典型案例

1. 古田翠屏湖爱乐置业有限公司、福建爱乐投资有限公司诉古田县人民政府行政协议及赔偿案。

【基本案情】

2014 年 7 月 3 日，古田县人民政府（本部分简称古田县政府）与福建爱乐投资有限公司（本部分简称福建爱乐公司）签订了《古田县翠屏湖片区项目投资框架协议书》，约定项目总投资约 50 亿元，用地总面积约 1000 亩，项目定位为酒店、居住、旅游为一体的现代化高端生态城市综合体。其后，双方又签订了《补充协议》。2015 年 4 月 23 日，福建爱乐公司指派庄某某通过公开拍卖竞得首期开发建设用地 103 084

平方米，并与原古田县国土资源局签订《国有建设用地使用权出让合同》，支付了土地出让金人民币 1.2 亿元。2015 年 5 月 8 日，古田翠屏湖爱乐置业有限公司（本部分简称古田爱乐公司）成立，作为案涉投资开发项目的落地公司。2015 年 7 月 13 日，古田爱乐公司与原古田县国土资源局签订《国有建设用地使用权出让合同》（合同补充条款），约定由古田爱乐公司承接庄某某之前签订的《国有建设用地使用权出让合同》中全部权利义务。随后，古田爱乐公司进行项目建设，不同程度建设了酒店、附属楼及 50 余栋别墅并预售了部分别墅。其后，古田县政府及有关部门以适应省生态文明实验区建设需要，依照新颁布的水资源、国有林场的有关行政管理规定，按照省有关主管部门的意见和建议，以停止翠屏湖沿线公路内侧地产类开发项目的实施、对翠屏湖高头岭片区规划进行新的调整等为由，叫停了案涉项目的开发建设和经营销售。同时，古田县政府成立整改对接工作小组，启动协商收回国有建设用地使用权等工作。后因收回及补偿事宜协商未果，古田爱乐公司、福建爱乐公司提起行政诉讼，请求解除双方签订的招商引资合同（《古田县翠屏湖片区项目投资框架协议书》和《补充协议》）及补偿损失约 2.6 亿元。

【裁判结果】

福建省福州市中级人民法院一审认为，因政策、规划、用途等调整，涉案行政协议已无法履行，福建爱乐公司和古田爱乐公司请求解除案涉行政协议应予支持。同时，以相关评估机构对收回涉案土地使用权及在建工程的评估价格作为解除案涉行政协议造成损失金额的计算依据，确定支付给古田爱乐公司的损失金额。为此，一审判决：解除双方签订的《古田县翠屏湖片区项目投资框架协议书》及《补充协议》；由古田县政府向古田爱乐公司支付 302 146 933 元及相关利息的损失；驳回古田爱乐公司和福建爱乐公司的其他诉讼请求。福建省高级人民法院二审期间，经多方组织调解，促成各方就案涉行政协议的解除、企业损失的支付、项目建设用地收回、在建工程的交接、相关购房户及建筑商款项的善后工作等事项自愿达成调解协议。根据调解协议，二审法院依法作出了《行政调解书》。

【典型意义】

行政机关与民营企业依法签订的行政协议应受法律保护，行政机关应对符合法律规定解除行政协议给民营企业合法产权造成的损失依法给予补偿，切实保护民营企业的合法产权。行政协议具有双方意思表示一致的特点，审理行政协议案件可适用审理民事合同纠纷的相关规则，因此，属于可适用调解的行政案件。二审法院为认真贯彻落实生态文明实验区建设要求，切实保护好民营企业的合法产权，有效化解和实质性解决行政争议，积极组织各方当事人协商调解。在查明事实、分清责任的基础上，为双方厘清是非、释明法理，终于使各方取得共识，达成调解协议。不仅有效化解了案涉行政协议的争议，还一揽子解决了因解除案涉行政协议引起的土地使用权出让合同解除、土地使用权收回、在建工程交接以及有关购房户、工程款纠纷等一系列相关问题。既为生态文明建设大局提供司法服务，又为民营企业合法产权提供司法保障，促进了法治政府、诚信政府建设，有利于营造良好的营商环境，取得了较好的法律效果和社会效果。

2. 海口博泰隆房地产开发有限公司诉海口市人民政府有偿收回国有土地使用权案。

【基本案情】

2007 年 3 月，海口博泰隆房地产开发有限公司（本部分简称博泰隆公司）通过公开挂牌出让方式取得 642 351.28 平方米国有土地使用权。2012 年，原海口市国土资源局（本部分简称市国土局）作出的多份函件中，认为涉案土地存在权属纠纷和征地遗留问题，暂缓报建，待问题解决后再进行申报。海口市人民政府（本部分简称市政府）亦认可涉案土地未开发是政府原因所致。2015 年，海南省人民政府作出的琼府〔2015〕24 号《关于进一步做好闲置土地处置工作的通知》（本部分简称 24 号文）规定，因政府原因造成土地闲置的，以协议方式收回闲置土地使用权的价格，可以按照土地使用权人已缴交的土地出让价款、前期合理投入以及自土地出让金缴交之日和前期合理投入资金之日至收回土地使用权期间利息总额予以确定；如该价格高于市场评估价格的，按照市场评估价格协议收回土地使用权。2017 年，市国土局告知博泰隆公司涉案土地构成闲置土地并拟有偿收回涉案土地使用权，但双方协商未达成一致意见。2018 年 1 月 3 日，市政府向博泰隆公司作出了收地决定书，以促进国民经济和社会发展等公共利益需要为由，决定收回涉案土地的国有建设用地使用权，并给予适当补偿，"适当补偿标准按 24 号文的规定执行"。博泰隆公司不服，提起行政诉讼，请求撤销该决定书。

【裁判结果】

海南省海口市中级人民法院一审认为，涉案土地因政府原因导致闲置，市政府因促进国民经济和社会发展公共利益需要，决定有偿收回涉案土地，认定事实清楚。24 号文规定的有偿收回国有土地使用权的补偿标准适用于因政府原因导致土地闲置、政府部门与土地使用者协商一致的情形。涉案土地因公共利益需要被收回，却适用 24 号文中相关闲置土地标准给予补偿，属于适用法律错误。遂判决撤销市政府作出的收地决定书中"适当补偿标准按照 24 号文的规定执行"的内容，并驳回博泰隆公司的其他诉讼请求。双方当事人均提出上诉。

海南省高级人民法院二审认为，土地同时存在因政府原因造成闲置和因公共利益需要使用土地的情形下，政府既可通过闲置土地处置程序有偿收回土地使用权，也可通过因公共利益需要国家依法有偿提前收回程序收回土地使用权。为公共利益需要而收回国有土地使用权的，对使用权人应当给予适当补偿。该款规定的"适当补偿"应当是公平合理的补偿，即综合考虑被收回土地的性质、用途、区位、评估方法、闲置原因等因素，参考市场价格予以补偿。涉案收地决定书简单以土地使用权人已缴交的土地出让价款、前期合理投入以及相应的利息总额进行补偿欠妥，且不符合自然资源部办公厅自然资办函〔2018〕1903 号函（本部分简称自然资源部

1903 号函）和海南省人民政府琼府〔2019〕12 号文（本部分简称海南省人民政府 12号文）的规定。遂判决驳回上诉，维持原判。

【典型意义】

本案的意义在于确定了有偿收回国有土地使用权补偿标准的问题。根据 2004 年修正的《土地管理法》第 58 条第 2 款规定，为公共利益需要使用土地而收回国有土地使用权的，对土地使用权人应当给予适当补偿。该款规定的"适当补偿"应当是公平合理的补偿，即综合考虑被收回土地的性质、用途、区位、评估方法、闲置原因等因素，参考市场价格予以补偿。为了适时解决有关历史遗留问题，切实维护土地使用权人及其他投资人合法权益，营造良好营商环境，自然资源部 1903 号函以及海南省人民政府 12 号文均规定，县级以上人民政府有偿收回存量商品住宅用地的补偿金额不低于土地使用权人取得土地的成本，并综合考虑其合理的直接损失，参考市场价格确定。本案中，行政机关应本着实质化解行政争议的目的，按照自然资源部 1903 号函以及海南省人民政府 12 号文的精神，依法合理作出补偿，合法合理保护土地使用权人的合法权益，营造良好营商环境。

3. 武汉市武昌南方铁路配件厂诉武汉市洪山区人民政府房屋征收补偿决定案。

【基本案情】

2015 年 5 月，武汉市洪山区人民政府（本部分简称洪山区政府）作出洪政征决字〔2015〕第 1 号房屋征收决定，对杨泗港长江大桥建设用地范围内的国有土地上房屋实施征收，征收部门为该区房屋征收管理办公室（本部分简称洪山区征收办）。武汉市武昌南方铁路配件厂（本部分简称南方配件厂）的厂房位于征收范围内，规划用途为工业配套。被征收人投票选定评估机构后，洪山区征收办分别于 2015 年 6月 12 日及 24 日对房屋初步评估结果和房屋征收价格评估结果进行了公告，评估公司在此期间制作了南方配件厂的分户评估报告，但洪山区征收办直至 2016 年 5 月 31 日才向南方配件厂留置送达。洪山区征收办另外委托资产评估公司对南方配件厂的变压器、车床等设备类资产的市场价值进行评估并出具了资产评估咨询报告，但未向南方配件厂送达。因南方配件厂与洪山区征收办始终未达成补偿协议，经洪山区征收办申请，洪山区政府于 2016 年 8 月 12 日作出洪政征补字〔2016〕2 号《房屋征收补偿决定书》（本部分简称 2 号补偿决定）并张贴于南方配件厂厂房处。该补偿决定设定的产权调换主要内容为："……房屋征收部门提供位于洪山区红霞村红霞雅苑 10处房屋作为产权调换房……规划用途为住宅……"。2016 年 9 月 28 日，南方配件厂的厂房被强制拆除。南方配件厂不服该补偿决定，诉至法院。

【裁判结果】

湖北省武汉市中级人民法院一审认为，根据《国有土地上房屋征收与补偿条例》及《国有土地上房屋征收评估办法》的规定，房屋征收部门应当在分户初步评估结果公示期满后向被征收人转交分户评估报告，被征收人对评估结果有疑问的可以申请复核评估及鉴定。本案中，洪山区征收办向南方配件厂留置送达分户评估报告的时间距该报告作出近1年，导致南方配件厂失去了申请复核及鉴定的权利并错过签约期，构成程序违法。对于南方配件厂的设备资产补偿问题，虽然洪山区征收办另委托资产评估公司出具了资产评估咨询报告，但未向南方配件厂送达，亦构成程序违法。一审遂判决撤销洪山区政府作出的2号补偿决定。洪山区政府提起上诉，湖北省高级人民法院二审对2号补偿决定程序违法的一审裁判意见予以支持。同时认为，该补偿决定虽然在形式上设定了货币补偿和产权调换2种补偿方式供选择，但就实质内容而言，洪山区政府针对南方配件厂的规划用途为工业配套、实际亦用于生产的厂房，提供10套住宅用于产权调换，这与南方配件厂秉持的通过产权调换获得新厂房、征收后继续生产经营的意愿及需要严重不符，实质上限制了南方配件厂对补偿方式的选择权，洪山区政府也未能举证证明南方配件厂的上述意愿违反法律强制性规定或客观上无法实现。据此，2号补偿决定设定的房屋产权调换方式不符合行政行为合理性原则的要求，属于明显不当的情形。二审终审判决驳回上诉，维持原判。

【典型意义】

处于正常生产经营状态特别是经济效益尚可的企业在遇到征收时，出于坚持生产事业、安置员工等主客观方面的实际需要，往往抱有在征收后继续生产经营的意愿，这种意愿是企业经营权及财产权的合理延伸。为实现这一意愿，被征收企业多倾向于选择房屋产权调换的补偿方式，希望直接获得用于继续生产的房屋、场地等必要生产资料。在征收补偿工作中，征收补偿实施主体应当适度考虑被征收企业的意愿和被征收房屋的特定用途，在不突破法律规定和征收补偿政策框架、不背离国家利益及社会公共利益的前提下，尽可能制定与之相匹配的征收补偿安置方案，正当履行告知、送达等法定程序义务，作出合理的补偿决定，在维护国家利益及社会公共利益的同时，兼顾对企业经营权、财产权等合法权益的保护，使企业的市场经济活力得以维系。

4. 李三德诉宝鸡市渭滨区人民政府行政强制案。

【基本案情】

李三德系宝鸡市渭滨区神农镇陈家村（本部分简称陈家村）村民，在该组拥有宅基地并建有房屋。2013年12月25日，宝鸡市渭滨区旧城改造领导小组发文成立了陈家村城改办，对陈家村进行城中村改造。2015年9月16日，李三德作为乙方与甲方陈家村城改办签订《拆迁过渡协议》。该协议约定全村实行统一的城中村改造拆迁安置补偿标准，并对于乙方住房面积做了确认，约定了过渡费和搬迁费、奖励的金额，同时约定乙方应在2015年10月15日前签订协议并腾空房屋、交付房屋钥匙，交由甲方实施拆迁。2015年10月2日，李三德将房屋腾空并向陈家村城改办交付住房钥匙。2016年9月11日，陈家村村委会组织实施拆除了李三德的房屋。李三德不服拆除房屋的行为，于2016年10月17日诉至法院，请求确认宝鸡市渭滨区人民政府（本部分简称渭滨区政府）强拆其房屋的行为违法并承担本案的诉讼费用。

【裁判结果】

陕西省宝鸡市中级人民法院一审认为,渭滨区政府拆除李三德房屋系依据《拆迁过渡协议》实施的合法行为,判决驳回李三德的诉讼请求。李三德不服一审判决,提起上诉。陕西省高级人民法院二审认为,陈家村村委会组织实施强制拆除李三德房屋的行为系代渭滨区政府实施的受委托行为,相应的法律后果应当由渭滨区政府承担。渭滨区政府既没有依法作出《责令交出土地决定》,也没有依法申请人民法院强制执行,且在没有完成安置补偿工作的情况下,直接对李三德的房屋实施了强制拆除行为,违反法律规定。遂判决撤销一审判决,确认渭滨区政府拆除李三德房屋的行为违法。

【典型意义】

《土地管理法》《国有土地上房屋征收与补偿条例》等法律法规对集体土地和国有土地上房屋征收程序和方式均作出了明确规定。行政机关在对土地和房屋征收的过程中,应当遵循"先补偿、后拆迁"原则,依法对被征收人进行安置补偿。在被征收人已经依法得到安置补偿或者无正当理由拒绝接受安置补偿的情况下,行政机关若要实现强制搬迁和拆除,也必须按照法定程序申请人民法院强制执行,在获得人民法院准许强制执行裁定前,行政机关没有直接强制拆除被征收房屋的权利。本案中,渭滨区政府在李三德腾空房屋并交付住房钥匙后实施拆除房屋的行为,从形式上看似乎是依照协议的行为,也不违背李三德的意愿。但不可忽视的是,这种"貌似自愿"是建立在被征收人李三德并没有获得实质补偿的基础上。李三德受政府许诺"奖励"政策的影响,与陈家村城改办签订了《拆迁过渡协议》,仅对过渡费、搬迁费和奖励金额等进行约定,并未对李三德作出实质性补偿安置。渭滨区政府以此作为拆除房屋的依据,不符合"先补偿、后拆迁"原则的立法精神,不利于全面保护被征收人切身利益。因此,渭滨区政府在没有完成安置补偿工作,又没有依法申请人民法院强制执行的情况下,即拆除了李三德的房屋,明显违反法律规定。

5. 汕尾市真诚公共汽车运输有限公司诉汕尾市人民政府排除、限制竞争案。

【基本案情】

为解决公共交通相对落后的状况,汕尾市人民政府(本部分简称汕尾市政府)于2015年7月27日形成《工作会议纪要》,决定以政府许可方式与广东省粤运交通股份有限公司合作经营公共交通事业,将该市公共交通经营权及公共站场土地使用权许可给其项目公司汕尾市粤运汽车运输有限公司(本部分简称汕尾粤运公司)。根据上述会议纪要,汕尾市交通运输局于同日向汕尾市真诚公共汽车运输有限公司(本部分简称真诚公司)发出《通知》,要求该公司办理相关公交车的报废手续并停止营运,同时收回经营权指标。

随后,汕尾市政府于2015年8月21日就该市辖区"0—50公里公共交通项目"发布特许经营权招投标公告,要求参与投标者的资质条件应达到包括资产总额不低于20亿元、具有10年以上国家一级道路旅客运输企业的资质等4项要求。经报名、公示，后因其他参与者中途放弃，广东省粤运交通股份有限公司控股的关联公司成为唯一的投标者。经竞争性谈判，2015年9月28日，汕尾市政府国有资产监督管理委员会发出公告，同意该特许经营项目具体由汕尾粤运公司负责实施。真诚公司不服诉至法院，请求撤销汕尾市政府上述独家特许经营许可决定，立即停止违法行为。

【裁判结果】

广东省汕尾市中级人民法院一审判决驳回真诚公司的诉讼请求。真诚公司不服提起上诉。广东省高级人民法院二审认为，汕尾市政府发布招投标公告之前，已经事先通过会议纪要的方式将汕尾市辖区范围内的公共交通特许经营权直接授予汕尾粤运公司独家经营。交通行政部门亦根据该纪要决定提前收回真诚公司的相关公交运营指标。汕尾市政府提前指定独家特许经营者，违反了《基础设施和公用事业特许经营管理办法》关于应由市场竞争机制来确定经营者的相关规定，属于滥用行政权力排除市场原有同业竞争者的行为，应当认定该特许经营许可行为违法。但考虑到本案涉及公共利益，若撤销该许可将会给汕尾市公共交通秩序造成损害，给人民群众的出行带来不便，遂改判：撤销一审判决，确认汕尾市政府实施涉案特许经营权许可行为违法，但保留其法律效力。

【典型意义】

行政机关滥用行政权力排除、限制竞争是我国反垄断法明确禁止的行为。在基础设施和公用事业管理领域，地方政府较常以授予独家特许经营权为对价，吸引、鼓励和引导更多优质社会资本参与相关投资和管理，以提高公共服务的质量和效率。由于反垄断法的相关规定较为原则，加上独家特许经营许可本身具有排他性，因此在特许经营许可纠纷案中，如何对行政性限制竞争行为进行审查认定难度较大。行政机关违反法律、法规、规章的规定，未经公平、公开、公正的竞争机制，未按法定程序实施或者故意设置不合理的条件，指定特许经营者，排除、限制同一市场其他同业经营者的公平竞争权和参与权，损害消费者的自主选择权，属于反垄断法上所规制的行政性限制竞争行为，应当确认其违法，以保护各种市场主体平等参与市场竞争。

6. 新泰市海纳盐业有限公司诉原新泰市盐务局行政处罚案。

【案情介绍】

2014年5月15日，原新泰市盐务局在执法检查过程中发现新泰市海纳盐业有限公司（本部分简称海纳公司）涉嫌违规购进工业用盐。经调查，原新泰市盐务局认定该公司违规购进工业用盐52吨，违反了《山东省盐业管理条例》第21条"禁止任何单位和个人违反本条例规定擅自购进盐产品"的规定，故根据《山东省盐业管理条例》第44条之规定作出行政处罚决定，决定没收该公司工业盐52吨，罚款58 000元。海纳公司不服，提起诉讼要求撤销该行政处罚决定。

【裁判结果】

山东省新泰市人民法院一审认为，海纳公司购买工业用盐的行为违反了《山东省盐业管理条例》第 21 条的规定，原新泰市盐务局依据《山东省盐业管理条例》有关规定作出的行政处罚决定并无不当，故判决驳回了该公司的诉讼请求。山东省泰安市中级人民法院二审维持一审判决。海纳公司不服，向山东省高级人民法院申请再审。

山东省高级人民法院经审理认为，地方性法规与法律、行政法规规定不一致的，应当根据法律和行政法规的规定判断被诉行政处罚决定是否正确。《行政处罚法》第 11 条规定，法律、行政法规对违法行为已经作出行政处罚规定，地方性法规需要作出具体规定的，必须在法律、行政法规规定的给予行政处罚的行为、种类和幅度的范围内规定。结合全国人民代表大会常务委员会法制工作委员会《关于地方性法规对法律中没有规定的行政处罚行为可否作出补充规定问题的答复》的精神，对于该条款的正确理解应当是"一是，国家已经有法律、行政法规的，地方性法规可以结合本地情况予以具体化，但是必须在法律、行政法规规定给予行政处罚的行为、种类和幅度的范围内规定。二是，在国家尚未制定法律、行政法规的情况下，地方性法规可以设定除限制人身自由、吊销企业营业执照以外的行政处罚"。为加强盐业管理，《盐业管理条例》这一行政法规对违反该条例的行为设定了相应的行政处罚，但对盐业公司之外的其他企业购买经营工业用盐的行为没有设定行政处罚。本案中，原新泰市盐务局依据地方性法规对海纳公司购买工业用盐的行为作出行政处罚决定，超出了《盐业管理条例》规定的给予行政处罚行为的范围，遂判决予以撤销一、二审法院判决和被诉行政处罚决定。

【典型意义】

盐资源作为关系国计民生的重要物资，盐业行政主管部门应当依法依规对相关生产、经营活动进行监管，深化"放管服"改革，满足市场和企业发展需求。《盐业管理条例》作为规范盐业管理领域的行政法规，对违反该条例的行为设定了相应的行政处罚，但对盐业公司之外的其他企业购买经营工业用盐的行为没有设定行政处罚，地方性法规不能对该行为设定行政处罚，盐业行政主管部门不能超出《盐业管理条例》规定的给予行政处罚行为的范围作出行政处罚决定。本案的典型意义在于，人民法院通过再审审查程序明确了设定行政处罚的权限，彰显了司法的监督纠错功能，保护了企业正常的生产经营权，有利于进一步激发市场活力，促进民营经济健康发展。

7. 广州市淦灿贸易有限公司诉原韶关市新丰县工商行政管理局工商行政登记案。

【基本案情】

2017 年 11 月 17 日，韶关市新丰县人民政府发布了《关于进一步规范县城集贸市场管理的通告》（本部分简称《通告》），告知凡肉类、蔬菜类等经营者一律进入市场经营，禁止在集贸市场外摆摊设点、流动、开店铺经营肉菜类行为。2017 年 12 月 26 日，广州市淦灿贸易有限公司（本部分简称淦灿公司）向原韶关市新丰县工商行政管理局（本部分简称新丰工商局）申请登记设立广州市淦灿贸易有限公司新丰三分公司，经营场所为新丰县丰城街道办事处人民西路 93 号 09、10 门店，经营范围包括批发、零售鲜肉。2018 年 1 月 11 日，新丰工商局以淦灿公司的申请不符合《广东省商事登记条例》（本部分简称《条例》）第 19 条第 2 款、《韶关市农贸市场管理暂行办法》（本部分简称《暂行办法》）第 39 条以及《通告》等规定为由，作出新工商驳字〔2018〕第 1 号《登记驳回通知书》（本部分简称《登记驳回通知书》），决定不予登记。淦灿公司不服诉至法院，请求撤销新丰工商局作出的《登记驳回通知书》。

【裁判结果】

广东省韶关市武江区人民法院一审认为，淦灿公司的申请事项，不符合《暂行办法》第 39 条和《通告》的规定，新丰工商局作出的《登记驳回通知书》合法，遂判决驳回淦灿公司的诉讼请求。淦灿公司不服，提起上诉。广东省韶关市中级人民法院二审认为，新丰工商局作出的《登记驳回通知书》依据是《暂行办法》第 39 条、《通告》以及在诉讼期间提供的《韶关市商事主体住所登记管理办法》（本部分简称《管理办法》）的规定，但上述规定并未将新丰县丰城街道办事处人民西路 93 号 09、10 门店列入禁设区目录，不能作为新丰工商局出具《登记驳回通知书》的依据。根据《条例》第 19 条第 2 款"地级以上市人民政府公布经营场所禁设区域目录的，商事主体不得以禁设区域目录所列的场所作为住所、经营场所"的规定，地级以上市人民政府是经营场所禁设区域目录的公布主体，韶关市新丰县人民政府属于县级人民政府，无权公布经营场所禁设区域，《通告》不能作为《登记驳回通知书》的依据。新丰工商局也并未举证证实韶关市人民政府已公布新丰县经营场所禁设区域目录。因此，广东省韶关市中级人民法院判决：撤销一审判决；撤销新丰工商局作出的《登记驳回通知书》，并责令新丰工商局对淦灿公司的申请重新作出行政行为。

【典型意义】

经营场所是企业从事经营活动的平台，关系到企业的竞争和发展，不能随意被限制。政府因为城市规划、经济发展和公共利益的需要，依法适当限定经营地点，有利于建设卫生文明城市、提升群众的居住环境和生活品位。但权力的行使不能因为创建卫生文明城市等需要便不加限制，必须以法律、法规的明确规定为限。《条例》第 19 条第 2 款明确授权地级以上市人民政府以禁设区域目录的方式，限定经营场所禁设区域。因此，行政机关未经法律、法规授权作出的涉及禁设区域的规范性文件，不能作为人民法院审理行政案件的依据。本案新丰工商局作出行政行为的依据，为《暂行办法》的规定，但该办法与新丰工商局在诉讼期间提供的《管理办法》均未将涉案企业的经营地点列入禁设区域目录，据此新丰工商局作出的《登记驳回通知书》缺乏法律依据，依法应予撤销。本案的典型意义在于，人民法院审理涉及民营企业经营场地的行政案件时，在支持人民政府积极开展创建卫生文明城市活动的同时，也应保护民营企业的经营自主权。

8. 诸暨市勃田置业有限公司诉原诸暨市国土资源局国有土地使用权出让合同纠纷案。

【基本案情】

2013 年 10 月 21 日，诸暨市勃田置业有限公司（本部分简称勃田置业公司）与原诸暨市国土资源局（本部分简称诸暨国土局）签订国有建设用地使用权出让合同，受让坐落于诸暨市暨阳街道郭家村地块商业用地国有建设用地使用权，双方并对土地出让金额、土地交付、规划建设、违约责任等进行了约定，其中土地出让款为 5000 万元，土地交付时间为 2013 年 10 月 21 日。嗣后，勃田置业公司向诸暨国土局缴纳了全部土地出让金，但因出让地块内尚有高压线未搬迁，该公司未能入场施工。经勃田置业公司多次要求，至 2016 年 4 月底，出让地块内的高压线被迁移。勃田置业公司认为诸暨国土局收取土地出让金后，未能按时交付符合出让条件的土地，应承担相应责任，起诉要求诸暨国土局赔偿其损失。

【裁判结果】

浙江省绍兴市柯桥区人民法院一审认为，根据《闲置土地处置办法》（国土资源部令第 53 号）、《国土资源部关于加大闲置土地处置力度的通知》（国土资电发〔2007〕36 号）等土地出让的相关政策的规定，国有建设用地实行"净地"出让，用于出让的土地应当是已完成建筑构筑物拆除、符合通平条件，且在法律关系上权属清晰，不存在权利限制的土地。案涉出让地块相应规划图明确高压线需迁移，但实际直至 2016 年 4 月才迁移完毕。因此，诸暨国土局存在未按合同约定交付符合开发条件"净地"之情形，应依法承担违约责任，遂判决诸暨国土局赔付勃田置业公司自 2013 年 10 月 22 日起至 2016 年 4 月 26 日总价款 5000 万元按中国人民银行同期同档次贷款基准利率计算的利息损失部分（不超过 8 146 458.33 元），驳回勃田置业公司的其他诉讼请求。诸暨国土局不服，提出上诉。

浙江省绍兴市中级人民法院二审认为，原诸暨市规划局向勃田置业公司核发的建设用地规划许可证载明，高压线移位是案涉地块动工开发、实施规划的前提条件，也是诸暨国土局按约交付出让土地的基本要求。因案涉出让地块上的高压线直至 2016 年 4 月才迁移完毕，晚于双方在出让合同中约定的土地交付时间，一审法院据此判决诸暨国土局承担相应违约责任，并无不当，遂判决驳回上诉，维持一审判决。二审判决生效后，诸暨国土局已履行生效判决确定的义务。

【典型意义】

法治是最好的营商环境，行政机关既是行政职权的行使者，也是市场经济的参与者，更要依法行政、诚实守信。本案在一定程度上厘清了土地出让部门在进行国有土地使用权出让时，需要遵守的相关规定和应当承担的合同义务。在监督行政机关依法行政的同时，也依法保护了民营企业产权，是行政审判保护非公有制市场主体权利、助推营商环境优化的典型案例。

9. 夏高凤诉原都江堰市国土资源局违法注销集体土地使用权案。

【基本案情】

夏高凤为都江堰市龙池镇红色村2组村民，在该村拥有住宅房屋1套，并于2008年10月28日取得案涉《集体土地使用权证》。2015年10月8日，原都江堰市国土资源局（本部分简称都江堰国土局）以夏高凤取得土地使用权证时的申请资料与实际情况不符、存在以虚假资料骗取土地登记的行为为由，要求夏高凤在10日内将土地使用权证交至都江堰市政务中心国土窗口并配合集体经济组织办理集体土地使用权注销登记，若逾期不办理，将公告注销案涉《集体土地使用权证》。夏高凤未在告知期限内交回《集体土地使用权证》，2015年11月10日都江堰国土局作出《注销公告》，注销了夏高凤的集体土地使用权。夏高凤不服该行为，诉至法院。

【裁判结果】

四川省崇州市人民法院一审认为：根据2008年2月1日起实施的《土地登记办法》（本部分简称《办法》）第50条规定："有下列情形之一的，可直接办理注销登记：①依法收回的国有土地；②依法征收的农民集体土地；③因人民法院、仲裁机构的生效法律文书致使原土地权利消灭，当事人未办理注销登记的。"因此，除以上3种情形土地登记主管部门可直接办理注销登记外，注销登记均应依土地使用权人或他项权利人申请注销。都江堰国土局在不具备上述3种情形的情况下直接注销夏高凤集体土地使用权，没有法律依据。根据《办法》第58条规定："国土资源行政主管部门发现土地登记簿记载的事项确有错误的，应当报经人民政府批准后进行更正登记，并书面通知当事人在规定期限内办理更换或者注销原土地权利证书的手续。当事人逾期不办理的，国土资源行政主管部门报经人民政府批准并公告后，原土地权利证书废止。"即使夏高凤土地使用权证记载内容存在错误，都江堰国土局也应当在进行更正登记后予以更换或注销。因此，一审法院判决确认都江堰国土局注销夏高凤集体土地使用权的行政行为无效，并责令都江堰国土局在判决生效后15日内为夏高凤办理恢复登记。判决后双方均未上诉，都江堰国土局为夏高凤恢复了登记。

【典型意义】

实践中，因分不清"权"和"证"的关系，错误采用注销"证"的方式注销"土地使用权"的现象大量存在。依法登记的土地所有权和使用权受法律保护，任何单位和个人不得侵犯。权利人只有依法取得不动产后，才能进行不动产登记，不动产登记是拥有合法不动产权利的证书。通过该案的审理，厘清了先有"权利"后有"登记"，先有"权利消失"才有"注销登记"的关系，行政机关不能用"注销登记"方式侵犯依法登记的土地所有权和使用权。

10. 海南省文昌市人民检察院诉文昌市农业农村局海洋行政公益诉讼案。

【基本案情】

海南省文昌市人民检察院在文昌市冯家湾调查时发现海域内有大量违法定置网，于2018年4月向文昌市农业农村局发出检察建议，要求文昌市农业农村局依法对非法捕捞行为进行处罚。虽然文昌市农业农村局为此开展了专项清理行动，但海南省文昌市人民检察院在跟进监督时发现文昌部分海域内仍有违法定置网，遂于 2019 年 1 月诉至海口海事法院，请求确认文昌市农业农村局对其辖区海域内的违法定置网未完全履行法定职责的行为违法，并在 6 个月内继续履行法定职责。

【裁判结果】

海口海事法院一审认为，文昌市农业农村局作为渔业监督管理部门，未尽监管职责，导致案涉海域渔业资源未能得到及时有效的保护，社会公共利益处于持续受侵害状态。一审判决，责令文昌市农业农村局在 6 个月内履行查处其辖区海域内违法定置网的法定职责。

【典型意义】

本案系海洋行政公益诉讼案件。依法查处非法捕捞行为对保护海洋生态环境、实现海洋经济可持续发展具有重要意义。最高人民法院《关于审理发生在我国管辖海域相关案件若干问题的规定（二）》明确规定，在禁渔期内使用禁用的工具或者方法捕捞，构成非法捕捞水产品罪中的情节严重情形，是刑事追责和行政监管的重点对象。本案中，海口海事法院依法支持海南省文昌市人民检察院行使监督权，促使渔业监管部门依法履行职责，有力打击、遏制了非法捕捞行为的蔓延态势。本案对捕捞水产品中禁渔期、禁渔区以及禁用工具或者方法的严格遵循，亦有助于海洋休养生息，恢复或者增加种群数量，改善海洋生态环境。

11. 镇人民政府申请执行义务教育行政处罚决定书案。

【基本案情】

马某为适龄入学儿童，其监护人马某哈、马某格牙无正当理由，未将马某按时送入学校接受九年义务教育。经青海省化隆回族自治县扎巴镇人民政府认定，马某哈、马某格牙的行为违反了《义务教育法》的规定，于 2018 年 9 月做出行政处罚决定书，对马某哈、马某格牙处以罚款，并责令将马某送入学校就读。被执行人马某哈、马某格牙收到行政处罚决定书后，在法定期限内未申请复议，也未提起诉讼，且拒不履行行政处罚决定。青海省化隆回族自治县扎巴镇人民政府于 2019 年 3 月向人民法院申请强制执行。

【裁判结果】

人民法院依法裁定，准予强制执行青海省化隆回族自治县扎巴镇人民政府作出的行政处罚决定书。裁定作出后，经法院多次执行，2 名被执行人拒不履行义务。人民法院对被执行人马某哈依法作出了行政拘留 15 日的决定书。在拘留期间，被执行人马某哈、马某格牙履行了行政处罚决定书所确定的义务，马某现已入学就读。

【典型意义】

青海省化隆回族自治县属特困区，当地农民有的不重视教育，不让适龄子女接受义务教育的现象较为普遍，严重违反义务教育法规定，严重背离法定监护职责。近年来，化隆回族自治县针对这一情况，采取了多项举措开展"控辍保学"集中行动。一年多来，化隆回族自治县人民法院受理了几十起控辍保学的行政非诉案件，本案就是其中一起。在审理此类案件时，法院采取了巡回就地开庭的方式，以案释法，对旁听群众深入细致讲解义务教育法、未成年人保护法等有关法律政策，让群众明白了作为监护人不送适龄子女上学是一种违法行为，要依法承担法律责任。法院通过此类案件的审理和执行，有力保护了未成年人合法权益，使100多名留守儿童重返校园，受教育权得到法律保障。

12. 江西省安义县人民检察院诉安义县国土资源局不履行矿山地质环境保护职责案。

【基本案情】

2016年2月至2017年6月，徐庆明在没有办理采矿许可证和占用林地手续的情况下，雇佣他人擅自对犁头山山体进行采矿。安义县国土资源局先后6次向其下达《制止违反矿产资源法规行为通知书》，要求其停止违法开采行为。2017年11月，江西省安义县人民检察院向安义县国土资源局发出检察建议。嗣后，安义县国土资源局虽陆续采取措施，但徐庆明未完全按照恢复治理方案进行恢复治理。所涉地区矿山地质环境状况仍未得到根本改善。江西省安义县人民检察院提起行政公益诉讼，要求安义县国土资源局全面履行矿山地质环境保护的法定职责。

【裁判结果】

南昌铁路运输法院一审认为，安义县国土资源局负有保护和监管案涉地区矿山地质环境的法定职责。其虽先后对徐庆明非法采矿行为履行了一定的监管职能，但在公益诉讼起诉人提起本案诉讼前，未督促徐庆明按照恢复治理方案进行恢复治理，亦未责令徐庆明缴纳土地复垦费用、代为组织复垦，案涉矿山地区至今仍土层、矿石裸露，地质环境状况未得到根本改善影响，给周边环境及居民生活带来安全隐患，国家利益和社会公共利益仍处于受侵害状态。一审判决责令安义县国土资源局履行矿山地质环境保护职责，按照恢复治理方案恢复安义县犁头山地区的生态环境。

【典型意义】

本案系对非法采矿行为监管不力导致矿山地质环境破坏引发的环境行政公益诉讼案件。非法采矿行为不仅严重侵害国家对矿产资源的所有权，造成矿业权税费流失，而且极易造成矿产资源的乱采滥挖，导致环境污染和生态破坏。安义县国土资源局作为行政主管部门，对矿山地质环境遭受破坏后的修复治理具有监督、管理义务。尽管其已经针对案涉非法采矿行为采取相关措施，但因未继续、全面地履行监管职责，矿山地质环境仍持续受到侵害。本案判决认定行政机关未完全履行法定职责并判令其继续履职，对促进行政机关依法、及时、全面履行职责，维护矿山生态环境安全，切实保护国家利益和社会公共利益具有积极作用。

13. 贵州省榕江县人民检察院诉榕江县栽麻镇人民政府环境保护行政管理公益诉讼案。

【基本案情】

贵州省榕江县栽麻镇宰荡侗寨和归柳侗寨分别于 2012 年、2016 年入列中国传统村落保护名录。贵州省榕江县人民检察院在履行职责中发现乱搭乱建、违法占地、占用河道建房等问题突出，造成民族传统文化遭受严重破坏。榕江县栽麻镇人民政府（本部分简称栽麻镇政府）存在怠于履行保护职责的行为。2018 年 5 月 7 日，该院向栽麻镇政府发出检察建议书。2 个月后，上述问题仍未解决。2018 年 12 月，贵州省榕江县人民检察院提起行政公益诉讼，请求：确认栽麻镇政府对中国传统村落宰荡侗寨和归柳侗寨怠于履行监管职责的行为违法；要求其继续履行对宰荡侗寨和归柳侗寨的监管保护职责。

【裁判结果】

贵州省黎平县人民法院一审认为，栽麻镇政府对宰荡侗寨和归柳侗寨依法负有监管保护职责。上述传统村落保护区范围内，出现大批农户擅自新建、改建、扩建（构）筑物，致宰荡侗寨和归柳侗寨的传统格局和风貌受到严重破坏，使国家利益和社会公共利益受到侵害。栽麻镇政府虽对部分违法违章建筑进行整治，取得一定效果，但仍应继续履行其法定职责。一审判决，确认栽麻镇政府对传统村落宰荡侗寨和归柳侗寨怠于履行监管职责的行为违法；应继续履行其监管职责。

【典型意义】

本案系全国首例以保护传统村落为目的的环境行政公益诉讼案件。传统村落，是拥有物质形态的文化遗产，也是农耕文化不可再生的人文遗迹，具有较高的历史、文化、社会和科学艺术价值。目前，贵州省黔东南自治州共有 426 个传统苗族或侗族村落列为中国传统村落。近年来，因有的地方政府未落实传统村落发展规划和控制性保护措施，缺乏正确引导，导致村民翻修旧房、新建住房等行为无序，传统村落原貌遭到破坏。本案中，贵州省黎平县人民法院确认栽麻镇政府怠于履行传统村落保护监管职责的行为违法，并责令其继续履行职责，有力地强化了行政机关保护传统村落的责任意识，同时督促当地群众自觉维护传统村落的风貌布局。

14. 盐津白水江文运水产养殖专业合作社诉云南省盐津县人民政府行政协议纠纷案。

【基本案情】

2014 年 6 月，盐津白水江文运水产养殖专业合作社（本部分简称文运合作社）与云南省盐津县人民政府（本部分简称盐津县人民政府）签订《文运水产养殖招商引资合作协议》（本部分简称《合作协议》），约定由文运合作社在白水江三级电站库区投资建设水产养殖项目。协议签订后，文运合作社于 2017 年 2 月填写《建设项目环境影响登记表》，完成环评备案。2018 年 8 月，盐津县人民政府函告文运合作社，以案涉养殖行为不符合盐津"生态功能县"建设及相关环境保护政策等为由，解除《合作协议》。文运合作社提起行政诉讼，后经变更、增加诉讼请求，同意解除《合作协议》，但要求盐津县人民政府赔偿因履行协议造成的经济损失。经鉴定，文运合作社投入的硬件设施设备价值65.72万元。

【裁判结果】

云南省昭通市中级人民法院一审认为，本案双方签订的《合作协议》系行政协议，属于行政诉讼受案范围。盐津县人民政府依法有权单方解除《合作协议》，但应对文运合作社的投入损失予以补偿。一审判决，解除《合作协议》，盐津县人民政府补偿文运合作社因履行《合作协议》而投入的硬件设施设备损失65.72万元，鉴定费5万元，合计70.72万元。

【典型意义】

本案系行政协议案件。行政协议履行过程中，如因实现公共利益或者行政管理目标需要，或遇法律政策有重大调整时，行政机关依法享有单方变更、解除行政协议的权利，但因此造成相对人合法权益受损的，应当依法予以补偿。本案中，盐津县人民政府单方行使解除权，文运合作社后亦同意解除《合作协议》，具有法律依据，亦符合当地推行河长制、施行退渔还湖环境保护政策调整需要，有利于促进养殖地生态环境的系统保护。本案发生于最高人民法院《关于审理行政协议案件若干问题的规定》发布之前，但对协议性质的认定和判决结果符合上述司法解释规定精神。本案的判决，对正确认定行政协议性质，以及行政机关解除协议时对相对人合法权益的保护，具有积极的示范意义。

15. 云南得翔矿业有限责任公司诉云南省镇康县人民政府地矿行政补偿案。

【基本案情】

云南得翔矿业有限责任公司（本部分简称得翔公司）系"镇康县麦地河铅锌矿详查"探矿权人，该探矿权最后一次延续的有效期为2010年6月28日至2012年6月28日。2011年8月，云南省发展和改革委员会批复同意镇康县中山河水库工程建设。得翔公司探矿权所涉项目位于上述水库的水源保护区范围内。云南省镇康县人民政府（本部分简称镇康县人民政府）先后2次函告得翔公司，勘察许可证到期后，不再申报延续登记。2014年6月，双方委托鉴定机构所对案涉探矿权进行评估，鉴定意见确定该探矿权价值3053.18万元。得翔公司提起行政诉讼，请求镇康县人民政府补偿其经济损失3053.18万，勘探支出本息1363.42万元，2012年至2017年11月支出的员工工资86.05万元，鉴定费10万元。

【裁判结果】

云南省临沧市中级人民法院一审认为，镇康县人民政府函告取消水源区内所有矿业权，对得翔公司探矿权不再申报延期的行为，对得翔公司的权利义务产生实际影响，得翔公司有权提起行政补偿诉讼。得翔公司主张的补偿项目中，探矿权实现后的预期收益，不属于实际损失，不予支持；为勘探支付的勘探成本及利息、人工工资等损失，结合实际情况，酌情支持。一审判决，镇康县人民政府补偿得翔公司损失 214.60 万元。云南省高级人民法院二审维持原判。

【典型意义】

本案系因饮用水水源地退出探矿权引发的行政补偿案件。饮用水安全与人民群众生命健康息息相关。2017 年修正的《水污染防治法》重申了饮用水水源保护区制度，禁止在饮用水水源二级保护区内新建、改建、扩建排放污染物的建设项目；已建成的排放污染物的建设项目，由县级以上人民政府责令拆除或者关闭。本案中，虽得翔公司探矿权取得在先，但其有效期届满后，镇康县人民政府基于饮用水水源地保护需要不再申报延续登记，符合环境公共利益。人民法院依法支持行政机关不再延续探矿权期限决定，同时判令对得翔公司实际损失予以合理补偿，实现了保护人民群众公共饮水安全和探矿权人财产权益之间的平衡。

16. 林海等 51 人诉龙岩市新罗生态环境局环境行政许可案。

【基本案情】

龙岩华厦眼科医院有限公司（本部分简称龙岩眼科医院）拟选址龙岩市新罗区丰华商城（本部分简称丰华商城）1 号楼一层、二层改造建设眼科医院，并委托环评机构编制环境影响报告书，申请环境影响评价许可。2017 年 6 月，龙岩市新罗生态环境局（原龙岩市新罗区环境保护局，本部分简称新罗生态环境局）公示受理该审批事项，从专家库随机抽取评审专家召开技术审查会，并于同年 9 月，作出同意项目建设的批复。林海等 51 人系丰华商城的业主或经营者，向法院提起行政诉讼，请求撤销批复。

【裁判结果】

福建省龙岩市中级人民法院一审认为，丰华商城系以居住为主要功能，在此区域建设眼科医院应以编制环境影响报告书的形式进行全面的环境影响评价，龙岩眼科医院作为建设单位应依法征求丰华商城有关单位和居民的意见。龙岩眼科医院提供的《公众参与个人调查表》中公众参与材料内容不真实不可靠，新罗生态环境局未尽基本的审查注意义务，作出的批复主要证据不足。一审判决撤销批复。福建省高级人民法院二审维持原判。

【典型意义】

本案系在居民区建造医院进行环境影响评价的行政许可案件。近年来，"邻避"冲突呈现频发多发趋势。建设项目所在地公众对环境影响评价的参与，既是环境影响评价许可的重要依据，也是避免环境"邻避"纠纷的有效途径。该案正是由于建设单位环境影响报告书征求公众意见不实，政府行政主管部门许可环境影响评价亦未尽审查义务，导致当地居民提起群体性诉讼。本案中，福建省龙岩市中级人民法院依法撤销环境影响评价批复，有利于进一步督促行政机关严格履行环境监管职责，充分保障公众的环境知情权、参与权和监督权。

17. 吉林省珲春林业局诉珲春市牧业管理局草原行政登记案。

【基本案情】

案涉草地为岩山沟247.50公顷草原，位于吉林省珲春市板石镇湖龙村。1992年11月，原国家林业部向吉林省珲春林业局（本部分简称珲春林业局）颁发《国有林权证》，将包括案涉草原在内的林地交由其管理、占有、使用。1989年10月，珲春林业局与珲春市政府签订《牧业用地委托经营书》，同年12月，与板石乡政府签订《牧业用地委托经营书》，并依据上述2份合同给珲春市板石镇湖龙村村民委员会（本部分简称湖龙村）颁发草原证，1996年换发《牧业用地使用权证》。2008年6月，珲春市牧业管理局（本部分简称珲春牧业局）向湖龙村颁发面积为416.50公顷（包含案涉争议草地）的《吉林省草原使用权证》，用地范围与1996年权证一致，使用期限15+30年。2005年7月，国务院办公厅《关于发布河北柳江盆地地质遗迹等17处新建国家级自然保护区的通知》，将案涉岩山沟草地中162公顷纳入珲春东北虎国家级自然保护区范围。珲春林业局提起行政诉讼，请求依法撤销珲春牧业局颁发给湖龙村的面积为416.50公顷的《吉林省草原使用权证》。

【裁判结果】

吉林省珲春市人民法院一审认为，珲春林业局作为案涉林地的合法经营权人，是本案适格原告。珲春牧业局为湖龙村颁发《吉林省草原使用权证》的行为，是基于《牧业用地委托经营书》而实施的行政许可，因该经营书已于2004年11月终止，颁证行为无事实依据，程序违法。一审判决撤销上述草原使用权证。吉林省延边朝鲜族自治州中级人民法院二审维持原判。吉林省高级人民法院再审认为，珲春牧业局的颁证行为无事实依据，且案涉草地中162公顷已被纳入珲春东北虎国家级自然保护区范围，无论珲春牧业局颁证行为是否合法，依法都应予撤销，裁定驳回再审申请。

【典型意义】

本案系涉自然保护区的国有林地、草原的委托经营及确权登记纠纷。本案中，湖龙村系基于委托经营合同对案涉草地享有经营使用权，其权利性质不同于依据家庭承包方式取得的土地使用权，不得依据政策或者法律规定径行延长期限。本案的典型意义还在于，案涉草地已被划入珲春东北虎国家级自然保护区范围。自然保护区是维护生态多样性，构建国家生态安全屏障，建设美丽中国的重要载体。现行法律对自然保护区实行最严格的保护措施，人民法院在审理相关案件时，应注意发挥环境资源行政审判的监督和预防功能，对涉及环境公共利益的行政许可进行审查。本案判决基于委托经营合同性质效力以及自然保护区生态环境保护的双重考量，对案涉行政机关颁证行为予以撤销，符合保障自然保护区生态文明安全的理念和要求。

18. 三沙市渔政支队申请执行海南临高盈海船务有限公司行政处罚案。

【基本案情】

2014年8月，海南临高盈海船务有限公司（本部分简称盈海公司）所有的"椰丰 616"号运输船装载 250 吨砗磲贝壳，过程中，被海南省海警第三支队查获，将该船押解移送至三沙市渔政支队处理。经鉴定，上述贝壳 98% 为国家一级保护水生野生动物，2% 为国家二级保护水生野生动物，总价格为 37.35 万元。三沙市渔政支队于 2018 年 2 月作出行政处罚，没收砗磲贝壳 250 吨，按实物价值 3 倍罚款人民币 112.05 万元。盈海公司不服，提起行政诉讼，请求撤销该行政处罚决定。

【裁判结果】

海口海事法院一审认为，三沙市渔政支队的行政处罚决定正确。一审判决，驳回盈海公司的诉讼请求。海南省高级人民法院二审维持原判。2019 年 7 月，三沙市渔政支队在海南日报刊登《催告书》，催促盈海公司在收到该催告 10 日内履行义务。但盈海公司拒不履行义务。三沙市渔政支队于 2019 年 9 月向海口海事法院申请强制执行，该院作出行政裁定，准予执行。

【典型意义】

本案系行政处罚非诉执行案件。本案中，执法机关查获"椰丰 616"号运输船的地点位于三沙市中建岛北面附近海域，由海口海事法院行使司法管辖权。案涉砗磲贝壳是国家一、二级保护水生野生动物，海口海事法院依法支持行政机关对非法运输水生野生动物者施以行政处罚，并在相对人拒不履行义务时，依法准予强制执行，有力地维护了行政机关的执法权威，彰显了司法机关与行政机关合力打击非法运输国家保护水生野生动物行为、维护三沙海域生态环境安全的决心。

19. 北海市乃志海洋科技有限公司诉北海市海洋与渔业局海洋行政处罚案。

【基本案情】

2016 年 7 月至 9 月，北海市乃志海洋科技有限公司（本部分简称乃志公司）在未依法取得海域使用权的情形下，对其租赁的海边空地（实为海滩涂）利用机械和车辆从外运来泥土、建筑废料进行场地平整，建设临时码头，形成陆域，准备建设冷冻厂。2017 年 10 月，北海市海洋与渔业局（本部分简称北海海洋渔业局）对该围填海施工行为进行立案查处，测定乃志公司填占海域面积为 0.38 公顷。经听取乃志公司陈述申辩意见，召开听证会，并经 2 次会审，北海海洋渔业局认定乃志公司填占海域行为违法，于 2018 年 4 月作出行政处罚，责令乃志公司退还非法占用海域，恢复海域原状，并处非法占用海域期间内该海域面积应缴纳海域使用金 15 倍计 256.77 万元的罚款。乃志公司不服，提起行政诉讼，请求撤销该行政处罚决定。

【裁判结果】

北海海事法院一审认为，北海海洋渔业局享有海洋行政处罚职权，乃志公司在未取得海域使用权的情况下，实施围海、填海活动，非法占用海域 0.38 公顷，违反《海域使用管理法》第 42 条的规定，北海海洋渔业局作出的行政处罚决定正确。一审判决驳回乃志公司的诉讼请求。广西壮族自治区高级人民法院二审维持原判。

【典型意义】

本案系涉非法围填海的海洋行政处罚案件。随着我国海洋经济的发展和人民生活水平的提高，从事海洋产业的单位和个人的用海需求迅速增长。部分企业和个人在未获得海域使用权的情况下，非法围海、占海甚至填海，对海洋生态环境保护和地方可持续发展造成严重影响。我国海岸线漫长，针对非法用海行为的行政管理存在"调查难""处罚难""执行难"等问题。本案的处理对非法围填海的主体认定、处罚正当程序及自由裁量权行使等均具有示范作用，充分表明人民法院坚持用最严格制度最严密法治保护国家海岸线和海洋环境生态安全的决心，对于推进依法用海、管海，服务保障海洋强国战略具有积极意义。

20. 海关总署（北京）国际旅行卫生保健中心（北京海关口岸门诊部）诉北京市海淀区生态环境局行政处罚及行政复议案。

【基本案情】

2018 年 7 月 11 日，北京市海淀区生态环境局（本部分简称海淀区环境局）至海关总署（北京）国际旅行卫生保健中心（北京海关口岸门诊部）（本部分简称国旅卫生保健中心）进行现场检查，发现该单位安装的水污染处理设施处于断电状态，医疗污水未经处理直接排放入市政管道。次日，海淀区环境局对国旅卫生保健中心的上述违法行为立案调查，并作出行政处罚决定。国旅卫生保健中心不服，提起行政复议。北京市海淀区人民政府（本部分简称海淀区政府）作出行政复议决定，维持被诉处罚决定。国旅卫生保健中心不服，提起行政诉讼，请求撤销被诉处罚决定及被诉复议决定。

【裁判结果】

北京市海淀区人民法院一审认为，国旅卫生保健中心的医疗污水未经处理直接排放入市政管道，违反了《水污染防治法》第 39 条的规定。海淀区环境局依法履行了立案、调查、听证等相关程序，对国旅卫生保健中心进行行政处罚，并无不当。海淀区政府的行政复议决定，亦符合法律规定。一审判决驳回国旅卫生保健中心的诉讼请求。北京市第一中级人民法院二审维持原判。

【典型意义】

本案系医疗污水未经处理直接排入市政管道引发的行政处罚案件。医疗废水具有特殊排放标准，其监管涉及《水污染防治法》《传染病防治法》以及《医疗废物管理条例》等法律法规。本案中，国旅卫生保健中心作为医疗机构，采取不正常运行水污染防治设施的方式，将医疗污水直接排放至市政管道，给民生安全造成恶劣影响。人民法院在法律法规竞合时，支持行政机关适用处罚较重的《水污染防治法》进行处罚，符合法律适用原则，彰显了司法规范医疗废物处理，保障人民群众生命健康安全的力度。

21. 资中县银山鸿展工业有限责任公司诉原内江市环境保护局环境保护行政处罚案。

【基本案情】

资中县银山鸿展工业有限责任公司（本部分简称鸿展公司）位于长江支流沱江

流域，是内江市废水国家重点监控企业及四川省水环境重点排污单位。2018 年 3 月，四川省岷、沱江流域水污染防治强化督查组会同内江市环境执法支队对鸿展公司进行现场检查时，发现该公司位于废水总排污口的在线监测设备未按每 2 小时 1 次开展自动取样监测采集数据，取样泵损坏已不能正常使用，固定采样管道不能采样，在线监测设备已不能实时监控排放废水水质情况，自动监控所测数据明显失真。经采样检测，当日化学需氧量、总磷的排放浓度分别超过排放限值 1.61 倍、1.05 倍。原内江市环境保护局经立案调查和听证程序，依法对鸿展公司作出罚款 70 万元的行政处罚决定。鸿展公司不服，提起行政诉讼，请求撤销该行政处罚决定。

【裁判结果】

四川省威远县人民法院一审认为，鸿展公司发现在线监测设备显示的化学需氧量超标、仪器无法采到水样后，未按规定及时通知运维人员检修、查找问题并向环境监管部门报告，对自动监测设备出现的异常情况持放任的态度，构成以不正常运行水污染防治设施等逃避监管的方式排放水污染物。原内江市环境保护局综合考量鸿展公司存在 12 个月内连续实施环境违法行为的从重处罚情形，污染物排放浓度非一般性超标，以及该公司能够配合执法、超标排放行为尚未造成严重后果等因素，依照《水污染防治法》第 39 条、第 83 条之规定，在法律规定的裁量范围内对鸿展公司作出罚款 70 万元的行政处罚决定，适用法律正确，过罚相当。一审判决驳回鸿展公司的诉讼请求。

【典型意义】

本案系排污企业因违反环境监测管理规定受到环保监管部门行政处罚引发的行政诉讼案件。环境监测是环境管理的"哨兵""耳目"，是环境监管最重要的基础性和前沿性工作。排污者自我监测是环境监测体系的重要组成部分，是弥补政府监测机构和社会第三方监测力量不足的重要方式。本案中，鸿展公司作为重点监控企业，对企业污染物排放的自我监测履责不到位，对自我监测中存在的问题听之任之并造成污染超标排放。环保监管部门针对鸿展公司的处罚决定，坚持处罚与教育相结合，既考虑存在从重情节，在法律规定的幅度范围内从重处罚，同时也考虑违法行为人的配合执法表现、未造成严重后果等因素，没有顶格处罚，罚过相当。四川省威远县人民法院依法支持环保监管部门的严格执法和合理裁量行为，体现司法支持依法行政的力度和保护行政相对人合法权益的温度，有利于警示排污企业自我约束，诚实守信，严格执行自我监测规范和标准，不弄虚作假，确保监测过程规范和监测数据真实，同时自觉接受环保部门监管，共同促进长江流域水体质量和生态环境的有效改善。

22. 朱晓琛诉安阳县环境保护局履行环境保护及信息公开法定职责案。

【基本案情】

2018 年 7 月，朱晓琛通过生态环境部 12369 网上平台举报安阳县环境保护局辖区内上海玉瑞生物科技（安阳）药业有限公司存在违法排放问题。2018 年 8 月，生态环境部网上举报平台信息显示该举报已受理，结论为经现场检查，未发现有环境违法问题。2018 年 9 月 7 日，朱晓琛提交书面申请，请求公开前述举报案件相关环境信息等。9 月 20 日，安阳县环境保护局作出答复，不予公开所申请信息。朱晓琛提起行政诉讼，请求依法撤销安阳县环境保护局对所举报案件的处理结论及意见，重新调查和处理；依法公开相关环境信息。

【裁判结果】

河南省林州市人民法院一审认为，安阳县环境保护局作出的 12369 号网络举报平台回复结论，没有证据或主要证据不足；以未提供自身生产、生活、科研等特殊需要为由，不予公开朱晓琛申请公开的信息，适用法律错误。一审判决支持朱晓琛申请公开相关环境信息等诉讼请求。

【典型意义】

本案系环境信息公开案件。生态环境保护公众参与原则的落实，需要健全生态环境保护信息强制性披露制度，保障人民群众的知情权、参与权和监督权。本案中，河南省林州市人民法院责令行政机关限期公开相关环境信息，符合上述原则，有助于提高行政机关生态环境保护工作的透明度，推进建设法治政府。2019 年 4 月修订的《政府信息公开条例》已经删除了"根据自身生产、生活、科研等特殊需要"的限制性规定。本案的典型意义还在于，相对人系通过生态环境部的网络平台举报涉事企业违法排放，本案判决将有助于完善公众监督、举报反馈机制和奖励机制，鼓励人民群众运用法律武器保护生态环境，形成崇尚生态文明、保护生态环境的社会氛围。

23. 倪恩纯诉天津市生态环境局不履行环境保护监督管理职责案。

【基本案情】

2004 年起，倪恩纯在普利司通（天津）轮胎有限公司（本部分简称普利司通公司）放射性岗位工作。2014 年被诊断为多发性骨髓瘤。2015 年 2 月至 6 月，倪恩纯要求天津市生态环境局公开对普利司通公司无辐射安全许可证使用 PT 机的行为进行查处和日常监管记录等相关信息。天津市生态环境局于 2015 年 4 月对普利司通公司进行了处罚，但无 2004 年至 2013 年底对普利司通公司 PT 机的日常监察记录。倪恩纯提起行政诉讼，请求确认天津市生态环境局对普利司通公司未尽监督管理职责属行政不作为违法。

【裁判结果】

天津铁路运输法院一审认为，天津市生态环境局作为普利司通公司环境影响评价文件的审批部门，具有相应的监督检查职责，其在 2009 年普利司通公司申请射线装置环境影响报告的行政许可时，即应知道该企业有安装使用射线装置的计划，但直至 2015 年因倪恩纯举报才对普利司通公司进行检查，在监督管理上存在疏漏。一审判决，确认天津市生态环境局自 2009 年至 2013 年底未对普利司通公司射线装置的安全和防护工作履行法定监督管理职责的行为违法。北京市第四中级人民法院二审维持原判。

【典型意义】

本案系放射性污染中行政机关未尽监管职责引发的行政不作为案件。放射性污染会破坏生物机体，产生辐射致癌、白血病等方面的损害以及遗传效应等，对生态环境安全和人民群众生命健康危害极大。根据《放射性同位素与射线装置安全和防护条例》第46条规定，县级以上人民政府环境保护主管部门和其他有关部门应当按照各自职责对生产、销售、使用放射性同位素和射线装置的单位进行监督检查。本案判决认定天津市生态环境局未就使用射线装置单位履行法定监督管理职责，构成行政不作为违法，对促进行政机关依法、及时、全面履行职责，加强对放射性物质的监管，切实保护人民群众生命健康权益具有积极意义。

第四章
中国诉讼法的研究状况

第一节　刑事诉讼法学研究状况[*]

一、研究概况

在研究成果方面，2020 年刑事诉讼法学者共在 CSSCI（2019 年~2020 年）收录的 33 种法学期刊和《中国社会科学》上发表学术文章 200 余篇，其中在三大权威期刊《中国社会科学》《法学研究》《中国法学》上发表论文 17 篇；出版教材、专著 18 部。研究内容涉及刑事诉讼原理、制度和程序等各个方面，还有许多探讨刑事司法改革的成果。在科研项目方面，2020 年刑事诉讼法学共获得省部级以上项目立项 304 项，其中国家社科基金项目 32 项，含国家社科基金重点项目 3 项；教育部人文社科研究项目 16 项；最高人民检察院课题共 232 项；最高人民法院司法研究重大课题 8 项；司法部法治建设与法学理论研究课题 13 项；中国法学会部级课题 3 项。

在学术交流与合作方面，2020 年 9 月 4 日上午，由最高人民检察院与中国刑事诉讼法学研究会联合举办的 "国家治理现代化与认罪认罚从宽制度研讨会" 在北京召开。这次研讨会既是贯彻落实党的十八大精神、十九大精神和十八届四中全会、十九届四中全会精神，深入推进认罪认罚从宽制度实施的具体行动，也是司法实务界与法学理论界共同探讨如何更新司法理念、提升司法品质的学术盛会。在开幕式上，最高人民检察院党组书记、检察长张军，中国刑事诉讼法学研究会会长卞建林，最高人民法院党组成员、副院长高憬宏，公安部党委委员、副部长刘钊，司法部党组成员、副部长熊选国先后致辞。开幕式由最高人民检察院党组成员、副检察长孙谦主持。全国人大、最高人民法院、最高人民检察院、公安部、司法部有关部门负

---

　　* 执笔人：中国政法大学诉讼法学研究院王贞会教授。本部分写作得到中国政法大学刑事司法学院硕士研究生王大可的协助。

责人，全国人大代表、政协委员，专家学者、律师界代表、法学期刊代表、相关获奖论文作者代表、检察系统代表等近100位代表参加了此次会议。2020年10月17日至18日，中国刑事诉讼法学研究会2020年年会在山西太原召开。本次年会以"刑事诉讼制度与理论的新发展"为总议题，由中国刑事诉讼法学研究会主办，山西省法学会和山西大学共同承办。中国法学会党组成员、副会长王其江出席开幕式并讲话，最高人民法院党组成员、副院长李少平，最高人民检察院党组成员、副检察长陈国庆出席开幕式，山西省委常委、政法委书记商黎光出席开幕式并致辞，山西省法学会会长左世忠，山西省委政法委常务副书记、省法学会党组书记、常务副会长闫喜春出席开幕式，中国刑事诉讼法学研究会会长、中国政法大学诉讼法学研究院教授卞建林致开幕辞，山西大学党委书记王仰麟致欢迎辞，中国刑事诉讼法学研究会常务副会长、中国人民大学法学院教授陈卫东主持开幕式。来自全国各地政法院系、科研机构，以及司法实务部门的研究会理事、会员和山西省直政法单位、省法学会机关共300余人到会参加研讨与交流。2020年10月24日至25日，由中国政法大学国家法律援助研究院、西南政法大学诉讼法与司法改革研究中心与北京市尚权律师事务所联合主办的"中国刑事诉讼四十周年：回顾与展望"学术研讨会在重庆举行。四川大学龙宗智教授、中国政法大学顾永忠教授、西南政法大学孙长永教授、中国政法大学熊秋红教授在会上分别作主题报告，中国政法大学国家法律援助研究院名誉院长樊崇义教授提交主题论文。研讨会分5个单元，依次就"刑事诉讼四十周年回顾与展望""庭审实质化的制度设计和实践探索""认罪案件诉讼程序的演变和趋势""完善证据制度防范冤错案件的中国经验""刑事法律援助制度的发展与展望"进行了研讨和交流。2020年12月26日至27日，由中国政法大学诉讼法学研究院主办的2020年诉讼法学高端论坛"国家治理现代化与诉讼法制发展研讨会"在北京举办。来自北京大学、清华大学、中国人民大学、中国政法大学、中国社会科学院法学研究所、吉林大学、西南政法大学、湘潭大学、北京外国语大学、北京中医药大学、首都师范大学等高校和研究机构的专家学者，以及来自最高人民法院、最高人民检察院、北京市高级人民法院、北京市第四中级人民法院、北京互联网法院、上海市第一中级人民法院、上海市长宁区人民法院、黑龙江省鹤岗市人民检察院、北京市观韬中茂律师事务所等机构的领导和实务专家参加了本次研讨会。会议开幕式由中国政法大学诉讼法学研究院院长熊秋红教授主持，最高人民法院党组成员、副院长李少平、最高人民检察院党组成员、副检察长陈国庆、中国政法大学党委书记胡明教授、中国政法大学诉讼法学研究院名誉院长、终身教授陈光中先生分别致辞。研讨会共分为3个单元，与会学者和实务专家分别围绕"国家监察体制改革与诉讼法制发展""诉源治理、多元纠纷解决机制与诉讼法制发展""公共卫生突发事件应对、智慧司法与诉讼法制发展"三大主题展开了广泛而深入的研讨。

二、重点研究内容

（一）刑事诉讼法学基础理论研究

关于刑事诉讼话语体系的研究，有学者指出，基于对话语的考察，可以发现中国刑事诉讼法学研究在不同阶段有着不同的特质。在恢复发展之初，刑诉法学研究以"法政话语"为主导，呈现"弱学理性"的整体面貌；在中期阶段，学术话语成为主流，刑诉法学研究处于一个学理性的发展时期；晚近阶段，微观化、技术型的话语占据主导地位，学术研究进入了学理性的深化时期。在这种话语变迁之下，隐藏着刑诉理论研究功利主义以及研究方法有限性的问题。未来，研究者应当消除学术研究中的理想主义，生产出具有实践价值的知识产品，同时，注重对实证研究方法等的运用，进一步实现研究方法的多样性发展。[1]

关于司法体制综合配套改革，有观点认为，深化司法体制综合配套改革是当前理论和实践中的一项重大课题。深化司法体制综合配套改革必须从广义上理解，改革所针对的对象既包括4项基础性改革，也包括其他体制性问题的改革，并不局限于4项基础性改革，更不局限于司法责任制改革。对此，应当全面梳理我国司法体制改革中的核心问题，在此基础上推进司法体制综合配套改革。当然，司法责任制综合配套改革在整个司法体制综合配套改革中居于核心地位。[2]

关于我国的刑事司法模式，有学者认为，作为一种法治发展范式，回应型法理论主张以契约关系作为回应的逻辑前提，以开放和参与作为权威的构成要素，以目的作为规则和制度的评价标准，以司法审查作为公共政策形成的重要途径，其所蕴含的价值取向为我国的刑事司法改革指明了一个新的方向。长远来看，增强司法的回应性是我国刑事司法改革的必然选择，但短期内回应型刑事司法模式在我国的发展空间却较为有限，在模式改造过程中还存在压制性增强的风险。[3] 也有学者指出，随着我国刑事诉讼法相继确立刑事和解程序、速裁程序和认罪认罚从宽制度，一种新的刑事诉讼形式——合意式刑事诉讼，成为一种显性存在。2018年刑事诉讼法搭建了合意式刑事诉讼的基本框架，但仍需对合意式刑事诉讼进行体系化建构，包括确立合意式刑事诉讼的专门原则，界定合意式刑事诉讼中当事人的诉讼权利，完善合意式刑事诉讼的起诉程序和审判程序。[4]

（二）认罪认罚从宽制度改革研究

自2018年认罪认罚从宽制度初设以来，我国刑事诉讼法学界关于该制度的讨论和研究逐渐深入，成果颇多。有学者指出，从概念上看，认罪认罚从宽具有政策、原则和制度三重维度的含义，三者之间具有一定的内在逻辑关系。制度维度下的认

---

〔1〕 左卫民、何胤霖："1979-2019：当代中国刑事诉讼研究话语体系的兴起与转型"，载《法学评论》2020年第4期。

〔2〕 陈卫东："司法体制综合配套改革若干问题研究"，载《法学》2020年第5期。

〔3〕 詹建红："论我国刑事司法模式的回应型改造"，载《法学杂志》2020年第4期。

〔4〕 王新清："合意式刑事诉讼论"，载《法学研究》2020年第6期。

罪认罚从宽是集实体规范与程序规范于一体的综合性法律制度，其核心规则是一种控辩合意程序，目的是以一个相对公开、规范的程序平台落实"职权式从宽"和"法定从宽"，其"协商"意义比较有限，既难以被解释为认罪协商，也不能简单推定为量刑协商。[1] 也有观点认为，有关认罪认罚的法律激励机制，应当兼顾实体法与程序法2个面向。其中，在程序层面，应当以构建积极有效的轻罪治理程序为导向，根据轻微犯罪案件的特点建立必要的程序性激励机制。在实体层面，稳定的量刑预期是促使犯罪嫌疑人认罪认罚的重要激励机制。[2] 还有论者认为，我国刑事司法改革首要的仍是司法公正问题，尤其是侦查与调查中的人权保障问题。这个问题得到改善，认罪认罚从宽制度才能焕发其良好的法律效果和社会效果，否则被调查人、犯罪嫌疑人、被告人认罪认罚的"自愿性"就被置于压制型的司法形态中，谈不上有多少"自由意志"的成分。需要警觉的是，认罪认罚从宽制度虚化了大多数案件的实质化庭审，不但与审判制度改革方向相背离，而且使"重实体，轻程序"再度来袭。[3]

2019年发生的"余金平交通肇事案"使认罪认罚从宽制度中检察机关的量刑建议权成为热点问题。本案中被告人对于一审判决不服，期望按人民检察院之量刑建议判处缓刑，故提出上诉；人民检察院因自己的量刑建议没有被采纳，也提出有利于被告人之抗诉，要求人民法院采纳此前提出的适用缓刑的量刑建议。对此，有学者指出，《刑事诉讼法》第201条的"一般应当采纳"条款，在立法论上存在明显失误，对控审分离这一刑事诉讼基本原则造成了相当程度的冲击。为化解立法带来的不利影响，应在解释论层面探索适用该条款的妥善方案。一方面，允许法官在提供特别论证的基础上，不采纳检察机关的量刑建议，并通过上诉审的事后审查机制敦促法官善尽论证义务。另一方面，当法院决定不采纳指控罪名与量刑建议做判决时，应充分保障被告人的程序选择权，并探索在审判阶段适用认罪认罚从宽制度的具体方式。[4] 有论者认为，我们应当依法、理性认识并对待人民检察院的量刑建议权。一方面，人民检察院应当依法行使量刑建议权包括提出确定性的量刑建议；另一方面，人民法院应当依法行使审判权，包括对于人民检察院的量刑建议依法应当采纳的就予以采纳，不应该采纳的就不予采纳。一旦采纳就成为人民法院的意志和决定，对此应当承担相应的法律责任。而如果人民法院不采纳量刑建议，人民检察院应该理性对待，不能简单地认为不采纳就是"违法"进而提出抗诉。[5] 也有学者指出，

---

〔1〕　陈卫东："认罪认罚从宽制度的理论问题再探讨"，载《环球法律评论》2020年第2期。
〔2〕　吴宏耀："认罪认罚从宽制度的体系化解读"，载《当代法学》2020年第4期。
〔3〕　张建伟："协商型司法：认罪认罚从宽制度的诉讼类型分析"，载《环球法律评论》2020年第2期。
〔4〕　孙远："'一般应当采纳'条款的立法失误及解释论应对"，载《法学杂志》2020年第6期。
〔5〕　顾永忠："对余金平交通肇事案的几点思考——兼与龙宗智、车浩、门金玲教授交流"，载《中国法律评论》2020年第3期。

办案机关尤其是检察机关应当更为谨慎地实施认罪认罚从宽制度，努力避免此项制度实施与证据裁判和实质真实主义的冲突。法院否定量刑建议应当十分慎重，同时对不采纳检察院量刑建议的条件应当进一步完善。检察机关代表国家与被告人达成的认罪认罚协议，具有特定法律效力，法院否定协议基础上的量刑建议应当有充分理由。[1] 还有学者认为，"余金平交通肇事案"揭示出认罪认罚从宽制度全面施行后法院、检察院之间的冲突。从表象上，这种冲突实质上是检、法2家对认罪认罚案件量刑主导权的争夺。其根源在于立法态度暧昧不明，没有明确区分2种不同的"从宽"逻辑。因此，认罪认罚从宽制度存在进一步本土化的问题。对此有2种处理方案，一是管控冲突的烈度，重新定位认罪认罚从宽制度的性质与功能，使之实现从"案件处理机制"到"案件查明机制"的转型；二是管控冲突的范围，为"协商"施加适用范围上的限制。[2]

关于被追诉人认罪认罚的撤回问题，有学者指出，允许被追诉人撤回认罪认罚是保障认罪认罚自愿性的内在要求，符合无罪推定之精神，契合诉讼运行规律，也是有效防范相关制度风险的需要，撤回的效果是"恢复原状"，但撤回认罪认罚对强制措施的适用、不起诉决定、审理程序和量刑等均可能产生影响。[3] 也有观点认为，在认罪认罚从宽制度的后续改革中，既要明确认可被追诉人有权撤回认罪答辩，最大限度地释放认罪答辩撤回的潜在功能，也要防范被追诉人随意甚至滥用撤回认罪答辩，避免产生不必要的程序耗费。[4]

关于认罪认罚具结书的效力，有学者指出，在法律属性上，该具结书不宜简单理解为保证书或者证明材料，应当视为一种刑事协议。未来的制度完善，应以司法公正、司法公信力与正当预期利益的平衡为原则，构建协议破裂与程序反转的正当规则。被追诉人的反悔权应当有所限制，分为正当反悔与不正当反悔，并适用不同的反转程序；检察官应遵循禁止违反承诺原则；法官不采纳具结书应遵循"事先告知、听取意见与可撤回"的正当程序。[5] 也有学者提出，完善认罪认罚具结书可以从3个基本维度入手：首先，认罪认罚具结书的性质在宏观层面可以界定为外具控辩双方协商表象下的受限合意，在微观层面则应理解为证明认罪认罚自愿性、真实性与合法性的过程证据；其次，具结书的内容应当包括控辩双方的主体身份、协商的结果、控辩双方的权力（利）义务、其他事项及具结书对控辩双方的法律效力5方面；最后，在法律效力上，认罪认罚具结书对于控诉机关具有拘束且禁止任意撤回的法律效力，对于被追诉人是允许反悔但应严格限制的法律效力，而对于审判机

---

〔1〕 龙宗智："余金平交通肇事案法理重述"，载《中国法律评论》2020年第3期。

〔2〕 魏晓娜："冲突与融合：认罪认罚从宽制度的本土化"，载《中外法学》2020年第5期。

〔3〕 汪海燕："被追诉人认罪认罚的撤回"，载《法学研究》2020年第5期。

〔4〕 郭松："认罪认罚从宽制度中的认罪答辩撤回：从法理到实证的考察"，载《政法论坛》2020年第1期。

〔5〕 马明亮："认罪认罚从宽制度中的协议破裂与程序反转研究"，载《法学家》2020年第2期。

关则是预决但相对的法律效力。[1]

（三）以审判为中心的诉讼制度改革

自党的十八届四中全会提出"推进以审判为中心的诉讼制度改革"以来，这一改革始终是刑事诉讼法学领域的热点问题。对此有学者指出，以审判为中心的刑事诉讼制度改革，最终被落脚在刑事庭审实质化改革上。目前制约刑事庭审实质化的制度和程序要素至少有以下5个方面：其一，司法决策的卷宗依赖；其二，庭前会议的功能异化；其三，当庭讯问的程序不当；其四，控辩对抗的效果不彰；其五，审理期限的巨大压力。不仅如此，独具中国特色的政法体制，实际也构成了庭审实质化的关键制约因素。[2] 也有学者从案卷笔录的角度进一步指出，案卷笔录影响庭审实质化的基本逻辑，体现在审判方式、裁判依据、庭审程序和庭前程序的关系等3个方面。在庭审实质化改革中"容忍"案卷笔录的使用，既有庭审实质化改革自身的设计问题，也是基于案卷笔录影响庭审的深层次原因未得到解决。该问题的未来改革课题，包括重新定位案卷笔录与庭审实质化的关系，采取措施消除案卷笔录影响庭审的深层次原因。[3]

关于以审判为中心与证人出庭制度，有观点认为，我国在证人出庭作证必要性的立法和解读中存在认识误区。实际上，证人出庭作证问题包括证人到场和到场证人出席法庭作证2个方面的问题，受到证据调查范围（包括在场证据的调查范围）规则、严格证明/自由证明法则以及直接原则及其例外的规范。我国在判断证人是否有出庭作证的必要性时，应当参照这些理论原则，坚持科学的判断逻辑，合理界定证人出庭作证必要性的范围。[4]

关于以审判为中心与陪审制，有学者认为，在庭审实质化的不断推动下，探索适合我国国情的人民陪审员参审机制，逐步推行"事实审与法律审的分离"是我国陪审制度改革的重要内容。刑事司法领域的事实审与法律审是否区分、如何区分，必须回归到本国犯罪构成要件、诉讼制度本身。在我国既有犯罪构成体系、"公诉事实"制度之实体、程序与证据规则的多重制度基础制约下，人民陪审员难以单独适应、驾驭复杂的案件事实认定。应遵循刑事司法规律与司法传统，在参审职权的分配上，正视与刑事实体法、程序法之间的关联关系，在量刑规范化改革既有成绩的基础上，明确人民陪审员和法官共享与犯罪构成有关的"定罪事实"之认定权，"量

〔1〕 刘少军："性质、内容及效力：完善认罪认罚从宽具结书的三个维度"，载《政法论坛》2020年第5期。
〔2〕 李奋飞："论刑事庭审实质化的制约要素"，载《法学论坛》2020年第4期。
〔3〕 褚福民："案卷笔录与庭审实质化改革"，载《法学论坛》2020年第4期。
〔4〕 杜磊："审判中心视野下证人出庭作证 必要性问题研究"，载《中国刑事法杂志》2020年第2期。

刑事实"的认定则应由法官独享。[1]

关于以审判为中心与冤案错案防范机制，有学者认为，防范刑事错案是一项世界性难题，我国正是在防范错案这一背景下提出了以审判为中心的诉讼制度改革，这是防范刑事错案的可行方案。如何通过以审判为中心进而实现对刑事错案的防范，应当细化具体的技术路线，分别理清司法理念、证据规则、辩护制度以及庭审实质化与刑事错案防范之间的关系和存在的问题，并在此基础上分别予以回应。[2]也有学者从录音录像制度的角度指出，审判中心主义是在反对卷宗制度上建立起来的。讯问录音录像是现代版的卷宗制度。为了兼顾审判中心主义和避免冤假错案，录音录像的功能定位应当区分有罪真相与无罪真相、区分控方和辩方，控方只能用作过程证据，辩方既可以用作过程证据也可以用作结果证据。[3]

（四）刑事辩护制度研究

2018年《刑事诉讼法》确立的值班律师制度是近年来刑事辩护制度的热点问题。对此，有学者指出，在认罪认罚从宽案件中值班律师提供的是最低限度的辩护服务，值班律师应实质性地参与量刑建议的形成。为了值班律师能够有效地参与、对量刑建议的形成产生实质影响，值班律师必须以会见和阅卷为基础，保障量刑建议形成过程公开与透明，争取检察官作出确定刑的建议。值班律师与被追诉人之间应形成委托关系，设立量刑协商程序，并完善程序性制裁。[4]也有学者从勤勉尽责义务的角度提出，值班律师未勤勉尽责可视为以"不作为"方式侵犯被追诉人合法权益，宜适用侵权法上的过错责任原则，结合从注意义务的属性、违反后果的严重程度等来判断适用何种纪律惩戒与行政处罚措施。被追诉人因值班律师未勤勉尽责而产生认知错误的，应当享有程序救济权。保障机制主要包括合理的准入制度、有效的激励机制、办案机关提供便利的保障机制及追责值班律师的善意原则。[5]

关于程序性辩护，有学者认为，程序性辩护是指根据案件程序事实和程序法及相关法律规定，向办案机关提出对犯罪嫌疑人、被告人有利的程序性请求，或者对办案机关的程序违法行为提出异议，要求办案机关予以采纳或者纠正、制裁，以维护犯罪嫌疑人、被告人在诉讼过程中依法享有的诉讼权利和定罪量刑以外的其他合法权益的辩护活动。程序性辩护在实践中表现为请求型、要求型、抗辩型、救济型4种类型，并且在不同诉讼阶段与实体性辩护呈现为不同的关系，其核心是掌握好程

---

〔1〕 刘仁琦："人民陪审员参审职权改革的实体与程序基础——以庭审实质化的推进为切入点"，载《法学》2020年第6期。

〔2〕 高峰："以审判为中心视野下刑事错案防范机制研究"，载《西南政法大学学报》2020年第4期。

〔3〕 倪化强："讯问录音录像的功能定位：在审判中心主义与避免冤案之间"，载《法学论坛》2020年第4期。

〔4〕 程滔、于超："论值班律师参与量刑建议的协商"，载《法学杂志》2020年第11期。

〔5〕 马明亮："论值班律师的勤勉尽责义务"，载《华东政法大学学报》2020年第3期。

序性辩护的"度"。[1] 还有学者指出,我国辩护律师提出程序异议主要有3种途径:直接提出异议、通过复议提出异议和通过上诉提出异议,但这3种途径均有其不可克服的缺陷。程序异议的有效处理取决于多种因素,辩护律师异议不当或者法庭对异议的处理不当均有可能引发辩审冲突。在未来的改革中,既需要扩大程序异议的范围,完善异议的审查程序,也要为辩护律师的程序异议设置一定的界限,规范律师过激的异议行为。[2]

关于辩护律师的职业伦理,有学者指出,围绕着辩护律师与委托人的关系问题,我国确立了一种辩护律师职业伦理的"双中心模式"。这一模式混淆了辩护律师与检察官、法官的职业伦理,造成辩护律师职业定位混乱,陷入"独立辩护"的误区,甚至将国家利益置于委托人利益之上,无法有效担当辩护人的角色。在对"双中心模式"进行反思的基础上,有必要确立一种"单一中心模式",在对忠诚义务进行重新解释的前提下,将维护委托人利益、尊重委托人意志确立为辩护律师唯一的职业伦理规范,并将公益义务视为忠诚义务的必要保障和外部边界。[3] 也有论者从忠诚义务的角度提出,为积极履行"忠诚义务",辩护律师应将维护当事人的利益作为自己的执业目标,并在此过程中充分尊重当事人的意愿。不过,辩护律师的忠诚义务并不是绝对的,而是有限度和边界的。辩护律师忠诚义务的限度和边界,可以从"执业目标""身份独立""真实义务"3个维度进行界定。[4] 还有学者从公益义务的角度指出,辩护律师的公益义务是为了维护国家和社会的公共利益而设定,其与以委托人利益为出发点的律师忠诚义务之间具有天然的矛盾。实践中,辩护律师公益义务的履行面临着衡量标准泛化、评价机制缺失和支持系统不足3个现实困境。以消极真实义务为底线,以有效辩护为衡量标准,是厘清辩护律师公益义务与忠诚义务合理边界的基本思路。[5]

（五）刑事检察理论研究

关于刑事检察理论研究,有学者认为,刑事检察理论体系是刑事检察工作的理论基础,而构建刑事检察理论体系则是做优刑事检察的根本保障。刑事检察理论体系是由刑事检察性质理论、刑事检察职权理论、刑事检察主体理论、刑事检察保障理论等组成的一个完整系统。[6] 也有学者指出,当前,检察制度理念被赋予新时代内涵并顺应新时代治理形态进行自我调适;检察制度的逻辑起点和逻辑关系均已发生变化;检察制度价值的脉络逐渐清晰、结构渐次重组、方式不断革新。在新的形

〔1〕 顾永忠、娄秋琴:"程序性辩护的理论发展与实践展开",载《国家检察官学院学报》2020年第3期。

〔2〕 蔡元培:"辩护律师程序异议机制初探",载《法学杂志》2020年第10期。

〔3〕 陈瑞华:"辩护律师职业伦理的模式转型",载《华东政法大学学报》2020年第3期。

〔4〕 李奋飞:"论辩护律师忠诚义务的三个限度",载《华东政法大学学报》2020年第3期。

〔5〕 李扬:"论辩护律师的公益义务及其限度",载《华东政法大学学报》2020年第3期。

〔6〕 邓思清:"刑事检察理论体系的构建",载《西南政法大学学报》2020年第4期。

势、任务和要求下，新时代检察基础理论在不断向前发展。因此，加强检察权的政治性权力属性和司法性权力属性研究，可以使检察基础理论不断适应新时代国家治理形势和任务的变化，更好地引领中国检察制度的伟大实践。[1]

关于检察引导侦查制度，有学者认为，构建侦查指引制度是检察机关健全和完善以证据为核心的刑事犯罪指控体系的基石性问题。经过近30年的实践发展，侦查指引在制度定位上实现了从法律监督向服务公诉的转变，并且在捕诉一体格局下获得了新发展。从理论上讲，侦查指引制度的构建和运行与警检结构的深层次命题并不存在绝对"依附关系"，但为了避免其落入颠覆警检结构的理论窠臼，有必要将侦查指引与参与侦查、指挥侦查进行合理区分，并正确认识监督与指引2项职能之间的冲突和调和。[2] 也有论者指出，目前司法实务中存在着2种基本的检察引导侦查实践模式：内部参与型引导模式与外部监督型引导模式。在具体运行过程中，引导侦查在启动程序和界限方面的任意性、检警衔接的脱节、监督效力的两极分化和"同向损益"的结构失衡风险，都在制约着这项机制的效能发挥。对此，从规范运作与配套机制出发，从规范引导范围与界限、强化监督效能、补充侦查说理化改造、对引导权力规范运行的程序性控制以及推进智慧检务建设等方面入手，以期有益于推进这项机制的改革实践。[3]

关于检察机关在诉讼中的主导地位，有学者认为，立足刑事诉讼多元化繁简分流体系，检察机关的刑事诉讼主导地位有广义和狭义之分，前者是指检察机关在办理全部案件过程中发挥主导作用，后者是指检察机关在办理认罪认罚案件过程中具有实质影响乃至决定案件结果的特定权力。随着合作性司法理念渗透至我国刑事诉讼主要领域，立法机关可以前瞻性地从辨析检察权时代内涵、明确认罪认罚从宽制度功能、推进具结准诉讼化改造以及提升内外部监督质量和效果等方面出发，推动狭义的检察机关刑事诉讼主导地位的巩固与发展。[4] 也有学者指出，检察机关在该项制度中扮演着国家追诉的执行者、案件移转的过滤者、诉讼程序的分流者、合法权益的保障者、诉讼活动的监督者5重角色，检察官在刑事诉讼中的主导地位愈发凸显。新时代刑事检察工作应以此为契机，加快更新检察办案理念，深入推进捕诉一体改革，着力提升量刑建议质量，积极推动科技与办案融合，持续优化诉讼监督格局，切实做优刑事检察法律监督体系和法律监督能力现代化建设。[5]

---

〔1〕 韩彦霞、李乐平："检察基础理论研究的新时代命题"，载《国家检察官学院学报》2020年第6期。

〔2〕 陈卫东："论检察机关的犯罪指控体系——以侦查指引制度为视角的分析"，载《政治与法律》2020年第1期。

〔3〕 周新："检察引导侦查的双重检视与改革进路"，载《法律科学》2020年第2期。

〔4〕 赵恒："论检察机关的刑事诉讼主导地位"，载《政治与法律》2020年第1期。

〔5〕 贾宇："认罪认罚从宽制度与检察官在刑事诉讼中的主导地位"，载《法学评论》2020年第3期。

（六）民营经济的刑事司法保护研究

近年来，随着我国对民营经济保护工作的愈发重视，企业合规成为刑事诉讼领域的新兴问题，越来越多的学者开始讨论合规制度的本土化问题。对此有学者指出，合规不起诉制度的探索，不仅有着保护民营企业的政策考量，也有着改造民营企业经营模式、进行除罪化改造的考虑，最终实现减少和预防民营企业犯罪的积极效果，发挥检察机关在参与社会治理中的积极作用。合规不起诉制度的推行，意味着一种以合规激励为核心的合作性司法模式在我国刑事诉讼中开始出现，对刑事诉讼理论的发展会产生深远的影响。[1] 也有学者认为，我国企业合规附条件不起诉的建立存在现实基础、制度优势，可通过对未成年人附条件不起诉的程序改造以及刑法中企业犯罪刑事责任的配套调整，完成对企业合规附条件不起诉的具体制度、程序设计，从而为企业合规提供程序法治保障。[2] 还有学者从检察机关的角度指出，认罪认罚从宽制度可以作为我国刑事合规的基本法律依据，在此基础上，以检察机关为主导，通过建立单位犯罪量刑指导意见、涉罪企业合规承诺、单位犯罪附条件不起诉等制度，构建中国式的刑事合规，重塑检察机关预防企业犯罪的角色，推动检察职能由注重事后、消极预防向事前、积极预防转变，成为企业治理结构变革的推动者，丰富检察权内涵，进而推动检察权在国家治理体系中角色的重大变革。[3]

除了企业合规以外，也有学者从认罪认罚从宽的角度指出，随着 2018 年《刑事诉讼法》确立"认罪认罚从宽"原则，为了顺应营造法治化营商环境的政策趋向，在企业犯罪治理领域推行认罪认罚从宽制度，而非直接引入域外的刑事合规计划，具有特定的制度优势，同样能够产生多维法治价值。未来，完善涉罪企业认罪认罚从宽制度的总体方案包括：明确认罪认罚成立标准；健全从宽处罚体系尤其是附条件不起诉制度；明确检察机关的主导职能；构建和丰富风险防范机制。[4] 还有学者立足于涉案财物处置程序，认为近年来，中国司法同时步入扫黑除恶和企业产权保护的元年，针对审前程序中涉案财物处置乱象问题，有必要厘清与规范涉案财物处置相关的制度与程序，强化民营企业产权司法保护。应当正确界定涉案财产的概念与范围，合理把握涉案财物的处置方式和处置标准，在区分程序性处置和实体性处置的基础上，从职能、权力和程序 3 个方面强化审前涉案财产处置的控制体系。[5]

（七）刑事被害人问题研究

近年来，我国刑事诉讼法学界愈发重视对刑事被害人的研究。关于被害人作为当事人的身份，有学者指出，刑事被害人当事人化的实质是犯罪损害追诉方式的公

〔1〕 陈瑞华："刑事诉讼的合规激励模式"，载《中国法学》2020 年第 6 期。
〔2〕 杨帆："企业合规中附条件不起诉立法研究"，载《中国刑事法杂志》2020 年第 3 期。
〔3〕 李勇："检察视角下中国刑事合规之构建"，载《国家检察官学院学报》2020 年第 4 期。
〔4〕 赵恒："涉罪企业认罪认罚从宽制度研究"，载《法学》2020 年第 4 期。
〔5〕 陈卫东："涉案财产处置程序的完善——以审前程序为视角的分析"，载《法学杂志》2020 年第 3 期。

私合一，该制度设计混淆了公益和私益 2 种不同性质的诉讼，导致 2 种权益保护相互冲突进而对刑事司法结果公正造成负面影响。公私分离是刑事被害人去当事人化的当然制度选择，其立法对策主要包括在刑事立法中确立被害人为特殊诉讼参与人、废除被害人在刑事审判中就定罪量刑发表意见的权利、废止被害人刑事自诉权和切断其引起刑事二审、再审的程序路径。同时需要完善相关配套举措，如允许被害人对其物质和精神损害单独提起民事诉讼、完善精神损害赔偿制度、建立刑事被害人国家补偿制度等。[1]

关于被害人的诉讼参与，有学者指出，被害人在我国刑事庭审中具有案件证据来源和诉讼当事人的双重角色，因其当事人身份而享有庭审在场权、申请回避权、对证据和案件发表意见权等诉讼权利。然而，《人民法院办理刑事案件第一审普通程序法庭调查规程（试行）》中的相关规范较为简略，并未设置被害人对质询问的特殊规则，致其程序适用要求事实上与证人一致。为此需要注意以下 3 点：其一，被害人参与对质，应注意"一次调查"的充分性以及对质询问的及时性；其二，设置对质询问前被害人意见征求程序；其三，建立保护性对质询问方式，防止"二次伤害"。[2] 也有学者从认罪认罚的角度指出，在认罪认罚从宽程序中，被害人突破了证人角色的限制成为决定程序进程的参与者之一。但是，由于被害人一方固有的非理性，其参与程度受到限制：不得阻止认罪认罚程序的适用以及对被告人的从宽处理。至于对被害人的积极赔偿甚至超额赔偿，根本不能成为从宽处理的考量因素，否则，将进一步恶化被告人的不利处境。[3] 还有学者认为，认罪认罚从宽制度效率和政策的二元功能定位与被害人权利保障兼有冲突与契合，"效率优先，保障公正"的价值取向使被害人权利保障的制度空间较为有限。实践表明，间接参与量刑程序的依附模式使被害人权利保障具有流于形式的倾向，司法机关缺乏保障被害人权利的动力。赋予被害人独立的量刑参与权限，实现从依附模式向独立参与模式转变是被害人权利保障问题的出路所在，赋予被害人独立建议权具有相应的法理依据。为完善权利保障机制，应当同时设立被害人独立参与量刑程序的权利救济制度。[4]

关于未成年被害人，有学者通过分析裁判文书后指出，在性侵儿童案中，由于被害儿童身心特点，导致其作证能力和证言可信度常存有争议。但实际上年幼不是否认儿童作证能力的决定性因素。在性侵儿童案中，要摒弃过度纠缠于对儿童作证能力的争议，将作证能力与证言可信度分开，肯定其作证能力，而着重判断证言可信度。在判断儿童被害人陈述可信度时，可以主要依靠判断被害人（证人）可信

〔1〕　马贵翔、林婧："刑事被害人当事人化的反思与制度重构"，载《河北法学》2020 年第 1 期。

〔2〕　龙宗智、关依琴："刑事庭审对质程序新论"，载《政治与法律》2020 年第 4 期。

〔3〕　佀化强："审判中心主义与认罪认罚程序的'双重陷阱'"，载《苏州大学学报（哲学社会科学版）》2020 年第 5 期。

〔4〕　李建东："认罪认罚从宽制度下被害人权利保障的实现路径——以制度的功能定位为视角"，载《河南社会科学》2020 年第 12 期。

度的通常方法，同时更多地引入专家证人/辅助人帮助理解儿童行为和心理特点。这样将有助于解决儿童作证涉及的证明问题，更好地保护儿童权益。[1]

（八）诽谤罪之自诉转公诉问题

杭州市余杭区谷女士在小区取快递时，被郎某偷拍视频。郎某与何某为博眼球，捏造"快递小哥"与"女业主"的暧昧聊天内容，截图配以偷拍视频发送至微信群，后扩散至微博等网络平台，造成不良社会影响。谷女士因此被单位辞退，患上抑郁症，被称为"社会性死亡"。随后，谷女士提起刑事自诉。2020年12月25日，根据杭州市余杭区检察院建议，杭州市公安局余杭分局对郎某、何某涉嫌诽谤案立案侦查。此案涉及的问题是，在被害人提起自诉、法院已经立案的情况下，是否可以再启动公诉程序追究刑事责任。

对于上述问题，有学者认为，对于这一案件，人们用"自诉转公诉"的说法来描述其程序，这一说法存在一个问题，即自诉如何向公诉转化，是启动公诉程序之后自诉案件自动转化为公诉程序，还是需要推动这一转化，刑事诉讼法和相关司法解释并未就此有所规定。对于公诉与自诉并存问题，刑事诉讼法和司法解释可以在3种处理方式中作出选择：一是采行自诉优先的做法，则除非自诉人撤回自诉或者被驳回自诉，否则不能启动公诉程序；二是采行公诉优先的做法，一旦开始刑事立案侦查，对于同一案件不应再受理自诉；如果已经受理自诉，可以采取公诉吸收自诉的办法，即启动公诉程序后，自诉程序吸收进公诉程序，法院终止自诉案件的审理，被害人以当事人身份参与诉讼；三是自诉与公诉并行，启动公诉程序后，自诉案件中止审理，待提起公诉后将公诉与自诉合并审理。采取公诉优先的做法，不失为最佳选择。另外，在自诉案件启动侦查以后，公安机关、检察机关撤案或者不起诉的情况下，允许被害人根据《刑事诉讼法》第210条第3项向法院提起自诉，可以作为当事人权利的救济手段。[2]

也有学者认为，本案在检察机关的检察建议下，公安机关已经立案侦查。那么，摆在司法机关面前的首先就是如何在程序上处理好自诉和公诉的衔接问题。考察《刑事诉讼法》和相关司法解释规定，可能的处理方式有4种：一是被害人撤回起诉。其依据是2012年最高人民法院《关于适用〈中华人民共和国刑事诉讼法〉的解释》（本部分简称《解释》）第263条和第264条。二是法院裁定驳回起诉。即法院经审查后以证据不足驳回起诉。这一处理可以依据上述《解释》第264条作出。三是合并审理。将自诉和公诉合并审理，法律没有明确规定。可以作为参考的是最高法上述《解释》第267条规定，即被告人实施2个以上犯罪行为，分别属于公诉案件和自诉案件，人民法院可以一并审理。四是法院直接裁定终止审理。就本案的处理看，第一种即由被害人撤回起诉，更符合本案的实际和诉讼经济原则，在法律上

---

〔1〕 吴慧敏："性侵儿童案中被害人陈述可信度判断研究"，载《河北法学》2020年第4期。
〔2〕 张建伟："涉嫌诽谤案自诉转公诉的法眼观察"，载《检察日报》2020年12月3日，第3版。

也有据可循。[1]

还有学者指出，启动公诉后被害人的追诉权被吸收。自诉转公诉应当结合诽谤罪作为"告诉才处理"犯罪的根据来理解，即为尊重被害人的意愿，保护其隐私等利益而将追诉的发动权交给被害人，而当诽谤行为损害的利益超出被害人的范围，已经具有一定的公共性质，即引发社会冲突、对立或者严重违背社会的公序良俗且直接影响公众的伦理道德情感时，就应当由公安司法机关启动刑事追诉。此时，被害人启动追诉的权利仍旧存在，只不过被公权力机关的职权所吸收，而被害人的民事权利仍应得到认可和重视。[2]

（九）人工智能与刑事司法研究

随着人工智能技术在司法领域的应用，相关研究的热度持续高涨。关于人工智能在司法活动中的作用，有学者从司法裁判的角度指出，人工智能技术在司法裁判中的运用，其直接目的就在于解决法院所面临的案多人少问题。"诉讼爆炸"、案件数量激增是各国法院面临的共同难题，于是法院不得不改变传统的案件管理和审判方式，引入人工智能技术，帮助法官迅速、准确地审理案件、解决纠纷。[3]有学者从证明的角度指出，人工智能在刑事证明中的引入，以统一证据标准为核心，重点围绕证据标准指引、证据规则指引、单一证据校验、证据链和全案证据审查判断、要素式讯问指引和非法言词证据排除展开。统一证据标准使得"证据标准"这一概念具有了理论创新意义，它既区别于证明标准、又与证明标准紧密关联，属于证明标准的下位概念。尽管智能辅助办案系统具有规范办案行为、保证办案质量、提高诉讼效率等作用，但应注意防范它在道德性、有效性和程序性方面所存在的风险。[4]有论者从分案的角度指出，人工智能分案机制是运用人工智能技术，实现法院分案自动化和智能化的制度。人工智能分案机制是深化司法改革，加强审判管理之需；是利用信息化技术，建设智慧法院之需；也是克服传统分案模式弊端，提高审判绩效之需。[5]

虽然人工智能在我国司法活动中的运用取得了一定成效，但其存在的不足同样不容忽视。有学者指出，在我国刑事司法领域，人工智能已高调介入，其初衷是"推进以审判为中心的诉讼制度改革"，而两大具体要点则是"统一证据标准"和"防范冤假错案"。但在实践中，却面临着"简易案件不需要，复杂案件不敢用"以及"补课而非升级"的尴尬境遇，效果不如预期。在探讨所谓算法、技术之前，首先需要解决人工智能介入刑事司法的方向性问题，反思其与传统刑事诉讼的基本原

[1] 樊崇义："诽谤罪之自诉转公诉程序衔接——评杭州郎某、何某涉嫌诽谤犯罪案"，载《检察日报》2020年12月28日，第3版。
[2] 时延安："'自诉转公诉'的刑法法理分析"，载《检察日报》2020年12月28日，第3版。
[3] 郑曦："人工智能技术在司法裁判中的运用及规制"，载《中外法学》2020年第3期。
[4] 熊秋红："人工智能在刑事证明中的应用"，载《当代法学》2020年第3期。
[5] 金昌伟："人工智能分案机制探析"，载《中国政法大学学报》2020年第2期。

则和理论教义能否兼容。否则，人类的认知偏见即可能转移给人工智能产品，进而形成"算法偏见"。[1] 也有学者指出，小范围的成功是源于成熟通用人工智能技术的普适性适用，而大部分司法人工智能产品难以发挥作用是由于未结合专门司法需求展开，所投入的资金与人才资源远远不足。未来应当降低对于司法人工智能的盲目期待，将研发重心从通用领域转向司法专用领域，转变司法人工智能的投入模式，大力培养既懂法律又懂技术的专门化、复合型人才。[2] 还有学者从司法裁判的角度指出，司法裁判人工智能化是指机器能代替法官独立完成某些司法决策。目前主要有 2 种进路：一是基于显式编码、封闭规则之算法的专家系统；二是基于机器学习算法的预测分析论。法律专家系统虽有多年积累，但限度已显。大数据算法虽方兴未艾，但也同样难以成功。总之，人工智能不能也不应当成为法官那样的决策主体，更为务实的方向是去发掘其作为辅助工具的价值。[3]

（十）关于域外制度的比较研究

关于认罪认罚从宽制度，有学者通过研究美国北卡罗来纳州诉阿尔弗德一案后发现，自 1966 年米兰达案半个多世纪以降，美国刑事司法一直在辩诉交易带来的高效率和保障辩诉交易的自愿性与真实性之间寻找平衡点，其中 1970 年北卡罗来纳州诉阿尔弗德一案判决具有标志性意义。质言之，通过"接受有罪答辩但不承认犯罪"的阿尔弗德式答辩，美国将辩诉交易中自愿性审查的重要性几乎推崇至极致，巨大争议迄今未绝。自 2019 年年中起，中国认罪认罚从宽制度通过行政手段大规模推广适用，带来诉讼效率提升的同时，更应当注意认罪认罚的自愿性及真实性问题；尤其是在正当程序尚有太多可待完善之处的情形下。[4] 也有学者通过对德国联邦最高法院若干上诉判决进行研究指出，德国联邦最高法院自 2015 年起的若干最新判决，展示出其基于刑事诉讼法的教义对认罪协商制度作出的新解释。其强化上诉审对认罪协商合法性的审查，颠覆我们对协商性司法简化诉讼程序、提升司法效率的原本认知。在共同的职权主义诉讼模式背景下，对我国适用认罪认罚从宽的案件而言，上诉权不可协商放弃，法院应在庭审中承担程序性主导义务，二审法院可采"自我拘束观点"适用一审认罪认罚下的自白，同时保障被告人辩护权的有效行使及被害人实质性地参与认罪认罚全过程。[5]

关于未成年人刑事案件，有学者通过考察欧盟的相关制度后指出，从一定意义上讲，未成年人的参与状况应当被视为评价少年司法发展进程的重要标准，对该问

---

〔1〕谢澍："人工智能如何'无偏见'地助力刑事司法——由'证据指引'转向'证明辅助'"，载《法律科学》2020 年第 5 期。

〔2〕左卫民："从通用化走向专门化：反思中国司法人工智能的运用"，载《法学论坛》2020 年第 2 期。

〔3〕宋旭光："论司法裁判的人工智能化及其限度"，载《比较法研究》2020 年第 4 期。

〔4〕郭烁："在自愿与真实之间：美国阿尔弗德答辩的启示"，载《当代法学》2020 年第 4 期。

〔5〕李倩："德国认罪协商制度的历史嬗变和当代发展"，载《比较法研究》2020 年第 2 期。

题的研究有助于发现诸多现阶段尚未引起足够重视的问题，而认识与解决问题的过程还可能进一步推动少年司法的发展。对此，应当汲取欧洲国家关于涉罪未成年人参与诉讼标准与实践的有益经验，重视从参与意识、参与机会、参与环境3个方面提升我国涉罪未成年人参与诉讼的程度。[1] 有学者通过研究法国罪错未成年人分级处遇制度后指出，法国未成年人司法制度已有百余年的历史，并且在罪错未成年人的责任年龄、罪错行为的严重程度、罪错未成年人的处遇措施以及对罪错未成年人适用的诉讼程序等方面都建立了发达的分级制度。在充分借鉴其立法规定、相关经验和理论成果的基础上，我国未来在构建和完善罪错未成年人分级处遇制度时应当首先从正确理解和贯彻教育优先原则、确立罪错责任年龄、适时调整刑事责任年龄、完善针对未达刑事责任年龄罪错未成年人的保护处分措施这几个方面做起。[2]

第二节　民事诉讼法学研究状况*

一、研究概况

在研究成果方面，2020年民事诉讼法学者共在CLSCI收录的22种法学核心期刊和《中国社会科学》上发表学术文章89篇，其中在三大权威期刊《中国社会科学》《法学研究》《中国法学》上发表论文13篇。出版著作8部，教材4部。在科研项目立项方面，2020年民事诉讼法学国家社科基金项目20项；教育部人文社科研究项目2项；最高人民法院司法研究重大课题2项；最高人民检察院课题共17项；司法部国家法治与法学理论研究课题8项。

在学术交流与合作方面，由于疫情原因，相关学术活动开展得较少。2020年10月23日，由中国法学会民事诉讼法学研究会、最高人民检察院第八检察厅主办，江苏省人民检察院和徐州市人民检察院承办的中国法学会民事诉讼法学研究会2020年年会在徐州召开。2020年11月14日，北京中周法律应用研究院主办、北京航空航天大学法学院协办的"强制执行法立法热点和难点研讨会"在北京召开。2020年11月28日，由中国法学会民事诉讼法学研究会主办，西南政法大学比较法研究中心承办的第四届"民诉法学研究的实体之维"学术研讨会在重庆举办。2020年12月19日，由中国法学会民事诉讼法学研究会主办，山东大学法学院和《民事程序法研究》编辑部协办的首届"全国民事诉讼法学博士生论坛"在山东省青岛市召开。

二、重点研究内容

2020年民事诉讼法学研究在民事诉讼法的基本原则和制度等部分均有涉及，具

〔1〕 尹泠然："欧洲涉罪未成年人参与诉讼考察及其启示"，载《中国刑事法杂志》2020年第5期。

〔2〕 俞亮、吕点点："法国罪错未成年人分级处遇制度及其借鉴"，载《国家检察官学院学报》2020年第2期。

* 执笔人：中国政法大学诉讼法学研究院肖建华教授。

体内容如下：

（一）民事诉讼法与民法典

2020 年 5 月 28 日，第十三届全国人民代表大会第三次会议通过了《民法典》。民法典是民事领域基础性、综合性的法律，民法典的具体适用，需要通过民事程序进行落实，民事诉讼法的运行，也离不开民法的保障，两者相辅相成，不可或缺。

1. 民法典与民事诉讼法的关系。有学者认为，其一，我国从诸法合体、二元分立到现在进入了实体法和程序法相互渗透和融合的民法典时代。在公私法相互融合的时代背景下，民法和民事诉讼法都是民事法律体系的重要组成部分，民法有助于民事诉讼制度的完善，民事诉讼法的发展有助于促进民法规范的更迭。[1] 其二，民法和民事诉讼法有很多相同的法律理念。价值倾向相互吸收，私权保护是民法和民事诉讼法共同的价值追求，民法的制定和完善为民事诉讼法的价值追求提供了借鉴基础，契约自由的价值不仅仅是民法领域的价值追求，也在民事诉讼法中有着广泛的制度体现。法律概念交叉融合，民法和民事诉讼法在法律概念上具有一定的共同性，民事诉讼法中许多法律概念是民法概念的延伸和发展，民事法律体系的构建离不开民法和民事诉讼法中法律概念的融合和吸收，与此同时，不可忽视的是，两者还是存在一定差异，并且调整方式相互影响，尽管民法主要调整的是实体法律关系，民事诉讼法调整的是程序法律关系，但是法律主体的意思自治在法律关系中都占有重要地位。其三，共同厘定了基本原则比如平等原则、私人自治、诚实信用原则的内涵框架。在民法上平等原则主要体现在民事主体的法律地位和实体权利的内容上，而在民事诉讼法上主要体现在当事人的诉讼地位和程序权利的内容上，两者相辅相成，共同构成了平等原则的基本框架。私人自治是民事私法的核心内容，同时支配着民法和民事诉讼法。诚实信用原则来源于民法，但也是民事诉讼法良性运行的基本原则。其四，《民法典》中也有很多内容包含了民事诉讼法规范，包括诉讼时效规范、举证规则条款、民事管辖规范，从侧面体现出了我国民法和民事诉讼法交叉融合的现象。诉讼时效制度虽然规定在《民法典》中，但是其有效运行，离不开民事诉讼法的支持，在举证规则中，无论是民事实体法中的举证责任倒置，还是民事诉讼法中的举证时限等制度，都是为了保障民事权利的实现，需要从实体和程序 2 个方面来了解举证规则条款。管辖是一项重要的程序法制度，但是管辖制度虽然本质上是程序规范，其具体运用却离不开民法的制度支持。民法典强化民事诉讼制度的保障性，而作为保障民法典有效实施的程序法，民事诉讼法也应当作出相应的回应，进而形成一套完整、科学的民事法律体系。民法典助力民事诉讼规范的适用性，促进民诉法的运行，强化民事诉讼启动和民事裁判的法律依据，让民事权利的救济更加及时，民法典引领民事诉讼规范的体系化。[2]

---

〔1〕　刘艳红："人性民法与物性刑法的融合发展"，载《中国社会科学》2020 年第 4 期。

〔2〕　洪浩："民法典时代民事诉讼制度发展的几个基本问题"，载《政法论丛》2020 年第 5 期。

2. 民法典与民事诉讼法的协调与对接。有学者认为，在基本思路方面，要尽快修订《民事诉讼法》使得民事诉讼法在规范的表述上与民法典保持一致，同时实现专有概念上的一致性，并且实现和保持与《民法典》原则、制度规定上的一致性。在承认民事诉讼法独立存在的前提下，从《民法典》规范实现的程序路径和方法角度进行思考。通过民事诉讼法对实体法规定的不足进行弥补，就少量实体法内容进行规定。在主要需要进行协调和对接的方面而言，首先是《民法典》的实施与诉的制度，在诉的主体和诉的客体 2 个维度进行规定；其次是审理程序的对接，以与《民法典》禁令制度对接为中心；再其次是证据制度方面的协调和对接，主要涉及了证据方法和证明制度 2 个方面；最后是执行制度，针对《民法典》对实体权利义务规范的变化，对民事执行规范进行调整，执行制度规范与《民法典》诉讼时效制度协调一致，按照实体争议诉讼解决的原则对民事执行救济程序进行调整。[1]

3. 民法典与民事诉讼法关系的具体论证——夫妻债务规范的诉讼实施。2020 年5 月 28 日，第十三届全国人民代表大会第三次会议表决通过了《民法典》，该法典已于 2021 年 1 月 1 日正式实施。民事诉讼是实施民法典的重要机制，一方面，《民法典》中的民事法律规范需要在民事诉讼的配套制度作用之下，才能将相关规定、概念与具体案情相连接从而切实发挥其制度效果；另一方面，民事诉讼的实践反馈也将有助于民法解释学的推进和展开，甚至通过诉讼实践弥补其遗漏缺失之处。在《民法典》的具体条文中，以第 1064 条为中心的夫妻债务规范尤具代表性，回应了社会关切，是民法典婚姻家庭编的最大亮点。

（1）夫妻共同债务的诉讼标的。根据《民法典》第 1064 条，可以得出"夫妻双方共同意思表示""家庭日常生活需要""夫妻共同生活"3 个实体要件。那么，这 3 个要件在诉讼法上是否属于不同的诉讼标的，进而在 1 种要件不符合时，当事人可以另一种要件另行起诉。夫妻一方为了共同生活所负担的债务是夫妻共同债务，这可以被看作体现婚姻家庭法特点的实体法律构成。但是，尽管夫妻组成了婚姻家庭关系，也依旧保留一般民事主体的角色定位，因共同意思表示或共同行为而产生的共同债务并不以婚姻家庭关系为前提，是所有民事主体根据债的一般原理都应承担的民事责任。那么，在上述财产法方案和家庭法方案并存的格局下，"家庭日常生活需要"是否是第三种实体构成？对于该问题，有学者将"家庭日常生活需要"的理论基础定位为家事代理权，据此使法律效果直接对夫妻另一方产生作用，认为这构成新的实体请求权基础[2]；也有学者将其理解为法律上的事实推定，认为"家庭日

〔1〕 张卫平："民法典的实施与民事诉讼法的协调和对接"，载《中外法学》2020 年 4 期。

〔2〕 黄薇主编：《中华人民共和国民法典释义》，法律出版社 2020 年版，第 2002~2003 页；最高人民法院民法典贯彻实施工作领导小组主编：《中华人民共和国民法典婚姻家庭编继承编理解与适用》，人民法院出版社 2020 年版，第 137~141 页。

常生活需要"并非独立请求权基础,而是构成"夫妻共同生活"的推定基础事实。[1] 其主要作用是缓解具体案件中的证明困难。对于这 2 种方案,学者任重认为,从民事诉讼法与实体法交叉的角度观察,诉讼法方案或许是更为妥当的解决方案。[2] 一方面,将"家庭日常生活需要"视为法律上事实推定之基础事实更符合《关于审理涉及夫妻债务纠纷案件适用法律有关问题的解释》第 2 条的规范性质。另一方面,将"家庭日常生活需要"作为法律上的事实推定,还能将《民法典》第 1064 条规定的夫妻共同债务的 3 个主要类型简化为 2 项实体法标准,这更有利于债权保护、促进纠纷的一次性解决。

(2) 夫妻债务的"证明难"与类型转化。在债权人诉请夫妻双方承担连带责任的诉讼中,以债权人是否能够成功证明"夫妻共同生活"为标准,诉讼结果可能分别走向夫妻共同债务和夫妻个人债务。但即便如此,夫妻个人债务在司法实践中也经常被寄希望于部分发挥夫妻共同债务的功能。对此,学者任重认为,最关键的是澄清"夫妻共同生活"证明难题的产生原因并提出有针对性和可操作性的解决方案。[3] 一方面,夫妻共同生活的内部性和隐秘性并不必然导致债权人难以证明和夫妻另一方易于证明。所以,对于一些学者提出的关于"夫妻共同生活"标准的证明责任倒置无助于解决"证明难"问题,且易催生新的道德风险和社会问题。另一方面,要从根本上解决"证明难"问题,需在制度上确保法官敢于且愿意进行自由心证,同时通过司法解释和指导性案例确立更多表见证明、证明妨碍和事案解明规则,为"夫妻共同生活"标准的证明难题起到多线疏导作用。从诉讼法视角而言,《民法典》第 1064 条是对《关于适用〈中华人民共和国婚姻法〉若干问题的解释(二)》第 24 条证明责任倒置的拨乱反正,是对民事诉讼法与民法衔接的利好安排。

(二) 民事诉讼基本原则

1. 处分原则。2020 年 5 月 28 日通过的《民法典》是中华人民共和国成立以来第一部"法典",对我国新时代中国特色社会主义法治建设具有深远的影响。作为社会生活的百科全书,民法典调整着民事法律生活的方方面面。"私法自治"是民法的核心,与之相对应,在民事诉讼法中"处分原则"应当是"一项最能反映民事诉讼制度特质"[4] 的基本原则。作为基本原则的重中之重,"处分原则"在我国却没有很好发挥作用,尤其是"舍弃权、认诺权、和解权与起诉权"受到颇多限制,打破"诚实信用"和"国家利益、社会公共利益"笼统的束缚,处分原则才能更加尊重当

---

〔1〕 夏吟兰、龙翼飞等:《中国民法典释评·婚姻家庭编》,中国人民大学出版社 2020 年版,第 131~132 页。

〔2〕 任重:"夫妻债务规范的诉讼实施——兼论民法典与民事诉讼的衔接",载《法学》2020 年第 12 期。

〔3〕 任重:"夫妻债务规范的诉讼实施——兼论民法典与民事诉讼的衔接",载《法学》2020 年第 12 期。

〔4〕 参见江伟主编:《民事诉讼法专论》,中国人民大学出版社 2005 年版,第 94 页。

事人的自主性。学者们对实践中二审法院的判决超出一审裁判内容提出了质疑，虽然《民事诉讼法》第168条确立了二审法院"有限审查"的原则，但《关于适用〈中华人民共和国民事诉讼法〉的解释》增加了例外情形，对"一审判决确有错误"或"当事人之间恶意串通损害国家利益、社会公共利益、他人合法权益的"，允许二审法院全面审查。针对这些现象，学者们认为虽然处分原则受到一定限制是必要的，尤其在涉及社会公共利益时，但我国出现了过度限制的倾向。我们应该将处分原则的限制条件限缩于特定案件、特别事项以及特殊程序中，对国家利益与社会公共利益予以明确细化，不能将其完全交由法官自由裁量，甚至还有学者提出了"附带上诉权制度"[1]。

2. 诚实信用原则。多数学者们认为民诉法上的"诚实信用原则"本源在民法，随着社会发展，诚实信用原则适用领域逐渐拓宽，从民事实体法渗透到民事诉讼法。[2] 恶意诉讼、虚假诉讼、拖延诉讼等不诚信诉讼行为日益盛行，使得"诚实信用原则"愈发受到重视。有学者提出恶意诉讼是一种典型的侵权行为，实践中可类型化为虚假诉讼、权利滥用型恶意诉讼、无据起诉。当前对其缺乏民事责任的规制，无法从根本上遏制、惩处恶意诉讼，应在立法上将恶意诉讼列为一种特殊的侵权行为，规定其主观过错为直接故意，其损害包括被侵权人的预期利益损失，同时，为了更好地发挥侵权责任法的遏制和阻碍违法行为功能，基于恶意诉讼侵权人的主观恶意，对恶意诉讼侵权行为人的损害赔偿责任可以适用惩罚性赔偿责任。[3] 但有部分学者也提出担忧，作为"帝王条款"，诚实信用原则是对私权利的约束，对诚实信用原则的过度重视势必会导致对个人诉讼权利的干预，如何平衡好诚实信用原则与处分原则、辩论原则的关系是诉讼法学界正在讨论的重点。

3. 平等原则。"法律面前人人平等"一直以来都被奉为圭臬。《民事诉讼法》第8条规定，"民事诉讼当事人有平等的诉讼权利。人民法院审理民事案件，应当保障和便利当事人行使诉讼权利，对当事人在适用法律上一律平等。"该条款体现了双方当事人在诉讼程序上的平等权利。但有学者指出，我们不仅应该从原被告的角度理解平等原则，所有作为原告的当事人都应该享有平等的诉讼权利。因为代表人的产生排除了其他当事人的诉讼的可能，剥夺了其他当事人实施诉讼的权利。所以现有代表人制度异化了诉讼当事人平等的规则。[4] 有学者提出对平等原则的多义性思考。其中从宏观的角度来看，形式当事人平等原则保障了诉讼两造结构，而实质当事人平等原则保障当事人诉讼能力的实质性平等。形式当事人平等原则不考虑当事人之间的现实能力差距，而赋予其宏观意义上的机会均等。该平等原则给予当事人

---

〔1〕田晔："理论与实证：民事诉讼附带上诉制度的建构"，载《法律适用》2020年第24期。

〔2〕洪浩："民法典时代民事诉讼制度发展的几个基本问题"，载《政法论丛》2020年第5期。

〔3〕刘迎霜："恶意诉讼规制研究——以侵权责任法为中心"，载《华东师范大学学报（哲学社会科学版）》2020年第1期。

〔4〕张莹、冀宗儒："民事诉讼代表人制度中诉讼当事人制度论"，载《河北法学》2020年第5期。

较大程度的自由，旨在通过双方当事人搜查证据，查明案件真实。因此，形式当事人平等原则主要从双方当事人关系的横向角度出发，使审判者居于中立地位，保证裁判结果的公平公正。随着双方当事人能力和信息不对等的新型纠纷日益增多，实质当事人平等原则应运而生。不同于形式当事人平等原则，实质当事人平等原则将运用范围扩展到了诉讼程序进行和裁判材料收集2个方面，通过纵向的法院职权介入达到提高诉讼效率和实现实质平等。除此之外，不同于原来片面强调当事人的诉讼权利，对于当事人故意迟延实施的诉讼行为，诉讼法予以否定性评价。因为如果当事人故意不在适当的期限内提出攻击防御，这种行为会破坏双方当事人的平等地位。因此，当事人双方的诉讼义务和责任需要被强化。实质当事人平等原则体现在证据法的各个方面：由于双方当事人的现实能力和所获信息的差异导致的责任倒置和转移，证明妨害制度和文书提出义务等。实质平等原则并非对形式平等原则的否定，而是弥补形式平等原则的不足。实质平等原则立足于各个案件中的当事人的现实能力，通过法院的介入实现真正的双方当事人法律地位平等。[1]

（三）诉源治理问题

《2020年人民法院工作要点》仍然将诉源治理作为重要内容予以规定，学者们对诉源治理问题也给予了充分的关注。

1. 诉源治理面临的风险及解决对策。有学者认为，从功能主义视角分析，诉源治理机制具备正当性。但是，在对某市法院诉源治理改革试点工作进行考察后，该学者发现既有的实践彰示法院诉源治理大有失范的趋势，存在诸多"异化"风险：一是有损法官"中立"角色、超出能动司法界限的伦理风险；二是架空立案登记制、模糊诉中调解与和解的界限、冲击国家机关职能分工的法治风险；三是诱发纠纷非实质性化解、人案矛盾非有效缓解的技术风险。

基于此，该学者认为遏制地方法院诉源治理失范趋势，需要以对"司法为民"辩证解释为逻辑前提，在主观层面强调法院的非中心地位和司法裁判功能为先，在客观层面，在法院资源二分与差别化绩效考核的基础上，强调治理理念在司法裁判中的融入、司法社会工作在网格化治理中的嵌入。[2]

2. 诉源治理之多元化纠纷解决机制。有学者对作为诉源治理的重要举措之一的诉前调解制度予以调查研究。采用双重差分法等实证研究方法对某区法院的研究显示，对诉至法院的案件进行普遍的、带有强制性的诉前调解，能有效地将纠纷化解在法院"门前"，进而达到减缓案件数量增速甚至是降低案件数量的效果。但当前试点的诉前调解制度仍存在尚待厘清的问题，即强制性调解的正当性问题和诉前调解

〔1〕　林剑锋："当事人平等原则解释论功能的再认识"，载《法律科学（西北政法大学学报）》2020年第3期。

〔2〕　周苏湘："法院诉源治理的异化风险与预防——基于功能主义的研究视域"，载《华中科技大学学报（社会科学版）》2020年第1期。

与诉源治理的目标差异问题。此外，制度背后隐藏的本土性经验也亟需提炼。未来，应在立足现实需求、深化制度认识的基础上使之成为一项具有更高效力、更强操作性的法律制度。[1]

有的学者则更进一步，基于"把非诉讼纠纷解决机制挺在前面"策略的出台，主张非诉调解前置主义的立法确认已具备坚实的政策依据。该学者所说的非诉调解前置主义是指特定类型的民事纠纷在法院立案前不经非诉调解程序，法院不能裁定受理。该学者提出，法院急功近利地争取诉源治理的政绩和迫不得已地追求办案压力的疏减，使得非诉调解前置主义在我国司法实践中已经变相存在。强制特定纠纷的当事人参加非诉调解，不构成对调解自愿原则的颠覆。非诉调解前置主义与调解自愿原则之间不存在不可调和的矛盾。诉前调解的含义回归到司法文件的界定，可使得委派调解顺利地成为非诉调解前置主义的实现载体。立法规定非诉调解前置主义，涉及对诉讼与非诉调解之关系的重大调整和对诉权限制之合理性的证成，不可交由司法解释或司法文件完成，民事诉讼程序繁简分流改革试点期满后的修法可为非诉调解前置主义入法提供良机。非诉调解前置主义之适用范围的负面清单应采取例示主义，正面清单应采取列举主义并应同时重点考虑争议标的额和多发案由2个因素。为配合非诉调解前置主义的运行，诉前财产保全规则应做适当的改进。[2]

有学者提出续写新时代"枫桥经验"，不断推动河北省独具特色的"一乡镇一法庭"的创新实践。首先，调整人民法庭职能定位，不同于以往的中心法庭，新建人民法庭主要履行司法调解、指导调解、参与基层社会治理、进行法制宣传、司法确认、充分发挥人民陪审员的作用等6大职能，重大诉前化解纠纷；其次，打造创新型运行模式，新建人民法庭在机构设置、工作模式、办公场所设置等与以往不同；最后，打造智慧型治理模式，运用信息技术整合资源，打造"互联网+诉非衔接"人民法庭工作新机制，建立现代化诉调对接平台、互动型解纷机制、开放型合作机制、量化管理机制等，使人民法庭建设走向现代化、规范化。[3]

还有学者主张构建新型乡村多元化纠纷解决机制。当前乡村社会治理中纠纷解决呈现出复杂性的特点，乡村纠纷解决过程中面临着3个突出问题：现有化解工作效能与各类纠纷的爆炸性增长态势不相适应；现行化解工作机制与纠纷类型的多样性不相适应；当前化解工作力量与纠纷解决的复杂性不相适应。因此，构建新型乡村多元化纠纷解决机制的重点方向与对策是：建立完善自治、法治、德治融合的多元主体共治体系和建立完善有机衔接、联动高效的多元化解工作机制。[4]

3. 诉源治理机制的类型化适用。诉源治理这一新机制为减少部分类型案件诉讼

[1] 左卫民："通过诉前调解控制'诉讼爆炸'——区域经验的实证研究"，载《清华法学》2020年第4期。

[2] 刘加良："非诉调解前置主义的反思与走向"，载《政法丛论》2020年第5期。

[3] 卫彦明："董必武人民司法思想的内涵及当代价值体现"，载《河北法学》2020年第7期。

[4] 聂晶："构建新型乡村多元化纠纷解决机制"，载《人民论坛》2020年第18期。

增量提供了新的解决思路。有学者将诉源治理作为化解技术类知识产权案件人案矛盾的良策，主要举措包括两点：一是融入基层解纷网络，重点加强与各级党委政府、知识产权行政部门、专业组织和行业协会的联动协同，整合司法、行政和社会综合资源；二是完善分调裁审机制，促进诉调对接实质化，提供智能化风险评估，改革庭审程序和文书样式，探索符合技术类案件特点的繁简分流机制，实现繁简分流的规范化、技术化。[1]

（四）诉讼请求权与诉讼标的问题

诉讼请求权与诉讼标的属于民事诉讼法的基础理论，一直以来都是民事诉讼法学领域的研究热点。2020 年的相关研究主要集中在对重复起诉的识别标准的探讨，以及既判力的本土化构建上。

1. 禁止重复起诉。最高人民法院《关于适用〈中华人民共和国民事诉讼法〉的解释》第 247 条规定的"诉讼标的"与"诉讼请求"的概念极具模糊性与抽象性，并且重复起诉制度关乎到诉讼标的与既判力等复杂概念，明确重复起诉的识别标准成为民事诉讼理论界的重要任务。2020 年的研究重点仍然集中在重复起诉的识别标准上，同时亦有学者对于重复起诉的概念选定、重复起诉的制度价值、诉讼抵消中的重复起诉进行研究与论证。

在重复起诉的识别标准上，多个学者提出了不同的观点。有学者主张应当区分禁止重复起诉和禁止另行起诉，并且适用不同的判断标准：禁止重复起诉以诉讼请求为识别标准，禁止另行起诉以主要争点共通作为识别要素[2]。有学者主张对我国现有的判定重复起诉的标准进行重构，即一般情况下为三要件相同，并且结合当事人、基本事实和诉讼请求制定 4 项例外性规则，允许法院进行实质性审查[3]。还有学者认为，实质否定型重复起诉禁止应当定位为三同型重复起诉的补充，将其适用范围限缩至后诉请求直接否定前诉裁判结果之先决事项的情形[4]。

2. 既判力。我国的既判力理论尚不成熟，如何立足我国实际情况以探寻比较法与本土诉讼规范、实践的契合点是一大难题。有学者从"系争标的"转让的诉讼效果切入，提出应在立法上重新为当事人分配诉讼权利义务，其中重要的内容就是原告变更诉讼请求的义务，认为如果原告拒绝变更诉讼请求且请求法院确认其让与权利义务事实存在的，其诉讼请求则应被驳回，判决对受让人也不发生效力，后者可重新起诉[5]。

刑事裁判与民事裁判之间的既判力问题也是司法实践中常见的问题，有学者从

---

〔1〕　周蓉蓉："论化解案件激增诉讼风险的进路与方法"，载《法律适用》2020 年第 4 期。

〔2〕　熊跃敏、郭家珍："禁止重复起诉和禁止另行起诉的区分与适用"，载《国家检察官学院学报》2020 年第 5 期。

〔3〕　陈巍："重复起诉认定标准之重构"，载《中外法学》2020 年第 6 期。

〔4〕　郑涛："实质否定型重复起诉的构造与实践"，载《法律科学》2020 年第 6 期。

〔5〕　王福华："'系争标的'转让的诉讼效果"，载《现代法学》2020 年第 5 期。

既判力的角度，兼顾刑事诉讼和民事诉讼在证明标准上的实质差异，对不同诉讼程序的判决相互之间的效力影响进行分析，并主张不能一概认定刑事裁判对在后的民事裁判具有约束效力，在某些情况下，民事裁判对于刑事裁判亦具有既判效力[1]。

（五）民事诉讼当事人问题

1. 当事人平等原则。在我国，当事人平等原则也被称为当事人诉讼权利平等原则，其法条依据在《民事诉讼法》第8条，是宪法平等原则在民事诉讼法这一部门法中的具体体现，而我国学界又将当事人平等原则细分为形式当事人平等原则和实质当事人平等原则。形式当事人平等原则作为当事人主体地位两造结构的基础保障，维持了民事诉讼的当事人主义结构，有利于维持裁判者中立，促进发现真实与权利保障，也促进了当事人权内涵的发展，但由于具体制度的欠缺，在我国仅停留在宣示性层面，具有悬空化倾向。而实质当事人平等原则通过强化当事人义务与法院职权的积极介入2个方面，修正了形式当事人平等原则的弊端，恢复了双方当事人在诉讼中现实地位的平等，在功能上设定了法院职权介入与当事人承担义务的目标与界限，据此可以更好地让辩论主义与处分权主义与时俱进地应对社会发展，改善职权主义模式复归的危险。[2]

2. 当事人恒定原则。当事人恒定原则是现代民事诉讼理念下应对诉讼系属中发生实体变更的诉讼原则，最高人民法院《关于适用〈中华人民共和国民事诉讼法〉的解释》第249条确立了我国的当事人恒定原则并在司法实务中予以适用。当事人恒定原则主张民事权利义务或系争物转移对于诉讼无影响，转让人为适格当事人继续进行诉讼，所以当事人适格问题是研究当事人恒定原则首先要解决的理论和实践问题。现代意义上适格当事人除了包括实体权利义务人外，还包括形式当事人。在当事人恒定原则中，实体权利义务转让人作为形式当事人来行使诉讼实施权。不论是采实体当事人的实体利害关系标准抑或形式当事人的正当性审查标准，当事人都要经审查才能确定其是否为适格当事人，而这种适格性审查是作为诉权的权利保护要件还是诉讼成立要件来对待，不同国家的立法态度不尽相同。如我国民事诉讼法是将当事人适格作为法院对当事人诉讼请求进行实体审理所必须具备的诉讼要件，而德国民事诉讼法对当事人不适格的情形，是以诉无理由并非诉不合法而驳回，即将当事人适格作为权利保护要件。[3]

3. 民事诉讼代表人制度。民事诉讼中的代表人制度是针对一方或双方人数众多的情形，在传统诉讼的基础上，为提高效率、避免重复审理相同问题而发展出的诉讼程序，而且无论是代表人还是被代表的人，都将其视为诉讼当事人。由于实际诉

---

〔1〕 贺辉、张鹏："既判力视角下刑民交叉案件中的事实认定"，载《法律适用》2020年第14期。

〔2〕 林剑锋："当事人平等原则解释论功能的再认识"，载《法律科学》2020年第3期。

〔3〕 唐静："当事人恒定原则裁判样态研究——以当事人适格问题为中心"，载《法律适用》2020年第1期。

讼中，除了代表人，其余当事人是不能进行诉讼的，而且两者的关系也不能简单地用代理关系描述，有学者认为代表人诉讼中当事人已经向代表人让渡了诉讼实施权，所以此项规定冲击了诉讼当事人的平等原则。由此，学者建议通过 2 种不同的路径完善诉讼代表人制度，一种是在不改变目前制度设计的基础上，仍旧由全部成员作为诉讼当事人，但将其转化为实验诉讼或典型诉讼；另一种是调整现有代表人制度，在只有代表人是诉讼当事人的前提下，通过法院对群体问题识别，使之适应现代新型诉讼的特征和纠纷解决。[1]

4. 共同诉讼制度。我国民事诉讼实践中存在提起主观预备合并之诉的诉求，但在现行法框架下其提出面临着不予受理或驳回起诉的风险，利用第三人制度又难以实现应有目的。从提高诉讼效率和权利实现的角度出发，虽然主观预备合并之诉面临着给被告带来的程序不安定和难以实现裁判统一的责难，但上述问题并不能构成否定主观合并之诉的原因。在主观预备合并之诉的程序构建上应当从限制并细化适用条件、保障后位被告参加主位请求审理、限制多数原告和多数被告、先位请求胜诉时对后位请求作出败诉判决、明确先位请求判决理由的争点效等方面展开。[2]

类似必要共同诉讼在识别标准上应以诉讼标的的共同性或牵连性作为客观标准，辅之以实体法上的规定作为除外标准。类似必要共同诉讼人在诉讼行为效力上可以根据具体诉讼行为进一步划分为一致性模式、准一致性模式、独立模式和认可模式。[3] 我国普通共同诉讼限于诉讼标的同种类且经法院和当事人双重同意的条件而被严重限制了适用范围，应当进行重构以合理承接必要共同诉讼的边界。普通共同诉讼在判断标准上应包含诉讼标的同种类且基础事实同种、基础事实同一、基础事实存在牵连 3 种情形。相应地，必要共同诉讼应摒弃诉讼标的共同并以合一确定的必要作为其判断标准。[4]

关于连带责任的诉讼形态，坚持普通共同诉讼作为基本诉讼形态，在研究方法上从诉讼法的动态视角综合各方因素考量确定其他连带责任人的追加、程序合并、法官释明、后诉的遮断效等。[5] 在多数人诉讼形态问题上，诉讼标的的判断应在坚持旧实体法说的基础上，将诉讼标的精细化为诉讼标的共同、诉讼标的相同、诉讼标的主从、诉讼标的对立、诉讼标的不相关几种状态。通过将其与诉讼实施权的有无相结合，形成多数人诉讼类型的最大范围。[6]

5. 第三人制度。有学者指出我国当下以是否有独立请求权为标准对第三人的类

---

〔1〕　张莹、冀宗儒："民事诉讼代表人制度中诉讼当事人制度论"，载《河北法学》2020 年第 5 期。

〔2〕　张卫平："主观预备合并之诉及制度构建研究"，载《政法论丛》2020 年第 5 期。

〔3〕　汤维建："类似必要共同诉讼适用机制研究"，载《中国法学》2020 年第 4 期。

〔4〕　刘鹏飞："普通共同诉讼的权限分配与范围界定"，载《法学论坛》2020 年第 1 期。

〔5〕　沈佳燕、史长青："连带责任的诉讼形态研究——基于实体法和诉讼法的双重视角"，载《苏州大学学报（法学版）》2020 年第 2 期。

〔6〕　曹云吉："多数人诉讼形态的理论框架"，载《比较法研究》2020 年第 1 期。

型划分已不能满足第三人制度的目的和诉讼实践，应依第三人参加诉讼的地位和作用对第三人结构加以重塑，并确立独立第三人和非独立第三人这一新类型。[1] 也有观点建议在无独立请求权第三人类型上，从程序保障、权责统一的角度出发，应剔除被告型无独三，实现无独立请求权第三人限定在辅助型第三人单一类型上。[2]

6. 第三人撤销之诉。在普通债权执行中，案外人依据执行标的被查封后对执行标的作出的另案分割调解书提出排除执行异议的，应当认定申请执行人与调解结果有法律上的利害关系，有权以无独立请求权第三人的身份对该调解书提起第三人撤销之诉。[3] 第二顺位抵押人因会受到第一顺位抵押权的有无和范围大小的影响，因此对于第一顺位抵押权是否存在和对相应债权的认定，因会影响到第二顺位抵押权人的利益，后者可以作为无独立请求权第三人提起第三人撤销权之诉。因仲裁裁决会侵害到第三人的合法权益，从保障当事人诉权、维护仲裁程序专业性和密闭性、完善司法对仲裁的监督、健全既判力制度体系等必要性出发，建议将仲裁裁决纳入第三人撤销之诉的范畴，建立第三人撤销仲裁之诉制度并细化相关程序规则。[4]

面对第三人撤销之诉和案外人申请再审 2 种并行救济途径，有学者认为第三人撤销之诉有着更多的优势，可以作为第三人权利救济的唯一事后救济手段。为避免第三人撤销之诉提起门槛过低给裁判稳定性造成影响，应当通过设置诉讼告知制度、健全第三人的类型、实现审理程序的二阶化构造对第三人撤销之诉进行优化。[5] 而在受害债权人权利救济方面，第三人撤销之诉和审判监督程序相比救济效果不佳，反而后者因能解脱主体资格困扰，且能发挥三种启动方式的合力，因而效率更高。[6]《关于适用〈中华人民共和国民事诉讼法〉的解释》关于再审吸收第三人撤销之诉的规定在实践中适用率低、作用有限，应当予以废除。即便是再审程序和第三人撤销之诉分别审理，尤其是借助预决效力理论，也很少存在矛盾判决。也可以先中止再审程序，在第三人撤销之诉审理结束后再进行再审程序。[7]

（六）公益诉讼问题

2020 年，学者们有关公益诉讼问题的研究主要集中在公益诉讼基本理论、检察公益诉讼、环境公益诉讼以及其他类型的公益诉讼这 4 个方面。

1. 公益诉讼基本理论。关于公益诉讼的职能定位，学界长期存在各种各样的纷

---

〔1〕 张卫平："我国民事诉讼第三人制度的结构调整与重塑"，载《当代法学》2020 年第 4 期。

〔2〕 李春丹："反思无独立请求权第三人的类型化划分——基于判决效力的思考"，载《河北法学》2020 年第 7 期。

〔3〕 刘干："申请执行人提起第三人撤销之诉的主体资格"，载《人民司法》2020 年第 32 期。

〔4〕 朴顺善、张哲浩："第三人撤销仲裁裁决制度研究"，载《学术交流》2020 年第 6 期。

〔5〕 刘东："反思第三人撤销之诉与案外人申请再审的关系——基于立法、司法、法理的多维角度"，载《河南财经政法大学学报》2020 年第 5 期。

〔6〕 李浩："第三人撤销之诉抑或审判监督程序——受害债权人救济方式的反思与重构"，载《现代法学》2020 年第 5 期。

〔7〕 刘东："再审吸收第三人撤销之诉的程序规则研究"，载《法学家》2020 年第 2 期。

争，造成纷争的原因是学界没有认识到公益诉讼并不是法律监督职能之外的新职能，而是由法律监督职能作用派生的，其实质仍然是法律监督。[1]

关于提起公益诉讼的主体问题，我国采取了以检察机关为主要追诉主体，限制社会团体，排除个人的基本策略。[2] 居于民事诉讼基本构造中启动者位置的检察院赖以启动程序的权能应该是权利属性的诉权，只要检察院针对法律规定的公共利益而非在此范围之外提起公益诉讼，就具有诉的利益，可以行使诉权，但诉权的行使方式具有备位性。[3] 有学者十分重视检察机关的优先起诉权，鉴于检察机关的法律监督能力和资源优势，在检察机关与社会组织的起诉顺位上，可以考虑赋予检察机关优先的起诉权，至少两者的诉权应该是并行的。[4] 也有学者认为个人代表、社会组织和检察机关，都有作为公益诉讼主体的必要性和局限性，应该充分发挥三者的制度优势，为民事公益诉讼体系的有效推进提供保障。[5]

2. 检察公益诉讼。检察公益诉讼制度是一项中国独创的机制[6]，在所有的指导性案例和典型案例中，检察机关的胜诉率基本达到 100%，且被告的上诉率极低，有的被告当庭对自己的行为表示道歉。[7]

检察机关的调查核实权仍然是近年来在检察公益诉讼领域学者讨论的重点。在既有的规则框架内，检察公益诉讼调查核实权的保障措施尚不具有完整意义上的直接强制性。[8] 但检察机关调查事实时贪多求全，证明责任负担较重[9]，有关调查取证权、调查核实权的规范缺乏充分的法律依据，缺少违反该条义务的责任条款，检察院在公益诉讼的一些领域如环境资源领域缺乏专业知识或技术人员。[10] 也有学者认为确实应该赋予调查核实权强制性，但是这种强制性也应该遵循必要性限度，区分场景和层次；[11] 有学者认为应当同时从内部和外部 2 个层面建构配套机制，完善检察公益诉讼调查核实权有效运行的配套机制，内部配套机制应以横向重视内设机构改革红利和纵向重视办案资源统筹的一体化办案机制为主；外部配套机制应以

---

[1]　参见胡卫列："国家治理视野下的公益诉讼检察制度"，载《国家检察官学院学报》2020 年第 2 期。

[2]　参见白彦："民事公益诉讼主体的理论扩张与制度构建"，载《法律适用》2020 年第 21 期。

[3]　参见韩波："论民事检察公益诉权的本质"，载《国家检察官学院学报》2020 年第 2 期。

[4]　参见胡卫列："国家治理视野下的公益诉讼检察制度"，载《国家检察官学院学报》2020 年第 2 期；易小斌："检察公益诉讼参与国家治理的实践面向"，载《国家检察官学院学报》2020 年第 6 期。

[5]　参见白彦："民事公益诉讼主体的理论扩张与制度构建"，载《法律适用》2020 年第 21 期。

[6]　参见刘艺："论国家治理体系下的检察公益诉讼"，载《中国法学》2020 年第 2 期。

[7]　参见韩静茹："公益诉讼领域民事检察权的运行现状与优化路径"，载《当代法学》2020 年第 1 期。

[8]　参见刘加良："检察公益诉讼调查核实权的规则优化"，载《政治与法律》2020 年第 10 期。

[9]　参见曹建军："论检察公益调查核实权的强制性"，载《国家检察官学院学报》2020 年第 2 期。

[10]　参见曹明德："检察院提起公益诉讼面临的困境和推进方向"，载《法学评论》2020 年第 1 期。

[11]　参见曹建军："论检察公益调查核实权的强制性"，载《国家检察官学院学报》2020 年第 2 期。

遵循诉讼权利同等保障原理且有助于强化保障措施之间的强制性的诉前证据保全程序为主；[1] 也有学者认为可以从立法层面出发，将检察公益诉讼的调查取证权上升至法律规定，明确检察机关进行调查核实的工作程序，参照法院的调查取证措施，赋予检察机关一定的实施强制性保障的权力；[2] 也有学者将证据调查协力义务放在民事公益诉讼的框架内作一尝试性研究，试图通过改进不同形态证据调查协力义务适用于民事公益诉讼的具体规定完善调查核实权。[3]

3. 环境公益诉讼。2020 年，环境公益诉讼请求权基础、环境公益诉讼与生态损害赔偿之诉关系等一系列理论问题仍然是学界关注的热点。

（1）基础理论。其一，我国环境民事公益诉讼的请求权基础不清。理论上其请求权基础应为自然资源生态价值的环境公共利益[4]，但这一请求权基础并未被法律明确。实际审理中环境民事公益诉讼套用了环境侵权之诉甚至一般侵权之诉的请求权基础[5]。其二，环境公益诉讼与生态损害赔偿之诉衔接不畅。生态损害赔偿之诉与环境公益诉讼存在重合之处。有观点认为前者属于后者，其理由在于生态损害与环境损害具有高度的融合性，诉因诉求相似，生态损害赔偿之诉的请求权基础依然是自然资源生态价值的环境公共利益。[6] 由于二者所保护利益的部分重合，生态环境损害赔偿诉讼与环境民事公益诉讼存在诉讼主体诉权之冲突。有观点认为应依据生态环境损害后果的不同程度，选择不同的诉权适格主体。[7] 也有观点则认为政府作为赔偿权利人提起生态环境损害赔偿诉讼优先于社会组织提起环境民事公益诉讼，社会组织对生态损害赔偿制度规定范围外部分的损害环境公共利益的行为，有权提起环境民事公益诉讼。[8]

（2）原告制度。扩展我国环境民事公益诉讼的适格原告范围的观点一直得到学界较多支持。有学者认为其应包括企业法人及公民个人；顺位应予调整，即按照行政机关、环保组织、检察机关、公民个人和其他主体的顺位确定起诉主体序位；同时建立相关配套措施，包括建立预防滥诉惩戒机制，行政机关对于环境民事公益诉讼不作为应当纳入行政诉讼程序，以及环保行政机关应该对环保组织给予资金和专

---

[1] 参见刘加良："检察公益诉讼调查核实权的规则优化"，载《政治与法律》2020 年第 10 期。

[2] 参见曹明德："检察院提起公益诉讼面临的困境和推进方向"，载《法学评论》2020 年第 1 期。

[3] 参见王琦："论民事公益诉讼中的证据调查协力义务"，载《政法论丛》2020 年第 5 期。

[4] 参见薄晓波："环境公益损害救济请求权基础研究"，载《甘肃政法学院学报》2020 年第 3 期。

[5] 参见杨秀清、谢凡："环境民事公益诉讼法律适用困境及其破解"，载《河北法学》2020 年第 5 期。

[6] 参见薄晓波："环境公益损害救济请求权基础研究"，载《甘肃政法学院学报》2020 年第 3 期。

[7] 参见潘牧天："生态环境损害赔偿诉讼与环境民事公益诉讼的诉权冲突与有效衔接"，载《法学论坛》2020 年第 6 期。

[8] 参见罗丽："生态环境损害赔偿诉讼与环境民事公益诉讼关系实证研究"，载《法律适用》2020 年第 4 期。

业支持。[1] 有学者聚焦于支持起诉制度，认为当前环境公益诉讼中的支持起诉存在依据模糊化、功能虚置化和角色替代化等问题，支持起诉功能定位应明确为：以社会组织的原告地位为前提的帮助与协助为模式选择，以作为检察机关的义务与职责为规范定位和以作为多元共治环境治理体系的重要体现为价值追求。区分"应当支持起诉"与"可以支持起诉"的情况，以社会组织的申请为原则，以诉讼程序的推进过程为标准，以社会组织的良性发展为目标。[2]

（3）其他制度。除基础理论及原告制度外，部分研究涉及公益诉讼惩罚性赔偿与起诉期限等问题。其一，有关惩罚性赔偿问题，有观点认为惩罚性赔偿与环境民事公益诉讼同作为公法责任在私法制度上的具体体现，共同指向环境公共利益维护目的，惩罚性赔偿在环境民事公益诉讼中的适用路径应从功能定位、关系顺位及适用限制进行把握，明确惩罚性赔偿制度适用的规范要素、数额规则和管理使用。[3] 其二，有关起诉期限问题，由于缺少有关环境公益诉讼时效和起诉期限的明确规定，引发了实践适用不一。应根据起诉者本身的权利与义务承担情形，并在对相关的价值进行综合衡量的基础上，社会组织提起的环境民事公益诉讼不受起诉期限限制，而检察机关提起的无论是环境民事公益诉讼还是环境行政公益诉讼都受到普通和最长起诉期限限制。[4]

4. 其他类型公益诉讼。关于消费公益诉讼中的惩罚性赔偿，现行法律没有明确赋予消费者协会、检察机关以形式性惩罚性赔偿请求权，但可以通过解释论上的努力，寻求奠定消费者协会、检察机关提起惩罚性赔偿消费公益诉讼的请求权基础。消费者协会与检察机关享有的惩罚性赔偿请求权属于没有发生实质化的形式性实体请求权，通过公益诉讼获得的惩罚性赔偿金仍然属于受害消费者所有，但受害消费者怠于领取或迫于证据不足而无法领取的惩罚性赔偿金，应当纳入独立运行的消费者权益保护基金管理。[5]

关于家事公益诉讼，有观点认为家事诉讼因涉及家庭身份关系、婚姻家庭法秩序、未成年人保护等，具有极强公益性。检察机关参与家事公益诉讼合乎守法监督权之法理和诉讼担当之程序理念，具有比较法基础和实践基础。未来我国可以在合法性前提下，稳妥推进检察机关对家事公益诉讼的参与范围和参与力度。[6]

〔1〕　参见李琳："论环境民事公益诉讼之原告主体资格及顺位再调整"，载《政法论坛》2020 年第 1 期。

〔2〕　参见秦天宝："论环境民事公益诉讼中的支持起诉"，载《行政法学研究》2020 年第 6 期。

〔3〕　参见李华琪、潘云志："环境民事公益诉讼中惩罚性赔偿的适用问题研究"，载《法律适用》2020 年第 23 期。

〔4〕　参见李庆保："论环境公益诉讼的起诉期限"，载《中国政法大学学报》2020 年第 2 期。

〔5〕　参见黄忠顺："惩罚性赔偿消费公益诉讼研究"，载《中国法学》2020 年第 1 期。

〔6〕　参见陈爱武："论家事检察公益诉讼"，载《国家检察官学院学报》2020 年第 5 期。

（七）民事诉讼电子化和数据化

新冠疫情暴发以来，司法机关充分运用现代信息技术改变了传统的诉讼方式，通过线上庭审的方式为人民群众提供安全、高效、便捷的司法服务。与之前的研究相比，越来越多的学者开始反思电子诉讼、人工智能司法审判中可能存在的风险，相关论文主要如下。左卫民："从通用化走向专门化：反思中国司法人工智能的运用"，《法学论坛》2020 年第 2 期；郑曦："人工智能技术在司法裁判中的运用及规制"，《中外法学》2020 年第 3 期；孙海波："反思智能化裁判的可能及限度"，《国家检察官学院学报》2020 年第 5 期；徐娟、杜家明："智慧司法实施的风险及其法律规制"，《河北法学》2020 年第 8 期等。

1. 电子诉讼基础理论研究。有学者对于电子诉讼规则的缺失以及建构提出了看法。其指出，电子诉讼规则缺失是电子诉讼热背后的隐忧。电子诉讼的内在机理是互联网技术对诉讼活动各组成部分的重组。电子方式作为一种诉讼载体，对当事人、诉讼权利、诉讼程序、诉讼阶段等其他诉讼活动组成部分产生影响，应在影响力分析基础上构建电子诉讼适用的共性规则。由诉讼原则修正、诉讼规则构建、具有共性规律的程序机制所构成的规则体系，在电子诉讼适用中具有诉讼法哲学的方法论意义。在适用主体方面应区分普通用户与特定用户；在适用阶段方面应建立审前程序与庭审程序二元化规则；在适用位阶方面应建立全程与阶段电子化分类适用规则。通过建立电子诉讼失权、当事人程序异议、线上线下转换、电子庭审场所分类设置、破坏电子诉讼秩序惩戒等程序机制，保障电子诉讼顺利推进。[1]

2. 人工智能司法实践适用研究。有学者认为在法院分案方面即可引入人工智能技术。其认为，人工智能分案机制是运用人工智能技术，实现法院分案自动化和智能化的制度。人工智能分案机制是深化司法改革，加强审判管理之需；是利用信息化技术，建设智慧法院之需；也是克服传统分案模式弊端，提高审判绩效之需。人工智能分案机制的构建应遵循司法活动的先验规律，坚持案件审判分类管理，实行专业化审判；围绕案件审判质量与工作量进行构建，实现法官审判案件质量与工作量的有效统一。人工智能分案模型预设 4 个模块，分别为案件模块、法官模块、比对模块和输出模块，各模块的设置项和变量值采取德尔菲法（Delphi Method）赋值，通过逐项比对，最终得出分案结果。目前人工智能分案机制仍处于弱人工智能阶段，数据抓取、算法技术并不成熟，深度学习能力不足。通过人工纠偏与智能再学习，人工智能分案机制将逐步实现自动化和智能化。[2]

有学者认为人工智能技术可以服务于司法实践中的事实认定。其主要观点为，人工智能与司法的深度融合，既体现在案件的法律适用环节也体现在事实认定环节，而事实认定是法律适用的前提。人工智能对案件事实认定的介入，需要将证据数据

---

〔1〕 高翔："民事电子诉讼规则构建论"，载《比较法研究》2020 年第 3 期。
〔2〕 金昌伟："人工智能分案机制探析"，载《中国政法大学学报》2020 年第 2 期。

化、对数据进行运算整合、输出人可以理解的结论。在证据数据化环节，需要对证据进行结构化的数据改造，并克服语言障碍。在数据整合环节，人工智能主要以概率推理而不是因果推理作为逻辑推理方式，其算法也需要面对可计算性与复杂性两大难题。在结论输出环节，需要解决机器学习如何深化、信念如何建立与机器如何表达等难题。人工智能融入案件事实认定所面临的这些主要难题，可以尝试通过"小数据"训练，逐步构建人工智能"心智微结构"去慢慢攻克。[1]

学者们提出了人工智能应用于司法审判中的构想，但也表示了对人工智能用于司法审判的担忧。如有学者认为，"诉讼爆炸"、案件数量激增、案多人少是法院面临的难题，法院可以改变传统的案件管理和审判方式，引入人工智能技术，帮助法官迅速、准确地审理案件、解决纠纷。但人工智能适用于司法审判不仅存在技术困境，也可能带来现实风险，包括冲击公正价值、影响公民权利、削弱审判权独占原则和与法官独立审判原则发生冲突等，需予规制。基于维护法的基本价值、保障公民基本权利、遵循司法裁判基本原理的立场，需妥善处理公正价值与效率价值、"工具理性"与人类福祉、开放理念与审慎态度、裁判方式创新与司法体制改革等4组关系。应当明确人工智能技术的定位和适用范围，加强对当事人诉讼权利的保障，适度分离司法裁判工作与人工智能产业，调整法官考核评价机制，从而实现人工智能技术在司法裁判中的规范运用。[2]

在执行领域，有学者提出运用人工智能实施强制执行的构想。其认为，随着智慧法院建设不断推进，人工智能已经在财产查控、信用惩戒、事项委托、执行信息公开等执行领域得到广泛应用。执行智能化所具有的效益、公正等价值已经初步显现出来。然而，智能机器在强制执行中的角色定位尚不明确，智能机器强制执行程序规则尚不健全。为确保强制执行智能化在法治的轨道内运行，在制定《民事强制执行法》的过程中，可考虑赋予智能机器强制执行的主体地位，健全智能机器强制执行的程序规则，从而使执行立法适应智能化时代的司法需求。[3]

（八）民事诉讼证据与证明

1. 证据制度。最高人民法院《关于民事诉讼证据的若干规定》（2019 修正）［法释〔2019〕19 号］（本部分简称《新民事证据规定》）自 2020 年 5 月 1 日起施行。《法律适用》在 2020 年第 13 期出过专题"新民事证据规定的理解与适用"，《证据科学》也在 2020 年连出 3 期专题"民事证据司法解释专题"。全国人大宪法和法律委员会副主任江必新撰稿对《新民事证据规定》的修改背景、变动内容、意义作用进行了介绍；最高人民法院 2 位法官也从《新民事证据规定》的基本理念出发，就"书证提出命令"、自认、电子数据、当事人真实陈述义务和询问当事人、防止裁判

---

〔1〕粟峥："人工智能与事实认定"，载《法学研究》2020 年第 1 期。
〔2〕郑曦："人工智能技术在司法裁判中的运用及规制"，载《中外法学》2020 年第 3 期。
〔3〕王琦："强制执行智能化对立法的挑战与回应"，载《甘肃政法学院学报》2020 年第 1 期。

突袭的释明等问题，进行了论述和阐释。[1]

对于《新民事证据规定》的出台，学界普遍给予积极的评价。有学者指出，《新民事证据规定》的施行标志着我国民事证据规则体系化建设已经进入了一个新的历史阶段，针对近年来实务界在证据规则适用中出现的不当做法和认识误区，全面、准确地理解与把握这些反映民事证据规则基本属性的核心技术规范，有助于正确认识和界定《民事诉讼法》及其司法解释与有关实体法在建构民事证据规则体系化上的应用功能与逻辑关系。[2] 有学者认为，《新民事证据规定》的内容发生深刻的变化，体现了司法实践关于证据的观念或理论认知的深刻变革，对我国学界不恰当地界定的当事人主义概念或不正确的诉讼目的观都进行了根本性的否定或矫正。具体表现在：①回归"谁主张、谁举证"的本来意义；②法院在案件审理中不再有分配证明责任的自由裁量权；③强化法院证据收集的义务；④摒弃了"形式真实"或"法律真实"思维；⑤摒弃了法定证据规则；⑥深化了对民事诉讼程序与证据关系的理解。[3] 另外，也有多位学者通过对具体条款的梳理，对本次修订的内容问题展开分析。其中，有学者具体讨论了新规定中诉讼上自认、证据保全、鉴定意见、文书提出命令、私文书真实性的证明规则等8个方面的问题；[4] 有学者从第85条提炼出我国民事诉讼自由心证的"依法原则""全面、客观原则""运用逻辑推理、经验法则""充分说理"等要求；[5] 有学者以第10条为对象就我国民事诉讼的推定问题进行考察和界定；[6] 也有多位学者就鉴定问题提出了完善意见，包括民事诉讼鉴定制度的发展、私鉴定的法律定性、鉴定申请的审查要件、司法鉴定郑重陈述承诺制度等方面的内容。[7]

在《新民事证据规定》之外，学者们对民事诉讼的证据理论也进行了不少研究。有学者对《关于适用〈中华人民共和国民事诉讼法〉的解释》第106条进行规范解释和实务观察，指出民事非法证据排除中的"严重侵害"判断标准，应当根据取证违反的法规保护目的和所侵犯权利的价值区别情况采取不同的审查基准和密度。[8]

---

〔1〕 江必新："关于理解和适用新民事证据规定的若干问题"，载《法律适用》2020年第13期；郑学林、宋春雨："新民事证据规定理解与适用若干问题"，载《法律适用》2020年第13期。

〔2〕 毕玉谦："新民事证据规则架构下体系化的结构与逻辑"，载《法律适用》2020年第13期。

〔3〕 肖建华："民事诉讼案件事实发现的路径——评《关于民事诉讼证据的若干规定》"，载《证据科学》2020年第3期。

〔4〕 李浩："新《民事诉讼证据规定》的主要问题"，载《证据科学》2020年第3期。

〔5〕 吴泽勇："民事诉讼中自由心证的裁判方法及司法适用"，载《法律适用》2020年第19期。

〔6〕 纪格非："《民事诉讼证据规定》中的推定问题"，载《证据科学》2020年第3期。

〔7〕 江澜："民事诉讼鉴定制度的发展和完善"，载《证据科学》2020年第3期；占善刚、张一诺："私鉴定之定性分析——基于新《民事证据规定》第41条的展开"，载《证据科学》2020年第6期；曹志勋："对当事人鉴定申请的司法审查——兼论书证真伪鉴定的特殊性"，载《法学》2020年第12期；刘鑫、李天琦："司法鉴定郑重陈述承诺制度研究"，载《法律科学》2020年第1期。

〔8〕 周翠："民事非法证据排除的规范解释与实务观察"，载《中国法学》2020年第3期。

有学者对我国民事诉讼证据失权制度展开实证调查，提出为了推进以集中审理为中心的审判方式改革，促成我国民事诉讼程序的结构性变迁，应当重建证据失权制度，遵循谦抑性原则，充分关注当事人程序保障，在"期间法定，适用裁量"的基础上进行建构。[1] 也有学者关注民事公益诉讼中的证据方法，指出我国民事诉讼证据调查制度在设计上没有专门针对公益诉讼作出调整，导致实践操作中暴露出诸多问题，有必要厘清我国民事公益诉讼中证据调查协力义务的适用条件，准确划分证据调查协力义务的法定形态并改进规则设计，并配置相应的违反制裁措施。[2]

2. 证明责任。在民事诉讼证明问题方面，2020 年的研究重点内容仍集中于证明责任的相关问题上。

有学者认为在"规范说"的方法论下，证明责任属将事实与法律连结的"法律适用"问题，并且作为案件事实真伪不明情形下的一般性克服方法的形式理性制度，其最深层的本质是以法律价值权衡化解事实认知模糊状态，化消极无解之事实判断为积极的法律价值引导，其性质属于"实质司法权"。[3] 也有学者对我国立法关于证明责任的理解问题进行分析，认为立法者潜意识里以行为责任论为基础订立了若干证明责任的分配条款，造成概念上的重复与分配规则上的繁杂，其根本原因在于以行为责任论为基础预先制定证明责任分配规则本身包含了行为责任变动不居而不能事前制定的逻辑错误。[4]

也有学者对严格依据实体法分配证明责任的主流观点表示异见，认为证明责任的实质性依据并非实体法的立法目的，而是程序公平原则，正确适用实体法本身不足以保证公平分配证明责任，而证明责任法定化更是不可能实现的乌托邦，应运用程序思维与程序方法来实现证明责任形式与实质整合，承认法官在证明责任分配上的自由裁量权，并通过程序限制其恣意。[5] 另外，近两年也开始出现我国学界一直较少关注的间接反证问题的研究。间接反证理论以对规范说进行补充和修正为逻辑起点，认为运用间接证据进行间接反证的当事人亦应当对此间接反证事实承担证明责任。该论断致使间接反证理论自问世至今，便一直饱受争议，并引发了其他一系列相关联议题的论争。有学者提出，间接反证理论实际上并未引起证明责任的转换，而属于自由心证的射程范围，由此才可以实现间接反证的理论自洽。间接反证理论经由反证不提出法则，与法院事实认定的素材——辩论全意旨发生关联，并间接地实现了减轻本证方当事人证明负担的目的。[6]

---

〔1〕 吴泽勇："民事诉讼证据失权制度的衰落与重建"，载《中国法学》2020 年第 3 期。

〔2〕 王琦："论民事公益诉讼中的证据调查协力义务"，载《政法论丛》2020 年第 5 期。

〔3〕 胡学军："证明责任制度本质重述"，载《法学研究》2020 年第 5 期。

〔4〕 段文波："民事证明责任分配规范的法教义学新释"，载《政法论坛》2020 年第 3 期。

〔5〕 吴英姿："证明责任的程序法理"，载《南大法学》2020 年第 2 期。

〔6〕 包冰锋："间接反证的理论观照与适用机理"，载《政法论坛》2020 年第 4 期。

（九）审判程序

1. 小额诉讼制度。小额诉讼程序在目前的司法实务中得以适用的比例比较低，无法实现其程序设计的意图与价值。当前，小额诉讼程序所面临的适用问题主要是"分流困难"，一方面是因为小额诉讼启动程序具有绝对的强制性，设置的"门槛"太低；另一方面是因为小额诉讼程序作为规避简易程序制度缺陷的方式，"简而不简"缺乏"比较优势"，制度吸引力不足，"繁而不繁"带来"道德难题"，实务中出现规避小额诉讼的现象。基于引导小额诉讼适用的考量，有学者提出了"福利型小额诉讼"的构想。所谓小额诉讼的司法福利观，指的是小额诉讼的制度设计应当朝着有利于促进社会福利的方向，体现程序的人文关怀，旨在成为一种独特的司法权力供给方式，为普通百姓供给高效率、低成本、最基本的纠纷解决方式，从而引导全社会法治观念的形成，解决社会矛盾纠纷。[1]

关于如何提高小额诉讼程序的适用率，有学者主张，未来识别简案应当采取智能识别为主、人工识别为辅的方式，推动小额诉讼实现独立、提高首次送达的成功率从而减少程序的转化、重视审计监督对小额诉讼程序的驱动作用，是促进小额诉讼程序依法适用的重要方式。放宽合意适用小额诉讼程序的条件，具体包括双方当事人事先约定、法院引导达成以及事后自行达成这3类方式，可以有效地提高民事诉讼司法实务中小额诉讼程序的适用比率。[2]

2. 二审制度。关于中级人民法院民事二审程序中的独任庭与合议庭的转换机制，有学者认为应当确立促进实质公正、诉讼经济和促进诉讼、程序利益保护、系统集成配套等基本原则，在确保二审审判组织的转换不偏离诉讼基本原理框架的前提之下，结合一审审判组织转换的相关规定，分为转换前提、原则、启动、禁止、救济方式等不同阶段进行制度设计与配套举措构建，从而推动二审程序繁简分流、轻重分离、快慢分道。[3]

关于民事二审新证据的采信问题，有学者认为，一审庭审结束之后形成的新证据，当事人不具有举证拖延的"可归责性"，应当在二审程序中作为新的证据予以采信。同时，二审法院根据新的证据补充查明相关事实后，可以对一审判决存在损害当事人权益的情形突破有限审理原则，改判支持有正当理由未上诉的一审诉讼请求。[4]

关于上诉请求与二审裁判方式的关系，有学者认为，当事人以《民事诉讼法》第170条第1款规定的二审裁判方式作为其上诉请求而提出的"依法改判或发回重

---

〔1〕 方颖："福利型小额诉讼的渐进式扩张研究——以'诉源分流'为切入点"，载《法律适用》2020年第9期。

〔2〕 刘加良："小额诉讼程序适用的改进逻辑"，载《法学论丛》2020年第1期。

〔3〕 陈琨："中级人民法院二审民事案件审判组织转换机制构建"，载《法律适用》2020年第9期。

〔4〕 郝邵彬、徐良："民事二审新证据的采信——兼论未上诉请求有限突破"，载《法律适用》2020年第20期。

审"的主张虽然表面上存在矛盾，但其只是当事人对一审裁判不满的方式，二审法院的审理范围应当是当事人的要求撤销或变更一审裁判的事实和理由成立与否。[1]

3. 繁简分流问题。最高人民法院于 2016 年出台了最高人民法院《关于进一步推进案件繁简分流优化司法资源配置的若干意见》，并在一些法院进行改革试点，以实现"简案快审、繁案精审"，提升审判质效。实务中，改革法院在诉前、立案和庭审阶段进行 3 次分流，一些法院还建立了快审庭和精审庭等新型及专业化的审判团队。繁简分流改革取得了一定的成效，但从"结案率，未结率，上诉率，申诉申请再审率的比较分析"，情况依然严峻。究其原因，有学者认为，繁简分流机制设计有些粗放，在运行中存在"繁简划分标准刻度模糊，案件繁简程序分层不细，案件繁简程序衔接不畅以及繁简分流机制配套不足"等问题。[2] 比如，甄别案件繁简应当采用何种标准存在模糊；简易程序转普通程序比例过高，转换事由不合理，造成司法资源的浪费。

有学者从繁简分流精细化的角度进行了模式构建。在甄别标准上，将几项标准综合考量，"实行动态差异识别"；在程序分层上，"实行漏斗状多重滤网"；在人案配比上，"资源配置实行能级对应"，引入运筹学和经济领域的概念及分析方法"对法官的办案效能进行评价"；另外，要完善对法官的绩效考核体系等配套机制。[3]

4. 扩大独任审判。在研究的落脚点方面，近年来的民事诉讼法学者对于独任审判问题的研究及成果主要在于为扩大其适用建言献策；在研究方法方面，学者比较统一地选择了实证研究的路径，同时也稍有采用比较法研究并借鉴的思路。

学者多从实证的角度证明独任制扩大之必行性，孔才池在其文章中指出现行合议制为原则之种种问题，包括普通程序适用率较高，人民陪审员参审率畸高、法官参审率甚低、合议意见分歧率极低，并指出在其调研中发现基层法官对于独任制的应用持积极支持之态度。[4]

关于扩大独任审判之思路，学者大都从确定原则和其他细节 2 个方面进行论证。孔才池认为，首先应确定以独任审为原则、合议审为例外的原则，认为独任制之范围的确定可以通过反向的思路，也就是先确定合议制之范围，并将"在事实和法律上具有特殊困难或原则性意义"作为合议制案件的标准。至于具体践行上述思路的措施，其总结出要围绕"划定之边界有序执行""合议制实质化审理"2 个目标，从

〔1〕 朱亚奇、肖峰："上诉请求与二审裁判方式的关系——以《民事诉讼法》第 170 条第 1 款为中心"，载《法律适用》2020 年第 11 期。
〔2〕 张龑、程财："从粗放到精细：繁简分流系统化模式之构建"，载《法律适用》2020 年第 9 期。
〔3〕 张龑、程财："从粗放到精细：繁简分流系统化模式之构建"，载《法律适用》2020 年第 9 期。
〔4〕 孔才池："制度如何生成：独任制扩大适用的实现路径与保障维度——基于 S 基层法院近三年的案件研究展开"，载《法律适用》2020 年第 22 期。

分流转换机制、审判管理监督、深化司法责任制 3 个维度着力，构建配套保障机制。[1]

近年对于独任制的态度，民事诉讼法学者比较统一，也就是响应国家繁简分流，优化司法资源配置政策，从学理和实务上进行包括正当化独任制、落实推广独任制等工作，为司法改革之进一步深化建言。

（十）民事诉讼与刑事诉讼程序交叉

关于民事诉讼与刑事诉讼程序交叉问题，学界的探讨多集中于案件审理顺序、判决效力以及财产处理等问题。

1. 刑民交叉案件的审理顺序问题。由审判实践可知，"先刑后民"模式是司法机关选择的主要处理方式。因此，学界对此展开了探讨，研究角度包括处理原则、"先决关系""必要性"等。

有学者从刑民实体关系入手，认为应当在确保法秩序的统一和判决的统一的基础上，厘清刑民实体法中对行为违法评价的关联性。在交叉案件的实体判断中，法秩序的统一在于维护"合法"判断一致。在交叉案件的审理中，裁判的统一是客观事实的最大限度统一，而非客观事实和法律评价的完全一致。因此，应贯彻违法判断（相对）独立性的"刑民并行"模式，只在刑民审判具有先决关系时，"先刑后民"和"先民后刑"才可作为例外模式而存在。[2] 而有学者认为处理刑民交叉实体问题的"违法论"路径欠缺合理性。刑民交叉实体问题的解决路径应以评价对象为主线，从"违法论"转向"法律效果论"。[3]

2. 刑民交叉案件中判决效力和事实认定问题。关于刑民交叉案件中判决效力和事实认定问题，学界的研究内容为刑事判决与民事判决在后诉中的效力。有学者从既判力的角度研究，认为刑事判决具有既判力，且无罪裁判的刑事案件并不意味着行为人不用承担民事上的责任；终局解决当事人之间实体关系的刑事裁定具有既判力，否则无既判力；终局性解决程序性事项的刑事裁定一般对于随后进行的民事案件具有既判力。[4]

关于在先民事判决对在后刑事诉讼的效力，有学者认为，民事判决对于之后的刑事程序一般不具有既判效力，但在某些情况下，民事判决及裁定对之后进行的刑事诉讼具有既判力；民事调解及民事裁定对随后进行的刑事诉讼一般不产生既判力，但对于维护当事人的合法权益且不影响刑事诉讼案件的审理的民事裁定应当赋予其既判效力；在先民事判决原则上不受在后刑事判决的影响，但不排除依照民事诉讼

〔1〕 孔才池："制度如何生成：独任制扩大适用的实现路径与保障维度——基于 S 基层法院近三年的案件研究展开"，载《法律适用》2020 年第 22 期。

〔2〕 简爱："从刑民实体判断看交叉案件的诉讼处理机制"，载《法学家》2020 年第 1 期。

〔3〕 陈少青："刑民交叉实体问题的解决路径——'法律效果论'之展开"，载《法学研究》2020 年第 4 期。

〔4〕 贺辉、张鹏："既判力视角下刑民交叉案件中的事实认定"，载《法律适用》2020 年第 14 期。

法提起的审判监督程序。[1]

3. 刑民交叉案件财产处理问题。关于刑事责令退赔与民事诉讼关系，有学者认为责令退赔所要处理的本质是犯罪人与被害人这一对平等主体之间的合法财产移转问题，这种合法财产移转应以给付行为和请求权作为其理论基础，而民事诉讼与请求权之间存在天然关系，是给付行为的根本保障。由此，责令退赔就"无权"排斥被害人提起民事诉讼。责令退赔以公权力将民刑关系简单"捆绑"，造成刑事追诉与被害人财产损失救济的功能混同，违背合法财产移转的基本法理。只有将责令退赔定位为被害人自愿同意下的便捷程序，并赋予被害人程序选择权，才能有条件地排斥被害人另行提起民事诉讼，进而从根本上理顺责令退赔制度下的民刑关系，实现责令退赔与民事诉讼之间的协调。[2] 有学者认为只有将责令退赔定位为被害人自愿同意下的便捷程序，并赋予被害人程序选择权，才能有条件地排斥被害人另行提起民事诉讼，进而从根本上理顺责令退赔制度下的民刑关系，实现责令退赔与民事诉讼之间的协调。[3]

（十一）民事执行措施

对于民事执行，仍然是学者们研究的重点，如何设计好民事执行措施制度关系到能否切实解决执行难和执行乱的问题。

1. 相关执行制度构建。关于执行当事人，有学者认为申请执行的非实体权利归属主体构成执行程序的形式当事人，但执行当事人适格的判断，既涉及执行力的形式外观，也涉及实体正当性，需要结合适用类型予以限定，以避免对债务人双重执行。[4] 有学者针对公法人民事执行进行规则建构，认为公法人的社会公共管理职能正常行使的公益性决定了公法人作为被执行人时与一般私法上被执行人不同，为充分实现对公法人职能正常行使所代表的社会公共利益的优先保护，通过对公法人民事执行通知制度的构建、对公法人责任财产执行顺序的明确、对公法人预算资金执行规则以及对公法人民事执行辅助措施等规则的构建，畅通对公法人民事执行的程序，实现对公共利益优先保护和债权人私权实现之间的平衡。[5] 有学者认为特定继受执行中执行主体变更、追加的程序架构可从案外人异议程序得到启示，采取二阶段架构形式：在第一阶段中，法院先行适用非讼法理略式审查，此种形式审查仅运用特定证明方式，如欠缺上述特定证明方式或者被执行人主张上述证明不符合客观

〔1〕 贺辉、张鹏："既判力视角下刑民交叉案件中的事实认定"，载《法律适用》2020 年第 14 期。

〔2〕 姜瀛："涉罪财产责令退赔与民事诉讼关系之反思与抉择"，载《环球法律评论》2020 年第 5 期。

〔3〕 姜瀛："涉罪财产责令退赔与民事诉讼关系之反思与抉择"，载《环球法律评论》2020 年第 5 期。

〔4〕 马家曦："民事执行担当研究——以执行程序中形式当事人的类型化适用为中心"，载《法学家》2020 年第 3 期。

〔5〕 胡思博："论对行为请求权的强制执行"，载《法学杂志》2020 年第 11 期。

真实，则应在第二阶段通过更为严密的后续程序解决争议。[1]

针对行为请求权的强制执行，有学者认为行为请求权作为一项与行为人人身紧密联系的权利，其在强制实现的方式上以不易控制为主要特点。法院在对行为请求权进行执行时应秉持"先直接、后间接"的顺位，在直接执行的过程中应注重把握不同行为给付义务的自身特点，对各类作为请求权和不作为请求权案件采取个性化实现措施。同时，在具有补充性的多重间接执行措施中，应以逐步增强、逐渐脱离行为权益为原则，遵循财产处置和非涉案权益施压的先后步骤，以实现对申请执行人权利保护的最大化。[2]

针对执行和解制度，有学者认为民事执行和解是与民事和解、诉讼和解并列、独立的第三种和解类型。民事执行和解中取得支配地位的矛盾和矛盾的主要方面决定了民事执行和解的性质是由民事执行权的性质决定的，公法契约性是其基本属性，我国现行法律没有赋予执行和解协议以执行力是符合法理的。完善我国民事执行和解制度应当重新定义和解协议与执行和解协议，构建民事执行和解审查制度并重构民事执行和解救济制度。[3]

关于协助执行义务，有学者认为现行规定确立了宽泛的协助执行义务，但协助执行可能影响第三人的正常职责、侵犯第三人的权利自由，故在执行法院、申请执行人与协助执行人的利益衡量中，作出优先维系强制执行的权威性和公信力、实现申请执行人的权利的价值判断必须具有正当依据。其中，具有法定职责或管理、服务职能，具有公众性、社会性或影响力，与被执行人之间存在权利义务关系，负有法律规定的一般协助执行义务，是协助执行主体的边界所在；强制执行的目的，协助执行主体基于宪法、法律享有的权力、权利，协助执行的必要性，协助执行行为的性质，是协助执行事项的确定依据。[4]

2. 具体类型案件之执行。执行实践中，时常出现被查封财产存在租赁或抵押的情形。有学者认为，执行程序中对租赁权的保护与去除牵涉到不同利益取舍，应在善意执行理念下通过以多元化利益平衡为方向，在审执分离前提下完善租赁合同审查机制、细化租赁权剔除流程，以期实现房屋租赁权对抗力强化和实现司法风险最小化。[5]

共有不动产的执行是实务中的难点之一。其难处主要在于如何处理"析产"所引发的种种争议。有学者认为，由于这种争议涉及是否可以查封等问题而多发生于

---

〔1〕 廖浩："民事特定继受执行程序研究——以执行主体变更、追加的二阶段架构为中心"，载《华东政法大学学报》2020年第4期。

〔2〕 胡思博："论对行为请求权的强制执行"，载《法学杂志》2020年第11期。

〔3〕 谭秋桂："论民事执行和解的性质"，载《法学杂志》2020年第11期。

〔4〕 肖建国、庄诗岳："论协助执行义务的边界"，载《法学杂志》2020年第11期。

〔5〕 陈明灿："从博弈到共存：执行程序中租赁权的保护范围及限度——以善意执行视角下利益衡量论为视角"，载《法律适用》2020年第21期。

执行程序启动的初始环节，又经常与标的物可否开始处置和如何确定共有份额等问题纠缠到一起，所以往往先得以执行程序加以应对，再通过执行内的案外人异议之诉和执行外另行提起析产诉讼等方式处理。[1]

3. "执转破"程序。执行案件移送破产审查是人民法院为适应经济新常态，破解"执行难"，在司法工作机制上的创新应用。有学者认为，当前"执转破"价值功能并未持续发挥，申请移送难、破产受理难仍然制约其常态实施。对此针对破产原因判断，重申破产审查标准，厘清"执转破"价值功能；以调整审级管辖和"立转破"为重点，源头治理，程序前移，畅通拓展"执转破"启动移送审查审理程序；以加强"执转破"专业队伍建设，探索依职权启动"执转破"制度，试点实践个人破产制度等维度，提出建立与完善"执转破"常态化机制的相关建议。[2]

（十二）民事执行救济

近年来，民事执行问题一直是我国理论界和实务界讨论的重点。在解决"执行难"的过程中，不应忽视的是民事执行救济问题。纵观 2020 年在核心期刊中刊载的与民事执行相关的论文文献，几乎都提到了民事执行救济的相关内容。可见，民事执行救济问题已经成为民事执行中的重要一环。其中学者们讨论得比较多的是对案外人排除执行审查模式的选择以及执行异议之诉等问题。

1. 案外人排除执行的司法审查模式选择。有学者通过对案外人排除强制执行请求的审查模式域外立法例进行研究，总结出 3 种主要模式：程序救济理由实体化模式（德国、日本采用），执行机关形式性处理模式（西澳大利亚采用），执行机关实质性审查模式（瑞典、芬兰采用）。其中，程序救济理由实体化模式与执行机关实质性审查模式均保留了案外人直接提起异议之诉的权利，属于任意选择模式的子模式；执行机关形式性处理模式虽然将形式性处理至于争讼程序，但因执行机关没有实质审查权限，与我国案外人异议前置模式明显不同。同时认为，尽管案外人排除强制执行请求的审查程序在比较法上存在不同模式，但均呈现出向案外人及时提供有效救济的共同发展趋势。因此，相较于直接起诉模式搭配扩大执行行为异议制度适用范围及加大执行法院依职权审查力度的方案而言，任意选择模式更适合我国现状。[3] 主要原因包括：其一，执行行为异议制度不能完全发挥案外人异议制度的功能；其二，依申请救济实体瑕疵到依职权纠正实体错误观念的转变；其三，案外人排除强制执行请求的形式审查与初步实质审查的运用。[4]

对于任意选择模式下的非讼审查程序，基本构造为首先应当实现非讼审查程序向争讼审查程序的转化，其次做好非讼审查程序与争讼审查程序的衔接，之后要明

---

〔1〕　胡婷、王亚新："共有不动产执行中的争议处理——兼论执行立法草案相关条文的内容构成"，载《西南政法大学学报》2020 年第 2 期。

〔2〕　陈唤忠："'执转破'常态化实施路径优化研究"，载《法律适用》2020 年第 3 期。

〔3〕　黄忠顺："案外人排除强制执行请求的司法审查模式选择"，载《法学》2020 年第 10 期。

〔4〕　黄忠顺："案外人排除强制执行请求的司法审查模式选择"，载《法学》2020 年第 10 期。

确执行法院在案外人异议审查中的角色，形式性处理应止步于默示推定合意，形式性审查应当坚持外观主义，并且确定实质审查应当遵循谦抑原则。[1]

基于及时保护第三人实体权益和充分保障不特定第三人财产安全的需要，如果未来我国立法机关在《民事强制执行法》中废除案外人异议制度，必然会导致执行行为异议制度适用范围的扩大与执行法院自我纠正实体错误职权的强化。因此，有学者主张我国对案外人排除强制执行请求的司法审查应采取任意选择模式，案外人既可以直接启动争讼审查程序，也可以自愿选择先启动非讼审查程序。在案外人排除强制执行请求的非讼审查程序中，执行法院应当进行形式审查以及初步实质审查。初步实质审查结论与形式审查结论相悖的，除非初步实质审查结论显而易见足以成立或显而易见不足以成立，执行法院应当根据形式审查结论对案外人排除强制执行请求作出裁定，初步实质审查结论只能作为执行法院作出何种指示以及如何分配风险的依据。[2]

2. 执行异议之诉的问题探究。执行异议之诉，即指当事人和案外人对执行标的实体权利存有争议，请求执行法院解决争议而提起的诉讼，其目的在于阻止法院的强制执行行为以及排除申请执行人执行请求权。执行异议之诉的产生原因，系2种权利产生了冲突与对抗，即执行案件的基础权利与案外人主张的实体权利并存的情形下，究竟该优先保护何者的问题。此外，提出执行异议与执行异议之诉两者有较大区别：前者属于程序上的救济方法，最终目的在于撤销或变更执行机关违法的执行行为；后者为实体上的救济方法，以确认当事人之间的实体法律关系、排除强制执行或修正财产分配方案为目的。有学者认为，我国的执行异议之诉相关法律制度仍存不足：其一，在称谓上应将案外人异议之诉改称为"第三人"异议之诉，系因提出执行异议之诉的案外人并非一切案外人，而是与执行标的存在直接关系以及对于执行标的物享有足以排除强制执行权利的人，该主体应称"第三人"为妥；其二，有关第三人在提起执行异议之诉前须履行提出书面异议这一前置程序，其实质上与立案程序相重复，致使第三人讼累增加，不利于保障第三人的诉权，难以实现其立法目的，故应取消前置审查的相关规定；其三，我国现行法下执行异议之诉由执行法院管辖，但实务中若由执行法院的审理机构审理执行异议之诉，因其往往同时是作出执行依据裁判的法院，其审判或将产生不公正的结果，故立法上应作出变通性规定；其四，由于当前立法对于被执行人异议之诉存在不足，未来的立法工作应对该部分作出明确规定；其五，对于执行异议之诉的审理，由于其特殊性、复杂性，应规定适用合议庭审理较为妥当。[3]

〔1〕 黄忠顺："案外人排除强制执行请求的司法审查模式选择"，载《法学》2020年第10期。
〔2〕 黄忠顺："案外人排除强制执行请求的司法审查模式选择"，载《法学》2020年第10期。
〔3〕 廖中洪："执行异议之诉立法问题研究"，载《甘肃政法学院学报》2020年第1期。

第三节 行政诉讼法学的研究状况*

一、研究概况

2020 年，学界主要围绕保护规范理论的适用、行政检察公益诉讼的发展、规范性文件的审查、行政协议的判断与司法审查、行政诉讼制度的构造、行政诉讼中的证明等问题进行了研究，进一步推动了行政诉讼制度的发展。

二、重点研究内容

（一）保护规范理论的适用争鸣

"刘广明案最高法裁定"开拓性地将主观公权利观念与保护规范理论导入我国司法实践，引发理论界和实务界的热烈讨论。有学者积极评价了我国司法判决引入保护规范理论的做法，也有学者认为保护规范理论的引入不符合中国国情。

成协中从我国行政诉讼的功能定位、个人在我国公法上的积极能动地位、司法保护的范围以及保护规范理论的适用技术出发，对保护规范理论的引入持消极态度。他认为，保护规范理论与德国基本法确立的权力分立体制和高度重视权利保障之司法传统具有高度的契合性。但保护规范理论在我国的引入存在较大的逻辑断裂和价值张力。一是行政诉讼的主观诉讼功能定位，尚需要更充分的论证；二是保护规范理论蕴含的个人主义假定与个人在我国公法上的积极能动的法权地位也不一致；三是保护规范理论的适用可能造成司法保护范围的限缩；四是保护规范理论适用所要求的基本权利的辐射效力、敏感于权利保障的法解释技术、高强度的司法审查标准，在我国当下亦难满足。如此，保护规范理论的引入，不仅难以实现利害关系判定客观化的预期目标，更会导致宪法赋予行政诉讼的权力监督和权利保障的双重功能严重萎缩。[1]

而王天华、赵宏、耿宝建对上述观点持有不同的见解。

王天华认为，主观公权利观念是公权利理论的产物；保护规范理论是其技术性形态，用来从客观法解读主观公权利。保护规范理论以实体法规范为依据确定主观公权利，极大地提高了法律实践的客观性和确定性，并赋予"行政诉权"以严格的权利性。公权利理论以国家法人说为理论基础，志向于在国家与个人之间建构起权利义务关系。在公权利理论的发展过程中，个人对国家的主观公权利成为重心，国家对个人的主观公权利淡出视野；同时，保护规范理论因法律秩序的转换与时代精神的变迁，而不断对其解释要素加以调适，使主观公权利的外延呈现出一种开放性。"刘广明案最高法裁定"所表达的只是保护规范理论的基点，但通过导入该理论，为

---

* 执笔人：中国政法大学诉讼法学研究院陈锦波讲师、博士生陈君君。

〔1〕 成协中："保护规范理论适用批判论"，载《中外法学》2020 年第 1 期。

行政诉讼原告适格的认定提供一个法律论辩平台，应获积极评价。[1] 批评其有高度的不确定性、限制行政诉权的观点，或者无法自圆其说，或者缺乏实体法观念。行政诉讼是客观诉讼还是主观诉讼，我国《宪法》未规定；《行政诉讼法》第 2 条在《宪法》所预留的法律形成空间内，确立了行政诉讼的主观诉讼构造，从而为保护规范理论预留了接口。保护规范理论以国家对个人人格的承认为观念前提，有普适性，与我国宪法精神并不抵触。在我国现行法下，并不存在排斥保护规范理论的决定性理由。[2]

赵宏认为，保护规范的纳入使我国行政诉权的判定回归至行政实体法，回归至实体法上主观公权利的有无。由此，行政诉权以个体在实体法上的主观公权利为准据，其范围和界限也由实体法上的主观公权利来框定，成为理解行政诉讼原告资格的全新视角。主观公权利和行政诉权各自历经复杂嬗变，而将二者紧密衔接的正是保护规范理论，它们三者之间的复杂关联所揭示的正是一种对于行政诉权的实体法思考方式。[3] 除常见的因解释规则的芜杂导致的适用不确定、因强调个人利益保护指向导致的适用严苛，以及因"一般法依赖"所引发的立法专断外，保护规范理论在我国所遭受的质疑还包括是否与行政诉讼整体定位相匹配，是否适应行政诉讼的现实发展等考量。这些争议的产生部分是因为未充分体察其变化演替所导致的对这一理论的误解，部分是因为这一理论背后的法学思考与我国既有制度间的差异。但这些差异却促使我们对由行政诉权所辐射的核心公法问题重新进行思考，并在此基础上通过对学理和制度的重新整序来优化这一理论的本土适用。[4]

耿宝建认为，刘广明案将保护规范理论中国化并对"利害关系标准"具体化，较好调和了利害关系标准的弹性与保护规范理论的刚性。将"保护规范"从行政行为援引的法条扩展到法律体系相关联的法条，将"规范"变为"规范群"；将"主观公权利"从法律保护的权益扩大到值得法律保护、需要法律保护的权益，将更多的实体性权益、程序性权益、参与性权益纳入司法保护范围；将请求权的法律规范与合法性审查所依据的"法"相连接，让两者更加契合。保护规范理论的中国式表述，让原告资格判断更加客观化和精细化，有利于扩大原告范围，还能强化对权利尤其是基本权利的司法保护，并能发挥主观公权利承继性的优点，又能预防滥用诉讼权利。当然，适用保护规范理论，仍应根据个案情况，灵活解释法律，并兼顾原告资格范围逐步扩大的历史趋势。[5]

---

〔1〕 王天华："主观公权利的观念与保护规范理论的构造"，载《政法论坛》，2020 年第 1 期。

〔2〕 王天华："有理由排斥保护规范理论吗？"，载《行政法学研究》2020 年第 2 期。

〔3〕 赵宏："主观公权利、行政诉权与保护规范理论——基于实体法的思考"，载《行政法学研究》2020 年第 2 期。

〔4〕 赵宏："保护规范理论的误解澄清与本土适用"，载《中国法学》2020 年第 4 期。

〔5〕 耿宝建："主观公权利与原告主体资格——保护规范理论的中国式表述与运用"，载《行政法学研究》2020 年第 2 期。

（二）行政检察公益诉讼实施与发展

行政检察公益诉讼制度仍是学界关注的热点。不同学者对制度的实施与发展利用不同的研究方法展开了探讨。探讨的主题主要围绕行政裁量权的监督、检察机关的监督管理职责、诉前程序的完善路径以及制度的实施效果、公益诉讼制度的类型化构建等。

关保英对行政公益诉讼中检察介入行政裁量权进行了研究。行政自由裁量权的司法控制是法治实践中的难题，行政公益诉讼制度确立后，为检察权介入行政裁量权从而加强对其监控提供了契机，这是由公益的柔性化、行政与公益的复杂关系、公益诉讼中检察监督的深度、公益诉讼中诉权的广延性所决定的。目前检察机关可介入行政公益中的判断裁量权、选择裁量权、许可和处罚裁量权、行政处置裁量权、行政立法裁量权等。具体而言，检察机关可通过使行政裁量权得到规劝、使行政裁量权得到合理解释、使行政裁量权充实裁量依据、使行政裁量权得到合理建议、使行政裁量权得到拓展等路径介入。[1]

温辉对行政诉讼法中"监督管理职责"加以探究。他认为，行政公益诉讼以嵌入式写入《行政诉讼法》，不仅创设了一项制度，也添加了一条法律术语——监督管理职责。从实定法角度看，"监督管理职责"是一个广义的概念，包括准立法、准司法和实质意义行政。实践中，提起公益诉讼需满足《行政诉讼法》第49条规定的条件，如诉讼请求属于法院受案范围。监督管理职责的依据应包括规章以下的规范性文件，但检察机关对此应作出合法与否的判断。公益诉讼有着不同于（私益）行政诉讼的特殊性，为此，需要"两高"出台司法解释为公益诉讼制度的健康发展提供保障。[2]

陈天昊等则利用双重差分法的实证方法考察了行政公益诉讼制度的实施效果，并提出完善路径。他认为，行政公益诉讼制度持续发挥治理实效的关键，应当是激活地方横向监督机制，而非消解制度发展的"国家化"。基于"国家化"路径发展的检察行政公益诉讼制度，在试点期间显著降低了工业废水的排放，发挥了治理实效。未来行政公益诉讼制度的完善路径，不仅应注重以多样化方式扩大社会主体参与，更为关键的应是继续提升地方法院、地方检察院对地方政府的独立性和权威性。这要求将检察行政公益诉讼实践证明行之有效的工作策略上升为制度规范，加强地方横向及纵向权力监督机制的"国家化"，以对冲法检系统的"地方化"。[3]

王春业关注到诉前程序存在诸多亟待解决的问题并提出解决之道。他认为，构建具有司法特征的诉前程序机制，可以改变检察建议的单向性结构和检察监督行政

〔1〕　关保英："行政公益诉讼中检察介入行政裁量权研究"，载《现代法学》2020年第1期。
〔2〕　温辉："行政诉讼法中'监督管理职责'的理解与适用"，载《法学杂志》2020年第4期。
〔3〕　陈天昊等："检察行政公益诉讼制度的效果检验与完善路径——基于双重差分法的实证分析"，载《中外法学》2020年第5期。

化的错位格局。检察权的司法属性、特定领域检察权司法化运行的成功经验以及行政公益诉讼诉前程序的实施成果，都为诉前程序适度司法化改革提供了重要依据。诉前程序适度司法化包括检察权能的司法化和检察权运行方式的司法化，具体体现为检察机关保持中立地位、检察人员相对独立办案、确立对审听证程序等。[1]

在行政公益诉讼总论研究的基础上，分领域展开类型化研究，是完善行政公益诉讼制度的一项基础作业。郑磊关注到土地行政公益诉讼这一诉讼类型。他认为，土地具有自然资源和自然资源资产的双重属性、国家作为土地资源管理者和国有土地资产所有者的双重角色，决定了土地行政公益诉讼相较于环境保护、食药安全等领域的特殊性。具体而言，行政机关不依法履行土地资源管理职责案件中的社会公共利益表现为合理用地的公共秩序，审查难点在于把握行政权、审判权、检察权的分工与合作关系；行政机关不依法履行国有土地资产管理职责案件中的国家利益表现为国有土地资产所有者权益，审查难点在于平衡中央与地方、国家与第三人的利益。[2] 王清军关注到环境行政公益诉讼中的行政不作为的审查基准。他认为，可从"不法作为优先""事务管辖优先"及"行政权首次判断优先"等方面判断行政机关是否存在作为义务。对"生态环境监管职责"的裁判争议可通过规范主义和功能主义得以解读。可从"是否超越监管权限""是否存在专业预见义务"及"是否存在客观不能"等方面判断行政机关作为义务履行的可能性。对履行可能性判断中存在的裁判争议应从专业性判断与合理性判断的有机统一等方面予以缓解。可从"行为基准""结果基准"等方面判断行政机关是否全面履行了作为义务。结合环境行政公益诉讼法律属性、目的及功能，不断完善行政机关全面履行作为义务的判断基准。[3]

（三）规范性文件的审查

当前学界与实务界对规范性文件合法性审查标准的内涵与维度存在认知分歧，导致了司法实践的混乱。袁勇、卢超、于洋对规范性文件的审查规则和标准进行了研究。

袁勇从学理出发，认为规范性文件和法律是不可操作的抽象概念，并不能直接判断前者是否契合后者。经转化规范性文件、细化法律成分后可以发现，规范性文件合法性的判断对象，实际上是关于立规主体地位、立规表意活动、立规意向内容和立规程序活动的 4 类事实；与之相应的判断依据则是 4 类立规规范。立规事实契合立规规范之处是立规规范蕴含的规定性事态，两者相契合的独特性即立规事实是立规规定性事态的例示。据此可确定，如果立规事实是（不是）立规规定性事态的例

---

[1] 王春业："论行政公益诉讼诉前程序的改革——以适度司法化为导向"，载《当代法学》2020年第1期。

[2] 郑磊："土地行政公益诉讼的类型建构及展开"，载《行政法学研究》2020年第6期。

[3] 王清军："环境行政公益诉讼中行政不作为的审查基准"，载《清华法学》2020年第2期。

示，那么它们所构成的规范性文件合法（不合法）。此即规范性文件合法性判断的立规规定性事态例示标准。[1]

卢超通过对近年来我国相关司法判例的梳理与调研访谈，发现地方法院往往借助诸多隐形策略，来规避附带审查的司法适用。对于这些消极现象，除了"嵌入式法院"的传统解释之外，法院对规范性文件公开评价以及差异化判断所附带的制度风险，也是司法消极态度的重要缘由，除此之外，附带审查所设定的审查标准存在偏差，没有考虑到现代行政国家下法院的"机构能力"局限。但是，从积极角度来看，规范性文件附带审查装置也愈发显现出一定的枢纽功能，附带审查装置通过司法建议工具向各类有权处理机关传递合法性讯号，未来有望与其他审查机制相配合，以实现对行政规范性文件的立体化治理。[2]

于洋则认为从规范层面上厘清规范性文件合法性审查标准的内涵与维度，应当是分析规范性文件合法性审查标准的逻辑起点。规范性文件的合法性审查应当采用实质合法性审查的标准，即形式合法以及明显不合理，并排除对规范性文件的合宪性审查。审查以《关于适用〈中华人民共和国行政诉讼法〉的解释》（本部分简称《行诉解释》）第 148 条为基础，可以从主体合法、内容合法、程序合法 3 个维度展开。反观司法实践，《行诉解释》第 148 条作为规范性文件合法性审查标准规范层面的具体化，仍有拓展的空间，可以借助于兜底条款解释进行完善。[3]

（四）行政协议的认定与审查

2020 年最高院出台的《关于审理行政协议案件若干问题的规定》（本部分简称《行政协议解释》），学界和实务界对行政协议的探讨在 2020 年达到了高潮。学者的讨论集中在行政协议的边界、行政协议的无效、撤销、行政协议诉讼制度的构造等主题上，进一步推动了行政协议制度的发展研究。

研究行政协议的边界，对于消除对行政协议扩张的担忧、建立行政协议纠纷解决特殊机制等具有重要意义。王海峰、余凌云对行政协议的判断提供了有益思路。

王海峰认为，德国及我国台湾地区的行政协议制度为我们提供了借鉴。行政协议的识别标准可以从 4 个方面入手：一是主体上的特定性；二是目的上的公益性；三是缔结过程的法定性；四是行政主体的特权性。[4]余凌云认为，当前有关行政协议的学术争议，主要集中在公法与私法交织的界面上的合同形态是否属于行政协议，这类合同形态明显间杂着公法关系与私法关系，不宜做完全公法意义上的解读，而应当引入行政契约上的"混合契约"概念。对于有关纠纷，原则上应当通过行政诉讼附带民事诉讼，区分纠纷属性，循着不同救济路径分别处理。[5]

［1］ 袁勇："规范性文件合法性的判断标准"，载《政治与法律》2020 年第 10 期。
［2］ 卢超："规范性文件附带审查的司法困境及其枢纽功能"，载《比较法研究》2020 年第 3 期。
［3］ 于洋："论规范性文件合法性审查标准的内涵与维度"，载《行政法学研究》2020 年第 1 期。
［4］ 王海峰："试论行政协议的边界"，载《行政法学研究》2020 年第 5 期。
［5］ 余凌云："论行政协议的司法审查"，载《中国法学》2020 年第 5 期。

张彧、王敬波、余凌云、韩思阳对行政协议的撤销标准、无效认定等进行了分析。

最高人民法院《行政协议解释》规定了 2 种可撤销标准，张彧对这 2 种标准进行了学理上的分析。他认为，2 种可撤销标准，改变了以往法院在行政协议案件中或适用行政行为可撤销规则或适用民事合同可撤销规则的"单一判断标准"。这种"区分判断标准"虽然克服了"单一判断标准"的绝对化缺陷，却因为僵化理解行政协议的双重属性而面临要件悬置、逻辑混乱等适用障碍。应当立足这 2 种撤销之诉的司法审查对象分别属于"协议撤销权（利）"与"行政优益权（力）"的本质差异，在行政法与民法的交互视角下以"利益衡量标准"修正行政协议可撤销规则，就"重大误解可撤销"与"行政优益权可撤销"2 种情形分别构建具体规则。[1] 王敬波关注到政府行为作为行政协议诉讼中的不可抗力认定标准应当不同于民事合同。行政协议诉讼中行政机关的职权、专业和行政程序等因素决定行政机关作为公方当事人与自然人、法人和其他组织等私方当事人对于政府行为的预见能力和控制能力不应等同，应当建立行政机关的专业标准和私方当事人的一般人标准的双重标准体系。对行政机关提出了政府行为作为不可抗力事由，法院应综合考量政策变化、规划变更等政府行为中行政机关的预见能力和控制能力，对行政机关采用严格审查的标准。厘清违约、情势变更和不可抗力，防治司法实践中已经出现的行政机关利用不可抗力逃避法律责任的现象。[2]

《行政协议解释》没有解决无效行政协议审查规则的统一化问题。余凌云、韩思阳探讨了行政协议无效的认定规则。余凌云认为，行政诉讼法与有关司法解释罗列的有名行政协议都是"混合契约"，是兼有公法关系与私法关系的混合体。我国《行政诉讼法》第 75 条和民法关于合同无效的规定仅在公法关系上共同适用，在私法关系上仍适用民法规定。民法上的"转介条款"无法完全涵摄我国《行政诉讼法》第 75 条，后者还有独立适用的价值。该条的适用应当尽量维持行政协议的存续，不得轻易判决行政协议无效。[3] 韩思阳认为，司法实践中，法院同时运用行政诉讼法规则与合同法规则对无效行政协议进行审查。行政诉讼法规则包括不具有行政主体资格、没有依据、内容客观上不可能实施、其他重大且明显违法的情形等，合同法规则包括《合同法》（已失效）第 52 条规定的所有 5 种事由。2 套规则组合适用的方式有嵌套适用、同时适用和独立适用 3 种。同时运用 2 套规则的问题在于：一是合同法规则不明确；二是法院选择适用 2 套规则时极易滥用司法裁量权。基于 2 套规则的共同基础，应实现无效行政协议审查规则的统一化。当出现《合同法》（已失效）第

〔1〕 张彧："行政协议可撤销的判断标准及其修正"，载《政治与法律》2020 年第 11 期。
〔2〕 王敬波："论政府行为作为行政协议诉讼中的不可抗力"，载《华东政法大学学报》2020 年第 4 期。
〔3〕 余凌云："论行政协议无效"，载《政治与法律》2020 年第 11 期。

52 条部分规则所规定的情形时,应当确认行政协议无效。《民法典》生效后部分规则应微调。[1]

陈天昊从"行为说"和"关系说"的争论切入,对行政协议诉讼制度的构造与完善进行了研究。他发现,新《行政诉讼法》及《行政协议解释》将行政协议效力争议、履约争议以及高权争议纳入行政诉讼管辖,并对行政协议诉讼制度进行了"关系化"改造。而人民法院审理上述争议应突破传统行政行为合法性审查逻辑,基于整体行政协议法律关系对各方权益进行恰当配置。未来对行政协议诉讼制度的改革,应当继续在"法律关系"的整体图景下推进"关系化"发展,具体而言,需调整行政协议诉讼的原告资格,扩展法官处置行政协议效力争议的权力,并改革行政协议诉讼的审判体制。[2]

(五)行政诉讼制度的构造

在以审判为中心、实质性化解行政争议等命题的提出、党政合设合署的机构改革举措逐步展开的背景下,学界围绕对行政诉讼的定位、实质性化解行政争议的内涵与实践、行政诉讼中的预防性保护措施、选择管辖等主题展开讨论,重新省视了我国行政诉讼宏观和微观的制度构造。

主观诉讼与客观诉讼作为大陆法系国家常用的一种诉讼功能划分,对于体系性地认知和解释行政诉讼规范,具有重要意义。成协中从宪法基础、条文规定以及比较法的视角出发,论证了我国行政诉讼的客观诉讼定位。他认为,主观诉讼与客观诉讼的区分标准有二:一是诉讼目的;二是法律争议的性质。行政诉讼的功能首先要由《宪法》做出规定。我国宪法规范中并无类似于德国《基本法》第 19 条第 4 款的一般性诉权保障条款。相反,包括《宪法》第 41 条在内的规范框架,确定了合法性在宪法价值中的优先地位,这构成了我国行政诉讼客观诉讼定位的宪法基础。行政诉讼原告资格条款、合法性审查原则以及判决种类,进一步夯实了行政诉讼的客观诉讼功能。行政诉讼的客观诉讼功能定位,能够实现对合法权益的更完整保护以及对公权力行使的更全面监督,并为司法机关高效平衡公共利益与私人利益提供了制度空间。[3]

地方法院行政诉讼创新实践为国家司法政策制定提供了丰富素材,纳入学者的行政诉讼法学研究视野。章志远以上海法院近 5 年的视角为例,对地方法院行政诉讼制度的创新进行了法理解读。他认为,法院对实质性解决行政争议的路径探索,揭示了合意性纠纷解决与决定性纠纷解决、法院合力化解与府院联动化解的辩证统一;行政审判白皮书发送、行政机关负责人出庭旁听讲评和规范性文件审查衔接等

---

〔1〕　韩思阳:"无效行政协议审查规则的统一化——兼评《行政协议解释》",载《法学杂志》2020年第 10 期。

〔2〕　陈天昊:"行政协议诉讼制度的构造与完善——从'行为说'和'关系说'的争论切入",载《行政法学研究》2020 年第 5 期。

〔3〕　成协中:"论我国行政诉讼的客观诉讼定位",载《当代法学》2020 年第 2 期。

延伸行政审判职能的创举，彰显出法院自治型司法与回应型司法、法治政府建设监督者和促进者的双重面相；诉前调解和法官释明等诉源治理方式的推行，预示着司法能力向化讼止争与减诉少讼、理性维权与文明促进的迈进。上海法院行政诉讼创新实践的别样图景，有望形塑一种新型互动式行政诉讼制度生长路径，发挥行政审判制度在国家治理现代化进程中的应有作用。[1] 他还观察到了中国行政诉讼中的府院互动模式的生长，认为其促进了行政审判制度化解纠纷、支持与监督行政等功能的发挥，同时也存在运行规范性欠缺的问题。行政诉讼中府院互动积极功能的发挥，尚需从完善法解释适用、加强过程公开化和保障救济实效上完成法治建构，把中国特色行政审判制度的优势转化为国家治理效能。[2]

于立深探究了审判中心视角下的行政诉讼制度构造。他认为，"以审判为中心"的政法政策同样适用于行政诉讼制度改革，它要求法院发挥自身司法能力和司法制度能力，有效地介入涉法行政争议之中，并借此保护法益。在行政诉讼中，司法权与行政权之间是法律监督上的国家权力结构关系。法院优位于行政机关，法院作为独立裁判者指挥诉讼管理关系和裁判过程。以审判为中心的行政诉讼制度构造，应最大限度地发挥法院司法能力在解决行政争议上的优位角色，应完整地发挥行政诉讼法的制度能力，即发挥立法、司法解释、司法组织及指导性案例的制度功能。行政诉讼司法准入、行政机关负责人出庭应诉、诉讼管辖、庭审制度等，是否体现了"以审判为中心"的制度改革方向，主要看其是否有利于行政争议的实质解决和法益有效保护。"多元化纠纷解决机制"政策和行政行为合法性审查为中心的行政诉讼制度，影响了法院的诉讼角色和功能。回归司法权和诉讼制度本质，宜在行政争议、行政行为和法益之间构造出一致性的诉讼结构关系；宜从组织和体制改革转向程序改革，发挥行政程序和司法程序在塑造司法公正和提高司法效率上的作用。[3]

黄先雄回应了党政合设合署背景下行政诉讼制度的构造。他认为，此次改革中党政合设合署的范围有限，今后也不可能大量出现党的机构直接、独立行使国家行政管理职权的现象，但并不排除此类现象的发生。党政合设合署后行政权力的行使主体可能更为强势，也会带来党的机构在行使行政管理权的同时如何做到权责统一的问题。为此，需要将党的机构以其加挂或保留的行政机关的名义作为行政诉讼中的适格被告，将其进行实质行政、直接影响相对人权益的行为纳入行政诉讼的受案范围，并允许将其制定的、被作为行政执法主要依据的规范性文件有限度地纳入附带审查的范围。同时，应按照党的十八届四中全会决定的精神，坚定不移地推进司法改革，确保行政诉讼中法院能够独立公正地行使审判权，以应对更加强势的

---

〔1〕 章志远："地方法院行政诉讼制度创新的法理解读——以上海法院近五年的实践为例"，载《华东政法大学学报》2020年第4期。

〔2〕 章志远："中国行政诉讼中的府院互动"，载《法学研究》2020年第3期。

〔3〕 于立深："审判中心视角下的行政诉讼制度构造"，载《法学论坛》2020年第3期。

被告。[1]

章剑生、章志远分别从学理、判例出发，分析了"实质性化解行政争议"这一诉讼目的背后的实践和学理意义。2014 年修正的《行政诉讼法》第 1 条增加了"解决行政争议"之立法目的。章剑生认为，行政诉讼呈现出多重立法目的之分层化。在实现"解决行政争议"这一立法目的的过程中，必须权衡它与其他 3 个立法目的之间的关系，从而构成了对"解决行政争议"的限定。基于司法审查和诉讼调解的制度性功能，我们可以导出对"解决行政争议"的限定之内容及其相关规则。作为一种诉讼制度，行政诉讼同样具有"解决行政争议"的功能，但判断是否能够"解决行政争议"的标准，却要受制于该制度的局限性。行政诉讼只能解决部分的行政争议，也只能在法律上解决行政争议。将"解决行政争议"替换成"实质性解决行政争议"，可能会导致行政诉讼多重立法目的之间的价值冲突，从而影响行政诉讼法的整体性实效。[2] 章志远通过对 33 个实质性解决行政争议样本案例进行实证分析，发现司法审查广度的整体性、司法审查深度的一揽式和司法审查厚度的可接受性，共同构成了争议解决实质性与表层性的区分标准。人民法院经由依法裁判和多元协调化解方式的结合，并辅以其他审判机制的灵活运用，实现了行政审判由敷衍性司法向回应性司法的转向。行政争议实质性解决具有诉讼基本功能、司法能力表征和诉讼行为形态的三重属性，其真正实现有赖构建科学的行政审判绩效考评体系、提炼行政诉讼类型构造的具体规则、健全行政案件繁简分流的机制设计、区分适用宣告性判决和引领性判决、规范 3 类协调化解方式的梯度适用。行政争议实质性解决的理念践行和规范构造，有助于把我国行政审判制度优势更好转化为司法社会治理效能。[3]

罗智敏、杨登峰关注到我国行政诉讼法及其司法解释中规定的预防性保护措施和选择管辖 2 种制度。罗智敏认为，行政行为停止执行、先予执行、财产保全、行为保全 4 种制度措施具有预防性保护功能。但是，相关规定着眼于维护公共利益与保障行政相对人权益的双重目的，集监督行政机关依法行政、保障行政行为的目的顺利实现、防止行政相对人权益遭受不可弥补的损害三重功能于一身，且立法没有针对上述不同功能配给不同规则，各项措施的申请程序不完善、裁量要件不完整，导致预防性保护功能在司法实践中未能得到充分发挥。建议在未来修法时，对具有预防性保护功能的制度措施加以整合，进一步明确相关裁量要件与审查模式、细化审查程序、增加上诉程序，以更好地满足行政相对人获得预防性保护的需求。[4] 行政

---

〔1〕 黄先雄："党政合设合署与行政诉讼制度的回应"，载《中外法学》2020 年第 2 期。

〔2〕 章剑生："行政诉讼'解决行政争议'的限定及其规则——基于《行政诉讼法》第 1 条展开的分析"，载《华东政法大学学报》2020 年第 4 期。

〔3〕 章志远："行政争议实质性解决的法理解读"，载《中国法学》2020 年第 6 期。

〔4〕 罗智敏："我国行政诉讼中的预防性保护"，载《法学研究》2020 年第 5 期。

案件跨行政区划集中管辖改革试点中的选择管辖是部分地方人民法院探索创新的一种新型管辖制度，现行《行政诉讼法》尚未规定。杨登峰认为，这种管辖制度赋予当事人在原管辖法院以及诸集中管辖法院之间选择起诉的权利。因其灵活性，选择管辖可以在一定程度上克服"被告所在地"管辖所带来的地方干预问题，同时又在一定程度上解决了跨行政区划集中管辖带来的诉讼成本增加、集中管辖法院案多人少、形成新的利益关系链条、"案结事了"目的难以实现、"行民"衔接不畅等问题，符合《行政诉讼法》第18条第2款关于改革试验的授权规定，应当成为将来行政案件跨行政区划集中管辖改革的优选方案。[1]

（六）行政诉讼中的证明

行政诉讼中的证明，是热点话题。有学者运用比较法分析和跨学科分析的研究方法对行政诉讼中的证明责任分配、证明妨碍及法律规制进行了研究。

马立群对德国行政诉讼证据调查与客观证明责任的分配规则进行了研究，并分析了对我国的借鉴价值。德国行政诉讼证明责任制度受职权调查原则的限制，以客观证明责任为核心。德国《行政法院法》第86条规定了职权调查原则，由法院依职权调查的事实作为裁判基础。在行政诉讼中当事人不承担主观证明责任（提供证据责任），但仍然负有协力义务。德国行政诉讼客观证明责任分配借鉴了民事诉讼的学说与规则，以规范说作为基本规则，同时以支配领域说、原则例外公式、攻击者原则、法律上的推定等作为辅助规则。根据规范说，证明责任实质上属于法律适用问题，应当在实体法规范中寻找客观证明责任的分配标准。德国行政诉讼制度中在当事人与法院之间配置获取证据的方式，以及在当事人之间分配客观证明责任的规则对我国具有一定的借鉴意义。[2]

于鹏等以民事诉讼为参照，对行政诉讼证明妨碍及其法律规制进行了研究。行政诉讼证明妨碍易发生于证据形成过程中，且通常与严重的行政程序违法行为竞合。行政诉讼证明妨碍的典型特征主要表现为，当事人双方实施妨碍行为的动机和机会不均等、不作为妨碍行为更为普遍和妨碍法律后果的承担者特定情况下与妨碍主体分离等。以民事诉讼为参照，应从程序法、证据法和实体法3方面入手，构建行政诉讼证明妨碍制裁与救济规则体系。其制度要点包括：确立权力控制、回复真实和补偿之法律规制目标，服务于争议解决、权利救济和行政监督之诉讼目的；对妨碍诉讼的强制措施进行改进，加大公法上的不利评价；在证据自由评价说的理论框架内选择适用制裁与救济手段，同时为法官评价设置若干标准；完善民事、刑事责任以及行业规范制裁等实体法层面的规制措施。[3]

---

〔1〕 杨登峰："行政案件跨区划集中管辖改革试点中的选择管辖"，载《法学论坛》2020年第3期。

〔2〕 马立群："德国行政诉讼证据调查与客观证明责任的分配规则——兼评对我国的借鉴价值"，载《比较法研究》2020年第5期。

〔3〕 于鹏、冯亦浓："行政诉讼证明妨碍及其法律规制研究——以民事诉讼为参照"，载《行政法学研究》2020年第6期。

（七）非典型行政诉讼案件的分析

婚姻登记案件、高校学位撤销案件都是特殊的行政诉讼案件。研究此类案件中的司法审查和判决的适用都具有一定的学术价值。

婚姻登记在法律效果上具有民行合一的特点，婚姻登记行政诉讼实乃"名行实民"的非典型行政诉讼。田韶华认为，法院应结合此类诉讼的特殊性对行政诉讼法的相关规定予以妥当解释以获得正当的个案裁判。由于婚姻登记行政诉讼的裁判结果对当事人的实体关系具有直接和终局性的影响，此类诉讼的裁判不应忽略对当事人实体关系的关照。稳定婚姻家庭关系的价值取向、婚姻法关于婚姻效力的规定、登记行为的违法性对当事人的实体关系特别是真实意思表示的影响，以及违法行为的补正等应成为法院在选择判决方式时应予考量的重要因素。[1] 林华通过对 1998年至 2020 年我国各级人民法院公开发布的学位撤销案件进行爬梳，发现高校撤销学位的事由主要集中在学历证明伪造和科研论文造假，兼有学术性和非学术性；法院对高校撤销学位决定的司法审查强度基于事实认定、法律适用和法律程序的不同而存在差异性的界分。为了维系学术自由与司法审查之间的平衡，并实质性地解决教育行政争议，人民法院应根据学术性事由和非学术性事由、正式程序和非正式程序的区分来建构二元化的事实认定审查标准，强化对学位撤销构成要件审查的释法说理，并审慎对待学位撤销决定的程序违法、审慎适用撤销判决，避免"程序空转"和"虚置诉讼"。[2]

第四节　证据法学研究状况 *

2020 年度，学界继续围绕证据属性、证据调查、证据排除、证明责任、印证证明、电子数据等问题展开讨论，在核心期刊发表了数十篇成果，其中不乏针对上一年度的研究的回应性论文，展现出证据法学研究的百家争鸣之势。现将其中的重点内容总结如下：

一、证据属性问题

何家弘教授对张保生教授在 2019 年发表的《证据客观性批判》一文进行了回应，以证据属性的学理重述为主题再次对证据属性问题展开探讨。

何家弘教授认为，证据属性的概念在实践中被广泛使用，但也存在不统一、不规范的问题，隐含着对相关理论问题的认识混乱，因此，对其进行梳理和重述，在

---

〔1〕　田韶华："论婚姻登记行政诉讼的判决方式"，载《行政法学研究》2020 年第 1 期。

〔2〕　林华："人民法院在学位撤销案件中如何进行审查——基于司法审查强度的裁判反思"，载《政治与法律》2020 年第 5 期。

* 　执笔人：中国政法大学诉讼法学研究院张璐讲师。

理论与现实上均具重大意义，而张保生教授的文章对厘清证据属性问题很有教益与启迪，但也有部分观点值得商榷。首先，证据属性理论纷争本身是一个伪命题，诉讼活动中所指称的"证据"至少可以指代客观存在的证据、提交法庭的材料与定案根据3种情形，而就证据属性问题持不同观点的学者使用"证据"一词指代的对象并不相同。客观性与关联性是互相绑定且只能实然地存在于第一种证据概念即客观存在的证据之中。张保生教授的文章在讨论证据属性问题时，同样出现了词意漂移的问题。其次，当前"材料说"已经被广泛认可，即提交法庭的材料成为界定证据概念的对象，其既不否定客观性，又具有可能性，且由于存在虚假的可能，故而很难对其属性作出明确界定。因此，对证据属性的研究已经成为"废矿区"，即应当继续研究证据的关联性、合法性、真实性等问题，但不应再纠结于其是否属于证据的根本属性问题，而要将重心转向审查认定证据的标准与规则。再其次，根据我国刑事诉讼规定的"案件事实清楚，证据确实充分"的证明标准包含了对证据进行审查的要求，即审查认定证据的标准包括真实性与充分性。最后，从诉讼程序看，审查认定证据的基本任务是判定证据是否可以采纳与采信的问题。为提供认证结果的合理性和科学性、提高法官的认证能力与水平，应改变长期习惯的一步式模式而采取两步模式。在判定证据可否采纳时，主要依据标准为关联性与合法性；在判断证据可否采信时，主要依据标准为真实性与充分性。[1]

二、证据调查问题

本年度，部分学者对证据调查问题展开了讨论，其范围不仅覆盖了审前侦查阶段与庭审调查阶段，还涵括了实物证据与言词证据，显示出学界研究趋势向证据收集与审查判断方面的转移。

万毅教授对庭审中证据调查方式、顺序的安排进行了研究。文章首先提出，我国庭审程序形式化的背后是无序化问题，庭审无序将直接导致庭审功能紊乱、价值落空，降低庭审效率、减损庭审效果。而庭审调查中证据出示方式、顺序等的具体安排也直接关系到庭审的效率和效果。一方面，审判资源的有限性决定实质化的庭审应当围绕案件的有效争点展开有针对性的举证、质证和认证，这依赖于庭前科学合理的庭审证据调查安排；另一方面，只有庭前进行科学合理的证据调查安排，才能引导控辩双方的庭审举证做到逻辑清晰、条理分明，从而有助于法官准确查明案件事实、作出正确判决。同时，只有有序的庭审才能够凸显证据和法律的逻辑力量，从心理上慑服被告、提高服判率。而由于庭审证据调查的重要性，关系到各方利益，导致实践中控辩审三方在诸多事项上存在隐形的博弈，在无法协商达成一致的情况下，根据其程序性本质，应受法官诉讼指挥权的覆盖，控辩双方则可以提出建议、发表意见。实务操作中，法官应恪守客观中立的立场，尊重控方方案并征求辩方意

---

[1] 何家弘："证据'属性'的学理重述——兼与张保生教授商榷"，载《清华法学》2020年第4期。

见，综合考量庭审的实际需要和必要性后审慎作出决断。在时间上，庭审证据调查安排的相关活动原则上应当在法院正式开庭之前完成，为此，在配套措施方面，还需要设置举证期限制度并完善庭前会议制度。在具体安排上，文章认为，首先，在举证顺序上，公诉案件由控方先举证，自诉案件为自诉人，附带民事诉讼为原告及其代理人，而被害人应被允许在公诉人举证后的第二顺位举证。其次，在举证方式上，实践中的逐一式、分组式与批量式举证方式各有利弊，法官在尊重控方意见的基础上，还应综合考虑和平衡庭前程序的必要性、被告方意见以及法官心证形成的需要等因素作出安排。再其次，在证据出示顺序上，以"组"为单位的证据，最高检《人民检察院公诉人出庭举证质证工作指引》先出示定罪证据、后出示量刑证据，先出示主要证据、后出示次要证据的规定对实务操作具有一定指导意义，此外还可以考虑根据先出示无争议证据、后出示有争议证据，或者根据案情发展顺序依次出示案件来源、犯罪后果、犯罪起因、犯罪发生过程、涉案物品去向等各组证据；以"个"为单位的证据，最佳方案是先出示实物证据后出示认证。最后，在证据出示要求上，应根据证据本身是否具有争议，选择采用摘要式或者详尽式举证。[1]

左卫民教授对我国的物证调查方式进行了实证研究，提出了直接式调查在庭审实质化改革中的应用前景。我国司法实践中对物证的调查，长期实行的是间接方式，表现在：①以审查书面材料的间接形式替代对物证本身的审查，即通过出示相关照片、文字说明等书面材料来发挥物证的证明作用；②物证仅作为辅助性证据出示，庭审调查的重心围绕被告人供述等证据展开，而不实质性针对物证进行质证、辩论与说理。与之相反，直接式物证调查要求物证以原物的方式在法庭调查中出示，控辩双方在此基础上针对相应物证展开质证、辩论等实质性审查判断，以确保庭审在认定证据中的决定性作用。通过对庭审实质化先行试点法院的样本案件的实证研究发现直接式物证调查呈现以下特征：其一，在适用频率方面，已经开始出现，但整体稀少，且在各法院之间分布参差不齐，一定程度体现出改革方案落实到不同层级、不同地区的法院之间的差异性；其二，适用直接调查的物证以犯罪工具为主；其三，物证调查的主要目的是查明真实性与证明力。左卫民教授指出，直接式物证调查使得案件事实从单方面的查证转向多方的构建，从依职权调查案件事实转向司法机关通过调查物证查明案件事实与被告人利用物证调查排除不利于己证据并存，能够促使法官进一步探查案件事实，从而综合全案案情作出合理裁判。但当前直接式物证调查还存在适用率过低、科学化展开的直接式调查方式尚未充分确立、实际效果有限等问题，未来应致力于打造阶梯式、连贯化的直接式物证调查方式，充分发挥其在庭审中确立真相的作用。具体可从明确适用条件与范围，鼓励在被告人不认罪案件中对物证存在争议时普遍使用、实现法律逻辑与生活逻辑的弥合，以及理顺调查程

---

〔1〕　万毅："论庭审证据调查安排"，载《中国刑事法杂志》2020 年第 3 期。

序与细化调查规程等方面入手。[1]

三、证据排除问题

本年度，在证据排除方面，学界关注的重点在瑕疵证据与"不可靠证据"的排除问题上。

有文章指出，当前无论基于法律效力还是基于排除基点对瑕疵证据与非法证据进行区分，均存在一定误区，容易导致实践中的混乱。瑕疵证据应当是合法证据与非法证据之间的一个过渡，其本质特征在于违法情节的轻微性而获得了政策上的可容忍性，通过一定的补救方式即可使相应证据具备证据能力。因此，区分瑕疵证据与非法证据的关键在于证据取得程序中违法程度的强弱。通过对相关裁判文书的实证观察可知，总体上瑕疵证据案件数量逐年上升，且基本覆盖了所有的证据种类，补救成功的情形则占据巨大多数，同时，具体案件中的瑕疵情形与法律文本的规定存在出入，且法院对补救方法的阐述说理明显不足。对瑕疵证据的处理，存在几项问题：其一，瑕疵证据补救规则被扩大适用，存在被泛化理解为侦查过程的任何瑕疵行为都可以以规则补救，以及将非法证据当作瑕疵证据允许侦查机关进行补救等情形；其二，在补正过程中异化使用证据补强规则，即将证据补强作为瑕疵证据补正的方式；其三，部分瑕疵证据的补救规则空缺，如法律并未对瑕疵鉴定意见的补救规则予以明确规定，实践中的补正操作缺乏法律依据等。因此，瑕疵证据补救规则及其配套制度的完善需要注意以下内容：①明确界定瑕疵证据的体系定位，瑕疵证据是"不合法证据"体系中有别于非法证据的种类；②完善瑕疵证据的补救行为，将鉴定意见纳入其中，并适当扩展到法定证据种类以外的资料；③从启动主体、申请方式、质证程序、补救期限与次数等方面规范瑕疵证据的补救程序；④概化瑕疵证据的补救方式，以便于实务中能够结合具体案情灵活适用补救措施；⑤确立瑕疵证据的补救标准，死刑案件中应达到排除合理怀疑的95%以上的可信度，普通案件中须达到清楚且有说服力即80%以上的可信度。[2]

有学者提出了"不可靠证据"的概念，即由于获取程序、形式或者内容上的某些缺陷，使得在真实性、客观性、准确性上存在疑问、无法确信的证据。其与非法证据、瑕疵证据、不合法证据均存在一定的差异性。在我国，不仅相关规范性文件中的不可靠证据排除规则数量众多，而且在发展与适用上也持续表现出旺盛的生命力，其实践动因在于：其一，排除不可靠证据有利于而非妨碍查清案件事实；其二，排除不可靠证据迎合了裁判者趋易避难、依赖精密化证据规则等多重现实需要。而在理论上，不可靠证据的排除作为一种自下而上产生的经验规则，一方面能够增强证据属性中"两力""三性"理论的弹性和张力，另一方面能够理顺证据真实性审查判断的逻辑顺序，同时还能够保障事实认定的准确、公正和高效，因而具有正当性

---

〔1〕 左卫民："物证的直接式调查：实证研究与理论思考"，载《中国刑事法杂志》2020年第6期。

〔2〕 李学军、刘静："瑕疵证据及其补救规则的适用"，载《清华法学》2020年第5期。

根基。实践中，我国不可靠证据排除规则的具体运行特征表现为：①在适用程序与启动方式上，目前对证据可靠性的审查并无独立、专门的程序，主要适用的是法官依职权对证据的审查判断程序；②在排除方式上，根据不同的影响证据可靠性的情形，存在刚性排除与裁量排除2种模式；③在排除内容上，与对非法证据采取全有全无的排除模式不同，根据不可靠因素对证据内容的影响，存在全部排除与部分排除的情况；④在具体审查判断中，存在单因排除与交叉排除的情况，即不可靠证据的排除与非法证据的排除经常交叉适用。总体上，不可靠证据排除规则因为在司法理念契合、错案风险防范及规则简单明晰等方面的优势，得到了司法机关的普遍认可与自觉适用，但还存在一些问题，如因为缺乏程序保障性规则而高度依赖于职权自觉，可靠性与合法性、不可靠证据排除规则与非法证据排除规则之间的关系存在混淆，未厘清可靠性与真实性、证据能力与证明力，以及不可靠证据的范围与标准规定不尽合理、处理标准不一等。因此，有必要从明确不可靠证据排除规则与其他排除规则的关系定位、构建不可靠证据排除的程序性保障规则、调整和完善不可靠证据排除的范围和标准等方面加以完善。[1]

也有学者认为，不可靠证据排除既不同于非法证据，也与证明力判断中的真实性要素相区别，而与英美法系的传闻规则、最佳证据规则、鉴真规则等具有同质性。但英美法系的相关证据排除规则是在二元审判结构的制度背景下产生的，目的是保护陪审团不被潜在的不可靠证据干扰和误导，我国一元制独任法官或合议庭审判中排除不可靠证据，实际是在考虑证明力的基础上确立的，是将证明力问题转化为证据问题，即直接排除默认为证明力存在疑问的证据。但在实践中，不可靠证据排除规则并未被严格适用，其原因既包括诉讼结构的不兼容性问题，也包括证据制度方面的缺陷，即因未能清晰区分证据能力与证明力且排除规则本身缺乏必要例外而导致难以适用。因此，学者提出可以选择以下路径进行改革与完善：①建立一元制审判结构下的证据相对隔离；②完善不可靠证据排除规则的例外规定；③将不可靠证据排除规则改造为证明力判断的指导规则。[2]

还有文章对民事非法证据排除问题进行了考察。最高人民法院通过《关于适用〈中华人民共和国民事诉讼法〉的解释》对民事证据的合法性作出了全新诠释。其中，第106条确立了排除非法证据的3种情形，即违反法律禁止性规定、严重侵害他人合法权益和严重违背公序良俗。但3项要件并不完全对称，需要在探查规范意旨的基础上作出澄清。其一，根据相关法条释义，第106条是关于非法证据判断标准的规定，即其仅适用于判断证据的合法性，涉及证据真实性的禁止性规定并不属于本条所称"法律禁止性规定"的范畴。其二，从体系解释视角看，第106条是第104

---

〔1〕　闫召华："论不可靠刑事证据的排除"，载《当代法学》2020年第3期。
〔2〕　纵博："不可靠证据排除规则的理论逻辑、适用困境及其出路"，载《环球法律评论》2020年第3期。

条第 2 款"来源和形式符合法律规定"的补充，由此，即便证据资料来源不合法，只要未达到"严重侵害"的程度，仍可将其纳入证据评价范畴。这同时表明最高人民法院将证据合法性区分为证据收集合法与证据评价合法 2 个层面，合法取证并非证据评价的必要条件，而证据收集违法并不必然导致证据评价违法。因此，第 106 条的内涵在于，仅当取证方式违反法律禁止性规定并严重侵害人格权或基本诉讼权利时，法官才得将证据资料排除在证据评价的范围之外。而作为概括条款，该条还在"严重侵害"的判断上赋予法官权衡权限。为此，法官应当根据取证违反的不同位阶的法律规范的保护目的和所侵犯的权利的价值区别情况采取不同的审查基准和密度。其中，需要重点考量被侵权人是否同意，取证出于故意、非善意还是偶然所得，举证人是否存在证明困难，是否处于正当防卫或紧急状态，是否存在更缓和的取证手段，以及利用证据手段是否会给被侵害人造成持续或再次侵犯等。[1]

四、印证证明问题

本年度，印证证明依然是探讨热点，多名学者分别从比较法角度、规范角度、证据分析方法等角度作出了新的阐述，将研究推向新的高度，反映出学界对"印证"的认识在广度与深度上的新进展。

龙宗智教授从比较法角度对印证证明再次进行了阐释，确认了印证方法的普适性，提出应注意类型化区分与精细化适用，要学习运用证据分析的技术方法、注意诉讼条件对印证方法的制约、研究单一证据定案的条件与方法等。龙宗智教授在文章中对英美法与大陆法中的证据审查判断方式进行了梳理：英美等国因为特定的制度背景，长期存在单一定案法则，但证据契合即证据印证仍然是其定案的基本要求，其补强证据法则、"一致性"审查、归纳逻辑及提示法与概要法等证据构造分析方法的运用都体现了这一要求，证据间的一致性也是陪审团形成心证的最重要因素。大陆法系的法定证据制度如剔除其中的机械、僵化的非理性因素，其客观主义倾向与证据契合要求与印证证明存在相通之处；现代自由心证制度虽然摒弃了机械印证，但因为其与实质真实主义、判决理据释明以及趋向于整体主义的证据方法的联系，同样重视证据契合。但需要注意的是，整体主义是叙事法联系，不同于印证分析的思路，而原子注意与图示法、概要法的联系以及归纳逻辑的运用反而突出了证据契合与融贯分析的作用。对国外证明制度的比较研究，给我国刑事证明印证方法的运用的启示在于：其一，证据相互印证是普遍性的证明方法，也是最为重要的证明原则，不应因其在我国刑事诉讼运用中出现弊端而否定其方法论价值和制度意义；其二，我国总体上局限于一般的印证方法即寻求证据信息一致性方面的普遍适用，需要学习国外对印证方法的类型化区分与精细化适用，如应注意以不同的分析方法应对不同的信息一致性场景，对狭义的证据印证即证据补强规则的适用也应区别情况作类型化处理，以及注意印证补强的条件和强度等；其三，应当立足本国司法实际，

---

[1] 周翠："民事非法证据排除的规范解释与实务观察"，载《中国法学》2020 年第 3 期。

适度加强对证据分析方法的学习与掌握，拓展印证方法的使用路径；其四，认识到诉讼条件对印证方法运用的支持作用，应当确立诉讼条件影响证据效力包括印证效力的原则，进一步确认和实施法庭质证原则，限制庭前书面证言的使用，确立法庭证言一般优于庭前证言的证据法原则，以修正传统的印证方法；其五，还应当借鉴国外有益经验，确立印证不足包括单一证据条件下认定事实的标准与方法。[1]

另外有文章从规范角度对刑事印证进行了解读。作者认为，由于我国理论界与实务界未从规范视角对刑事印证进行研究，才导致对一些关键的理论问题无法达成共识。而对刑事印证进行规范分析可知，印证并非新创，而是随着印证理念、规范、制度的先后出现，经历了逐步形成与发展的过程，即印证最早是作为一种证明方法在司法实践中出现的，并随相关法律与司法解释的颁行而逐渐发展成型。刑事印证的理论根据在于：其一，刑事证明的严格性是印证仅在刑事证明规范中出现的首要原因；其二，现代自由心证走向"合理的心证主义"，印证正契合了自由心证规范化的需求；其三，对合理运用经验法则的要求促成了经验法则的可视化，而印证同样是其中的应有之义。随着相关规范的增多并逐渐形成体系，印证从证明方法转变为证明规则，但尚未构成一种证明模式。在现阶段，应当明确印证可以适用于对证据的证明力、证据能力，以及被告人认罪认罚自愿性的认定，且在不同领域，其正当性基础、规范样态与具体构造有所不同，在证明力审查中可以按照"确认证据与事实的关联性—评估证明力大小—排除矛盾—决定定案"的构造展开；在证据能力审查中可适用"启动证据能力审查—评估证据能力有无—决定采纳"的构造；在被告人认罪认罚自愿性审查中可按照"确认认罪认罚自愿性—确认认罪认罚真实性—综合评价认罪认罚效力"的构造进行。[2]

还有文章则从证据分析方法的角度对印证方法进行了反思。作者认为，从规范与实践层面看，印证方法是我国刑事证明中唯一能称之为基本方法的证据分析方法，而所谓印证模式只是理论界部分学者对实践中普遍运用的印证方法贴上的理论标签，其核心则是印证方法。印证成为我国诉讼实践中唯一的证据分析方法，主要成因在于诉讼证明偏重客观化与非实质化的庭审。但印证分析方法存在经验法则运用空间有限、缺乏对单个证据的独立分析以及缺乏从整体视角对证据的分析等不足，容易导致诉讼证明的形式化、证明标准的空洞化、事实认定的机械化等弊害。因此，诉讼活动中不能仅依靠印证方法认定事实，而需要引入其他证据分析方法以有效克服印证方法的不足。西方证据法理论中的故事方法、论证方法是值得借鉴的 2 种证据分析方法，且印证方法与二者本身不存在兼容性问题，可以将故事方法的整体视角检验、论证方法的单个证据检验与印证方法的信息同一检验进行融合，构建严密而又具有一定灵活性的多元证据分析方法体系。而该体系具体包括故事和单个证据推

---

〔1〕　龙宗智："比较法视野中的印证证明"，载《比较法研究》2020 年第 6 期。
〔2〕　孔令勇："刑事印证规范解读：从证明方法到证明规则"，载《环球法律评论》2020 年第 6 期。

理链条的构建、证据对故事的支持度检验、证据及故事情节的印证审查、对故事情节及整体的经验法则检验等几个环节。此外，多元证据分析方法体系的建构还可以对我国证明理论诉讼制度的系统性调整和革新发挥技术层面的先行作用。[1]

五、证明责任问题

证明责任问题作为证据法学的基本问题，在 2020 年度再次进入学界研究视野。数名学者从证明责任本质、证明责任分配规则等方面对相关问题进行了论述。

胡学军老师提出，当前对证明责任的诸多迷思是与对该制度本质的认识错误相关的，其中的重要表现之一在于不能区分证明责任的本质与相关表象甚至假象。在证明责任概念的本质方面，我国的证明责任"双重涵义说"与德国的理论存在重大差异。根据德国现代证明责任理论，证明责任的实质是案件要件事实真伪不明时的败诉风险，其性质是"客观"的，而主观证明责任则是因内在风险促使当事人积极举证证明的机制，因此客观证明责任是居于本质的、主导性的概念，是主观证明责任产生的原因，而主观证明责任是客观证明责任的外在显现与表现形式，即表象。在这一双重概念体系中，客观证明责任与主观（抽象）证明责任所针对的分配对象都是要件事实，分配规则也是统一的，可以为同一个概念所统摄。而诉讼过程中的具体行为责任，或称"主观具体证明责任"，与客观证明责任天然相矛盾，二者针对的对象、负担主体与分配规则也根本不同，属于证明责任的邻近概念，属于证明责任的"假象"，在理论上应与证明责任的内涵外延区分开来。我国的行为责任与结果责任双重涵义说往往将结果责任解释为行为责任的后果，表面上显示了举证责任与败诉结果的直接因果关系，但实质上未能揭示客观证明责任与主观证明责任概念间内在的逻辑联系，而且颠倒了现代证明责任双重含义的关系。因此，我国现有理论问题不仅在于对客观证明责任的本质把握不深，更在于将主观抽象证明责任误认为具体举证责任。在证明责任方法上，需要明确证明责任的方法包括真伪不明的认定及处理，其中真伪不明的认定属于事实或证据问题，而此种状态下的最终裁判结果则属于法律适用问题，因此证明责任是法律适用问题，即将抽象法律适用于案件事实的"连接"问题。在证明责任规范上，应明确其解决的真伪不明情况下如何分配败诉风险或裁判内容如何作出的问题，而关于证明责任分配原则的规范实际是证明责任规范的产生方法，真正的证明责任是与实体法规范紧密相连的，是对分配原则的具体化，即证明责任规范应来自实体法规范，其本质是一个实体法规范要件的补充规范。在证明责任的实质功能上，应认识到，现代证明责任是一种案件事实真伪不明情形下的一般性克服方法的形式理性制度，其最深层的本质是以法律价值权衡化解事实认知的模糊状态，化消极无解的事实判断为积极的法律价值引导，故其性

---

[1] 纵博："印证方法的不足及其弥补：以多元证据分析方法体系为方向"，载《法学家》2020 年第 6 期。

质属于"实质司法权"。[1]

还有民诉法学者对侵权责任诉讼中的过错的证明责任分配规则进行了探讨。对过错通常经由间接证据进行证明,虽然存在鉴定意见等证据形式可直接指向被告的过错事实,但其适用的也是间接证明机理。我国侵权责任法上并无独立的违法性要件,过错要件是吸收了违法性要件。因此,侵权法中阻却违法性的抗辩事由也能阻却过错,无过错与法定抗辩事由形成一体两面的关系,即抗辩事由与过错构成了同一事实的正反两面,不可并立。由此,传统的一般侵权责任中"受害人承担过错证明责任、侵权人承担抗辩事由证明责任"的分配规则存在不可调和的悖论,即在双方证据均未达到法定证明标准的情况下,原告对被告有过错的主张不能成立,应判定过错不能成立;被告主张的抗辩事由同样不能成立而应作出不利认定即过错成立。对此,学者提出,我国侵权法中过错与抗辩事由必须在权利形成规范与权利妨碍规范中择一而定,在证明责任分配上不能分割,即过错与抗辩事由须一体证明。基于生活经验、理论学说及司法实践等诸多理由,适宜将过错与抗辩事由一并定位为权利妨碍要件,将证明责任统一归于侵权人承担。且作为特殊侵权类型的违反法定义务侵权责任及严格责任也都可以一并适用过错与抗辩事由的证明责任统一归于侵权人承担的分配规则。[2]

还有文章对德国行政诉讼的客观证明责任分配规则进行了介绍。德国《行政法院法》中规定了行政诉讼的职权调查原则,即由法官依职权调查作为裁判基础的事实。根据统属,主观证明责任一般只存在于辩论主义原则的诉讼中,因此德国行政诉讼证明责任制度受职权调查的限制,以客观证明责任为核心,当事人不承担主观证明责任,但仍负有协力义务。而由于立法并未规定客观证明责任的分配规则,其主要通过学理和判例确立,因此,德国行政诉讼借鉴了民事诉讼的学说,并通过判例确立了以规范说为基本规则,以支配领域说、原则例外公式、法律上的事实推定等为辅助规则的客观证明责任分配体系。对我国而言,目前存在的主要问题是行政诉讼法中缺乏证明责任的合理分配标准,而德国的规范说具有一定的借鉴意义。在立法上,可以考虑在行政诉讼法和司法解释中不对行政实体法规范的构成要件进行分类或规定各自的证明责任,而仅将德国行政诉讼中的有利法律效果说予以规范化以作为证明责任分配的基本规则,并保留现有的举证责任规则作为具体的分配规则。此外,对实体法规范的构成要件及有利法律效果应交由法官在个案中进行解释和判断。[3]

六、电子数据问题

本年度,电子数据问题依然是热点话题。在对电子数据的收集、审查判断等具

---

[1] 胡学军:"证明责任制度本质重述",载《法学研究》2020年第5期。

[2] 陈巍:"论统一的过错证明责任分配规则",载《法商研究》2020年第5期。

[3] 马立群:"德国行政诉讼证据调查与客观证明责任的分配规则——兼评对我国的借鉴价值",载《比较法研究》2020年第5期。

体问题的讨论趋于成熟后，学界开始将研究重心转向法律规则与制度框架的完善方面。

有文章对龙宗智教授等人的观点进行了回应，提出了完善初查中收集电子数据的法律规制设想。文章首先提出，有关初查中只能采取任意侦查措施、立案为强制侦查提供法律依据的界分同样适用于电子数据，但我国现行电子数据规范并无取证措施在任意侦查与强制侦查界分方面的详细规范，而刑事程序对初查的统一规范中也未根据证据形式作出明确规定。实践适用中，对电子数据的初查出现了部分初查授权性措施存在对基本权利的限制或侵犯、部分禁止性措施则不必然限制或侵犯基本权利，以及部分禁止性措施以搜集案件线索的方式隐形存在等问题。文章认为，相关法律适用困境的原因在于：其一，任意侦查的取证措施在理论属性上本身存在疑问；其二，现有程序性规定对电子数据收集措施的规范存在严重缺失；其三，电子数据的特殊性导致部分措施的理论归类不再明晰；其四，转化型取证的做法被用于规避初查禁止性规范。而龙宗智教授提出的根据电子数据表现形态区分任意侦查和强制侦查措施以规范初查中的电子数据收集在整体上并不能成立，因为其与《关于办理刑事案件收集提取和审查判断电子数据若干问题的规定》规定的制定目的并无实质关系，且根据列举式规定进行理论划分并不科学，另外对后3类电子数据取证"必然包含部分强制侦查行为"的判断过于绝对。而其他学者提出根据承载不同法律权利的云数据而对调查取证设置法律控制梯度的观点，在论证思路上存在一定问题，但具体内容具有相当理论价值。因此，文章认为，首先应对电子数据所涉基本权利进行再识别，不同电子数据可能涉及多种权利，其中需要特别关注的是公民通信自由与通信秘密权利，应将其与人身权、财产权一并作为基本权利考量标准。在此基础上，可以根据取证措施对限制基本权利的可能性划分"完全不涉及""部分涉及""绝对涉及"或"推定涉及"3个层次并分别作出相应的初查措施界定。对于初查收集电子数据可能涉及强制侦查的情况，首先，应对技术侦查措施作出准确界定并绝对禁止在本阶段使用；其次，应明确否定初查中使用强制侦查措施收集案件线索；再其次，可以原则性许可在合意前提下使用禁止性措施；最后，应明确在非经同意的情况下限定运用扣押非内容数据。[1]

有学者指出，随着相关立法与司法解释及规范性文件的颁布，构建了电子数据证据制度的基本框架，并且确立了电子数据的取证、审查、排除规则，标志着我国电子数据证据制度已形成一定体系。而电子数据与传统实物证据在多方面存在较大差异，具体表现在：在收集提取上，传统原件、原物概念并不适用于电子数据；在审查判断上，最佳证据规则并不适用于电子数据；在证明方法上，电子数据对待证事实的证明存在物理空间内与传统证据的印证以及虚拟空间内电子证据相互印证的

---

[1] 梁坤："论初查中收集电子数据的法律规则——兼与龙宗智、谢登科商榷"，载《中国刑事法杂志》2020年第1期。

双层印证体系。该学者认为，当前电子数据证据制度存在以下问题：其一，扣押、封存原始存储介质的必要性问题，由于"原始存储介质"概念本身模糊不清，且扣押存储介质可能加重证明负担，还可能与公民财产权保障发生冲突，并且存在返还与补偿等方面问题，而扣押原始存储介质仍然可以实现功能同等的证明目的，因此不能简单套用最佳证据规则；其二，取证环节的见证人制度，由于电子数据取证的专业性要求较高且对见证人的专业认知程度、相关技术标准的遵循、见证人全程参与等均有较高要求，现有见证制度存在无法改进的缺陷，可以通过全程录像方式加以取代；其三，为区分强制侦查与任意侦查，容易造成侦查取证与人权保障的冲突，有必要加以改进与完善；其四，电子数据与行为人相关联的认定规则，现行规定要求结合相关言词证据进行综合审查判断，而基于当前技术水平，即便没有言词证据作证也可以做到网络身份与现实身份的同一认定，故而相关规定已滞后于技术发展；其五，现有证据制度没有针对电子数据的特点创设不同于传统证据的开示路径，导致实践中证据开示得不充分，可能形成控辩双方信息不对称，进而影响质证的质量；其六，当前仍以对待传统证据的方式对电子数据进行检验鉴定，如面对海量数据将不具可行性，有必要在大数据背景下将收集的电子数据作为整体而运用相关技术方法抽取有证明价值的信息来形成分析报告，实现对传统证明方法的变革。对此，该学者建议应根据上述问题，从重构电子数据取证规则、完善和建立证据排除规则、推定规则和失权规则等方面完善我国的电子数据证据制度。[1]

　　还有文章对电子数据网络远程勘验规则的构建提出了新设想。由于网络空间的远程性和互联性，网络远程勘验成为开放式网络环境中电子数据收集的重要途径，且其与亲历式、直接物理接触式的传统取证模式的差异，也对现有刑事诉讼制度中的侦查取证规则带来了较大的冲击与挑战。由于相关司法解释对网络远程勘验的法律性质定位不清，不同司法解释对远程勘验的法律定位和制度设计还存在相互矛盾，导致实践适用中出现以下问题：①混淆远程勘验和刑事搜查，在电子数据取证中"借远程勘验之名，行刑事搜查之实"；②以电子数据网络在线提取替代电子数据网络远程勘验，以网络在线提取笔录替代网络远程勘验笔录作为认定案件的证据；③将境内远程勘验与境外远程勘验差别化对待，导致电子数据收集中权利保障不平等和制度运行失灵。对此，学者认为有必要在厘清远程勘验法律性质的基础上建立电子数据网络远程勘验规则体系。首先，应明确电子数据网络远程勘验的法律性质应以"强制性侦查为原则，任意性侦查为例外"；其次，设立网络远程勘验规则应遵循比例原则，以实现对不同类型电子数据所承载不同权益的差别保护；再其次，应协调境内外网络远程勘验的规则体系，实现电子数据网络远程勘验中的平等保护；最后，应强化法院在证据合法性审查中对电子数据侦查取证行为类型的实质性

---

〔1〕　奚玮："我国电子数据证据制度的若干反思"，载《中国刑事法杂志》2020年第6期。

审查。[1]

七、其他问题

熊秋红教授对人工智能在刑事证明中进行应用产生的相关问题进行了专题介绍。人工智能在刑事司法中的运用包括预测犯罪、侦查犯罪和预防犯罪，在个别国家还被应用于保释和量刑程序中进行再犯风险的评估，而在我国，以审判为中心的诉讼制度改革促进了人工智能应用的广度和深度，尤其是将其推向了刑事证明领域，并将"统一证据标准"作为核心目标，其中代表性的即为"206系统"。该系统的特点在于：①化繁为简，为办案人员在具体案件中进行证据收集与判断提供指引；②全程贯通，通过建立办案平台，全程控制刑事证明活动，将对办案证据的事后审查转变为事前指引、事中把关；③人机互补，由人工智能对证据进行对比、列举、校验，司法人员则负责刑事证明的核心领域，即综合全案证据认定犯罪嫌疑人、被告人是否有罪。但除司法标准化的共性争议外，刑事证明领域的标准化还存在统一证据标准与统一证明标准之争，以及标准化是否会导致走向法定证据主义的疑虑。需要明确，证据标准与证明标准紧密关联，但属于证明标准的下位概念，其主要围绕《刑事诉讼法》第55条规定的对证据"质"与"量"的要求展开。证据标准表面上并未直接对证明力作出要求，但由于证据标准指引是建立在证据规则基础之上的，而证据规则受法定证据主义的影响，因此，证据标准化的推进将不可避免地加剧法定证据主义倾向，且过分精细化的证据标准也会导致证明标准的客观性，进而实质性地侵蚀自由心证主义。此外，在刑事证明中运用人工智能，还将面临道德性、有效性以及程序性等方面的挑战。这些都是需要在理论与实践方面加以面对与解决的问题。[2]

张保生教授就刑事专家辅助人问题进行探讨。我国立法关于专家辅助人制度的规定比较模糊，该制度在实际运行中也暴露出一些严重的问题，其中的关键是专家辅助人的角色混乱问题。我国的专家辅助人制度是对普通法系专家证人制度和大陆法系鉴定人制度兼收并蓄的结果，但又与两大法系的科学证据制度有所不同。而《刑事诉讼法》和相关司法解释对专家辅助人在庭审中如何"就鉴定人作出的鉴定意见提出意见"的规定比较模糊，导致其具有了律师、普通证人与鉴定人三重角色。专家辅助人制度是为强化鉴定人出庭作证与质证而设置的配套制度，但对专家辅助人的意见，立法并未将其作为法定证据种类，因此在我国形成了鉴定人与专家辅助人并列的双轨制，进而导致专家辅助人对鉴定意见提出的意见的法律性质不明确，在理论与实践中均产生诸多争议。因此，废除鉴定人与专家辅助人的双轨制，不仅能够明确专家辅助人的角色定位、专家辅助人意见的法律性质，对重建刑事诉讼中的控辩平等也具有重要意义。目前，从司法实务中看，专家辅助人向专家证人转变

---

〔1〕 谢登科："电子数据网络远程勘验规则反思与重构"，载《中国刑事法杂志》2020年第1期。
〔2〕 熊秋红："人工智能在刑事证明中的应用"，载《当代法学》2020年第3期。

的趋势已经明朗,鉴定人与专家辅助人的双轨制终将被打破。对此,张保生教授认为应当注意转变过程中的新问题:其一,在专家证言可采性规则的完善方面,一方面需要将专家辅助人的意见与鉴定意见一起纳入法定证据种类,另一方面还需要为专家意见可靠性审查设置更严格的标准;其二,在专家证人的中立性保障方面,明确刑事专家制度改革的体系化方向应当是以"权利逻辑"矫正"过度权力化倾向",通过改进专家证人的使用方式等途径规避英美法系专家证人制度的内生性缺陷;其三,在法庭调查方面,应当认识到专家辅助人的角色转变将有利于推动直接询问和交叉询问规则的贯彻;其四,在对科学证据进行交叉询问方面,应当明确由律师、检察官承担此项任务,以避免因专家辅助人僭越律师、检察官的诉讼角色和职责造成的危害。[1]

还有文章对证据标准进行了探讨,提出在以审判为中心诉讼制度改革强力推进的背景下,证据标准的内涵和外延在事实上已贯通侦诉审 3 阶段,传统理论对证据标准与证明标准的二分逻辑已无法准确解释高层的司法决策和实践的具体走向,需要重新进行内涵解释与关系厘定。其一,通过对各地发布的证据标准指引的实施情况的梳理,可以总结出当前官方所定义的证据标准主要是以个罪的定罪量刑为证明对象,就证据的种类、形式乃至数量所提出的具体要求。其二,当下官方对证据标准的理解和运用实质上是对证明标准的实体条件——"定罪量刑的事实都有证据证明"的再具体化,是证明标准的下位概念。而证据标准的提出,顺应了以审判为中心诉讼制度改革的要求,对规范侦查取证,提高诉讼效率,确保办案质量,促进司法公正都有重要的现实意义。但由此引发的一些实践做法也存在隐忧,需要加以完善:其一,要避免有罪推定思维下选择性取证现象的发生,应强化办案人员取证过程中的客观义务,将无罪、罪轻证据引入智能办案系统,将辩护人意见嵌入智能判案系统,确保证据与案件事实客观、全面的收集与呈现;其二,要保持证据标准的适度开放性,除实体法构成要件的证据要求外,还可考虑设定其他证据大类,提示性罗列程序性证据、涉案财物证据等类别;其三,要防止证据标准的过度形式化倾向,应强调证据标准的基本性、注重其参照性,在办案中把握好立法与司法、抽象与具体、一般与特殊的关系;其四,要处理好证据标准与人工智能的关系,应明确二者的融合应当适度而不能绝对化,明确线上智能运转与线下独立办案的职能边界,注意防范办案人员的路径依赖。[2]

---

〔1〕 张保生:"中国刑事专家辅助人向专家证人的角色转变",载《法学研究》2020 年第 3 期。
〔2〕 董坤:"证据标准:内涵重释与路径展望",载《当代法学》2020 年第 1 期。

第五章
国际诉讼法的发展动态

第一节　国际刑事诉讼法发展动态

一、美国刑事诉讼规则的最新发展 *

（一）2020 年美国《联邦刑事诉讼规则》的修订情况

2020 年 10 月 21 日，为了使检察官更好地根据美国联邦最高法院的判例法履行自己的义务，美国参议院和众议院通过了《联邦刑事诉讼规则》的修改法案《正当程序保护法案》[1]（Due Process Protections Act）。该法案对《联邦刑事诉讼规则》第 5 条进行了修订。具体修订内容如下。

1. 将原第 5 条（f）款序号修改为（g）款。

2. 在原第 5 条（e）款后新增（f）款"对检察官提起控告义务的提示"。

（1）一般规定。所有刑事诉讼中，在预定庭审日期的第一天，当检察官和辩护律师均到场时，法官应当向检察官和辩护人发布口头或书面指令，重申检察官需履行 *Brady v. Maryland*，373 U. S. 83（1963）案所确立的证据开示义务和不履行该义务的后果，以及违反该指令可能承担的相关法律后果。

（2）指令的作出。为实现第 1 款的目的，所有位于地区法院所在地的司法委员会应当颁布示范指令，法院可酌情使用。

（二）美国联邦最高法院有关刑事程序规则的判例

美国联邦最高法院在 2020 年度共就 69 个案件做出裁决，其中有 5 个案件涉及了刑事程序相关问题，包括死刑案件中的量刑问题，监督释放期间犯新罪的量刑问题，

---

* 执笔人：中国政法大学诉讼法学研究院李本森教授、北京工商大学刘亚男讲师。

〔1〕 法案原文参见 "《正当程序保护法案》（Due Process Protections Act）"，载 https：//uscode. house. gov/statviewer. htm？ volume＝134&page＝894，最后访问日期：2021 年 3 月 1 日。

事实错误是否属于明显错误的审查范围问题，在特定情况下警察截停正在行驶的汽车是否符合联邦宪法第四修正案的规定问题，以及律师无效辩护标准问题等。案件基本情况介绍如下。

判例一：*McKinney v. Arizona*。[1]

案件事实：McKinney 及其同父异母（同母异父）的弟弟 Hedlund 实施了 2 起入室盗窃，造成 2 人死亡。经审理，法院判决 Mckinney 犯 2 起一级谋杀罪。在量刑阶段，量刑法官针对 Mckinney 幼年时不为大多数人所容，因此一位心理学专家作证 Mckinney 患创伤后应激障碍。但根据亚利桑那州法律，量刑法官在确定刑罚时不能将该因素考虑在内，因为该情节与 Mckinney 实施的犯罪无关。Mckinney 最终被判处死刑。案件上诉到亚利桑那州最高法院，亚利桑那州最高法院维持了死刑量刑。等待执行死刑期间，Mckninney 向联邦法院系统申请人身保护令。联邦第九巡回法院受理人身保护令申请，主张亚利桑那州法院犯了跟 *Eddings v. Oklahoma*[2] 案中的法院一样的错误，没有将 Mckinney 患有的创伤后应激障碍作为减轻量刑情节加以考量，将案件发回亚利桑那州重新审理。亚利桑那州最高法院重新就加重量刑情节和减轻量刑情节进行了权衡，依然作出了死刑的量刑结果。Mckinney 向美国联邦最高法院申请人身保护令，主张应由陪审团就加重量刑情节和减轻量刑情节再次进行衡量并作出量刑判决。美国联邦最高法院受理该申请。

争议焦点：州上诉法院进行死刑量刑时，是否应当由陪审团就加重量刑情节和减轻量刑情节进行衡量后决定最后量刑裁决。

判决结果：2020 年 2 月 25 日，美国联邦最高法院 5：4 维持了亚利桑那州最高法院的判决，主张应当由州法院而非陪审团就减轻量刑情节和加重量刑情节进行衡量后作出判决。

判决理由：Brett Kavanaugh 大法官执笔了判决的多数意见。Kavanaugh 大法官在多数意见中指出，虽然 *Eddings* 案中的法官忽略了减轻量刑的理由，但是在 *Clemons v. Mississippi*[3] 案中，美国联邦最高法院已经就 *Eddings* 案的错误提出了补救措施，即州上诉法院可以重新考量加重量刑情节和减轻量刑情节。而且，美国联邦最高法院在作出 *Clemons* 案判决时并未就加重情节和减轻情节进行区分，而是肯定了州上诉法院同时具有综合考量加重量刑情节和减轻量刑情节的能力。

此外，联邦最高法院在 2002 年作出判决的 *Ring v. Arizona*[4] 案以及 2016 年作出

---

〔1〕 判决原文参见"*McKinney v. Arizona*"，载 https：//www.supremecourt.gov/opinions/19pdf/18-1109_5i36.pdf，最后访问日期：2021 年 3 月 1 日。

〔2〕 *Eddings v. Oklahoma*, 455 U.S. 104. 美国联邦最高法院大法官在多数意见中指出，审理该案的法院在量刑时犯了一个明显的错误，没有将 Eddings 不幸福的童年以及情绪障碍作为减轻量刑的理由加以考量。

〔3〕 *Clemons v. Mississippi*, 494 U.S. 738（1990）.

〔4〕 *Ring v. Arizona*, 536 U.S. 584（2002）.

判决的 *Hurst v. Florida*[1] 案的多数意见中均指出，量刑所基于的量刑情节是否存在必须由陪审团决定，而非必须由陪审团对加重量刑情节和减轻量刑情节进行综合考量后作出量刑判决。而根据 *Apprendi v. New Jersey*[2] 案的判决意见，综合考量各种因素而后根据法律规定作出量刑判决是法官行使自由裁量权的范畴。因此，无论是 *Ring* 案还是 *Hurst* 案，都没有推翻 *Clemons* 案的判决。因此，根据 *Clemons* 案确立的规则，*Mckinney* 案判决多数意见主张州法院可以对加重量刑和减轻量刑的情节进行重新考量。

Kavanaugh 大法官在判决的多数意见中还提到，根据联邦最高法院的判决先例，进行违宪审查的判例所确立的新的规则可以溯及既往地适用到对新规则出现之前发生的案件的审理中，但仅限于直接审查程序（通过一般上诉程序进行的司法审查），而对于发生在一般上诉程序之后的附带审查程序则不具有溯及力。因此，在联邦第九巡回法院将案件发回亚利桑那州最高法院进行重新审理时，不得适用 *Ring* 案以及 *Hurst* 案确立的规则，因为亚利桑那州最高法院对案件的重新审理属于附带审查程序。虽然根据亚利桑那州的先例，亚利桑那州可以在附带审查程序中进行不依赖于既有判决的事实认定进行独立审查，且独立审查是直接审查的典型方式，但是否在附带程序中进行独立审查是联邦赋予州的自治的权力，不属于联邦最高法院的审查范围。因此，亚利桑那州最高法院在根据联邦第九巡回法院的裁决重新进行量刑审理时，不必参照 *Ring* 案以及 *Hurst* 案确立的规则，由陪审团就量刑情节存在与否予以确认。

然而，在 Ginsburg 大法官主笔的反对意见中则认为，亚利桑那州最高法院根据联邦第九巡回法院的裁决对 *Mckinney* 案的死刑量刑进行再次审理是为了纠正第一次上诉审存在的错误，是对第一次上诉审的重演。第一次上诉审是毫无争议的直接审查，因此，亚利桑那州最高法院根据联邦第九巡回法院的裁决通过独立审查的方式来对死刑判决进行一次新的直接审查，当然应当适用 *Ring* 案以及 *Hurst* 案确立的规则，让陪审团就是否存在加重量刑情节以及减轻量刑情节进行事实认定。

判例二：*Holguin-Hernandez v. United States*。[3]

案件事实：Holguin-Hernandez 在监督释放期间犯有新的罪行。德克萨斯州西部地区法院撤销了监督释放的决定，就此额外判处有期徒刑 12 个月。Holguin 不服判决提出上诉。联邦第五巡回法院支持初审判决。

争议焦点：被告人在初审时仅就是否有必要额外判处刑期提出反对意见，但未就初审法院作出的具体量刑提出反对意见，是否还得就量刑是否合理要求上诉法院进行审查。

---

〔1〕 *Hurst v. Florida*, 577 U. S. _ （2016）.

〔2〕 *Apprendi v. New Jersey*, 530 U. S. 466（2000）.

〔3〕 判决原文参见 "*Holguin-Hernandez v. United States*"，载 https：//www. supremecourt. gov/opinions/19pdf/18-7739_ 9q7h. pdf，最后访问日期：2021 年 3 月 1 日。

判决结果：2020 年 2 月 26 日，美国联邦最高法院就该案作出了全体一致的判决，撤销联邦第五巡回法院的判决并将案件发回重审。

判决理由：Stephen Breyer 大法官执笔判决的多数意见。Breyer 大法官在判决的多数意见中指出，根据《联邦刑事诉讼规则》第 51 条（b）款规定，以存在错误为由希望提请上诉审查的被告人，必须告知法院①其希望法官采取的行动，或②其对法院已经采取的行动存在异议以及异议理由。Holguin 在初审时提出即使要判处额外刑期，也应当低于《量刑指南》规定的最低刑期。虽然 Holguin 没有明确表示初审法院量刑过高，但是其希望量刑低于初审法院最终量刑的意思表示已经符合《联邦刑事诉讼规则》第 51 条（b）款有关必须告知法院其希望法官采取的行动的规定。因此，上诉法院仅就初审判决是否存在显著错误进行审查而未就量刑的合理性进行审查的做法是不符合法律规定的。

判例三：*Charles Earl Davis v. United States*。[1]

案件事实：2016 年 7 月，警察接到线报，说一辆可疑的汽车停在位于德克萨斯州达拉斯市的一栋房子外。警察靠近车辆后发现 Charles Davis 坐在驾驶座上。警察在 Davis 身上闻到大麻的味道后命令 Davis 下车。Davis 离开车后，警察在汽车后座门里发现了一把黑色的半自动手枪。随即警察对 Davis 实施了搜身，发现了甲基苯丙胺药丸。Davis 曾犯 2 起州重罪。此次，德克萨斯州北部地区联邦大陪审团指控 Davis 犯持有武器的重罪，以及持有毒品意图分销。Davis 就 2 项指控均作有罪答辩。适用缓刑办公室在量刑前报告中指出，针对 Davis 之前所犯罪行的指控尚未审理完毕。德克萨斯州北部地区法院判处 Davis 有期徒刑 4 年 9 个月。该刑期在正在审理的案件判决量刑执行完毕后继续执行。在初审过程中 Davis 没有就此次量刑提出异议。初审判决下达后，Davis 向联邦第五巡回上诉法院提起上诉。在上诉意见中，Davis 主张德克萨斯州北部地区法院作出的量刑不能在法院就州犯罪作出的量刑后执行，因为 2015 年的州犯罪以及 2016 年的联邦犯罪属于连续犯，根据《量刑指南》应当合并计算刑期而不应该连续计算。根据《联邦刑事诉讼规则》第 52 条（b）项，如果被告人在地区法院没有提出抗辩意见，则上诉法院仅就初审中存在的明显过错进行审理。

然而，联邦第五巡回上诉法院直接拒绝受理 Davis 的上诉申请，理由是 Davis 提出的问题是事实问题，不可能属于上诉审所需要审理的明显错误。因为根据联邦第五巡回法院的先例[2]，能够由地区法院解决的就量刑提出合理性异议的事实问题不可能属于明显错误。相比较而言，几乎所有的其他上诉法院都会就没有记录下来的抗辩意见包括就事实问题的抗辩意见是否存在错误进行合法审查。Davis 就联邦第五巡回上诉法院异常地拒绝就未记录下来的抗辩意见是否存在明显错误进行上诉审理

---

〔1〕 判决原文参见"*Charles Earl Davis v. United States*"，载 https://www.supremecourt.gov/opinions/19pdf/19-5421_o7jq.pdf，最后访问日期：2021 年 3 月 1 日。

〔2〕 *United States v. Lopez*, 923 F. 2d 47 (1991).

向联邦最高法院提出申诉。

争议焦点：上诉法院是否可以将未记录的事实抗辩排除出明显错误审查的范围。

判决结果：2020 年 3 月 23 日美国联邦最高法院作出裁决，支持 Davis 的主张，并撤销联邦第五巡回上诉法院的判决并将案件发回重审。该案的判决意见书以美国联邦最高法院的名义作出（Per Curiam Decision）。

判决理由：根据《联邦刑事诉讼规则》第 52 条（b）款规定，上诉法院应当就影响实质权利的明显错误进行审理，即使没有引起法院的注意。因此，《联邦刑事诉讼规则》并没有将事实错误排除出明显错误的审查范围。联邦第五巡回上诉法院没有任何理由拒绝就未记录的事实抗辩中是否存在明显错误进行审查。

判例四：*Kansas v. Glover*。[1]

案件事实：堪萨斯州道格拉斯郡警察部门的一位警员在对一辆卡车进行牌照检查时发现该车车主系已经被吊销驾照的 Glover。该警员怀疑正在驾驶该卡车的正是 Glover，随即将卡车截停。事实上，驾驶该卡车的正是 Glover。Glover 因此以违法驾驶的惯犯为由遭到指控。Glover 提出排除所有在交通截停中取得的证据的动议，主张警员截停其汽车缺乏合理怀疑。

道格拉斯郡地区法院批准了 Glover 排除证据的动议，堪萨斯州上诉法院推翻了地区法院的决定，主张根据日常经验推断，卡车车主是 Glover，则驾驶该卡车的司机极有可能是 Glover。堪萨斯州最高法院又推翻了上诉法院的决定，主张根据美国联邦最高法院在 *Terry v. Ohio* 案中的判决意见，当有合理的理由怀疑犯罪正在发生时，警察才能够在没有取得令状的情况下截停汽车。堪萨斯州向美国联邦最高法院申请复审令。2019 年，美国联邦最高法院决定受理此案。

判决结果：2020 年 4 月 6 日，美国联邦最高法院 8：1 推翻了堪萨斯州最高法院的判决并将案件发回重审，裁决警察对 Glover 实施的截停行为是合理的。

争议焦点：警察凭借常识推断被吊销驾照的车辆所有人即为正在开车的司机，是否符合联邦宪法第四修正案要求的警察必须对犯罪正在发生存在合理怀疑才能在没有令状的情况下截停汽车的规定。

判决理由：Clarence Thomas 大法官执笔多数意见。Thomas 大法官主张，警员凭借常识做出了就是 Glover 驾驶卡车的合理推断。联邦宪法第四修正案不禁止警察根据常识判断是否存在合理怀疑。但如果警察通过 Glover 的驾照发现 Glover 是 1 位老年人，但是此时驾驶汽车的为一位年轻的女性，则警察截停汽车的行为不具有合理性。

Sotomayor 大法官执笔了反对意见，主张警察应当基于其专业和执法经验做出合理的推断，而持多数意见的法官只是通过人口数据为警察发现合理怀疑铺平道路。

本案之所以多数意见认为，警察可以凭借常识对驾驶卡车的司机就是卡车车主

---

〔1〕　判决原文参见"*Kansas v. Glover*"，载 https：//www.supremecourt.gov/opinions/19pdf/18 - 556_e1pf.pdf，最后访问日期：2021 年 3 月 1 日。

Glover 做出合理推断，是因为此前存在很多支持警察可以根据经验进行推断的先例。例如在 *Navarette v. California*[1] 案中，警察接到报警说一辆卡车在位于乡村的高速路段上任意狂奔。警察发现该车辆后并未发现任何异常，但还是将该车辆截停，发现车上载有 14 公斤大麻。Thomas 大法官在判决的多数意见中主张，基于 911 报警电话的可信赖性，警察没有必要亲自发现有犯罪行为正在进行，可以根据 911 报警电话提供的信息进行执法。

虽然 Glover 案的多数意见有先例的支持，但是早在 Navarette 案判决作出时，就有包括持反对意见的法官等很多人在内，担心如此判决会使警察权力扩张进而威胁公民的自由权利。

判例五：*Terence Tramaine Andrus v. Texas*。[2]

案件事实：2008 年，Andrus 在抢劫汽车的过程中射杀 2 人，因此在 2012 年被判处死刑。初审法院在上诉审过程中建议对 Andrus 的量刑进行重新审理，因为他的律师没有提出可能导致量刑发生变化的证据。上诉法院驳回了初审法院的请求。美国联邦最高法院将注意力集中在本可以使陪审团不做出死刑判决的证据上。这些证据包括 Andrus 的母亲是吸毒人员且以卖淫为生；当他母亲不在时，Andrus 要承担看管弟弟妹妹的工作；Andrus 本身也是吸毒人员；Andrus 多次尝试自杀且被诊断为精神错乱患者。

然而，在进行死刑裁量时，陪审团几乎没有看到任何减轻量刑的证据，因为 Andrus 的律师不仅没有出示这些证据，甚至都没有尝试去找过类似证据。几年后，在为期 8 天的申请州人身保护令听证程序中，有关 Andrus 生活上的一些残酷的事实才被披露出来。当被问及为什么没有调查 Andrus 生平时，律师什么都没能说出来。初审法院认为 Andrus 已经提出了足够的证据证明律师没有进行有效辩护，决定签发人身保护令并重启量刑程序。然而德克萨斯州刑事上诉法院则主张，Andrus 提出的证明律师做无效辩护的证据不符合 *Strickland v. Washington* 案[3]确立的标准[4]。

争议焦点：Andrus 提出的证明律师做无效辩护的证据是否符合 *Strickland* 案确立的审查律师无效辩护的标准。

判决结果：2020 年 6 月 15 日，美国联邦最高法院作出裁决，撤销德克斯萨州上诉法院的裁决，将案件发回德克萨斯州上诉法院重新审理。该案的判决意见书以美

〔1〕　*Navarette v. California*，572 U. S. 393 (2014).

〔2〕　判决原文参见 "*Terence Tramaine Andrus v. Texas*"，载 https：//www. supremecourt. gov/opinions/19pdf/18-9674_ 2dp3. pdf，最后访问日期：2021 年 3 月 1 日。

〔3〕　Strickland v. Washington，466 U. S. 668.

〔4〕　1984 年，美国最高法院在 *Strickland* 案中确立了对无效辩护两步走的审查标准：律师的行为是否破坏了对抗制诉讼程序的正常运作，以至于通过审判获得的结果的公正性不可信赖；律师的行为是否对被告人的利益造成了损害。前者称之为行为标准，后者称之为损害标准。*Strickland* 案确立的律师无效辩护的审查标准成为了司法审查律师行为是否无效的基本标准。

国联邦最高法院的名义作出（Per Curiam Decision）。

判决理由：美国联邦最高法院法官经审理发现，辩护律师在初审阶段没有做无罪辩护。Andrus 被判决有罪后，在量刑阶段，律师仅在程序开始时使 Adrus 的母亲和生父作为证人出庭。Andrus 的母亲仅就 Andrus 基本的生平信息进行作证，隐瞒了她自己的吸毒历史以及在 Andrus 童年时期对其实施虐待的事实。Andrus 的父亲只跟 Andrus 在一起生活了 1 年且近 6 年都没有再见过 Andrus。律师本欲不再出示证据，但是在陪审团不在场的情况下与法官进行私下讨论后，律师又请求法院传唤专家证人到庭就使用毒品会对未成年人大脑造成的一般影响进行作证。此外，律师还请求法院传唤了曾经接触过 Andrus 的监狱顾问以及 Andrus 本人就其在年少时曾经接触并使用过毒品向法庭进行陈述。

美国联邦最高法院在多数意见书中详细列举了 Andrus 在被抚养期间的可怕经历的细节、企图自杀的细节以及其他减轻量刑的证据，主张辩护律师几乎没有进行减轻量刑情节的调查、提出的减轻量刑证据得到了适得其反的效果、没有就州加重量刑的证据进行调查、且没有出示他本应出示的对减轻量刑有重大作用的证据，因此，辩护律师的辩护行为存在缺陷，符合 *Strickland* 案确立的行为标准。

美国联邦最高法院进一步指出，尽管辩护律师的行为存在缺陷，但没有任何记录显示德克萨斯州上诉法院就该案是否存在符合 *Strickland* 案所确立的行为损害标准的情况进行过分析，因为德克萨斯州上诉法院在其裁决中仅用一句话指出 Andrus 提出的证明律师无效辩护的证据不符合 *Strickland* 案确立的审查标准，但未说明依据。因此，美国联邦最高法院撤销了德克萨斯州上诉法院的裁决，将该案发回德克萨斯州上诉法院进行重新审理。

二、英国刑事诉讼规则的最新发展 *

（一）2020 年英国《刑事程序规则》[1] 的修订情况

英国《刑事程序规则》（The Criminal Procedure Rules）每 5 年整体修订 1 次，其目的在于将 5 年内通过修正案进行修订的条款与原《刑事程序规则》进行整合。2020 年，英国《刑事程序规则》再次进行整体修订，并于 2020 年 10 月 5 日正式生效实施。2015 年《刑事程序规则》（本部分简称"15 年规则"）随即废止。

2015 年至 2020 年，英国《刑事程序规则》以修正案的形式修订了 11 次。因此，相比较于"15 年规则"，2020 年的《刑事程序规则》（本部分简称"20 年规则"），除将 11 份修正案中涉及的修改条款与"15 年规则"进行合并外，还重新对"15 年规则"的第 3 部分进行了整理以确保法条顺序正确，并在该部分增加了听证的基本规则。此外，"20 年规则"还将"15 年规则"中部分规则的顺序进行了调整，以取

---

* 执笔人：中国政法大学诉讼法学研究院李本森教授、北京工商大学刘亚男讲师。

〔1〕 规则原文参见"2020 年《刑事程序规则》（The Criminal Procedure Rules 2020）"，载 http://www. legislation. gov. uk/uksi/2020/759/contents/made，最后访问日期：2021 年 3 月 1 日。

代第 44 部分中在司法实践中不再适用的条款。

"20 年规则"对"15 年规则"具体内容的修改，主要涉及以下内容：

1. 文书送达（第 4 部分）。

2. 指控盗窃或破坏所需的证据材料（第 7 部分）。

3. 将案件移送到王座法院进行审理时必须同步移送的证据材料（第 9 部分）。

4. 起诉书的内容（第 10 部分）。

5. 对特殊保护措施的实施指引（第 18 和第 39 部分）。

6. 高等法院法官在引渡案件的上诉审程序中可以行使的权力（第 50 部分）。

除上述针对"15 年规则"具体内容进行的修改外，"20 年规则"还将"15 年规则"中设定的期限修改为以工作日计的等效时限，省略了"15 年规则"中的连接词，且暂时保留了 2020 年《冠状病毒法案》对《刑事程序规则》作出的临时修订。

（二）2020 年《冠状病毒法案》[1]

2020 年各国的政治、经济等秩序都受到了新冠疫情的影响被迫作出相应调整，司法秩序也不例外。2020 年 3 月 25 日，英国议会颁布了《冠状病毒法案》（Coronavirus Act 2020），以应对新冠疫情对社会方方面面造成的冲击。其中涉及刑事诉讼程序的有 6 项，具体内容如下：

1. 1998 年《犯罪与骚乱法案》和 2003 年《刑事司法法案》经 2020 年《冠状病毒法案》修改后，允许参加人使用实时视频或实时音频的方式参加预审听证会、量刑听证会和刑罚执行听证会，以及包括初审和上诉审程序在内的符合条件的刑事程序；

2. 2020 年《刑事诉讼程序规则》中的临时修正案条款——第 2.1（4）条，删除了对未修订法案进行增补以及替代与已修订法案兼容的法案的程序性要求；

3. 对 2003 年《引渡法案》进行修订，允许参加人使用实时视频的方式参加引渡听证和准备引渡听证；

4. 对 1983 年《精神卫生法案》进行修订。根据 1983 年《精神卫生法案》，刑事法院只有在 2 名注册医生出具证据，且其中至少 1 名医生在诊断或治疗精神障碍方面具有专项经验的情况下，才能对被告作出拘留并治疗的命令。2020 年《冠状病毒法案》对该规定作出修订，以便在上述要求不切实际或可能造成不必要的延误时，法院可以根据 1 名相关从业者提供的证据签发命令；

5. 对 2003 年《法院法》进行修订，如果诉讼程序是完全通过实时连线的方式进行的，那么特定情况下法院可以通过广播或录音的方式给予指引。

三、日本刑事诉讼法的最新发展 *

2020 年对于日本乃至全球都是极为特殊的一年。随着新冠肺炎在日本各地的蔓

---

〔1〕　法案原文参见"2020 年《冠状病毒法案》（Coronavirus Act 2020）"，载 https：//www. legislation. gov. uk/ukpga/2020/7/contents/enacted，最后访问日期：2021 年 3 月 1 日。

* 　执笔人：中国政法大学诉讼法学研究院倪润副教授。

延，日本司法系统也相应地做出了积极应对。相较于依然处于修法后探索阶段的日本刑事诉讼法，日本司法系统 2020 年针对新冠肺炎的应对措施更值得我们关注，因此笔者拟对日本司法系统 2020 年的最新动态进行介绍。以下笔者将着重选取其中具有代表性的两大亮点进行说明，分别是：其一，日本司法系统关于防范新冠肺炎感染的应对措施；其二，日本律协面向全体国民提供的法律咨询服务。

（一）防范新冠肺炎感染的应对措施

尽管抗击新冠肺炎的形势严峻，2020 年日本司法系统依然正常运行，这很大程度上归功于日本司法系统对新冠肺炎所做出的谨慎、周全的应对。新冠肺炎蔓延之初，日本最高法院、法务省、最高检察厅以及律协均及时发布了感染防范措施，其中，以法院系统的规定最为具体。以下笔者将以日本法院系统为例进行说明。根据日本最高法院公布的《新冠肺炎感染防止对策》的规定，防范措施主要包括以下内容：[1]

第一，确保口罩的佩戴。法院工作人员和来院人员在法院停留期间应当全程佩戴口罩。法院应当在送达当事人的出庭通知文书中明确记载来院佩戴口罩的事项。如果当事人未佩戴口罩，法院应当提供口罩。拒绝佩戴口罩者，原则上拒绝入院，但以下情形除外：①由于健康上的原因，不合适佩戴口罩的；②由于听力障碍，需要通过看清对方唇形才能沟通的；③翻译人员需要看清对方唇形才能沟通的。以上相关人员未能佩戴口罩的，应当与他人保持 2 米以上的距离。

第二，确保法院工作人员和来院人员身体无相关的不良症状。法院入口处设置测温装置，如果发现有异常情况的，应当做如下处理：①法院工作人员有发烧、感冒等不良症状的，及时安排其在家休息。②来院人员有发烧、感冒等不良症状的，拒绝其进入法院。

第三，法院工作人员和当事人确诊后的处理措施。①法院工作人员确诊后应当及时向法院汇报，法院应当立即安排其在家休息。法院应当迅速掌握该人出现发烧、感冒症状 2 天前直到最近一天工作中所接触的人和案件。如果该人是无症状感染者，法院应当迅速掌握该人做核酸检测之日起 2 天前直到最近一天工作中所接触的人和案件。掌握以上信息之后，法院应当及时通知相关的密切接触者。同时，法院还应当及时协调该人在患病期间无法处理的工作。②当事人确诊后，法院应当及时掌握其在法院期间的所有密切接触者。根据案情需要，法院认为确有必要对被羁押的确诊当事人调查取证的，法院工作人员和当事人双方都应当佩戴口罩并且保持 2 米以上距离。调查取证的场所应当安排在通风的空旷空间，且法院工作人员和当事人之间应当有隔板隔断，但隔板的设置不能阻拦双方声音的传播。

---

〔1〕 参见"新型コロナウイルス感染症対策についてのお知らせ（'新冠肺炎感染防止的通知'）"，载 https://www.courts.go.jp/about/topics/vcmsFolder_ 1057/index.html，最后访问日期：2021年 2 月 10 日。

第四，法院内注意3个"密"的回避，即①避免密闭空间，室内应当勤通风。②避免多人聚集于一个密集的环境中。③避免人与人之间的密切接触。具体而言，首先，旁听席的设置。通常情况下，旁听席内每人间隔一个位置同向而坐。旁听者应当佩戴口罩，禁止发言。在裁判员审理的案件中，如果旁听人数众多的，旁听席应当设置成多列的形式，每列间隔1米。其次，法庭等各功能室使用上的注意点。①严格控制同一案件中来法院的人数。当事人、代理人、辩护人以及检察官等人的人数都应当控制在所必要的最小限度。②选择宽敞的房间，室内每人都应当佩戴口罩，且间距1米以上。③为避免人员的密切接触，法庭等各功能室内当事人的坐席应当重新设置。室内坐席间距小于1米的，应当设置挡板。裁判员审理的案件中，法官和裁判员之间应当设置隔板，裁判员和裁判员之间也应当设置隔板。④室内空气应当至少每小时换气一次，每次换气10分钟以上。如果室内既没有窗户，也没有换气设施的，该房间仅能供法官举行电话会议使用。最后，为了避免人与人之间不必要的接触，提倡法院工作人员在家办公。法官以及其他法院工作人员根据案情需要，如果没有必要在法院办公的，可以申请特定时间在家办公。

第五，重视洗手和消毒措施。①法院内应当张贴洗手和消毒的海报，让院内人员知晓其重要性。②法院出入口处、咨询台、法庭以及各个房间门口和室内都应当放置消毒液以供使用。③不特定多数人使用的公用物品，比如麦克风等，应当在使用后及时消毒。特定多数人使用的公用物品，比如公用电话等，应当定时消毒。其他触摸频率较高的公用物品，比如门把手、桌子、复印件、电梯按钮等应当定时消毒。

第六，其他对策。法院内用餐时应当尽量避免相互交谈，确有必要交谈的，应当佩戴口罩后再交谈。用餐室内每个坐席之间应当设置挡板，避免人与人之间面对面无遮挡地进食。

（二）日本律师协会的法律咨询服务

2020年，日本律师行业的业务量陡然增加，其中相当一部分都是与疫情相关的。鉴于此，日本律师协会开设了新冠肺炎法律咨询热线，为广大民众提供法律咨询服务。根据规定，每名咨询者首次咨询时都有接受30分钟免费法律服务的权利。根据日本律师协会公布的《关于新冠肺炎法律咨询的统计》，咨询人包括个人和企业，其中个人咨询占绝大多数。关于个人的咨询内容，如下图所示，劳动问题和消费者相关问题占据了其中相当大的比例（参见图5-1）。具体而言，咨询的劳动问题主要包括：因疫情原因引发的雇佣纠纷、拖欠工资的纠纷、歇业补助的纠纷以及安全问题等（参见图5-2）。咨询的消费者相关问题主要包括：因疫情原因引发的取消金纠纷、退款纠纷以及欺诈等（参见图5-3）。值得特别关注的是，咨询案件中也有不少被咨询人是因为个人权利被侵犯而前来咨询的。比如，被咨询人费心保密多年的疾病史与确诊信息一起同时被公布在公司内部社交平台上。又如，被咨询人被邻居怀疑感染新冠病毒而受到整个社区的排挤，但实际并未感染，等等。[1]这些案件中被咨询人的权利都受到了不同程度的侵害，相关信息的传播给被咨询人的精神产生了伤害。

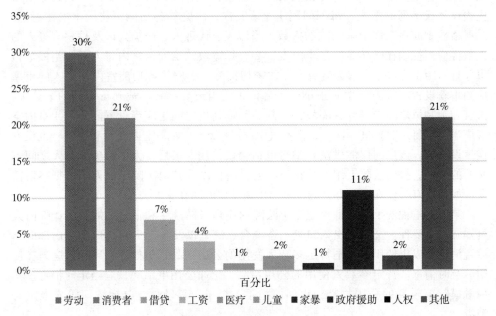

图 5-1 咨询内容分类图

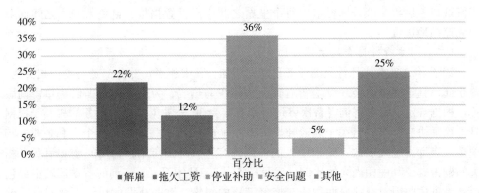

图 5-2 劳动问题

---

〔1〕 参见"新型コロナウイルス法律相談　全国統一ダイヤル（2020 年 4 月 20 日~同年 7 月 22 日）报告书（'新冠肺炎全国法律咨询热线报告书（2020 年 4 月 20 日至 7 月 22 日）'）"，载 https://www.nichibenren. or. jp/news/year/2020/topic2. html，最后访问日期：2021 年 2 月 20 日。

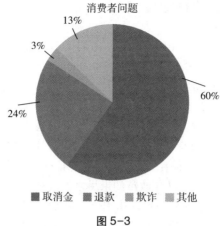

消费者问题

■取消金 ■退款 ■欺诈 ■其他

图 5-3

　　对于上述案件，日本律师协会开设的法律咨询热线及时地给人们提供了帮助，热线的开设对于日本社会的稳定具有重要作用。不仅如此，日本律师协会在公益的道路上还走得更远。该协会编写了详尽的《新冠肺炎消费者问题问答手册》，并公布在协会网站上供社会免费查阅。《新冠肺炎消费者问题问答手册》囊括了疫情期间人们日常生活中的诸多消费纠纷问题，连线上教学这样细节的问题都有详细的分析。比如，就线上教学中的纠纷，该问答手册回答了以下问题：①线上教学是否应当支付与线下教学相同的课时费？②学生方在解除线上教学合同时，是否应当支付违约金？违约金的上限是多少？③由于实施线上教学，教师无法面对面地辅导学生，最后学生未能考取满意的学校，该线上教学机构是否应当承担违约责任？针对上述问题，《新冠肺炎消费者问题问答手册》都做出了具体的分析和明确的回答，为疫情期间人们的工作和生活提供了及时且便利的指引。另外，日本律师协会还对疫情期间的中小企业提供了强有力的支持。日本律师协会在其网站上提供了企业如何在疫情期间减免贷款、税款的详细信息，甚至还编写了详尽的中小企业如何继续生存下去的方案，为疫情期间企业的存续提供了实实在在的支持。[1] 日本律师协会的上述行动对于疫情期间日本社会的法治运行起到了积极的推动作用，毫无疑问，日本律师协会显然是日本社会法治运行不可或缺的重要力量。

　　〔1〕 参见："日本弁護士連合会：新型コロナウイルス対応関連情報"（日本律师协会：新冠肺炎相关信息），载 https：//www. nichibenren. or. jp/news/year/2020/topic2. html，最后访问日期：2021 年 2 月 20 日。

四、德国刑事诉讼法的最新发展 *

（一）最新立法动态

1. 刑事诉讼现代化改革。2019 年 12 月 10 日，德国颁布《关于刑事诉讼现代化的法律》（Gesetz zur Modernisierung des Strafverfahrens），其中关于《德国刑事诉讼法典》的核心修订条款已于 2019 年 12 月 13 日正式生效。此次法律修订旨在保障刑事司法制度的良好运转，主要通过加快和改进法院的诉讼程序来促进刑事诉讼的现代化。[1] 刑事诉讼现代化改革实际上是 2017 年刑事诉讼实效化改革的延续，其改革目标与 2017 年"构造更高效且合乎实践的刑事诉讼程序"的目标一脉相承。在内容方面，此次改革吸纳了法官群体在 2017 年 9 月 26 日举办的第二届全联邦刑事法庭大会上所提出的诸多建议，对 2017 年改革的未尽之处进行了补充和完善。

在加快与改进法院诉讼进程的目标指引下，此次改革主要对当事人部分诉讼权利的行使进行了一定限制，包括因偏见申请法官回避的权利、对法庭组成提出异议及上诉的权利、申请取证的权利等。实践中，这些诉讼权利常常为当事人所滥用，导致诉讼拖延、效率低下。为此，新修订的法律主要通过设置更严格的使用条件、缩短申请期限、限制法律救济途径等手段防止上述诉讼权利的滥用。具体而言包括如下 3 项内容：

（1）对因偏见申请法官回避权利的限制。根据《德国刑事诉讼法典》[2] 第 24 条第 1、2 款，检察官、刑事自诉人和被告人拥有申请法官回避的权利，除存在法定回避情形以外，还可以因不信任法官中立性、担心法官有偏见而申请法官回避。早在 2017 年改革中，因偏见申请法官回避的程序就得到了简化：回避申请可以不必以书面形式提出，且在提出申请的同时不必一并提出理由或证据；法官可以为申请人指定合适的期限，令其在期限内书面提出申请回避的理由；如不能在期限内说明理由，法官可以驳回回避申请。如此，以往实践中因申请回避及长时间审查回避理由造成诉讼拖延的现象能够得到有效的缓解。

2019 年改革在此基础上进一步改善了此类回避申请造成的诉讼拖延问题。一方面，改革缩短了回避申请的期限。根据此次改革新增的《德国刑事诉讼法典》第 25 条第 1 款第 2 句，如果在主审程序开始之前就向控辩双方通知了法庭组成，则必须立即提出回避申请。如果无正当理由迟延申请，则不被允许。相比于以往可以在一审询问被告人个人情况之前提出回避申请的规定，改革后的申请期限大大缩短。此外，修订后的法律还取消了将法庭组成通知送达给辩护人的义务，由此导致被告人，尤

---

* 本部分执笔人：中国政法大学证据科学研究院施鹏鹏教授，博士研究生褚侨，硕士研究生韩冠宇，硕士研究生李美茜，硕士研究生申雨坤。

〔1〕 Vgl. BR-Drs 532/19.

〔2〕 如无特别说明，均指德国现行刑事诉讼法典。Vgl. Strafprozeßordnung in der Fassung der Bekanntmachung vom 7. April 1987 (BGBl. I S. 1074, 1319), die zuletzt durch Artikel 3 des Gesetzes vom 9. März 2021 (BGBl. I S. 327) geändert worden ist.

其是处于羁押状态的被告人，难以及时与辩护人沟通，以决定是否提出回避申请。因此有德国学者认为，该项法律修订有规避辩护权的嫌疑。[1]另一方面，此次改革还取消了因审查回避申请中止主审程序的规定。根据现行《德国刑事诉讼法典》第29条第2款，主审程序不因回避申请的提出而推迟。在法庭就回避申请作出决定之前，被申请回避的法官仍然可以继续参与审理。而关于回避申请的决定必须在2周之内作出，且不能迟于判决宣布之时。因此，即使某一法官可能依申请回避，但仍然可以继续在长达2周的时间内参与案件审理。如果一些简单案件可能在2周之内审结，那么该法官甚至可以参与整个诉讼程序直到判决作出。由此可见，当事人申请法官回避的实际效果被大大削弱了。

（2）对法庭组成异议权和上诉权的限制。根据《德国刑事诉讼法典》第222a条，如果一审主审程序是在地方法院或地方高等法院举行，则最迟在主审程序开始时应当向控辩双方通知法庭组成。如果控辩双方认为法庭组成违法（例如陪审员未依法宣誓、合议庭组成不符合《法院组织法》的相关规定等），可以提出异议（Besetzungseinwand），甚至可以以此为由提起非常上诉（Besetzungsrüge）。在此次改革中，这一制度有较大的调整：

第一，法庭组成通知不再必须送达给辩护人。法官当然也可以根据一般的送达规定通知辩护人法庭组成，但这并非强制性的义务。由此，未来辩护人可能需要自行与被告人沟通获知法庭组成。

第二，提出法庭组成异议的期限限定为1周。根据《德国刑事诉讼法典》第222b条第1款的规定，法庭组成异议只能在法庭组成通知送达之日起，或者在主审程序公布法庭组成时起，1周内提出。由此可以预见，为了避免主审程序被法庭组成异议打断，以后实践中在主审程序开始时公布法庭组成的做法将成为例外。

第三，为审查法庭组成中止主审程序的限制。如果是在主审程序开始前不足1周才通知法庭组成或者组成情况的变更，或者是在主审程序开始时才公布法庭组成，则法庭可以依据被告人、辩护人或者检察官的申请中止主审程序。但这一申请至迟须在开始就案情讯问第一位被告人之前提出。此次改革又增加了1项条件，即可以预见主审程序能够在第222条第1款所规定的期限内结束。也就是说，如果案件较为简单，主审程序可以在法庭组成通知送达或宣布后的1周内结束，就允许依控辩双方的申请先中止主审程序，以审查法庭组成。但如果案件较为复杂，主审程序不可能在上述期限内结束，则法院不能中止主审程序。此时，法庭组成的审查并不阻碍主审程序的继续进行。

第四，针对法庭组成异议的预先裁决程序（Vorabentscheidungsverfahren）。改革后，如果一审法院认为当事人提出的法庭组成异议无正当依据，不能再以裁定的形

---

〔1〕　Stefanie Schork, "Das Gesetz zur Modernisierung des Strafverfahrens—Änderung der Kräfteverhältnisse zum Nachteil der Verteidigung", Neue Juristische Wochenschrift, Jahrgang 2020, Heft 1, S. 2.

式直接驳回，而是需要在 3 日之内提交给上诉审法院[1]进行审查决定。如果上诉审法院审查后认为，法庭组成异议具有正当依据，则可以作出确认法庭组成违法的决定。但如果在上诉审法院就异议作出决定之前，一审程序已经宣布判决，则无需再审查异议成立与否。如当事人仍然认为法庭组成违法，可以以此为由提起非常上诉。

第五，针对预先裁决程序中法庭异议决定的有限上诉。针对上诉审法院在前述预先裁决作出的决定不能再提起非常上诉。只有当上诉审法院未能在预先裁决程序中作出决定，且符合以下 3 个条件之一时，才能提起非常上诉：①（一审法庭）违反了关于通知法庭组成的规定；②在期限内以规定形式提出的法庭组成异议被法庭忽略或驳回；③尽管提出了中止主审程序的申请，但未能在一周期限内审查法庭组成。此外，如果上诉审法院在预先裁决程序中确认一审法庭组成违法，但一审法庭仍然在未更换法庭组成的情况下继续审理案件并作出判决，也构成非常上诉的理由。同时，由于针对法庭组成的异议权和上诉权是贯彻德国宪法上的法定法官原则（《德国基本法》第 101 条第 1 款）的必然要求，因此当事人在部分情况下仍然可以对上诉审法院在预先裁决程序中作出的决定提起宪法诉愿。

这一法律修订虽然通过减轻法庭义务、缩短异议期限等做法限制了法庭组成异议权和上诉权的行使，在一定程度上能够防止诉讼权利的滥用，但交由上诉审法院预先裁决的做法却是增加了程序的繁琐性，也加重了作为上诉审法院的地方高等法院、联邦最高法院的负担。原本立法的目的应当是尽早明确法庭组成，以免因法庭成员更换导致主审程序重新进行。但现在的修订并未达到这一目的，反而因为限制中止主审程序的做法导致重新进行庭审的风险增加。

（3）对申请取证权的限制。申请取证权是当事人的一项重要诉讼权利，规定于《德国刑事诉讼法典》第 244 条及以下条款中。在 2017 年的刑事诉讼改革中，为遏制实践中滥用申请取证权拖延诉讼的现象，法律规定了由审判长指定申请取证期限，并允许对迟延提出的证据调查申请在判决中一并作出答复，有效地提高了诉讼效率。此次改革又在此基础上进一步限制了当事人的申请取证权，主要包括如下 2 项举措：一是提高了对证据调查申请理由的要求；二是创设了无需作出正式裁定即可驳回证据调查申请的规定。

修订后的《德国刑事诉讼法典》第 244 条第 3 款增加了对证据调查申请的法律定义，并吸收了司法判例中对证据调查申请合法性的判断标准，对证据调查申请所应列明的内容提出了更高的要求。根据该规定，证据调查申请应当用严肃的态度在主审程序中以口头或者书面形式提出，且至少应列明 3 项内容：①具体的、与定罪处刑问题相关的待证事实；②申请调取的具体证据方法；③该证据方法能够证明待证事实的理由，也即证据方法与待证事实之间的关联性（Konnexität）。针对这一改革，有学者提出批评，认为证据调查申请没有必要说明关联性，这样会过分加重申

---

〔1〕　如果一审法院为地方法院，则上诉审法院即为地方高等法院，依次类推。

请人的负担。

根据《德国刑事诉讼法典》第 244 条第 6 款，原则上法官驳回当事人的证据调查申请需要以裁定的形式作出。但如果申请人是故意以拖延诉讼为目的提出证据调查申请，且申请调取的证据对证明有利于申请人的情况毫无帮助，则法官可以直接根据第 238 条第 1 款规定的诉讼指挥权驳回申请，无需再作出正式的裁定。这一修订是申请取证制度的一大创新，赋予了法官抵抗申请取证权滥用的有效武器。

除上述 3 项关于诉讼权利限制的改革之外，此次法律修订还有如下几处重要变化：一是允许有共同利益的附带起诉人共用一位代理人；二是子女抚育假和女性的产假可以成为延长主审程序中止时间的理由，由此主审程序的中止时间最长可达 3 个月；三是扩大了对询问证人适用录音录像的范围，不再仅限于需要受保护的未成年人，特定情形下的成年人也在适用范围内；四是扩大了分子基因检查措施和电信监控措施的适用范围；等等。

对于 2019 年德国刑事诉讼现代化改革的成效，德国学者基本持消极看法。[1]一方面，此次改革只是在 2017 年改革基础上的小修小补，并没有从根本上解决刑事诉讼结构上的问题，也没有过多作用于诉讼效率的提高；另一方面，此次改革还带来了一些新的问题，例如设置预先裁决程序给上诉审法院增加的业务负担、延长中止主审程序时间带来的审理记忆模糊问题等。整体而言，2019 年刑事诉讼现代化改革的意义并不大，且与"现代化"的主题也相差较远。

2. 强制辩护制度改革。2019 年 12 月 10 日，为了将欧盟 2016 年 10 月 26 日发布的《关于为刑事诉讼中的犯罪嫌疑人、被指控人以及在欧洲羁押令执行程序中的目标人物提供诉讼费用援助的指令》（RL 2016/1919，本部分简称 PKH 指令）以及2016 年 5 月 11 日发布的《关于在刑事诉讼中为儿童、犯罪嫌疑人或者被指控人提供程序保障的指令》（RL 2016/800）转化为国内法，德国颁布了《关于修改强制辩护制度的法律》（Gesetz zur Neuregelung des Rechts der notwendigen Verteidigung），于2019 年 12 月 13 日正式生效。[2]长久以来，德国刑事诉讼中的强制辩护制度面临着两大诟病：一是对于被告人的诉讼费用援助不足；二是在侦查程序中几乎无法申请强制辩护。2017 年刑事诉讼实效化改革对强制辩护的适用做了一定扩张，将侦查程序中的法官询（讯）问（richterliche Vernehmung）纳入法定强制辩护情形之中。此次改革又进一步将强制辩护制度扩充适用于侦查程序，并将依申请指定辩护人作为原则，以依职权指定辩护人为例外，这与以往的强制辩护理念大相径庭。经过梳理，改革的主要内容如下：

〔1〕 Stefanie Schork, "Das Gesetz zur Modernisierung des Strafverfahrens—Änderung der Kräfteverhältnisse zum Nachteil der Verteidigung", Neue Juristische Wochenschrift, Jahrgang 2020, Heft 1, S. 2; Susanne Claus, "Zur Modernisierung des Strafverfahrens", Neue Zeitschrift für Strafrecht, Jahrgang 2020, Heft 2, S. 57.

〔2〕 BGBl 2019 I 2128.

（1）强制辩护情形的扩大。法定的强制辩护情形规定于《德国刑事诉讼法典》第140条，包括：①可以预期，一审主审程序在地区高等法院、地区法院或者陪审法庭进行；②被告人被指控犯重罪；③诉讼可能导致职业禁止的后果；④法院必须根据第115、115a、128条第1款或者第129条规定决定是否对被告人实施羁押或者临时安置；⑤基于法官命令或法官许可将被告人安置在医疗机构；⑥为鉴定被指控人的精神状态做准备而考虑根据第81条将其安置在医疗机构；⑦可以预期会进行保安处分程序；⑧既有的辩护人被法官裁决不能参与诉讼程序；⑨已经依据第397a条、第406h条第3、4款为被害人指派了律师；⑩在法官询（讯）问中，基于保护被告人权利的重要性而有必要令辩护人参与时；⑪有视力、听力或语言障碍的被告人提出申请；⑫其他因犯罪情节严重、预期的刑罚后果严重或者事实、法律情况复杂而必须由辩护人参与的情形。相比于改革前的规定，现在的强制辩护情形中增加了"预期"进行何种程序、有何种后果的表述，这意味着，不必仅在实际程序进行或结果发生时才适用强制辩护，只要在侦查程序中可以预见到后续程序符合条件即可适用。由此可见，强制辩护的适用范围从原本的主审阶段向侦查阶段大幅扩张。

（2）被告人自主权的增强。在改革前的强制辩护制度框架下，无论被告人是否愿意获得辩护人的帮助，只要存在法定的强制辩护情形，就必须有辩护人参与诉讼，如果被告人不自行委任辩护人，则由法官为其指定义务辩护人。虽然被告人有提名辩护人的权利，但辩护人的最终指定权和申请指定权几乎完全掌握在法官和检察官的手中，且被告人对于法官和检察官的决定没有提出异议的机会，因此被告人在强制辩护情形下的自主权非常小。此次改革大大增强了被告人的自主权：首先，根据《德国刑事诉讼法典》第141条第1款的规定，存在强制辩护情形时，如果被告人在受到犯罪指控时尚未延请辩护人且申请指定义务辩护人，则应当立即为其指定辩护人。这一申请可以以口头形式提出。对于该申请至迟应在讯问被告人或者进行对质之前作出决定。其次，只有在第141条第2款规定的特殊情形下，法官才可以依职权指定辩护人，例如法院为决定实施羁押或临时安置而传唤被告人、在侦查程序中被告人明显在接受讯问或对质中无法为自己辩护等情形。最后，无论是依申请还是依职权指定辩护人，被告人都有提名辩护人人选的机会。除非存在重大的相反理由，否则法官必须按照被告人选择的辩护人进行指定。同时被告人还有申请变更指定辩护人的权利。

（3）辩护人指定程序的细化。除前述较为重大的制度变革之外，此次改革还进一步细化了指定辩护人的相关程序。首先，与依申请指定辩护人的变化相适应，法律增加了告知被告人申请指定辩护人权利的规则。其次，法律进一步明确了被告人提交申请的对象和决定程序。被告人在侦查程序中申请指定辩护人，应当向警察局或警官、检察官提出；在提起公诉后申请时，则应当向负责案件审理的法庭的审判长提出。警察收到申请后应当立即转送给检察官。检察官审查后提出自己的意见连同申请书一并交由主管的法院作出决定。紧急情况下，检察官也可以自行决定，但必须在 1 周内获得法院的确认。再次，针对法官作出的指定辩护人决定（包括变更指定辩护人的决定），被告人可以提出立即抗告。最后，指定的辩护人通常应当履职直至诉讼获得具有法律约束力的裁决（包括程序停止的裁决、最终的判决等）。如果在此期间，强制辩护的情形消失，则可以取消指定。

可以说，此次强制辩护改革是一项根本性的改革，不仅修订了一些程序上的细节规定，更改变了强制辩护制度的基本理念。德国的强制辩护制度一直带有较强的"家长式"色彩，将对被告人权利的保障和公正审判的维护优先于被告人个人意愿。因此该制度所面临的最大问题就是如何处理要求辩护人参与诉讼和尊重被告人自主决定权之间的冲突。此次强制辩护制度改革大大增强了被告人的自主决定权，有效地回应了上述问题，缓解了二者之间的冲突。

3. 新冠疫情对刑事诉讼法的影响。2020 年，全球各地相继爆发新冠疫情，基于防疫的需要，人们之间的接触与交流受限，对刑事司法也产生了较大的影响。2020 年 3 月 25 日，在联邦司法部的动议下，联邦政府提出了《关于缓解新冠疫情对民法、破产法和刑事诉讼法影响的法律》（Das Gesetz zur Abmilderung der Folgen der Covid-19-Pandemie in Zivil-, Insolvenz-und Strafverfahrensrecht，本部分简称"疫情法"）的草案，并在 2 天后迅速为联邦议会通过并颁布生效。该法第 3 条规定了对《德国刑事诉讼法典施行法》（Einführungsgesetz zur Strafprozessordnung，本部分简称"施行法"）[1] 的修订。修订后的"施行法"第 10 条是关于因防疫措施延长主审程序中止期限的规定：无论主审程序已经持续多久，只要因为预防新冠疫情传播而采取的措施导致主审无法进行，就应当延长《德国刑事诉讼法典》第 229 条第 1 款、第 2 款所称的主审程序中止期限，但最长为 2 个月；庭审中止期限最早只能在延长事由消失的 10 天后截止。延长的开始与结束由法院以裁定形式作出，针对该裁定不可提出异议。前述规定也相应适用于《德国刑事诉讼法典》第 268 条第 3 款第 2 句所规定的判决宣布期限。

（二）典型案例

1. 强制辩护制度的相关案例。

（1）拒绝指定额外辩护人时的裁量空间[2]。被告人被指控参与恐怖组织活动，同时涉嫌爆炸罪、故意毁坏财物罪、使用违宪组织的图标等多个罪名。案件在德累斯顿地方高等法院审理。该法院的侦查法官为被告人指派了 1 名律师作为义务辩护人。大约 2 年之后，被告人申请再指派 1 位义务辩护人，理由是基于诉讼材料的繁多复杂，只有 2 名辩护人分工合作才可能进行有效的辩护。这一申请为地方高等法院刑事法庭的审判长驳回。对此，被告人向联邦最高法院提出了抗告。

---

〔1〕"施行法"（Einführungsgesetz zur Strafprozessordnung）主要是刑事诉讼改革期间的过渡规则，为处于新旧法交替节点的刑事诉讼案件如何适用法律提供指引。

〔2〕 BGH, Beschl. v. 12. 11. 2020-StB 34/20.

根据《德国刑事诉讼法典》第 144 条，在强制辩护的情形下，如果额外指定辩护人对于保障程序顺利进行是必要的，尤其是考虑到诉讼的规模和复杂程度的情况下，除被告人自己选任或者根据第 141 条指定的 1 位辩护人之外，还可以额外指定最多 2 位义务辩护人；如果额外指定辩护人的必要性消失，即可取消对额外辩护人的指定。由此可见，额外辩护人的指定主要是为了保证诉讼顺利进行，与被告人的意志无关。如果主审程序需要持续很长时间，那么为了防止原有辩护人无法出席导致主审程序不能继续，就需要指定额外的辩护人作为替补参与诉讼。此外，如果诉讼材料过多以至于只有 2 名辩护人合作才能胜任辩护任务时，也有指定额外辩护人的必要性。但这些判断都属于法官的自由裁量空间。联邦最高法院只能审查，原法庭的审判长所做的裁量是否正确。判断诉讼在何种情况下能够顺利进行，恰恰是审判长发挥诉讼指挥功能的体现。负责审理抗告案件的法官可以通过代入审判长的角色，来判断其裁量是否正确。最终，联邦最高法院驳回了这一抗告。

该案例的主旨在于：针对拒绝指定额外义务辩护人的裁定提出立即抗告，负责审理抗告案件的法院应当审查，原法庭的审判长是否遵守了《德国刑事诉讼法典》第 144 条第 1 款规定的实质性条件的裁量范围并正确地作出了裁量决定。

（2）禁止溯及既往的辩护人指定[1]。2019 年 2 月 12 日，汉堡地方法院以非法买卖麻醉药品的罪名对被告人处以 100 日金额的罚款，并没收违法所得。随后，检察官以及被告人相继向汉堡地区法院提出上诉，上诉审判决撤销了部分没收违法所得的决定。被告人又对此判决向地区高等法院提出非常上诉，法院判决撤销上诉审的判决，并将案件发回地区法院重审。2020 年 7 月 16 日，法庭收到被告人的辩护人所写的申请书，请求将现在委任的辩护人指定为被告人的义务辩护人。7 月 30 日，审判长裁定驳回了这一申请。8 月 5 日，辩护人以被告人的名义针对审判长作出的裁定提起立即抗告。在抗告案件的审理过程中，法院认为，指定辩护人的效力只能从指定行为作出开始向后延伸，而不能及于已经经过的诉讼阶段，无论之前是否有辩护人参与诉讼。已经参与诉讼的辩护人想要在事后获得义务辩护人的身份，是为了满足被告人的诉讼费用援助利益，而非为了保障有效的辩护，这与强制辩护制度设立的目的有所背离。由此，法院驳回了被告人的抗告。

在 2019 年强制辩护制度改革后，有部分观点认为可以进行溯及既往的辩护人指定，以便减轻被告人的辩护费用负担，[2]但这是对 PKH 指令第 4 条的误解。该条款虽然规定了被告人申请诉讼费用帮助的权利，但前提条件是对于维护刑事司法利益有必要，因此只针对未来的诉讼程序有意义。指令从未规定，被告人可以在诉讼程序经过之后再申请免除辩护的费用，更不必说是在被定罪处刑之后本就有义务支付诉讼费用的情况下还申请指定义务辩护人了。

---

[1] OLG Hamburg Beschl. v. 16. 9. 2020-2 Ws 112/20, BeckRS 2020, 27077.

[2] Meyer-Goßner/Schmitt, § 142 Rn. 20.

2. 主审程序中止期限延长的相关案例。

（1）主审程序中止的最长期限[1]。格拉地区法院在 2019 年 7 月 26 日判决被告人犯有多起严重的结伙盗窃以及故意损害财物罪行，综合所有案件共判处被告人 7 年零 10 个月的有期徒刑，并没收其违法所得。该案中，主审程序开始于 2018 年 2 月 13 日，经过 21 个审判日后，于 9 月 18 日因合议庭审判员生病中止，10 月 29 日又继续进行。在陆续进行了共计 9 天的审判后，主审程序于 2018 年 12 月 18 日因为合议庭审判长生病而再次中止，直到 2019 年 2 月 6 日才又恢复。随后审判又进行了共计 6 天的时间，就因为审判员再次生病而于 2019 年 3 月 12 日中止，直到 4 月 16 日才又继续。判决作出后，被告人以一审法院违反程序法为由向联邦最高法院提起非常上诉，认为法庭在审理中未能遵守《德国刑事诉讼法典》第 229 条第 2 款规定的主审程序中止期限，因为根据第 229 条第 3 款多次延长中止期限的做法违反了集中审理的原则。

庭审中止期限是否可以根据第 229 条第 3 款多次延长？如果可以，需要满足什么条件？对于这些问题，学界和实务界在此前并无统一的意见。有一种观点认为，在第一次延长之后，主审程序应至少进行 10 天，才能再次延长，这是类比第 229 条第 2 款"庭审至少进行 10 天以上"的规定设置的条件。[2]但更为主流的代表性观点认为，只需要在 2 次中止之间至少进行 1 天的法庭审理就足够了。这也是联邦最高法院在本案中采纳的观点。本案的判决主旨在于：根据《德国刑事诉讼法典》第 229 条第 1、2 款，在第 229 条第 3 款第 1 句所规定的人员中的 1 位或多位反复生病时，原则上可以多次中断主审程序中止期限的计算，只要在 2 次主审程序中止之间至少进行 1 天的庭审即可。

（2）因防疫措施延长主审程序中止期限[3]。在比勒费尔德地区法院审理的一起案件中，被告人因猥亵儿童被定罪处刑。随后被告人向联邦最高法院提起非常上诉，理由是一审主审程序违反了《德国刑事诉讼法典》第 229 条第 1 款以及"施行法"第 10 条关于主审程序中止期限的规定。该案中，在 2020 年 3 月 13 日的庭审结束后，审判长确定了下一个审判日为 3 月 31 日，但事实上是在 4 月 30 日才继续进行庭审。在此次庭审中，法官在听询了诉讼参与人的意见后作出裁定，确认了从 3 月 28 日至 4 月 29 日属于主审程序中止的延长时间。法官在裁定中援引了"施行法"第 10 条作为依据，并具体阐明了事实理由：审判长在 3 月 28 日得知，1 位陪审员的丈夫必须在 4 月 14 日做心脏手术且手术不可推迟，而根据医嘱，病人必须在手术前后的一段时间内避免感染冠状病毒，因此陪审员及其丈夫必须在医生建议的时间内与外界隔离。但被告人认为这一裁定涉嫌违法，一方面决定延长主审程序中止时间时已经超

---

[1] BGH, Beschluss vom 18. 11. 2020−4 StR 118/20; NJW 2021, 959.

[2] Zieschang StV 1996, 115 zu § 229 StPO idF v. 7. 4. 1987.

[3] BGH, Beschluss v. 19. 11. 2020−4 StR 431/20.

过了第 229 条第 1 款规定的"3 周"时限；另一方面，陪审员的家属需要避免感染，而非陪审员自己，不符合"施行法"第 10 条适用的前提条件。

对此，联邦最高法院认为，新的"施行法"第 10 条生效后，防疫措施成为延长主审程序中止时间的合法理由，法院所作的裁定只是为了确定延长的开始和结束时间，至于裁定本身是否在法定的 3 周中止期限内作出在所不问。此外，没有证据表明本案中不存在"施行法"第 10 条所要求的前提条件。虽然是陪审员的丈夫生病且需要预防感染病毒，但陪审员作为病人的近亲属无法避免与其密切接触，同样属于防疫措施的作用对象。因此法院因陪审员需要隔离而裁定延长中止时间的做法并不违法。该案例的判决主旨在于：首先，在医生建议诉讼参与人避免与外界接触以防止感染新冠病毒的情况下，可以适用"施行法"第 10 条延长主审程序的中止期限；其次，根据"施行法"第 10 条作出的延长裁定只有在确定延长开始和结束时间时才有意义，且对此裁定不可异议；最后，基于延长裁定的不可异议性，除法院过度放宽"防疫措施"的判断标准而肆意决定延长之外，不能对该裁定的正确性进行审查，也不能寻求宪法上的法律救济途径。

3. "Cum-ex 案"：不能因为感染新冠病毒的危险取消审判日[1]。近几年，以"Cum-ex"[2] 股票交易为手段进行逃税的案件在德国轰动一时，包括德意志银行在内的上百家金融机构及众多银行家都被卷入其中，接受调查。由于涉案人员众多，案情重大复杂，直到 2020 年仍然有部分涉嫌"Cum-ex"股票交易的行为人在波恩地区法院接受审判。其中有 1 位时年 77 岁的被告人 A，在地区法院指定审判日之后，以疫情期间参加庭审有感染新冠病毒的风险为由，向联邦宪法法院提出申请，要求其以临时命令的形式撤销地区法院指定审判日。

在本案中，检察官对 A 提起公诉后，波恩地区法院依法进行了中间程序，对公诉进行审查。在此阶段，被告人 A 提出，其早年间因患肺结核而切除了部分肺叶，且患有高血压、自身免疫性疾病等多种病症，并提供了相关的医疗证明。法官在听询了 A 的意见后，于 2020 年 10 月 15 日作出了开启主审程序的裁决，并确定将在 2020 年 11 月 17 日进行第一次庭审。2020 年 10 月 20 日，A 收到了法院送达的开庭传票，传票中除写明庭审日期外，还提示了在新冠疫情期间应遵守的规定：如果有疑似新冠肺炎的症状，就不能参加庭审；进入法院必须佩戴口罩、遮住口鼻；进门时必须进行手部消毒；与他人保持 1.5 米以上的距离。10 月 30 日，A 向地区法院提出取消审判日的申请，理由是自己的健康状况欠佳，在 2021 年 1 月之前都必须静养，而本案既没有诉讼时效即将届满的紧迫性，也不存在被告人被羁押的状况，因此没

---

〔1〕 BVerfG (2. Kammer des Zweiten Senats), Beschl. v. 16. 11. 2020-2 BvQ 87/20.

〔2〕 "Cum-ex"是一种股票交易策略，指在分发红利当天，同时进行出售和再次收购的行为。使用这种策略可以使买卖双方均拿到资本利得税退税，而德国联邦税务局只征收一次资本利得税，利用这一漏洞可以获得多余的利益进行分配。

有必要这么早开庭。同时，A 的家庭医生也出具了证明，认为基于 A 年事已高且具有多种基础性疾病，属于新冠病毒的易感人群，且一旦感染极有可能危及生命。随后地区法院根据《德国刑事诉讼法典》第 81a 条第 1 款第 1 句委派法医领域的鉴定人对 A 进行身体检查，以确定 A 是否具有就审能力，以及 A 如果感染新冠病毒是否比普通人更加危险、是否可以通过有效的预防措施显著降低感染风险等问题。最终，鉴定人认为，A 具有就审能力，且综合当时的疫情形势、对新冠肺炎的治疗手段以及法院的防疫措施来看，只要 A 以更加严格的方式遵守防疫规定（例如普通防疫要求与他人间隔 1.5 米，A 需要间隔 5 米），便能够有效地降低感染风险。据此，法院决定加强疫情防控措施，但不会推迟庭审，于 2020 年 11 月 10 日裁定驳回了被告人的申请。针对这一裁定，被告人向联邦宪法法院提出宪法诉愿，援引了《德国基本法》第 2 条第 2 款第 1 句规定的生命和身体不受侵犯的权利为依据，认为在 2020 年 11 月 17 日进行庭审会增加其感染新冠病毒的危险，侵犯了这一基本权利，据此申请以临时命令的形式取消这一审判日。

联邦宪法法院首先审查了该申请的合法性。一方面，被异议的裁定属于法院的中间判决，原则上单独对其提出宪法诉愿，除非存在急需对其进行合宪性审查，等不及终局判决作出后一并审查的情况。通常只有当中间判决会对当事人造成法律上的不利益，且这种不利益在事后不能再完全消除时，才符合这一条件。另一方面，被告人在提出宪法诉愿之前，并未穷尽所有的法律救济手段，其本可以根据《德国刑事诉讼法典》第 305 条第 1 句提出抗告，但未提出。虽然针对审判日的确定原则上不能进行抗告，但如果不是对确定审判日的合目的性有异议，而是认为审判日的安排时间违法时，仍然可以抗告。对此抗告，法院将会审查法官在确定审判日时的裁量行为是否有错误。因此，被告人提出的宪法诉愿不具有合法性。

但撇开宪法诉愿的合法性不谈，被告人所提出的理由也不足以说明地区法院违反了宪法。联邦宪法法院认为，在出席庭审可能损害被告人的身体健康时，需要在国家保障刑事司法良好运行的义务与宪法所保护的生命和身体不受侵犯的权利之间进行权衡。权衡时需要考量的因素包括刑事诉讼的种类、规模和可能持续的时间，以及可能造成的身体健康损害的种类、强度和避免损害身体健康的可能性。只有存在较为明显的、具体的损害身体健康的风险时，才能认为继续进行刑事诉讼侵犯了被告人的基本权利。但需要注意的是，刑事庭审的进行对被告人造成的身体负担不可能完全消除，为了刑事司法能够运转顺畅，对被告人的身体健康造成风险在一定范围内是可以容忍的。在这种权衡中，司法机关一方享有较大的裁量权。

（三）学说发展

在过去一年中，德国刑事诉讼的发展变化主要有 3 个动因：一是欧盟法的影响，例如欧洲逮捕令制度的确立，以及前述欧盟 PKH 指令的转化等；二是数字化时代的影响，数字技术的广泛应用催生了新型犯罪，同时也影响了刑事侦查的方式；三是疫情的影响，基于防疫需要，庭审的举行方式以及时限都需要作出相应的改变。德国学者近期对刑事诉讼的研究也大多围绕此类主题。

1. 关于欧盟法对刑事诉讼的影响。欧盟法除通过国内法转化义务影响德国刑事诉讼之外，主要通过设置有关国际刑事司法协助的相关制度产生影响。涉及该主题的代表性作品主要是朱莉娅·格努斯与安德烈亚斯·韦克迈斯特在2020年《整体刑法学杂志》上发表的《在非系统独立的法院中的公正审判？——欧洲逮捕令与请求在独立法院受审的权利：根据欧洲法院"塞尔默案"所作的考虑》一文。[1]本文所探讨的主要问题是：执行欧洲逮捕令的义务是建立在欧盟成员相互信任的基础之上，但如果在一个司法机关不再独立的国家，引渡与否尚在讨论，是否仍然适用这一义务？这一问题起源于波兰。自2015年起，波兰经过多次改革推动了司法系统的重构，但改革后的司法机关在系统上的独立性大大削弱甚至丧失。这便引起其他各国对其法院所审案件程序公正性的质疑，从而破坏了作为欧洲逮捕令执行义务前提的相互信任基础。波兰与包括德国在内的其他欧盟成员之间的引渡也往往遭到拒绝。本文以欧洲逮捕令制度立法时的基本考量为基础，论述了作为引渡基础的"相互信任"的作用方式，并以欧洲法院所判决的"塞尔默案"为例，阐释欧洲法院对引渡的原则与例外关系的看法。最终得出结论，对于在系统上非独立的法院受审的犯罪嫌疑人，只有在采取特殊的措施保障在个案中法官的独立性时，才考虑进行引渡。

2. 关于数字化对刑事诉讼的影响。

（1）弗雷德里克·施耐德："数字化对侦查程序的影响——刑事辩护实践中的启示"，载《国际刑法教义学杂志》2020年，第79~83页。[2]随着数字化技术的发展，涌现出许多新型犯罪，例如电信诈骗，非法获取个人数据等。这些新型犯罪有着独特的构成要件，也影响着此类犯罪的刑事侦查，主要体现在初始嫌疑的判断和通过电子数据处理系统进行搜查的措施2个方面。本文首先介绍了侦查程序的基本框架和所遵循的原则，点明了初始嫌疑作为侦查启动前提要件的重要性。随后分析了数字化在侦查程序中的表现形式，阐述了数字化对侦查机关行为方式的改变。在此基础上，文章分析了数字化技术对侦查程序的影响：一方面，可以利用数据分析更加容易地找到犯罪线索，更加容易达到初始嫌疑的条件；另一方面，刑事诉讼引入了利用电子数据处理系统进行搜查的措施，例如"在线搜查"，虽然可以达到更好的侦查效果，但也面临侵犯基本权利的质疑。

（2）拉尔夫·彼得·安德斯："大数据时代的隐私：关于检察官从第三方私人存

---

〔1〕 Julia Geneuss, Andreas Werkmeister, "Faire Strafverfahren vor systemisch abhängigen Gerichten? Europäischer Haftbefehl und Recht auf ein unabhängiges Gericht: Überlegungen anhand des Celmer-Urteils des EuGH", Zeitschrift für die gesamte Strafrechtswissenschaft, Vol. 132, Issue 1, 2020, S. 102ff.

〔2〕 Frédéric Schneider, "Auswirkungen der Digitalisierung auf das Ermittlungsverfahren: Impulse aus der Strafverteidigungspraxis", Zeitschrift für Internationale Strafrechtsdogmatik, 15. Jahrg., Heft 2, 2020, S. 79ff.

储机构获取个人信息的行为"，载《国际刑法教义学杂志》2020 年，第 70 ~ 79
页。[1] 本文探讨的主要问题是，为检察官调查个人电子数据提供正当性基础的传统
干预依据（也就是《德国刑事诉讼法典》第 161 条第 1 款和第 95 条），是否也能作
为使用大数据技术的支撑。文章首先运用法教义学的方法分析了《德国刑事诉讼法
典》第 161 条第 1 款和第 95 条作为传统的刑事诉讼干预依据的具体内涵，并以联邦
宪法法院针对信用卡数据调取所作的一起判决为例，具体阐释了这 2 个条款在具体
适用中的理解难题。随后又运用案例分析的方法论述了大数据案件中的信息答复要
求（第 161 条第 1 款）和出示义务（第 95 条），援引了联邦宪法法院的 2 个判例，
展示了联邦宪法法院对于信息答复请求和数据出示义务的理解和论证。最终，文章
得出结论，基于保护私人生活核心领域的必要性、处理措施公开性的要求以及对数
据使用最小化原则的遵循，针对私人数据存储主体的信息答复要求和数据出示义务
在合法性方面与传统的干预措施并无太大不同；但从基本权利保护的"延伸"中不
能推论出，在缺少秘密调取数据的法律依据时，所有从第三人处调取数据的行为都
是违法的。

3. 关于疫情对刑事诉讼的影响。

（1）马克西米利安·格里布的《以视频会议的形式进行言词审理——对实践的
观察》。[2] 基于疫情期间保持个人社交距离的要求，司法机关也越来越多地探索在
法院日常活动中使用电子设备远程交流的可能性。但联邦范围内，配置视频会议设
备的法院只有 148 家，且其中很少有法院愿意积极地采取视频庭审的方式。本文旨在
探究进行视频庭审在实践中所面临的问题，以便使用者能更加方便。法律虽然肯定
了视频庭审的合法性，但并未规定如何从技术上进行视频庭审。实践中，部分法院
聘请了 IT 技术人员安装了专门的视频会议设备，但更多的法院采取的是利用免费的
Skype 软件进行视频庭审。除此之外，文章还具体分析了视频转接的地点、法院的传
唤、视频庭审的具体流程和注意事项等问题，为法院在实践中进行视频庭审的具体
操作提供了指引。

（2）马库斯·瓦格纳："疫情期间的刑事司法——对《刑事诉讼法典施行法》
第 10 条的考量"，载《国际刑法教义学杂志》2020 年，第 223 ~ 232 页。[3] 本文主
要以 2020 年"疫情法"对刑事诉讼法的修订为背景，探讨了疫情期间因面对面交流
受限而对刑事诉讼的进行产生的影响。文章首先论述了疫情期间庭审公开性原则、

〔1〕　Ralf Peter Anders, "Die Privatsphäre im Zeitalter von Big Data: Zum staatsanwaltschaftlichen Zugriff auf
personenbezogene Daten in Speichern privater Dritter", Zeitschrift für Internationale Strafrechtsdogmatik, 15. Jahrg.,
Heft 2, 2020, S. 70ff.

〔2〕　Maximilian Greib, "Mündliche Verhandlungen im Wege der Videokonferenz: Beobachtungen zur Prax-
is", Juristische Schulung, Jahrgang 2020, Heft 6, S. 521ff.

〔3〕　Markus Wagner, "Die Strafjustiz in Zeiten der Pandemie-Überlegungen zu § 10 EGStPO", Zeitschrift
für Internationale Strafrechtsdogmatik, 15. Jahrg., Heft 5, 2020, S. 223ff.

证人出席义务以及庭审的召集方式、时限等制度面临的问题，认为解决问题的关键在于克服防疫要求与刑事诉讼程序要求之间的矛盾。紧接着，文章从探究立法者原意的角度分析了此次修订的"施行法"第 10 条，并对该条款提出了批评。在此基础上，文章进一步提出了"施行法"第 10 条的替代方案，针对原法条未涉及的羁押事项、大规模诉讼等方面的问题进行了补充和完善。

五、法国刑事诉讼法的最新发展*

2019 年新冠疫情的爆发，给全球都带来了困难与挑战。对于法国而言，社会的运转进入了停滞状态，除了审理紧急案件外，法国法院几乎不再运作，因此，刑事诉讼作为社会秩序与自由的保障，不可避免地需要进一步发展。为了使刑事诉讼程序适应疫情防控工作，法国政府通过了 25 项法令。如马克龙总统所言，颁布该法令的目的在于遏制新型冠状病毒这一对法国有着深重打击的流行病的蔓延。这些法令是根据 2020 年 3 月 23 日第 2020-290 号法令第 11 条发布的，该法令也被称为"应对Covid-19 流行病的紧急措施"，这一法令修订了刑事诉讼规则，并于 2020 年 3 月 26日在官方公报上进行公布。

为响应卫生紧急状态之要求，该法令从 3 月 24 日起进行为期 2 个月的试行，且这一期限只能通过新法律的颁布进行延长，同时根据疫情状况，该法令的试行也可能会提前终止。而适用范围也会根据实际情况进行调整，并可能在今后采取进一步措施，以期逐步解除部分地区的司法财政负担。

第 2020-303 号法令作为对刑事诉讼一般规则的修订，几乎每条规定都以"作为某条规定之例外"（par dérogation à）开头，这也表明了对原法条作出的保留。根据法令第一条，所采取的措施的目的是确保刑事法院活动的连续性。由此可见，法令所载之刑事诉讼一般规则的例外规定，其目的主要包括 2 点：一是维持疫情期间刑事司法系统的运作，二是最大限度地确保现在和之后的诉讼程序的安全。

（一）第 2020-303 号法令的主要内容及评价

2020 年 3 月 25 日关于刑事诉讼程序的第 2020-303 号法令对刑事司法系统的运作进行了重大改革，从而采取措施保障疫情扩散情况下诉讼和执行的顺利进行。司法机关采取的措施主要包括：①避免涉及刑事诉讼程序的当事人之间的接触；②在必要时重新组织合议庭；③对案件的诉讼期限作出调整。

1. 避免接触。为了避免诉讼当事人之间的接触，法令对公平审判的基本保障规则进行了修订：

第一，限制法庭公开审判。根据法令第 7 条规定："作为对《刑事诉讼法》第306 条和第 400 条规定的审判公开原则的例外，法院院长可在开庭前决定诉讼程序以限制性公开方式进行，如果无法保障出席庭审的人的健康，则以非公开形式进行。

---

* 本部分执笔人：中国政法大学证据科学研究院施鹏鹏教授，博士研究生褚侨，硕士研究生韩冠宇，硕士研究生李美茜，硕士研究生申雨坤。

在审判长确认的情况下，记者可以出席庭审，包括根据本条规定下令举行非公开庭审。"

但这条限制法庭公开审判的法令是否符合《欧洲人权公约》的规定？根据《欧洲人权公约》第6条，"基于对民主社会中的道德、公共秩序或者国家安全的利益，以及对民主社会中的少年的利益或者是保护当事人的私生活权利的考虑，或者是法院认为，在特殊情况下，如果公开审判将损害公平利益的话，可以拒绝记者和公众参与旁听全部或者部分审讯"。由此可见，第2020-303号法令出于保护人民与维护公共秩序的目的而限制公开审理，符合《欧洲人权公约》和法国宪法的规定。但在另一方面，《欧洲人权公约》对于判决的公开宣布，并无例外规定。而法令第7条却规定"审判长也可以命令以同样的方式作出判决，在这种情况下，判决的执行部分应毫不拖延地出示在法院或法庭可供公众查阅的地方"。这种非公开判决显然是有悖于《欧洲人权公约》之规定。然而现在欧洲人权法院认为，这种判决出示的方式满足公示的要求，只有完全向公众隐瞒整个判决的行为才会被禁止。因此，本法令规定的限制法庭公开审判是"合法合理"的。

第二，使用电子通信设备。在疫情暴发时，电子通信是减少人们接触的理想工具，早在2019年3月23日第2019-222号法令通过的，关于2018-2022年规划和司法改革中便有关于网络诉讼的内容。然而令人遗憾的是，由于疫情原因，线上诉讼服务系统"诉前"（pré-plainte）尚未投入运行。因此，本法令第5条作出规定："作为对《刑事诉讼法》第706-71条的例外，除重罪法院外，所有刑事法院都可以使用电子通信设备，而无需征得当事方的同意。"因此，除了重罪法院，其他所有法院均可在不经当事人同意及不需要法官说明理由的情况下，通过视频会议进行庭审，这是视频会议在司法系统中的应用的一场前所未有的拓展。如果物质条件或技术条件都不允许使用视频会议，法官还可以决定使用任何其他电子通信手段，包括电话（该手段已经被最高法院批准在不可抗力的情况下决定临时性羁押时使用），以确保庭审的电子传输质量和当事人与其律师之间交流的保密性。然而法官必须"随时"确保诉讼程序的顺利进行，书记官应对诉讼程序进行记录。这标志着"FaceTime"司法时代的到来。

同样，该法令第19条规定，"在无法使用视频会议的情况下，可就延长临时性羁押的决定向自由与羁押法官提出书面程序。然后，自由与羁押法官应根据共和国检察官的书面请求和诉讼当事人及其律师的书面意见作出决定，如有需要，当事人的律师可以在必要时通过视听电信手段提出口头意见"。

虽然在第5条与第19条的最后有明确规定，"法官在组织和进行诉讼的过程中，应当尊重被告人的权利，并确保诉讼程序的对席性"，但众所周知，视频会议或书面程序均不能让对席辩论像当事人亲自出庭一样容易进行。法国宪法委员会在审查2019年3月23日的法令（该法旨将当事人拒绝视频会议的权利限制在临时性羁押期间）后曾表示"考虑到临时性羁押程序作为将当事人带至法院出庭的保证的重要性以及使用这种电子通信措施的条件，本法中有争议之规定构成对辩护方权利的过度侵犯"。然而宪法委员会认识到对公共秩序造成严重破坏的风险与被告人存在逃跑的风险可以成为强制使用电子通信措施的正当理由，而面对造成监狱局势紧张的卫生危机，该措施的强制使用存在可能。特别是当不能确定欧洲人权法院是否认定推迟审理与所涉案件的严重性相称时，最好是由审判法院决定对非紧急案件推迟审理，以便更好地尊重被告人的权利。诚然，法院的运作不应完全中断，但相较于侵犯被告人辩护权，如今的特殊状况更能作为侵犯在合理时间受审权利的正当理由。

这些令人担心的问题，在被警方拘留之人行使辩护权上体现得尤为显著。事实上，我们是否可以承认，这场危机正在最大限度地导致像警方拘留这样重要的司法实践的非实体化？然而，本法第13条规定，"作为《刑事诉讼法》第63-4条与第63-4-2条之例外，与被警方拘留或海关拘留的人的律师面谈，以及律师在庭审过程中协助该人，在保证交流保密的条件下，可以通过包括电话在内的电子通信手段进行。"2019年3月23日的法律允许在不将当事人带至法官处的情况下延长警方拘留期，且自那时起该法条演变成为一项原则，但是本法令将这一适用范围扩展到《刑事诉讼法》第706-88条有关有组织犯罪的被拘留人与16到18周岁未成年人。因此未将相关当事人带至法官面前并不能作为任何诉讼无效事由，甚至无需提供无法使用电信手段的正当理由。

2. 法庭重组。该法令也对法庭的组成与法院管辖权作出调整，以应对本次疫情。

在法庭组成方面，在特殊情况下，本法令允许轻罪法院在应当组成合议庭审判的案件中由1名法官单独作出判决，但也不影响院长因案件的复杂性和严重性而将案件交由合议庭审理。这些规定同时扩大到少年法庭和刑罚执行法院。在上诉的情况下，轻罪上诉法庭与少年犯特殊法庭的组织方式与预审法庭的组织方式相同，但仅限于轻罪案件。其次，本法令第12条规定，如果预审法官缺席、生病或因其他原因受阻，则法院院长或替代法官可指派1名或多名审判官（magistrat de siège）执行预审法官的职能，并可以此为目的建立一个轮班表。这些指派属于行政司法措施，因此不可对其进行上诉。

诚然，法国宪法委员会并未对轻罪法院合议庭原则进行规定，甚至指出"审判法庭的组成方式并不影响尊重辩护权和公平审判权的实现，也不影响获得实际司法救济的权利"。但是，一方面，法国宪法委员会认为，法律面前人人平等原则应"防止处境相似并因同一罪行被起诉的公民由根据不同规则组成的法院审判"，然而如果因疫情原因，法院调整合议审判规则的情况也是合理合法的。另一方面，宪法委员会反对过分泛化单一法官审理的做法，尤其是在上诉案件中，认为根据2019年3月23日的法令，"考虑到可能宣告监禁的刑罚幅度，立法者限制轻罪上诉法院合议庭的组成条件会造成对1789年《人权宣言》第16条所保护的权利造成不具有相称性之损害"。因此，法官在适用法律条款时必须严谨行事。

关于法院的地域管辖权，本法令第6条规定，一审刑事法院完全或部分不能运作时，上诉法院院长应在听取该法院检察长、有关法院的首席法官和书记官的意见后，通过命令指定同一法院管辖范围内的另一个性质相同的法院负责审理被阻止法院管辖范围内的全部或部分活动。该命令应确定管辖权转移所涵盖的活动以及管辖权转移发生的日期。根据 2020 年 3 月 23 日法律第 4 条宣布的健康紧急状态结束后，其期限不得超过一个月。

被指定的法院对指定行为生效之日仍在审理之案件具有管辖权。因此本法条在试图维护法院运作的同时，更加要维护正当法律程序（sécurité juridique）。

3. 调整案件诉讼期限。疫情所带来的危机既不应使犯罪者逃避刑事司法，也不能阻碍诉讼当事人在期限内严格履行程序规则。因此，法令对案件的诉讼期限作出延长或中止的调整。

该法令第 4 条首先规定将《刑事诉讼法》规定的上诉时限延长 1 倍，但不得少于 10 天。这一延长的目的是确保诉讼当事人不会被拖延，特别是在拘留期间本应提出上诉的情况下。然而这一规定并不包括共和国检察官对释放临时性被羁押人的决定提出上诉的 4 小时期限（《刑事诉讼法》第 148-1-1 条）。尽管人们可能更愿意在疫情危机期间中止期限，正如欧洲人权法院宣布自 2020 年 3 月 16 日起至少中止 6 个月期限，但是本法规定的延长期限仍有其作用。判例本身可用来处理有争议的案件——但其可能已经有很多工作需要完成——最高法院可以允许在绝无可能进行诉讼的情况下，延长法定上诉期限。譬如，对于 1 名在法定期限内因住院无法使其上诉合法化的病人，一项判决规定，"如果由于不可抗力的客观障碍，上诉人发现自己完全不可能遵守这些规定，则可以免除《刑事诉讼法》第 502 条的要求"。这一判例显然有助于处理法律的灰色地带，同时，在 3 月 12 日至本法令生效之日内到期的上诉，此种情况明显被排除在延长到期程序的 2020 年 3 月 25 日第 2020-306 号法令的适用范围之外，该法令规定其他情况下程序的时限为自 2020 年 3 月 12 日至紧急状态结束后 1 个月之内。因此 2020-303 号法令也应具体规定法条未涵盖之其他情况下的程序时限制度。

除了延长时限之外，本法令还简化了上诉和诉讼请求之形式，这些请求通过挂号信与回执完成。诉状及当事人的陈述意见的寄送也是如此。因此，上诉与撤销原判之诉也都可以通过此种途径提出，本法令还规定，可以通过电子邮件向一审法院或上诉法院提出上诉。根据《刑事诉讼法》第 81 条提出的预审行为请求也是如此。发送的电子邮件由法院以电子回执的方式予以确认。法院发送回执之日视为其接收到文件之日。

最后，该法令第 20 条规定延长最高法院审理案件的时限，例如将 3 个月的审判期限延长到 6 个月，将提交诉状的时限从 1 个月延长到 2 个月。

更具争议的是，虽然全国律师协会理事会（CNB）提出抗议，但本法令依旧延长了《刑事诉讼法》规定的临时性羁押之期限，其适用于自 2020 年 3 月 26 日法律公布后正在进行的或刚刚开始的全部拘留，且该期限的延长在疫情紧急状态结束后继续有效。本法令第 16 条规定，在轻罪案件中，《刑事诉讼法》规定的临时性羁押或在电子监视下监禁的最长期限，无论是预审过程中的拘留还是审判法院为了审理预审结束后被释放的人的案件而进行的拘留，如果被判处监禁的刑罚少于或等于 5 年，应自动延长 2 个月，而在其他情况下则延长 3 个月。但并不排除有管辖权的法院根据检察官或有关人员的请求，随时主动下令解除该措施，以终止临时性羁押的可能性，终止临时羁押后，必要时会对当事人电子监视或在司法监督下软禁。在重罪案件中，这一期限被延长至 6 个月；在轻罪案件中，由上诉法院进行审理。而前款规定的延期适用于 16 岁以上的未成年人。

这些规定尤其侵犯当事人的人身自由。尽管在疫情危机期间它们似乎是必要的，但是其相称性备受质疑。所以，这些规定在同一程序中仅能适用 1 次。因此，对被告人的临时性羁押期限只能延长 1 次，在预审期间的羁押与庭审期间的羁押不能同时延长。

及时出庭在案件审理过程中尤为重要。在疫情期间，本法令第 17 条延长了这方面的期限，例如自由与羁押法官原先可以在被告人出庭前将其拘留 3 个工作日（《刑事诉讼法》第 396 条），而在疫情期间这一时限被延长至 6 个工作日。在被告人不同意出庭受审的情况下，将案件推迟审理的期限从 6 周延长至 10 周，若可能监禁的刑期超过 7 年，则从 4 个月延长至 6 个月（《刑事诉讼法》第 397-1 条）。《刑事诉讼法》第 397-3 条规定的在临时性羁押的情况下作出实质性判决的 2 个月与 4 个月期限进一步被延长至 4 个月和 6 个月。最后，如果被拘留的被告人提出上诉，上诉法院必须在 6 个月内作出判决，而非 4 个月（《刑事诉讼法》第 397-4 条）。2019 年 3 月 23 日的法律规定的推迟出庭，最终使得被告人必须出庭的 2 个月的期限翻了一倍，否则司法管制、有电子监视的监禁或临时性羁押将自动终止（《刑事诉讼法》第 397-1-1 条）。

申请释放也必然遭到疫情的影响。法令第 18 条规定，预审法庭或审判法院在就拒绝释放令的上诉作出裁定的时限，或就任何有关临时性羁押、通过电子监视的软禁及司法管制的上诉作出裁定的时限，均应延长一个月。自由和羁押法官对释放申请作出裁定的时限延长至 6 个工作日。

（二）受第 2020-303 号法令影响的判例

1. 2020 年 7 月 22 日"使用视频会议未经过被告人同意案"：应对新冠疫情暴发的特殊情况下，刑事法院使用电子设备无需经过当事人同意。[1]

（1）案情简介。2020 年 4 月 14 日，被告人因毒品犯罪被关押。随后，2020 年 4 月 17 日，自由与羁押法官作出对被告人适用临时羁押的决定。在被告人拒绝使用视频会议的情况下，法院在适用临时羁押措施前的对席辩论中使用了视频会议。律师随后提出上诉，主张自由与羁押法官作出的决定无效。未经过被告人同意，在适用

---

〔1〕 Cour de cassation, criminelle, Chambre criminelle, 22 juillet 2020, 20-82. 213, Publié au bulletin.

审前羁押措施的对席辩论中使用视频会议的行为违反宪法规定。2020 年 3 月 25 日第 2020-303 号法令第 5 条适用的对象应是已在押的人，而不适用于被告人。律师指出该做法违反了《刑事诉讼法典》第 706-71 条（适用审前羁押）及《欧洲人权公约》第 5 条（自由和安全权利）和第 6 条（获得公正诉讼权利）的相关规定。

（2）判例主要内容。最高法院刑事法庭驳回其上诉请求，维持上诉法院预审法庭的判决。其一，最高法院刑事法庭认为上诉法院作出审前羁押决定符合 2020 年 3 月 25 日第 2020-303 号法令第 5 条的规定。根据其规定，除了重罪法院，其他所有法院均可在不经当事人同意及不需要法官说明理由的情况下，使用视频会议进行庭审。其二，在应对疫情的紧急情况下，法官在对席辩论中充分保证了被告人的辩护权与庭审的对抗性。因此，庭审并不违反《欧洲人权公约》的相关规定。最后，依据《刑事诉讼法典》第 137-3 条之规定，自由与羁押法官有权就决定审查羁押或延长羁押期限作出决定。

（3）影响及评价。从最初只能在质询、对抗中适用视听通信手段，到如今在刑事诉讼的所有阶段均可使用，不难看出视听通信手段在当前越来越受到立法者与实务界的青睐。而面对新冠疫情，司法行政部门对视听通信手段的迫切需要更加凸显了其重要性。

最高法院以简略的判决理由赞同了预审法官关于"可以在审前羁押对审辩论中适用视频会议"这一事实。尽管法国《刑事诉讼法典》第 706-71 条规定："禁止在适用审前羁押的对席辩论程序中使用视听通信手段，但被羁押人因其他案件被羁押的除外。"但最高法院明确指出，2020 年 3 月 25 日第 2020-303 号法令第 5 条作为《刑事诉讼法典》第 706-71 条第 4 条规定的例外，在应对疫情的情况下，法官可以在对席辩论中使用视听通信手段。

然而，最高法院的陈述理由过于简洁，被告人当庭陈述对于法官进行事实认定具有重要意义，因此这一判决留下了许多问题，尤其是是否侵犯了被告人的辩护权。根据《刑事诉讼法典》第 706-71 条之规定："在决定是否适用临时羁押或延长临时羁押的庭审中，被关押者可以自被告知庭审日期后及将使用视听通信设备时予以拒绝，但如果将被关押者押送至现场可能严重扰乱公共秩序或导致逃逸的情况除外。"在违背被告人真实意志表示的情况下，直接使用视频会议是否符合刑事辩护的基本要求。此外，我们知道对审辩论中律师的协助能够维护辩护方的权利，假设通过视频会议，律师就无法及时与当事人交流，只能"远程"协助。尽管是否使用视听通信手段的决定权最终取决于法官，但立法者目前尚未规定任何标准或使用条件为法官提供判定依据。

2. 2020 年 11 月 10 日"延长诉讼期限案"：应对新冠疫情暴发的特殊情况下，延长上诉时限的例外情况。[1]

---

〔1〕　Cour de cassation, criminelle, Chambre criminelle, 10 novembre 2020, 20-84.668, Publié au bulletin.

（1）案情简介。被告人被关押后，2020年6月30日，自由与羁押法官作出对被告人适用临时羁押的决定。2020年7月2日，被告人向监狱机关的书记庭针对此决定提出上诉请求。2020年7月6日，预审庭对被告人的上诉请求裁定不予受理。律师认为，法院作出不予受理上诉请求的裁定错误。而2020年3月25日第2020-303号法令第4条将提出上诉请求的日期延长1倍，最长不超过10日。因此被告人在7月2日提出上诉请求，符合时效规定。

（2）判例主要内容。最高法院刑事法庭驳回其上诉请求。其一，最高法院刑事法庭认为，被告人提出上诉请求超过了时效限制。根据法国《刑事诉讼法典》第187-1条规定，被关押人有权在审前羁押决定作出的次日请求预审庭主席对羁押决定进行审查。而预审法庭于2020年6月30日作出临时羁押决定，被告人于2020年7月2日提出审查请求，超过了时效限制。其二，提出立即审查裁定的上诉请求不属于2020年3月25日第2020-303号法令第4条中所规定的情况。因此，预审庭作出的裁定有效。

（3）影响及评价。受到疫情的影响，法院审理案件的进度受到了极大影响，案件积压情况严重。延长诉讼期限既可以避免罪犯逃避刑事司法的惩戒，也给予了诉讼当事人在期限上履行程序规则一定的宽限。但应当注意的是，疫情这一"不可抗力"并不必然导致上诉时效的延长，在一定程度上避免当事人和律师抱着认为案件一定可以延期的思维导致的权利的滥用。

必须承认在疫情期间，诉讼期限的延长和中止具有重要意义。但法令之规定也备受学者质疑，尤其是考虑到羁押涉及对人身自由的限制。法令延长了《刑事诉讼法典》规定的临时性羁押的期限；在犯罪行为人被临时性羁押的情况下，法官作出实质判决的期限也被延长；被羁押人申请释放的期限被延长，这些规定都无疑增加了羁押期限，导致刑事强制措施的滥用、使用不规范、超期羁押现象等问题的出现，被羁押人人身自由权的保护面临极大的挑战，缺乏有效的救济制度。

六、西班牙刑事诉讼法的最新发展 *

西班牙现行的《刑事诉讼法典》颁布于1882年。因年代久远，立法者多次进行了修订。其中，近年来较为重要的改革包括：1988年第7号"关于建立刑事法院及简易刑事程序"的组织法[1]；1995年第5号《陪审法院组织法》；2000年第5号"关于未成年人刑事诉讼程序的组织法"（后又经2006年第8号组织法进行修改）；2002年第8号"关于创设快速审判的组织法"；2003年第27号"关于性暴力的保护法案"；2009年第1号及第13号"关于创设司法办公室的组织法"；2015年第5号法

---

* 执笔人：中国政法大学证据科学研究院施鹏鹏教授，博士研究生褚侨，硕士研究生韩冠宇，硕士研究生李美茜，硕士研究生申雨坤。

〔1〕 需要特别指出的是，依西班牙宪法之规定（第17.1条、第53条及第81条），刑事诉讼涉及基本权利和自由的条款，仅得由组织法进行规定。未涉及基本权利和自由的，则可由普通法律进行规定。

令（第 2010/64 号欧盟指令和第 2012/13 号欧盟指令转化的结果）；2015 年第 4 号的《被害人法》；2015 年第 13 号"关于强化程序保障和对技术侦查措施进行监管的组织法"。其中 2015 年的最新改革涉及通信侦查，涉及多种类型的新型通信技术，值得作一介绍。

（一）概论

随着各种通信技术的发展，传统通信及现代通信的截取成为非常重要的预审行为。依《宪法》第 18.3 条之规定，"通信秘密，特别是邮政、电报和电话的秘密，受法律保障，但有法院裁决的除外"。从条款的设置看，通信秘密权隶属于广义的隐私权（第 18 条），但有别于狭义的隐私权。首先，学说及判例在形式（formal）意义上理解这一基本权利（2013 年 1 月 11 日国家总检察长行政通令），即对各种类型通信的截取，无论其内容是否涉及个人隐私，均侵犯了通信秘密权。因此，宪法第 18.3 条所保护的权利是所有人维护私人信息的"秘密"性，禁止任何第三人干预通信过程，以获悉通信载体所包含的观点、思想和信息。其次，通信秘密权既适用于自然人，也适用于法人。对法人间的通信截取，也违反了《宪法》第 18.3 条所规定的通信秘密权。最后，通信秘密权保护的是通信，但不保护通报。因此，如果通信内容系由通信主体之一发布，即不构成侵犯通信秘密权，但可能构成侵犯隐私权。

通信截取的积极主体极为受限，仅在恐怖主义犯罪案件中可由司法警察适用，其余所有案件（包括现行犯案件及紧急情况的普通案件，司法的排他性显然严格于其他预审行为，例如进入和搜查）均遵循"司法独占"原则，由法官通过裁决书予以授权。即便在恐怖主义犯罪案件中，通信截取的适用也遵循极为严格的审批程序，"在紧急情况下，如果所调查的犯罪涉及武装团伙或恐怖分子，且有充分的理由认为本条前款所规定的措施不可或缺，则内政部部长可以下令采取这一措施。内政部部长无法履职的，则由安全部长代为下令。该措施应立即告知有管辖权的法官，且无论如何应在 24 小时以内告知，说明采取该措施的理由、所采取的措施、措施实施的方式及结果。有管辖权的法官将在下令适用该措施起的 72 小时内批准或者否决该行为，同样也应说明理由"（《刑事诉讼法典》第 579.3 条）。

通信截取的消极主体及实质客体极为广泛。消极主体不仅包括自然人，也包括法人，既包括享有广泛权利的普通公民，也包括在监狱服刑的囚犯。例如监狱中心的管理人员无权截取因犯和狱政监督法官（Juez de Vigilancia）之间的往来邮件。实质客体则包括任何纸质、磁性或电子介质的通信手段，如传统的书信、磁带、录像带、硬盘，以及现代的电子邮件、无线电、远程信息处理等。

西班牙《刑事诉讼法典》关于通信截取的规定变化较大，这主要是因为近代通信技术的发展日新月异，技术特点及对通信秘密权的侵犯程度也不同。最早的《刑事诉讼法典》仅在第 579 条至第 588 条中规定了邮政和电报的截取。1988 年第 4 号组织法在第 579 条中增加了第 2 款至第 4 款，规定了电话截取和窃听。2007 年 10 月 18 日第 25 号"关于电子通信和公共通信网络有关的数据保存法"允许对电子通信数据进行截取。2015 年第 13 号组织法又对《刑事诉讼法典》进行了全面的改革，涉及前面所论及的所有预审行为。下文将分别对这些预审行为进行研究。

（二）邮政和电报的截取

1. 概念及法律规定。邮政和电报的截取明确规定在《刑事诉讼法典》第 579.1 条和第 580 条至第 588 条中。2015 年第 13 号组织法进行了全面且深入的修改。刑事诉讼中的邮政和电报的截取，指如果有充分的理由怀疑犯罪嫌疑人实施了特别严重的罪行，则预审法官可通过载明理由之裁决，下令由司法警察或类似人员扣留犯罪嫌疑人的邮政或电报通信，通过这些信件查明应受惩罚的事实，并在遵循直接、对席、抗辩的原则下进行宣读。一旦这些内容正式进入卷宗，便成为预设证据。

2. 适用范围。《刑事诉讼法典》第 579.1 条以量刑标准及罪名清单限制了这一预审手段的适用范围，即特别严重的罪行，仅包括：①至少处 3 年监禁刑的故意犯罪；②在犯罪集团或组织内实施的犯罪；③恐怖主义犯罪。因此，邮政和电报的截取原则上仅适用于重罪或较重罪，而不适用于轻罪。但如果涉及有组织犯罪或恐怖主义犯罪，即便仅是轻罪，也可采取这一预审行为。

3. 司法裁决。《刑事诉讼法典》第 583 条与《宪法》第 18.3 条的规定完全一致，要求扣留及截取通信必须通过"载明理由的裁决书"。因此，"不得以任何预先审查的方式限制通信秘密权"（《宪法》第 20.2 条）。

4. 期限和保密。依《刑事诉讼法典》第 579.2 条之规定，"法官应以载明理由之裁决，同意在最长为 3 个月的期限内对犯罪嫌疑人的邮政通信、电报以及为实现犯罪目的的通信进行检查，这一期限可以延长，每次为 3 个月，但最长不超过 18 个月"。"请求和与请求措施有关的后续行为将在单独、秘密的文件中进行说理，但并无必要明确提及案件的秘密性（sin necesidad de que se acuerde expresamente el secreto de la causa）"（《刑事诉讼法典》第 579.5 条）。

5. 主体。如前所述，有权适用通信截取的积极主体仅得是有管辖权的预审法官，但在实施过程中往往需要其他人员的配合。在司法实践中，邮政和电报的截取分成 2 个阶段，即扣留和开封。扣留可由预审法官委托他人进行，例如其他预审法官（司法委托）、司法警察和邮政和电报管理局的官员（《刑事诉讼法典》第 563 条及第 580 条）。此外，依《宪法》第 118 条之规定，任何人均有义务与司法行政部门合作，因此尽管《刑事诉讼法典》未作明文规定，但私人邮件公司的雇员亦可接受预审法官的委托代为扣留。开封则不然，仅得由有管辖权的预审法官进行，而不得委任任何机构或个人代为实施（《刑事诉讼法典》第 586 条）。

6. 客体。截取的客体为邮政包裹和电报，但并非所有的邮政包裹均构成这一预审行为的客体。最高法院的判例教义对《刑事诉讼法典》第 579 条及以下条款设置了若干例外，包括宣告存放货物的邮政包裹、带有"绿色标签"的包裹（即事先声明放弃通信秘密的包裹，《世界邮政协定》第 117.1 条、《邮政联盟条约》第 104 条、1964 年 5 月 14 日的《邮政服务条例》第 31 条以及《海关条例》第 123 条和 124 条）

等。对于这些包裹,海关官员甚至警察均可以在火车、公共汽车或机场进行检查,而无须获得司法授权。因此,《刑事诉讼法典》新的第 579.4 条吸收了判例教义的观点,规定"在下列情况下,无需司法授权:①由于自身的外部特性,邮寄物品通常不使用单个的信件,而用于货物的运输及交易,或者内容记录在外部。②其他类型的信件邮寄方式,以开放通信的合法形式进行,其中必须包含外部的内容陈述,或者包含授权检查的明确标识。③依海关法规进行检查,或者按照对某些类型货物进行监管的邮政法规进行检查时。同理,很多为个人物品提供邮政服务的公司,其所运输的任何货物或物品,包括手提箱、洗漱包、旅行袋、行李箱等,均不受通信秘密权的保护。检查这些包裹的目的是监管毒品及其他非法物质(《刑事诉讼法典》第 263-1 条)。

7. 宣读通信。在性质上,邮政和电报的截取构成预设证据,因此应在遵循直接、对席、抗辩的原则下进行宣读。这与电话窃听完全不同,后者必须在"利害关系人不在场"的情况下进行。宣读时,法官、司法行政部门律师(书记员)、犯罪嫌疑人及律师均必须在场(《刑事诉讼法典》第 584 条、第 585 条、第 586 条及第 588 条)。"法官亲自开启信件并自行阅读,选出与案件事实有关联及需要留存的部分"(《刑事诉讼法典》第 586.1 条)。需要留存的信件放入密封的信封中,由所有参与者签名,并附于预审材料中(《刑事诉讼法典》第 586.2 条)。无关的信件将退还给犯罪嫌疑人(《刑事诉讼法典》第 587 条)。在整个过程中,司法行政部门的律师应制作笔录,由参与的预审法官、司法行政部门的律师及其他在场人员签字(《刑事诉讼法典》第 588 条)。如果司法警察在没有法官、司法行政部门律师或辩护人在场的情况下打开信件,则所获得的证据禁止使用。

(三)电话或电子截取

1. 概念及法律规定。电话或电子截取,指如果有充分的理由怀疑犯罪嫌疑人实施了特别严重的罪行,则预审法官可通过载明理由之裁决,下令由司法警察对犯罪嫌疑人的电话、电子邮件或数据通信进行录制或记录,以形成预设证据。与邮政和电报这些传统的通信方式不同,电话、电子邮件或数据通信属于现代的通信方式,使用的通信技术日新月异,因此这方面的法律变动较为频繁。最早的"秘密电子截取"概念规定在《刑法典》(1984 年第 7 号组织法)中,作为实体法上的犯罪要件,即"未经授权擅自进入计算机系统中包含的数据或计算机程序……"。1988 年第 4 号组织法修改了《刑事诉讼法典》第 579 条,正式将电话截取纳入预审行为。但第 579 条的规定留下了大量的空白,例如在手段上未涵盖通过"互联网"的远程通信以及电子邮件的外部数据,在程序细则上未明确可进行电话截取的前提、适用对象、可持续的时间、转录、保存及销毁的细则、违反相关规定所获得之证据的价值,等等。这导致 2003 年 2 月 18 日欧洲人权法院在"普拉多·布加洛诉西班牙"(Prado Bugallo c. España)一案中判处西班牙败诉。

为遵守欧洲人权法院上述判例的要求并填补《刑事诉讼法典》在此一问题上的

法律空白，西班牙通过 2015 年第 13 号组织法明晰了各种电话或电子截取的手段及其程序细则，分别涉及：电话和远程信息截取（《刑事诉讼法典》第 588-1.1 条至第 588-1.15 条），数据通信（《刑事诉讼法典》第 588-1.16 条至第 588-1.17 条），通过数据访问识别用户、终端和连接设备（《刑事诉讼法典》第 588-1.18 条），使用电子设备捕获和记录口头交流（《刑事诉讼法典》第 588-2.1 条至第 588-2.8 条），用于跟踪、定位和捕获图像的设备（《刑事诉讼法典》第 588-3.1 条至第 588-3.4 条），对大容量信息存储设备的搜查（《刑事诉讼法典》第 588-4.1 条至 588-4.3 条）和对信息设备的远程搜查（《刑事诉讼法典》第 588-5.1 条至第 588-5.3 条）。

2. 指导原则。《刑事诉讼法典》第 588-1 条规定了适用于电话或电子截取的若干重要指导原则，可适用于前述各种类型的通信技术手段，即特定性原则、适用性原则、例外原则、必要性原则及比例原则。

特定性（especialidad）原则，指"所采取的措施应与特定犯罪的调查相关。如果目的在于预防、发现犯罪或者明确犯罪嫌疑而未有客观依据的，则不得进行司法授权"（《刑事诉讼法典》第 588-1.1.2 条）。因此，特定性原则禁止"预期干预"（intervenciones prospectivas），即禁止在未有充分客观依据的情况下，仅凭臆测便适用电话或电子截取以获取"预期"的犯罪证据。

适用性原则，"要求依用途确定措施的客观范围、主观范围以及期限"（《刑事诉讼法典》第 588-1.1.3 条）。因此，批准该措施的司法裁决书至少应包括如下几项内容：①作为被调查对象的刑罚事实及其法律定性，指明采取措施所依据的理性证据；②犯罪嫌疑人的身份以及所有已知受该措施影响的其他人的身份；③干预措施的范围，明确其适用范围，以及遵守第 588-1 条 a 所规定之指导性原则的理由；④负责实施干预措施的司法警察部门；⑤措施持续的时间；⑥申请人告知法官有关措施结果的形式和周期；⑦采取措施的目的；⑧如果已知，则应列明被采取措施之义务主体，并在必要情况下明确告知其有合作义务和保密义务，违反义务将构成不服从罪（《刑事诉讼法典》第 588-1.3.3 条）。

例外原则、必要性原则及比例原则（狭义）在学说上亦被归为比例原则（广义），具体包括如下 3 项内容：①对犯罪嫌疑人、被告人基本权利损害较小且对查明事实同样有用的其他措施，因其特征而无法用于调查的；②未采取这一措施，将对被调查事实的发现或核实、确定犯罪行为的 1 个或多个实施者或者确定犯罪行为实施者或犯罪物品的位置等构成严重阻碍（《刑事诉讼法典》第 588-1.1.4 条）；③在考虑了案件的所有情况后，如果适用措施所牺牲的权利和利益不超过公共利益及第三人利益，则本章所规定的调查措施方可视为合乎比例（《刑事诉讼法典》第 588-1.1.5 条）。

3. 适用前提。依前述指导原则，电话或电子截取的适用应同时符合实体前提和程序前提。

（1）实体前提。依《刑事诉讼法典》第 588-2.1 条之规定，"仅在调查本法第

579.1 条所规定之罪名的情况下，或者通过信息设备或其他信息或通信技术或通信服务所实施的犯罪，才可授权进行电话和远程信息通信的截取"。如前所述，第 579.1 条所规定的罪名包括：①至少处 3 年监禁刑的故意犯罪；②在犯罪集团或组织内实施的犯罪；③恐怖主义犯罪。这符合特定性原则的要求，即"所采取的措施应与特定犯罪的调查相关"。

需要强调的是，并非所有符合罪名清单或者量刑标准的刑事案件均可以适用电话或电子截取，还应遵循例外原则、必要性原则及比例原则（狭义）的要求，例如"适用措施所牺牲的权利和利益不超过公共利益及第三人利益"。因此，电话或电子截取不得适用于调查行政违法，原则上也不适用于调查轻罪及过失犯罪。

（2）程序前提。电话或电子截取仅得在预审程序中适用，包括普通预审、陪审团的补充预审以及简易程序的某些初期审理程序中[1]，但不得适用于警察的"初步调查程序"或者预先调查程序、检察官的调查程序或者预先调查程序、非典型的"不确定诉讼程序"（las atípicas "diligencias indeterminadas"）[2]或者轻微犯罪的诉讼程序中。

检察官和司法警察均应获得预审法官的授权。检察官如果向预审法官提出适用电话或电子截取的请求，则必须停止程序，并依《刑事诉讼法典》第 773.2 条的规定移送所有已完成的调查行为。对于非典型的"不确定诉讼程序"，预审法官未能充分进行司法审查，因此亦不符合《宪法》第 18.3 条的规定，但宪法法院和最高法院的判例在很长一段时间容忍这一实践的合法性，以避免秘密的调查被公开。直至 2013 年 4 月 18 日，最高法院在第 301 号判例中进行了转向：对于"不确定程序"中的电话截取，仅在紧急结束时才有效，转化为初期审理程序，并告知检察官。检察官应向预审法官提出适用请求，否则所获得的证据禁止使用。

4. 裁决说理。依"司法排他原则"（又称为"司法保留原则"），有管辖权的预审法官应以载明理由之裁决决定适用电话或电子截取。《刑事诉讼法典》对说理义务及裁决书的形式和内容均有明确的要求。如果未履行说理义务或者未依法定的形式或内容要求进行说理，则视为未符合司法审查原则的要求，侵犯了《宪法》第 18.3 条所规定的基本权利。

（1）说理义务。依《刑事诉讼法典》第 579.2 条之规定，"法官应以载明理由之裁决，同意对犯罪嫌疑人的邮政通信、电报以及为实现犯罪目的的通信进行检查"。为保证预审法官可进行充分的审查及详实的说明，《刑事诉讼法典》对检察官和司法警察适用请求书也有严格的要求。"如果检察官或司法警察向预审法官请求适用技术侦查措施，则请求书应包含如下内容：①调查对象事实的描述，以及犯罪嫌疑人的身份或者该措施所涉及其他人的身份；②依据第 588-1 条所规定的指导性原则以及在请求批准适用这一干预行为之前侦查中所发现的犯罪证据，详细说明有必要采取这一措施的理由；③犯罪嫌疑人或被告人的识别数据，如有必要，还包括适用这一措施之通信手段的识别数据；④措施的范围，并明确内容；⑤负责实施措施的司法警察部门；⑥措施的执行形式；⑦所请求之措施的期限；⑧执行该措施的责任对象，如果该责任对象已知"（《刑事诉讼法典》第588-1.2条）。"除第588-1.2条所规定的条件外，司法授权的请求还应包括如下要素：①用户号码、技术终端或标签的标识；②所截取之连接对象的标识；③识别相关电信设备所需的数据。为确定措施的范围，司法授权请求可涵盖以下任何要点：①通信内容的记录和录制，表明所涉的通信形式或类型；②进行通信时获悉其来源地或目的地；③对通信的来源地或目的地进行地理定位；④获悉其他相关或不相关、但对于通信具有附加价值的信息交换数据。在这种情况下，请求须明确拟获取的特定数据"（第588-2.4.1条）。

如果司法警察有意隐瞒或玩弄策略导致预审法官错误了解干预措施的实际情况，则视为违反宪法第18.3条的规定，所获得的证据禁止使用。司法警察仅依线人的线报请求进行电话截取，而未有实施犯罪的"实质证据"，亦违反了《宪法》第18.3条的规定（最高法院2015年6月30日第412号判例）。

（2）裁决书的要求。预审法官不得以"参阅（司法警察、检察官请求书）理由"（"motivación por remisión"）或格式文书批准适用电话或电子截取。《刑事诉讼法典》第588-1.3.3条对裁决书的主文作了非常详细的规定，包括主体要求、客体要求和时间要求。

第一，主体要求。裁决书应列明措施拟适用的消极主体以及任何可能受影响的当事人（如果已知）。在司法实践中，消极主体主要为犯罪嫌疑人，但也不尽然，有时候可能也需截取被害人的电话。所截取的电话未必是私人电话，有时也可能对公共电话（如公司或旅馆的电话）进行截取，在后一种情况下应剔除消极主体以外的电话内容。

第二，客体要求。如前文所述，司法裁决书至少应包括如下几项内容：①作为被调查对象的刑罚事实及其法律定性，指明采取措施所依据的理性证据；②犯罪嫌疑人的身份以及所有已知受该措施影响的其他人的身份；③干预措施的范围，明确其适用范围，以及遵守第588-1条a所规定之指导性原则的理由；④负责实施干预措施的司法警察部门；⑤措施持续的时间；⑥申请人告知法官有关措施结果的形式和周期；⑦采取措施的目的；⑧如果已知，则应列明被采取措施之义务主体，并在必要情况下明确告知其有合作义务和保密义务，违反义务将构成不服从罪（《刑事诉讼法典》第588-1.3.3条）。此外，裁决书还应反映"用户号码、技术终端或标签的标识、所截取之连接对象的标识以及识别相关电信设备所需的数据"（《刑事诉讼法典》第588-2.4.1.1条）。《刑事诉讼法典》第588-1.1.2条及第579-1.3条明确禁止所谓的"覆盖许可"（"licencias de cobertura"），即不得在裁决书所列明的客体外增加新的调查罪名，即便这些罪名可能相互存在紧密的关联。如果司法警察拟对任何偶发新增的罪名适用电话或电子截取措施，则必须重新提出请求。

第三，时间要求。裁决书还必须明确措施的适用时间（《刑事诉讼法典》第588-1.5条），原则上不得超过3个月，最多可延长至18个月（《刑事诉讼法典》第588-2.7条）。"申请人应告知法官有关措施结果的形式和周期"（《刑事诉讼法典》第588-1.3.3.6条）。无论初始请求，还是延长请求，均应获得预审法官的批准及接受预审法官的有效监督。如果在授权期限届满后且在延期授权之前进行电话监听的，所获得的证据禁止使用。裁决书应在检察官或司法警察提出截取请求之日起24小时内作出（《刑事诉讼法典》第588-1.3.1条）。

5. 截取程序。预审法官一旦批准进行电话或电子截取，则司法警察将在相应的磁性或电子媒介上进行监听和录音，原始内容必须移交给法院，以便法官可以听取这些录音，或者由司法行政律师进行转录。违反这些规定并不会侵犯《宪法》第18.3条所规定的通信秘密权，而是违反了第24.2条关于"获得各种程序保障的权利"。

《刑事诉讼法典》第588-2.5条和第588-2.6条规定了基于"电信合法拦截系统"（SITEL）的通信截取程序。"电信合法拦截系统"为2005年第4247号王室法令及2007年第25号法律所创设，是一套"现代化、自动化、简约化及更具保障"（2009年11月5日最高法院的判例）的电话及电子截取系统，以内政部的中央档案取代了先前由警官所进行的单独及个人的录音，用DVD替换了以往的磁带，可有效地预防人为操纵或剪辑录音，因为任何人为处理的操作均会留下记录。最高法院在多个判决中承认了这套系统的合法性。

依《刑事诉讼法典》第588-2.5条之规定，"1. 所有电信服务提供者、电信网络或者信息社会服务网络的访问提供者，以及以任何方式通过电话或任何其他方式、远程信息处理、逻辑或虚拟通信系统等进行通信的所有人员，均有义务向法官、检察官和指定采取措施的司法警察人员提供必要的协助和配合，以促成遵守电信截取的裁决书。2. 有配合义务的主体有义务对当局要求的活动保密。3. 有配合义务的主体未遵守上述义务的，可构成不服从罪"。因此，司法警察在获得预审法官的授权后有权要求电信服务提供商及相关人员配合电信截取，相关信息将存储在司法警察相应的数据库中"。

"依第588-1.7条之规定，司法警察应定期就不同数字载体向法官提供他认为感兴趣段落的转录以及所有已进行的完整录音。司法警察应指明每一份材料的来源和目的，通过先进的密封系统、电子签名或足够可靠的警示系统，以保障所记录的通信信息从中央计算机传输到数字媒体的真实性和完整性"（《刑事诉讼法典》第588-2.6条）。

检察官和司法警察可要求电信服务提供商将整个录音保存90天，必要时可以再延长90天（《刑事诉讼法典》第588-2.7条）。如果数据存储在另外的注册表（registro）中，则可在紧急情况下进行扩大截取，但应在24小时内通知法官，由法官确认或撤销这一扩大的通信截取（《刑事诉讼法典》第 588-5.3.3 条）。

通信截取遵循前述《刑事诉讼法典》588-1.4 条的规定，即"请求和与请求措施有关的后续行为将在单独、秘密的文件中进行说理，但并无必要明确提及案件的秘密性"。一旦通信截取的期限届满，则不再保密，"录音及转录的副本应交由当事人"（《刑事诉讼法典》第 588-2.9 条）。这里的"录音及转录的副本"应理解为涉案的所有录音材料，但应剔除私生活或职业秘密的部分。当事人各方在对整个录音与其所涉及的有关录音进行比较之后，可以请求法官将他们认为相关但此前被排除的通信纳入录音中（《刑事诉讼法典》第 588-2.9.2 条）。

一旦作出最终的裁决（归档不诉、停止审理或者判决），则必须销毁录音。在这种情况下，有管辖权的法官可以保留 1 份副本（依最高法院 2011 年第 293 号判决），直至量刑执行后 5 年或者犯罪、量刑时效届满（《刑事诉讼法典》第 588-1.11 条）。

6. 电话或电子截取材料在言辞庭审中的应用。在言辞庭审中，合议庭可以有 2 种方式获悉电话或电子截取材料：一种是阅读司法行政律师的卷宗记录（如果卷宗记录中有录音的转录材料）；另一种是在言辞庭审中直接听取电子媒体。后一种情况在司法实践中更为常见。

如果电话或电子截取严格遵守《宪法》和《刑事诉讼法典》的规定，则形成预设证据。但与其他预设证据不同，此类证据一般并不通过"阅读文件"进入言辞庭审，而是通过 DVD 在法庭上直接播放（经当事人申请，只要磁带的来源和真实性经专家鉴定得以确认），从而保证最严格地遵守直接、言辞和对席原则。但如果当事人未作申请，法庭也可以对书面转录进行宣读及评价，只要在司法行政部门律师的参与下进行即可。

7. 被禁止之证据的反射效力（Eficacia refleja）。违反电话或电子截取相关规定而获得的证据禁止使用，这在西班牙学说和判例中并无争议。但以窃听为线索所获得的证据（西班牙学说又称为反射证据，即毒树之果）是否可用？比较法上大概有 3 种立场：可采说（又称为直接学说）、排除说（又称为反射学说）及裁量说。西班牙《司法机构组织法》第 11.1 条采用了排除说，即"侵犯基本权利和自由而直接或间接获得的证据归于无效"，这也是欧陆诸国（如德国、法国和意大利）的通常做法。但颇为有趣的是，西班牙最高法院的判例教义持不同观点，主张以"非法联系"（"la relación jurídica de antijuricidad"）为基础的直接学说。具体而言，如果禁止评价的原始证据和反射证据之间不存在"非法联系"，评价该反射证据并未损及任何实质性的基本权利，则原始证据禁止评价的效力不及于反射证据。例如通过电话窃听锁定犯罪嫌疑人，但犯罪嫌疑人的供述完全是自由表达，未有任何胁迫或欺骗，则该口供可作为定案依据。但如果犯罪嫌疑人的供述系受到胁迫，或者未进行权利信息告知，或者未有律师协助，则不得作为定案依据。此外，"不可避免的事实"（hechos inevitables）也具有切断上述"非法联系"的效力。例如基于对犯罪嫌疑人健康安全的考虑对肠道进行手术，结果发现藏在体内的毒品。[1] 但学说和宪法法院的判例在此一问题上似乎有不同的立场，本文囿于篇幅不再展开，将另行撰文研究。

（四）获取交换数据

1. 概念及法律规定。获取交换数据属于新兴的预审手段，为 2015 年第 13 号组织法所创设，体现在《刑事诉讼法典》第 588-2.10 条至第 155-2.13 条中。

对于何为交换数据[2]，《刑事诉讼法典》第 588-2.2.2.3 条进行了界定，"信息交换或相关的电子数据，应理解为通过电子通信网络所进行的通信、可交由用户使用以及提供类似性质的信息社会服务或远程通信所产生的所有电子数据"。因此交换数据是"通信过程中所产生或者处理的数据"，或者说"接收者或者发布者电子通信载体的识别数据"（包括国际移动用户识别码、国际移动设备识别码和 IP 地址等），而非通信的实质内容。例如在固定和移动网络电话中，识别数据为电话号码以及订户或注册用户的名称和地址，在互联网接入、电子邮件和互联网电话中，识别数据为分配的用户标识、电话号码以及订户或注册用户的名称和地址。

2. 司法保留原则。依《刑事诉讼法典》第 588-2.2.2 条及第 588-2.10 条之规定[3]，"1. 由服务提供商或通信提供人员所保存的电子数据，或者为遵守电子通信相关数据的保存法规，或者因商业或其他原因而主动进行数据保存，或者因与通信过程产生联系而进行数据保存，只有在获得司法授权的情况下，才可以在诉讼中使用这些数据。2. 如果了解这些数据对于调查必不可少，则应向有管辖权的法官提出请求，以收集服务提供商自动文档中所包含的信息，包括数据的交叉或智能搜索。申请应明确拟获悉的数据以及进行数据转让的原因"。因此获取交换数据必须获得司法授权。

3. 司法保留原则的例外。《刑事诉讼法典》第 588-2.12 条规定了司法保留原则的例外，即"如果在调查的程序框架下不可能获得某一订户号码，且这对于调查必不可少，则司法警察可以使用技术设备以获得标识码，或者电信设备及任何组件的技术标签，例如国际移动用户识别码和国际移动设备识别码，以及在通常情况下的所有技术设备，可依其技术水平查明所使用的通信设备或者用于访问电信网络的卡"。

此外，判例（最高法院 2010 年 3 月 18 日）允许警察和检察官在没有服务器（例如 P2P 程序）的情况下获取交换数据，前提是该数据不涉及通信秘密权且未损及

---

〔1〕　STS 927/2012, de 27 de noviembre.

〔2〕　对交换数据的技术性规定，参见 2003 年 11 月 3 日第 32 号电信法第 33 条以及 2007 年 10 月 18 日第 25 号"关于保存电子通信和公共通信网络有关数据的法律"第 3 条。

〔3〕　在 2007 年 10 月 18 日第 25 号"关于保存电子通信和公共通信网络有关数据的法律"第 1 条及第 6 条，以及 2002 年 5 月 6 日第 2 号"关于在国家信息中心前的司法审查规定"组织法第 1 条（也是唯一的一条，规定对于向国家信息中心请求进行信息截取的，应由最高法院法官进行批准）中亦有类似的设置。

隐私权的核心。

（五）使用电子设备获取和记录言辞交流（Captación y grabación de comunicaciones orales mediante la utilización de dispositivos electrónicos）[1]

1. 概念及法律规定。"使用电子设备获取和记录言辞交流"规定在《刑事诉讼法典》第588-3.1条至第588-3.8条中，指"设立和使用电子设备，以在公共道路或其他开放空间，住宅或任何其他封闭场所，收听和记录犯罪嫌疑人所进行的直接口头交流"（第588-3.1.1条）。简而言之，"使用电子设备获取和记录言辞交流"便是在公共场所或封闭场所进行录音录像。这一预审行为可能侵害《宪法》第18.1条的隐私权、第18.3条的通信秘密权，并可能限制第18.2条所规定的住所不受侵犯的权利，因此适用司法保留原则。依《刑事诉讼法典》第588-3.3条之规定，"授权该措施的司法决议，除应遵守第588-1条c所规定的要求外，还必须特别提及地点、房间以及犯罪嫌疑人将要受到监视的会见"。

2. 适用前提。依《刑事诉讼法典》第588-3.2条之规定，"使用电子设备获取和记录言辞交流"具有3个适用前提：①"使用前条所规定的设备应针对犯罪嫌疑人和其他人一次或多次会面的交流，且在调查中有证据可预见这一交流"；②所调查的事实涉及如下罪名：至少处3年监禁刑的故意犯罪；在犯罪集团或组织内实施的犯罪；恐怖主义犯罪；③可以合理预期使用这些设备将提供与证明相关的重要数据，以查明事实和识别犯罪行为实施者。

3. 形式要求。该措施仅得由检察官或司法警察提出请求，个人指控者无此一权利（《刑事诉讼法典》第588-3.3条，援引了第588-1.2条）。检察官或司法警察的请求书应详细列明符合措施适用的前述前提。如果预审法官同意这一请求，则应作出载明理由之裁决书，详细说明适用的原因以及相关细则。"请求和与请求措施有关的后续行为将在单独、秘密的文件中进行说理，但并无必要明确提及案件的秘密性"。

4. 实施细则。依《刑事诉讼法典》第588-3.4条之规定，"依第588-1.7条之规定，司法警察应向司法机关提交录音及图像的初始载体或者真实的电子副本，并附上其认为有价值的谈话转录"，"该汇报应列明参与该措施执行及后续追踪的所有人员"。如果录音录像设备是卧底警员所放置，则预审法官有必要说明理由，授权在上述住所或私人场所获得图像和录音（《刑事诉讼法典》第282-1.7条）。预审法官也可以对通信卧底警察进行特殊的授权，让其根据内容交换或发送非法的文件，并分析用于识别所述非法文件算法的结果（《刑事诉讼法典》第282-1.6条）。

如果因第588-1.10条所规定的任何原因而终止适用该措施，则对于其他会见场合的谈话录音或者在此时的图像拍摄，必须进行新的司法授权（《刑事诉讼法典》第

---

[1] 这里依西语原意进行直译，但容易造成误解，以为该措施仅限于录音。实际上，这里的"电子设备"具有录音录像功能，可以截取图像，当然最主要的功能是录音。

588-3.5条）。

（六）大容量信息存储设备的记录（Registro de dispositivos de almacenamiento masivo de información）

1. 概念及法律规定。"大容量信息存储设备的记录"规定在《刑事诉讼法典》第588-5.1条至588-5.3条中，指"经司法授权由司法警察对电脑、电话、远程信息通信设备、大容量数字信息存储设备或者远程信息数据存储库所包含的信息进行截取"（《刑事诉讼法典》第588-5.1条和第588-5.2条）。

2. 司法保留原则。对大容量信息存储设备信息的截取并不必然损及《宪法》第18.3条所规定的通信秘密权以及第18.1条所规定的隐私权，但立法者依然确立了较严格的司法保留原则。在2015年立法改革前，司法警察可以在进行住宅搜查时对住宅内的计算机硬盘进行搜查，但当下已为立法所禁止（《刑事诉讼法典》第588-5.1.2条）。新法要求"对任何设备的一般扣押，并不能使查阅其内容合法化，但这不影响有管辖权的法官此后授权进行查阅"。而这一禁令同样适用于犯罪嫌疑人住所以外场所所扣押的设备（《刑事诉讼法典》第588-5.2条）。

但"在紧急情况下，如果存在正当的宪法利益，导致适用本条前几款所规定的措施不可或缺，则司法警察可对扣押设备中所包含的数据进行直接检查，并应在最长24小时内向有管辖权的法官提交书面理由，说明采取措施的依据、所采取的措施以及实施方式和后果。有管辖权的法官同样应说明理由，在下令采取措施之日起最多72小时内予以撤销或者确认"（《刑事诉讼法典》第588-5.3.4条）。涉及其他信息系统检查的，亦是如此，"依本部分之规定搜查或者访问信息系统或者部分信息系统，如果搜查人员或者访问人员有充分的理由认为所寻找的数据存储在其他的信息系统或者部分信息系统，且数据可以通过初始的系统进行合法的访问或者使用，则可以扩大这一搜查。这一扩大的搜查应获得法官的授权，但如果初始授权已允许，则不在此列。在紧急情况下，司法警察或检察官可以进行上述搜查，但应立即将所采取的行动、行动的方式及结果告知法官，且无论如何不得超过24小时"（《刑事诉讼法典》第588-5.3.3条）。

3. 适用范围。与获取交换数据类似，法典对大容量信息存储设备信息的截取并未作适用范围的设定。但一般认为，预审法官在进行司法授权时仍应遵循比例原则，例如"如果扣押会对持有人或所有人造成严重损害，且可在保证数据真实和完整的条件下获得副本，则不得对包含信息数据或文件的物理载体进行扣押，但属于犯罪对象或工具，或者有其他正当理由的不受此限"（《刑事诉讼法典》第588-5.3.2条）。例如如果对商人硬盘的信息截取将损及其商业活动，即构成"严重损害"。

4. 实施细则。该预审行为由司法警察在经司法授权后执行，司法警察"可以命令所有知道信息系统操作或者了解信息数据保护的所有人提供必要的信息，但不得造成不成比例的负担。应告知，不服从命令的，构成不服从罪"（《刑事诉讼法典》第588-5.3.5条）。但该规定不适用于"犯罪嫌疑人和被告人，因亲属关系而未有作证义务的人员以及依第 416.2 条之规定因职业秘密不得作证的人员（例如辩护律师）"。

（七）对信息设备的远程搜查

1. 概念及法律规定。"对信息设备的远程搜查"规定在《刑事诉讼法典》第 588-6.1 条至第 588-6.3 条中，指"司法警察在获得明确司法授权的情况下，可在犯罪嫌疑人的信息设备中加入'木马'，以获取查明事实的证据"。

2. 司法保留原则。"对信息设备的远程搜查"适用极其严格的司法保留原则，"有管辖权的法官可以授权使用识别数据和代码以及安装软件，以远程信息传送的方式，在计算机内容的所有者或用户不知情的情况下，远程检查电子设备、信息系统、大容量信息数据储存设备或者数据库……"（第 588-6.1 条）。即便在紧急情况下，司法警察也不得在未有司法授权的情况下进行远程搜查。

3. 适用范围。"对信息设备的远程搜查"仅适用于对如下犯罪的调查：①在犯罪组织内所实施的犯罪；②恐怖主义犯罪；③对未成年人或法律资格能力变化人员所实施的犯罪；④违反宪法、叛国及与国防相关的罪行；⑤通过信息设备、其他信息技术、电信或通信服务所实施的犯罪（第 588-6.1.1 条）。未纳入这一罪名清单的，无论是重罪还是较重罪，均不得适用远程搜查。

4. 司法裁决的内容。"授权搜查的司法裁决应明确如下事项：①进行搜查的计算机、电子设备、信息系统或者其中的一部分、信息数据储存载体或者数据库，以及适用该措施的数据或其他数字内容；②搜查的范围、访问及扣押与案件相关的数据及信息档案的方式以及进行信息监控的软件；③授权执行这一措施的人员；④在必要时授权制作及保留信息数据副本；⑤保护所存储数据完整性的确切措施，以及删除前述已访问信息系统数据或者保证其不可再访问的确切措施"（《刑事诉讼法典》第 588-6.1.2 条）。

5. 实施细则。该预审行为由司法警察在经司法授权后执行，运营商和服务提供者有义务配合，但该规定不适用于"犯罪嫌疑人和被告人，因亲属关系而未有作证义务的人员以及依第 416.2 条之规定因职业秘密不得作证的人员（例如辩护律师）"。"适用该措施的最长期限为一个月，可延长，但最长不得超过三个月"（《刑事诉讼法典》第 588-6.3 条）。

6. 数据的保管。"检察官或司法警察可以要求任何自然人或法人（例如电话运营商）对他们所拥有的信息储存系统中的特定数据或信息进行保存及保护，直至获得相应的司法授权并依前述条款的规定进行转移"（《刑事诉讼法典》第 588-9 条）。

依 2007 年 10 月 18 日第 25 号"关于电子通信和公共通信网络数据保存的法律"第 5 条，数据保管的期限可长达 1 年，特别情况下可长达 2 年。但 2014 年 4 月 8 日，欧盟法院大法庭撤销了 2006 年第 24 号的欧盟指令，宣布长时间保管数据的行为归于无效。因此，《刑事诉讼法典》第 588-9.2 条撤销了前述法律，缩短了数据的保管期限，"数据最长可保留 90 天，仅可延长 1 次，直至获得授权或者 180 天的期限届满"。

七、荷兰刑事诉讼法的最新发展 *

与欧陆诸多国家类似，荷兰刑事诉讼法在十九世纪初深受拿破仑《重罪预审法典》的影响。1810 年，拿破仑征服荷兰，亦将《重罪预审法典》带入荷兰，初步建构了以职权主义为特质的刑事诉讼体系。此后，荷兰虽然分别于 1838 年及 1921 年颁布了本国的《刑事诉讼法典》，但《重罪预审法典》的立法结构及学理体系一直贯穿其中。尽管荷兰在 1921 年法典（即现行的《刑事诉讼法典》）的解释备忘录中宣称，这是一部兼具"职权主义"与"当事人主义"特点的混合法典，但立足比较法的观察，该法典依然以"职权主义"为主，仅是吸收了"当事人主义"的一些合理要素。甚至与法国、德国等代表性国家的现行刑事诉讼法典相比，1921 法典的"职权主义"色彩有过之而无不及，尤其是沿袭了传统的"书面审判"，大量的传闻证据可成为判决的依据，司法实践高度依赖口供，被告人仅在理论上享有沉默权，认罪案件高达 80% 以上。二战后，受《欧洲人权公约》及欧洲人权法院判例的影响，荷兰的刑事诉讼进行了诸多改革，1921 年的法典变得支离破碎，很难适应现代的需求。因此多年来，荷兰多数刑事诉讼学者均呼吁，应制订一部面向未来的刑事诉讼法典。尤其是 20 世纪 80 年代后期至 90 年代期间，姆恩斯（Moons）委员会及 2001 "刑事诉讼法典草案研究项目"（Strafvordering 2001）所进行的充分酝酿，为此次"刑事诉讼法典"现代化改革奠定了坚实的基础。

（一）立法酝酿

姆恩斯（Moons）委员会成立于 1988 年，全称为"刑事诉讼法典审查委员会"（Commissie Herijking Wetboek van Strafvordering），由时任荷兰高院院长姆恩斯担任主席，设立的初衷是为了应对荷兰日益严峻的犯罪形势，尤其是有组织犯罪，但委员会最终的立法建议却远远超出了预定的目标。姆恩斯委员会从 1988 年至 1993 年总共提交了 10 份建议，涉及预审程序改革、程序无效制度改革、搜查扣押制度改革等，许多改革建议已经纳入现行的《刑事诉讼法典》中。姆恩斯委员会还倡议，现行法典已无力应对日趋复杂的犯罪形势，应尽快制订面向未来的荷兰刑事诉讼法典。

除姆恩斯委员会外，由蒂尔堡（Tilburg）教授和格罗宁根（Groningen）教授所领衔的 2001 "刑事诉讼法典草案研究项目"也颇具影响。蒂尔堡教授和格罗宁根教授认为，由于持续不断的法律修改，原有的刑事诉讼法典已然呈现碎片化，无法清晰识别初始起点和立法体系，编撰新的法典势在必行且迫在眉睫。2001 "刑事诉讼法典草案研究项目"最终虽未构建一部全新的法典，但在荷兰理论界及实务界均产生重大影响，所提出的诸多建议也已然成为现行立法。尤其是所倡导的"三轨制"，即"最严重的刑事案件，由 3 名法官组成合议庭，以提供最充分的程序保障，严重程度居中的案件则由独任法官审理，而情节轻微的案件可由检察官直接在庭审外解

---

* 执笔人：中国政法大学证据科学研究院施鹏鹏教授，博士研究生褚侨，硕士研究生韩冠宇，硕士研究生李美茜，硕士研究生申雨坤。

决"，这构建了荷兰极具特色的刑事诉讼分流体系。

（二）"刑事诉讼法典"现代化改革项目的提出

正如荷兰司法和安全部（Ministerie van Justitie en Veiligheid）在立法备忘录中所言，这是荷兰百年来最大也最雄心勃勃的立法项目。姆恩斯委员会、2001"刑事诉讼法典草案研究项目"以及诸多荷兰刑事诉讼学者的立法酝酿及理论储备工作功不可没。但真正促成"刑事诉讼法典"现代化改革项目启动的，是荷兰审计法院（Algemene Rekenkamer）2012年所出台的一份监督调查报告：《刑事司法链条中的绩效》（Prestaties in de strafrechtsketen）。审计法院在荷兰主要负责监督调查政府是否"明智、经济且谨慎"地花费公共资金。在这份监督调查报告中，审计法院指出，"荷兰的刑事诉讼中有未知、不合期待的案件外流，且刑事司法链条内的管理并非旨在优化链条所有合作方的运行"。政府因此启动了关于"加强刑事司法链条绩效"的工作计划，主要目标是通过数字化，简化工作流程和修改法律，更快、更好、更智能且更透明地处理刑事案件，包括更快地将实际服刑的被告人定罪，以及将刑事案件的被害人利益放在更重要的位置。"刑事诉讼法典"现代化改革项目最早仅是该政府工作计划中的一部分，后独立出来成为司法和安全部主导的重大立法改革项目。

"刑事诉讼法典"现代化改革项目的目标是创设一部"为未来专业人士及公民在可能的实践中提供各种均衡法律保障及有效运行"的法典。司法和安全部在备忘录中总结了改革的理由：一方面，随着国际及国内局势的变化，荷兰的犯罪形势及社会形态亦发生根本的变化，尤其是人类社会已步入数字化时代，传统手段已无力应对这类新型的犯罪，因此亟需一部可适应数字化时代的新法典；另一方面，百年来荷兰刑事诉讼法典进行了多次修改，但频繁的修改并未增加其包容性及可接受性，许多重要的内容依然仅体现在判例法中，法典的结构也显得零碎，缺乏整体性及逻辑性。简而言之，荷兰需要一部既反映时代精神又适应现实司法实践的新法典。

（三）改革的核心内容及争议

新的法典草案共分八卷：第一卷涉及刑事诉讼的一般原则；第二卷涉及侦查程序；第三卷涉及起诉以及各种庭外和解程序；第四卷涉及庭审程序；第五卷涉及法律救济程序；第六卷涉及特别程序；第七卷涉及国际和欧洲的刑事合作；第八卷涉及法律实施。截至目前为止，第七卷及第八卷已在《官方公报》（Staatsblad）上公布，第七卷已经生效，第八卷即日也将生效。但其余六卷目前仍在广泛征求意见中，估计近期会移交议会读案。

因修改的内容委实太多，几乎是整部刑事诉讼法典的重塑，故笔者仅选取几个较具争议且具有一定普遍性的主题进行简要介绍。

1. 律师的职业保密特权（professionele verschoningsrecht）问题（第一卷）。在欧洲传统上，有4类职业人员（即律师、公证人、医生和牧师）享有保密特权，可在刑事庭审中以涉及职业秘密为由拒绝作证。其中以律师的职业保密特权最为敏感，因为相对于其他几类人员，律师最可能接触委托人尚未查明的犯罪信息。荷兰的律师职业保密特权最早体现在判例中。1985 年，荷兰最高法院在"公证人马斯"（Notaris Maas）一案中判定，某些具有受信任地位的专业人士享有不披露职业秘密的权利，"这是荷兰的一般法律原则，可以独立于法律法规进行援引"，"发现真相的重要性必须让位于社会利益"。荷兰最高法院在"公证人马斯"一案中的立场随即被推及律师职业。《欧洲人权公约》第 6 条和第 8 条以及欧洲人权法院围绕此一问题的大量判例也为荷兰律师的职业保密特权提供了强有力的支撑。此后，荷兰《刑事诉讼法典》（第 218 条）、《律师法》（第 11a 条）以及《律师行为守则》（第 3 条）对律师职业保密特权的范围进行了较明确的设定。例如《刑事诉讼法典》第 218 条明确规定，"因其身份、职业或者职务有保密义务的人员，可以拒绝作证或者拒绝回答特定问题，但仅限于其因上述资格而被交托的信息"。但近年来，律师的职业保密特权在范围上受到了一定的质疑，尤其是来自检察院的批评。在检察院所参与的一些政治讨论以及公开出版物中，有一项立法建议反复被论及：即任何规定保密特权的法律文本都应注明时间、律师的工作以及不披露的范围，否则律师可能利用保密特权从事其他活动。此次改革草案吸收了检察院的建议。第 1.6.2.2.2 条拟修改《刑事诉讼法典》原第 218 条如下，"证人在履行职责、职业或职务时，如果认为发现真相的重要性应让位，以保证每个人可以自由向他们求助而不必担心因得到帮助和建议而将信息泄露，则必须保密，拒绝回答这些问题。但保密权利仅限于与特定职务（specifieke taakuitoefening）行使直接相关而获得的信息"。新条款与旧条款的核心区别便在于限定了"特定职务"，这引发了极大的争议。例如律师为客户提供诉讼外的法律咨询是否属于"特定职务"？律师在诉讼外所进行的调查研究是否属于"特定职务"？

2. 数字化侦查问题（第二卷）。库普斯委员会（Commissie-Koops）提出了行使数字化侦查权的差异化标准，具体而言：①侦查人员可非系统性（niet-stelselmatige）地行使数字化侦查权。②系统性（stelselmatige）地行使数字化侦查权需要检察官发布令状。所谓"系统性"，指在行使权力前，可以合理预见利害关系人私生活某些方面的大致情况。③广泛而系统（ingrijpend stelselmatig）地行使数字化侦查权，应得到预审法官的授权。所谓"广泛而系统"，指在行使权力前，可以合理地预期到利害关系人私生活的深远前景。这一标准为司法和安全部所接受，并纳入草案的第二卷（在"数字环境中的侦查"部分）中。但这一区分标准受到了很大的批评。例如学者欧勒曼斯（Oerlemans）便认为，与自动化产品有关的数据均涉及深度隐私，例如智能手机、个人电脑和笔记本电脑等。史蒂文斯和赫希·巴林（Stevens en Hirsch Ballin）在 2019 年国家刑法日的全体会议上则认为，这一区分标准已然过时，因为未将数据存储这一重要的数字侦查手段考虑在内。

3. 高额交易（hoge transacties）入法（第三卷）。荷兰大量的刑事案件无须经过庭审，而可由检察官通过和解罚款、庭外和解、行政罚款及处罚令予以解决。对于经济刑法及环境刑法所涉及的大量罪名，荷兰倾向于以行政罚款（5 万欧元以上，有时甚至高达几百万欧元）取代刑罚（6 年以下）。因此，为避免高额交易所可能引发的腐败问题，新的法律草案设立了司法审查（rechtelijke toets）制度，既适用于高额交易，也适用于没收和解。

4. 证明标准问题（第四卷）。因深受法国的影响，荷兰刑事诉讼一直采用"内心确信"（判例也称为"理性确信"）的证明标准。这体现在荷兰《刑事诉讼法典》第 338 条中，"只有法官在法庭审理过程中对法定证据方法的内容形成确信，才能采纳证明犯罪嫌疑人实施了被起诉的犯罪行为的证据"。但此次法律草案决定彻底修改这一标准，全盘引入英国的"排除合理怀疑"标准（buiten redelijke twijfel）。依法律草案第 4 卷第 4.3.2.1 条决定创设新的第 338 条，规定"1. 证明被告人实施犯罪的证据应符合法定形式；2. 应排除合理怀疑才能证明被告人实施了犯罪；3. 如果法院不能确认被告人实施了被指控的犯罪行为，则应予以赔偿"。证明标准的修改，在荷兰学术界也引发了较大的学术争议，这主要是因为大陆法系的证明逻辑是"证实"，与英美法系的"证伪"存在较明显的区别。

当然，引发争议的立法修改涉及方方面面，荷兰甚至专门开设了"刑事诉讼法典现代化改革"的学术网站（http：//www.moderniseringstrafvordering.nl/home），接受并收集来自理论界及实务界的各种立法建议及学术论文。围绕此一专题的国际研讨会近几年也频繁在荷兰召开，来自德国、法国、美国、英国、意大利等国家的诸多著名学者积极参与其中。因此，有理由相信，这部新法典在国际范围内将产生重大影响力，也将为比较法研究提供全新的素材。

八、韩国刑事诉讼法的最新发展[*]

（一）调整检察和警察的侦查权

与世界其他国家的检察机关不同，韩国的检察机关同时拥有侦查权和提出公诉权、维持公诉权。因此，一直有要求使得权力集中的检察机关受到牵制，分散其权力的呼声，进入文在寅政府后，这种讨论被具体化。

2018 年 6 月 21 日，法务部部长和行政安全部部长发表了《检·警侦查权调整协议书》，根据其宗旨制定了多项制度，如检察和警察相互合作，以保护国民安全和人权；限制检察开始侦查的犯罪范围，以保障侦查权为国民民主和有效行使等。2020 年 2 月 4 日修改后 2021 年 1 月 1 日实施的《检察厅法》第 4 条第 1 款规定了检察官可以开始侦查的犯罪范围。①腐败犯罪、经济犯罪、公职人员犯罪、选举犯罪、防卫事业犯罪、大型惨案等总统令规定的重要犯罪。②警察公务员犯下的罪行。③与 1、2 类犯罪，以及与司法警察送至的犯罪有直接关联性的犯罪。

另外，刑事诉讼法也于 2020 年 2 月 4 日大幅修订，于 2021 年 1 月 1 日施行，新设了《韩国刑事诉讼法》第 195 条，规定"检察官和司法警察在侦查、提起公诉和

---

[*] 执笔人：中国政法大学诉讼法学研究院肖建华教授。

维持公诉方面相互合作",并删除了关于警务官、总警、警正、警监、警卫[1]的所有侦查、接受检察官指挥的规定等,警务官、总警等认为有犯罪嫌疑时,要侦查犯人、犯罪事实和证据(《刑事诉讼法》第 196 条),在决定移送案件是否提起公诉或维持公诉时,检察官可在必要时向司法警察官要求补充侦查,司法警察官在没有正当理由的情况下应立即开展补充侦查(第 197 条之 2 新设),以限制检察的直接侦查。

韩国宪法规定,申请拘捕令只有由检察官提出,因此,在没有修改宪法的情况下,不能用法律赋予警方拘捕令申请权。取而代之的是,新设的《刑事诉讼法》第 221 条之 5 规定,如果检察官在没有正当理由的情况下,没有向法官申请拘捕令,司法警察官可以向管辖的高等检察厅就此提出复议。为对此进行复议,应在高等检察厅设立由外部委员组成的拘捕令审议委员会。

此前,韩国法律赋予了检察机关对警察的侦查指挥权,但本次刑事诉讼法修改,赋予了警察独立侦查权。并且,通过新设第 245 条之 5 明确规定,司法警察在侦查犯罪后认为有犯罪嫌疑时将案件送至检察机关,在其他情况下则只需把记载相应事由的书面文书和证据送至检察机关即可。也就是说,经警察侦查,认为没有犯罪嫌疑的,可以行使侦查终结权(此前是无论是否认为有犯罪嫌疑,都要送至检察机关,即此前只有检察机关才有侦查终结权)。但司法警察未将案件送至检察机关时,应将不送至理由和要旨书面通知给检举人、告发人、被害人或其法定代理人(《刑事诉讼法》第 245 条之 6)。自司法警察处收到不送至通知的人员可向该司法警察所属警署长官提出异议,接到异议后,司法警察应将案件立即送至检察机关(新设刑事诉讼法第 245 条之 7)。经检察机关审查认为司法警察未将案件送至检察的行为系违法或不够正当,应将相应理由记载于文书后要求司法警察进行再侦查,接到检察机关再侦查要求的司法警察应开展再侦查(《刑事诉讼法》第 245 条之 8)。

（二）审判中心主义的加强

此前,如果被告人或其辩护人在法庭上否认该内容,警方制定的嫌疑人讯问调查书(讯问笔录)就不能无条件作为证据,但如果检察官制定的嫌疑人讯问调查书被认可为其真正成立[2],就可以作为证据。因此,检察机关制作的犯罪嫌疑人讯问调查书可以成为做出有罪判决的主要证据。但 2020 年 2 月 4 日修改后的《刑事诉讼法》规定,检察官制定的嫌疑人讯问调查书在准备公判或公判日期内,仅在被告人或其辩护人承认其内容时方可作为证据(《刑事诉讼法》第 312 条),消除了在犯罪嫌疑人讯问调查书上警察制作文书和检察制作文书之间的差异。即,和警察制作的犯罪嫌疑人讯问调查书一样,即便是检察机关制作的犯罪嫌疑人讯问调查书,只要被告人或辩护人否认其内容,就不能作为证据。因此,只要被告人否认其内容,在

---

〔1〕 警官的职级从上到下依次为治安总监、治安正监、治安监、警务官、总警、警正、警监、警卫、警察、警长、巡警。

〔2〕 意为按照陈述者或制定者的意愿制定。

侦查机关做出的陈述就不能成为证据，只有法庭上的陈述才具有有效证据地位。而这将会大幅改变之前尤其注重犯罪嫌疑人在侦查阶段陈述的办案习惯，控辩双方在法庭上的辩论将变得更加激烈。

（三）国家警察和自治警察的分离

近期，不断有观点认为为了实现真正的地方自治，需要对警察进行分权调整，通过全面实施地方自治警察制度，为各自治地区提供满足地方要求的治安服务。不仅如此，经既有侦查权已经进行的调整，警察权变得较为庞大，有必要对其进行分权以保障警察权的有效行使。上述观点得到支持，为限制警察权限，将警察分为国际警察和地方警察。

对此，于2020年12月22日将《警察法》修订为《国家警察和自治警察组织及运营相关法律》（2021年1月1日试行）；修改现行法，将警察事务分为国家警察事务和自治警察事务；分散各事务的指挥和监督权，由市、道自治警察委员会指挥和监督自治警察事务等，为引入自治警察制度提供了法律依据。

《国家警察和自治警察组织及运营相关法律》第4条规定，警察的事务分为国家警察事务和自治警察事务；第16条规定，在警察厅设立国家侦查本部，在侦查业务上不受警察厅厅长指挥，可以独立进行侦查指挥；第18条规定，为了掌管自治警察事务，将市、道知事所属的市、道自治警察委员会作为合议制行政机关，独立执行属于其权限的业务。

（四）法院组织法的修改

过去，韩国的法官按照地方法院陪席法官、地方法院独任法官、高等法院陪席法官、地方法院部长法官、高等法院部长法官、法院院长、大法官的顺序晋升，特别是高等法院部长法官只选拔地方法院部长法官中的少数人员，这一晋升制度加深了对法官官僚化的批评。

特别是在2018年司法垄断事件[1]以后这样的批评更加严重，因此在2020年3月24日部分修改了《法院组织法》，并于2021年2月9日施行。在修订法中，废除了受到事实上以晋升概念而加深法官官僚化批判的高等法院部长审判员职位，通过由具有平等地位的法官组成的审判部，以实现忠实的审理。另外，考虑到通过社会关系网服务（SNS），现职法官的政治意愿增加等有关法官政治中立性的争议增加，强化了法官的任用不合格事由。另外，为使法院的伦理监察工作能够独立、专业地进行，还改善了伦理监察官制度。即，通过删除《法院组织法》第27条第2项，废除高等法院部长法官职位；第43条在法官的任用不合格事由中增加了丧失政党党员或党员身份之日起未满3年的；在公职选举登记为候选人之日起未满5年的；在总统

---

[1] 大法院和法院行政处为了在国会通过引进上诉法院的法律修正案，在多个案件上与青瓦台协调意见，对青瓦台所关心的案件，按照青瓦台所希望的方向进行审判的情况被揭露后，检察机关开始对相关法官进行侦查，前大法院院长梁承泰等10名以上法官被检察机关提起公诉，正在接受审判。

选举中为候选人的选举担任咨询或顾问之日起未满 3 年的。新增设第 71 条之 2，规定伦理监察官的设立依据为通过公开招聘程序聘用。

第二节　国际民事诉讼法发展动态 *

一、韩国民事诉讼法动态

以前只规定了已生效判决书的公开，但修改后的《韩国民事诉讼法》第 163 条之 2 规定要公开已宣判案件的判决书，进而将那些虽未生效但已公开宣判的判决书都纳入了判决书公开范围。被纳入公开范围的，属于可阅览和复制对象的判决书，可通过电脑等形式提供，因此可以轻松搜索公开的判决书。但是，考虑到构建这样的系统需要时间，该规定的施行时间为 2023 年 1 月 1 日。

二、美国民事诉讼法动态

2018 年以来美国民事诉讼领域立法的主题主要在于使程序与司法实践更好地保持一致，从而促进司法实践的效率。其中，2018 年对于 FRCP 第 5、23、62、65.1 条进行了较大的修订，修订后的《民诉规则》在经历了一年多的适用后，于 2020 年迎来了新的修正案。2019 年 10 月，美国联邦司法会议委员会采纳了民事规则咨询委员会提交的建议草案，并向美国最高法院递送了关于修订联邦民事诉讼规则第 30 条（b）款第 6 项的提案。2020 年 4 月最高法院通过了该提案并递交国会审议。同年，该修正案在国会获得通过且于 2020 年 12 月 1 日正式生效。

2020 年美国民事诉讼法领域的立法变动较小，仅对《民诉规则》第 30 条（b）款第 6 项进行了修订。此次修订主要解决实践中 2 个有关取证的问题：一是当事人询问证人的问题过多且有些问题模棱两可；二是较多被询问的非当事人实体怠于配合当事人的询问，导致实体提供的证人不适当，不能高效地为当事人提供有用的证词。[1] 该修正案要求，若一方当事人希望询问某非当事人实体（包括公司、合伙、协会、代理机构等）以获取证词（deposition），那么其必须在送达给实体的询问通知书或传票中详细说明其可能询问的事项范围，且该范围必须合理。该修正案还对被询问的非当事人实体设置了义务，要求其在收到当事人的取证请求后必须与当事人进行磋商，且及时指定相关员工来配合取证。[2] 由此可见，新规则是配合 2015 年《民诉规则》第 1 条和第 26（b）款第 1 项修正案产生的，目的是进一步提升证据开示的效率，加快诉讼进程。

＊　执笔人：中国政法大学诉讼法学研究院肖建华教授。

〔1〕　See Fed. R. Civ. P. 30（b）（6）；Also see https：//fedsoc. org/commentary/publications/2020-civil-justice-update.

〔2〕　See https：//www. federalrulesofcivilprocedure. org/category/federal-rules-of-civil-procedure-updates/.

总的来看，2018 年至 2020 年的美国民事诉讼立法的核心在于促进诉讼效率的提升，各种变动都倾向于加强法院对诉讼程序的干预，旨在通过干预来排除各种可能影响诉讼进程的因素，从而在一定程度上缓解美国民事诉讼案件周期冗长、成本较高的不良状况。

三、加拿大民事诉讼法动态

加拿大每个省有单独的民事诉讼规则，其中魁北克隶属于民法管辖，其他省份和地区属于普通法司法管辖区域。对于一些事项，加拿大联邦法院有优先管辖权，但是最终上诉法院是加拿大最高法院。[1] 加拿大民事诉讼的发展以节约经济和时间、高效、简化、透明地解决民事纠纷为主旨方向。这些特点在加拿大集体诉讼中尤为明显。[2] 加拿大安大略省的《集体诉讼法》（"*Ontario Class Proceedings Act*"）和《民事诉讼程序规则》（"*Ontario Rules of Civil Procedure*"）近期进行了修改。修改后的法案提高了司法保护的效率，同时也更贴近当下的生活状态。

（一）安大略省新集体诉讼法

安大略省法律委员会在 2019 年 7 月完成了对安大略集体诉讼程序的全面审查，并提出修改意见，主要是在认证阶段提高拟议的集体诉讼的速度和降低成本。并于 2019 年 12 月提出了 161 号法案（"*Smarter and Stronger Justice Act*"）。该法案为安大略省 1992 年的集体诉讼程序法提供了修改的参考，[3] 即以提高集体诉讼的公平性、透明度和效率为修改的主要方向。

2020 年 10 月 1 日安大略省的新《集体诉讼法》生效。修改后的法案有助于确保案件的处理速度加快，同时为法院提供了平衡的框架，以便于更好地评估集体诉讼中的赔偿要求是否合理。首先，新法案更新了集体诉讼的立案认证程序，同时要求法院考虑集体诉讼在不同司法管辖区域重叠的情况。在认证集体诉讼时，要求法院核实在其他省内是否有涉及同一主题的正在审理中的集体诉讼案件。[4] 如果是，则需要考虑该诉讼是否有必要继续被立案和审理。新修订的集体诉讼法还授予当事人在法院认证案件前，在与另一个省的集体诉讼重叠的情况下继续提起诉讼（或者其他救济）的权利。[5] 修改后的这部分规定与不列颠哥伦比亚省、艾伯塔省和萨斯喀彻温省的规定相同。其次，新法案允许无可辩驳的案件提早结案，该修改大大提高了集体诉讼的效率；同时规定了被告和原告都有权通过认证命令向上诉法院提出上

---

〔1〕 Shelby R. Grubbs（Editor），"International Civil Procedure（World Law Group Series）"，*Kluwer Law International*，（October 28, 2003）.

〔2〕 The Hon. Frank Iacobucci，"What is Access to Justice in the Context of Class Actions?" in *Accessing Justice：Appraising Class Actions Ten Years After Dutton*，Hollick and Rumley, Ed. Jasminka Kalajdzic（Markham：LexisNexis, 2011），p. 19.

〔3〕 "*Class Proceedings Act*"，1992，S. O. 1992，c. 6.

〔4〕 新《安大略集体诉讼法》（"*Ontario Class Proceedings Act*"）第 S. 5（6），5（8）条。

〔5〕 新《安大略集体诉讼法》（"Ontario Class Proceedings Act"）第 S. 2（1.1）条。

诉，以前只有原告拥有此上诉权。同时禁止了原告对认证通知书、上诉请求书进行实质性的修改。[1] 该修改避免了原告在上诉过程中对案情进行实质性变更的情况发生；关于当事人达成和解时需要提供的证据，寻求和解的当事方必须披露有关和解的信息，包括为什么和解、如果继续诉讼可能存在的风险、集体成员的总数以及由此产生的预期追回的结算和费用。法院在决定是否批准和解时，必须考虑上述情况。[2] 最后，关于集体诉讼的认证测试方面的修改。原集体诉讼法中要求将集体诉讼程序作为解决常见问题的首选程序，新修订的法案中要求集体成员共有的事实或法律问题在个别问题中占主导地位。也就是说要求常见、普遍问题胜于单个问题，以便于确认以集体诉讼程序审理该案件更为可取。此外，要求法院考虑是否有其他替代性程序比集体诉讼程序更适合该案件的审理。[3] 修改后的新规定使安大略省在该方面的规定与美国的相关制度保持一致。在新的制度中，集体诉讼程序一改往日的首选地位，同时也使得原告在安大略省提起集体诉讼时需要做更多的诉讼准备。

集体诉讼法的改革反映了总体上更大范围的民事司法改革的战略重点。但在信息、数据传播、收集、共享和分析方面，司法系统通常被认为落后于其他公共服务。[4] 整个加拿大司法系统的决策者和利益相关者都同意有必要改进司法透明性系统和经验数据。因此，关于改善数据收集和支持集体诉讼中基于证据的政策制定的改革应当被给予更大的关注。[5]

（二）受疫情影响而进行的调整——诉讼程序中减少物理接触（安大略省新《民事诉讼程序规则》）

2020 年新冠病毒产生的疫情对加拿大法院和诉讼的发展产生了巨大的影响。加拿大各省的法院都调整了其运作和访问法院系统的权限，原有的"法定日期"和时限也被暂停或者修改。[6] 安大略省的所有陪审团都被暂停，最少会暂停至 2021 年 5 月 31 日。在魁北克，原定于在蒙特利尔法院审理的任何民事诉讼案件都以虚拟模式的方式进行，除非获得其他授权或者有进一步的通知。虚拟模式被更广泛地应用于法院系统，比如由电子邮件的模式提交和传递文件、视频会议的模式进行开庭和听

---

〔1〕 新《安大略集体诉讼法》（"*Ontario Class Proceedings Act*"）第 S. 30（1）-（2）条。

〔2〕 新《安大略集体诉讼法》（"Ontario Class Proceedings Act"）第 S. 27. 1（7）条。

〔3〕 新《安大略集体诉讼法》（"Ontario Class Proceedings Act"）第 S. 5（1.1）条。

〔4〕 See for example the concerns of the Auditor General, "*Section* 4. 07, *Court Services*" (2010 *Annual Report*); "*Section* 3. 07, *Court Services*" (2008 Annual Report); "Section 4. 12, Youth Justice Services Program" (2014 Annual Report); "Section 3. 02, Criminal Prosecutions" (2012 Annual Report); all available online: http: //www. auditor. on. ca/.

〔5〕 Law Commission of Ontario, Class Actions: Objectives, Experiences and Reforms: Final Report, (Toronto: July 2019), page 2.

〔6〕 Emilie Feil-Fraser, "*UPDATES FROM CANADIAN COURTS IN RESPONSE TO COVID-19 PANDEMIC*", https: //gowlingwlg. com/en/insights-resources/articles/2020/updates-from-canadian-courts-in-response-to-covid/, Gowling WLG.

证等等。

2020 年 11 月 30 日，安大略总检察长对《民事诉讼程序规则》（本部分简称《规则》）做出了修改，并且在 2021 年 1 月 1 日生效。这些修改在帮助法院应对 COVID-19 的影响的同时，也将会成为帮助法院实现系统现代化的重要一步，即为法院诉讼的各个方面提供电子服务的选项，比如更改当事人出庭的方式和电子文件的应用等，这些改革将会使得司法系统被更方便、高效地使用，同时将会一定程度地减少相关费用。从本质上看，这些变化表明法院将会发展电子诉讼的模式。

在《规则》中可以通过电子邮件方式传递的文件种类更宽泛了。[1] 比如诉讼中文件的提交，不同于以往的传真模式，当事人可以通过电子邮件的方式提交文件。[2] 当事人或者其代表必须将其电子邮件地址提交法院，以确保可以收到法院的信息（比如 Zoom 视频会议的登录信息或者 CaseLines 邀请信息）。[3] 以减少彼此之间的物理接触。[4] 同时，取消了原有的传真提交文件的模式。[5]

电话会议和视频会议的模式是新的常态。2020 年视频会议的模式已经成为听证会、预审、案例会议以及其他非必要的当庭听证的主要模式。[6]

受疫情的影响，加拿大法院积极调整了其运作和诉讼规则，以确保司法资源能合理高效地运作。加拿大法院计划在 2021 年夏季或者秋季开始逐渐恢复原有活动并放宽限制，但是由于各个地区都经历了第二波感染浪潮，许多法院现都在重新规划限制。目前在加拿大的大部分司法管辖区域，延期开庭的案件已经恢复，先前暂停的时效也已经重新开始使用。

第三节　国际行政诉讼法的最新发展*

对世界上很多国家来说，2020 年可能是进入 21 世纪以来最低落最艰难的一年。

---

〔1〕 新《民事诉讼程序规则》（"Ontario Rules of Civil *Procedure*"）的第 4.05（1.1）条中表明"允许以电子方式发布任何文件"。

〔2〕 新《民事诉讼程序规则》（"Ontario Rules of Civil *Procedure*"）的第 16.01 和 16.05 条中表明，允许通过电子邮件的模式发送除原始流程外的文件，而无需当事人的同意或者法院命令。

〔3〕 新《民事诉讼程序规则》（"Ontario Rules of Civil Procedure"）的第 59.02、59.03、59.04 和 59.05 条中表明"可以通过电子邮件的模式传递文件以及电子文件的方式存档"。

〔4〕 新《民事诉讼程序规则》（"Ontario Rules of Civil Procedure"）中有多条规则不再假定需要亲自参与。

〔5〕 新《民事诉讼程序规则》（"Ontario Rules of Civil Procedure"）中撤销了原规则的第 16、37 和 38 条中有关传真服务和交付的几个子规则。

〔6〕 新《民事诉讼程序规则》（"Ontario Rules of Civil Procedure"）的第 1.08 条，听证会的出席方法，可以通过电话会议或者视频会议的形式。

* 执笔人：中国政法大学诉讼法学研究院高家伟教授、硕士生高润青。

一种在 2019 年还没有被命名的病毒，到 2020 年末已蔓延到每 93 个地球人中就有 1
人被它感染，177 万人因它死亡。[1] 被感染者中包括英国首相、巴西总统、美国总
统和法国总统。新冠疫情在很大程度上定义了 2020 年的世界，成为 2020 年世界各国
行政法和行政诉讼法发展所无法回避的议题。回顾过去一年，外国行政法和行政诉
讼法在立法层面、司法层面和学术领域的新发展，均对新冠疫情及其防控举措有所
涉及。

一、立法层面：完善防疫法案

新冠疫情蔓延之下，俄罗斯国家杜马和俄联邦委员会于 2020 年 3 月 31 日审议通
过了新冠疫情期间扩大政府权限的法案，规定了联邦政府在紧急情况下有权在俄全
境或部分区域宣布实施紧急状态或高度戒备状态，有权制定在实施紧急状态或高度
戒备状态期间所有人必须遵守的行为规则。

除了上述的扩大政府权限法案，俄罗斯国家杜马和俄联邦委员会还审议通过了
一系列对行政法律法规的修订，以保护俄罗斯联邦的公共卫生，抗击新冠疫情。比
如，通过行政法典修正案防范疫情扩散和假新闻传播。根据《俄罗斯联邦行政违法
法典》修正案，如违反流行病卫生防疫规定，普通公民将被处以 1.5 万至 4 万卢布的
罚款；未建立法人组织的企业负责人和人员将被处以 5 万至 15 万卢布的罚款；法人
将被处以 20 万至 50 万卢布的罚款。如果这些违法行为造成人身伤害或死亡，但不构
成刑事犯罪，违法者将被处以 15 万至 30 万卢布的罚款。公开散布有关冠状病毒假新
闻者将被处以 70 万至 150 万卢布的罚款，并可能被判处 3 年以下监禁。如散布此类
假新闻不慎致人死亡或引起其他严重后果，违法者将被处以 200 万卢布以下的罚款，
并可能被判处 10 年以下监禁。再如，对国家政府和市政府采购法规作出特殊规定，
即政府可以在 2020 年从单一的供货商处采购物资（即无需启动时间成本较高的竞争
性程序），可以从单一的供货商处采购物资，如果采购合同在执行过程中遇到因新冠
病毒传播导致的情况，可对合同执行期限进行调整。此外，俄罗斯国家杜马和俄联
邦委员会还修订了药品和医疗器械管制相关的法律法规，规定了在国家进入紧急状
态情况下，针对抗击传染病大流行所必需的药品和医疗器械，政府有权采取特殊的
国家注册机制，有权根据其编制的清单限制药品的批发和零售，限制期 90 天。

随着新冠疫情在欧洲大陆的肆虐，意大利、德国的立法机关也于 2020 年陆续完
善了防疫法案。意大利众议院于 2020 年 11 月 3 日批准了新防疫法案，以减轻国家医
疗系统的压力和有效遏制病毒蔓延，确保民众健康安全。新防疫法案为意大利政府
进一步实施新冠疫情防控措施提供了法律依据：一是规定疫情风险区域等级标准划
分，由意大利卫生部和国家卫生院具体负责，并及时更新和调整。政府有权根据不
同区域疫情风险等级，实施不同的防疫措施。二是要求限制危险大区之间的人员流

---

　〔1〕"新冠疫情改变生活方式，全球经济遭受沉重打击"，载 https：//baijiahao.baidu.com/s？id =
1687454468850711725&wfr=spider&for=pc，最后访问日期：2021 年 3 月 1 日。

动，严格限制夜间居民自由外出。除工作、健康和特殊情况，禁止在晚间宵禁时间段随意外出。凡外出者必须携带自我声明，以备警方随时检查。另外，德国联邦议院于 2020 年 11 月 18 日通过了《传染病防治法》修正案，首次将德国政府能够实施的具体防疫限制措施写入法律条款。德国以前的法律只笼统地规定政府可在疫情发生时采取必要的保护措施。而此次修正案将政府颁布的防疫政令提升到了法律高度。这项修正案是由联合执政的联盟党和社会民主党提交的。修改后的法律明确列出了疫情期间针对文化娱乐产业的限制措施。根据该修正案，政府的防疫措施最多只能持续 4 周，期满后可延长。

二、司法层面：加快数字化进程

2020 年新冠疫情对各国司法系统的正常运转带来了极大挑战，同时也推动了法院的数字化进程。以南非共和国为例，其法院为应对新冠肺炎疫情采取的隔离措施，实行了运用信息技术来开展办公办案的解决方案，并通过以下 3 方面举措保证法院在疫情期间的工作效率：

第一，"在线法院"（Court Online）。"在线法院"是一个先进的基于"云"的协作解决方案，包括数字案件管理系统和数字证据管理系统。它为诉讼参与方提供了随时随地以电子方式在线提交文件的机会。这也让法官轻松地在网上即时管理出庭日志和法庭证据，并有效缩短案件处理时间、提高诉讼的便利性和效率、减少法庭内的排队时间。

第二，"案件线"（CaseLines）。"案件线"是由英国著名信息化厂商提供的法院在线证据管理应用程序。2020 年 1 月 10 日，南非豪登省高等法院院长姆兰博发布了一项关于全面实施该系统的实践指令，并于 2020 年 1 月 27 日在豪登省生效。该系统具有立案、当事人或诉讼代理人邀请、文件归档上传、案件展示等功能。它使诉讼当事人能够以电子方式提交并上传诉状和其他文件，并在法庭诉讼过程中陈述案情和自己的观点。通过该系统，法官有机会高效安全地在线审查当事人以数字方式提交的证据。

第三，远程庭审和视频会议。近年来，南非法院提高了引进视频会议技术的速度，以确保其司法系统不会在新冠肺炎疫情期间完全停摆。然而，虽然一些法院采用了技术来确保司法工作能够继续进行，但另一些法院则采取了更为保守的做法，即完全停止法院服务。

当然，为缓解疫情带来的不良影响，美国、俄罗斯、新加坡、马来西亚、卡塔尔等国也使用了现代数字技术，并且取得了相当成效。这意味着在目前的疫情大流行期间，运用数字技术开展远程办案工作已经成为一种趋势。现在数字技术正在积极发展，相信未来更有效、更安全的数字技术将会在世界各国的司法系统中应用，促进法院庭审效率的提高和抵御重大风险能力的增强。

三、学术领域：研究新冠肺炎疫情应对模式

通过实践而发现真理，又通过实践而证实真理和发展真理。因此，时代发展中的重大事件总是能掀起学术领域的研究热潮。在世界面临着一场毁灭性的大流行病之际，有学者提出通过监管合作应对公共卫生危机，并指出由于全球化的盛行，各国监管机构在确保药品的安全性、质量和有效性方面面临着巨大挑战。随着供应链的全球化，检查的负担也越来越重。欧盟和美国的制药公司从中国或印度进口其大部分活性药物成分，这增加了对这些国家设施进行检查的必要性。技术发展的快速步伐和新疗法的引入也对有效的监管提出了挑战。为了应对日益增长的工作量，监管机构需要依赖可信赖的同行。过去几十年，国内监管机构在与其他国家监管机构在建立基于信任的依赖关系方面取得了重大进展。依赖关系有多种形式，包括非正式合作以及具有法律约束力的相互承认协议（MRAs）。例如，欧盟在20世纪90年代末开始与美国和日本等国签订MRAs，承认伙伴国遵守良好的生产规范。这些协议中所反映的可接受生产实践的相互承认消除了欧盟检查伙伴国家生产场所的必要性。只有当多国的监管机构为应对公共卫生危机共同努力时，才可以确保其公民及时获得高质量、安全、有效的药物。[1]

也有学者尝试概述欧洲、北美以及东亚各国政府所面临的一些关键问题和挑战，并从危机应对中汲取教训。学者指出，欧洲和北美许多政府在此次危机应对中暴露出风险管理不足和缺乏准备的缺点。比如许多政府起初淡化了此次疫情的严重性，并向公众声明使用口罩是没有必要的。然而这些声明后来被新的证据和病毒传播的严酷现实所反驳。此外，尽管政府发布了早期信息以避免公众恐慌，但有些发布的信息后来被证明是错误的，对政府的信誉造成重大影响。在危机中，信誉至关重要，因为政府需要能够说服全体民众遵守要求很高的保持距离或待在家里的措施。如何有效地沟通风险和不确定性，以及如何让公众理解和接受监管政策是摆在政府面前的挑战。这些挑战突出了专家们早就知道但公众很少意识到的问题，即监管责任分散、信息系统缺乏整合、资源有限和风险评估方法不完善。

由此，学者论证了政府关注风险评估、整合和管理信息、确保监管举措不制造不必要的障碍以及与公众有效沟通的重要性。同时，学者也提议各国要加强国际合作，互相学习交流疫情防控的经验以促进疫情蔓延下的经济复苏。[2]

还有学者围绕公共卫生与隐私问题展开思考。学者认为，在疫情暴发时，接触者追踪结合健康和位置的相关数据，以告知用户或公共卫生官员哪里接触新冠病毒的风险最高，并在用户与感染者接触时向其发出警报，确实可作为一种有效的公共

---

〔1〕　Elizabeth Golberg , Regulatory Cooperation to Combat Public Health Crises, REGUL. REV, Apr 20, 2020https：//www. theregreview. org/2020/04/20/cost－benefit－analysis－supports－continuing－the－national－shut-down/.

〔2〕　Florentin Blanc , Regulatory Delivery Lessons From COVID－19 Responses, REGUL. REV, May 28, 2020https：//www. theregreview. org/2020/05/28/blanc－regulatory－delivery－lessons－covid－19－responses/.

卫生应对措施。但随着科技公司与政府合作应对冠状病毒的报告浮出水面，政策制定者和隐私倡导者对数据隐私提出了担忧，认为尽管目前政府收集到的数据将用于公共卫生目的，但依然存在关于隐私保护的一个重要问题即科技企业或政府是否会保留这些数据，并将其用于商业或执法目的。学者以美国为例，指出马萨诸塞州、纽约州和加利福尼亚州等州的公共卫生官员为了消除隐私不当使用的隐患正在选择雇佣和培训数量空前的人类接触追踪者。然而各州是否以及如何使用数字应用程序来补充或替代这些努力，仍有待确定。[1]

此外，域外多国学者还高度评价了中国应对新冠疫情的各项举措，表示中国在疫情防控方面的举措为各国提供了可资借鉴的经验，如动员人民正确认知并全员参与防控，健全卫生和社会福利体系，重视医卫设备生产研发和人力资源培养，善用电子商务和教育平台，发展后勤物流体系等。[2] 中国在此次全球性危机面前坚持同舟共济、合作抗疫精神，深化地区抗疫务实合作，为世界各国抗击疫情作出了具体而生动的表率。展望未来，在各国不断深化抗疫合作的背景下，外国行政法和行政诉讼法学界与中国学界的互动也将增强。

第四节　美国证据规则的最新发展 *

过去两年中对美国《联邦证据规则》（Federal Rules of Evidence）的修订延续了长期以来的一贯保守政策，法条内容总体保持不变，仅在 2 处条款文本上做了技术性微调，其目的并非是要突破立法原意，而是对规则本身措辞和可操作性的完善。具体而言，针对规则 807 其余传闻例外的修订于 2019 年 12 月 1 日正式生效，以及针对规则 404（b）品格证据：其他犯罪、错误或行为的修订于 2020 年 12 月 1 日正式生效。

特别值得关注的 2 点是：其一，上述 2 项法案的修订及颁布实施进度并未受到美国严重新冠疫情的影响，照常按既定日期颁布实施。笔者认为，其原因在于美国联邦法律修订的前期准备周期很长，上述 2 项规则的修法起草和主体论证工作均已在2018 年（或更早前）完成，后续程序仅为美国最高法院和美国国会的程序性核准，

---

〔1〕 Allie Gottlieb, Public Health Versus Privacy, REGUL. REV, May 14, 2020https：//www. theregreview. org/2020/05/14/gottlieb-public-health-versus-privacy/.

〔2〕 "采取果断措施 推动国际合作——外国专家学者关注中国发布新冠肺炎疫情信息、推进疫情防控国际合作纪事"，载 https：//baijiahao. baidu. com/s? id=1663274027554631714&wfr=spider&for=pc，最后访问日期：2021 年 3 月 1 日。

* 执笔人：中国政法大学证据科学研究院汪诸豪副教授。

因此修法进度未受疫情影响。[1] 其二，不同于 2015 年以来联邦证据规则咨询委员会的修法提案集中于回应新兴科学技术发展对证据规则的冲击和影响，[2] 2019 和 2020 年的规则修订回归到了对传统的传闻证据规则和品格证据规则之完善，彰显了立法者秉持证据规则在经典与新兴领域均衡发展且并重的理念。

一、对传闻证据规则的修订

众所周知，美国拥有一整套复杂且庞大的传闻证据（Hearsay Evidence）规则体系。根据规则 802 传闻基本原则，传闻证据[3]不可采，联邦制定法、本法其他条文和美国最高法院的另行规定除外。规则 803 和规则 804 以传闻陈述人是否可能出庭作证为界，分别规定了 23 项和 5 项具体的传闻例外规定，允许采纳符合其要求的传闻证据。[4] 在此基础之上，《联邦证据规则》还专门设置了传闻例外规定的"兜底"条款——规则 807 "其余传闻例外"。该项规定是为应对新出现和不可预期的情况而设计的，即在这些情况中的庭外陈述看起来非常可信且必要，但其不契合规则 803 或 804 中任何既定的采纳传闻证据例外。

修订之前的规则 807 要求，若要满足该项传闻例外的兜底条款，所示传闻证据必须要拥有与现有既定传闻例外（规则 803 或规则 804）"同等"的"可信度保证"。实践中，美国法院在适用该项具体要求时常感为难，因为规则 803 和规则 804 中各类传闻例外规定对传闻的可信度保证要求本身就存在不均衡的情况。例如，规则 803 (2) 激奋话语（excited utterance）（不是很可靠）与规则 804 (b) (1) 先前证言（former testimony）（在宣誓后做出且受制于交叉询问要求，因而可靠性很高）的可靠性保证明显是不同等的。修订后的规则 807 删除了"与既有传闻例外规定同等的可信度保证"要求，由庭审法官直接裁定该传闻证据是否有充分的可信度保证取而代之。并且，修订后的规则 807 提示庭审法官在考量其可信度时注意审查该传闻证据是

---

〔1〕 参见美国司法会议实践和程序规则委员会备忘录（2018 年 8 月 15 日，撰稿人：实践和程序规则委员会主席 David G. Campbell 法官，公开向美国法院、律协和公众征求关于联邦证据规则 404 (b) 修订的意见）https：//www.uscourts.gov/sites/default/files/2018-08-15-preliminary_ draft_ rev. _ 8-22-18_ 0.pdf；美国司法会议实践和程序规则委员会备忘录（2017 年 8 月 11 日，撰稿人：实践和程序规则委员会主席 David G. Campbell 法官，公开向美国法院、律协和公众征求关于联邦证据规则 807 修订的意见）https：//www.uscourts.gov/sites/default/files/preliminary_ draft_ 08_ 2017_ 0. pdf。

〔2〕 详见汪诸豪："美国《联邦证据规则》的最新发展（2016）"，载卞建林主编：《中国诉讼法治发展报告（2016）》，中国政法大学出版社 2017 年版；汪诸豪："美国《联邦证据规则》的最新发展（2017-2018）"，载卞建林主编：《中国诉讼法治发展报告（2018）》，中国政法大学出版社 2019 年版。

〔3〕 根据美国《联邦证据规则》801，"传闻证据"被定义为用于证明该陈述内容本身确实为真的庭外（口头和书面）陈述。参见 Aviva Orenstein 著，汪诸豪、黄燕妮译：《证据法要义》，中国政法大学出版社 2018 年版。

〔4〕 规则 803 对传闻陈述人是否可能出庭作证不做要求。规则 804 以传闻陈述人必须无法出庭作证为采纳的前提。

否拥有佐证（corroborating evidence）。[1]

此外，修订之前的规则 807 要求，只能在对方当事人审前或听证开始前已合理收到通知的情况下提出证据，从而防范不公平的意外（证据突袭）。这是一项用意很好的规定，但却存在操作漏洞。为此，本轮修订中联邦证据规则咨询委员会做了有针对性的完善。修订后的规则 807 要求，①证据提出方在给对方当事人的通知中须提供该庭外陈述的"实质"内容；②审前通知须以书面方式提供，电子形式的通知等同于书面方式；以及③明确了该项审前通知要求存在可由审判法官自由裁量权决断的正当理由例外，即审前通知失败但情有可原的情况。[2]

与此同时，修订后的规则 807 删除了原规则中要求所供庭外陈述"须构成重要事实"和"符合公正的利益且与《联邦证据规则》的目的一致"的规定。咨询委员会认为这 2 项要求已被证实为多余，因为规则 102（《联邦证据规则》的目的）和规则 401（相关性）中已做相应要求。[3]

长期以来，美国普通法的先例传统是规则 807 仅在极为罕见的情况下适用。证据提出方只有在穷尽了规则 803 和规则 804 传闻例外适用可行性的情况下方可考虑倚靠规则 807 提请法院采纳证据。之所以如此安排，是立法者不希望规则 807 在司法实践中成为吞噬传闻证据主体规则（规则 802、规则 803 和规则 804）的黑洞。2019 年修订后的规则 807 为法庭采纳更多不符合规则 803 或规则 804 要求但依然可靠的庭外陈述提供了可能性，并在一定程度上增加了审判法官的自由裁量权，因此总体呈现出了放宽适用规则 807 的趋势。但咨询委员会依然保持警觉并在规则 807 修法注释中强调，规则 807 不得成为侵蚀规则 803 或规则 804 类型化传闻例外规定的工具，即当事人不得在明显存在规则 803 或规则 804 类型化传闻例外适用的情况下直接请示法院通过规则 807 其余传闻例外采纳庭外陈述。[4]

二、对品格证据规则的修订

长期以来，与美国传闻证据排除规则交相辉映（或者说同等声名狼藉）的是美国品格证据（或被称作"品性证据"，Character Evidence）规则。《联邦证据规则》404（a）（1）规定，关于某人性格特征或者倾向的证据，一般不得采纳以证明其在某特定场合中的行为与其品性一致。类似地，规则 404（b）（1）规定，先前的具体犯罪、错误或其他行为的证据不得被采纳用于证明某人容易做出类似该类不良行为

---

〔1〕 参见美国《联邦证据规则》807（2019 年）修法注释 https：//www. law. cornell. edu/rules/fre/rule_ 807。

〔2〕 参见美国《联邦证据规则》807（2019 年）修法注释 https：//www. law. cornell. edu/rules/fre/rule_ 807。

〔3〕 参见美国《联邦证据规则》807（2019 年）修法注释 https：//www. law. cornell. edu/rules/fre/rule_ 807。

〔4〕 参见美国《联邦证据规则》807（2019 年）修法注释 https：//www. law. cornell. edu/rules/fre/rule_ 807。

并因此很可能再次实施了类似行为。但如上文所述传闻证据规则，品格证据规则亦存在一些重要例外，其中之一就是规则 404（b）（2）"为非品性目的使用证据"。

　　传统上，普通法系排斥品格证据，倾向于以人们在争议事件中的行为作为裁判依据，而不是依据其个性、倾向或者过去的行为。品格证据往往不会特别有说服力（至少心理学家是这么告诉我们的）。然而，尽管其仅具有轻微的证明力，品格证据却可能严重影响到陪审团，陪审员们容易过度信任品格证据。负面性格特征可能会导致事实审理者不喜欢某位当事人或证人，甚至可能会达到有意或无意在当前案件审理中惩罚该人先前不当行为的地步，但其先前不当行为并非当前案件中被指控的行为。此外，美国人有个基本信念，即相信人自我改变和自我重塑的可能性。因此，基于对"人是可以改变"之观念的认同，排除品格证据有理可循。然而，有时候看似不被允许的品格证据仍然获得法庭的采纳，是因为证据提出方宣称所供证据并非作为品格证据引入，而是另作他用。换言之，该证据的提出并非用于证明品性或倾向性。根据规则 404（b）（2），某些未被指控的先前不当行为（其他错误行为、犯罪或行动）可被采纳来证明除倾向性之外的"其他目的"，包括动机、意图、准备、知识、无错误、身份、机会、共同计划或阴谋等等。[1]

　　在规则 404（b）修订之前，根据联邦证据规则咨询委员会对全美联邦案件判决的监测，大量案例表明每年都有数量庞大的证据通过规则 404（b）（2）"其他目的"条款被法庭采纳从而进入事实认定者的视野，但这些证据不可避免地同时带有品格证据的特征，且法官给陪审团的限制性指令在实践中效用存疑，因此存在当事方通过适用规则 404（b）以规避品格证据排除主体规则的风险。为了避免规则 404（b）成为吞噬品格证据主体规则的黑洞，联邦证据咨询委员会考虑通过对法条修订来达成该规则在司法实践中得以更为审慎适用的目的。咨询委员会考虑了多种修法方案。最终，出于对矫枉过正的顾忌，即修法导致规则 404（b）的证据采纳窗口被严重限缩以至于大量有证明价值的证据无法进入法庭，咨询委员会采取了对该法条文本最轻微的调整模式——主要是对刑事案件中打算适用规则 404（b）出示证据的检控方施以额外（更为细化）的审前通知义务（通知对象为审判法院和刑事被告方）。

　　具体而言，修订后的规则 404（b）"通知要求"发生了以下几方面变化[2]：首先，检控方必须不仅要披露其意图通过规则 404（b）在法庭上出示的证据，而且需要阐述该证据之所以被提出的非品性目的以及该证据在该目的之下的相关性。修订前的规则 404（b）仅要求检控方完成提供该证据"基本属性"的通知义务。这一模糊措辞导致了不少法院在审理实践中允许检控方在未描述该证据意在证明的具体行为及未解释该证据在非品性目的之下相关性的情况下便可满足通知义务。本次修订

---

〔1〕　参见 Aviva Orenstein 著，汪诸豪、黄燕妮译：《证据法要义》，中国政法大学出版社 2018 年版。

〔2〕　参见美国《联邦证据规则》404（b）（2020 年）修法注释 https：//www.law.cornell.edu/rules/fre/rule_404。

明确了该通知义务的具体要求。其次，该审前通知须以书面方式完成。电子送达方式等同于书面送达。再其次，该检控方的该项通知义务务必在审前完成，以便刑事被告方有充分的机会了解该证据。在控方提供充分理由的情况下法院或可酌情豁免该项要求。当在无法避免的特殊情况下，该通知义务在庭审过程中才得以完成时，法院或需要考虑采取保护性措施（如休庭），以确保被告方不会因此而遭遇不公平的对待。最后，修订后的规则404（b）取消了被告方在检控方发出通知之前必须先行提出"获得通知"请求的要求。该项规定已被实践证明并无存在的必要，又有给那些粗心的刑事被告方设置陷阱之嫌，因此联邦证据规则咨询委员会成员一致认定须删除。

附　录[*]

附　录*

2020 年诉讼法学期刊论文统计

作者、论文题目	报刊来源	论文期次
周新：论我国检察权的新发展	中国社会科学	2020 年第 8 期
马怀德：机关运行保障立法的意义、原则和任务	中国法学	2020 年第 1 期
张力：党政联合发文的信息公开困境与规则重塑：基于司法裁判的分析	中国法学	2020 年第 1 期
郑丽萍：互构关系中社区矫正对象与性质定位研究	中国法学	2020 年第 1 期
黄忠顺：惩罚性赔偿消费公益诉讼研究	中国法学	2020 年第 1 期
曹志勋：民事立案程序中诉讼标的审查反思	中国法学	2020 年第 1 期
湛中乐：机关运行保障的立法逻辑	中国法学	2020 年第 1 期
霍海红：执行时效期间的再改革	中国法学	2020 年第 1 期
刘艺：论国家治理体系下的检察公益诉讼	中国法学	2020 年第 2 期
金成波：轻罪重判国家赔偿责任的证立及其类型化	中国法学	2020 年第 2 期
曹鎏：作为化解行政争议主渠道的行政复议：功能反思及路径优化	中国法学	2020 年第 2 期
吴泽勇：民事诉讼证据失权制度的衰落与重建	中国法学	2020 年第 3 期

---

[*] 执笔人：中国政法大学诉讼法学研究院何锋研究馆员、胡思博副教授。

续表

作者、论文题目	报刊来源	论文期次
陈征：论比例原则对立法权的约束及其界限	中国法学	2020 年第 3 期
郭烁：二审上诉问题重述：以认罪认罚案件为例	中国法学	2020 年第 3 期
周翠：民事非法证据排除的规范解释与实务观察	中国法学	2020 年第 3 期
左卫民：员额法官遴选机制改革实证研究：以 A 省为样板	中国法学	2020 年第 4 期
汤维建：类似必要共同诉讼适用机制研究	中国法学	2020 年第 4 期
杜磊：认罪认罚从宽制度适用中的职权性逻辑和协商性逻辑	中国法学	2020 年第 4 期
杨力：从基础司改到综配司改："内卷化"效应纾解	中国法学	2020 年第 4 期
方斯远：我国飞跃上诉的制度构建：兼论有限三审制的改革路径	中国法学	2020 年第 5 期
印波：传销犯罪的司法限缩与立法完善	中国法学	2020 年第 5 期
刘星：法律适用中理由和观点的关系：局外观察视角	中国法学	2020 年第 5 期
杨严炎：论民事诉讼中的协同主义	中国法学	2020 年第 5 期
袁中华：论民事诉讼中的法官调查取证权	中国法学	2020 年第 5 期
孙海波：重新发现"同案"：构建案件相似性的判断标准	中国法学	2020 年第 6 期
吴建雄：司法人员职务犯罪双重管辖制度的多维思考	中国法学	2020 年第 6 期
张海燕：民事补充责任的程序实现	中国法学	2020 年第 6 期
陈瑞华：刑事诉讼的合规激励模式	中国法学	2020 年第 6 期
章志远：行政争议实质性解决的法理解读	中国法学	2020 年第 6 期
冯晶：支持理论下民事诉讼当事人法律意识的实证研究	法学研究	2020 年第 1 期

续表

作者、论文题目	报刊来源	论文期次
金枫梁：裁判文书援引学说的基本原理与规则建构	法学研究	2020 年第 1 期
段文波：我国民事自认的非约束性及其修正	法学研究	2020 年第 1 期
顾培东：人民法院改革取向的审视与思考	法学研究	2020 年第 1 期
黄锴：行政诉讼给付判决的构造与功能	法学研究	2020 年第 1 期
牟绿叶：我国刑事上诉制度多元化的建构路径——以认罪认罚案件为切入点	法学研究	2020 年第 2 期
陈如超：专家参与刑事司法的多元功能及其体系化	法学研究	2020 年第 2 期
于龙刚：基层法院的执行生态与非均衡执行	法学研究	2020 年第 3 期
张保生、董帅：中国刑事专家辅助人向专家证人的角色转变	法学研究	2020 年第 3 期
聂友伦：刑事诉讼法时间效力规则研究	法学研究	2020 年第 3 期
章志远：中国行政诉讼中的府院互动	法学研究	2020 年第 3 期
吴宗宪：我国社区矫正法的历史地位与立法特点	法学研究	2020 年第 4 期
陈少青：刑民交叉实体问题的解决路径——"法律效果论"之展开	法学研究	2020 年第 4 期
蒋红珍：比例原则位阶秩序的司法适用	法学研究	2020 年第 4 期
汪海燕：被追诉人认罪认罚的撤回	法学研究	2020 年第 5 期
陈卫东：认罪认罚案件量刑建议研究	法学研究	2020 年第 5 期
胡学军：证明责任制度本质重述	法学研究	2020 年第 5 期
胡震：近代中国刑事上诉制度的生成及展开	法学研究	2020 年第 5 期
罗智敏：我国行政诉讼中的预防性保护	法学研究	2020 年第 5 期
王新清：合意式刑事诉讼论	法学研究	2020 年第 6 期
成协中：保护规范理论适用批判论	中外法学	2020 年第 1 期

续表

作者、论文题目	报刊来源	论文期次
刘颖：执行文的历史源流、制度模式与中国图景	中外法学	2020 年第 1 期
李倩：诉讼分流背景下刑事速裁程序评判 以德国刑事处罚令为参照	中外法学	2020 年第 1 期
葛磊：当代美国犯罪控制策略体系及其借鉴 两极化刑事政策解构	中外法学	2020 年第 1 期
白建军：法秩序代偿现象及其治理 从妨害公务罪切入	中外法学	2020 年第 2 期
周佑勇：对监督权的再监督 地方人大监督地方监察委员会的法治路径	中外法学	2020 年第 2 期
黄先雄：党政合设合署与行政诉讼制度的回应	中外法学	2020 年第 2 期
李立众：精神病人责任能力的认定方案研究	中外法学	2020 年第 3 期
郑曦：人工智能技术在司法裁判中的运用及规制	中外法学	2020 年第 3 期
曹鎏：论监察问责的基本法律问题概念澄清与构成要件解析	中外法学	2020 年第 4 期
吴雨豪：认罪认罚"从宽"裁量模式实证研究 基于部分城市醉酒型危险驾驶罪的定量研究	中外法学	2020 年第 5 期
侣化强：法院的类型、创设权归属及其司法权配置	中外法学	2020 年第 5 期
汪海燕：重罪案件适用认罪认罚从宽程序问题研究	中外法学	2020 年第 5 期
陈天昊、邵建树、王雪纯：检察行政公益诉讼制度的效果检验与完善路径 基于双重差分法的实证分析	中外法学	2020 年第 5 期
陈瑞华：论量刑协商的性质和效力	中外法学	2020 年第 5 期
周光权：量刑的实践及其未来走向	中外法学	2020 年第 5 期
熊秋红：认罪认罚从宽制度中的量刑建议	中外法学	2020 年第 5 期

续表

作者、论文题目	报刊来源	论文期次
魏晓娜：冲突与融合：认罪认罚从宽制度的本土化	中外法学	2020 年第 5 期
孙万怀：判例的类比要素：情景、中项与等值 以刑事裁判为视角	中外法学	2020 年第 6 期
陈巍：重复起诉认定标准之重构	中外法学	2020 年第 6 期
周新：认罪认罚被追诉人权利保障问题实证研究	法商研究	2020 年第 1 期
侯明明：中国司法回应社会的方式、策略及其风险与出路	法商研究	2020 年第 1 期
杨继文：污染环境犯罪因果关系证明实证分析	法商研究	2020 年第 2 期
卢希起：检察长列席审委会会议制度思考	法商研究	2020 年第 3 期
金自宁：科技专业性行政行为的司法审查——基于环境影响评价审批诉讼的考察	法商研究	2020 年第 3 期
周少华：刑事案件"同案同判"的理性审视	法商研究	2020 年第 3 期
黄金兰：我国司法解释的合法性困境及其应对建议	法商研究	2020 年第 3 期
于柏华：比例原则的权利内置论	法商研究	2020 年第 4 期
叶小琴：产业化犯罪的帮助人员处罚畸轻问题思考	法商研究	2020 年第 4 期
刘坤轮：修辞、隐科层与软暴力：人民调解个案解纷策略分析	法商研究	2020 年第 4 期
赵磊：区块链类型化的法理解读与规制思路	法商研究	2020 年第 4 期
孙海波：普通法系法官背离先例的经验及其启示	法商研究	2020 年第 5 期
程绍燕：特别减轻处罚制度多维探析	法商研究	2020 年第 5 期
郭烁：认罪认罚背景下屈从型自愿的防范——以确立供述失权规则为例	法商研究	2020 年第 6 期

续表

作者、论文题目	报刊来源	论文期次
崔文玉：公司治理的新型机制：商刑交叉视野下的合规制度	法商研究	2020 年第 6 期
程洁：司法能动主义与人权保障——印度故事	清华法学	2020 年第 1 期
袁国何：论追诉时效的溯及力及其限制	清华法学	2020 年第 2 期
王清军：环境行政公益诉讼中行政不作为的审查基准	清华法学	2020 年第 2 期
左卫民：通过诉前调解控制"诉讼爆炸"——区域经验的实证研究	清华法学	2020 年第 4 期
何家弘、马丽莎：证据"属性"的学理重述——兼与张保生教授商榷	清华法学	2020 年第 4 期
李学军、刘静：瑕疵证据及其补救规则的适用	清华法学	2020 年第 5 期
陈杭平：论医疗过错推定及其诉讼展开	清华法学	2020 年第 5 期
杨宇冠：刑事诉讼中伪证问题的法律规制	清华法学	2020 年第 6 期
张骐：中国判例之路中的经验与逻辑——霍姆斯论断的启示	清华法学	2020 年第 6 期
陈璇：标准人的心素与注意义务的边界——与"杨存贵交通肇事案"二审裁定书展开的学术对话	清华法学	2020 年第 6 期
刘艳红、刘浩：社会主义核心价值观对指导性案例形成的作用——侧重以刑事指导性案例为视角	法学家	2020 年第 1 期
简爱：从刑民实体判断看交叉案件的诉讼处理机制	法学家	2020 年第 1 期
马明亮：认罪认罚从宽制度中的协议破裂与程序反转研究	法学家	2020 年第 2 期
孙跃：指导性案例与抽象司法解释的互动及其完善	法学家	2020 年第 2 期

续表

作者、论文题目	报刊来源	论文期次
刘东：再审吸收第三人撤销之诉的程序规则研究——以《民诉法解释》第 301、302 条为中心	法学家	2020 年第 2 期
马家曦：民事执行担当研究——以执行程序中形式当事人的类型化适用为中心	法学家	2020 年第 3 期
刘忠："行动中的"刑事诉讼——基于抓捕嫌疑人的侦查技术之展开	法学家	2020 年第 3 期
张曙：刑事诉讼中的管辖错误及其处理	法学家	2020 年第 3 期
韩伟：司法调解与治理变革——以陕甘宁边区基层司法档案为中心的考察	法学家	2020 年第 3 期
梁鸿飞：国家治理体系中的检察机关：组织环境与法理构造	法学家	2020 年第 4 期
唐彬彬：跨境电子数据取证规则的反思与重构	法学家	2020 年第 4 期
侯欣一：法院向人民代表大会报告工作制度的形成及发展：以最高人民法院年度报告为例	法学家	2020 年第 5 期
刘宪权：对人工智能法学研究"伪批判"的回应	法学	2020 年第 1 期
关保英：检察机关在行政公益诉讼中应享有取证权	法学	2020 年第 1 期
赵恒：涉罪企业认罪认罚从宽制度研究	法学	2020 年第 4 期
陈卫东：司法体制综合配套改革若干问题研究	法学	2020 年第 5 期
霍海红：诉讼时效根据的逻辑体系	法学	2020 年第 6 期
刘仁琦：人民陪审员参审职权改革的实体与程序基础——以庭审实质化的推进为切入点	法学	2020 年第 6 期
叶青："捕诉一体"与刑事检察权运行机制改革再思考	法学	2020 年第 7 期
戴津伟：司法裁判后果取向解释的方法论应用	法学	2020 年 7 期
黄忠顺：案外人排除强制执行请求的司法审查模式选择	法学	2020 年第 10 期

作者、论文题目	报刊来源	论文期次
金印：诉讼与执行对债权人撤销权的影响	法学	2020 年第 11 期
任重：夫妻债务规范的诉讼实施——兼论民法典与民事诉讼的衔接	法学	2020 年第 12 期
陈天昊：行政协议合法性审查机制的构建	法学	2020 年第 12 期
曹志勋：对当事人鉴定申请的司法审查——兼论书证真伪鉴定的特殊性	法学	2020 年第 12 期
黄泽敏：指导性案例主/被动援引规则之重构	法制与社会发展	2020 年第 1 期
孙梦娇：公序良俗司法应用之法理分析：功能、理据与实证机制	法制与社会发展	2020 年第 2 期
赵恒：量刑建议精准化的理论透视	法制与社会发展	2020 年第 2 期
方乐：法官责任制度的功能期待会落空吗？	法制与社会发展	2020 年第 3 期
闫召华：虚假的忏悔：技术性认罪认罚的隐忧及其应对	法制与社会发展	2020 年第 3 期
周洪波：证明责任分类的体系重构	法制与社会发展	2020 年第 3 期
聂友伦：司法解释性质文件的法源地位、规范效果与法治调控	法制与社会发展	2020 年第 4 期
蔡元培：当事人中心主义与法庭中心主义的调和：论我国辩护律师职业伦理	法制与社会发展	2020 年第 4 期
梁君瑜：论行政诉讼中的重复起诉	法制与社会发展	2020 年第 5 期
王春业：论行政公益诉讼诉前程序的改革——以适度司法化为导向	当代法学	2020 年第 1 期
韩静茹：公益诉讼领域民事检察权的运行现状及优化路径	当代法学	2020 年第 1 期
王雪羽：论拟制自认在我国的扩张适用	当代法学	2020 年第 1 期
董坤：证据标准：内涵重释与路径展望	当代法学	2020 年第 1 期
任瑞兴：诉权的权利属性塑造及其限度	当代法学	2020 年第 2 期

作者、论文题目	报刊来源	论文期次
孙树光：论法定犯裁判事实证成中人机协同系统的建构	当代法学	2020 年第 2 期
孙皓：关于刑事当庭宣判的逆向反思	当代法学	2020 年第 2 期
成协中：论我国行政诉讼的客观诉讼定位	当代法学	2020 年第 2 期
周新：检察机关内设机构改革的逻辑与面向——权力属性视角下的实践分析	当代法学	2020 年第 2 期
闫召华：论不可靠刑事证据的排除	当代法学	2020 年第 3 期
熊秋红：人工智能在刑事证明中的应用	当代法学	2020 年第 3 期
张卫平：我国民事诉讼第三人制度的结构调整与重塑	当代法学	2020 年第 4 期
左卫民：量刑建议的实践机制：实证研究与理论反思	当代法学	2020 年第 4 期
吴宏耀：认罪认罚从宽制度的体系化解读	当代法学	2020 年第 4 期
郭烁：在自愿与真实之间：美国阿尔弗德答辩的启示	当代法学	2020 年第 4 期
任重：我国新诉讼资料释明的反思与重构——以《九民会议纪要》与《新证据规定》为中心的解读	当代法学	2020 年第 5 期
陈刚：实质诉讼法的"脱私入公"过程及其复兴意义——以温特沙伊德《当代法意识下的罗马私法之诉》的解读为主线	法律科学	2020 年第 1 期
周慕涵：证明力评判方式新论——基于算法的视角	法律科学	2020 年第 1 期
唐力：论对"公法人"民事强制执行的限度	法律科学	2020 年第 1 期
高尚：司法类案的判断标准及其运用	法律科学	2020 年第 1 期
董坤：构成要件与诉讼证明关系论纲	法律科学	2020 年第 1 期
许尚豪：论监督型民事抗诉制度的回归及路线	法律科学	2020 年第 2 期

作者、论文题目	报刊来源	论文期次
周新：检察引导侦查的双重检视与改革进路	法律科学	2020 年第 2 期
林剑锋：当事人平等原则解释论功能的再认识	法律科学	2020 年第 3 期
彭中礼：最高人民法院的"通知"研究	法律科学	2020 年第 4 期
曾令健：纠纷解决合作主义：法院调解社会化的解释框架	法律科学	2020 年第 4 期
陈贤贵：论民事诉讼中自由心证的客观化制约	法律科学	2020 年第 4 期
储陈城：防卫过当判断中"行为限度单独标准"的证成——基于刑法与刑事诉讼法的交叉论证	法律科学	2020 年第 4 期
包冰锋：民事诉讼间接证明的机理证成与模型应用	法律科学	2020 年第 5 期
曲昇霞：民事送达的目的观转向与制度修正——从偏重通知义务履行到保障受通知权的并重	法律科学	2020 年第 5 期
谢澍：人工智能如何"无偏见"地助力刑事司法——由"证据指引"转向"证明辅助"	法律科学	2020 年第 5 期
罗恬漩：民事证据证明视野下的区块链存证	法律科学	2020 年第 6 期
郑涛：实质否定型重复起诉的构造与实践	法律科学	2020 年第 6 期
关保英：行政公益诉讼中检察介入行政裁量权研究	现代法学	2020 年第 1 期
张卫平：现行仲裁执行司法监督制度结构的反思与调整——兼论仲裁裁决不予执行制度	现代法学	2020 年第 1 期
郭烁：对抗秘密取证：对质权属性及范围重述	现代法学	2020 年第 1 期
卞建林：检察机关侦查权的部分保留及其规范运行——以国家监察体制改革与《刑事诉讼法》修改为背景	现代法学	2020 年第 2 期
艾明：我国刑事证据能力要件体系重构研究	现代法学	2020 年第 3 期
闫召华：检察主导：认罪认罚从宽程序模式的构建	现代法学	2020 年第 4 期

续表

作者、论文题目	报刊来源	论文期次
王福华："系争标的"转让的诉讼效果	现代法学	2020 年第 5 期
孙海波：案例指导制度下的类案参照方法论	现代法学	2020 年第 5 期
李浩：第三人撤销之诉抑或审判监督程序——受害债权人救济方式的反思与重构	现代法学	2020 年第 5 期
张骐：论案例裁判规则的表达与运用	现代法学	2020 年第 5 期
纪格非：论法律推定的界域与效力——以买受人检验通知义务为视角的研究	现代法学	2020 年第 6 期
李琳：论环境民事公益诉讼之原告主体资格及顺位再调整	政法论坛	2020 年第 1 期
郭松：认罪认罚从宽制度中的认罪答辩撤回：从法理到实证的考察	政法论坛	2020 年第 1 期
白冰：法官责任追责程序的基本要素	政法论坛	2020 年第 2 期
马超：结构如何影响司法实践？——以法院的立案实践为分析对象	政法论坛	2020 年第 3 期
杨知文：指导性案例裁判要点的法理及编撰方法	政法论坛	2020 年第 3 期
段文波：民事证明责任分配规范的法教义学新释	政法论坛	2020 年第 3 期
包冰锋：间接反证的理论观照与适用机理	政法论坛	2020 年第 4 期
李奋飞：论刑事诉讼中的"争点主导主义"	政法论坛	2020 年第 4 期
步洋洋：论我国刑事缺席审判制度的类型化	政法论坛	2020 年第 4 期
刘少军：性质、内容及效力：完善认罪认罚从宽具结书的三个维度	政法论坛	2020 年第 5 期
郑曦：作为刑事诉讼权利的个人信息权	政法论坛	2020 年第 5 期
田宏杰：行刑诉讼交叉案件的裁处机制——以行政权与刑罚权的双重法律关系为视角	法学评论	2020 年第 1 期
龚举文：论监察调查中的非法证据排除	法学评论	2020 年第 1 期

续表

作者、论文题目	报刊来源	论文期次
曹明德：检察院提起公益诉讼面临的困境和推进方向	法学评论	2020 年第 1 期
杨福忠：论司法培育和弘扬社会主义核心价值观的机理与技术路径	法学评论	2020 年第 2 期
施鹏鹏：论法官的职权调查原则——以职权主义刑事诉讼为背景的展开	法学评论	2020 年第 2 期
刘练军：新《法官法》和《检察官法》之规范属性刍议	法学评论	2020 年第 3 期
张智辉：论法律监督	法学评论	2020 年第 3 期
贾宇：认罪认罚从宽制度与检察官在刑事诉讼中的主导地位	法学评论	2020 年第 3 期
左卫民、何胤霖：1979—2019：当代中国刑事诉讼研究话语体系的兴起与转型	法学评论	2020 年第 4 期
张伟：民国监察权运行实效考察（1931—1949）	法学评论	2020 年第 5 期
陈光斌：监察官职业伦理：概念、渊源和内容	法学评论	2020 年第 5 期
唐玉富：被告撤诉同意权的独立性塑造与实质性建构	法学评论	2020 年第 5 期
刘加良：小额诉讼程序适用的改进逻辑	法学论坛	2020 年第 1 期
刘鹏飞：普通共同诉讼的权限分配与范围界定	法学论坛	2020 年第 1 期
赵信会：禁止自证其罪与刑事证明妨碍的冲突与衡平	法学论坛	2020 年第 1 期
赵菁：认罪认罚案件上诉问题研究	法学论坛	2020 年第 1 期
周兆进：环境行政执法与刑事司法衔接的法律省思	法学论坛	2020 年第 1 期
左卫民：从通用化走向专门化：反思中国司法人工智能的运用	法学论坛	2020 年第 2 期

续表

作者、论文题目	报刊来源	论文期次
占善刚、刘洋：我国民事诉讼中"严重违反法定程序"的识别与界定——基于 1000 份裁判文书的文本分析	法学论坛	2020 年第 2 期
龚汝富、余洋：透过民国时期的法官与律师看司法腐败的生成——以江西地区为例	法学论坛	2020 年第 2 期
于立深：审判中心视角下的行政诉讼制度构造	法学论坛	2020 年第 3 期
王芳：刑事诉讼中积极赔偿对量刑的影响及其合理控制研究	法学论坛	2020 年第 3 期
杨登峰：行政案件跨区划集中管辖改革试点中的选择管辖	法学论坛	2020 年第 3 期
陈卫东、孟婕：重新审视律师在场权：一种消极主义面向的可能性——以侦查讯问期间为研究节点	法学论坛	2020 年第 3 期
黄学贤：行政诉讼中必要参加诉讼第三人权利救济制度之完善	法学论坛	2020 年第 3 期
章志远：行政诉权分层保障机制优化研究	法学论坛	2020 年第 3 期
孙国祥：监察法从宽处罚的规定与刑法衔接研究	法学论坛	2020 年第 3 期
王立梅：裁判文书直接引用学者观点的反思	法学论坛	2020 年第 4 期
李奋飞：论刑事庭审实质化的制约要素	法学论坛	2020 年第 4 期
侣化强：讯问录音录像的功能定位：在审判中心主义与避免冤案之间	法学论坛	2020 年第 4 期
陈瑞华：论刑事之诉的类型和效力	法学论坛	2020 年第 4 期
赵恒：认罪答辩视域下的刑事合规计划	法学论坛	2020 年第 4 期
褚福民：案卷笔录与庭审实质化改革	法学论坛	2020 年第 4 期
胡建淼、刘威：行政机关协助司法的行为性质及其可诉性研究	法学论坛	2020 年第 5 期
高洁：刑事对物之诉的程序构造	法学论坛	2020 年第 5 期

续表

作者、论文题目	报刊来源	论文期次
于浩：人民调解法制化：可能及限度	法学论坛	2020 年第 6 期
刘哲玮：管辖协议的理论重构	法学论坛	2020 年第 6 期
潘牧天：生态环境损害赔偿诉讼与环境民事公益诉讼的诉权冲突与有效衔接	法学论坛	2020 年第 6 期
李玉华：我国企业合规的刑事诉讼激励	比较法研究	2020 年第 1 期
陈瑞华：企业合规视野下的暂缓起诉协议制度	比较法研究	2020 年第 1 期
曹云吉：多数人诉讼形态的理论框架	比较法研究	2020 年第 1 期
王禄生：司法大数据应用的法理冲突与价值平衡——从法国司法大数据禁令展开	比较法研究	2020 年第 2 期
李烁：论美国行政程序违法的法律后果	比较法研究	2020 年第 2 期
李倩：德国认罪协商制度的历史嬗变和当代发展	比较法研究	2020 年第 2 期
施鹏鹏："新职权主义"与中国刑事诉讼改革的基本路径	比较法研究	2020 年第 2 期
刘计划：监察委员会职务犯罪调查的性质及其法治化	比较法研究	2020 年第 3 期
高翔：民事电子诉讼规则构建论	比较法研究	2020 年第 3 期
卢超：规范性文件附带审查的司法困境及其枢纽功能	比较法研究	2020 年第 3 期
左卫民：中国在线诉讼：实证研究与发展展望	比较法研究	2020 年第 4 期
张骐：论裁判规则的规范性	比较法研究	2020 年第 4 期
马立群：德国行政诉讼证据调查与客观证明责任的分配规则——兼评对我国的借鉴价值	比较法研究	2020 年第 5 期
宋旭光：论司法裁判的人工智能化及其限度	比较法研究	2020 年第 5 期
段文波：论民事诉讼被告之"明确"	比较法研究	2020 年第 5 期
陈卫东：论检察机关的犯罪指控体系——以侦查指引制度为视角的分析	政治与法律	2020 年第 1 期

续表

作者、论文题目	报刊来源	论文期次
周新：论检察机关的公诉模式转型	政治与法律	2020 年第 1 期
赵恒：论检察机关的刑事诉讼主导地位	政治与法律	2020 年第 1 期
聂辛东：国家监察委员会的监察法规制定权限：三步确界与修法方略	政治与法律	2020 年第 1 期
孙远：论程序规则的出罪功能及其限度——以程序违法的实体减轻效果为中心	政治与法律	2020 年第 2 期
梁艺：行政执法案卷信息的解释与适用——以《政府信息公开条例》第 16 条为中心的初步观察	政治与法律	2020 年第 2 期
琚明亮：证明困难视阈下的事实认定与刑事推定	政治与法律	2020 年第 2 期
谢澍：正当防卫的证明难题及其破解——激活正当防卫制度适用的程序向度	政治与法律	2020 年第 2 期
李世阳：令状主义的例外及其限制	政治与法律	2020 年第 4 期
胡晓霞：论中国民事审级制度面临的挑战及其完善	政治与法律	2020 年第 4 期
欧元捷：从"庭审必备"转向"庭审后备"——民事预判决制度之提出	政治与法律	2020 年第 5 期
杜磊：论认罪认罚自愿性判断标准	政治与法律	2020 年第 6 期
叶海波：从"纪检立规"到"监察立法"：深化国家监察体制改革法治路径的优化	政治与法律	2020 年第 8 期
江溯：论网络犯罪治理的公私合作模式	政治与法律	2020 年第 8 期
吴进娥：被告人刑事速裁缺席审判选择权的构建与运行机制研究	政治与法律	2020 年第 8 期
左卫民：反思庭审直播——以司法公开为视角	政治与法律	2020 年第 9 期
朱晓艳：被害人自我答责的司法适用研究	政治与法律	2020 年第 9 期
刘加良：检察公益诉讼调查核实权的规则优化	政治与法律	2020 年第 10 期

续表

作者、论文题目	报刊来源	论文期次
袁勇：规范性文件合法性的判断标准	政治与法律	2020 年第 10 期
张彧：行政协议可撤销的判断标准及其修正	政治与法律	2020 年第 11 期
熊勇先：论行政机关变更、解除权的行使规则——基于司法裁判立场的考察	政治与法律	2020 年第 12 期
颜冬铌：征收中公共利益司法判断的新路径	政治与法律	2020 年第 12 期
于洋：论规范性文件合法性审查标准的内涵与维度	行政法学研究	2020 年第 1 期
田韶华：论婚姻登记行政诉讼的判决方式	行政法学研究	2020 年第 1 期
陈海萍：行政诉讼起诉条件的规范缺陷与修正	行政法学研究	2020 年第 1 期
马艳：情况判决的适用标准	行政法学研究	2020 年第 2 期
耿宝建：主观公权利与原告主体资格——保护规范理论的中国式表述与运用	行政法学研究	2020 年第 2 期
赵宏：主观公权利、行政诉权与保护规范论——基于实体法的思考	行政法学研究	2020 年第 2 期
肖洒：信息公开缠讼司法规制的实效性考察	行政法学研究	2020 年第 3 期
闫尔宝：行政机关单方解约权的行使与救济检讨——以最高人民法院司法解释为分析对象	行政法学研究	2020 年第 5 期
梁凤云：行政协议的界定标准——以行政协议司法解释第 1 条规定为参照	行政法学研究	2020 年第 5 期
陈天昊：行政协议诉讼制度的构造与完善——从"行为说"和"关系说"的争论切入	行政法学研究	2020 年第 5 期
于鹏、冯亦浓：行政诉讼证明妨碍及其法律规制研究——以民事诉讼为参照	行政法学研究	2020 年第 6 期
刘艺：检察公益诉讼败诉案件中的客观诉讼法理	行政法学研究	2020 年第 6 期
郑磊：土地行政公益诉讼的类型建构及展开	行政法学研究	2020 年第 6 期
秦天宝：论环境民事公益诉讼中的支持起诉	行政法学研究	2020 年第 6 期

作者、论文题目	报刊来源	论文期次
韩君玲：最低生活保障标准的设定与司法审查——以日本废止老龄加算的生存权诉讼为中心	行政法学研究	2020 年第 6 期
王雪羽：立案登记制下应诉管辖的适用困境与出路	华东政法大学学报	2020 年第 2 期
左卫民、王婵媛：基于裁判文书网的大数据法律研究：反思与前瞻	华东政法大学学报	2020 年第 2 期
马明亮：论值班律师的勤勉尽责义务	华东政法大学学报	2020 年第 3 期
李扬：论辩护律师的公益义务及其限度	华东政法大学学报	2020 年第 3 期
李奋飞：论辩护律师忠诚义务的三个限度	华东政法大学学报	2020 年第 3 期
沈福俊、许海建：行政复议中止的可诉性研究	华东政法大学学报	2020 年第 3 期
陈瑞华：辩护律师职业伦理的模式转型	华东政法大学学报	2020 年第 3 期
章剑生：行政诉讼"解决行政争议"的限定及其规则——基于《行政诉讼法》第 1 条展开的分析	华东政法大学学报	2020 年第 4 期
廖浩：民事特定继受执行程序研究——以执行主体变更、追加的二阶段架构为中心	华东政法大学学报	2020 年第 4 期
王敬波：论政府行为作为行政协议诉讼中的不可抗力	华东政法大学学报	2020 年第 4 期
屈茂辉、王中：民事科学证据可靠性认定中的司法前见——基于民事诉讼中鉴定意见的实证分析	华东政法大学学报	2020 年第 5 期
颜冬铌：行政允诺的审查方法——以最高人民法院发布的典型案例为研究对象	华东政法大学学报	2020 年第 6 期
王利明：论行政协议的范围——兼评《关于审理行政协议案件若干问题的规定》第 1 条、第 2 条	环球法律评论	2020 年第 1 期

续表

作者、论文题目	报刊来源	论文期次
朱丹：国际刑事法院的司法能动主义：实践、反思及限制	环球法律评论	2020 年第 1 期
龙宗智：完善认罪认罚从宽制度的关键是控辩平衡	环球法律评论	2020 年第 2 期
汪海燕：职务犯罪案件认罪认罚从宽制度研究	环球法律评论	2020 年第 2 期
张建伟：协同型司法：认罪认罚从宽制度的诉讼类型分析	环球法律评论	2020 年第 2 期
陈卫东：认罪认罚从宽制度的理论问题再探讨	环球法律评论	2020 年第 2 期
石聚航：司法解释中的出罪事由及其改进逻辑	环球法律评论	2020 年第 3 期
初殿清：美国启动刑事缺席审判的规范限定与司法裁量	环球法律评论	2020 年第 3 期
纵博：不可靠证据排除规则的理论逻辑、适用困境及其出路	环球法律评论	2020 年第 3 期
李奋飞：以审查起诉为重心：认罪认罚从宽案件的程序格局	环球法律评论	2020 年第 4 期
张亮：论政府信息推定不存在的限制与修正	环球法律评论	2020 年第 4 期
闫召华："一般应当采纳"条款适用中的"检""法"冲突及其化解——基于对《刑事诉讼法》第 201 条的规范分析	环球法律评论	2020 年第 5 期
姜瀛：涉罪财产责令退赔与民事诉讼关系之反思与抉择	环球法律评论	2020 年第 5 期
王贵松：风险规制行政诉讼的原告资格	环球法律评论	2020 年第 6 期
闫召华：论认罪认罚案件量刑建议的裁判制约力	中国刑事法杂志	2020 年第 1 期
李刚：检察官视角下确定刑量刑建议实务问题探析	中国刑事法杂志	2020 年第 1 期
吴思远：我国控辩协商模式的困境及转型——由"确认核准模式"转向"商谈审查模式"	中国刑事法杂志	2020 年第 1 期

续表

作者、论文题目	报刊来源	论文期次
张可：论电子数据的孤证禁止规则：一个初步的探讨	中国刑事法杂志	2020 年第 1 期
林喜芬：量刑建议制度的规范结构与模式——从《刑事诉讼法》到《指导意见》	中国刑事法杂志	2020 年第 1 期
梁坤：论初查中收集电子数据的法律规制	中国刑事法杂志	2020 年第 1 期
石经海：量刑建议精准化的实体路径	中国刑事法杂志	2020 年第 2 期
杜磊：审判中心视野下证人出庭作证必要性问题研究	中国刑事法杂志	2020 年第 2 期
贺小军：改革开放以来我国被追诉人认罪案件处理之图景	中国刑事法杂志	2020 年第 2 期
高童非：契约模式抑或家长模式？——认罪认罚何以从宽的再反思	中国刑事法杂志	2020 年第 2 期
谢君泽：论大数据证明	中国刑事法杂志	2020 年第 2 期
万毅：论庭审证据调查安排	中国刑事法杂志	2020 年第 3 期
刘仁琦：我国刑事法律援助案件质量评估体系研究	中国刑事法杂志	2020 年第 3 期
李本灿：域外企业缓起诉制度比较研究	中国刑事法杂志	2020 年第 3 期
杨帆：企业合规中附条件不起诉立法研究	中国刑事法杂志	2020 年第 3 期
时延安：单位刑事案件的附条件不起诉与企业治理理论探讨	中国刑事法杂志	2020 年第 3 期
欧阳本祺：我国建立企业犯罪附条件不起诉制度的探讨	中国刑事法杂志	2020 年第 3 期
王禄生：人民陪审改革成效的非均衡困境及其对策——基于刑事判决书的大数据挖掘	中国刑事法杂志	2020 年第 4 期
朱孝清：认罪认罚从宽制度相关制度机制的完善	中国刑事法杂志	2020 年第 4 期
张磊：刑事缺席审判与境外追逃措施的协调适用	中国刑事法杂志	2020 年第 4 期

续表

作者、论文题目	报刊来源	论文期次
高翼飞：追诉时效争议问题研究 ——以刑法和刑事诉讼法的协调为视角	中国刑事法杂志	2020 年第 4 期
裴炜：论刑事电子取证中的载体扣押	中国刑事法杂志	2020 年第 4 期
尹泠然：欧洲涉罪未成年人参与诉讼考察及其启示	中国刑事法杂志	2020 年第 5 期
叶青、韩东成：轻罪刑事政策下认罪认罚从宽制度的司法适用程序若干问题研究	中国刑事法杂志	2020 年第 5 期
刘甜甜：解构与重建：论酌定不起诉从宽的困境消解	中国刑事法杂志	2020 年第 5 期
郭华："从宽"系谱中认罪认罚从宽的位序与程序安排	中国刑事法杂志	2020 年第 5 期
陈学权：论辩护律师的法庭地位 ——以律师与法官的关系为视角	法学杂志	2020 年第 1 期
谢刚炬：专业审判委员会组织结构完善研究	法学杂志	2020 年第 1 期
陈光中、唐露露：我国死刑复核程序之完善刍议	法学杂志	2020 年第 2 期
郭志远：司法体制综合配套改革：回顾、反思与完善	法学杂志	2020 年第 2 期
王立梅：论跨境电子证据司法协助简易 程序的构建	法学杂志	2020 年第 3 期
付微明：个人生物识别信息民事权利诉讼救济问题研究	法学杂志	2020 年第 3 期
毕玉谦、洪霄：民事诉讼生成权利规制探析——以"人脸识别第一案"为切入点	法学杂志	2020 年第 3 期
宋鹏举：司法改革视野下检察业务考评机制改革新思考	法学杂志	2020 年第 3 期
陈卫东：涉案财产处置程序的完善——以审前程序为视角的分析	法学杂志	2020 年第 3 期

续表

作者、论文题目	报刊来源	论文期次
郭旨龙：移动设备电子搜查的制度挑战与程序规制 ——以英美法为比较对象	法学杂志	2020 年第 3 期
陈姿含：基因编辑法律规制实践研究：以民事诉讼目的为视角	法学杂志	2020 年第 3 期
吴小军：庭前会议的功能定位与实践反思 ——以 B 市 40 个刑事案件为样本	法学杂志	2020 年第 4 期
詹建红：论我国刑事司法模式的回应型改造	法学杂志	2020 年第 4 期
温辉：行政诉讼法中"监督管理职责"的理解与适用	法学杂志	2020 年第 4 期
王志祥、融昊：认罪认罚从宽制度的体系性反思与建构	法学杂志	2020 年第 5 期
龙宗智：新《人民检察院刑事诉讼规则》若干问题评析	法学杂志	2020 年第 5 期
王春业：行政协议司法解释对 PPP 合作之影响分析	法学杂志	2020 年第 6 期
孙远："一般应当采纳"条款的立法失误及解释论应对	法学杂志	2020 年第 6 期
黄京平：幅度刑量刑建议的相对合理性 ——《刑事诉讼法》第 201 条的刑法意涵	法学杂志	2020 年第 6 期
雷槟硕：通过融入诉讼程序改善指导性案例使用	法学杂志	2020 年第 6 期
张济坤：民事审判庭审实质化问题研究	法学杂志	2020 年 7 期
田力男：涉众型经济犯罪涉案财物先行处置初探	法学杂志	2020 年第 8 期
纪格非：刑事涉案财物处置程序中的案外人权利保护	法学杂志	2020 年第 8 期
韩波：论涉案财物审理程序中案外人的参与权保障	法学杂志	2020 年第 8 期

续表

作者、论文题目	报刊来源	论文期次
董林涛：论认罪认罚程序中的被追诉人同意	法学杂志	2020 年第 9 期
王福华：民事诉讼制度类型的历史考察	法学杂志	2020 年第 10 期
华小鹏：法官绩效考核的终极目标及实现路径研究	法学杂志	2020 年第 10 期
韩思阳：无效行政协议审查规则的统一化——兼评《行政协议解释》	法学杂志	2020 年第 10 期
蔡元培：辩护律师程序异议机制初探	法学杂志	2020 年第 10 期
肖建国、庄诗岳：论协助执行义务的边界	法学杂志	2020 年第 11 期
迟大奎：论认罪认罚"从宽"中的司法适用	法学杂志	2020 年第 11 期
胡思博：论对行为请求权的强制执行	法学杂志	2020 年第 11 期
程滔、于超：论值班律师参与量刑建议的协商	法学杂志	2020 年第 11 期
谭秋桂：论民事执行和解的性质	法学杂志	2020 年第 11 期
陈文曲：现代诉讼的本质：全面理性的规范沟通	政法论丛	2020 年第 2 期
段厚省：远程审判的程序正当性考察——以交往行为理论为视角	政法论丛	2020 年第 2 期
申世涛：国际刑事法院逮捕执行合作中的现实困境与出路	政法论丛	2020 年第 3 期
张宝：超越还原主义环境司法观	政法论丛	2020 年第 3 期
徐祥民：《环保法（2014）》对环境公益诉讼制度建设的推进与再改进	政法论丛	2020 年第 4 期
韩波：论虚假诉讼的规制方式：困扰与优化	政法论丛	2020 年第 4 期
王琦：论民事公益诉讼中的证据调查协力义务	政法论丛	2020 年第 5 期
刘加良：非诉调解前置主义的反思与走向	政法论丛	2020 年第 5 期
张卫平：主观预备合并之诉及制度建构研究	政法论丛	2020 年第 5 期
陈军："四大检察"改革背景下的检察权能配置探析	政法论丛	2020 年第 5 期

续表

作者、论文题目	报刊来源	论文期次
洪浩：民法典时代民事诉讼制度发展的几个基本问题	政法论丛	2020 年第 5 期
赵力：论裁判后果主义推理的运作原理	东方法学	2020 年第 1 期
纪格非：功能论视角下任意诉讼担当的类型研究	东方法学	2020 年第 2 期
吕玉赞：如何寻找"裁判理由"：一种系统化的操作	东方法学	2020 年第 3 期
谢登科：电子数据网络在线提取规则反思与重构	东方法学	2020 年第 3 期
许春晖：正当程序：解释不确定法律概念的判断标准	东方法学	2020 年第 3 期
关保英：疫情应对中行政规范性文件审查研究	东方法学	2020 年第 6 期
成凡：法律认知和法律原则：情感、效率与公平	交大法学	2020 年第 1 期
孙跃：指导性案例跨类型适用的限度与进路	交大法学	2020 年第 1 期
张华：司法更需要何种指导性案例——以指导案例 60 号为分析对象	交大法学	2020 年第 1 期
桑本谦：从要件识别到变量评估：刑事司法如何破解"定性难题"	交大法学	2020 年第 1 期
章剑生：面向司法审查的行政行为说明理由——郴州饭垄堆矿业有限公司与国土资源部等国土资源行政复议决定再审案评析	交大法学	2020 年第 2 期
熊晓彪："发生优势"：一种新证明力观——狭义证明力的概率认知与评价进路	交大法学	2020 年第 2 期
李崇涛：论二审检察院能否新增抗诉请求及其合理控制	交大法学	2020 年第 3 期
唐丰鹤：司法决策过程中的情感效应	交大法学	2020 年第 3 期

续表

作者、论文题目	报刊来源	论文期次
靳匡宇：生态修复量刑情节的司法适用研究——以 187 份长江环境资源刑事裁判文书为样本	交大法学	2020 年第 3 期
何天文：保护规范理论的引入抑或误用——刘广明诉张家港市人民政府行政复议案再检讨	交大法学	2020 年第 4 期
谢进杰、黄蔚菁：刑事案件当庭宣判的变迁	交大法学	2020 年第 4 期
马立群：行政诉讼反诉制度的诉讼构造及创设路径	交大法学	2020 年第 4 期
卞建林、陶加培：认罪认罚从宽制度中的量刑建议	国家检察官学院学报	2020 年第 1 期
李小东、周硕鑫：重大监督事项案件化办理的理论与实践	国家检察官学院学报	2020 年第 1 期
李拥军、蔡舒眉：行政与司法在纠纷多元化解中的双重面向	国家检察官学院学报	2020 年第 1 期
杰克·图侯斯基、宋京霖：美国流域治理与公益诉讼司法实践及其启示	国家检察官学院学报	2020 年第 1 期
王学棉：民事诉讼预决事实效力理论基础之选择	国家检察官学院学报	2020 年第 1 期
肖建国：民事程序构造中的检察监督论纲——民事检察监督理论基础的反思与重构	国家检察官学院学报	2020 年第 1 期
李华伟：派驻公安执法办案管理中心检察机制研究——侦查监督的中国路径探索	国家检察官学院学报	2020 年第 2 期
李昌盛：证据确实充分等于排除合理怀疑吗？	国家检察官学院学报	2020 年第 2 期
杨迪：污染环境罪司法样态透视——基于刑事判决的实证分析	国家检察官学院学报	2020 年第 2 期
胡卫列：国家治理视野下的公益诉讼检察制度	国家检察官学院学报	2020 年第 2 期
俞亮、吕点点：法国罪错未成年人分级处遇制度及其借鉴	国家检察官学院学报	2020 年第 2 期

续表

作者、论文题目	报刊来源	论文期次
曹志勋：论公文书实质证明力推定规则的限缩	国家检察官学院学报	2020 年第 2 期
韩波：论民事检察公益诉权的本质	国家检察官学院学报	2020 年第 2 期
潘剑锋、郑含博：行政公益诉讼制度目的检视	国家检察官学院学报	2020 年第 2 期
曹建军：论检察公益调查核实权的强制性	国家检察官学院学报	2020 年第 2 期
王敏远、杨帆：认罪认罚从宽制度的新发展——《关于适用认罪认罚从宽制度的指导意见》解析	国家检察官学院学报	2020 年第 3 期
刘艺：行政检察与法治政府的耦合发展	国家检察官学院学报	2020 年第 3 期
李奋飞：论"确认式庭审"——以认罪认罚从宽制度的入法为契机	国家检察官学院学报	2020 年第 3 期
李烁：行政行为程序轻微违法的司法审查	国家检察官学院学报	2020 年第 3 期
单勇：犯罪之技术治理的理论内涵	国家检察官学院学报	2020 年第 3 期
袁琳：不当得利"没有法律根据"要件的证明	国家检察官学院学报	2020 年第 3 期
顾永忠、娄秋琴：程序性辩护的理论发展与实践展开	国家检察官学院学报	2020 年第 3 期
郭烁：控辩主导下的"一般应当"：量刑建议的效力转型	国家检察官学院学报	2020 年第 3 期
董坤：认罪认罚案件量刑建议精准化与法院采纳	国家检察官学院学报	2020 年第 3 期
樊崇义、何东青：刑事诉讼模式转型下的速裁程序	国家检察官学院学报	2020 年第 3 期
王贞会：罪错未成年人司法处遇制度完善	国家检察官学院学报	2020 年第 4 期
李勇：检察视角下中国刑事合规之构建	国家检察官学院学报	2020 年第 4 期
姜明安：论新时代中国特色行政检察	国家检察官学院学报	2020 年第 4 期
孙海波：反思智能化裁判的可能及限度	国家检察官学院学报	2020 年第 5 期
何挺、杨林：法庭秩序视域下的法律职业共同体：基于法官与律师认知差异的考察	国家检察官学院学报	2020 年第 5 期

续表

作者、论文题目	报刊来源	论文期次
张步洪：行政处罚程序违法的实体化处理与法律责任	国家检察官学院学报	2020 年第 5 期
陈爱武：论家事检察公益诉讼	国家检察官学院学报	2020 年第 5 期
高星阁：对公法人民事执行的规则建构	国家检察官学院学报	2020 年第 5 期
熊跃敏、郭家珍：禁止重复起诉和禁止另行起诉的区分与适用	国家检察官学院学报	2020 年第 5 期
贝金欣、谢澍：司法机关调取互联网企业数据之利益衡量与类型化路径	国家检察官学院学报	2020 年第 6 期
任重：法律释明与法律观点释明之辨	国家检察官学院学报	2020 年第 6 期
韩彦霞、李乐平：检察基础理论研究的新时代命题	国家检察官学院学报	2020 年第 6 期
鲍文强：认罪认罚案件中的证据开示制度	国家检察官学院学报	2020 年第 6 期
易小斌：检察公益诉讼参与国家治理的实践面向	国家检察官学院学报	2020 年第 6 期
刘少阳、戴宇鑫："先予仲裁"引发的仲裁问题与执行监督规制——最高人民法院《关于仲裁机构"先予仲裁"裁决或者调解书立案、执行等法律适用问题的批复》释评	法律适用	2020 年第 1 期
唐静：当事人恒定原则裁判样态研究——以当事人适格问题为中心	法律适用	2020 年第 1 期
黄永维、梁凤云、杨科雄：行政协议司法解释的若干重要制度创新	法律适用	2020 年第 1 期
王柏东、程立：生效法律文书执行力的阻却与回归——以执行外和解对执行程序的影响为视角	法律适用	2020 年第 2 期
张亮：民事反诉当事人扩张制度研究——以第三反诉为中心	法律适用	2020 年第 3 期
陈唤忠："执转破"常态化实施路径优化研究	法律适用	2020 年第 3 期

续表

作者、论文题目	报刊来源	论文期次
罗丽：生态环境损害赔偿诉讼与环境民事公益诉讼关系实证研究	法律适用	2020 年第 4 期
杨惠惠、邵新：裁判文书证据说理的实证分析与规诫提炼——以法发〔2018〕10 号为中心	法律适用	2020 年第 6 期
柴荣、李浩：民初土地产权行政审判中民俗习惯的认定与适用——以"营产处没收私产一案"判词为引子	法律适用	2020 年第 6 期
黄影颖：行政审判中作为被诉行政行为事实根据的基础民事争议审理路径探析——以地鸿公司诉南宁市邕宁区政府行政协议无效案为视角	法律适用	2020 年第 6 期
赵英男：类似案件判断中比较点的确定：原则、路径与运用	法律适用	2020 年第 6 期
霍振宇：不同诉讼目的主导之行政审判模式间的整合与调适——面向司法实践的法解释论进路	法律适用	2020 年第 6 期
宁倩：论信赖利益保护原则的运用——基于张道文案的分析	法律适用	2020 年 8 期
杨凯、徐晓璐：论民事裁判文书强化充分说理的公共法律服务功能——以涉夫妻债务案件裁判规则指引为中心视角	法律适用	2020 年 8 期
陈微：气候变化诉讼比较研究——基于两起"弃风弃光"环境公益诉讼案展开的分析	法律适用	2020 年 8 期
靳建丽：虚假诉讼范围之界定——从立法与现实、民事与刑事的冲突谈起	法律适用	2020 年 8 期
毛胜利、陈雪：民事和行政两种诉讼救济途径并存时当事人权利救济途径的选择——从中盐兰州分公司诉定西市安定区政府土地及房屋征收补偿一案谈起	法律适用	2020 年 8 期

续表

作者、论文题目	报刊来源	论文期次
贾茵：保护规范理论在公法相邻权行政案件中的域外案例与适用指引	法律适用	2020 年 8 期
方颖：福利型小额诉讼的渐进式扩张研究——以"诉源分流"为切入点	法律适用	2020 年 9 期
黄振东：要素式审判：类型化案件审判方式的改革路径和模式选择	法律适用	2020 年 9 期
陈琨：中级人民法院二审民事案件审判组织转换机制构建	法律适用	2020 年 9 期
周克文：厘清第三人撤销之诉与案外人申请再审的关系	法律适用	2020 年 9 期
周维明：追诉时效变更与罪刑法定原则——比较法视野下的分析和思考	法律适用	2020 年 9 期
熊俊勇、周觅：行政赔偿诉讼中的司法最终原则	法律适用	2020 年第 10 期
朱亚奇、肖峰：上诉请求与二审裁判方式的关系——以《民事诉讼法》第 170 条第 1 款为中心	法律适用	2020 年第 11 期
洪浩、程光：检察行政公益诉讼中的第三人确定标准论析	法律适用	2020 年第 11 期
牛正浩、尹伟：论执行工作"一案双查"制度的实践与完善——基于 J 省三级法院应对消极执行的实证研究	法律适用	2020 年第 11 期
北京市三中院课题组：类案检索报告制作和运用机制研究	法律适用	2020 年第 12 期
孙光宁：指导性案例在类案检索机制中的地位及其运作	法律适用	2020 年第 12 期
杜涛：强制执行程序中关于利息执行疑难问题的思考	法律适用	2020 年第 12 期

续表

作者、论文题目	报刊来源	论文期次
毕玉谦：新民事证据规则架构下体系化的结构与逻辑	法律适用	2020 年第 13 期
江必新：关于理解和适用新民事证据规定的若干问题	法律适用	2020 年第 13 期
郑学林、宋春雨：新民事证据规定理解与适用若干问题	法律适用	2020 年第 13 期
杨靖文：行政协议的识别标准与类型研究——从公权到公务标准的渐进	法律适用	2020 年第 14 期
贺辉、张鹏：既判力视角下刑民交叉案件中的事实认定	法律适用	2020 年第 14 期
谭红、王锦鹏：论行政协议中仲裁条款的效力问题	法律适用	2020 年第 14 期
孙跃：论智慧时代疑难案件的裁判：机遇、挑战与应对	法律适用	2020 年第 14 期
肖建国、丁金钰：论我国在线"斯图加特模式"的建构——以互联网法院异步审理模式为对象的研究	法律适用	2020 年第 15 期
钟明亮："人工智能+在线司法确认"的实践观察与前景展望	法律适用	2020 年第 15 期
石俊峰、李衡：司法变更权的适用条件及强度把握——以某制药公司上诉某区市场和质量监督管理局行政处罚案为研究视角	法律适用	2020 年第 16 期
田桂瑶、彭立峰：诉前财产保全案件案外人权利救济途径的研究——评（2020）最高法民申 123 号民事裁定	法律适用	2020 年第 16 期
郭修江：以行政行为为中心的行政诉讼制度——人民法院审理行政案件的基本思路	法律适用	2020 年第 17 期
牛正浩、刘允霞：虚假仲裁规制与案外人权利保障	法律适用	2020 年第 17 期

续表

作者、论文题目	报刊来源	论文期次
李春双：借名协议排除强制执行路径研究	法律适用	2020 年第 18 期
葛翔、刘洪明：规则还是惯例：特殊类型工伤的行政认定与司法审查——基于上海市 643 起一审工伤行政案件的分析	法律适用	2020 年第 18 期
蒋敏、袁艺、牟其香：从无到有与从有到精：环境检察公益诉讼的困局与破局——以 C 市刑事附带民事环境检察公益诉讼案件为实证研究范式	法律适用	2020 年第 18 期
刘万成、陈启炜：民事诉讼中当事人严重心理障碍的识别与应对	法律适用	2020 年第 19 期
吴泽勇：民事诉讼中自由心证的裁判方法及司法适用	法律适用	2020 年第 19 期
陈斯、谢奕：民事判项给付内容不明的理性思辨与路径构建——基于"审执衔接三元法"的分析	法律适用	2020 年第 19 期
范跃：行政非诉执行审查标准再解释	法律适用	2020 年第 19 期
赵耀彤：举证责任在意思表示解释过程中的运用——以一起语境证据案件的审理为例	法律适用	2020 年第 19 期
程琥：党和国家机构改革与行政诉讼制度创新发展	法律适用	2020 年第 19 期
于泓、王姝：行政协议竞争权人原告资格认定相关问题探析	法律适用	2020 年第 20 期
王朝辉：民事再审事由的体系展开与程序效力	法律适用	2020 年第 20 期
李凌云：投诉人原告资格判定标准的反思与重塑——以《行诉解释》第 12 条第 5 项的司法适用为中心	法律适用	2020 年第 20 期
郝绍彬、徐良：民事二审新证据的采信——兼论未上诉请求有限突破	法律适用	2020 年第 20 期

续表

作者、论文题目	报刊来源	论文期次
章文英、任海霞：行政许可案件若干争议问题之探析	法律适用	2020 年第 20 期
白彦：民事公益诉讼主体的理论扩张与制度构建	法律适用	2020 年第 21 期
陈明灿：从博弈到共存：执行程序中租赁权的保护范围及限度——以善意执行视角下利益衡量论为视角	法律适用	2020 年第 21 期
孔才池：制度如何生成：独任制扩大适用的实现路径与保障维度——基于 S 基层法院近三年的案件研究展开	法律适用	2020 年第 22 期
陈群峰、张衡：论民间借贷案件中借贷合意的事实审查与举证责任——以《民间借贷司法解释》第 17 条的适用为视角	法律适用	2020 年第 22 期
徐庭祥："政府信息不存在"证明困境的解决路径——指导案例 101 号评释	法律适用	2020 年第 22 期
朱慧军：绿色原则在民事裁判文书中的说理运用——以 92 份民事裁判文书为分析样本	法律适用	2020 年第 23 期
李华琪、潘云志：环境民事公益诉讼中惩罚性赔偿的适用问题研究	法律适用	2020 年第 23 期
田晔：理论与实证：民事诉讼附带上诉制度的建构	法律适用	2020 年第 24 期
马贵翔、林婧：刑事被害人当事人化的反思与制度重构	河北法学	2020 年第 1 期
马勇：刑事司法中的规范创制行为及其规制——以审判中心主义为视角	河北法学	2020 年第 1 期
王鹏飞："同案不同判"的反向审视与规则建构——基于刑事责任本体论的思考	河北法学	2020 年第 1 期
涂舜、陈如超：司法鉴定管理的体制变迁及其改革方向：1978—2018	河北法学	2020 年第 1 期

作者、论文题目	报刊来源	论文期次
艾丹：刑事陪审事实审与法律审的分离向度	河北法学	2020 年第 2 期
徐德臣：从解决纠纷到管理纠纷：现代家事法院功能之转变	河北法学	2020 年第 2 期
程龙：监督抑或共责：监察调查与刑事诉讼衔接中的补充侦查	河北法学	2020 年第 2 期
张卫平：另案处理结果对本案民事执行的效力及处置原则研究	河北法学	2020 年第 3 期
蔡虹、夏先华：诉诸权威理论架构下的专家辅助人制度省思	河北法学	2020 年第 3 期
吕中行、谢俊英：新时代我国司法公信力的重塑	河北法学	2020 年第 4 期
吴慧敏：性侵儿童案中被害人陈述可信度判断研究	河北法学	2020 年第 4 期
占善刚、刘洋：民事程序规范层次论	河北法学	2020 年第 4 期
沈丽飞、贾舒琪：当前农村弱势群体法律援助面临的问题和对策	河北法学	2020 年第 5 期
陈宇：从 Petrobras 案看美国《反海外腐败法》的域外管辖问题	河北法学	2020 年第 5 期
陶焜炜：刑事证据审查体系的层阶化再造——以规范要素的系统性整合为基点	河北法学	2020 年第 5 期
杨秀清、谢凡：环境民事公益诉讼法律适用困境及其破解	河北法学	2020 年第 5 期
张莹、冀宗儒：民事诉讼代表人制度中诉讼当事人制度论	河北法学	2020 年第 5 期
王贵彬：论执行力客观范围的扩张——以应还土地上拆除房屋之诉讼实现路径为视角	河北法学	2020 年第 6 期
王晴：职业化视域下警察职业保障的法治化进路	河北法学	2020 年第 6 期

续表

作者、论文题目	报刊来源	论文期次
王群、杨杰：司法解释制定科学化：逻辑博弈和一个新的视角——兼论迈向商谈的司法解释制定	河北法学	2020 年第 6 期
陈焘、刘宇琼：区域协同治理的司法促进——基于京津冀司法协同的考察	河北法学	2020 年第 6 期
曾翀、刘婵秀："后员额"改革时期的检察官员额制运行问题思考	河北法学	2020 年第 6 期
崔永东：司法与科技	河北法学	2020 年第 6 期
王文惠、袁江：针对行政规范性文件提出检察建议研究——基于某"欠缴土地出让金公益诉讼案"的思考	河北法学	2020 年 7 期
杨晓光、王爱芹：我国社会组织参与法律援助研究	河北法学	2020 年第 7 期
刘伟琦：认罪认罚从宽制度的刑事实体法构建——兼与周光权教授商榷	河北法学	2020 年第 8 期
徐娟、杜家明：智慧司法实施的风险及其法律规制	河北法学	2020 年第 8 期
侯晓燕、王立峰：论指导性案例裁判要点的类型化适用方式	河北法学	2020 年第 9 期
梅傲：仲裁机构地域性困局究因	河北法学	2020 年 9 期
温辉：行政公益诉讼"等外"刍议	河北法学	2020 年 9 期
卫跃宁、刘文斌：诉调对接模式的决策依据与相对选择——基于本土司法数据及实务经验的原理总结与趋势前瞻	河北法学	2020 年第 12 期
刘伟琦：认罪认罚阶梯式从宽量刑精准化研究——兼评《关于适用认罪认罚从宽制度的指导意见》	北方法学	2020 年第 1 期
李会彬：刑法条文理解与适用的证据法学向度	北方法学	2020 年第 2 期

作者、论文题目	报刊来源	论文期次
赵恒：刑事缺席审判程序的理论检视	北方法学	2020 年第 2 期
张俊、汪海燕：论认罪认罚案件证明标准之实践完善——兼评《关于适用认罪认罚从宽制度的指导意见》	北方法学	2020 年第 3 期
曹志勋：论案件事实认定说理的不同维度——以彭宇案一审判决书为例	北方法学	2020 年第 3 期
刘本荣：行政公益诉讼的要件分析——以要件事实理论为视角	北方法学	2020 年第 4 期
张铁铁：我国法律制度对商事仲裁性质的误解——从临时仲裁谈起	北方法学	2020 年第 4 期
邵晖：司法与民主的对冲与平衡：对司法问责的审视	北方法学	2020 年第 4 期
胡城军：人类命运共同体视阈下海盗罪国际刑事法院构建问题研究	北方法学	2020 年第 4 期
吴东镐：我国民族地区法庭庭审中使用少数民族语言的现状与对策	中国政法大学学报	2020 年第 1 期
方丽妍：我国民事诉讼中既判力时间范围的理论构建	中国政法大学学报	2020 年第 2 期
金昌伟：人工智能分案机制探析	中国政法大学学报	2020 年第 2 期
郝晓宇：从"法定证据"到"特殊刑罚"——前人权时代欧陆刑讯制度的兴衰	中国政法大学学报	2020 年第 2 期
李庆保：论环境公益诉讼的起诉期限	中国政法大学学报	2020 年第 2 期
顾亚慧：重大疫情下刑事案件远程庭审的运行与省思	中国政法大学学报	2020 年第 4 期
程光：论刑事程序法兜底条款的内涵具体化	中国政法大学学报	2020 年第 6 期
江国华、张莺：指导性案例评估机制	甘肃政法大学学报	2020 年第 6 期
王琦：强制执行智能化对立法的挑战与回应	甘肃政法学院学报	2020 年第 1 期

续表

作者、论文题目	报刊来源	论文期次
王慧：复合性不作为强制执行制度之体系化构建	甘肃政法学院学报	2020 年第 1 期
祁亚平：技术侦查行为的"概括性否定"	甘肃政法学院学报	2020 年第 1 期
彭云翔：民事执行调查社会化问题研究	甘肃政法学院学报	2020 年第 1 期
程龙：误区与正道：认罪认罚从宽的实体法定位	甘肃政法学院学报	2020 年第 1 期
廖中洪：执行异议之诉立法问题研究	甘肃政法学院学报	2020 年第 1 期
梁君瑜：论行政诉讼原告适格判定的两种进路	甘肃政法学院学报	2020 年第 1 期
张鹭、侯明明：案中隐性社会结构对司法裁判的影响及其调和——以张扣扣案为素材的实证分析	甘肃政法学院学报	2020 年第 2 期
曹云吉：程序/实体：民事诉讼正当当事人性质分析	甘肃政法学院学报	2020 年第 2 期
刘茵琪：论认罪认罚案件量刑建议中从宽的"最高限度"——基于 522 份故意伤害案件判决书的实证分析	甘肃政法学院学报	2020 年第 3 期
薄晓波：环境公益损害救济请求权基础研究	甘肃政法学院学报	2020 年第 3 期
胡婧：行政公益诉讼领域检察调查核实权之理论证成与体系化建构	甘肃政法学院学报	2020 年第 4 期
聂帅钧：论控制性详细规划的可诉性及其司法审查进路——基于相关裁判文书的实证分析	甘肃政法学院学报	2020 年第 4 期
熊晓彪：刑事缺席审判证明标准适用问题研究——基于诉讼构造与错误分配理论的分析	甘肃政法学院学报	2020 年第 4 期
李大槐、师索：认罪认罚从宽与不起诉的逻辑关联	西南政法大学学报	2020 年第 1 期
赵天：新技术媒介对法官的三重意义——基于"媒介环境学"的省思	西南政法大学学报	2020 年第 2 期

续表

作者、论文题目	报刊来源	论文期次
胡婷、王亚新：共有不动产执行中的争议处理——兼论执行立法草案相关条文的内容构成	西南政法大学学报	2020 年第 2 期
解庆锋：专业法律知识的媒体供给与社会正义的维护——基于昆山案中舆论、司法、媒体互动的考察	西南政法大学学报	2020 年第 2 期
蒋太珂：为疫情防控提供有力法治保障之法理诠释——以刑事司法解释性文件为对象	西南政法大学学报	2020 年第 3 期
邓思清：刑事检察理论体系的构建	西南政法大学学报	2020 年第 4 期
孙长永、冯科臻：认罪认罚案件抗诉问题实证研究 ——基于 102 份裁判文书的分析	西南政法大学学报	2020 年第 4 期
高峰：以审判为中心视野下刑事错案防范机制研究	西南政法大学学报	2020 年第 4 期
张春良、毛杰：论违背"一裁终局"原则的仲裁裁决之撤销	西南政法大学学报	2020 年第 6 期
陈瑞华：企业合规的基本问题	中国法律评论	2020 年第 1 期
孙海波："同案同判"与司法的本质——为依法裁判立场再辩护	中国法律评论	2020 年第 2 期
沈宏彬：裁判的双重结构：论一种"建构—回应"的裁判观	中国法律评论	2020 年第 2 期
泮伟江：超越"依法裁判"理论	中国法律评论	2020 年第 2 期
蔡琳："依法裁判"：一种强主张的论证	中国法律评论	2020 年第 2 期
臧德胜：论认罪认罚案件中量刑建议的效力及在司法裁判中的运用——从两起认罪认罚抗诉案件的二审裁判展开	中国法律评论	2020 年第 2 期
龙宗智：余金平交通肇事案法理重述	中国法律评论	2020 年第 3 期
胡云腾：完善认罪认罚从宽制度改革的几个问题	中国法律评论	2020 年第 3 期

续表

作者、论文题目	报刊来源	论文期次
顾永忠：对余金平交通肇事案的几点思考——兼与龙宗智、车浩、门金玲教授交流	中国法律评论	2020 年第 3 期
程琥：民法典时代的行政法：挑战与回应	中国法律评论	2020 年第 4 期
吕忠梅、黄凯：探索"行政不作为"公益诉讼新规则——"睢宁油泥案"评析	中国法律评论	2020 年第 5 期
刘艺：检察行政公益诉讼起诉期限适用规则研判——评湖北省钟祥市人民检察院诉钟祥市人民防空办公室不全面履行职责案	中国法律评论	2020 年第 5 期
孙佑海：如何用行政公益诉讼检察建议督促纠正政府违法行为？——海南省检察院一分院行政公益诉讼检察建议案评析	中国法律评论	2020 年第 5 期
杨建顺：拓展检察行政公益诉讼范围和路径的积极探索——赤壁市人民检察院诉赤壁市水利局怠于履行饮用水安全监管职责案评析	中国法律评论	2020 年第 5 期
袁雪石：行政处罚附带民事纠纷解决机制研究	中国法律评论	2020 年第 5 期
占善刚、张一诺：试论知识产权确认不侵权之诉与不正当竞争之诉的关系	电子知识产权	2020 年第 1 期
程书锋、程方伟：持续侵权状态下前诉裁判对后诉的影响——兼议知识产权诉讼停止侵害执行力的扩张	电子知识产权	2020 年第 1 期
罗素云：技术类民事案件适用先行判决的正当性思辨与规则构建	知识产权	2020 年第 5 期
丁金钰：我国民事部分判决的掣制与突围——以最高人民法院指导案例 115 号为中心	知识产权	2020 年第 12 期

2020 年诉讼法学著作统计

学科类别	作者、著作名称	出版社	出版日期
司法制度	孙佑海、李曙光：德国法院与司法制度	法律出版社	2020 年 1 月
刑事诉讼	张中：刑事诉讼法哲理思考——樊崇义教授八十华诞庆贺文集	中国人民公安大学出版社	2020 年 1 月
刑事诉讼	陈光中：司法改革与刑事诉讼法修改专论——陈光中法学文选（第四卷）	中国政法大学出版社	2020 年 1 月
民事诉讼	陈轩：典型民事纠纷的法理研究	吉林大学出版社	2020 年 1 月
刑事诉讼	唐清宇：变革与坚守：刑事诉讼与司法改革的中国叙事	四川大学出版社	2020 年 1 月
行政诉讼	彭涛：行政诉讼实务指导	中国政法大学出版社	2020 年 1 月
司法制度	樊崇义：检察制度原理	中国人民公安大学出版社	2020 年 1 月
司法制度	樊崇义：论检察	中国人民公安大学出版社	2020 年 1 月
刑事诉讼	樊崇义：司法制度与司法改革	中国人民公安大学出版社	2020 年 1 月
刑事诉讼	樊崇义：法律援助制度研究	中国人民公安大学出版社	2020 年 1 月
刑事诉讼	樊崇义等：刑事诉讼法再修改理性思考（修订版）	中国人民公安大学出版社	2020 年 1 月
刑事诉讼	樊崇义等：正当法律程序研究：以刑事诉讼程序为视角（修订版）	中国人民公安大学出版社	2020 年 1 月
刑事诉讼	樊崇义：刑事证据规则研究（修订版）	中国人民公安大学出版社	2020 年 1 月
刑事诉讼	樊崇义：刑事诉讼法哲理思维（修订版）	中国人民公安大学出版社	2020 年 1 月

续表

学科类别	作者、著作名称	出版社	出版日期
刑事诉讼	樊崇义：刑事诉讼法实施问题与对策研究	中国人民公安大学出版社	2020 年 1 月
刑事诉讼	樊崇义、兰跃军、潘少华：刑事证据制度发展与适用	中国人民公安大学出版社	2020 年 1 月
刑事诉讼	樊崇义等：底线——刑事错案防范标准	中国人民公安大学出版社	2020 年 1 月
刑事诉讼	樊崇义：迈向理性刑事诉讼法学	中国人民公安大学出版社	2020 年 1 月
刑事诉讼	樊崇义：刑事审前程序改革实证研究：侦查讯问程序中律师在场（试验）	中国人民公安大学出版社	2020 年 1 月
刑事诉讼	樊崇义：刑事诉讼法学方法论	中国人民公安大学出版社	2020 年 1 月
民事诉讼	陈杭平等：新范式下的民事诉讼标的理论	中国法制出版社	2020 年 1 月
刑事诉讼	广东宋氏律师事务所：我是一名刑辩律师	广东人民出版社	2020 年 3 月
民事诉讼	王新平：民事诉讼证据运用与实务技巧（增订版）	法律出版社	2020 年 3 月
行政诉讼	毛毅坚：行政协议理论观点与实务指引	人民法院出版社	2020 年 3 月
行政诉讼	王东伟：行政诉讼中合理性审查研究	中国社会科学出版社	2020 年 4 月
刑事诉讼	王胜：刑事检察实务疑难问题研究	上海人民出版社	2020 年 6 月
行政诉讼	刘月凤：行政诉讼原告资格研究	吉林大学出版社	2020 年 5 月
刑事诉讼	张晓冉：刑事疑难案件的法理研究	中国社会科学出版社	2020 年 7 月
刑事诉讼	张曙：刑事诉讼管辖制度研究	法律出版社	2020 年 5 月
刑事诉讼	林仪明：新中国公诉制度史：以上海检察机关的实践为中心	上海人民出版社	2020 年 5 月
行政诉讼	高家伟：行政行为合法性审查类型化研究	中国政法大学出版社	2020 年 5 月

学科类别	作者、著作名称	出版社	出版日期
行政诉讼	于鲁平：环境行政公益诉讼起诉主体研究	法律出版社	2020 年 6 月
刑事诉讼	北京市人民检察院：刑事检察核心技能十四讲	中国检察出版社	2020 年 6 月
行政诉讼	杨临宏：行政诉讼法 原理、制度与程序	中国社会科学出版社	2020 年 6 月
刑事诉讼	胡莲芳：被害人在刑事诉讼中的有效参与	厦门大学出版社	2020 年 6 月
司法制度	秦前红：监察改革中的法治工程	法律出版社	2020 年 6 月
刑事诉讼	周小羊：扬子鳄刑辩联盟：精彩辩护人	苏州大学出版社	2020 年 7 月
刑事诉讼	成都市双流区人民检察院：刑民交叉案件程序问题研究	四川大学出版社	2020 年 7 月
刑事诉讼	周文涛：刑事庭审攻防答辩要点	中国检察出版社	2020 年 6 月
民事诉讼	许尚豪：程序利益论：民事诉讼程序运转的逻辑基础及社会动力	法律出版社	2020 年 8 月
行政诉讼	陈明聪、黄继业：行政争议多元化解之"泉州实践"	人民法院出版社	2020 年 9 月
行政诉讼	赵宏：行政法案例研习（第二辑）	中国政法大学出版社	2020 年 8 月
行政诉讼	王万华：行政复议法的修改与完善研究——以实质性解决行政争议为视角	中国政法大学出版社	2020 年 12 月
民事诉讼	李文革：虚假诉讼研究	中国社会科学出版社	2020 年 9 月
民事诉讼	杨中洁：民事诉讼实务思维·策略·技巧	法律出版社	2020 年 9 月
民事诉讼	广东省中山市人民检察院：民事行政检察实践与研究（2012—2017）	中国检察出版社	2018 年 1 月
行政诉讼	朱加宁：行政复议和行政诉讼实务与案例指引	中国法制出版社	2020 年 9 月
刑事诉讼	李本森：刑事速裁程序研究	中国政法大学出版社	2020 年 11 月
刑事诉讼	陈光中：中国现代司法制度	北京大学出版社	2020 年 11 月

续表

学科类别	作者、著作名称	出版社	出版日期
民事诉讼	占善刚：民事诉讼运行的内在机理研究	武汉大学出版社	2020 年 12 月
刑事诉讼	何永福：刑事诉讼涉案财物处置程序研究	社会科学文献出版社	2020 年 12 月
刑事诉讼	张军、姜伟、田文昌：新控辩审三人谈（增补本）	北京大学出版社	2021 年 1 月

2020 年诉讼法学教材统计

学科类别	主编、教材名称	出版社	出版日期
刑事诉讼	叶青：刑事诉讼法学	上海人民出版社	2020 年 2 月
刑事诉讼	陈瑞华：刑事诉讼法	北京大学出版社	2020 年 12 月
行政诉讼	胡锦光、刘飞宇：行政法与行政诉讼法	中国人民大学出版社	2020 年 6 月

2020 年诉讼法学项目统计

学科类别	负责人、项目名称	项目类型
民事诉讼	马登科：国家治理体系中民事执行现代化研究	2020 年国家社科基金重大项目
刑事诉讼	尹吉：监察监督与检察监督衔接机制的系统完善研究	2020 年国家社科基金重点项目
刑事诉讼	石经海：认罪认罚从宽制度的刑法应对研究	2020 年国家社科基金重点项目
刑事诉讼	牟军：认罪认罚案件的事实认定方式与卷证制度研究	2020 年国家社科基金重点项目
刑事诉讼	马静华：刑事庭审中对质程序实证研究	2020 年国家社科基金一般项目

续表

学科类别	负责人、项目名称	项目类型
刑事诉讼	王立志：大数据技术侦查适用中隐私权保障问题研究	2020 年国家社科基金一般项目
民事诉讼	王毓莹：执行异议之诉实体审查规则研究	2020 年国家社科基金一般项目
行政诉讼	邓可祝：风险规制视域下预防性环境公益诉讼研究	2020 年国家社科基金一般项目
刑事诉讼	冯俊伟：刑事诉讼中域外证据运用问题研究	2020 年国家社科基金一般项目
刑事诉讼	兰荣杰：刑事律师执业违规行为界定标准规范化研究	2020 年国家社科基金一般项目
刑事诉讼	司绍寒：刑事执行立法研究	2020 年国家社科基金一般项目
刑事诉讼	向燕：性侵案件司法证明问题研究	2020 年国家社科基金一般项目
刑事诉讼	刘仁琦：我国刑法修正视野下证明责任制度研究	2020 年国家社科基金一般项目
民事诉讼	刘哲玮：诉之类型的体系化研究	2020 年国家社科基金一般项目
刑事诉讼	孙国祥：监察法与刑法衔接问题研究	2020 年国家社科基金一般项目
刑事诉讼	李奋飞：以对质为中心的刑事法庭调查规程研究	2020 年国家社科基金一般项目
民事诉讼	李海平：合宪性解释在民事裁判中的运用研究	2020 年国家社科基金一般项目
刑事诉讼	杨志芳：大数据背景下警察权与公民个人信息保护法律问题研究	2020 年国家社科基金一般项目
刑事诉讼	杨杰辉：刑事一体化视域下一事不再理的效力范围研究	2020 年国家社科基金一般项目
民事诉讼	肖建国：民事强制执行法基础理论研究	2020 年国家社科基金一般项目
刑事诉讼	吴光升：刑事诉讼中案外人的财产权保障研究	2020 年国家社科基金一般项目

续表

学科类别	负责人、项目名称	项目类型
刑事诉讼	何邦武：网络刑事电子数据算法取证规则研究	2020 年国家社科基金一般项目
刑事诉讼	罗海敏：刑事诉讼中未决羁押的权利救济机制研究	2020 年国家社科基金一般项目
刑事诉讼	周新：国家治理现代化视域下公诉模式转型研究	2020 年国家社科基金一般项目
刑事诉讼	周遵友：总体国家安全观视野下恐怖犯罪预防法律体系的构建研究	2020 年国家社科基金一般项目
民事诉讼	胡学军：比较法视野下民事证据制度本土化研究	2020 年国家社科基金一般项目
民事诉讼	相庆梅：公共风险预防视角下公益诉讼基本理论与制度完善研究	2020 年国家社科基金一般项目
民事诉讼	洪冬英：民事生效判决对后诉案件事实认定的影响研究	2020 年国家社科基金一般项目
刑事诉讼	姚建龙：未成年人司法"先议权"研究	2020 年国家社科基金一般项目
刑事诉讼	钱叶六：法秩序统一视野下刑民交叉问题体系性研究	2020 年国家社科基金一般项目
行政诉讼	徐本鑫：公益诉讼检察调查核实权研究	2020 年国家社科基金一般项目
行政诉讼	徐靖：基于行政裁判文书的高校办学自主权法律边界研究	2020 年国家社科基金一般项目
民事诉讼	高翔："民事诉讼程序繁简分流改革试点"跟踪研究	2020 年国家社科基金一般项目
刑事诉讼	唐应茂：大数据背景下的庭审直播研究	2020 年国家社科基金一般项目
刑事诉讼	蒋兰香：企业污染犯罪风险的刑事合规防控机制研究	2020 年国家社科基金一般项目
刑事诉讼	黎娟：司法裁判文书的深度公开与摘要自动化研究	2020 年国家社科基金一般项目
民事诉讼	霍海红：民事自认新规则研究	2020 年国家社科基金一般项目

续表

学科类别	负责人、项目名称	项目类型
刑事诉讼	王新雷：总体国家安全观视野下网络侵入型侦查的法律规制研究	2020 年国家社科基金青年项目
刑事诉讼	亢晶晶：刑民交叉案件中证据交互使用问题研究	2020 年国家社科基金青年项目
刑事诉讼	史新祥：国家官员外国民事及刑事管辖豁免理论体系构建与中国应对研究	2020 年国家社科基金青年项目
民事诉讼	兰敬：民商合一立法体例下商法思维在民商事审判中的应用研究	2020 年国家社科基金青年项目
民事诉讼	刘颖：民事执行法典化背景下对债权的执行制度研究	2020 年国家社科基金青年项目
刑事诉讼	李雷：全覆盖背景下监察法规和监察规范性文件备案审查制度研究	2020 年国家社科基金青年项目
刑事诉讼	杨雪：社会治理背景下社区矫正的多维功能研究	2020 年国家社科基金青年项目
刑事诉讼	肖姗姗：系统论视域下罪错未成年人收容教养改革研究	2020 年国家社科基金青年项目
民事诉讼	宋春龙：补充之债诉讼程序研究	2020 年国家社科基金青年项目
民事诉讼	张健：基于龙泉司法档案的基层民事纠纷解决机制研究（1912—2020）	2020 年国家社科基金青年项目
刑事诉讼	周子实：大数据时代下违法犯罪记录制度一体化建构研究	2020 年国家社科基金青年项目
民事诉讼	郑令晗：民事类案类判的说理依据研究	2020 年国家社科基金青年项目
民事诉讼	孟醒：新试点改革下的民事繁简分流研究	2020 年国家社科基金青年项目
刑事诉讼	段陆平：基于司法大数据的中国特色轻罪诉讼制度体系完善研究	2020 年国家社科基金青年项目
行政诉讼	蒋成旭：行政赔偿纠纷实质化解的理论与制度完善研究	2020 年国家社科基金青年项目

续表

学科类别	负责人、项目名称	项目类型
民事诉讼	颜卉：消费者集体性损害赔偿诉讼制度研究	2020 年国家社科基金青年项目
行政诉讼	陆幸福：类案同判机制研究	2020 年国家社科基金西部项目
民事诉讼	胡谦：南京国民政府时期民事调解制度研究	2020 年国家社科基金西部项目
司法制度	曹建章：延安时期马锡五审判方式案例判例整理研究	2020 年国家社科基金西部项目
民事诉讼	张宇：类似必要共同诉讼制度研究	2020 年国家社科基金后期资助一般项目
民事诉讼	柯阳友：家事审判改革理论与实证研究	2020 年国家社科基金后期资助一般项目
行政诉讼	高利红：完善生态环境保护执法与司法衔接机制研究	2020 年国家社科研究阐释党的十九届四中全会精神国家社科基金重大项目
民事诉讼	王丽美：民法典编纂以来善意取得制度的司法续造研究	2020 年教育部人文社会科学研究规划基金项目
刑事诉讼	杜晨妍：数据确权的范式嬗变、概念选择与法律保护问题研究	2020 年教育部人文社会科学研究规划基金项目
刑事诉讼	李海峰：经验法则在犯罪构成要件事实认定中的运用问题研究	2020 年教育部人文社会科学研究规划基金项目
刑事诉讼	张传新：司法裁判中的中国思维方式研究	2020 年教育部人文社会科学研究规划基金项目
行政诉讼	陈运生：规范性文件附带审查案例的类型化与体系化研究	2020 年教育部人文社会科学研究规划基金项目
刑事诉讼	褚福民：刑事电子数据规则的运行现状与理论反思研究	2020 年教育部人文社会科学研究规划基金项目
刑事诉讼	王小光：监察赔偿构造的制度逻辑与实践进路研究	2020 年教育部人文社会科学研究青年基金项目
刑事诉讼	王彬：司法决策中的策略行为研究	2020 年教育部人文社会科学研究青年基金项目

学科类别	负责人、项目名称	项目类型
刑事诉讼	刘洋：智慧法院背景下类案同判的法理基础与实现路径研究	2020 年教育部人文社会科学研究青年基金项目
刑事诉讼	闫召华：刑事司法中的运动式治理研究	2020 年教育部人文社会科学研究青年基金项目
刑事诉讼	孙海波：类案裁判的法理基础与运行机制研究	2020 年教育部人文社会科学研究青年基金项目
刑事诉讼	牟绿叶：刑事二审程序的多元发展和完善路径研究	2020 年教育部人文社会科学研究青年基金项目
行政诉讼	李会勋：合宪性审查视阈下行政规范性文件审查机制研究	2020 年教育部人文社会科学研究青年基金项目
刑事诉讼	陈苏豪：国际刑事司法合作中的证据问题研究	2020 年教育部人文社会科学研究青年基金项目
刑事诉讼	邵晖：监察法实施的理论逻辑与实践路径研究	2020 年教育部人文社会科学研究青年基金项目
刑事诉讼	林伟：网络空间中数据安全治理生态构建研究	2020 年教育部人文社会科学研究青年基金项目
民事诉讼	罗清：愈疗理念下的家事纠纷多元化解机制研究	2020 年教育部人文社会科学研究青年基金项目
行政诉讼	郑涛：政府信息公开缠讼的法律治理研究	2020 年教育部人文社会科学研究青年基金项目
刑事诉讼	郜名扬：保护民企产权视角下没收犯罪所得规定与民事立法的衔接问题研究	2020 年教育部人文社会科学研究青年基金项目
刑事诉讼	黄瑛琦：国家亲权理念下未成年人刑事司法的实证研究	2020 年教育部人文社会科学研究青年基金项目
刑事诉讼	熊亚文：刑事一体化视阈下中国刑法私法化问题研究	2020 年教育部人文社会科学研究青年基金项目
行政诉讼	解志勇：行政法院建构研究	2020 年教育部哲学社会科学研究后期资助一般项目

续表

学科类别	负责人、项目名称	项目类型
刑事诉讼	吴习彧：类案数据的相似性比对规则研究	2020 年司法部法治建设与法学理论研究部级科研项目中青年课题
民事诉讼	张兴美：电子诉讼趋势下电子化证据适用问题研究	2020 年司法部法治建设与法学理论研究部级科研项目中青年课题
行政诉讼	梅杨：行政裁决救济制度研究	2020 年司法部法治建设与法学理论研究部级科研项目中青年课题
刑事诉讼	商浩文：反腐败境外追赃常态化法律机制研究	2020 年司法部法治建设与法学理论研究部级科研项目中青年课题
刑事诉讼	程衍：刑事法律援助效果的评价与规范体系	2020 年司法部法治建设与法学理论研究部级科研项目中青年课题
民事诉讼	韩波：《民法典》民事责任竞合规定适用中重复起诉识别问题研究	2020 年司法部法治建设与法学理论研究部级科研项目重点课题
刑事诉讼	王慧敏：大数据背景下我国法治反腐的运行机制研究	2020 年司法部法治建设与法学理论研究部级科研项目专项任务课题
刑事诉讼	王霖：区块链新型犯罪的刑事风险防控研究	2020 年司法部法治建设与法学理论研究部级科研项目专项任务课题
民事诉讼	李昌超：医疗诉讼因果关系证明的实践样态及制度完善	2020 年司法部法治建设与法学理论研究部级科研项目专项任务课题
民事诉讼	李静：民事诉讼合并研究	2020 年司法部法治建设与法学理论研究部级科研项目专项任务课题
刑事诉讼	吴君霞：野生动物刑事案件证明问题研究	2020 年司法部法治建设与法学理论研究部级科研项目专项任务课题
刑事诉讼	何晓丹：司法鉴定团体标准治理的现实路径和法律规制研究	2020 年司法部法治建设与法学理论研究部级科研项目专项任务课题
刑事诉讼	汪龚政：金融领域人工智能应用的犯罪问题研究	2020 年司法部法治建设与法学理论研究部级科研项目专项任务课题
刑事诉讼	张曙：监察管辖的规范构造及运行实践研究	2020 年司法部法治建设与法学理论研究部级科研项目专项任务课题

续表

学科类别	负责人、项目名称	项目类型
民事诉讼	林洋：合同实体规范的诉讼援引方式研究	2020 年司法部法治建设与法学理论研究部级科研项目专项任务课题
刑事诉讼	赵运峰：犯罪改造中程序性要素立法问题研究	2020 年司法部法治建设与法学理论研究部级科研项目专项任务课题
刑事诉讼	徐月笛：检察机关技术性证据专门审查制度研究	2020 年司法部法治建设与法学理论研究部级科研项目专项任务课题
刑事诉讼	徐为霞：监狱执法证据保全研究	2020 年司法部法治建设与法学理论研究部级科研项目专项任务课题
民事诉讼	章礼明：环境公益诉讼中"鉴定贵"问题的实证研究	2020 年司法部法治建设与法学理论研究部级科研项目专项任务课题
民事诉讼	梁岩妍：我国文化遗产保护公益诉讼制度完善路径研究	2020 年司法部法治建设与法学理论研究部级科研项目专项任务课题
民事诉讼	江晨：立法与实践：家事纠纷国家解决机制的近代变迁	2020 年司法部法治建设与法学理论研究部级科研项目一般课题
刑事诉讼	方向：互联网时代电子诉讼规则研究	2020 年最高人民法院司法研究重大课题
民事诉讼	甘培忠：营业信托纠纷案件审理中的法律问题研究	2020 年最高人民法院司法研究重大课题
行政诉讼	冯华：行政争议诉源治理机制研究	2020 年最高人民法院司法研究重大课题
民事诉讼	安凤德：营业信托纠纷案件审理中的法律问题研究	2020 年最高人民法院司法研究重大课题
刑事诉讼	杜前：互联网司法治理能力现代化研究	2020 年最高人民法院司法研究重大课题
刑事诉讼	肖君拥：危害国家安全案件证据标准和诉讼程序研究	2020 年最高人民法院司法研究重大课题
刑事诉讼	何震：新时代加强人民法院政治与文化建设研究	2020 年最高人民法院司法研究重大课题

续表

学科类别	负责人、项目名称	项目类型
民事诉讼	张甲天：互联网时代电子诉讼规则研究	2020 年最高人民法院司法研究 重大课题
刑事诉讼	张爱艳：精神病鉴定与死刑适用问题研究	2020 年最高人民法院司法研究 重大课题
民事诉讼	陈明、陈慰星：互联网时代电子诉讼规则研究	2020 年最高人民法院司法研究 重大课题
刑事诉讼	茅仲华：危害国家安全案件证据标准和诉讼程序研究	2020 年最高人民法院司法研究 重大课题
行政诉讼	曹忠明：行政争议诉源治理机制研究	2020 年最高人民法院司法研究 重大课题
行政诉讼	葛晓燕、卓泽渊：行政争议诉源治理机制研究	2020 年最高人民法院司法研究 重大课题
刑事诉讼	马朝阳：功能主义视角下认罪认罚案件被告人上诉问题之解构	2020 年最高人民检察院检察理论 研究课题
刑事诉讼	王刚、周绪平：认罪认罚案件量刑建议规范化研究	2020 年最高人民检察院检察理论 研究课题
刑事诉讼	王伟文：检察机关技术性证据审查实证研究	2020 年最高人民检察院检察理论 研究课题
刑事诉讼	王建国：三大法系检察制度比较研究	2020 年最高人民检察院检察理论 研究课题
刑事诉讼	王敏远：检察机关在指控证明犯罪中的主导责任研究	2020 年最高人民检察院检察理论 研究课题
刑事诉讼	王新建：法律监督视野下司法工作人员渎职犯罪查办困境及突破	2020 年最高人民检察院检察理论 研究课题
刑事诉讼	王戬：检察官的分类管理与任职保障比较研究	2020 年最高人民检察院检察理论 研究课题
刑事诉讼	元明：检察机关健全反恐维稳常态化机制研究	2020 年最高人民检察院检察理论 研究课题

续表

学科类别	负责人、项目名称	项目类型
刑事诉讼	旦增：检察机关实施认罪认罚从宽制度实证研究	2020 年最高人民检察院检察理论研究课题
刑事诉讼	白剑平：认罪认罚案件量刑建议规范化精准化研究	2020 年最高人民检察院检察理论研究课题
民事诉讼	冯小光：民法典实施背景下民事诉讼精准监督研究	2020 年最高人民检察院检察理论研究课题
刑事诉讼	宁建新："捕诉一体"背景下加强侦查监督研究	2020 年最高人民检察院检察理论研究课题
刑事诉讼	朱玉：检察官客观公正立场之理论与实践	2020 年最高人民检察院检察理论研究课题
刑事诉讼	朱伟悦、郭志媛：刑事涉案财物检察监督研究	2020 年最高人民检察院检察理论研究课题
刑事诉讼	任建华：补充侦查制度研究	2020 年最高人民检察院检察理论研究课题
刑事诉讼	刘远清：回应型司法视野下的认罪认罚案件被告人上诉权问题研究	2020 年最高人民检察院检察理论研究课题
刑事诉讼	刘志刚：法律监督体系与法律监督能力现代化研究	2020 年最高人民检察院检察理论研究课题
刑事诉讼	刘林呐：电信诈骗案件电子数据收集和固定研究	2020 年最高人民检察院检察理论研究课题
刑事诉讼	刘泊宁：认罪认罚案件值班律师的有效参与研究	2020 年最高人民检察院检察理论研究课题
刑事诉讼	刘练军、沈善文：检察机关的宪法定位与具体职能比较研究	2020 年最高人民检察院检察理论研究课题
刑事诉讼	刘艳红：构建以分级处遇为核心的未成年人司法法体系研究	2020 年最高人民检察院检察理论研究课题
刑事诉讼	汤敏：检察官员额增补及退出机制研究	2020 年最高人民检察院检察理论研究课题

续表

学科类别	负责人、项目名称	项目类型
刑事诉讼	安文录：认罪认罚案件量刑建议规范化精准化研究	2020年最高人民检察院检察理论研究课题
刑事诉讼	祁建建：检察机关不起诉权的合理适用研究	2020年最高人民检察院检察理论研究课题
刑事诉讼	阮丹生：中外检察机关司法协助实务比较研究	2020年最高人民检察院检察理论研究课题
行政诉讼	孙颖：从行政争议实质性化解到行政检察新格局构建	2020年最高人民检察院检察理论研究课题
刑事诉讼	芮红军：司法监督与检察监督	2020年最高人民检察院检察理论研究课题
民事诉讼	李卫东：民事精准抗诉及抗诉跟进监督机制研究	2020年最高人民检察院检察理论研究课题
刑事诉讼	李永君：检察机关健全反恐维稳常态化机制研究	2020年最高人民检察院检察理论研究课题
刑事诉讼	李江发：检察机关不起诉权的合理适用研究	2020年最高人民检察院检察理论研究课题
刑事诉讼	李军：社会治理检察建议作用机制研究	2020年最高人民检察院检察理论研究课题
行政诉讼	李连军：安全生产行政公益诉讼诉前程序研究	2020年最高人民检察院检察理论研究课题
刑事诉讼	李奋飞、刘怀印：认罪认罚案件量刑规范化精准化研究	2020年最高人民检察院检察理论研究课题
民事诉讼	李祖军：环境民事公益诉讼诉讼请求精准化研究	2020年最高人民检察院检察理论研究课题
刑事诉讼	杨平：检察机关退回补充侦查引导和说理机制研究	2020年最高人民检察院检察理论研究课题
刑事诉讼	杨迎泽：我国检察制度近现代之演进	2020年最高人民检察院检察理论研究课题

学科类别	负责人、项目名称	项目类型
刑事诉讼	杨胜荣：刑事涉案财物检察监督研究	2020 年最高人民检察院检察理论研究课题
刑事诉讼	杨洪广："捕诉一体"背景下加强侦查监督研究	2020 年最高人民检察院检察理论研究课题
刑事诉讼	吴宏耀：检察机关实施认罪认罚从宽制度实证研究	2020 年最高人民检察院检察理论研究课题
刑事诉讼	何挺：未成年被害人司法保护研究	2020 年最高人民检察院检察理论研究课题
刑事诉讼	何显兵：认罪认罚案件量刑建议规范化精准化研究	2020 年最高人民检察院检察理论研究课题
刑事诉讼	何慧：司法监督与检察监督	2020 年最高人民检察院检察理论研究课题
刑事诉讼	余寅同：新时期检察业务数据分析研判与公开机制研究	2020 年最高人民检察院检察理论研究课题
刑事诉讼	宋显忠：创建认罪认罚从宽政策适用的跨部门会商机制研究	2020 年最高人民检察院检察理论研究课题
刑事诉讼	宋祥林、秦宗文：认罪认罚案件量刑建议规范化精准化研究	2020 年最高人民检察院检察理论研究课题
刑事诉讼	张万顺：检察机关不起诉权的合理适用研究	2020 年最高人民检察院检察理论研究课题
刑事诉讼	张为：检察权运行管理监督机制完善研究	2020 年最高人民检察院检察理论研究课题
刑事诉讼	张东：裁判稳定与检察监督	2020 年最高人民检察院检察理论研究课题
刑事诉讼	张华伟：刑事涉案财产检察监督研究	2020 年最高人民检察院检察理论研究课题
刑事诉讼	张庆霖：智慧检务助推社会治理现代化研究	2020 年最高人民检察院检察理论研究课题

续表

学科类别	负责人、项目名称	项目类型
民事诉讼	张和林：民事公益诉讼诉讼请求的精准化研究	2020 年最高人民检察院检察理论研究课题
刑事诉讼	张金凤：重大案件侦查终结前讯问合法性核查理论与实务研究	2020 年最高人民检察院检察理论研究课题
刑事诉讼	张能全：党的领导与依法独立行使检察权的一致性内在机理和制度保障研究	2020 年最高人民检察院检察理论研究课题
刑事诉讼	陆力强："捕诉一体"背景下侦查监督的理念更新与实践	2020 年最高人民检察院检察理论研究课题
刑事诉讼	陈海鹰：网络犯罪案件办案程序问题研究	2020 年最高人民检察院检察理论研究课题
刑事诉讼	陈锋：检察办案听证程序实质化研究	2020 年最高人民检察院检察理论研究课题
刑事诉讼	武小凤：刑事被害人检察救助制度化研究	2020 年最高人民检察院检察理论研究课题
刑事诉讼	林贻影：检察权运行管理机制完善研究	2020 年最高人民检察院检察理论研究课题
刑事诉讼	罗绍华："捕诉一体"背景下加强侦查监督研究	2020 年最高人民检察院检察理论研究课题
民事诉讼	周虹、毋爱斌：民事诉讼精准监督研究	2020 年最高人民检察院检察理论研究课题
刑事诉讼	郑锦春：检察机关加强生态环境司法保护研究——以生态检察专业化为路径	2020 年最高人民检察院检察理论研究课题
刑事诉讼	赵丹：宪法视阈中检察权运行逻辑论纲	2020 年最高人民检察院检察理论研究课题
刑事诉讼	赵晓凌：新时期检察业务数据分析研判与公开机制研究	2020 年最高人民检察院检察理论研究课题
刑事诉讼	赵铁实：检察机关健全反恐维稳常态化机制研究	2020 年最高人民检察院检察理论研究课题

学科类别	负责人、项目名称	项目类型
刑事诉讼	胡厚雄：认罪认罚案件量刑建议研究	2020 年最高人民检察院检察理论研究课题
刑事诉讼	侯亚辉：检察机关对司法工作人员相关职务犯罪侦查实务研究	2020 年最高人民检察院检察理论研究课题
刑事诉讼	侯艳芳：未成年人保护处分制度研究	2020 年最高人民检察院检察理论研究课题
刑事诉讼	俞波涛、韩彦霞：认罪认罚案件适用暂缓起诉制度研究	2020 年最高人民检察院检察理论研究课题
刑事诉讼	宫鸣：检察机关服务和保障国家治理效能研究	2020 年最高人民检察院检察理论研究课题
刑事诉讼	聂建华："捕诉一体"运行机制研究	2020 年最高人民检察院检察理论研究课题
刑事诉讼	桂梦美、宋志军：未成年人检察社会支持体系研究	2020 年最高人民检察院检察理论研究课题
刑事诉讼	贾宇：检察官客观公正立场之理论与实践	2020 年最高人民检察院检察理论研究课题
刑事诉讼	贾济东、李占州：侦查监督事项规范化办理机制研究	2020 年最高人民检察院检察理论研究课题
刑事诉讼	翁跃强：检察机关服务和保障市域社会治理现代化研究	2020 年最高人民检察院检察理论研究课题
民事诉讼	高恩泽：民事执行检察动态监督机制研究	2020 年最高人民检察院检察理论研究课题
民事诉讼	高翔：裁判稳定与检察监督	2020 年最高人民检察院检察理论研究课题
刑事诉讼	郭泽强：比较视阈下检察与政治的关系研究	2020 年最高人民检察院检察理论研究课题
刑事诉讼	陶建旺：认罪认罚从宽制度下退休法官、检察官担任值班律师研究	2020 年最高人民检察院检察理论研究课题

续表

学科类别	负责人、项目名称	项目类型
刑事诉讼	黄胜：检察机关适用认罪认罚从宽制度值班律师作用的有效发挥问题研究	2020 年最高人民检察院检察理论研究课题
行政诉讼	葛迪：行政公益诉讼诉讼请求的精准化研究	2020 年最高人民检察院检察理论研究课题
刑事诉讼	董学华：基层检察院建设综合评估研究	2020 年最高人民检察院检察理论研究课题
刑事诉讼	董桂文："案-件比"质量评价指标研究	2020 年最高人民检察院检察理论研究课题
刑事诉讼	程雷：检察权的运行模式与实现机制比较研究	2020 年最高人民检察院检察理论研究课题
刑事诉讼	傅信平：检察权运行监督机制完善研究	2020 年最高人民检察院检察理论研究课题
刑事诉讼	缐杰：党的领导与依法独立行使检察权的一致性研究	2020 年最高人民检察院检察理论研究课题
刑事诉讼	虞浔：新时期检察荣誉制度改革创新研究	2020 年最高人民检察院检察理论研究课题
刑事诉讼	褚福欣：检察指导案例的应用制度研究	2020 年最高人民检察院检察理论研究课题
刑事诉讼	廖天虎：我国检察制度近现代之演进	2020 年最高人民检察院检察理论研究课题
刑事诉讼	丁鹏敏、刘仁琦：检察委员会办公室审核议题程序研究	2020 年最高人民检察院检察应用理论研究课题
刑事诉讼	马天博：司法责任制改革背景下检察权运行监督制约机制研究	2020 年最高人民检察院检察应用理论研究课题
刑事诉讼	马俊峰、闵凯：审查逮捕公开听证实证研究	2020 年最高人民检察院检察应用理论研究课题
刑事诉讼	马梅、彭红军：认罪认罚从宽在重罪案件中的适用	2020 年最高人民检察院检察应用理论研究课题

续表

学科类别	负责人、项目名称	项目类型
刑事诉讼	王元鹏、刘迎春：检察官惩戒制度的建立和完善研究	2020 年最高人民检察院检察应用理论研究课题
民事诉讼	王吉霞：建设民事检察生态系统的理论与实践探索	2020 年最高人民检察院检察应用理论研究课题
刑事诉讼	王迪：认罪认罚案件上诉和抗诉问题研究	2020 年最高人民检察院检察应用理论研究课题
刑事诉讼	王金华：司法体制改革背景下检察委员会办事机构审议议题的程序研究	2020 年最高人民检察院检察应用理论研究课题
民事诉讼	王春慧：依法行使民事检察权与尊重民事审判规律关系研究	2020 年最高人民检察院检察应用理论研究课题
刑事诉讼	王晖：提升检察办案质效实证研究——以"案-件比"评价指标为视角	2020 年最高人民检察院检察应用理论研究课题
刑事诉讼	王新阳：监检衔接整体构建三重维度路径研究	2020 年最高人民检察院检察应用理论研究课题
刑事诉讼	石峻升：认罪认罚被告人上诉问题研究	2020 年最高人民检察院检察应用理论研究课题
刑事诉讼	石瑛：认罪认罚案件量刑建议研究	2020 年最高人民检察院检察应用理论研究课题
刑事诉讼	卢乐云：司法责任制改革背景下检察权运行监督制约机制研究	2020 年最高人民检察院检察应用理论研究课题
刑事诉讼	卢彦芬、冯军：监检衔接之强制措施转换研究	2020 年最高人民检察院检察应用理论研究课题
刑事诉讼	叶婷：认罪认罚从宽制度实证研究——以吉林检察为视角	2020 年最高人民检察院检察应用理论研究课题
刑事诉讼	白森：核准追诉制度相关问题研究	2020 年最高人民检察院检察应用理论研究课题
刑事诉讼	冯晓音、罗海敏：在指控、证明犯罪中检察机关主导责任的发挥——以认罪认罚从宽制度的适用为切入点	2020 年最高人民检察院检察应用理论研究课题

续表

学科类别	负责人、项目名称	项目类型
刑事诉讼	宁建新：认罪认罚案件被告人上诉问题研究——以山西省年以来案件为样本	2020年最高人民检察院检察应用理论研究课题
刑事诉讼	尼玛次仁：不起诉决定适用中的问题及完善研究	2020年最高人民检察院检察应用理论研究课题
刑事诉讼	吕昊：国家紧急状态下的刑事诉讼中止研究	2020年最高人民检察院检察应用理论研究课题
刑事诉讼	吕献、叶良芳：核准追诉相关问题研究	2020年最高人民检察院检察应用理论研究课题
刑事诉讼	朱文波、杜文俊：检察官考核、惩戒、追责制度完善研究	2020年最高人民检察院检察应用理论研究课题
刑事诉讼	朱毅敏、彭辉："案-件比"在检察官考评中作用的实证研究	2020年最高人民检察院检察应用理论研究课题
刑事诉讼	庄伟、张建伟：重罪案件认罪认罚教育感化方法实证研究	2020年最高人民检察院检察应用理论研究课题
民事诉讼	刘廷梅：民事诉讼检察监督标准研究——以精准监督的价值理念为视野	2020年最高人民检察院检察应用理论研究课题
刑事诉讼	刘辉、王立涛：案管部门在业务管理体系中的职能定位与机制构建研究	2020年最高人民检察院检察应用理论研究课题
刑事诉讼	刘谨：刑事申诉案件公开听证问题研究	2020年最高人民检察院检察应用理论研究课题
刑事诉讼	衣光军、吕芳：检察指导案例中目的解释方法运用问题实证研究	2020年最高人民检察院检察应用理论研究课题
刑事诉讼	闫明、葛恒浩：认罪认罚在重罪案件中的适用	2020年最高人民检察院检察应用理论研究课题
刑事诉讼	安全：司法责任制改革背景下检察权运行监督制约机制研究	2020年最高人民检察院检察应用理论研究课题
刑事诉讼	许永进、马荣春：民营企业刑事司法保护研究	2020年最高人民检察院检察应用理论研究课题

续表

学科类别	负责人、项目名称	项目类型
刑事诉讼	许志鹏：客观义务视野下强化检察自行补充侦查权之制度构建	2020年最高人民检察院检察应用理论研究课题
刑事诉讼	孙静、林喜芬：司法责任制改革背景下检察权运行监督制约机制研究	2020年最高人民检察院检察应用理论研究课题
刑事诉讼	李卫国、张小玲：新时代背景下检察机关内部监督制约机制研究	2020年最高人民检察院检察应用理论研究课题
刑事诉讼	李芳芳：经济犯罪案件适用认罪认罚制度研究	2020年最高人民检察院检察应用理论研究课题
刑事诉讼	李周：监狱巡回检察工作实证研究	2020年最高人民检察院检察应用理论研究课题
刑事诉讼	李学东、郭天武：贪污贿赂犯罪案件适用违法所得没收程序实证研究——以广州地区的实践为样本	2020年最高人民检察院检察应用理论研究课题
刑事诉讼	李春阳、吕晓刚："调查—起诉"协作机制研究	2020年最高人民检察院检察应用理论研究课题
刑事诉讼	李桂兰、杨玉明：适用认罪认罚从宽制度若干具体问题研究	2020年最高人民检察院检察应用理论研究课题
刑事诉讼	李斌：涉财产刑犯罪嫌疑人、被告人审判前财产状况调查研究	2020年最高人民检察院检察应用理论研究课题
民事诉讼	李翔、尹吉：消极执行视域下民事执行检察监督问题研究	2020年最高人民检察院检察应用理论研究课题
刑事诉讼	李德文：认罪认罚从宽制度背景下检察机关不起诉权相关问题研究	2020年最高人民检察院检察应用理论研究课题
刑事诉讼	杨浩：司法责任制改革背景下检察权运行监督制约机制研究——以检察官办案内部监督管理为视角	2020年最高人民检察院检察应用理论研究课题
刑事诉讼	杨鸿："案-件比"业务指引作用的实证研究	2020年最高人民检察院检察应用理论研究课题

续表

学科类别	负责人、项目名称	项目类型
民事诉讼	肖巍鹏：民事检察调查核实权研究	2020 年最高人民检察院检察应用理论研究课题
刑事诉讼	吴国俊、张袁：在指控、证明犯罪中检察官发挥主导责任研究	2020 年最高人民检察院检察应用理论研究课题
刑事诉讼	吴春妹：认罪认罚案件中的量刑建议精准化研究	2020 年最高人民检察院检察应用理论研究课题
刑事诉讼	吴澍农、习超：企业刑事合规的检察维度——以暂缓起诉为视角	2020 年最高人民检察院检察应用理论研究课题
刑事诉讼	邱利：认罪认罚案件被告人上诉问题研究	2020 年最高人民检察院检察应用理论研究课题
民事诉讼	邱燕、谢文哲：虚假诉讼民事检察监督机制研究	2020 年最高人民检察院检察应用理论研究课题
刑事诉讼	何缓：社会治理体系和治理能力现代化背景下的未成年人检察工作研究	2020 年最高人民检察院检察应用理论研究课题
刑事诉讼	沈威、陈慰星："扫黑除恶"中污点证人制度研究	2020 年最高人民检察院检察应用理论研究课题
刑事诉讼	沈淬、付玉明：检察官惩戒制度的建立和完善研究	2020 年最高人民检察院检察应用理论研究课题
民事诉讼	宋智韬、刘银良：消极执行视域下民事执行检察监督问题研究	2020 年最高人民检察院检察应用理论研究课题
刑事诉讼	张卫东、张栋：监察机关与检察机关办案衔接机制研究——以案件办理中的脉络和问题为视角	2020 年最高人民检察院检察应用理论研究课题
刑事诉讼	张红广、包国为：量刑建议精准化路径探究	2020 年最高人民检察院检察应用理论研究课题
刑事诉讼	张炜、陈玉忠：监狱巡回检察工作实证研究	2020 年最高人民检察院检察应用理论研究课题
刑事诉讼	张春：以人工智能和大数据技术为支撑架构"智检接访"管理平台研究	2020 年最高人民检察院检察应用理论研究课题

学科类别	负责人、项目名称	项目类型
刑事诉讼	张敬艳：司法责任制改革背景下基层刑事检察权运行监督制约机制研究	2020 年最高人民检察院检察应用理论研究课题
刑事诉讼	陈复军："案-件比"在检察官考评中作用的实证研究	2020 年最高人民检察院检察应用理论研究课题
民事诉讼	陈惠明：虚假诉讼之民事检察监督研究——以浙江实践为视角	2020 年最高人民检察院检察应用理论研究课题
刑事诉讼	武日强：金融诈骗犯罪非法占有目的的证明问题研究	2020 年最高人民检察院检察应用理论研究课题
刑事诉讼	林燕南、梁玉霞：刑事附带民事公益诉讼疑难问题研究	2020 年最高人民检察院检察应用理论研究课题
刑事诉讼	尚丽娟、张亚军："案-件比"在检察官考评中作用的实证研究	2020 年最高人民检察院检察应用理论研究课题
行政诉讼	明广超、何玲：行政公益诉讼中检察机关调查核实权制度建构研究	2020 年最高人民检察院检察应用理论研究课题
刑事诉讼	易志斌：检察机关重大事项向党委、党委政法委请示报告制度研究	2020 年最高人民检察院检察应用理论研究课题
刑事诉讼	罗永鑫：认罪认罚案件被告人上诉问题研究——以某区检察院办理的认罪认罚案件为样本	2020 年最高人民检察院检察应用理论研究课题
刑事诉讼	罗旭锋：我国刑事不起诉的规范适用——以酌定不起诉为重点的分析	2020 年最高人民检察院检察应用理论研究课题
刑事诉讼	周永刚：违法所得没收程序适用与发展方向研究	2020 年最高人民检察院检察应用理论研究课题
刑事诉讼	孟国祥：不起诉决定适用中的问题及完善研究	2020 年最高人民检察院检察应用理论研究课题
刑事诉讼	赵明：立案侦查司法工作人员职务犯罪实务问题研究	2020 年最高人民检察院检察应用理论研究课题
刑事诉讼	赵卿、张波：检察机关自行补充侦查权的适用研究	2020 年最高人民检察院检察应用理论研究课题

学科类别	负责人、项目名称	项目类型
刑事诉讼	赵雅清：羁押必要性审查制度研究	2020 年最高人民检察院检察应用理论研究课题
刑事诉讼	柳小惠：以"案件比"为核心的检察官绩效考评机制实证研究	2020 年最高人民检察院检察应用理论研究课题
刑事诉讼	段明学、张步文：在指控、证明犯罪中检察官发挥主导责任研究	2020 年最高人民检察院检察应用理论研究课题
刑事诉讼	侯民义：相对不起诉适用中的问题及完善研究	2020 年最高人民检察院检察应用理论研究课题
刑事诉讼	施长征、于阳：认罪认罚被告人"留所服刑"上诉问题实证研究	2020 年最高人民检察院检察应用理论研究课题
刑事诉讼	贾志杰：检察职能保障金融犯罪预防体系建设研究	2020 年最高人民检察院检察应用理论研究课题
刑事诉讼	党广锁：案管部门在业务管理体系中的职能定位与机制构建研究	2020 年最高人民检察院检察应用理论研究课题
刑事诉讼	奚山青、王恩海：检察法律文书质量与规范实证研究	2020 年最高人民检察院检察应用理论研究课题
刑事诉讼	高扬捷：监狱巡回检察工作实证研究	2020 年最高人民检察院检察应用理论研究课题
刑事诉讼	高松林：认罪认罚案件被告人上诉问题研究	2020 年最高人民检察院检察应用理论研究课题
刑事诉讼	郭国谦：司法责任制改革背景下检察权运行监督制约机制研究	2020 年最高人民检察院检察应用理论研究课题
刑事诉讼	唐秋英、田旭：司法体制改革背景下检察权运行监督制约机制研究	2020 年最高人民检察院检察应用理论研究课题
刑事诉讼	黄建荣、孙剑明：探究监狱检察制度多维度模式的构建——以巡回检察改革为视角	2020 年最高人民检察院检察应用理论研究课题
刑事诉讼	黄昱：认罪认罚案件量刑建议研究	2020 年最高人民检察院检察应用理论研究课题

学科类别	负责人、项目名称	项目类型
刑事诉讼	黄硕：检察机关指导性案例的编著方法研究	2020 年最高人民检察院检察应用理论研究课题
刑事诉讼	曹坚、杜文俊：认罪认罚案件量刑建议研究	2020 年最高人民检察院检察应用理论研究课题
刑事诉讼	盛美军、谢登科：认罪认罚案件量刑建议研究	2020 年最高人民检察院检察应用理论研究课题
民事诉讼	常国锋、陈杭平：消极执行视域下民事执行检察监督问题研究	2020 年最高人民检察院检察应用理论研究课题
刑事诉讼	章国田：认罪认罚案件量刑建议规范化精准化研究	2020 年最高人民检察院检察应用理论研究课题
刑事诉讼	葛志军、秦宗文：检察机关自行补充侦查权适用研究	2020 年最高人民检察院检察应用理论研究课题
刑事诉讼	葛迪、张海梅：核准追诉问题研究	2020 年最高人民检察院检察应用理论研究课题
刑事诉讼	董永龙：司法责任制改革背景下检察权监督制约机制研究	2020 年最高人民检察院检察应用理论研究课题
刑事诉讼	蒋智：构建审查逮捕听证规则的相关问题研究	2020 年最高人民检察院检察应用理论研究课题
刑事诉讼	韩娟、高通：检察机关捕诉阶段企业刑事合规激励机制问题研究	2020 年最高人民检察院检察应用理论研究课题
刑事诉讼	程华荣、洪浩：认罪认罚案件量刑建议研究	2020 年最高人民检察院检察应用理论研究课题
刑事诉讼	鲁坤：涉黑涉恶案件适用认罪认罚制度研究	2020 年最高人民检察院检察应用理论研究课题
刑事诉讼	曾翀：司法责任制改革背景下检察权运行监督制约机制研究	2020 年最高人民检察院检察应用理论研究课题
刑事诉讼	谢剑：枫桥经验"引领下降低审前羁押率的探索与实践——以浙江诸暨为样本	2020 年最高人民检察院检察应用理论研究课题

续表

学科类别	负责人、项目名称	项目类型
刑事诉讼	鲍峰、李欣：在指控、证明犯罪中检察官发挥主导责任研究	2020 年最高人民检察院检察应用理论研究课题
刑事诉讼	蔡世葵、莫然：民营企业涉刑案件处理与检察职能的创新	2020 年最高人民检察院检察应用理论研究课题
刑事诉讼	谭鹏、王政勋：撤回起诉制度研究	2020 年最高人民检察院检察应用理论研究课题
刑事诉讼	谭滨、陈丽天：认罪认罚案件量刑建议研究	2020 年最高人民检察院检察应用理论研究课题
刑事诉讼	熊毅、秦策：司法责任制改革背景下检察权运行监督制约机制研究	2020 年最高人民检察院检察应用理论研究课题
民事诉讼	潘科明：民事再审检察建议标准研究	2020 年最高人民检察院检察应用理论研究课题
刑事诉讼	潘祥均：不起诉运行机制完善研究	2020 年最高人民检察院检察应用理论研究课题
刑事诉讼	戴萍：案管部门在业务管理体系中的职能定位与机制构建研究	2020 年最高人民检察院检察应用理论研究课题
行政诉讼	刘军、秘明杰：检察机关跨行政区域提起环境公益诉讼法律问题研究	2020 年最高人民检察院检察应用理论研究课题
行政诉讼	刘佳南：行政检察监督与行政争议实质性化解研究	2020 年最高人民检察院检察应用理论研究课题
行政诉讼	李世清：行政检察监督与社会治理现代化研究	2020 年最高人民检察院检察应用理论研究课题
行政诉讼	李现民、王玉芬：行政公益诉讼"等"外领域的探索与实践	2020 年最高人民检察院检察应用理论研究课题
行政诉讼	李忠强：行政争议实质性化解的检察构造——以浙江实践为样本	2020 年最高人民检察院检察应用理论研究课题
行政诉讼	肖力波、刘建仓：行政争议实质性化解视野下的行政检察听证制度研究	2020 年最高人民检察院检察应用理论研究课题

学科类别	负责人、项目名称	项目类型
行政诉讼	吴明田、杨阿丽：论裁执分离模式下的行政非诉执行检察监督	2020 年最高人民检察院检察应用理论研究课题
行政诉讼	吴柯、田勇军：检察机关实质性化解行政争议的意义、问题与对策	2020 年最高人民检察院检察应用理论研究课题
行政诉讼	何莹、宋京霖：行政公益诉讼的磋商程序研究	2020 年最高人民检察院检察应用理论研究课题
行政诉讼	汪莉、张立：跨行政区划公益诉讼检察机制研究	2020 年最高人民检察院检察应用理论研究课题
行政诉讼	宋伟锋：经济法视阈下行政公益诉讼范围的拓展	2020 年最高人民检察院检察应用理论研究课题
行政诉讼	陈为永：治理体系和治理能力现代化语境下行政公益诉讼案件范围拓展	2020 年最高人民检察院检察应用理论研究课题
行政诉讼	陈玮煌、谢一君：行政非诉执行监督实务研究	2020 年最高人民检察院检察应用理论研究课题
行政诉讼	征汉年、王秀梅：行政公益诉讼范围类型化与个案识别研究	2020 年最高人民检察院检察应用理论研究课题
行政诉讼	周甲准、郑春燕：行政公益诉讼的磋商程序研究	2020 年最高人民检察院检察应用理论研究课题
行政诉讼	郑锦春：规范、优化检察法律文书的实证研究——以行政诉前检察建议书为视角	2020 年最高人民检察院检察应用理论研究课题
行政诉讼	徐胜平、刘为勇：行政公益诉讼磋商程序若干问题研究	2020 年最高人民检察院检察应用理论研究课题
行政诉讼	陶国中、冯煜清：公益诉讼"等"外领域探索	2020 年最高人民检察院检察应用理论研究课题
行政诉讼	潘慕元、章剑生：行政非诉执行检察监督体系构建——以丽水市非诉执行检察监督现状为例	2020 年最高人民检察院检察应用理论研究课题

学科类别	负责人、项目名称	项目类型
刑事诉讼	马连龙：认罪认罚后被告人反悔问题的应对研究	2020 年最高人民检察院检察应用理论研究经费资助课题
刑事诉讼	马涛、王利荣："扫黑除恶"中"刑民交叉"的刑事政策把握与法律适用研究	2020 年最高人民检察院检察应用理论研究经费资助课题
刑事诉讼	孔川、田旭：认罪认罚从宽制度下量刑建议精准化路径研究	2020 年最高人民检察院检察应用理论研究经费资助课题
刑事诉讼	邓根保、李建明：企业刑事合规与检察职能问题研究	2020 年最高人民检察院检察应用理论研究经费资助课题
刑事诉讼	甘泽阳：困境与突围：社区矫正脱漏管研究	2020 年最高人民检察院检察应用理论研究经费资助课题
刑事诉讼	石子友：认罪认罚案件被告人上诉问题研究	2020 年最高人民检察院检察应用理论研究经费资助课题
刑事诉讼	冯永忠：涉外证据的刑事审查	2020 年最高人民检察院检察应用理论研究经费资助课题
刑事诉讼	毕清辉：黑恶势力犯罪等值财产没收研究	2020 年最高人民检察院检察应用理论研究经费资助课题
刑事诉讼	毕琳、姚建龙：以检察机关为主导的未成年人罪错行为分级干预体系研究	2020 年最高人民检察院检察应用理论研究经费资助课题
刑事诉讼	朱小芹：对新型专门法院审判活动开展检察监督研究——以北京互联网法院为视角	2020 年最高人民检察院检察应用理论研究经费资助课题
刑事诉讼	仲军、张清：认罪认罚案件量刑建议精准化研究	2020 年最高人民检察院检察应用理论研究经费资助课题
刑事诉讼	刘文安、谢小剑：降低审前羁押率实证研究	2020 年最高人民检察院检察应用理论研究经费资助课题
刑事诉讼	刘伟、栾驭：职务犯罪案件退回补充调查和自行补充侦查研究	2020 年最高人民检察院检察应用理论研究经费资助课题
刑事诉讼	刘兆东、朱建华：检察视阈下认罪认罚被追诉人上诉问题冷思考	2020 年最高人民检察院检察应用理论研究经费资助课题

续表

学科类别	负责人、项目名称	项目类型
刑事诉讼	刘远清：关于完善监检衔接机制依法形成反腐合力研究	2020 年最高人民检察院检察应用理论研究经费资助课题
刑事诉讼	刘宏波：检察案例指导机制背景下基层检察院案例工作路径探究	2020 年最高人民检察院检察应用理论研究经费资助课题
刑事诉讼	刘润发：检察机关自行补充侦查权的适用研究	2020 年最高人民检察院检察应用理论研究经费资助课题
刑事诉讼	刘鸿斌、黎平：检察机关酌定不起诉裁量权怠用病理实证研究	2020 年最高人民检察院检察应用理论研究经费资助课题
刑事诉讼	刘晴、张步文：降低审前羁押率实证研究	2020 年最高人民检察院检察应用理论研究经费资助课题
刑事诉讼	孙嘉、兰跃军：新刑诉法背景下检察机关立案侦查司法工作人员职务犯罪的现实难题及破解	2020 年最高人民检察院检察应用理论研究经费资助课题
刑事诉讼	李大槐：公司犯罪的检察治理模式比较研究	2020 年最高人民检察院检察应用理论研究经费资助课题
刑事诉讼	李宁、李晓明：检察机关自行补充侦查研究	2020 年最高人民检察院检察应用理论研究经费资助课题
刑事诉讼	李军：降低审前羁押率实证研究	2020 年最高人民检察院检察应用理论研究经费资助课题
刑事诉讼	李学军：优化监检衔接实践路径研究	2020 年最高人民检察院检察应用理论研究经费资助课题
刑事诉讼	李建华：立案侦查司法工作人员职务犯罪实务问题研究	2020 年最高人民检察院检察应用理论研究经费资助课题
刑事诉讼	杨坤、万毅：听证在检察机关办案中应用问题研究	2020 年最高人民检察院检察应用理论研究经费资助课题
刑事诉讼	杨新立：在指控、证明犯罪中检察官发挥主导责任研究	2020 年最高人民检察院检察应用理论研究经费资助课题
刑事诉讼	何艳敏、李睿：涉众型金融犯罪预防体系研究——以 P2P 行政检察监管为视角	2020 年最高人民检察院检察应用理论研究经费资助课题

续表

学科类别	负责人、项目名称	项目类型
刑事诉讼	余克胜：统一、规范、精准："合作性"司法视域下认罪认罚案件量刑建议之下一个向度	2020 年最高人民检察院检察应用理论研究经费资助课题
刑事诉讼	张广华：在指控、证明犯罪中检察官发挥主导责任研究	2020 年最高人民检察院检察应用理论研究经费资助课题
刑事诉讼	张玉鲲、陈卫东：认罪认罚从宽制度在重罪案件中的适用	2020 年最高人民检察院检察应用理论研究经费资助课题
刑事诉讼	张乐：指导性案例应用的实证研究	2020 年最高人民检察院检察应用理论研究经费资助课题
刑事诉讼	张光成：认罪认罚案件被告人上诉问题研究	2020 年最高人民检察院检察应用理论研究经费资助课题
刑事诉讼	张远南：认罪认罚案件量刑建议规范化精准化研究	2020 年最高人民检察院检察应用理论研究经费资助课题
刑事诉讼	张时贵、蒋凌申：涉众型金融犯罪预防体系研究	2020 年最高人民检察院检察应用理论研究经费资助课题
刑事诉讼	张建伟、王辉华：认罪认罚案件被告人上诉问题研究	2020 年最高人民检察院检察应用理论研究经费资助课题
刑事诉讼	陈宏钧：认罪认罚案件被告人上诉问题研究——构建二元上诉模式	2020 年最高人民检察院检察应用理论研究经费资助课题
刑事诉讼	陈速：认罪认罚案件被告人上诉问题研究	2020 年最高人民检察院检察应用理论研究经费资助课题
刑事诉讼	陈晓华：重大疫情期间刑事犯罪态势及司法应对	2020 年最高人民检察院检察应用理论研究经费资助课题
刑事诉讼	周东升、钱小平：企业刑事合规与检察职能问题研究	2020 年最高人民检察院检察应用理论研究经费资助课题
刑事诉讼	赵玉龙、王宝娜：案管部门在业务管理体系中发挥服务职能机制构建研究	2020 年最高人民检察院检察应用理论研究经费资助课题
刑事诉讼	赵芮：检察权视野下的听证制度研究	2020 年最高人民检察院检察应用理论研究经费资助课题

续表

学科类别	负责人、项目名称	项目类型
刑事诉讼	赵静、王聪：检察视阈下企业合规的激励机制之厘定及未来展望	2020年最高人民检察院检察应用理论研究经费资助课题
刑事诉讼	贺卫、佟丽华：社会治理体系和治理能力现代化背景下未成年人检察工作若干问题研究	2020年最高人民检察院检察应用理论研究经费资助课题
刑事诉讼	贾海洋：企业刑事合规与检察职能问题研究	2020年最高人民检察院检察应用理论研究经费资助课题
刑事诉讼	徐剑锋：检察职能治理网络平台刑事合规的基础性问题及实施路径	2020年最高人民检察院检察应用理论研究经费资助课题
刑事诉讼	高保京：案管部门在业务管理体系中的职能定位与机制构建研究	2020年最高人民检察院检察应用理论研究经费资助课题
刑事诉讼	高祥阳：司法责任制改革背景下检察权运行监督制约机制研究	2020年最高人民检察院检察应用理论研究经费资助课题
刑事诉讼	黄凯东、彭文华：认罪认罚案件量刑建议研究	2020年最高人民检察院检察应用理论研究经费资助课题
刑事诉讼	黄胜：以"案-件比"为核心构建检察官绩效评价体系	2020年最高人民检察院检察应用理论研究经费资助课题
刑事诉讼	康同泽、张亮：检察机关主导下第三人参与违法所得没收程序研究	2020年最高人民检察院检察应用理论研究经费资助课题
刑事诉讼	彭冬松、杨建广：减刑、假释检察监督机制研究	2020年最高人民检察院检察应用理论研究经费资助课题
刑事诉讼	蒋永良：经济犯罪案件适用认罪认罚制度研究	2020年最高人民检察院检察应用理论研究经费资助课题
刑事诉讼	傅信平："三书比对"作为强化案管工作切入点的实践研究	2020年最高人民检察院检察应用理论研究经费资助课题
刑事诉讼	简小文：社会治理体系和治理能力现代化背景下的未成年人检察工作研究	2020年最高人民检察院检察应用理论研究经费资助课题
刑事诉讼	潘震：社会治理体系和治理能力现代化背景下的未成年人检察工作研究	2020年最高人民检察院检察应用理论研究经费资助课题

续表

学科类别	负责人、项目名称	项目类型
刑事诉讼	杨雅妮：刑事附带民事公益诉讼中生态环境保护修复责任承担方式研究	2020 年中国法学会部级法学自选研究课题
行政诉讼	肖峰：完善中国特色环境行政公益诉前检察结果制度研究	2020 年中国法学会部级法学自选研究课题
刑事诉讼	罗丽：刑事制裁、民事赔偿和生态补偿有机接的生态环境保护修复责任制度实证研究	2020 年中国法学会部级法学自选研究课题
刑事诉讼	魏汉涛：刑事制裁、民事赔偿和生态补偿有机衔接的生态环境保护修复责任制度研究	2020 年中国法学会部级法学自选研究课题